TESI GREGORIANA
Serie Teologia

——— 174 ———

MÁRIO JOSÉ RODRIGUES DE SOUSA

«PARA QUE TAMBÉM VÓS ACREDITEIS»

Estudo exegético-teológico de Jo 19, 31-37

EDITRICE PONTIFICIA UNIVERSITÀ GREGORIANA
ROMA 2009

Vidimus et approbamus ad normam Statutorum Universitatis

Romae, ex Pontificia Universitate Gregoriana
Die 08 mensis Junii anni 2009

R.P. Prof. Javier López

R.P. Prof. Santiago Breton

© 2009 Gregorian & Biblical Press
Piazza della Pilotta, 35 00187 - Roma
books@biblicum.com

ISBN 978-88-7839-**150**-5

Finito di stampare nel mese di novembre 2009
presso Mediagraf S.p.A. Stab. di Roma So.Gra.Ro.

PÓRTICO

1. Nas proposições do Sínodo sobre a Palavra de Deus, nº 6, pode ler-se que há dois sentidos a ter em conta na interpretação das Escrituras: «o *sentido literal* (que) corresponde ao significado das palavras e é encontrado através dos instrumentos científicos da exegese crítica; e o *sentido espiritual* (de tipo mais simbólico), que diz respeito também à realidade dos acontecimentos de que fala a Escritura, e que tem em conta a Tradição viva da Igreja e a analogia da fé, a qual comporta a relação intrínseca das verdades da fé, entre elas, e com a totalidade do desígnio da Revelação divina».

No presente trabalho, verifica-se, com toda a precisão, a aplicação deste princípio. Com efeito, o seu Autor alia: o rigor *científico e técnico de uma exegese* rigorosamente assente na terminologia usada pelo Evangelista, com critérios de uma profunda hermenêutica, *com uma interpretação mais simbólica*, na qual percorre todo o texto evangélico num esforço de contextualização de tal modo abrangente que as Escrituras não só comprovam o que se afirma no Evangelho como o próprio texto do Evangelho ajuda a entender as Escrituras. Além disso, como diz o Sínodo, no texto já referido, o Autor tem muito em conta a «analogia da fé», que vem da Tradição, porque as verdades reveladas, nomeadamente as que dizem respeito à Cristologia, não só são demonstradas como conteúdo do Evangelho joanino, como, de algum modo, projectam luz sobre a interpretação espiritual do próprio texto de João.

Em jeito de síntese poderíamos dizer, com base neste estudo, que o Evangelho de João é uma base bíblica profunda para uma verdadeira Cristologia da qual derivam a Soteriologia cristã e a Eclesiologia. E o Autor faz questão de relevar, em diversas ocasiões.

2. A tese de doutoramento, que temos perante nós, é um texto digno de todo o apreço. Merece os maiores encómios, não só pelo que ficou dito, acima, mas ainda por outras razões que comprovam o seu mérito.

Por um lado, a originalidade da interpretação exegética, muito assente no texto grego, e que toma um cunho pessoal acentuado. O Autor cita imensos peritos, nestas matérias, e toma a ousadia de ser autónomo nas interpretações dos textos analisados, documentando-se e comprovando, com razões válidas, as próprias afirmações que faz. Por outro lado, é de ter muito em conta a originalidade de que se reveste o seu princípio exegético, de fazer que a Cristologia do quarto Evangelho ilumine e como que «redimensione» a própria Sagrada Escritura, no seu todo. Além disso, ninguém o poderá acusar de descurar o recurso ao contexto remoto e próximo. Até neste aspecto, a tese é uma verdadeira lição de como se devem interpretar os textos bíblicos. Finalmente, este estudo é um contributo inigualável para quem queira fazer um estudo bem fundamentado de uma Cristologia em São João.

Neste contexto, é de registar a segurança teológica do Autor do presente trabalho, revelada no decurso de toda a sua exposição. Desde a Santíssima Trindade e, em especial, o Espírito Santo, até ao mistério de Cristo, a tese é um verdadeiro hino de louvor ao Pai por Cristo morto e ressuscitado. Desde a existência do Verbo no seio do Pai até à sua Encarnação, e do relevo dado à natureza humana e à natureza divina de Jesus, o Messias e Filho de Deus; desde a sua morte na cruz como início da glorificação do Filho que foi ressuscitado, tudo nos aparece iluminado pelo evangelista João, graças ao estudo que temos entre mãos.

3. O texto, objecto do presente estudo, encontra-se em Jo 19,31-37. Percorrido todo o quarto Evangelho, como contexto remoto e próximo desta passagem evangélica, o Autor deste trabalho faz-nos «ver», a uma luz mais brilhante e profunda (a da fé), o mistério pascal de Cristo, no qual assenta toda a Cristologia de João. Para João, a fé em Cristo é fundamental e indispensável para a salvação. É preciso que acreditemos «que Jesus é o Filho de Deus, e, crendo, tenhamos a vida eterna» (cf. Jo 20,31). Aquele que viu o que se passou no Calvário deixou-nos o seu «testemunho verdadeiro», a respeito do conteúdo de Jo.19,31-37, «para que, também nós, acreditemos». (cf. Jo 19,35). A vida eterna é uma consequência soteriológica da fé em Cristo. Mas a fé em Cristo não «afecta» apenas a sua divindade. Se esse aspecto era fundamental para fazer aprofundar a fé dos cristãos provenientes do judaísmo, não era menos fundamental a afirmação clara da fé na sua humanidade, para os cristãos provenientes do mundo pagão. O presente estudo consegue dar-nos elementos preciosos, devidamente fundamentados, para podermos aprofundar a nossa fé em Cristo, verdadeiro homem e verdadeiro Deus. Ele é o Crucificado a quem não partiram as pernas, porque

já estava morto. Esse corpo inteiro, sem qualquer osso partido, ao qual abriram o lado, é, de algum modo, o sinal de que a morte de Jesus, embora perpetrada pelos homens, fazia parte de um desígnio de salvação. Jesus é o «Cordeiro que tira o pecado do mundo». No Cristo, que ficou sem vida, porque a deu ao Pai, em favor da salvação do mundo, está o Cristo crucificado segundo a natureza humana e elevado ou levantado à glória, em sua humanidade, pela ressurreição. Eis o núcleo central da Cristologia. Mas tudo aconteceu para que, acreditando, sejamos salvos, tenhamos a vida eterna. Este corpo inteiro, sem qualquer osso quebrado, anda associado a uma túnica inconsútil e a um templo que os homens poderão destruir, mas que Cristo reconstrói em três dias. E torna-se um «sinal» para todos os que acreditarem em Cristo, ou seja, para a Igreja que, à imagem de Cristo, seu fundamento, é chamada a ser comunhão e a dar testemunho da unidade.

Na morte de Cristo pode descortinar-se, pela fé, tudo isto e muito mais, visto que, para João, a morte não é o fim, mas o início da glória da ressurreição gloriosa.

4. Temos em mãos um *escrito notável*: pelo rigor científico e técnico da sua exegese, pela originalidade do princípio exegético adoptado pelo Autor, e pela autonomia interpretativa de quem o escreve; um *escrito rico*: pela densidade do pensamento que encerra, pelo percurso feito através de Evangelho inteiro como contextualização da passagem estudada, pelas bases sólidas e bem fundamentadas para uma Cristologia joanina; *escrito teologicamente sólido*.

Está de parabéns o seu Autor.

Que a publicação deste trabalho possa ajudar a muitos a criar amor às Escrituras, e a contribuir para que muitos outros creiam e tenham a vida eterna.

† Manuel Madureira Dias
Bispo emérito do Algarve

INTRODUÇÃO

O nosso estudo interessa-se por Jo 19,31-37, ou seja, pelos factos que o QE coloca imediatamente depois da morte de Jesus. A motivação da investigação reside na relevância da perícope, que consiste não só no facto de se encontrar no culminar dos acontecimentos quer do Calvário (19,16b-42), quer da vida de Jesus, como no de conter informação exclusiva em relação aos Sinópticos. Os acontecimentos são apresentados ao leitor como conteúdo de fé: «para que também vós acrediteis» (19,35). Mas, em que sentido?

1. Os diversos estudos

Nos últimos 50 anos, vários foram os estudos que se debruçaram sobre a perícope. Entre eles, encontramos duas teses: as de C. Leone[1] e S. Stancati[2]. Da primeira foi publicado apenas um extracto, que respeita a 19,28-30. A segunda é um estudo estruturalista, que se concentra, sobretudo, no «sangue» (símbolo da morte expiatória de Jesus) e na «água» (símbolo do ES); a «testemunha ocular» (19,35) tem como função revelar a morte e o fim da missão de Jesus como o «inizio pratico della missione dello Spirito Santo» (p. 186). Outros estudos debruçam-se sobre aspectos particulares do texto, como sejam o facto de não se partirem as pernas a Jesus, ou o lado trespassado do qual sai sangue e água, procurando lê-los à luz das citações de 19,36-37. As conclusões a que chegam divergem, de acordo com a aproximação e o enfoque que cada um coloca. Podemos sistematizá-los na seguinte classificação representativa:

---

[1] C. LEONE, *La morte di Gesù*.
[2] S. STANCATI, *Gv 19,31-37*.

1) *Histórico-biográfico*: procura provar a historicidade da perfuração da lança e o carácter natural do «sangue e água», como tendo saído da cavidade pleural (A. Sava)[3];
2) *Narração de milagre*: trata-se de um «milagre» presenciado e narrado pela testemunha ocular (W. Ameling)[4];
3) *Cristologia apologética ou doutrinal*: para uns destina-se a «defender» a memória de Jesus, mostrando como a Escritura é testemunha não da maldição de Dt 21,22-23, mas da exaltação de Cristo (R. Vicent Saera)[5]; para outros, a defender, perante as doutrinas proto-docetas, a real morte de Cristo (J. Wilkinson)[6];
4) *Simbólico-alegórico*: na continuidade da exegese de alguns Padres, alguns estabelecem um paralelismo entre o «lado» de 19,34 e a ocorrência da palavra em Gn 2,21, para defender que como Eva foi criada do «lado» de Adão, assim o QE pretende apresentar a criação da Igreja a partir do «lado» de Cristo; o «sangue e água» são sinal deste nascimento, visto que também nos nascimentos humanos há sangue e água (D. Sawyer)[7]; outros, como a exegese siríaca, vêem em 19,34 a tipologia do antigo paraíso do Génesis que dá lugar ao novo paraíso: os sacramentos da Igreja[8];
5) *Simbólico-sacramental*: o texto aparece como uma revelação, através da «testemunha ocular», da relação entre o Cristo histórico e o Cristo dos sacramentos, que, através do Espírito doado, faz chegar à Igreja os frutos da sua morte: a água simboliza o baptismo e o ES; o sangue simboliza a eucaristia (F. Raurell)[9];
6) *Simbologia cristológico-soteriológica*, que podemos subdividir nos seguintes grupos:
   6.1) *Cristo, Cordeiro Pascal*: o facto de não quebrarem as pernas a Jesus e a citação de 19,36 apresentam-no como cordeiro pascal

---

[3] A. SAVA, «The Wound».
[4] W. AMELING, «Evangelium Johannis 19,35».
[5] R. VICENT SAERA, «La halaka de Dt 21,22-23».
[6] J. WILKINSON, «The Incident».
[7] D. SAWYER, «Water and Blood».
[8] S. BROCK, «La festa nuziale». Para um estudo das leituras feitas no Cristianismo antigo, cf. A. MAGUIRE, *Blood and Water*. Para a apresentação sucinta dos textos patrísticos sobre o lado aberto, cf. A. CARMINATI, *È Venuto nell'Acqua e nel Sangue*, 89-114.
[9] F. RAURELL, «El costado abierto».

(grande parte dos autores, como, p. e., M. Miguens)[10]. O sangue e água apresentam a sua morte como cumprimento das condições levíticas (J. Ford)[11];

6.2) *Cristo, Servo e Templo*: 19,36 é referência ao «justo» do Sl 34 e a referência à pleura trespassada é uma alusão à pleura do Templo, com uma estreita conexão ao Santo dos Santos, ou seja à fonte do Templo, cumprindo, assim, a profecia de Ez 12,10 (M. Rigato)[12];

6.3) *Cristo, Cordeiro e Templo*: os factos e as citações, destinam-se a apresentar Jesus como o cordeiro pascal (que, através do seu sangue e tal como no Egipto, salva e consagra os novos filhos primogénitos de Deus) e como o Templo de Zc 12ss, cuja água purifica do pecado (S. Lyonnet)[13];

6.4) *Cristo Revelador*: o episódio manifesta, através da presença da testemunha, o interesse pela experiência de fé, que consiste em ver como «o crucificado» (sangue), oferece a revelação e a salvação (água), fazendo assim a identificação entre «o crucificado» e «o exaltado» (H.-J. Venetz)[14];

6.5) *Cristo, dador do Espírito*: o episódio tem um duplo carácter: pneumatológico (água) e cristológico (sangue). Os dois elementos estão intimamente ligados: o Espírito (água) não é apenas dado por Jesus, mas é o Espírito de Jesus, a sua vida profunda, simbolizada no sangue (I. de la Potterie)[15]; os factos revelam como a cristologia se prolonga na pneumatologia (S. Stancati).

7) *Simbologia cristológico-eclesiológica*: Cristo aparece como o novo Templo, fazendo perceber à comunidade que ela própria é o novo Templo, guiada pelo ES (M. Coloe)[16]; o evangelista serve-se do epi-

---

[10] M. MIGUENS, «Salió sangre y agua».
[11] J. FORD, «Mingled Blood».
[12] M. RIGATO, «Gesù, l'Agnello di Dio».
[13] S. LYONNET, «Il sangue nella trafittura».
[14] H.-J. VENETZ, «Zeuge des Erhöhten».
[15] I. de la POTTERIE, «Le symbolisme». No essencial a reflexão é a mesma noutros seus artigos: «Il costato trafitto»; «Volgeranno lo sguardo».
[16] M. COLOE, «Raising the Johannine Temple» (embora a autora não faça estudo específico da nossa perícope).

sódio das pernas não quebradas para exortar à unidade da comunidade (B. Longenecker)[17].

Outros autores condensam dois ou mais dos aspectos apresentados (p. e., E. Malatesta ou A. Carminati)[18].

2. Motivação do estudo

A leitura destes estudos permite-nos perceber-lhes quatro características:

1) são muito compartimentados e centralizados num ou noutro aspecto (as pernas de Jesus, o lado trespassado, o sangue e água, a identificação e/ou função da testemunha, as citações e a sua referência a uma ou outra passagem da Escritura, etc.);

2) as conclusões a que chegam são muito díspares (do fundamentalismo histórico ao simbolismo sem raiz histórica, da afirmação sacrificial e expiatória à negação da segunda e/ou da primeira, etc.);

3) a grande maioria dá uma grande relevância ao «sangue e água», quase como constituindo o episódio central da perícope (Stancati chama-lhe o «sintagma principal» ou «topical sequence» da narração e diz que, de todo o episódio, a saída do sangue e água é o que é «veramente importante nel testo»: p. 138)[19], de tal forma que o papel da testemunha de 19,35 é visto, pela maioria dos autores, como «interpretativo» do significado do «sangue e água»[20];

---

[17] B. LONGENECKER, «The Unbroken Messiah» (embora o estudo não seja aprofundado e trate a nossa perícope no conjunto de outras passagens).

[18] E. MALATESTA, «Blood and Water»; A. CARMINATI, È Venuto nell'Acqua e nel Sangue.

[19] Muitos comentários colocam, por isso, a perícope sob o título de «lado trespassado» ou «sangue e água»: cf. J. BERNARD, A Critical and Exegetical Commentary, II, 642; M. TENNEY, John, 265; R. BROWN, Evangelio, II, 1356; R. SCHNACKENBURG, Evangelio, III, 351; J. McPOLIN, John, 249; B. LINDARS, The Gospel, 584; R. BEASLEY-MURRAY, John, 352; R. CULPEPPER, The Gospel, 237; A. MARCHADOUR, L'évangile, 237; L. MORRIS, Evangelio, II, 447; A. GARCÍA-MORENO, El Evangelio, 418; B. MALINA – R. ROHRBAUGH, Social-Science Commentary, 317; G. ROUILLER, «Voici l'homme», 126; C. KRUSE, Il Vangelo, 490; J. ZUMSTEIN, L'Évangile, 256; cf., ainda, J. MATEOS – J. BARRETO, Evangelio, 832; R. FABRIS, Giovanni, 964; Y. SIMOENS, Secondo Giovanni, 777. O mesmo faz, p. e., a BJ. Apresentaremos uma resenha das diferentes interpretações do significado de «sangue e água» em II,4.5.

[20] Assim, p. e., J. SANDERS – B. MASTIN, A Commentary, 412; D. SENIOR, La Passione di Gesù, 128.130; J. HEIL, Blood and Water, 110; M. de BOER, Johannine Pers-

4) enquanto alguns procuram, sobretudo, o significado cristológico, outros fazem uma leitura soteriológica ou apenas pneumatológica.

Na nossa perspectiva, esta não nos parece a melhor aproximação, pois nem o «sangue e água» são o centro do episódio, nem, consequentemente, a função da testemunha ocular é, apenas ou sobretudo, dar disso testemunho, nem o significado do episódio (ou de parte dos seus elementos) é somente cristológico ou soteriológico.

Os acontecimentos de 19,33-34 aparecem encadeados e a *causa* de todos eles é a constatação da morte de Jesus (19,33). Tudo o que sucede, é uma *consequência da sua morte*, que não acontece por vontade ou acção dos Judeus (19,31) mas segundo o desígnio de Deus, tal como fora anunciado ao longo do Evangelho (3,14; 8,28;12,32.34: «ὑψόω») e o verbo «δεῖ» faz perceber (3,14; 12,34: «ὑψωθῆναι δεῖ τὸν υἱὸν τοῦ ἀνθρώπου / δεῖ ὑψωθῆναι τὸν υἱὸν τοῦ ἀνθρώπου»).

Por outro lado, este «já morto» tem como consequência não se quebrarem as pernas a Jesus. É a primeira consequência da sua morte: o corpo «inquebrado». Os outros factos dependem deste: o corpo só é trespassado, porque se mantêm inquebrado e é dele que sai «sangue e água». Ou seja, o dado fundamental, ao contrário do que diz a grande maioria dos autores, não é o «sangue e água», mas a morte de Jesus e a sua consequência: o corpo «inquebrado». O episódio aparece como a «plasticização» visível do que o QE preparou: o *significado* da morte de Jesus e as suas *consequências*.

As citações usadas pelo evangelista, objecto de estudo de muitos autores e que não correspondem exactamente a uma passagem do AT, devem ser lidas à luz da cristologia do QE e não apenas em si mesmas. De facto, no QE não é tanto a Escritura que ilumina o acontecimento «Jesus», mas a cristologia que não só ilumina, como redimensiona a Escritura. Ao contrário do que faz a grande maioria dos autores, que procura aplicar a citação de 19,36 ao facto de as pernas de Jesus não terem sido quebradas e a de 19,37 ao lado trespassado, é preciso ter em conta que o dado fundamental é o corpo «inquebrado» de Jesus, que é trespassado precisamente por se manter «inquebrado». Por isso, a segunda citação está intimamente ligada à primeira e ambas dependem do facto «inquebrado». Estes dados são importantes, na medida em que

---

pectives, 297.302; M. CASEY, *Is John's?*, 158; D. TOVEY, *Narrative Art*, 133-134; A. DEWEY, «The Eyewitness», 61-62; A. LINCOLN, «The Beloved Disciple as Eyewitness», 12-15.24-25; H. WAETJEN, *The Gospel*, 404.

convidam a uma leitura das citações não como o cumprimento de uma passagem determinada, mas de «toda» a Escritura, que «não pode ser anulada/destruída» (10,35) e que encontra a sua «unidade» de «cumprimento» em Jesus.

Tendo isto presente, o testemunho de 19,35 não se refere apenas à saída do «sangue e água», mas ao significado de todo o episódio: o sentido da morte de Jesus e do seu corpo «inquebrado» e trespassado. E, por outro lado, os factos não devem ser lidos como tendo uns um significado cristológico e outros um sentido soteriológico. Como procuraremos demonstrar, todo o episódio e todos os factos, têm um significado cristológico primeiro, do qual depende o sentido soteriológico e o eclesiológico. De facto, como sublinha Koester (e pedimos ao leitor que o tenha sempre presente ao longo deste estudo), a principal estrutura do simbolismo do QE tem sempre dois níveis: o cristológico e o que se refere aos discípulos[21].

O que nos motiva, portanto, é fazer uma aproximação diferente ao texto, que respeite a centralidade dos factos e a leitura do «olhar» de fé que a testemunha ocular faz, não apenas a partir das citações, mas do redimensionamento que a cristologia, soteriologia e eclesiologia do QE lhes confere. Só assim poderemos perceber o que o narrador pretende obter como resposta do leitor, quando afirma «para que também vós acrediteis» (19,35).

3. Metodologia e itinerário

O episódio de 19,31-37 é dividido pelo próprio evangelista em três partes fundamentais: os factos (19,31-34), a leitura de «cumprimento» da Escritura (19,36-37) e a ligação entre as duas, feita por uma sua intervenção directa e inesperada (19,35).

Respeitando a forma conferida à perícope, é preciso primeiro estudar os factos e o andamento que a construção do texto lhes dá, para, desta forma, descobrir o episódio central, no que respeita aos acontecimentos e seu significado. Só num segundo momento aparece o cumprimento da Escritura. No entanto, tudo é narrado e interpretado com base no «testemunho verdadeiro» da testemunha ocular, com uma pragmática bem vincada e explícita: «para que também vós acrediteis». Por outras palavras, procuraremos seguir o «método» do narrador: em primeiro lugar,

---

[21] Cf. C. KOESTER, *Symbolism*, 13.

a apresentação dos factos, considerando o contexto de todo o Evangelho; depois, o significado dos factos à luz da tradição; em terceiro lugar, a finalidade e intenção da apresentação e interpretação do episódio, com base no «testemunho verdadeiro» da testemunha ocular.

Olharemos para o texto como uma unidade, aproximando-nos, sobretudo, com o método sincrónico e semântico. Utilizaremos também o método diacrónico, entendido como estudo das fontes veterotestamentárias e sinópticas usadas (ou ainda, pontualmente e quando tal nos parecer importante, o pensamento apresentado nos escritos joaninos). Finalmente, ao dedicarmo-nos à finalidade da perícope (procurando estudar a intenção do narrador em relação à resposta do leitor, expressa em 19,35), utilizaremos o método pragmático, tendo em conta também a semântica.

Desta forma, dividiremos o nosso estudo em cinco capítulos:

O primeiro capítulo fará uma primeira aproximação ao texto. Enquadraremos a perícope no contexto do QE (geral: apresentando uma proposta de estrutura algo original, que permita uma melhor compreensão do significado da nossa perícope; próximo: a última Páscoa e o «primeiro dia da semana»; e imediato: o Calvário). Dedicar-nos-emos, seguidamente, à delimitação, à crítica textual e à fixação do texto grego, para, depois, realizarmos a análise linguístico-sintáctica, de forma a estabelecer as categorias e as formas gramaticais do texto, o seu aspecto formal, os seus temas e, finalmente, a sua tradução. Num quarto momento realizaremos um estudo semântico preliminar, de forma a estabelecer os campos e as oposições semânticas (explícitas e implícitas), que trazem à luz as linhas de significado, o andamento e o centro da perícope, com base nos quais estruturaremos o restante estudo.

O segundo capítulo corresponde à primeira linha de significado (destruição-morte/inquebrado-vida). Estudaremos como a vontade e o pedido dos Judeus (de quebrarem as pernas aos crucificados, para acelerar a sua morte) não se concretiza em Jesus, porque os soldados, quando chegam a Jesus, «o viram já morto». Esta constatação apresenta a morte de Jesus, tal como tinha sido anunciado no QE, não como desígnio dos Judeus, mas de Deus. Por isso, dedicar-nos-emos ao estudo da forma como o evangelista preparou o leitor para entender este «já morto». De seguida, tendo em consideração que a morte de Jesus tem consequências (o corpo de Jesus mantém-se «inquebrado e é trespassado») dedicar-nos-emos à maneira como o narrador foi preparando o leitor para perceber as consequências da «exaltação» e «glorificação» de Jesus, nas quais o corpo «inquebrado» e trespassado encontra a sua chave de leitura. Então, podemos debruçar-nos sobre o significado do «sangue e água» que saem deste corpo «inquebrado», que, manifestando a morte de Jesus, revelam, ao mesmo tempo, a cristologia e como esta morte se transformou em fonte de vida. Este estudo parte da premissa apresentada: quer o anúncio da exaltação/glorificação de Jesus, quer das suas consequências têm sempre, no QE, uma primeira dimensão cristológica e, dependente desta, uma dimensão (consequência) soteriológica e eclesiológica. Desta forma, procuramos analisar quer o «já morto», quer as consequências que daí advêm (o corpo «inquebrado» e trespassado) nesta dupla perspectiva (cristológica e, dependente desta, soteriológica e eclesiológica).

No *capítulo terceiro*, dedicamo-nos às citações de 19,36-37, ou seja, ao estudo da tradição, utilizando, portanto, o método diacrónico, mas também o sincrónico-semântico. E isto porque, como ao longo do QE, o evangelista apresenta passagens escriturísticas não completamente identificáveis, de forma a fundir quer várias referências veterotestamentárias, quer imagens, símbolos e metáforas. A finalidade é apresentar-nos uma «cristificação» do anunciado no AT, de acordo com a sua teologia. Para estudar este processo, recorremos à teoria dos «espaços mentais» de Fauconnier. Segundo esta teoria cognitiva, um espaço genérico, provocado por determinada expressão ou conceito, evoca, por sua vez, uma série de «input spaces» (elementos e estruturas de outros espaços mentais), que, entrando em relação entre si através de um «mapa» de relações de estrutura ou de semântica, criam uma «fusão», que dá origem a um novo conceito. Este, que já não se identifica com os anteriores, dá conteúdo ao «espaço genérico», criando algo de novo[22]. Veremos, pois, como as citações de 19,36-37, que, por não corresponderem exactamente a uma passagem veterotestamentária determinada, evocam vários espaços mentais, que se fundem num conceito novo, determinado pelo *background* do AT, mas, sobretudo, pelo pensamento do QE.

No *quarto capítulo* dedicamo-nos à imagem-fusão, na qual confluem todas as outras (e seu significado cristológico, soteriológico e eclesiológico) que estudamos no capítulo anterior: o corpo-Templo de Jesus,

---

[22] Cf. G. FAUCONNIER, *Mappings in Thought*, 149-158; ID. – M. TURNER, *The Way We Think*, 40-50, onde se apresentam os princípios da «fusão» e se descreve o processo. Preferimos deixar para o cap. III a explicação da terminologia e do método-processo.

«inquebrado» e trespassado, como a sinfonia apoteótica da história da salvação (a revelação plena e a salvação do homem).

No *quinto e último capítulo* procuraremos estabelecer a finalidade da perícope, tal como o próprio narrador no-la apresenta: «para que também vós acrediteis» (19,35). A proximidade vocabular entre 19,35 e as conclusões do QE (20,31; 21,24) relacionam os textos e inserem 19,35 na finalidade da obra. Partindo de 20,31 — que apresenta a narração dos «sinais» com a finalidade de provocar no leitor (que passa por dificuldades externas e internas) o aprofundamento da fé em Jesus (como o Cristo e o Filho de Deus), como condição de «ter a vida no seu nome» (mais uma vez, primeiro a cristologia e, consequentemente, a soteriologia e a eclesiologia [vós]) — procuraremos estudar a pragmática de 19,35 como um convite que assenta nestes pontos fundamentais: o aprofundamento da fé no conteúdo dos acontecimentos que se dão no «sinal» por antonomásia, o corpo-Templo inquebrado de Jesus (2,18). Esta narração fundamenta-se no «testemunho verdadeiro» da testemunha ocular, ao qual o narrador deu a sua adesão e convida o leitor a «também» o fazer, mantendo «inquebrável» a sua fé cristológica, como condição das consequências soteriológicas e eclesiológicas. Por isso, dedicar-nos-emos à importância do «dar testemunho» e à sua relação com a revelação, a verdade e o confessar a fé. Aqui será necessário responder à questão da identidade desta personagem, pois é aí que reside não só a autoridade do seu testemunho, como o facto de ser, como veremos, uma referência para a comunidade. Esta relação entre a testemunha (na nossa perspectiva, o DA) e a comunidade, levar-nos-á às relações do DA com os discípulos de Jesus (a Mãe de Jesus, Pedro e Judas), nas quais o leitor é convidado a ler a sua própria situação. Estudaremos então a importância do tema da «inquebrantabilidade» do corpo de Jesus para a pragmática cristológica, eclesial e eucarística. Para isto, seguiremos o método semântico e o pragmático, tendo em conta o contexto vital do leitor.

Capítulo I

O contexto e o texto

A perícope que estudamos integra-se no momento mais dramático do QE e dá uma ênfase especial aos acontecimentos que se seguem à morte de Jesus. Para um melhor enquadramento e estudo de significado, procederemos primeiro à análise do contexto: geral, próximo e imediato. Seguidamente delimitaremos o texto e faremos a sua crítica textual, para estabelecermos o texto grego. Num terceiro momento, dedicar-nos-emos à análise linguístico-sintáctica, classificando as palavras, o aspecto formal e os temas do texto, para, seguidamente, apresentarmos a sua tradução. Entraremos, depois, no estudo semântico (os campos, as oposições), de forma a podermos traçar as linhas de significado e o andamento e o centro da perícope.

1. O enquadramento

Enquadremos a nossa perícope nas diferentes molduras do QE: o contexto geral (estrutura), o próximo (a última Páscoa e «o primeiro dia da semana»: 13,1-20,28) e o imediato (o Calvário: 19,16b-42).

1.1 *O contexto geral: estrutura do QE*

A maioria dos autores, seguindo Bultmann, vê duas grandes partes no QE: os cap. 2-12 e os cap. 13-20, precedidos de um prólogo (1,1-18) e de uma introdução (1,19-51) e sucedidos de um epílogo suplementar (cap. 21)[1]. Dodd recolhe esta divisão, mas intitula a primeira «Livro

---

[1] Cf. R. BULTMANN, *Gospel*, 111: o autor chama à primeira parte «a revelação da "δόξα" perante o mundo (2-12)» e à segunda «a revelação da "δόξα" perante a comunidade (13-20)».

dos Sinais» e a segunda «Livro da Paixão»[2] (a que outros chamam «da Glória»[3] ou «da Hora»[4]). Esta macro estrutura vingou no pensamento da maior parte dos exegetas[5].

No entanto, quando se passa para o problema da estrutura mais detalhada, as opiniões tornam-se muito mais díspares: das que não individualizam uma estrutura (Schnackenburg), às que a delineiam a partir de critérios temáticos, dramáticos, quiásticos, tipológicos, simbólicos, cronológicos, topológicos ou litúrgicos[6]. O problema reside no facto de que, quando se assume apenas um critério, ficam esquecidos outros elementos textuais ou temáticos estruturantes. Por isso, conforme a proposta de Beutler, seguimos uma estrutura combinada, que tenha em consideração critérios formais e conceptuais (topografia, cronologia, liturgia...)[7].

A primeira peregrinação a Jerusalém é antecedida do Prólogo (1,1-18) e de uma semana inaugural e programática (prólogo narrativo), que termina com o «início dos sinais» e a «manifestação da glória» de Jesus em Caná da Galileia e a introdução do tema da «hora» (1,19-2,12) (palavras que remetem para as duas grandes partes do Evangelho). Trata-se de uma espécie de introdução programática, pois o enquadramento e conteúdo das bodas de Caná remetem para os temas do dom da Lei, da Aliança e da era messiânica, o que é explicitado nas passagens seguintes (já integradas na primeira peregrinação de 2,13ss): Jesus vem para os Judeus e suas instituições (2,13-3,36), os samaritanos e galileus (4,1-45), os considerados pagãos (4,46-54). O texto de 4,54 faz inclusão com 2,1-12 pela referência ao «sinal» («primeiro»; «segundo») e a «Caná da Galileia»[8].

O papel estruturante das quatro viagens de Jesus[9] deve ser conside-

---

[2] Esta designação deve-se a C. DODD, *Interpretation*, 289.

[3] Cf. R. BROWN, *Evangelio*, I, 79-81.

[4] Cf. D. MOLLAT, «Introdução ao Evangelho», 1981.

[5] Alguns, no entanto, propõem uma estrutura tripartida, como, p. e.., J. BERNARD, A *Critical and Exegetical Commentary*, I, xxx.xxxiii; A. GUILDING, *The Fourth Gospel*, 3.231; C. GIBLIN, «The Tripartite Narrative Structure».

[6] Para uma desenvolvida apresentação das diversas propostas de estrutura, cf. G. MLAKUZHYIL, *The Christocentric Literary Structure*, 18-55.

[7] Cf. J. BEUTLER, *L'ebraismo e gli Ebrei*, 12-14.

[8] Cf. F. MOLONEY, *Gospel*, 63-65.67.72-73, que segue Brown.

[9] Consideradas estruturantes por M. RISSI, «Der Aufbau», 48-54. Rissi pretende que a secção climática comece em 10,40, onde é referida a última viagem de Jesus, mas não tem em conta que a viagem é antecipada por causa da morte de Lázaro e que se trata mais do final de uma secção que do início de outra (como a referência ao

rado tendo em conta a sua razão de ser, ou seja, as peregrinações por ocasião das festas judaicas[10]: em 2,13 para a primeira Páscoa; em 5,1 para «a festa» (provavelmente Pentecostes, embora a questão introduzida seja a doutra instituição judaica: o sábado); em 7,2 para os Tabernáculos; em 11,1ss para a última Páscoa, novamente recordada em 11,55; 12,1 (onde começa uma cronologia: «seis dias antes da Páscoa») e 13,1 (que inicia o «Livro da Hora» ou «da Glória»). A festa da Dedicação do Templo (10,22) insere-se facilmente nesta estrutura, visto que Jesus já se encontra em Jerusalém. Por outro lado, a viagem para a última Páscoa (11,1) serve de enquadramento à «viagem» derradeira: «a hora de passar (ἵνα μεταβῇ) deste mundo para o Pai» (13,1).

Este esquema parece interromper-se com a segunda Páscoa (6,4), visto que Jesus não se dirige a Jerusalém. Segundo Beutler isto explica-se por o cap. 6 ser possivelmente um acrescento, motivado pelo influxo dos Sinópticos[11]. Na nossa perspectiva, trata-se de uma omissão com motivos cristológicos, ligando a «não subida» e o discurso do «pão da vida» à «subida» da última Páscoa, onde a carne e o sangue de Jesus serão oferecidos[12]. O mesmo se passa com o tema da «realeza»: Jesus recusa o título de «rei» no cap. 6 e afirma-o na última Páscoa (18,37[13]; aliás, a Paixão gira à volta deste tema: cf. I,1.2).

O «Livro dos Sinais» (2-12) termina com a abertura de uma semana final (11,55: transição; 12,1ss: a da última Páscoa), que se prolonga até 19,42 (e, portanto, introduz ao mesmo tempo a segunda parte, já anun-

---

Baptista em 10,40.41 claramente deixa perceber), embora a prepare. A importância das viagens de Jesus, para a estrutura do Evangelho, é ainda relevada por J. STALEY, «The Structure»; F. SEGOVIA, «The Journeys of the Word of God»; ID., «The Journeys of Jesus to Jerusalem».

[10] Sobre a importância das festas judaicas na estruturação do Evangelho, cf. D. MOLLAT, «Introdução ao Evangelho», 1981-1982.

[11] Cf. J. BEUTLER, *Studien zu den johanneischen Schriften*, 247-262, sobretudo 247 com nota 2; P. MARITZ – G. van BELLE, «The Imagery», 334-335 com bibliografia da nota 11.

[12] Por isso, não é por acaso que o cap. 6 termina com uma referência à entrega de Jesus por Judas como algo que «estava iminente» (ἔμελλεν: 6,71). A afirmação sobre Judas voltará na introdução à ultima Páscoa ($\text{ὁ μέλλων αὐτὸν παραδιδόναι}$: 12,4). Sobre o sentido de «μέλλω» como algo que «está iminente»: cf. 4,47; 6,6.15.71; 7,35bis.39; 11,51; 12,4.33; 14,22; 18,32. Na maior parte dos casos está ligado à morte de Jesus: 6,71; 7,35; 11,51; 12,4.33; 18,32; cf. 14,22.

[13] Cf. R. KIEFFER, «L'image royal de Jésus», 244.

ciada em 11,15), e conclui com o balanço da vida pública de Jesus em 12,37-50, concretamente referindo a incredulidade dos Judeus apesar de «tantos sinais» (12,37-43) e apresentando um discurso de Jesus «che riassume in modo concentrato il modo e l'intenzione della sua attività»[14]. A segunda parte é, assim, introduzida pelo final da primeira parte, ou seja, a última viagem para Jerusalém para a Páscoa derradeira, antecipada por causa da morte de Lázaro (cuja ressurreição introduz a morte e ressurreição de Jesus em Jerusalém: a ressurreição de Lázaro é a causa imediata da decisão de matar Jesus — cf. 11,45-54)[15] mas enquadrada pelas referências à festa da Páscoa (11,55; 12,1; 13,1). A unção de Betânia («seis dias antes da Páscoa») e a entrada messiânica em Jerusalém («no dia seguinte») introduzem claramente o leitor na «hora» da «glória» de Jesus, enquadrando-a, desde logo, em contexto pascal e real (cf. I,1.2).

Desta forma, os cap. 11-12 são uma espécie de ponte entre a actividade pública de Jesus e o momento da sua Páscoa.

O «Livro da Hora» ou «da Glória» (13,1-20,29) está enquadrado temporalmente pelas referências à festa da Páscoa: 13,1 («antes da festa da Páscoa»), 18,28 («comer a Páscoa»), 19,14.31.42 («a preparação [da Páscoa: 19,14]»[16]). Portanto, toda a Paixão está enquadrada pela Páscoa: «antes»…«preparação». Mas, o dia de Páscoa não chega a ser narrado: nesse dia nada acontece (Jesus está no sepulcro). No seu lugar aparece uma referência completamente nova: «o primeiro dia da semana», que marca o ritmo narrativo de todo o cap. 20 (20,1.19[.26]). Desta forma, o evangelista, com ironia, depois de ter preparado o leitor para a festa da Páscoa antiga, apresenta-lhe uma «festa» completamente nova: a da presença do Ressuscitado na comunidade dos seus discípulos. A sucessão dos acontecimentos leva-nos a considerar como um todo os cap. 13-20, tal como procuramos demonstrar na estrutura e na sua explicação, tendo em conta as mudanças de cenários, de personagens, dos temas e as indicações textuais, que apresentaremos na próxima secção.

---

[14] K. WENGST, *Vangelo*, 29.

[15] Cf., a este propósito, H. THYEN, «Johannes 10».

[16] Alguns autores defendem que a «preparação» se refere ao sábado (19,31; cf. M. SABBE, «The Johannine account», 44), mas a insistência anterior na «Páscoa» leva-nos a considerar a ligação íntima entre a «preparação» e a Páscoa.

Ao cap. 21, tal como grande parte dos autores a partir de Bultmann, consideramo-lo um «epílogo», que desde muito cedo (se não mesmo originalmente) fez parte do Evangelho[17].

As viagens e as festas estão, portanto, ao serviço da cristologia: os conteúdos das festas servem para a revelação cristológica e soteriológica. Assim:

1) *A festa da Páscoa*, como festa da presença salvífica e libertadora de Deus, encontra em Jesus a sua mais alta expressão;

2) *A «festa» (sem nome)* de 5,1, vista por alguns exegetas como a de Pentecostes (que sucede, como festa de peregrinação, à da Páscoa — assim também no Evangelho), que se caracteriza pelo juízo divino[18] e pela celebração do dom da Lei e da sua renovação, serve de enquadramento para Jesus se revelar como aquele que veio para um juízo (5,19-30) e para manifestar que, na Lei, Moisés, de facto, escreveu acerca de Jesus (5,45-47), mas que o verdadeiro sentido da Lei é revelado por este (5,1-18). No entanto, a ausência do nome da festa permite que seja introduzido o tema da festa semanal — o sábado — também ele moldura para a revelação de Jesus;

3) *A festa dos Tabernáculos* (7,2), com os seus ritos próprios (procissão à fonte de Siloé, onde se recolhia *água* para derramar sobre o altar do Templo; a *luz* com que se revestia o Templo) é a base para Jesus apresentar a promessa da «água viva» (7,37ss) e se revelar como «luz do mundo» (8,12). No episódio do cego de nascença (cap. 9) os dois temas estão ligados;

4) *A festa da Consagração (ou Dedicação) do Templo* (10,22), serve para revelar como Jesus cumpre e supera o significado do Templo, sinal da presença divina, porque Ele é quem o «Pai consagrou» (10,36) e, por isso, o verdadeiro sinal da presença de Deus: «o Pai está em mim e eu no Pai» (10,38);

---

[17] Como procura demonstrar P. MINEAR, «The Original Functions», o cap. 21 faz parte do «design» do QE. De facto, «completes the double story of Peter and the beloved disciple, wich began in chapter 13, and thereby indicates the continuing history of the church between the resurrection appearances and the Parousia (cf. 21,22)»: R. BAUCKHAM, *The Testimony*, 78. Cf. L. SÁNCHEZ NAVARRO, «Estructura testimonial», 515-516. Para um estudo mais desenvolvido : J. ZUMSTEIN, «La rédaction finale».

[18] Tal como refere a *Mishna*, no *RhSh*, I,2.

5) *A festa da última Páscoa* dá lugar à *«festa» do «primeiro dia da semana»*: dia da Ressurreição (20,1) e da reunião dos discípulos (20,19ss — já não o sábado). A comunidade aparece como lugar da experiência do Ressuscitado, que doa o Seu Espírito.

Como afirma Beutler, a importância cristológica e teológica desta estrutura consiste em revelar como «Gesù porta a perfezione sia i tempi sacri come gli spazi sacri di Israele (all'inizio ed alla fine sta il Tempio!)»[19]. Precisando a afirmação de Beutler, note-se como, depois da semana inaugural (que serve de prólogo narrativo, apresentando Jesus, formando o movimento de discipulado e introduzindo, no episódio das Bodas de Caná, os temas do Evangelho), o ensinamento público de Jesus em Jerusalém começa no Templo (2,13) e nele termina por ocasião da Festa da Dedicação/Consagração do Templo (10,22-42)[20], quando se afirma que Jesus é o verdadeiro «consagrado/dedicado» de Deus (cf. IV,3.2.2).

Na segunda parte, no princípio e no fim, encontramos um novo «espaço» onde Jesus está presente: o «lugar» onde os discípulos estão reunidos (13-17; 20,19-29), e, no fim, um «tempo» novo provocado pela morte e ressurreição de Jesus: o «primeiro dia da semana» (20,1.19.26). Assim, se no princípio e no fim da primeira parte encontramos o Templo, no princípio e no fim da segunda, encontramos Jesus reunido com os seus discípulos. E se a primeira parte está enquadrada pelas festas judaicas, a segunda desenvolve-se à volta da Páscoa de Jesus, que dá lugar a uma nova marcação temporal: «o primeiro dia da semana».

Podemos, com base nisto e sucintamente, apresentar a nossa proposta de estrutura do Evangelho da seguinte forma:

1,1-18 Prólogo

Livro dos Sinais

Prólogo narrativo: semana inaugural e sinal programático em Caná (1,19-2,11; 2,12: transição)

- Peregrinação a Jerusalém: primeira Páscoa (2,13-4,45)

    Regresso a Caná: segundo sinal (4,46-54)

- Peregrinação a Jerusalém: a «festa» e o sábado (5,1-47)

---

[19] J. BEUTLER, *L'ebraismo e gli Ebrei*, 13.

[20] Os episódios seguintes, pertencem à secção de transição, que introduz a peregrinação por ocasião da última Páscoa.

- A «não peregrinação» a Jerusalém: segunda Páscoa (6,1-71)
- Peregrinação a Jerusalém (7,1-10,42) para:
    Festa dos Tabernáculos (7,1-10,21)
    Festa da Consagração do Templo (10,22-42)
- **Secção de Transição:** Peregrinação a Jerusalém para a terceira Páscoa (11,1-12,36):
    Motivo da antecipação da viagem: Lázaro (11,1-54)
    «Ele virá à Festa?»: transição (11,55-57)
    Semana final: «Seis dias antes da Páscoa» e unção de Betânia (12,1-11)
    «No dia seguinte»: entrada messiânica em Jerusalém (12,12-36)
Conclusão do Livro dos Sinais (12,37-50)
Livro da Hora: a Peregrinação Gloriosa «deste mundo para o Pai» (13,1-20,29)
Introdução (13,1)
- Jesus e os seus (13,2-14,31; 15-17)
  - A «preparação da Páscoa»: Paixão, morte e sepultura (18-19)
  - Uma nova festa: a ressurreição e o primeiro dia da semana (20,1-18)
- Jesus e os seus: a presença do Ressuscitado na comunidade dominical (20,19-29)
Primeira conclusão: a finalidade do Evangelho (20,30-31)
Epílogo: a presença do Ressuscitado na missão da comunidade (21,1-23)
Segunda conclusão (21,24-25)

Explicaremos melhor a divisão da segunda parte do Evangelho no título sucessivo.

1.2 *O contexto próximo:*
a última Páscoa e «o primeiro dia da semana»

Embora já preparada nos cap. 11-12, a secção da Paixão começa inequivocamente com a expressão de 13,1: «antes da festa da Páscoa, sabendo Jesus que chegara a sua hora de passar deste mundo para o Pai, tendo amado os seus que estavam no mundo, amou-os até ao extremo»[21]. A «hora» anunciada chega finalmente e o que Jesus realiza a

---

[21] Não concordamos com G. MLAKUZHYIL, *The Christocentric Literary Structure*, 19, quando afirma que a Páscoa começa no cap. 12, citando 12,27, pois ali trata-se do

partir de agora está marcado pela consciência (εἰδώς) de que a sua «hora chegou» (e não apenas em 18,1).

Para a estruturação é preciso ter em conta os verbos de movimento, que introduzem cenários novos e novas personagens e situações. Toda a primeira parte (13-17) se desenrola durante a ceia (13,2), portanto em casa, e estende-se até à ordem de Jesus: «levantai-vos; partamos daqui» (ἐγείρεσθε, ἄγωμεν ἐντεῦθεν: 14,31) que liga directamente com 18,1 («Tendo dito isto, Jesus foi com os seus discípulos para o outro lado da corrente do Cedron»)[22]. Portanto, seguindo Zumstein e outros autores, consideramos os cap. 15-17 um desenvolvimento dos temas já tratados nos cap. 13-14[23].

O início da segunda subsecção (18,1-12) está marcado por outros dois verbos de movimento de que Jesus é sujeito, juntamente com os

---

anúncio e da consciência que Jesus tem de que a sua «hora» está a chegar. Por outro lado, o texto de 13,1-3 «non introduce solo la successiva scena della lavanda dei piedi, bensì introduce nello stesso tempo anche tutta la seconda parte del vangelo, intonando la tematica del discorsi di addio e avendo di mira la passione e la pasqua»: K. WENGST, *Vangelo*, 29. Segundo J. BEUTLER, «Die Heilsbedeutung des Todes Jesu», 194, o lava-pés é um dos textos mais importantes para entender a morte de Jesus. Assim também H. NIELSEN, «John's Understanding», 241-242, o lê como uma introdução à Paixão (e de toda a missão de Jesus, de que a Paixão é ponto culminante) no enquadramento do «serviço».

[22] Cf. R. SCHNACKENBURG, *Evangelio*, III, 121 (com nota 256) e 272. Schnackenburg critica os que pretendem ver o imperativo «levantai-vos» como espiritual e não físico (Dodd e Zimmermann). De facto, «ἐντεῦθεν» (daqui) alude também em 2,16 e 7,13 a uma mudança espacial e em 19,18 fornece uma indicação geográfica. Apenas em 18,36 está referido à transcendência, mas sem verbo de movimento. Por isso, este autor considera que, numa primeira fase de redacção, o versículo ligava directamente com 18,1 (cf. *Ibid.*, 26.124.272) e só mais tarde foram inseridos os cap. 15-17 (cf. *Ibid.*, 122-124). A. DESTRO – M. PESCE, *Cómo nació*, 106-109, embora concordando com o sentido físico do «levantai-vos», procura salvaguardar a unidade de 13-17 defendendo que Jesus se refere à saída do triclínio (sala de comer), mas não do edifício (cf. ID., «L'ultima sera di Gesù», 20-31). A hipótese não tem fundamento no texto. Para as cinco hipóteses de explicação da dificuldade de 14,31c, cf. J. ZUMSTEIN, *L'Évangile*, 88.

[23] J. ZUMSTEIN, «L'interprétation johannique», 2130, defende que o segundo discurso (15,1-16,4a) e o terceiro (16,4b-33) são «releituras» do primeiro (13,31-14,31). Para uma exposição mais alargada sobre este processo de releitura: cf. ID., *L'Évangile*, 91-93. Acrescentamos nós: o cap. 17 retoma, na conversa com o Pai, os temas anteriormente conversados com os discípulos. M. LÓPEZ BARRIO, «Juan 17», 49, chama-lhe «una verdadera síntesis de revelación». Cf. G. FERRARO, *L'Ora*, 260; K. WENGST, *Vangelo*, 573-574.

seus discípulos: com eles «saiu» do cenáculo (ἐξῆλθεν) e «entrou» (εἰσῆλθεν) num jardim, ao qual chega Judas com os guardas. A dupla referência aos discípulos e a insistência de que eles estão com Jesus (duas vezes em 18,1) liga o texto ao que está antes[24]. A referência a «σπεῖρα» e «ὑπηρέτης» em 18,3.12 forma uma espécie de inclusão.

O início da terceira (18,13-27) é marcada por um novo verbo de movimento, mas desta vez com Jesus como complemento directo: os soldados conduziram (ἤγαγον) Jesus a um novo cenário, a casa de Anás e depois de Caifás. Desenvolvem-se, em paralelo, as acções de Pedro e do «outro discípulo» e as três negações daquele[25]. Os outros discípulos já não estão presentes (apenas Pedro e o «outro discípulo») e surgem personagens novas: Anás, Caifás e a porteira[26]. Em 18,26 recorda-se de novo o jardim de 18,1, o que de certa forma cria inclusão, tal como o facto de continuar a ser «noite». A ligação ao episódio anterior é feita ainda pela presença de dois dos discípulos, dos soldados e do servo do Sumo-Sacerdote, que tinha estado no jardim.

A quarta subsecção (18,28-19,16a) inicia com um novo verbo de movimento e, portanto, uma nova deslocação, em que também Jesus é objecto: «conduzem» (ἄγουσιν) Jesus (não se percebe se os soldados, se os Judeus) a um novo cenário, o pretório de Pilatos. Já não é noite, mas manhã e já não há qualquer referência aos discípulos. A temática fundamental é a origem e, sobretudo, a realeza de Jesus. O episódio ter-

---

[24] A maior parte dos autores, como G. MLAKUZHYIL, *The Christocentric Literary Structure*, 228-229, considera os cap. 18-19 à parte de 13-17. Ora, o próprio texto faz ligações, como, p. e.: a presença de todos os discípulos, a concretização da traição de Judas anunciada no cap. 13, tal como as três negações de Pedro (que se concretizarão na subsecção seguinte). Além disso, o episódio no Cédron acontece na continuidade da «noite» noticiada em 13,30 e recordada subtilmente em 18,3, através da referência às lanternas e archotes.

[25] «18,12-27 employs the dramatic technique of *double-stage action*, since, while Jesus is tried by the high priest (18,19-24), Peter is questioned by others (18,15-18.25-27). There is a striking contrast between the courageous conduct of Jesus before the high priest and the cowardly denials of Peter before the high priest's servant»: G. MLAKUZHYIL, *The Christocentric Literary Structure*, 229.

[26] Por isso, ainda que tendo em consideração os elementos de ligação, preferimos considerar 18,1-12 e 18,13-27 como subsecções diferentes, em vez de as unir como faz A. JANSSENS DE VAREBEKE, «La Structure», 506.509-511, ou R. BROWN, *Evangelio*, I, 1155. Também E. MALATESTA, «Blood and Water», 169, faz a divisão, mas considerando 18,1-11 e 18,12-27. Preferimos manter 18,11 na subsecção anterior, pois decorre no mesmo espaço (jardim) e só em 18,12 há uma deslocação.

mina com a condenação de Jesus e um verbo de que este é de novo complemento directo: Pilatos «entregou-o» (παρέδωκεν αὐτὸν αὐτοῖς) para ser crucificado (19,16a). Em 18,30 tinham sido os Judeus a «entregar» Jesus a Pilatos (σοι παρεδώκαμεν αὐτόν), agora trata-se da situação inversa, o que cria inclusão entre 18,30 e 19,16a. A inclusão é ainda constituída pela referência à «preparação da Páscoa» (18,28; 19,14, assim como pelo facto da referência à «hora sexta» (19,14) que enquadra todo o episódio na «manhã»[27].

O início da quinta (19,16b-42) liga a subsecção à anterior: Pilatos «entregou-lhes» Jesus (παρέδωκεν: 19,16a) e eles «tomaram» (παρέλαβον) Jesus para ser crucificado (19,16b). Mas, imediatamente o evangelista apresenta Jesus de novo como sujeito da acção e, portanto, senhor dos acontecimentos, num novo verbo de movimento: Jesus não é «feito sair», mas «saiu» (ἐξῆλθεν) carregando ele próprio a cruz (βαστάζων ἑαυτῷ τὸν σταυρόν)» para um novo cenário: o Calvário. Tudo o que se segue aí se desenrola, mesmo a sepultura (cf. 19,41). Há uma leve inclusão entre 19,16b (παρέλαβον οὖν τὸν Ἰησοῦν) e 19,40.42b (ἔλαβον οὖν τὸ σῶμα τοῦ Ἰησοῦ / ἔθηκαν τὸν Ἰησοῦν)[28].

A sexta parte (20,1-10) está ligada ao que antecede pois passa-se no jardim do sepulcro. Mas é um episódio novo, visto tratar-se da manhã de um novo dia («primeiro da semana») e de uma situação nova: o sepulcro está vazio. As personagens centrais são Maria, mas sobretudo Pedro e o «outro discípulo». Mais uma vez os verbos de movimento marcam o ritmo dos episódios. Maria «vai» (ἔρχεται) ao túmulo, descobre-o vazio e «vai» (ἔρχεται) a Simão Pedro e ao «outro discípulo» anunciar que levaram o corpo de Jesus. Simão «saiu» (ἐξῆλθεν: o acento é posto em Pedro) juntamente com «o outro discípulo» e «foram para» (ἤρχοντο εἰς) o sepulcro. O episódio termina com o regresso dos discípulos a casa (ἀπῆλθον οὖν πάλιν πρὸς αὐτούς). A cena é dominada pelo

---

[27] A subsecção está construída por sete cenas alternadas «dentro» e «fora» do Pretório, em disposição concêntrica, com o centro em 19,1-3 (fora: 18,28-32; dentro: 18,33-38a; fora: 18,38b-40; dentro: 19,1-3; fora: 19,12-16a; dentro: 19,9-11; fora: 19,4-8): cf. A. JANSSENS DE VAREBEKE, «La Structure», 515-522 (especialmente 521); R. BROWN, *Evangelio*, II, 1245-1255 (especialmente 1247). No entanto, como sugere C. GIBLIN, «Confrontation in John 18,1-27», 212 nota 7, o esquema não se limita a um «dentro» e «fora» mas há uma «*over-all progression*» que começa com um diálogo a sós de Pilatos com Jesus e termina com a entrega de Jesus por Pilatos para ser crucificado. De qualquer forma, tudo decorre num único espaço: o Pretório.

[28] Cf. G. MLAKUZHYIL, *The Christocentric Literary Structure*, 230.

«não saber», que faz inclusão entre o «não sabemos» de Maria Madalena (20,2: οὐκ οἴδαμεν) e a explicação do narrador da razão porque «não sabiam» em 20,9: «não tinham ainda percebido [sabido: οὐδέπω γὰρ ᾔδεισαν] que, conforme a Escritura, ele devia ressuscitar dos mortos».

A sétima parte (20,11-18) começa com a presença inesperada de Maria junto ao sepulcro (pois em 20,3 o leitor ficara com a percepção que Maria não tinha acompanhado Pedro e o outro discípulo) e termina com a sua partida (ἔρχεται) para junto dos discípulos a anunciar o que Jesus lhe manda. As personagens são diferentes: Maria, os anjos e Jesus. No entanto, há ligação com a subsecção anterior, quer pelo cenário, quer pela repetição da expressão «não sabemos» (20,13: οὐκ οἶδα) e «não sabia» (20,14: οὐκ ᾔδει), mas com uma diferença fundamental: Maria reconhece Jesus (20,16).

A oitava parte (20,19-29) apresenta um novo cenário e uma nova marcação temporal: «[o lugar] onde se encontravam os discípulos» e já não se trata da manhã, mas da tarde do mesmo dia. Apresentam-se novos verbos de movimento, mas desta vez o sujeito é Jesus: «ἦλθεν ὁ Ἰησοῦς» (20,19); «ἔρχεται ὁ Ἰησοῦς» (20,26). Subdivide-se em dois episódios, marcados pelos verbos de movimento e pela ausência de Tomé e pela sua presença «oito dias depois» (20,19-25 e 20,26-20), mas ligados quer pelo lugar, quer pela presença dos discípulos, quer ainda pela saudação de Jesus e pelo tema das «mãos e do lado». A presença de Jesus é sublinhada no início de cada um dos episódios pela mesma expressão: «ἦλθεν ὁ Ἰησοῦς καὶ ἔστη εἰς τὸ μέσον καὶ λέγει αὐτοῖς, Εἰρήνη ὑμῖν» (20,19); «ἔρχεται ὁ Ἰησοῦς τῶν θυρῶν κεκλεισμένων καὶ ἔστη εἰς τὸ μέσον καὶ εἶπεν, Εἰρήνη ὑμῖν» (20,26).

Esta análise permite-nos ver uma narração em que cada secção está encadeada à secção anterior, sem rupturas, e que se apresenta numa estrutura concêntrica, que podemos apresentar da seguinte forma:

A) Em casa (13-14; 15-17): Jesus e os seus (presença/ausência de Judas)
  B) No jardim (18,1-12): «A quem procurais?»; manifestação divina de Jesus
    C) Em casa do Sumo-Sacerdote (18,13-27): Pedro e DA
      D) No Pretório (18,28-19,16a): a realeza de Jesus
      D') No Calvário (19,16b-42): crucifixão e morte do rei e sepultura real
    C') O sepulcro vazio (20,1-10): Maria, Pedro e o DA
  B') No jardim, com o «jardineiro» (20,11-18): «A quem procuras?»; manifestação de Jesus a Maria
A') Em casa (20,19-29): Jesus e os seus (ausência/presença de Tomé)

Uma das objecções que poderá ser feita a esta proposta de estrutura é a extensão de A) em comparação com todas as outras secções. A isto há que responder com uma constatação e uma hipótese. A constatação é que o evangelista não se preocupa em distribuir uniformemente o seu material: compare-se, p. e., o espaço dedicado à Festa dos Tabernáculos (7,1-10,21) com o dedicado à Festa da Dedicação do Templo (10,22-42) ou o facto de os acontecimentos narrados em 1,19-12,50 abarcarem um período superior a dois anos e 13,1-19,42 um único dia[29]. A hipótese consiste, como vimos, em que os cap. 15-17 sejam um «desenvolvimento» dos «temas» apresentados em 13-14. Além disso, a nível narrativo, os cap. 13-17 são discursivos, pelo que o tempo da narração acompanha o tempo real. Por outro lado, 13-17 está repleto de *prolepsis*, que encontrarão o seu cumprimento em 18-20, pelo que, preparados ali, são apenas mencionados aqui como cumpridos, como explicaremos de seguida.

A correspondência entre A) e A') é clara pelo cenário e pelas personagens: Jesus com os seus discípulos, em casa. Mas também pelas temáticas: o *envio* dos discípulos por Jesus, com ligação ao envio de Jesus pelo Pai (13,20; 20,21), feito no espírito de serviço do lava-pés («o enviado não é maior de que quem o enviou»: 13,16). A tríplice promessa de 14,25-29, ou seja, o dom do *ES* (14,26), a *paz* que só Jesus pode dar e que vence o medo (14,27), a *alegria* que é fruto do amor por Ele (14,28), são temas retomados, como cumpridos, em 20,19-23: Jesus aparece aos seus discípulos e saúda-os na *paz* (20,21) que transforma o medo (20,19) em *alegria* (20,20) e, finalmente, transmite-lhes o *ES* (20,22). Além disso, em 14,4-14 Jesus recomenda a união com Ele através da fé, como condição para que Ele regresse aos seus e, juntamente com o Pai e o ES faça neles a sua morada[30]; ora, a fé é a questão central do episódio de Tomé (20,24-29). Há ainda uma correspondência

---

[29] Também C. BARRETT, *Gospel*, 11, considera 13,1-17,26 como uma unidade, que intitula «Jesus alone with his Disciples».

[30] Cf J. BEUTLER, *L'ebraismo e gli Ebrei*, 50-52; ID. «Synoptic Jesus Tradition», 170-171. Para este autor o cap. 14 apresenta um resumo das promessas messiânicas e escatológicas dos profetas (justiça, paz e alegria e o dom do ES como sinal da «nova aliança» de Ez 36,26s), que S. Paulo resume na expressão «Reino de Deus»: «o Reino de Deus não é, de facto, comida ou bebida, mas justiça e paz e alegria no ES» (Rm 14,17). O dom da «justiça» que não aparece em 14,25-29, surge em 16,4b-33 que retoma o tema. Para uma leitura mais aprofundada da mesma perspectiva: ID., *Habt keine Angst*.

no que respeita à composição da comunidade dos discípulos: a presença (13,2-30) e a ausência (13,31ss) de Judas que não é capaz de manter a sua fé e amor em Jesus; a ausência (20,19-25) e a presença (20,26-29) de Tomé, que passa da incredulidade à mais bonita e profunda profissão de fé de todo o Evangelho (20,28).

A correspondência entre B) e B') é perceptível também pelo cenário: em 18,1 a cena decorre no jardim (κῆπος), tal como em B'), pois em 20,15 Maria confunde Jesus com o «jardineiro» (κηπουρός). Em B), após duas perguntas de Jesus «a quem procurais?» (τίνα ζητεῖτε;), há uma revelação de Jesus (Ἐγώ εἰμι) com a consequente queda por terra dos que o querem prender, o que equivale à manifestação da sua divindade[31]; em B') repete-se a mesma pergunta de Jesus, mas desta vez a Maria (τίνα ζητεῖς;: 20,15) e ela reconhece Jesus já não pela declaração, como em B), mas pela forma como Jesus a chama pelo nome («Maria»), o que revela a relação de intimidade e amizade contraposta à hostilidade de Judas e dos soldados[32]. Como consequência de B) os discípulos dispersaram-se; em B') Jesus envia Maria a anunciar aos discípulos, o que parece ter como consequência o que se afirma imediatamente: os discípulos de novo reunidos (20,19).

A correspondência entre C) e C') deve-se, sobretudo ao papel proeminente de Pedro[33] e do «outro discípulo»[34] em ambos episódios. O tema do discipulado é fortemente sublinhado[35], o que é relevante, tendo em consideração que em 18,19 o Sumo-Sacerdote interroga Jesus «sobre os seus discípulos» e em 18,17.25 Pedro é perguntado sobre o seu discipulado. Em 18,15 Pedro começa por «seguir» Jesus (ἠκολούθει δὲ τῷ Ἰησοῦ) juntamente com o outro discípulo, mas enquanto o «outro discípulo» continua o seguimento até à cruz (cf. 18,15; 19,26-27), Pedro começa a hesitar, primeiro «parando» no lado de fora (εἰστήκει πρὸς τῇ θύρᾳ ἔξω) e sendo posteriormente introduzido pelo «outro discípulo» (εἰσήγαγεν: 18,16). Esta passividade é sublinhada pela atitude de Pedro depois de negar a primeira vez que é discípulo de Jesus (18.17): deixa de ter qualquer movimento, fica «parado» (ἑστώς) a

---

[31] Cf. R. BROWN, *Evangelio*, II, 1197.
[32] E que recorda a afirmação de Jesus sobre as suas ovelhas que «reconhecem» a voz do Pastor: 10,27; cf. 10,8.16.
[33] Simão Pedro: 18,15.25; 20,2.6; Pedro: 18,16.16.17.18.26.27; 20,3.4.
[34] 18,15.16; 20,2.3.4.8. Embora voltemos a este assunto, é necessário referi-lo aqui, para podermos fundamentar a nossa proposta de estrutura.
[35] 18,15bis.16.17.19.25; 20,2.3.4.8.10.

aquecer-se; é também o particípio «ἑστώς» que enquadra a segunda e a terceira negação (18,25). Em C'), perante o anúncio de Maria, esta «paralesia», dá lugar ao movimento: Pedro, acompanhado de novo pelo «outro discípulo» não só «saiu» (ἐξῆλθεν) como «correu», agora já juntamente com «o outro discípulo» (ἔτρεχον δὲ οἱ δύο ὁμοῦ), ao sepulcro. Pedro saiu da sua letargia e, se antes negou Jesus e deixou de o «seguir», agora acompanha e «segue» o «outro discípulo» (ἀκολουθῶν αὐτῷ: 20,6), aquele que permaneceu fiel até ao fim. A reabilitação de Pedro é significada pela atitude do «outro discípulo», que, ainda que tenha chegado primeiro ao sepulcro, não entra, mas espera que seja Pedro o primeiro a entrar, e só depois «entra» também, invertendo assim a cena de 18,15-16.

A correspondência entre D) e D') baseia-se, sobretudo no tema da realeza que domina ambas as subsecções: em 18,28-19,16a a palavra «βασιλεύς» aparece nove vezes[36] e «βασιλεία» três vezes (as três na boca de Jesus)[37], além de que o tema se visibiliza na coroa de espinhos e no manto dee púrpura (19,2-3); em 19,16b-42 o letreiro na cruz acentua a apresentação do crucificado como «βασιλεύς»[38] (que, por isso, acupa o lugar central entre os crucificados) e como tal é sepultado[39]. De igual modo, em ambos os episódios as personagens são substancialmente as mesmas: Pilatos (cujo nome só ocorre aqui em todo o Evangelho)[40], os Judeus[41], os sumo-sacerdotes[42] e os soldados[43]. Também as constantes referências à crucifixão de Jesus ligam as duas subsecções[44]. Além disso, note-se que a secção D) começa com a referência à «Páscoa» (18,28) e a secção D') termina com referência à «preparação dos Judeus» (19,31.42).

---

[36] 18,33.37bis.39.
[37] 18,36tris.
[38] 19,19.21bis.
[39] Cf. R. BROWN, *Evangelio*, II, 1377-1378. Para a apresentação do tema da realeza cf. E. HUERTA PASTEN, *«He aquí vuestro Rey» (Jn 19,14)*, tese de doutoramento de que foi publicado um excerto; R. KIEFFER, «L'image royal de Jésus»; A. GARCÍA-MORENO, *Jesús el Nazareno*, 151-172 (embora termine a sua análise com o título da cruz); A. MARCHADOUR, *I personaggi*, 135-158.
[40] 18,29.31.33.35.37.38; 19,1.4.6.8.10.12.13.15 e 19,19.21.22.31.38bis.
[41] 18,31.33.35.36.38.39; 19,3.7.12.14 e 19,19.20.21bis.31.38.40.42.
[42] 18,35;19,6.15 e 19,21.
[43] 19,2 e 19,23bis.25.32.34.
[44] Aqui coincidimos com G. MLAKUZHYIL, *The Christocentric Literary Structure*, 233.

Esta perspectiva parece-nos apresentar uma estrutura do texto melhor fundamentada que aquela que apresenta Stancati[45], seguindo de la Potterie[46].

1.3 *O contexto imediato: o Calvário (19,16b-42)*

A nossa perícope está, pois, na segunda subsecção central de 18-19 (19,16b-42), entre a morte de Jesus (19,28-30) e a sua sepultura (19,38-42).

A subsecção de 19,16b-42 divide-se em seis episódios[47], dispostos de forma concêntrica:

---

[45] Cf. S. STANCATI, *Gv 19,31-37*, 18-21.

[46] I. de la POTTERIE, *La passione di Gesù*, 34-35, parte de um critério tipológico para definir uma estrutura concêntrica na narração da Paixão: A) introdução: confronto no Horto (18,1-11); B) interrogatório diante de Anás (18,12-27); C) processo diante de Pilatos (18,28-19,16); B') Gólgota (19,16-37); A') epílogo: sepultura num Horto (19,38-42). Segundo de la Potterie, as cenas A) e A') não pertencem propriamente ao relato, pois servem de introdução e conclusão. Este seria composto apenas pelas cenas «B – C – B'»: diante de Anás, diante de Pilatos e o Gólgota. O núcleo estaria em C), ou seja, na realeza de Jesus. Mas há alguns elementos a ter em conta. Em primeiro lugar, não se percebe a importância teológica da inclusão «Horto» (A e A'); aliás, o próprio de la Potterie não a explica. Em segundo, B), onde se pergunta a Jesus sobre a sua doutrina e seus discípulos (18,19) e se apresentam as negações de Pedro, não nos parece ter correspondência com B'), onde o tema dominante é a realeza de Jesus. Em terceiro lugar, não se percebe como é que C) pode ser o centro da Paixão e não o Gólgota, onde tudo é «consumado» (19,30). Finalmente, é necessário considerar os verbos de movimento, tal como fizemos no título anterior, assim como os outros elementos de estruturação.

[47] A. JANSSENS DE VAREBEKE, «La Structure», 522, divide a subsecção em sete episódios, considerando a preparação do corpo (19,38-40) e a sepultura (19,41-42) como episódios diferentes. Mas, como faz notar G. MLAKUZHYIL, *The Christocentric Literary Structure*, 231 nota 419, a unção faz parte do rito da sepultura. Mlakuzhyil, por sua vez, vê também uma estrutura septenária, mas dividindo 19,16b-22 em dois episódios: a crucifixão em 19,16c-18 (correspondente ao nosso 19,16b-18) e o letreiro da cruz de 19,19-22. Na nossa perspectiva, o letreiro faz parte do episódio da crucifixão, pois 19,18-22 destina-se a apresentar ao leitor a cena da crucifixão: Jesus no meio, com um crucificado de cada lado, numa cruz que proclama a sua realeza; é perante este cenário que se desenvolve todo o resto. O «δὲ καί», com que começa 19,19, reforça esta nossa perspectiva (cf., p. e., 19,39). Além disso, a nossa proposta permite ver o paralelismo entre os diferentes episódios. I. de la POTTERIE, «Il costato trafitto», 637, seguindo D. MARZOTTO, «Struttura letteraria», 163-168, apresenta uma estrutura quiástica, dividida em 5 partes, a partir das personagens e do cumprimento da Escritura, mas deixa de lado 19,16b-22, que faz parte da narração. Marzotto põe

A) Crucifixão real (19,16b-22)
   B) Os soldados e túnica «indivisa» de Jesus (19,23-24)
      C) Jesus, a Mãe e o DA (19,25-27)
      C') A morte de Jesus (19,28-30)
   B') Os soldados e o corpo «inquebrado» de Jesus (19,31-37)
A') Sepultura real (19,38-42)

O texto de 19,16b-22 destina-se a apresentar o cenário e o enquadramento: Jesus «saiu» (ἐξῆλθεν) do Pretório para o Calvário, onde é crucificado com outros dois, um de cada lado e Jesus no meio. Mas não é um crucificado como os outros: a cruz que o leitor contempla é a do «rei dos Judeus», como é relevado quer pelo lugar central da cruz de Jesus, quer pela placa colocada e pelo diálogo entre Pilatos e os Judeus.

Em 19,23-24 descreve-se uma situação paralela à crucifixão de Jesus (ὅτε ἐσταύρωσαν) realizada pelos soldados, colocando a atenção nas vestes de Jesus e, sobretudo, na *indivisibilidade* da sua túnica. A inclusão do episódio é feita pelo vocábulo «οἱ στρατιῶται» (19,23.24). O episódio é lido à luz da primeira citação explícita da Escritura no Calvário.

O texto de 19,25-27 introduz novas personagens: a Mãe de Jesus, a irmã de sua Mãe, Maria de Cléofas, Maria Madalena e o DA. Pela primeira vez Jesus fala e fá-lo com a Mãe e com o DA. O nome de Jesus é usado no nominativo enfático (19,26).

O episódio de 19,28-30, introduzido pela expressão «μετὰ τοῦτο», distingue-se do que antecede (mas ao mesmo tempo liga-se-lhe por causa do «τοῦτο»). Jesus torna-se a única personagem explícita na cena (não se faz referência a quem é que lhe dá o vinagre a beber) e morre entregando o espírito. O nome de Jesus é usado duas vezes no nomina-

---

19,28-30 no centro da secção e faz corresponder 19,23-24 a 19,31-37 (os soldados; cumprimento da Escritura) e 19,25-27 a 19,38-42 (os discípulos) num esquema quiástico imperfeito: A, B, C, A', B'. Ora, se por um lado deixa de fora 19,16b(17)-22 (que liga ao julgamento diante de Pilatos, como um oitavo quadro, não tendo em consideração o Calvário como espaço diferente do Pretório: cf. pp. 165ss), por outro, não releva o tema fundamental da sepultura, que não são os discípulos (embora estes tenham importância) mas a maneira «real» como Jesus é sepultado. As conclusões que Marzotto tira, a partir da ligação de «λαμβάνω» de 19,27.40 (p. 160) são frágeis e, na nossa perspectiva, tem muito mais sentido ligar o «λαμβάνω» de 19,40 com o «παραλαμβάνω» de 19,16b, até porque o tema é o mesmo: a realeza. Da mesma forma não faz sentido a proposta de A. DEWEY, «The Eyewitness», 62, que separa 19,31 de 19,32-37, pois o episódio é único, como fundamentaremos.

tivo, no princípio e no fim do episódio. Há uma inclusão feita pela forma verbal «τετέλεσται» (19,28.30).

Os versículos de 19,31-37 apresentam os acontecimentos sucessivos à morte de Jesus. Os Judeus são introduzidos como causadores dos factos seguintes (19,31), que têm como actores os soldados (19,32-34), introduzidos pelos verbos de movimento (19,32.33: ἦλθον; ἐλθόντες). A atenção é centrada no corpo de Jesus já morto (os soldados são personagens funcionais), ao qual, ao contrário do que pedem os Judeus e sucede com os outros dois crucificados (19,32), não são quebradas as pernas (19,33). Para certificar a morte, é-lhe trespassado o lado por um dos soldados e «imediatamente» sai sangue e água (19,34). Isto sublinha o carácter «inquebrável» do corpo de Jesus. As pernas «inquebradas» e o lado trespassado são razão para a intervenção directa do narrador (19,35) e de mais duas citações explícitas da Escritura (19,36-37) introduzidas com a expressão «ἐγένετο γὰρ ταῦτα» que, como faz notar Sabbe, é uma marca joanina para terminar um episódio[48].

O texto de 19,38-42 distingue-se do que antecede pela expressão «μετὰ δὲ ταῦτα» e porque os actores já não são os soldados (não são sequer referidos), mas José de Arimateia e Nicodemos (introduzidos na narração também com verbos de movimento: ἦλθον; ἦλθεν, 19,38.39) que, depois de pedirem a Pilatos para «retirar o corpo de Jesus» (ἄρῃ τὸ σῶμα τοῦ Ἰησοῦ: 19,38), «tomaram o corpo de Jesus» (ἔλαβον οὖν τὸ σῶμα τοῦ Ἰησοῦ: 19,40), preparam-no e depositam Jesus (ἔθηκαν τὸν Ἰησοῦν: 19,42) no sepulcro. Vejamos agora as correspondências.

A relação entre A) e A'). A ênfase na posição da cruz de Jesus, com um crucificado de cada lado (19,18) e o letreiro da cruz, com o consequente diálogo entre Pilatos e os Judeus (19,19-22), centram a narração na realeza do crucificado. Em A') o modo como Jesus é sepultado tem uma evocação real (19,38-42; cf. I,1.2). Além disso, como vimos, há uma inclusão entre 19,16b (παρέλαβον οὖν τὸν Ἰησοῦν) e 19,40.42b (ἔλαβον οὖν τὸ σῶμα τοῦ Ἰησοῦ / ἔθηκαν τὸν Ἰησοῦν) e no que respeita ao «lugar» da crucifixão, que volta a ser referido como o «lugar» da sepultura 19,17-18 (εἰς τὸν λεγόμενον Κρανίου Τόπον, ὃ λέγεται Ἑβραϊστὶ Γολγοθα, ὅπου αὐτὸν ἐσταύρωσαν) e 19,41 (ἦν δὲ ἐν τῷ τόπῳ ὅπου ἐσταυρώθη κῆπος). Há uma progressão na narração: se em A) tinha sido crucificado no meio de duas personagens desconhecidas,

---

[48] Cf. M. SABBE, «The Johannine Account», 50 nota 53; 1,28; 2,11; 4,54; 6,59; 7,9; 8,20.30; 10,6; 12,36.37.43; 20,30-31; 21,14.24-25.

em A') é sepultado por dois discípulos que passam do «desconhecimento» à luz, no que respeita ao discipulado: José de Arimateia e Nicodemos[49].

A relação entre B) e B') é estabelecida por ambas terem os soldados como actores, por serem ambas as únicas que, no Calvário, apresentam citações da Escritura e por ambas o fazerem para iluminar os gestos dos soldados (19,24.36-37). Mas, sobretudo, as duas sublinham o carácter «indiviso/inquebrável» da túnica (19,23-24) e do corpo de Jesus (19,31-37)[50].

A relação entre C) e C'), que constituem o coração da narração, é sublinhada pelo «μετὰ τοῦτο» (no singular: 19,28) que cria cisão, mas ao mesmo tempo continuidade (cf. 19,38), o que parece querer indicar a entrega recíproca da Mãe ao DA como a causa do que se afirma a seguir «Jesus, tendo consciência que *agora/já* tudo estava consumado» (εἰδὼς ὁ Ἰησοῦς ὅτι *ἤδη* πάντα τετέλεσται) e, portanto, «agora» (ἤδη), «depois de» (μετὰ τοῦτο) entregar reciprocamente a Mãe ao DA pode «entregar» o espírito (19,30)[51]. Os dois episódios enfatizam o nome de Jesus usando-o no nominativo (19,26.28.30), em expressões semelhantes e introdutórias de declarações: «Ἰησοῦς οὖν ἰδὼν […] λέγει» (19,26) e «εἰδὼς ὁ Ἰησοῦς […] λέγει» (19,28). O uso do nome de Jesus no nominativo seguido de particípio e verbo, parece querer fazer corresponder as duas frases. A sequência «ver/compreender/saber» aparece também em 19,35: «viu» por isso «compreendeu»[52], sequência lógica que é sublinhada pelo uso do particípio aoristo «ἰδών» seguido de presente (λέγει: esta acção sucede aquela), mas de particípio perfeito em «εἰδώς», portanto resultativo, seguido de presente (λέγει): acções simultâneas, que sucedem aquelas, como se sublinha pelo uso de «ἤδη» em 19,28.

2. A perícope: delimitação e o texto grego

Colocado o texto no contexto, sobretudo na sequência da Paixão, recordemos alguns elementos que delimitam a nossa perícope, para seguidamente apresentarmos a crítica textual.

---

[49] Sobre o possível discipulado de Nicodemos, cf. V, 3.2.1.
[50] 19,2.23bis.24 e 19,32.34 (no QE a palavra «στρατιώτης» só aparece aqui e 1x em 19,2). Também R. SCHNACKENBURG, *Evangelio*, III, 356 e D. MARZOTTO, «Struttura letteraria», 163-164, sublinham a ligação entre estes dois episódios.
[51] Cf. I. de la POTTERIE, *La passione di Gesù*, 121; A. VALENTINI, *Maria*, 307.
[52] Para a ligação entre «ver» e «compreender», cf. M. de BOER, *Johannine Perspectives*, 295.

2.1 Delimitação

O texto de 19,31-37 distingue-se do que antecede pela introdução da expressão «οἱ οὖν Ἰουδαῖοι» e do pedido que estes fazem a Pilatos (19,31), personagens que não fazem parte dos três episódios anteriores. As personagens principais são «os soldados» (οἱ στρατιῶται), que aparecem como personagens funcionais, pois o interesse continua a ser Jesus (19,33-34). Os gestos dos soldados provocam a intervenção do narrador, dirigindo-se directamente ao leitor (19,35) e lendo o episódio à luz da Escritura (19,36-37). Os acontecimentos são colocados na «preparação» (παρασκευή: 19,31), causa do pedido dos Judeus a Pilatos (19,31) e do desenrolar das acções dos soldados (19,32-34). A «preparação» cria alguma inclusão com 19,40, mas os episódios devem ser considerados separadamente, quer pela intervenção do narrador (19,35-37), quer pela expressão temporal de 19,38 (μετὰ δὲ ταῦτα) que dá início a um novo episódio (embora crie ligação ao que antecede pela sequência temporal: cf. 19,28)[53], quer pelas personagens (em 19,38ss já não se fala dos soldados, nem dos Judeus, mas de José de Arimateia e Nicodemos), quer ainda pela deslocação (da cruz para o sepulcro, embora o lugar seja o mesmo: 19,41) e pelo tema (a sepultura)[54].

2.2 Crítica textual

O texto de 19,31-38 não apresenta grandes problemas de crítica textual. As principais variantes são:

---

[53] Que, como faz notar J. BERNARD, *A Critical and Exegetical Commentary*, II, 652 (cf. *Ibid.*, I, cviii), é uma expressão com que o QE introduz na narrativa uma nova secção.

[54] Os que defendem a unidade de 19,31-42 como subsecção única apresentam os seguintes argumentos (cf. D. MARZOTTO, «Struttura letteraria», 164): 1) a unidade do lugar, visto que o jardim do sepulcro se encontra no local onde foi crucificado, mas, na nossa perspectiva, isto remete para toda a secção do Calvário (cf. 19,17-18) e não apenas para 19,31-42; 2) a expressão «μετὰ ταῦτα» de 19,38 parece retomar «ἐγένετο γὰρ ταῦτα» de 19,36, mas, como referimos, «μετὰ ταῦτα» inicia novo episódio, criando cisão temporal; 3) há contactos verbais: «αἴρω» (19,31.38), «ἠρώτησαν τὸν Πιλᾶτον... ἦλθον οὖν; ἠρώτησεν τὸν Πιλᾶτον... ἦλθον οὖν ... ἦλθεν δέ» (19,31-32 e 38-39), mas se é verdade que estes contactos existem, os sujeitos dos verbos são completamente diferentes (na primeira parte os Judeus, na segunda os discípulos).

19,31:

1) Οἱ οὖν Ἰουδαῖοι, ἐπεὶ παρασκευὴ ἦν, ἵνα μὴ μείνῃ ἐπὶ τοῦ σταυροῦ τὰ σώματα ἐν τῷ σαββάτῳ: é a lição apresentada por P^{66} ℵ B L W Ψ $f^{1.13}$ 33.565.579 *l* 844 *pc* lat co.
2) Ἐπεὶ παρασκευὴ ἦν ἵνα μὴ μείνῃ ἐπὶ τοῦ σταυροῦ τὰ σώματα ἐν τῷ σαββάτῳ οἱ οὖν Ἰουδαῖοι: é a lição de A (D^s) Θ 𝔐 q sy^h.

A nível externo, a variante 1) tem maior peso pela qualidade dos testemunhos. A nível interno, a variante 2) é um melhoramento gramatical para que as frases secundárias não cortem a frase principal. A lição 1) é a *lectio difficilior* e tem paralelos no Evangelho (13,19: τινὲς γὰρ ἐδόκουν, ἐπεὶ τὸ γλωσσόκομον εἶχεν Ἰούδας, ὅτι...).

19,32:

1) ἦν γὰρ μεγάλη ἡ ἡμέρα ἐκείνου τοῦ σαββάτου: é o testemunho de quase todas as lições.
2) ἦν γὰρ μεγάλη ἡ ἡμέρα ἐκείνη τοῦ σαββάτου: é a variante apresentada por B* 33.892^s *al* c f vg sy^h.

A lição 1) tem maior peso externo, pois é apresentada por quase todos os testemunhos e, a nível interno, tem maior consistência gramatical. A nível interno, a lição 2) sugere um erro de simpatia, por causa da forma feminina anterior e, por outro lado, o interesse não é colocado no «sábado» de forma absoluta, como deixa entender a lição 2), mas em «aquele sábado» (lição 1), como um sábado especial.

19,33:

1) ὡς εἶδον ἤδη αὐτὸν τεθνηκότα: P^{66} B L W *pc*.
2) ὡς εἶδον αὐτὸν ἤδη τεθνηκότα: ℵ A D^s Θ Ψ 0250 $f^{1.13}$ 33 𝔐 lat.

O peso externo de ambas as lições é grande, mas internamente a lição 1) é a *lectio difficilior*, visto que separa o complemento directo «αὐτόν» do verbo «εἶδον».

19,34:

1) ἔνυξεν, καὶ ἐξῆλθεν εὐθὺς αἷμα καὶ ὕδωρ: P^{66vid} ℵ B L N W Ψ 33.579. *l* 844 *pc* it.
2) ἤνοιξεν, καὶ ἐξῆλθεν εὐθὺς αἷμα καὶ ὕδωρ: 579 *pc* aur f r^1 vg sy^h
3) ἔνυξεν, καὶ εὐθὺς ἐξῆλθεν αἷμα καὶ ὕδωρ: A D^s Θ 0250 $f^{1.13}$ 33 𝔐 lat.

A nível externo, a lição 1) é a que apresenta maior peso, considerando os testemunhos que a sustentam. A nível interno: a lição 2) explica-se por *itacismo*[55]; e quer a construção 1), quer a 3), são possíveis (cf. 13,30.32). Optamos pela lição 1) visto o peso dos seus testemunhos.

19,35:

1) καὶ ὁ ἑωρακὼς μεμαρτύρηκεν, καὶ ἀληθινὴ αὐτοῦ ἐστιν ἡ μαρτυρία, καὶ ἐκεῖνος οἶδεν ὅτι ἀληθῆ λέγει, ἵνα καὶ ὑμεῖς πιστεύσητε: ℵ² A Dˢ L W Θ ƒ^{1.13} 33 𝔐.
2) καὶ ὁ ἑωρακὼς μεμαρτύρηκεν, καὶ ἀληθινὴ αὐτοῦ ἐστιν ἡ μαρτυρία, καὶ ἐκεῖνος οἶδεν ὅτι ἀληθῆ λέγει, ἵνα καὶ ὑμεῖς πιστεύητε: ℵ* B Ψ Or.
3) [...] ἵνα ὑμεῖς πιστεύητε: 𝔐 bo^{pt} omitem o «καί».
4) vs e vg^{ms}: omitem o versículo todo.

Tendo em conta o pouco peso dos testemunhos que suportam as lições 3) e 4), debrucemo-nos sobre as lições 1) e 2).

O problema sobre a forma verbal de «πιστεύω» (conjuntivo presente ou conjuntivo aoristo) é exactamente o mesmo que aparece em 20,31, quando o evangelista apresenta a finalidade do seu Evangelho.

Externamente, quer a lição 1), quer a 2), estão bem sustentadas pela importância dos testemunhos, ambas com testemunhos muito primitivos, embora, aparentemente, exceptuando os testemunhos que suportam a lição 2), todos os outros suportem a lição 1)[56]. Mas, por outro lado, a lição 1) apresenta uma segunda mão no código Sinaítico cuja lição original era a 2). À primeira vista, a lição 2) está melhor suportada, visto que é apresentada pela primeira versão do Sinaítico e pelo Vaticano.

O aoristo sugere que o evangelista se dirige a não cristãos; o presente manifesta que se dirige a pessoas que já são cristãs, mas que é necessário que continuem a acreditar, no sentido de fortalecerem a sua fé («para que continueis a acreditar»). Ora, a grande maioria dos autores é hoje da opinião que o QE foi escrito para fortalecer a fé dos que já são cristãos, pelo que a lição 2) tem mais sentido[57].

---

[55] *Itacismo*: substituição de letras, tendo como causa o mesmo valor vocálico.
[56] Cf. B. METZGER, *A Textual Commentary*, 219 nota 1.
[57] Cf. B. METZGER, *A Textual Commentary*, 219. A Comissão dá-lhe um grau de certeza baixo: «C». Voltaremos a este assunto em V,1.

2.3 *O texto grego*

Feita a crítica textual, apresentemos o texto grego:

31 Οἱ οὖν Ἰουδαῖοι,
    ἐπεὶ παρασκευὴ ἦν,
    ἵνα μὴ μείνῃ ἐπὶ τοῦ σταυροῦ τὰ σώματα ἐν τῷ σαββάτῳ,
    ἦν γὰρ μεγάλη ἡ ἡμέρα ἐκείνου τοῦ σαββάτου,
    ἠρώτησαν τὸν Πιλᾶτον
    ἵνα κατεαγῶσιν αὐτῶν τὰ σκέλη καὶ ἀρθῶσιν.
32 ἦλθον οὖν οἱ στρατιῶται
    καὶ τοῦ μὲν πρώτου κατέαξαν τὰ σκέλη
    καὶ τοῦ ἄλλου τοῦ συσταυρωθέντος αὐτῷ·
33 Ἐπὶ δὲ τὸν Ἰησοῦν ἐλθόντες,
    ὡς εἶδον ἤδη αὐτὸν τεθνηκότα,
    οὐ κατέαξαν αὐτοῦ τὰ σκέλη,
34 ἀλλ' εἷς τῶν στρατιωτῶν λόγχῃ αὐτοῦ τὴν πλευρὰν ἔνυξεν,
    καὶ ἐξῆλθεν εὐθὺς αἷμα καὶ ὕδωρ.
35 Καὶ ὁ ἑωρακὼς μεμαρτύρηκεν,
    καὶ ἀληθινὴ αὐτοῦ ἐστιν ἡ μαρτυρία,
    καὶ ἐκεῖνος οἶδεν ὅτι ἀληθῆ λέγει,
    ἵνα καὶ ὑμεῖς πιστεύητε.
36 Ἐγένετο γὰρ ταῦτα
    ἵνα ἡ γραφὴ πληρωθῇ,
    Ὀστοῦν οὐ συντριβήσεται αὐτοῦ
37 καὶ πάλιν ἑτέρα γραφὴ λέγει,
    Ὄψονται εἰς ὃν ἐξεκέντησαν.

Estabelecido o texto, entremos na sua análise gramatical.

3. **Análise linguístico-sintáctica**

Analisemos a constituição linguístico-sintáctica do texto, para que, de acordo com esta, possamos apresentar uma tradução justificada.

3.1 *A composição do texto*

O estudo da relação entre as palavras que constituem o «tecido» (texto) constitui uma primeira aproximação ao mundo e à intenção do escritor. Por isso, depois de determinar as categorias vocabulares usadas, estudaremos o estilo do texto, a sua unidade e estrutura, de forma a fazer emergir os campos semânticos.

3.1.1 As categorias e as formas gramaticais

Detenhamo-nos, em primeiro lugar, nas diversas categorias de palavras existentes no texto e na sua função.

a) *Verbos*

A perícope 19,31-37 é composta por 19 verbos, desdobrados em 27 formas (das quais 23 finitas e 4 infinitas, todas particípios): «εἰμί» (3x: 19,31bis.35), «κατάγνυμι» (3x: 19,31.32.33), «ὁράω» (3x: 19,33.35.37), seguidos por «ἔρχομαι» (2x: 19,32.33) e «λέγω» (2x: 19,35.37); os outros verbos ocorrem uma única vez: «μένω», «ἐρωτάω», «αἴρω» (19,31), «συσταυρόω» (19,32), «θνῄσκω» (19,33), «νύσσω», «ἐξέρχομαι» (19,34), «μαρτυρέω», «οἶδα», «πιστεύω» (19,35), «γίνομαι», «πληρόω», «συντρίβω» (19,36) e «ἐκκεντέω» (19,37).

O verbo «εἰμί» ocorre duas vezes em 19,31 para enquadrar temporalmente o episódio na «preparação» e para qualificar o sábado seguinte como «grande dia». Ambas se encontram no imperfeito do indicativo (ἦν), pois inserem-se no carácter narrativo dos primeiros versículos. A terceira ocorrência em 19,35, pelo contrário, encontra-se no presente do indicativo (ἐστίν) e numa frase predicativa que qualifica «o testemunho», dando-lhe um carácter de «verdade» duradoura e interpeladora.

Os dois primeiros verbos de movimento são formas de «ἔρχομαι» (19,32.33), têm como sujeito «os soldados» e são uma consequência da necessidade da «não permanência» (ἵνα μὴ μείνῃ) dos corpos na cruz (19,31); trata-se, portanto, de uma deslocação destinada a quebrar as pernas dos crucificados. A primeira ocorrência (ἦλθον: 19,32) leva-os a concretizarem o objectivo nos que foram crucificados com Jesus; a segunda ocorrência (19,33) desloca a focalização da narração para o corpo de Jesus e introduz a não concretização da acção, visto que, quando chegam (ἐλθόντες) a Jesus, vêm-no já morto. O terceiro verbo de movimento, «ἐξέρχομαι» (19,34), na terceira singular do aoristo indicativo activo, tem como sujeito dois substantivos: o «sangue e água». Assim, ao «movimento» dos soldados, contrapõe-se o «movimento» do «sangue e água».

O início da perícope está marcado pela ocorrência de «κατάγνυμι» (3x) sempre no passado narrativo: o verbo é introduzido numa oração final, na forma de conjuntivo aoristo passivo terceira do plural (ἵνα κατεαγῶσιν), e refere-se às pernas de todos os três crucificados (19,31). Na segunda ocorrência (19,32), surge na voz activa, no aoristo indicativo (κατέαξαν) como concretização do pedido feito pelos Judeus a Pilatos e rege um complemento directo único, mas duplo: «as pernas» do «primeiro» e «do outro que fora crucificado com ele». A terceira ocorrência (19,33) contrapõe o que sucede às pernas de Jesus com o que sucedeu às pernas dos que foram crucificados com ele, pois a forma verbal igual (κατέαξαν) é modificada pela negação: «οὐ κατέαξαν».

A necessidade do «levantar» (αἴρω) os corpos é justificada pela «preparação» (19,31).

O verbo «συσταυρόω» (19,32) refere-se aos dois que foram crucificados na mesma altura que Jesus (19,18). A partícula «συν-» cria ligação entre o «primeiro» e o «com-crucificado com ele», mas não com Jesus, preparando assim a expectativa do leitor em relação ao que lhe sucederá.

A situação de Jesus é apresentada com o verbo «θνήσκω» (19,33) usado no particípio perfeito activo, e é ele a causa da mudança de planos. A forma verbal no perfeito sublinha o facto de que, quando os guardas se aproximam de Jesus, este já estava morto, e, portanto, a sua morte não acontece por vontade dos «Judeus» (19,31). As acções seguintes sublinham este «já estar morto».

Em 19,34 surge-nos um *hapax* em todo o NT: «νύσσω» (19,34) para descrever a acção da perfuração do lado. Esta sublinha o facto de Jesus «já está morto», mas, ao mesmo tempo, serve de ponte para um novo episódio, em que a atenção é deslocada das acções dos soldados para o «sangue e água» que «saem» do lado de Jesus[58].

A perícope é percorrida pelo verbo «ὁράω» (3x: 19,33.35.37) que, em cada ocorrência, tem um forma verbal diferente: um indicativo aoristo activo na terceira plural (εἶδον: 19,33) integrado no tempo narrativo, tendo os soldados como sujeito e Jesus como complemento; um particípio perfeito activo substantivado (ὁ ἑωρακώς: 19,35) que se refere ao que antecede, mas com uma acentuação resultativa sublinhada pelo perfeito; e uma forma no indicativo futuro médio deponente, apresentando o que aconteceu como profetizado (ὄψονται: 19,37), tendo como complemento directo o pronome relativo masculino.

O verbo «μαρτυρέω» (19,35) aparece na forma do indicativo perfeito activo, tendo como sujeito um particípio perfeito activo substantivado (ὁ ἑωρακώς: 19,35) o que sublinha o segundo como resultado do pri-

---

[58] O uso conjunto dos dois verbos «trespassou» o seu lado e «saiu» imediatamente sangue e água «raccomanda di interpretare il verbo greco *nýssein* come "colpire", "trafiggere" e non semplicemente "pungere"»: R. FABRIS, *Giovanni*, 987.

meiro, estabelecendo uma ligação entre o facto de «ver» e o de «testemunhar».

Na última parte da perícope surge-nos o verbo «λέγω» (19,35.37) no indicativo presente activo: em 19,35 numa frase declarativa, tendo como sujeito «aquele» que «viu» e como objecto «a verdade», que se refere a «ver» e «testemunhar»; em 19,36 numa frase principal, tendo como sujeito a «Escritura». Isto parece querer conferir àquilo que diz a testemunha uma importância quase comparável ao que diz a Escritura. Ambas enquadram a perícope num contexto revelador e num presente durativo.

A passagem da narração à subjectividade acontece com o uso do verbo «οἶδα» no indicativo perfeito activo (19,35), que sublinha a consciência passada e presente da «verdade» daquilo que é «testemunhado» como resultado do que se «viu». É isto que fundamenta a finalidade do testemunho: «para que também vós acrediteis». Desta forma, a interpelação directa ao leitor acontece pelo verbo «πιστεύω» (19,35), usado no conjuntivo presente activo. A sua importância é grande, visto que é a única ocorrência em toda a narração da Paixão (a última foi em 17,21).

A solenidade de 19,35 continua em 19,36 através do verbo «γίνομαι» no indicativo aoristo deponente, que tem como sujeito «estas coisas», integrando, por isso, tudo o que antecede numa finalidade: «para ser cumprida a Escritura». Através de «πληρόω» (19,36), usado na forma passiva, redimensionam-se os acontecimentos, transportando-os para um passivo teológico e cristológico (é Deus quem faz cumprir e é em Cristo que se cumprem).

O verbo «συντρίβω» (19,36), na forma indicativa do futuro passivo e modificada pela negação «οὐ», remete para o seu cumprimento em 19,33 (οὐ κατέαξαν) e «ἐκκεντέω», embora na forma indicativa do aoristo activo, está regido pelo futuro de «ὄψονται», o que remete para o seu cumprimento: 19,34 (o lado trespassado) mas também para 19,35 (o «ver»).

O que causa admiração é o facto de os verbos de 19,33.34 (κατάγνυμι; νύσσω) não corresponderem aos verbos das profecias (19,36.37: συντρίβω; ἐκκεντέω).

Em conclusão: a análise das formas verbais permite-nos notar que 19,31-34 está tecida de formas pretéritas, que condizem com o género narrativo que a caracteriza; nas 15 formas verbais encontramos apenas o imperfeito (2x) o aoristo (indicativo: 7x; conjuntivo: 3x; particípio: 2x) e o perfeito (particípio: 1x). O tecido de 19,35 é dominado pelo perfeito (3x) e pelo presente (3x) e o de 19,36-37 caracteriza-se pelo aoristo (3x) no que se refere aos acontecimentos, mas pelo futuro (2x) e presente durativo (1x) no que se refere às citações da Escritura.

b) *Substantivos*

A perícope é composta por 20 substantivos, alguns repetidos: «σκέλος» (19,31.32.33), com uma ocorrência condensada em 19,31-33, sempre no plural acusativo definido, como complemento directo de «κατάγνυμι»; «σάββατον», acompanhado do artigo definido (19,31bis); «στρατιώτης» sempre no plural e acompanhado do artigo definido (19,32.34); «γραφή» (em 19,36 acompanhado do artigo definido; em 19,37 acompanhado de adjectivo). Os outros substantivos ocorrem uma única vez. Em 19,31: «παρασκευή» (indefinido), «σταυρός» (definido) «σῶμα» (definido), «ἡμέρα» (definido), «Πιλᾶτος» (definido); em 19,33: «Ἰησοῦς» (definido); em 19,34 «λόγχη» (*hapaxlegomenon*; indefinido), «πλευρά» (definido), «αἷμα», «ὕδωρ» (indefinidos); em 19,35 «μαρτυρία» (definido); em 19,36 «ὀστέον» (indefinido).

O uso dos substantivos permite-nos reconhecer quatro grandes partes: 19,31 com «os Judeus», «preparação», «grande dia», «sábado», todos substantivos relativos ao Judaísmo, a que se junta «cruz», que liga ao que está antes (19,17.19.25), e «pernas», que prepara os versículos seguintes; 19,32-33 dominados pelos «soldados», «pernas» dos crucificados, Jesus e suas «pernas»; 19,34 onde se volta a referir «um dos soldados» fazendo ligação ao que está antes e se introduz «lança», «lado», «sangue e água»; 19,35 com «verdade» e «testemunho», palavras muito caras ao evangelista; 19,36.37 estão dominados pela «Escritura».

O único nome próprio em 19,32-37 é o de Jesus, o que revela o interesse cristológico do episódio.

Os substantivos «sangue e água» formam um sujeito único, visto que o verbo «saiu» se encontra no singular (como pode ser requerido pelo neutro). É a única vez no Evangelho que estes dois substantivos aparecem unidos.

c) *Adjectivos*

Os adjectivos são poucos e parte deles substantivados, o que concede grande sobriedade ao texto. Em 19,31 utiliza-se «μεγάλη» para qualificar o «dia», a que se junta «ἐκείνου» (aqui como adjectivo demonstrativo) para qualificar a importância «daquele» sábado (em posição enfática)⁵⁹. O adjectivo «ἀληθινή» em 19,35, numa posição enfática, sublinha a qualidade do «testemunho» de «o que viu» e «ἑτέρα» (19,37) destina-se apenas a enumerar uma segunda citação da Escritura. Os adjectivos «οἱ Ἰουδαῖοι» (19,31), «τοῦ πρώτου» e «τοῦ ἄλλου»⁶⁰ (19,32) e «ἀληθής» (19,35) aparecem substantivados. Assim, a nível adjectival, a ênfase é colocada no enquadramento do episódio (a importância daquele sábado: 19,31) e no «testemunho» daquele que «viu» (19,35).

d) *Conjunções*

A perícope usa 10 conjunções, em 23 ocorrências, das quais 16 coordenativas (οὖν, γάρ, καί, μέν / δέ, ἀλλά) e 7 subordinantes (ἐπεί, ἵνα, ὡς, ὅτι).

A conjunção «οὖν»⁶¹ em 19,31 funciona como ligação temporal e narrativa ao que precede, pelo que a podemos classificar como *narrativum historicum* e, em 19,32, *narrativum consecutivum*⁶², característico do estilo do QE.

O uso de «γάρ»⁶³, em 19,31, tem uma tonalidade mais parentética, no sentido de explicitar a importância do «sábado»; em 19,36 apresenta-se como causal ou de confirmação, para apresentar a causa dos acontecimentos referidos, («de facto, estas coisas sucederam para que...») deixando perceber que o que se segue é conteúdo do «acreditar».

Das 9 ocorrências de «καί», 7 têm um uso copulativo normal, a primeira ocorrência de 19,34 tem um sublinhado *consecutivum* («e então saiu imediatamente...») e a última ocorrência de 19,35 tem um sentido adverbial («para que também vós...»)⁶⁴. Para alguns autores o «καί» de

---

⁵⁹ Cf. J. BERNARD, *A Critical and Exegetical Commentary*, II, 643. É a única ocorrência desta construção em todo o NT: cf. L. MORRIS, *Evangelio*, II, 448 nota 84.

⁶⁰ Em vez de «ἕτερος»: cf. BDF, § 306,3.

⁶¹ É uma conjunção muito usada pelo QE: 202x (NT: 501; Mt: 56; Mc: 6; Lc: 33).

⁶² De acordo com C. BARRETT, *Gospel*, 7, o uso de «οὖν» em João perde a sua força argumentativa e torna-se uma simples ligação narrativa; o evangelista usa 110x a conjunção com este sentido, enquanto no resto do NT apenas surge 4x. Para os diferentes usos de «οὖν», cf. E. RUCKSTUHL, *Die literarische Einheit*, 292-293, que distingue o uso da conjunção em *narrativum* subdividido em *historicum* (traduzido por «dann, da, nun») e *connexivum* (traduzido por «daraufhin, deswegen, so») e o uso *consecutivum* (que traduz por «also, folglich»). H.-J. VENETZ, «Zeuge des Erhöhten», 85, chama-lhe «historicum handelt».

⁶³ De todos os evangelistas, João é o que menos utiliza a conjunção: 64x (Mt: 125; Mc: 66; Lc: 97).

⁶⁴ Cf., p. e., J. HEIL, *Blood and Water*, 111.

«αἷμα καὶ ὕδωρ» (19,34) tem um carácter epexegético ou de endíade, no sentido de «sangue fluído»[65].

A conjunção «μέν» (19,32) referida ao facto dos soldados terem quebrado as pernas dos dois crucificados, dá ênfase à oposição começada por «δέ» (adversativo) em 19,33: «porém, tendo chegado a Jesus...».

A ocorrência da adversativa «ἀλλά» em 19,34 está ligada à negação anterior (19,33 «οὐ κατέαξαν αὐτοῦ τὰ σκέλη»)[66] e, por estar no início da frase, tem uma ênfase que podemos traduzir por «todavia»[67].

A subordinante «ἐπεί» (19,31) introduz a causa do pedido dos Judeus a Pilatos e, portanto, todo o desenrolar do episódio.

A conjunção «ἵνα», seguida do conjuntivo na primeira ocorrência de 19,31 e em 19,35.36, indica finalidade; a segunda ocorrência de 19,31 introduz uma oração que aparece em lugar do infinito consecutivo, indicando o objecto da acção («para que...»)[68] e rege os dois verbos que se seguem.

O «ὡς» de 19,33 aparece como conjunção introdutiva da proposição e, portanto, com significado causal («porque/como o viram já morto»)[69] para o facto de não quebrarem as pernas a Jesus.

O «ὅτι» de 19,35 é declarativo[70], introduzindo uma proposição subordinada ao verbo «οἶδεν».

e) *Preposições*

O texto apresenta apenas três preposições em quatro locuções preposicionais: «ἐπί» (19,31.33), «ἐν» (19,31) e «εἰς» (19,37). Em 19,31 «ἐπί» é seguido de genitivo para indicar o lugar onde o corpo não deve permanecer e em 19,32 é construído com acusativo, indicando movimento[71]. O «ἐν» (19,31) rege um dativo temporal («no sábado») entendido como um todo e não apenas como um momento[72], o que está de acordo com a importância que é dada «àquele sábado». Em 19,37, o

---

[65] Cf. J. FORD, «Mingled Blood», 337-338.
[66] Cf. BDF, § 448,1.
[67] Cf. BDF, § 448,3.
[68] Cf. M. ZERWICK, *El griego*, §§ 406-409 (sobretudo § 408).
[69] Cf. BDF, § 453,2.
[70] Cf. M. ZERWICK, *El griego*, § 416.
[71] De todos os evangelhos, o QE é o que utiliza menos a preposição: 36x, das quais 19 com acusativo, 7 com dativo e 10 com genitivo (Mt: 122; Mc: 72; Lc: 162).
[72] Cf. BDF, § 200.

«εἰς» exprime o movimento do «olhar» na direcção de «o que trespassaram».

f) *Advérbios*

A perícope comporta três advérbios: «ἤδη» (19,33), advérbio de tempo com o significado de «já» (como oposto a «ainda não»)[73] para sublinhar o estado «morto» de Jesus; «εὐθύς» (19,34) que sublinha o tempo que medeia entre as duas acções do «trespassar» o lado e o «sair» sangue e água[74]; «πάλιν» (19,37) liga a segunda citação da Escritura à primeira, de forma a que a ambas sejam lidas à luz da finalidade dos acontecimentos («para ser cumprida a Escritura»)[75].

g) *Pronomes*

As 12 formas pronominais do texto dividem-se em 8 pessoais, 3 demonstrativas e 1 relativa. Os pronomes pessoais são dominados pela terceira pessoa (7x), das quais apenas uma no plural (19,31) que é a primeira ocorrência e determina as pernas «deles» (genitivo), referida ao conjunto dos três crucificados. Isto remete para 19,18, o que reforça a ligação do texto a toda a cena do Calvário. A segunda ocorrência (19,32: συσταυρωθέντος αὐτῷ) centra o texto nos dois «com-crucificados». As ocorrências seguintes dirigem a atenção para Jesus: em 19,33 (2x) refere-se à pessoa de Jesus (acusativo) e às suas pernas (genitivo); em 19,34 refere-se ao seu «lado». Em 19,35, pelo contrário, respeita ao «que viu» e em 19,36 ao «osso dele» da citação da Escritura, que, implicitamente, remete para Jesus. Entretanto, em 19,35 surge a única ocorrência, no nosso texto, de um pronome pessoal no nominativo, mas desta vez a segunda do plural (ὑμεῖς), o que revela a importância da pragmática[76].

---

[73] G. NOLLI, *Evangelo*, 702. João utiliza 16x este advérbio (Mt: 7; Mc: 8; Lc: 10; NT: 61).

[74] Este advérbio é pouco usado quer pelo QE (3x, todas elas na segunda parte do Evangelho: 13,30.32; 19,34; usa ainda «εὐθέως» em 5,9; 6,21; 18,27), quer por Lucas (1x), quer por Mateus (5x); em Mc aparece 41x.

[75] O QE utiliza muito este advérbio (44x) em comparação com os outros evangelistas (Mt: 17; Mc: 29; Lc: 3).

[76] O pronome pessoal da segunda plural, no nominativo, é usado 68x no QE, enquanto que apenas 31x por Mt, 11x por Mc e 20x por Lc.

O uso dos pronomes permite-nos ver o andamento do texto: das pernas dos crucificados, no geral (19,31), passa-se para as dos que foram «com-crucificados» (19,32) e depois, para a pessoa de Jesus (19,33), para as pernas «dele» (19,33) e para a acção que é realizada no lado «dele» (19,34). O uso consecutivo do pronome referido a Jesus dá ao episódio uma concentração cristológica[77]. Seguidamente, o narrador intervém para apresentar o testemunho «dele» («o que viu»), dirigindo-se directamente aos leitores: «vós». O demonstrativo «ἐκεῖνος» usado no masculino nominativo do singular remete para «αὐτοῦ» (19,35; cf. I,3.1.2.a; V,3). Em 19,36 o pronome demonstrativo no nominativo neutro do plural (ταῦτα) retoma novamente os acontecimentos de 19,33-34 e a referência implícita a Jesus é apresentada pelos pronomes masculinos nas citações escriturísticas (pronome pessoal no dativo da terceira pessoa do singular em 19,36; pronome relativo acusativo da terceira pessoa do singular em 19,37).

3.1.2 O aspecto formal

A forma como o escritor constrói o texto permite-nos perceber as ênfases e os sublinhados que pretende apresentar.

a) *Algumas particularidades*

Embora já tenhamos estudado o texto no seu conjunto, há, no entanto, alguns elementos que nos exigem uma análise mais detalhada.

+ Em 19,31, na frase «ἵνα μὴ μείνῃ ἐπὶ τοῦ σταυροῦ τὰ σώματα», a locução preposicional «ἐπὶ τοῦ σταυροῦ» apresenta o substantivo no singular quando se esperaria o plural, visto que «τὰ σώματα» é plural. No entanto, entende-se o sentido. O uso do verbo no singular e do sujeito no plural faz perceber «os corpos» com um conjunto.

+ Na frase «ἵνα κατεαγῶσιν αὐτῶν τὰ σκέλη καὶ ἀρθῶσιν» (19,31), surge uma dúvida: «τὰ σκέλη» é sujeito ou complemento directo de forma verbal passiva? E isto porque a construção de um verbo no plural[78] com um sujeito no plural neutro é pouco comum no QE, ainda mais tendo em consideração que na frase acima se usou o verbo no singular com sujeito plural. Segundo Morris, tem mais sentido, gramaticalmente, que seja complemento directo, até por causa do «ἀρθῶσιν»

---

[77] Cf. S. STANCATI, *Gv 19,31-37*, 104.
[78] Sobre o aumento irregular de «κατεαγῶσιν»: BDF, § 66,2.

seguinte⁷⁹. No entanto, «ἀρθῶσιν» refere-se a «τὰ σώματα»⁸⁰ (recordado através do pronome pessoal «αὐτῶν») e não a «τὰ σκέλη» e, além disso, também está no plural. Na nossa perspectiva, o evangelista passou do singular ao plural para que o leitor se concentre agora no que vai acontecer às «pernas» de cada um. Por isso, consideramos «τὰ σκέλη» como sujeito.

+ Em 19,32 o pronome da expressão «τοῦ συσταυρωθέντος αὐτῷ» refere-se a «τοῦ πρώτου» e não a Jesus, pois gramaticalmente é o mais correcto e Jesus ainda não foi referido neste episódio.

+ Em 19,33 a construção «ἐπὶ δὲ τὸν Ἰησοῦν ἐλθόντες» é vista por Morris como a única ocorrência em que João utiliza «ἐπί» com acusativo, para descrever um movimento em direcção a uma pessoa⁸¹. Ora, o uso do particípio aoristo indica uma acção anterior ao verbo principal que se encontra no aoristo indicativo «κατέαξαν», o que significa que o que o particípio descreve não é tanto o movimento («para onde») mas o sítio («onde»)⁸², numa expressão que poderíamos traduzir por «depois de chegarem a Jesus/tendo chegado a Jesus, como o viram já morto, não lhe quebraram as pernas».

+ Na expressão «λόγχῃ αὐτοῦ τὴν πλευράν» (19,34), o dativo é instrumental (ou de meio) e o pronome pessoal refere-se não à «λόγχῃ» mas a «τὴν πλευράν», na ordem normal do determinativo antes do determinado (como acontece nos versículos anteriores).

+ Em 19,35 é apresentada uma «parataxis»⁸³ que não é estranha ao estilo do evangelista⁸⁴.

+ O pronome «ἐκεῖνος» (19,35): gramaticalmente tem maior sentido referir-se ao sujeito anterior, no sentido «reassuntivo» de «αὐτοῦ»⁸⁵. No

---

⁷⁹ Cf. L. MORRIS, *Evangelio*, II, 448-449 nota 86.
⁸⁰ Também C. BARRETT, *Gospel*, 555, defende uma mudança de sujeito, embora não diga qual.
⁸¹ Cf. L. MORRIS, *Evangelio*, II, 449 nota 88.
⁸² Sobre esta *nuance*, cf. BDF, § 233,1.
⁸³ União de frases completas através de um «καί».
⁸⁴ O mesmo acontece em 1,5; 9,6. Cf. C. BARRETT, *Gospel*, 7.
⁸⁵ Cf. BDF § 291,6; C. DODD, *Historical Tradition*, 134 nota 1; R. KEMPTHORNE, «As God is my Witness», 287 (embora não concordemos com a identificação daquele que testemunha); R. FABRIS, *Giovanni*, 989-990. Por seu lado, J. BERNARD, *A Critical and Exegetical Commentary*, II, 649-650, apresenta o caso de 9,37 para mostrar que o uso de «ἐκεῖνος» por aquele que está a falar para se referir a si próprio é usado no QE (e também por Flávio José). Voltaremos a este assunto em V,3.

entanto, esta é única ocorrência de «καὶ ἐκεῖνος» no QE, que utiliza sempre «κἀκεῖνος»[86].

+ A ligação de 19,35 com 19,36-37: a expressão com que 19,36 se inicia (ἐγένετο γὰρ ταῦτα) remete para os acontecimentos de 19,33-34 («ταῦτα» e não «τοῦτο»); o «γάρ», pelo contrário, remete para 19,35 e aparece como causal, quase como que se o que se afirma a seguir (19,36-37), fosse o conteúdo do final de 19,35 «ἵνα καὶ ὑμεῖς πιστεύητε». Esta perspectiva, que nos parece a gramaticalmente mais correcta, ajuda-nos a perceber 19,35 como algo que diz respeito não só à saída do sangue e da água do lado de Jesus, mas aos acontecimentos de 19,33-34.

b) *Paralelismos*

O texto apresenta-nos um paralelismo antitético em 19,32-33, entre a acção de «ir» dos soldados (a) e quebrar as pernas ao «primeiro» e «ao segundo» dos «com-crucificados» (b) e a acção de «ir» a Jesus (a') e «não quebrar as pernas dele» (b'). A razão é apresentada pela frase subordinada: como o viram já morto. Este paralelismo é sublinhado pelo uso de «μέν: 19,32 - δέ: 19,33»:

a   ἦλθον οὖν οἱ στρατιῶται
b   καὶ τοῦ μὲν πρώτου **κατέαξαν τὰ σκέλη**
    καὶ τοῦ ἄλλου τοῦ συσταυρωθέντος αὐτῷ·
a' ἐπὶ δὲ τὸν Ἰησοῦν ἐλθόντες, ὡς εἶδον ἤδη αὐτὸν τεθνηκότα
b' **οὐ κατέαξαν** αὐτοῦ **τὰ σκέλη**,

O texto de 19,35 apresenta-nos um paralelismo climático[87], repetindo uma palavra do membro anterior para atingir o clímax na frase final: «para que também vós acrediteis»[88]. Ao mesmo tempo faz corresponder o «que viu» e que, por isso, «testemunha» àquilo que é o conteúdo do «também vós acrediteis»:

a b   καὶ ὁ ἑωρακὼς μεμαρτύρηκεν,
c b'   καὶ ἀληθινὴ αὐτοῦ ἐστιν ἡ μαρτυρία,
a' c' καὶ ἐκεῖνος οἶδεν ὅτι ἀληθῆ λέγει,
d   ἵνα καὶ ὑμεῖς πιστεύητε.

---

[86] Cf. 6,57; 7,29; 10,16; 14,12; 17,24.
[87] Cf. S. BAZYLINSKI, *Guida alla ricerca biblica*, 74-75.
[88] «l'interesse si scarica sullo scopo posto alla fine»: R. BOILY – G. MARCONI, *Vedere*, 93.

c) *Estilo*

O estilo do evangelista é sóbrio, como é se percebe pela pouca presença de adjectivos. A construção das frases é muito linear, não havendo «assindetos», excepto nas citações de 19,36-37.

A frequência de frases subordinadas dá à narração um carácter explicativo (causa/finalidade).

A posição das palavras na construção frásica, no que diz respeito à função sintáctica, permite-nos perceber a ênfase que o evangelista coloca nas expressões[89]. A nível do sujeito implícito, nota-se esta ênfase em 19,31.34.35tris.36.37 («os Judeus», «um dos soldados», «o que viu», «aquele», «vós», «a Escritura», «outra Escritura») o que nos permite concluir que há um contexto enfático no que se refere ao sujeitos que provocam as diversas acções (Judeus e soldado) e, por outro lado, às «testemunhas» das acções («o que viu» e «a Escritura») tendo em vista o «vós».

Em 19,32 a posição enfática dos determinativos (τοῦ πρώτου κατέαξαν τὰ σκέλη καὶ τοῦ ἄλλου τοῦ συσταυρωθέντος) destina-se a enfatizar o «não quebrar» as pernas a Jesus (19,34).

No que respeita ao complemento directo, verificamos a ênfase colocada no «lado» de Jesus (19,34), na «verdade» que diz «o que viu» (19,35) e no «osso» da citação de 19,36.

A expressão «καὶ πάλιν ἑτέρα γραφὴ λέγει» para introduzir a segunda citação da Escritura (19,37), é semelhante à que encontramos em 12,39 para introduzir uma segunda citação de Isaías (πάλιν εἶπεν Ἡσαΐας); no entanto, é a única ocorrência com «ἑτέρα» no QE, que utiliza sempre «ἄλλος»[90].

d) *Vocabulário*

Apresentamos uma tabela do vocabulário da perícope (excluindo as conjunções, as preposições e outros vocábulos já apresentados) que nos

---

[89] A ordem normal das palavras é conjunção, verbo e sujeito (cf. BDF, § 472). Quando o escritor modifica esta ordem, fá-lo por razões enfáticas, que têm uma finalidade não só estilística mas também conceptual.

[90] Cf. R. SCHNACKENBURG, *Evangelio*, III, 353. No entanto, a construção é própria de João, pelo que não há motivo para não a considerar do evangelista: cf. M. SABBE, «The Johannine Account», 50. A expressão, de acordo com R. BROWN, *Evangelio*, II, 1348, que cita Schlatter, é uma fórmula rabínica fixa para apresentar uma nova passagem da Escritura. Também Marcos só utiliza uma vez o adjectivo (16,12).

permite ver, em sinopse comparativa, as ocorrências[91].

	NT	Mt	Mc	Lc	Jo
αἷμα	97	11	3	8	6
αἴρω	101	19	20	20	26
ἀληθής	26	1	1	-	14
ἀληθινός	28	-	-	1	9
γίνομαι	670	75	55	131	52
γραφή	51	4	4	4	12
ἐκκεντέω	2	-	-	-	1
ἐξέρχομαι	218	43	39	44	30
ἔρχομαι	636	115	85	102	157
ἐρωτάω	63	4	3	15	28
ἡμέρα	389	45	27	83	31
θνῄσκω	9	1	1	2	2
Ἰησοῦς	919	152	84	88	245
Ἰουδαῖος	195	5	6	5	71
κατάγνυμι	4	1	-	-	3
λέγω	2262	476	290	516	474
λόγχη	1	-	-	-	1
μαρτυρέω	76	1	-	1	33
μαρτυρία	37	3	-	1	14
μέγας	243	30	18	33	18
μένω	118	3	2	7	40
νύσσω	1	-	-	-	1
οἶδα	318	24	21	25	84
ὁράω	449	22	50	81	63[92]
ὀστέον	4	1	-	1	1
παρασκευή	6	1	1	1	3
Πιλᾶτος	55	9	10	12	20
πιστεύω	243	11	14	9	98[93]
πλευρά	5	-	-	-	4

---

[91] A contabilidade foi feita pessoalmente, a partir do *CNTG*.

[92] Para além destas, a forma «ἴδε», que morfologicamente corresponde ao aoristo imperativo activo segunda pessoa do singular, ocorre 19x. Segundo F. RAMOS PÉREZ, *Ver a Jesús*, 380 nota 26, destas 19x, 15 correspondem à interjeição de apresentação (cf. BDF, § 107) e 4 ao aoristo imperativo (1,46; 7,52; 11,34; 20,27).

[93] O QE, ao contrário dos Sinópticos, nunca usa o substantivo «πίστις», sublinhando desta forma o interesse sobretudo no processo da fé.

πληρόω	87	16	3	9	15
σάββατον	68	11	12	20	13
σκέλος	3	-	-	-	3
σταυρός	27	5	4	3	4
στρατιώτης	26	3	1	2	6
συντρίβω	7	1	2	1	1
συσταυρόω	5	1	1	-	1
σῶμα	147	14	4	11	6
ὕδωρ	78	7	5	6	21

A tabela permite-nos perceber o vocabulário de 19,31-37 como próprio do evangelista, com palavras/temas que lhe são característicos.

3.1.3 Os temas

A frase principal de 19,31 apresenta o pedido dos Judeus a Pilatos para que as pernas dos crucificados sejam «quebradas». Isto enquadra a narração na preocupação implícita dos Judeus pelo cumprimento da Escritura, segundo a qual os corpos dos justiçados não podiam permanecer no madeiro depois do entardecer (Dt 21,23). As frases subordinadas levam o texto mais longe e recordam o leitor da importância «daquele sábado» e da «preparação». Em 19,36, expressão «ἐγένετο γὰρ ταῦτα» enquadra o que está antes «para que fosse cumprida a Escritura…» (19,36). No início (implicitamente) e no fim (explicitamente) está a necessidade de cumprir a Escritura. O pedido dos Judeus (19,31) pretende que Jesus desapareça da cruz[94]; no entanto, Deus conduz as coisas de outra forma: deverão «olhar para aquele que trespassaram» (19,37).

A primeira parte (19,31-33) está dominada pelo tema de «quebrar as pernas»: os Judeus pedem a Pilatos que «lhes quebrem as pernas» (19,31); as pernas são quebradas aos «com-crucificados» (19,32), mas *não são quebradas* a Jesus (19,33), porque Jesus está «já morto». Desta forma, dominam os temas da destruição (κατάγνυμι) e da morte (θνήσκω). A forte adversativa «ἀλλά» (19,34) introduz um novo tema e uma mudança de planos: o lado aberto de Jesus e o «sangue e água» que de lá saem, vocábulos do campo semântico da «vida».

---

[94] Cf. R. SCHNACKENBURG, *Evangelio*, III, 354; X. LÉON-DUFOUR, *Lectura*, IV, 134.

O texto de 19,35 interrompe a narração e introduz uma série de temas muito caros ao Evangelista: «ver», «testemunhar/testemunho», «verdade/verdadeiro», «conhecer», «acreditar». Dirigindo-se directamente ao leitor (ὑμεῖς), o narrador passa do plano narrativo ao da fé, interligando os dois e colocando os acontecimentos narrados como objecto de fé. Há uma relação explícita entre o «ver» e o «testemunhar» passando pelo «compreender». O tema «testemunhar» é enfatizado pela tríplice ocorrência[95], pelo que se percebe que o que se pede ao «vós» é que acreditem não só no que diz «o que viu» sensivelmente, mas, sobretudo, no que ele «testemunha»[96].

3.1.4 A unidade do texto e a estrutura

O uso da conjunção «οὖν» em 19,31, dá início a um novo episódio, mas coloca a perícope no seguimento temporal e lógico do que está antes, o que é assegurado também pelo uso do pronome pessoal «αὐτῶν», que remete para o episódio da crucifixão («eles» = Jesus e os outros crucificados), tal como pela referência a Pilatos e aos Judeus (a última vez tinha sido em 19,22). A ocorrência de seis formas verbais num único versículo, todas no passado, dá-lhe um carácter introdutório[97].

A perícope é introduzida pelo pedido dos Judeus (19,31)[98], enquadrado pela preocupação *implícita* com o cumprimento da Escritura (cf. Dt 21,23) e termina com a afirmação do «cumprimento» *explícito* da Escritura (19,36-37), exactamente pelo incumprimento por parte dos soldados do pretendido pelos Judeus. Isto forma uma inclusão temática.

O uso, novamente, de «οὖν» no início de 19,32 cria uma leve cisão temporal, mas continuidade narrativa. O texto vai centrando progressi-

---

[95] Cf. I. de la POTTERIE, *La passione di Gesù*, 148.
[96] Ou seja, nas implicações teológicas e cristológicas.
[97] Cf. S. STANCATI, *Gv 19,31-37*, 101.
[98] O texto de 19,31 serve de introdução aos dois episódios que se seguem (19,32-37 e 19,38-42) como é perceptível quer pela inclusão «preparação» e «Judeus» (19,31.42), quer pelo pedido dos Judeus a Pilatos, que se refere não só ao «partir as pernas» como ao «retirar» os corpos (19,31); o primeiro episódio (19,32-37) trata da primeira parte («partir as pernas») e o segundo do «retirar» o corpo de Jesus. No entanto, quer no primeiro episódio, quer no segundo, o pedido dos Judeus é ultrapassado pelos factos: a Jesus não são quebradas as pernas e o seu corpo não é retirado de qualquer forma, mas pelos discípulos (José de Arimateia e Nicodemos).

vamente a atenção do leitor na pessoa de Jesus. Em 19,32 concretiza-se a introdução de 19,31, passando do geral «ἵνα κατεαγῶσιν αὐτῶν τὰ σκέλη» para as pernas dos «com-crucificados» e, finalmente, para as pernas de Jesus e o não cumprimento da orientação dos Judeus (19,33). Os versículos formam um paralelismo antitético (cf. I,3.1.2.b). A centralidade é ocupada por Jesus, como se percebe pelo uso do nome próprio (único em 19,32-37) e pela ordem ilógica do processo (se Jesus está no meio, devia ser o segundo a quem os soldados procurariam quebrar as pernas)[99]. A unidade de 19,32-33 manifesta-se ainda pela inclusão temática e formal do «quebrar/não quebrar as pernas» (κατέαξαν τὰ σκέλη / οὐ κατέαξαν αὐτοῦ τὰ σκέλη). Além disso, o sujeito explícito e implícito de todas as acções são «os soldados».

A adversativa «ἀλλά» de 19,34 cria contraposição ao que está antes. O sujeito da acção já não são «os soldados», mas, na primeira parte, «um dos soldados» e, na segunda, o «sangue e água». O verbo já não é «κατάγνυμι», que dominou os versículos anteriores, mas, na primeira parte, «νύσσω» e, na segunda, «ἐξέρχομαι». O interesse já não é «as pernas dele» mas «o lado dele». O versículo apresenta apenas duas formas verbais, o que, como sublinha Stancati, permite a concentração do leitor[100].

Em 19,35 quebra-se a narração e introduz-se a intervenção do narrador, que se dirige directamente aos leitores. Os verbos deixam o passado, preponderante nos versículos anteriores, e passam, predominantemente, ao presente e ao perfeito com efeitos no presente. Por outro lado, trata-se do versículo, exceptuando a introdução, com maior concentração verbal (6 formas). As frases estão todas coordenadas por «καί» e têm o seu clímax no «ἵνα καί» que dá a razão da intervenção do narrador.

O texto de 19,36-37, introduzido por «γάρ», destina-se a explicar a causa dos acontecimentos narrados anteriormente (ταῦτα) como o cumprimento da Escritura[101]. Embora regidas pelo mesmo verbo (πληρόω), há uma divisão pela expressão «e de novo outra Escritura diz», que, à primeira vista, faz corresponder cada citação a uma das acções descritas: 19,36 corresponde a 19,33 e 19,37 a 19,34[102].

---

[99] O QE parece socorrer-se de um recurso literário para colocar Jesus em primeiro plano: cf. R. BROWN, *Evangelio*, II, 934-935.
[100] Cf. S. STANCATI, *Gv 19,31-37*, 102.
[101] Cf. E. MALATESTA, «Blood and Water», 170; R. FABRIS, *Giovanni*, 990.
[102] Por outro lado, há uma correspondência entre as acções negativas de 19,33.36 e as acções positivas de 19,34.37: cf. E. MALATESTA, «Blood and Water», 169.

Assim, o texto parte da preocupação implícita dos Judeus com o cumprimento da Escritura e termina revelando que, afinal, ela cumpre-se não no que os Judeus pretendiam, mas precisamente nas acções que eles não tinham previsto: o primeiro cumprimento dá-se pela não execução em Jesus da orientação dos Judeus, o segundo pela acção imprevista de um dos soldados. Mesmo já morto, Jesus continua a ser senhor dos acontecimentos! Desta forma, podemos apresentar a estrutura da perícope da seguinte maneira:

31	Introdução		o pedido dos Judeus como preocupação *implícita* pelo cumprimento da Escritura
32	A	a	pernas quebradas aos com-crucificados;
33			pernas não quebradas a Jesus
34		b	lado trespassado: o sangue e água
35	B		testemunho verdadeiro de «o que viu» e «sabe»: «para que também vós acrediteis»
36	A'	a'	pernas inquebradas: cumprimento da Escritura
37		b'	lado trespassado: cumprimento da Escritura

Em conclusão: a centralidade é dada ao «testemunho» daquele «que viu» e à finalidade daquilo que diz: «para que também vós acrediteis»[103]. A grande questão está em saber qual o conteúdo desse «acreditar». A centralidade quiástica de «B» ajuda-nos a perceber que a finalidade do testemunho está em compreender «A» como «A'».

3.1.5 Conclusão

A análise linguístico-gramatical permite-nos perceber a unidade, a simplicidade e sobriedade da perícope, com uma centralidade na pessoa de Jesus, sobretudo no seu corpo «inquebrado» e trespassado e no cumprimento da Escritura. A contraposição marcada por «δέ» (19,33) em relação ao «μέν» (19,32) releva a frustração dos planos dos Judeus.

---

[103] I. de la POTTERIE, *La passione di Gesù*, 147, considera uma estrutura semelhante à que apresentamos, mas exclui 19,31-32. S. STANCATI, *Gv 19,31-37*, 60-64 (especialmente 60), que segue de la Potterie, apresenta uma estrutura bipartida: A) 19,31-32: «Eventi desiderati dagli avversari di Gesù»; B) 19,33-37: «Evento desiderato da Dio su Gesù»). Não tem em conta a ligação gramatical de 19,32-33 (como vimos no paralelismo antitético) e a inclusão. Também E. MALATESTA, «Blood and Water», 170, considera 19,35 como central. Já F. RAURELL, «El costado abierto», 93, defende a centralidade de 19,34, sem o justificar.

A causa é que «o viram já morto», o que é motivo para que as pernas lhe não sejam quebradas e, consequentemente, que o lado lhe seja trespassado. O texto de 19,35, dirigido expressamente ao «vós», apresenta-nos uma série de temas caros ao evangelista e um paralelismo climático, que faz confluir para o «para que também vós acrediteis» o «testemunho» de «o que viu», o que introduz o conteúdo da narração no ambiente da fé.

3.2 *Tradução*

Depois da análise linguístico-sintáctica, e tendo-a em consideração, apresentamos agora a tradução do texto, procurando manter, tanto quanto possível, a ordem do texto grego:

31	**Intr.**		Ora, os Judeus, porque era a Preparação, para que não permanecessem, sobre a cruz, os corpos no sábado, pois era grande dia o daquele sábado, pediram a Pilatos que fossem quebradas as pernas deles e fossem retirados.
32	**A**	a	Vieram, então, os soldados e quebraram as pernas do primeiro e do outro que fora crucificado com ele.
33			Porém, tendo chegado a Jesus, como o viram já morto, não lhe quebraram as pernas.
34		b	Todavia, um dos soldados, com uma lança, trespassou o seu lado e saiu imediatamente sangue e água.
35	**B**		E o que viu testemunha e verdadeiro é o seu testemunho e ele sabe que diz verdade, para que também vós acrediteis.
36	**A'**	a'	De facto, estas coisas aconteceram para ser cumprida a Escritura: «Osso não lhe será quebrado»
37		b'	e, de novo, outra Escritura diz: «Olharão para o que trespassaram».

Com base neste estudo, individualizemos a semântica.

4. A semântica das palavras

Partindo de um agrupamento dos vocábulos (ou expressões) com um significado afim, estabeleceremos as oposições, explícitas e implícitas, e as linhas e rede de significados que tecem a perícope[104].

4.1 *Os campos semânticos*

Agruparemos os vocábulos (ou expressões) do texto a partir de 10 secções[105], nas quais repetiremos algumas palavras (marcadas com *), visto dizerem respeito a mais de um campo semântico. Depois da designação do campo, indicamos o número de ocorrências:

4.1.1 Comunicação (5):

a) pedir: «ἐρωτάω» (19,31);
b) testemunhar, testemunho: «μαρτυρέω», «μαρτυρία» (19,35b);
c) dizer: «λέγω» (2x: 19,35.37).

4.1.2 Sentimentos/percepção/convicções (7):

a) ver: «ὁράω» (3x: 19,33.35.37);
b) saber: «οἶδα» (19,35);
c) acreditar: «πιστεύω» (19,35);
d) verdade, verdadeiro: «ἀληθινή», «ἀληθής» (19,35).

4.1.3 Movimento (5):

a) não permanecer: «οὐ μένω» (19,31)[106];
b) levantar: «αἴρω» (19,31);
c) ir/vir: «ἔρχομαι» (2x: 19,32.33);
d) sair: «ἐξέρχομαι» (19,34).

---

[104] Cf. W. EGGER, *Metodologia*, 100-105.
[105] No agrupamento semântico das palavras tivemos presente, ainda que nem sempre a sigamos, a classificação de P. LOUW – E. NIDA, ed., *Greek-English Lexicon*, I-II.
[106] O verbo, em si, significa ausência de movimento (Louw coloca-o na categoria «Existence in Space»), mas visto que a negação modifica o verbo, o sentido é precisamente o de o corpo «ser movido» («para não permanecer»).

4.1.4 Judaísmo (7):

a) os Judeus: «οἱ Ἰουδαῖοι» (19,31);
b) preparação: «παρασκευή» (19,31);
c) sábado: «σάββατον» (2x: 19,31);
d) Escritura: «γραφή» (2x: 1936.37);
e) cumprimento (da Escritura): «πληρόω» (19,37)[107].

4.1.5 Somático (8):

a) corpo: «σῶμα» (19,31);
b) pernas: «σκέλος» (3x: 19,31.32.33);
c) flanco/lado: «πλευρά» (19,34);
d) sangue e água: «αἷμα καὶ ὕδωρ» (19,34);
e) osso: «ὀστέον» (19,36).

4.1.6 Morte/destruição e vida (12):

a) cruz, com-crucificar: «σταυρός» (19,31); «συσταυρόω» (19,32);
b) quebrar: «κατάγνυμι» (3x: 19,31.32.33); «συντρίβω» (19,36);
c) soldados: «στρατιώτης» (19,32: pl.); «εἷς τῶν στρατιωτῶν» (19,34);
d) morrer: «θνῄσκω» (19,33);
e) lança: «λόγχη» (19,34);
f) trespassar: «νύσσω» (19,34); «ἐκκεντέω» (19,37);
g) sangue e água: «αἷμα καὶ ὕδωρ» (19,34)*.

4.1.7 Tempo (5):

a) preparação: «παρασκευή»* (19,31);
b) sábado/sábado especial: «σάββατον»*; «μεγάλη ἡ ἡμέρα ἐκείνου τοῦ σαββάτου»* (19,31);
c) já: «ἤδη» (19,33);
d) imediatamente: «εὐθύς» (19,34).

---

[107] Embora o verbo entre no campo semântico da «medida», aqui está ligado ao campo semântico da Escritura, pelo que preferimos classificá-lo desta forma (cf. III,1.2.2).

4.1.8 Espaço (2):

a) «ἐπὶ τοῦ σταυροῦ» (19,31);
b) «ἐπὶ δὲ τὸν Ἰησοῦν» (19,33).

4.1.9 Jesus (4+2):

a) Referências explícitas:
+ «ἐπὶ δὲ τὸν Ἰησοῦν» (19,33);
+ «ἴδον ἤδη αὐτὸν τεθνηκότα» (19,33);
+ «οὐ κατέαξαν αὐτοῦ τὰ σκέλη» (19,33);
+ «αὐτοῦ τὴν πλευρὰν ἔνυξεν» (19,34);
b) Referências implícitas (Escritura):
+ «ὀστοῦν οὐ συντριβήσεται αὐτοῦ» (19,36);
+ «ὄψονται εἰς ὃν ἐξεκέντησαν» (19,37).

4.1.10 Referências a outras personagens (6):

a) os Judeus: «οἱ Ἰουδαῖοι» (19,31)*;
b) Pilatos: «Πιλᾶτος» (19,31);
c) soldados: «στρατιώτης» (19,32: pl); «εἷς τῶν στρατιωτῶν» (19,34)*;
d) com-crucificados: «τοῦ πρώτου [...] καὶ τοῦ ἄλλου τοῦ συσταυρωθέντος αὐτῷ» (19,32)*;
e) o que viu: «ὁ ἑωρακώς» (19,35)*.

Um primeiro olhar sobre esta classificação faz-nos perceber o destaque do campo semântico da «vida/morte» (12x), que percorre toda a perícope, e o corporal (8x), assim como do facto das ocorrências das palavras de sentimentos/percepção/convicções se encontrarem quase todas em 19,35 (excepto duas das ocorrências de «ver»: 19,33.37).

4.2 *Oposições semânticas*

A oposição mais clara manifesta-se entre o «quebrar» e o «não quebrar», num paralelismo antitético perfeito entre o que pedem os judeus e acontece aos com-crucificados (pernas quebradas) e o que (não) sucede a Jesus (pernas não quebradas) — cf. I,3.1.2.b.

Outras oposições acontecem, não a nível de antónimos vocabulares, mas de situações e de ideias. Podemos considerar as seguintes:

4.2.1 Oposições explícitas

quebrar: com-crucificados	não quebrar : Jesus

4.2.2 Oposições implícitas:

a) *campo da comunicação*

o que *pedem* os Judeus (preocupação com o cumprimento da Lei)	o que *diz* a Escritura
	o que *diz* e *testemunha* «o que viu»

b) *campo de sentimentos/percepção/convicções*

soldados: olhar e trespassar (19,33.34)	Escritura: trespassar e olhar (19,37)
olhar dos soldados: só realidade natural, que conduz ao trespassar o lado (19,33.34)	olhar daquele «que viu»: conduz ao «testemunho» (19,35)

c) *campo do movimento*

movimento dos soldados para gestos de morte: quebrar, trespassar	movimento imediato do «sangue e água», símbolos de vida
pedido dos Judeus: quebrar as pernas e ser levantados	não quebramento das pernas; [o corpo é levantado não pelos soldados, mas pelos discípulos: 19,38-42]

d) *campo da morte-destruição/vida*

cruz, crucificados; quebrar as pernas; Jesus morto; lança; trespassar	não quebrar a Jesus; saída imediata de sangue e água, símbolos de vida

4.3 *Linhas de significado*

A determinação dos campos semânticos e das oposições, permite-nos estabelecer as linhas de significado:

4.3.1 O cumprimento da Escritura: desígnio dos Judeus/desígnio de Deus

O «plano» dos Judeus para que as pernas dos crucificados sejam quebradas e os corpos retirados, está dependente da preocupação (implícita) com o «cumprir» a Lei (Dt 21,23). O ambiente judaico está bem vincado pela ocorrência das palavras indicadas: os Judeus, preparação, sábado (bis), a Escritura (bis). No entanto, é a Escritura, onde se expressa o desígnio de Deus, que prevê que as coisas aconteçam de outro modo: as pernas de Jesus não lhe são quebradas e o seu lado é trespassado (ambas não previstas pelos Judeus) o que é considerado, precisamente, como «cumprimento» da Escritura.

4.3.2 A linha da morte/destruição e a da vida.

As acções apresentadas no início da perícope enquadram o episódio num contexto de destruição: os Judeus pedem a Pilatos que as pernas dos crucificados sejam «quebradas» para, assim, acelerar a morte. Mas se, de facto, isto é cumprido nos dois com-crucificados, não o é em Jesus. E a razão é que «o viram já morto». No entanto, um dos soldados actua um outro gesto de «morte, destruição»: trespassa-lhe o lado com uma lança. Este gesto de «morte» tem um efeito «imediato» (εὐθύς) de vida: a saída do «sangue e água». A morte de Jesus constitui o centro dos acontecimentos. É ela que determina o andamento dos factos.

Os verbos de movimento estão ao serviço desta linha: há um dinamismo de movimento *para* Jesus (destinado à destruição) e um dinamismo de movimento *de* Jesus (sai sangue e água, símbolos de vida).

4.3.3 Importância do corpo «inquebrado» de Jesus

A insistência nas palavras do campo corporal centra a atenção no corpo de Jesus: no que *não acontece* às suas pernas. É o facto delas não serem quebradas que motiva a outra acção no seu corpo: o trespassar o seu lado, com a acção consequente da saída do sangue e da água. As citações da Escritura confirmam este interesse.

4.3.4 A linha dos sentimentos/percepção/convicções

O verbo «ver» marca o andamento da perícope. O «plano» dos Judeus é modificado, precisamente porque os soldados «vêem» Jesus já morto. Isto leva a que se siga o gesto da perfuração do lado. Esta sequência «ver – trespassar» é invertida na citação da Escritura: «olharão para o que trespassaram» (trespassar – ver).

O verbo domina ainda em 19,35: a intervenção do evangelista está marcada pelo facto de alguém «ter visto», acção a que é dada uma grande importância, como se sublinha na substantivação do particípio verbal e na sua função de sujeito (ὁ ἑωρακώς). É este facto de «ver» que constitui a base de tudo o que se segue: testemunhar, consciência (saber) de dizer a verdade, com a finalidade de que «também vós acrediteis». Assim, o «ver» está na base de todas as outras afirmações do versículo. Por outro lado, o facto de ligar o «ver» ao «testemunhar» dá ao verbo «ver» uma dimensão que vai mais longe que o simples olhar físico (em contraposição com o «ver» dos soldados e na mesma linha do «olharão» da citação escriturística).

No entanto, no que se refere ao «vós» (19,35) a base já não é a visão, mas o «testemunho» de «o que viu».

4.4 *Conclusão: andamento e o centro da perícope*

A partir das observações que fizemos notar, há três níveis de realidade no texto: o dos *factos*, o da *interpretação* dos factos e o da *finalidade* da narração (*pragmática*), cada um sublinhado com um «ἵνα» com valor final. Tudo está emoldurado pelo *enquadramento* temporal (e teológico), a «preparação» do dia seguinte, que é um sábado especial: a Páscoa. É ela que, de um modo especial, provoca o pedido dos Judeus a Pilatos e as acções que se lhe seguem.

No que respeita aos *factos* (19,31-33) a centralidade encontra-se na morte de Jesus e a ênfase no seu corpo «inquebrado». É o facto de Jesus estar «já» morto que faz com que o seu corpo permaneça «inquebrado», não dando, nele, sequência ao pedido dos Judeus a Pilatos. Isto, por sua vez, provoca a acção do soldado (a perfuração do lado) e a saída imediata do sangue e água.

A observação destes factos é motivo de uma, até aqui, inusual intervenção do narrador (19,35), para se dirigir directamente aos leitores, apresentando o testemunho de «o que viu», que faz a ponte entre aquilo que presenciou (factos) e o que estava previsto na Escritura (interpretação). E porque «sabe» que o que diz é verdadeiro, «testemunha-o», «para que também vós acrediteis» (pragmática).

Assim, o centro da perícope está no 19,35, onde «o que viu» os factos e «dá testemunho», fá-los passar do plano sensível ao sobrenatural, apresentando, através do narrador, quer os factos, quer a sua interpretação crente, à fé do leitor.

Tendo isto em consideração, podemos apresentar o andamento da perícope com o seguinte esquema:

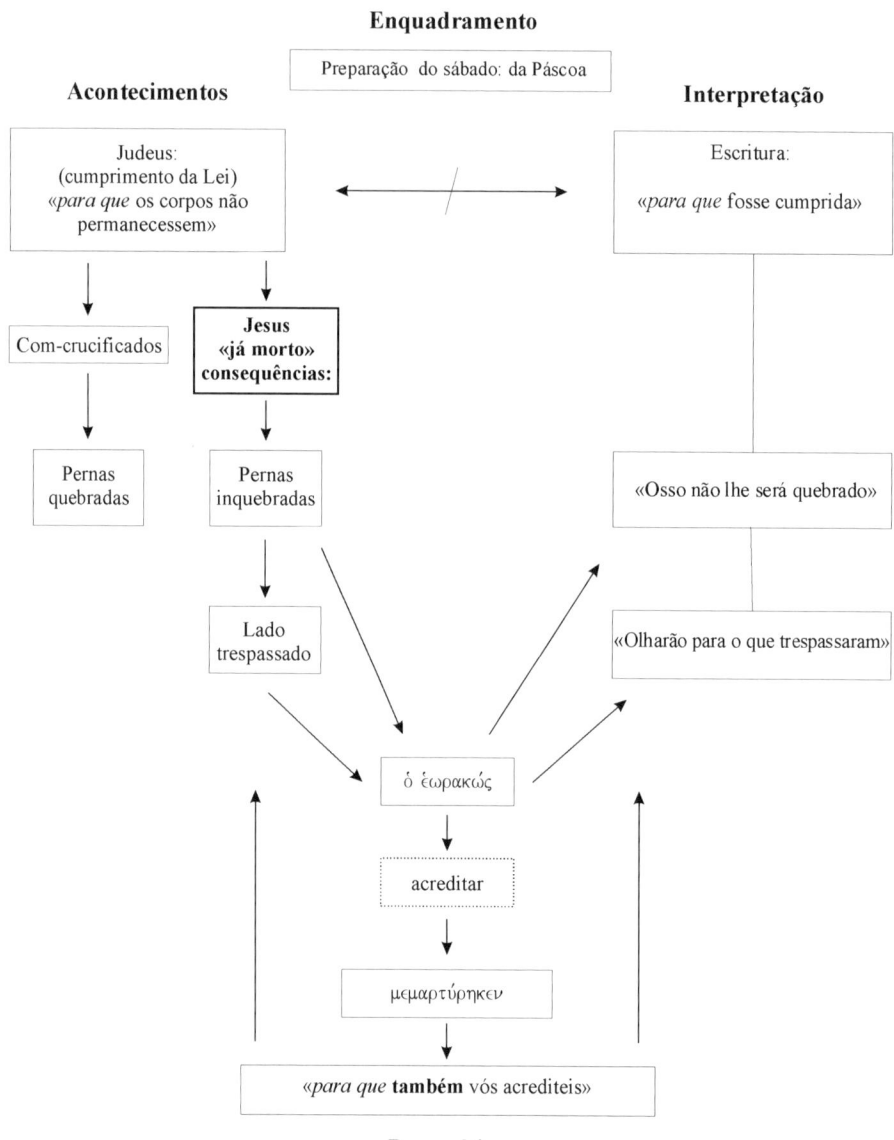

5. Conclusão

Se a nível dos factos, a centralidade está na morte de Jesus e a ênfase no corpo «inquebrado», a nível da interpretação é a intervenção do narrador que assume o protagonismo, fazendo passar os factos ocorridos no «corpo» de Jesus, como consequência da sua morte, do plano sensível ao da fé, pelo ver e testemunho de «o que viu». Desta forma, 19,35 é o centro da perícope.

Estabelecidos a constituição e andamento semânticos da perícope, passemos agora à sua análise detalhada, de acordo com as linhas de significado reconhecidas.

CAPÍTULO II

Da vontade dos Judeus (destruição) à revelação do projecto de Deus (a vida)

A perícope é introduzida e enquadrada pelo pedido dos Judeus a Pilatos, para que se quebrem as pernas aos crucificados e, assim se acelerar a sua morte.

Acompanhando os soldados, o leitor é convidado a «ver» o corpo morto de Jesus e as consequências deste facto: o corpo mantém-se «inquebrado», mas é trespassado, saindo «imediatamente sangue e água».

Quem são *estes* Judeus? Qual o motivo da sua preocupação para que os corpos sejam retirados? Como é que o QE preparou o leitor para ver o significado de Jesus «já morto» e das consequências dessa morte? E que tem isso a ver com o corpo «inquebrado» do qual sai sangue e água?

1. A destruição pretendida por «os Judeus»

A perícope faz entrar de novo em cena «os Judeus», palavra que não aparecia desde 19,20 («muitos dos Judeus»), e que surgem com um único intuito: partir as pernas aos crucificados e fazê-los desaparecer. Quem são e o que pretendem?

1.1 *Os Judeus*

A resposta à primeira pergunta precisa do contexto do QE. Nele, o adjectivo substantivado «οἱ Ἰουδαῖοι» tem uma grande importância, como se percebe pela tabela vocabular apresentada no capítulo anterior (71x). No entanto, apresenta-se com um problema interpretativo: quem são «οἱ Ἰουδαῖοι»? Como nota Caron, no Evangelho: «ils entrent en scène sans la moindre explication, comme si leur apparition était tout à fait normale et que leur identité ne faisait aucun problème»[1]. Mas, de facto, para nós, constitui um problema: a expressão refere-se a uma realidade geográfica, sócio-histórica e/ou teológica[2]?

Tentando salvaguardar o Evangelho de acusações anti-judaicas, muitos autores defendem que o termo se refere apenas às autoridades judaicas (sociológico), outros que aos Judeus do séc. I (histórico) e não aos de todos os lugares, mas só aos da Galileia e/ou Judeia (geográfico). Outros pensam que não respeita aos Judeus no sentido religioso (Judaísmo), mas apenas àqueles que se recusam a acreditar em Jesus (teológico). Outros, ainda, que não se trata de «anti-judaísmo», mas de «intra-judaísmo», visto que, na época, o Judaísmo e o Cristianismo não eram religiões com uma identidade claramente separada[3].

Culpepper mostra-se crítico em relação a esta divisão, pois «even if Ἰουδαῖοι once denoted Judeans or Jewish authorities, the Gospel of John generalized and stereotyped those who rejected Jesus by its use of this term»[4]. Por isso, é preciso ter em consideração os diversos contextos em que a palavra ocorre, para não confundir as distinções e *nuances* que o contexto confere ao seu uso[5]. Além disso, é necessário considerar, como assinala Culpepper e Beutler, seguindo Ashton, que encontramos dois níveis na expressão: o «referente» (pessoa ou grupo de pessoas a quem o texto se refere na realidade histórica) e o «sentido» (o uso do conceito, pelo autor, na estratégia narrativa)[6]. Por agora, tendo em conta esta advertência, importa compreender, no contexto, o nível do «referente»: quem são *estes* «Judeus» que apresentam o pedido a Pilatos?

---

[1] G. CARON, *Qui sont les «Juifs»?*, 260.

[2] Na última parte do séc. XX, a discussão sobre a identidade de «os Judeus» balançava entre estas três possibilidades. Para um resumo alargado das diferentes perspectivas, cf. U. von WAHLDE, «The Johannine "Jews"», 35; ID., «"The Jews" in the Gospel of John», 30-55; S. MOTYER, *Your Father the Devil?*, 46-57; R. BIERINGER – D. POLLEFEYT – F. VANDECASTEELE-VANNEUVILLE, «Wrestling with Johannine Anti-Judaism»; J. LIEU, «Anti-Judaism».

[3] Cf. J. DUNN, «The Embarrassment», 59.

[4] R. CULPEPPER, «Anti-Judaism», 74.

[5] Cf. A. REINHARTZ, «"Jews" and Jews», 348. Também S. MOTYER, *Your Father the Devil?*, 57, que encontra quatro sentidos diferentes no uso da palavra, defende que «the precise force of the word needs to be judged on each occurrence».

[6] Cf. R. CULPEPPER, «Anti-Judaism», 74-75; J. BEUTLER, *L'ebraismo e gli Ebrei*, 148.

1.2 *Os Judeus de 19,31*

A expressão «os Judeus» em 19,31 remete para 19,21, onde, na discussão com Pilatos sobre o letreiro da cruz (mais do que isso: sobre a natureza real de Jesus), estes «Judeus» são concretizados como «οἱ ἀρχιερεῖς τῶν Ἰουδαίων» (os sumo-sacerdotes dos Judeus)[7].

1.2.1 Os sacerdotes

Os «ἀρχιερεύς» têm um papel preponderante na Paixão, como se pode constar pelas ocorrências da palavra: apenas 7x na primeira parte do Evangelho e 14x nos cap. 18-19[8].

São apresentados como um grupo ligado aos fariseus (οἱ ἀρχιερεῖς καὶ οἱ Φαρισαῖοι: 7,32.45) quando decidem enviar soldados para prender Jesus (7,32). O mesmo acontece em 11,47.57, onde o progressivo desaparecimento dos fariseus vai dando entrada à acção dos «sumo-sacerdotes» que, sozinhos, decidem matar também Lázaro (12,10). Esta proeminência dos «sumo-sacerdotes» no poder decisório manifesta-se também na expressão conjunta (οἱ ἀρχιερεῖς καὶ οἱ Φαρισαῖοι), onde estes são sempre referidos primeiro que os fariseus (7,32.45; 11,47.57; 18,3). De facto, em 18,35 Pilatos declara a Jesus: «o teu povo, *isto é*[9],

---

[7] É certo que, no versículo anterior, se fala de «muitos dos Judeus» que liam o título da cruz (πολλοὶ ἀνέγνωσαν τῶν Ἰουδαίων), mas não podemos pensar que foram estes a ter acesso a Pilatos para lhe fazer o pedido de partir as pernas aos crucificados. Para grande parte dos estudiosos, o «referente» de «os Judeus», no uso geral da palavra, são as autoridades religiosas de Jerusalém (cf., p. e., J. BEUTLER, «The Identity of the "Jews"», 234; U. von WAHLDE, «You are of Your Father», 443-444) o que nos é confirmado em 36 das ocorrências da expressão (1,19; 2,18.20; 5,10.15.16.18; 7,1.11.13.15.35; 8,22.31.48.52.57; 9,18.22bis; 10,24.31.33; 11,8; 13,33; 18,12.14. 31.36.38; 19,7.12.14.31.38; 20,19: cf. tabela em U. von WAHLDE, «The Johannine "Jews"», 39-40) e pelo interesse religioso que motiva a acção de «os Judeus».

[8] 7,32.45; 11,47.49.51.57; 12,10 e 18,3.10.13.15bis.16.19.22.24.26.35; 19,6.15.21.

[9] A tradução literal seria: «O teu povo e os sumo-sacerdotes», o que não tem sentido, pois em momento algum se apresenta o povo a entregar Jesus a Pilatos, mas sim os sumo-sacerdotes, como representantes, na concepção de Pilatos, do povo. De facto, o que está em causa é a qualidade «judaica» dos que entregaram Jesus a Pilatos, em contraposição com este: «eu sou, porventura, judeu?» (18,35a). Por isso, pensamos que o contexto nos convida a ler o «καί» como *explicativum*, que não é inusual no QE (cf., p. e., 1,16). L. DEVILLERS, «La croix de Jésus», 399, por seu lado, vê na fórmula «un hendiadys, ici combiné avec une synecdoque : Jean vise "(les responsables de) la nation, c'est-à-dire les grands prêtres", un peu comme on a, en Jn 19,21, "les grands prêtres des Juifs"».

os sumo-sacerdotes entregaram-te a mim» (sem qualquer referência aos fariseus). São eles que clamam pela crucifixão de Jesus (19,6) e que recusam a sua realeza (19,15.21).

A partir de 18,13 é o Sumo-Sacerdote que ganha relevância e vai sendo enfatizado (em 18,10-26 é referido 9x), o que recorda ao leitor a primeira e única referência ao Sumo-Sacerdote na primeira parte do Evangelho (11,49.51), onde a decisão de matar Jesus é apresentada por Caifás como uma morte «pelo povo» de forma a «não perecer toda a nação» (11,50).

1.2.2 E os fariseus?

Os fariseus encontram-se ausentes em todo o processo da Paixão[10]. No entanto, a única ocorrência da palavra na segunda parte do QE (18,3) recorda o leitor da responsabilidade e conivência destes: os guardas vão também da parte deles. Ao longo do Evangelho, a palavra aparece sempre num contexto negativo: são eles que põem em questão a autoridade de João para baptizar (1,24); Nicodemos aparece como fariseu, um dos chefes, que tem medo de revelar a sua fé em Jesus (3,1s); em 4,1, Jesus sai da Judeia para a Galileia quando sabe que os fariseus já têm conhecimento dos baptismos que os seus discípulos realizam (o que surpreende, pois não se apontou, antes, qualquer confronto ou tensão de Jesus com os fariseus); quando se apercebem que o povo se inclina a acreditar em Jesus enviam, juntamente com «os sumo-sacerdotes», soldados para prenderem Jesus (7,32). Colocam-se numa atitude superior de quem conhece a Lei, para determinar que Jesus nem profeta pode ser, por causa da sua origem (7,47-52). Com «os escribas» montam uma armadilha a Jesus no episódio da mulher adúltera (8,3). Rejeitam o testemunho de Jesus (8,13) e expulsam o cego curado, determinando que Jesus não vem de Deus, porque não guarda o sábado (9,13ss), pelo que Jesus os acusa de cegueira e de permanecer no pecado (9,40). São eles que, assustados com as adesões a Jesus provocadas pela ressurreição de Lázaro, provocam a reunião do Sinédrio, onde, definitivamente, se decide matar Jesus (11,46ss). A referência directa aos «fariseus» termina na conclusão da primeira parte do Evangelho: «muitos chefes creram nele [Jesus], mas por causa dos

---

[10] Ao olharmos para as ocorrências da palavra «φαρισαῖος», notamos claramente como ela se condensa na primeira parte do QE: 1,24; 3,1; 4,1; 7,32bis.45.47.48; 8,3.13; 9,13.15.16.40; 11,46.47.57; 12,19.42; 18,3.

fariseus, não o confessavam, para não serem expulsos da sinagoga, pois amaram mais a glória dos homens que a de Deus» (12,42).

Assim, por um lado, os fariseus confrontam-se com Jesus por recusarem a sua origem divina (natureza) e, juntamente com os sacerdotes decidem a sua morte, e, por outro, são um obstáculo à fé em Jesus, causando medo e segregando os que acreditam.

1.2.3 Os sacerdotes e os fariseus no mundo incrédulo de «os Judeus»

Embora o «referente» lógico de «os Judeus» de 19,31 sejam os sumo-sacerdotes (19,6.21), o «sentido», ao nível narrativo, remete o leitor para a atitude daqueles («os Judeus») ao longo do Evangelho. De facto, o evangelista, muitas vezes, usa a expressão «os Judeus» para falar dos «fariseus» e/ou «sumo-sacerdotes» indiscriminadamente e com o mesmo sentido[11].

O primeiro diálogo entre Jesus e os Judeus ocorre em 2,18-21. Esta passagem é importante para a compreensão da nossa perícope porque: acontece no início do ministério de Jesus, na sua primeira subida a Jerusalém; o contexto é a festa da Páscoa; e, sobretudo, a discussão é sobre o Templo, passando do Templo-pedra ao Templo-corpo de Jesus: «tentai destruir[12] este Templo e em três dias o levantarei» (2,19.21). O uso do imperativo aoristo (λύσατε) remete para uma acção pontual, ou seja, para a morte de Jesus, de que os Judeus serão mentores. O evangelista focaliza a atenção no corpo de Jesus, como sinal da presença de Deus e para o facto de os Judeus o tentarem destruir, o que (não) se cumpre em 19,31-37. O seu corpo morto e ressuscitado será o «sinal» da sua autoridade (2,18), ou seja, da sua natureza.

O segundo confronto de «os Judeus» com Jesus acontece na polémica sobre o «sábado», dia em que Jesus cura um enfermo (5,1-9) e que leva a que «os Judeus» (5,10.15.16.18) comecem a «perseguir» Jesus (5,16). Esta polémica é ocasião para Jesus manifestar a sua auto-

---

[11] Entre outros exemplos, veja-se 9,13.15.16.18 para a equivalência entre «fariseus» e «os Judeus»; 11,47ss e 12,14 para identificação dos «sumo-sacerdotes e fariseus» com «os Judeus» ou ainda 19,6.14 e 19,7.15 na identificação de «os Judeus» com «os sumo-sacerdotes».

[12] Literalmente: «destruí este Templo e em três dias o levantarei», mas o uso do imperativo aoristo tem valor de uma proposição condicional ou concessiva: «Ainda que possais/tenteis destruir este Templo...»: cf. BDF, § 387,2. Na nossa perspectiva, o aspecto do verbo remete para um aoristo «conativo», pois de facto esta destruição, embora seja tentada não acontece, como constatamos em 19,34.

ridade e a sua natureza: «Meu Pai trabalha até agora e eu também trabalho» (5,17). Esta afirmação é a causa da futura morte de Jesus, como nos diz o evangelista: «Por causa disto os Judeus, com maior empenho, procuravam matá-lo, pois, não só *violava o sábado*, mas também dizia ser Deus o seu próprio Pai, fazendo-se, assim, *igual a Deus*» (5,18).

Estes dois primeiros confrontos entre os Judeus e Jesus, a partir dos quais eles tentarão matá-lo, abarcam duas coordenadas, teologicamente importantes: o *espaço* (Templo) e o *tempo* (sábado). Se «o Templo» serve para Jesus se manifestar como verdadeiro lugar da presença do Pai, o «sábado» é ocasião para Jesus revelar uma autoridade igual à de Deus (segundo o pensamento judaico, só Deus trabalha ao sábado). Ambas são oportunidade e motivo para a manifestação da *natureza divina* de Jesus e da sua *acção salvífica*.

De resto, os diálogos de «os Judeus» com Jesus estão sempre relacionados com a natureza deste, como é relevado no último diálogo, por ocasião da festa da Dedicação/Consagração do Templo (10,24ss): «Se és o Cristo, diz-nos abertamente» (10,24); à resposta de Jesus, agem e retorquem: «não te lapidamos por causa de uma boa obra, mas por blasfémia, porque *sendo apenas homem, tu te fazes Deus*» (10,33)[13]. É a mesma acusação que leva os sumos-sacerdotes a pedir a morte de Jesus: fazer-se «a si mesmo Filho de Deus» (5,18; 10,33; 19,7).

Movendo-se neste mundo de incredulidade, são as autoridades judaicas de Jerusalém que, levando-o ao extremo, têm a responsabilidade da morte de Jesus[14]. Agora, querem desfazer-se o mais depressa possível

---

[13] Cf. 8,48.52.57; 10,33. Outras passagens, que não diálogos, reflectem a mesma preocupação pela natureza de Jesus e o desconcerto que as suas palavras provocam: «como pode Ele dar-nos a sua carne a comer?» (6,52); «como entende ele de letras sem ter estudado?» (7,15); «para onde irá ele?» (7,35); «irá ele matar-se? [...] Quem és tu?» (8,22.24). Por outro lado, este antagonismo de «os Judeus» em relação a Jesus é recordado constantemente ao longo do Evangelho, quer pelo narrador (7,1), quer pela narração (10,31.33), quer pelos próprios discípulos (11,8).

[14] Cf. C. KEENER, *The Gospel*, II, 1150. No entanto, a responsabilidade directa também não é de todas as autoridades. De facto, a palavra «ἄρχων» referida às autoridades judaicas ocorre 4x (3,1; 7,26.48; 12,42), sempre num contexto sobre a fé em Jesus. Refere-se a Nicodemos (3,1), que mostra alguma abertura, embora na «noite», em relação a Jesus (3,2); em 7,26 são alguns de Jerusalém que se interrogam se «os chefes» reconhecem em Jesus o Cristo e em 7,48 são os fariseus que, com sarcasmo, perguntam se «algum dos chefes ou dos fariseus» acreditou em Jesus (ao que o evangelista, ironicamente, contrapõe referindo a presença de Nicodemos: 7,50). Em 12,42, na conclusão da primeira parte, o narrador responde a esta questão, dizendo que «mui-

do corpo. Duas atitudes hostis de destruição, que têm a sua raiz na preocupação com o cumprimento da Lei.

1.3 *A preocupação legalista dos Judeus e a salvação de Deus*

A primeira razão do pedido dos Judeus a Pilatos reside na preocupação em cumprir a Lei que, segundo Dt 21,22-23, não permite que os corpos dos justiçados permaneçam sobre o madeiro depois do entardecer, ou seja, para o dia seguinte. Foi também esta preocupação com o «cumprimento» o motivo apresentado para a necessidade de Jesus morrer: «nós temos uma Lei e, segundo essa Lei, ele deve morrer porque se fez a si mesmo Filho de Deus» (19,7).

À primeira vista, o desejo dos Judeus parece ser benévolo: cumprir a vontade de Deus, expressa na Lei. No entanto, uma leitura mais atenta da forma como o QE nos apresenta o tema da Lei, leva-nos a conclusões diferentes.

1.3.1 A Lei

A ocorrência de «Lei», exceptuando as primeiras referências em 1,17.45, sucede sempre num contexto de polémica ou de enquadramento negativo, até ao ponto de os Judeus apresentarem a «Lei» como a causa da morte de Jesus (19,7)[15].

O uso da palavra ocorre metade das vezes em expressões possessivas, que criam uma separação entre os Judeus e Jesus: os Judeus referem-se a ela como «nossa Lei» (7,51; 8,5; 19,7bis) e Jesus fala dela como «vossa Lei» (8,17; 10,34) ou, quando fala com os discípulos, refere-se-lhe como a «Lei deles» (15,25), dando a entender que é algo que não lhe respeita nem ao seu grupo (de facto, Pilatos, um não judeu,

---

tos chefes creram nele [Jesus], mas, por causa dos fariseus, não o confessavam, para não serem expulsos da sinagoga, pois amaram mais a glória dos homens do que a de Deus». Assim, embora num matiz negativo, no que respeita às autoridades de Jerusalém, o evangelista termina a primeira parte fazendo perceber ao leitor que o que acontecerá a seguir, na Paixão, não é acção nem de todos os judeus, nem sequer de todos os chefes dos Judeus, pois alguns acreditaram (12,42). Contudo, mesmo estes não foram capazes de confessar a sua fé em Jesus, por causa do medo. A porta de solução é aberta em 19,39, quando Nicodemos tem a coragem de participar na sepultura de Jesus, saindo, assim, da «noite» da sua fé (3,2).

[15] O vocábulo «Lei», ocorre 15x no QE: 1,17.45; 7,19bis.23.49.51; 8,5.17; 10,34; 12,34; 15,25; 18,31; 19,7bis (em Mt 8x, em Mc nenhuma, em Lc 9x). Em metade delas, ocorre em conjunto com «Moisés» (1,17.45; 7,19[22bis].23; 8,5).

utiliza a mesma expressão: «julgai-o de acordo com a vossa Lei»: 18,31). À primeira vista parece que a «Lei» tem uma conotação negativa no QE e que Jesus se demarca dela. Mas uma leitura mais atenta, sobretudo das primeiras ocorrências da palavra, permite-nos perceber que não é assim. Em 1,45, Filipe relata a Natanael: «encontramos aquele do qual escreveu Moisés, na Lei, e os Profetas: Jesus, filho de José, de Nazaré». A expressão, sem se referir a uma passagem determinada apresenta positivamente a Lei, como Escritura e como falando de Jesus. O próprio Jesus é claro em considerar a Lei como «Escritura»: «Não está escrito na vossa Lei: "Eu disse: sois deuses" — e a Escritura não pode ser anulada» (10,34-35; compare-se ainda 7,42.49.51). Qual é pois a razão deste posicionamento, aparentemente negativo, do QE em relação à Lei?

Em 7,19 Jesus critica os Judeus por nenhum praticar a Lei dada por Moisés, o que é explicado em 7,22ss, numa referência clara à controvérsia do cap. 5: os Judeus circuncidam ao sábado, para não transgredir a Lei de Moisés; no entanto iram-se contra Jesus por ter curado um «homem todo» ao sábado[16]. O que está em causa é o espírito com que se olha para a Lei e não a Lei em si. Isto é realçado no episódio da mulher adúltera (8,2-11) onde se contrapõe o ensinamento de Jesus (8,2) ao mandamento de Moisés na Lei (8,5) e que é sublinhado pela pergunta dos escribas e fariseus: «Na nossa Lei, Moisés manda-nos apedrejar tais mulheres. Tu que dizes?» (8,5). Ora, segundo Lv 20,10 e Dt 22,22-24 a pena diz respeito também ao homem, o que é o caso, visto que se trata de flagrante adultério (ἐπὶ μοιχείᾳ κατειλημμένην) e, portanto, o homem é conhecido. No entanto, este nem sequer é referido. Os fariseus apresentam a Jesus uma interpretação manipulada da Lei.

O que está em causa, pois, não é a Lei, mas a forma como ela é entendida, interpretada e aplicada. São duas concepções em confronto.

1.3.2 A «Lei»: «legislação/mandamento» ou «Escritura»?

Como nota Beutler, a palavra «νόμος» tem, no QE, um duplo sentido: legislação de Moisés («mandamento») e «Escritura»[17].

O episódio da adúltera põe em relevo o que verdadeiramente está em causa: a interpretação da Lei como «mandamento» na dimensão legal

---

[16] Na sua argumentação, Jesus utiliza um princípio das 14 «מידות» de Hillel, o «qal wa homer», ou seja, «do mais leve ao mais pesado»: se a Lei permite a circuncisão de um homem ao sábado, com mais razão permite o gesto de Jesus de curar o corpo todo.

[17] Cf. J. BEUTLER, *L'ebraismo e gli Ebrei*, 40-41.

do termo. Os escribas e fariseus apresentam o ensinamento de Moisés na Lei como algo «ἐνετείλατο» (8,5; do verbo ἐντέλλω: mandar, ordenar) do campo semântico do «ἐντολή» (mandamento). De facto, os chefes judeus usam a palavra sempre com este sentido (cf. 7,51; 8,5; 19,7bis), tal como Pilatos (18,31), e também sempre com uma finalidade negativa e *mortífera*: o apedrejamento da adúltera (8,5) e a morte de Jesus (18,31; 19,7bis). A preocupação em cumprir a «legislação» é permanente: o interrogatório a Jesus pelo Sumo-Sacerdote aparece como observância da «legislação», tal como tinha recordado Nicodemos em 7,51: «a nossa Lei julga o homem sem o ouvir primeiro e conhecer o que faz?». A preocupação é, pois, externa: cumprir o que está *mandado* (Dt 1,16s; Lv 19,15ss), porque, de facto, a decisão de matar Jesus já estava tomada (11,53).

Para Jesus, a «Lei» tem outro significado semântico. Em 7,23 e 8,17 Jesus invoca a Lei para justificar a sua acção e em 10,34 e 15,25 utiliza citações a que chama «Lei» mas que, de facto, são citações dos Salmos (Sl 82,6 e Sl 35,19 ou Sl 69,5, respectivamente)! O que significa que Jesus dá à «Lei» não um sentido legal, normativo, mas de algo mais vasto e profundo, ou seja, «Escritura»[18], como é claro em 10,34-35, onde Jesus identifica a Lei como «Escritura» que «não pode ser anulada/destruída».

Esta diferença conceptual entre Jesus e os Judeus é ainda manifesta no uso de «ἐντέλλω» e «ἐντολή». O verbo «ἐντέλλω» (mandar/ordenar) ocorre 4x no Evangelho[19]. Em 8,5 (usado pelos fariseus) o contexto do mandamento é de morte; nas outras três ocorrências (Jesus) é sempre de «amor» de Jesus pelo Pai e dos discípulos por Jesus e uns pelos outros. O mesmo notamos nas 10 ocorrências de «ἐντολή» (mandamento)[20], sempre na boca de Jesus[21], não como legislação, mas como «comu-

---

[18] Na boca de Jesus, a «Lei» aparece em 7,19bis.23; 8,17; 10,34; 15,25.

[19] Uma na boca dos fariseus e escribas tendo Moisés como sujeito (8,5), e três na boca de Jesus, no discurso de despedida, tendo o Pai como sujeito e Jesus como complemento indirecto (14,31) ou Jesus como sujeito e os discípulos como complemento indirecto (15,14.17).

[20] As ocorrências são 11, mas em 11,57 trata-se de uma «ordem» dos sumo-sacerdotes e dos escribas, no sentido de que, se alguém soubesse onde estava Jesus, o dissesse, para que fosse preso. Mais uma vez se sublinha a contraposição Jesus/Judeus: o «mandamento» conduz à comunhão e à vida; a interpretação legalista dos Judeus, à segregação e à morte.

[21] 10,18; 12,49.50; 13,34; 14,15.21; 15,10bis.22.

nhão» entre o Pai e Jesus e dos discípulos com Jesus e entre si. Nas ocorrências da primeira parte do QE, Jesus apresenta a sua morte como uma resposta livre ao «mandamento» recebido do Pai, que o ama (10,17-18), e apresenta as suas palavras como fidelidade ao «mandamento» recebido do Pai (12,49.50: últimos dois versículos da primeira parte do Evangelho). Na segunda parte, refere-se ao guardar os mandamentos como base e fruto da relação de amor dos discípulos com Jesus (14,15.21), que se fundamenta na relação de amor deste com o Pai (15,10bis). Trata-se de «um mandamento novo» (13,34: sem artigo) que explicita: «este é o meu mandamento (ἡ ἐντολὴ ἡ ἐμή): que vos ameis uns aos outros, como eu vos amei» (15,12). O «mandamento» (aspecto legal de νόμος) não consiste, pois, em cumprir regras e muito menos em que ela seja causa de destruição e de morte, mas em entrar numa relação de amor com os outros, «como» (καθώς) Jesus em relação aos seus e, com ele e por ele, com o Pai. Por isso, «o mandamento» está relacionado com a «vida eterna» (12,49-50).

É esta dicotomia entre a percepção da Lei como «mandamento legal» (Judeus) e como «Escritura» onde se «ensina» e «manda» o projecto de Deus (Jesus) que leva Jesus a dizer aos Judeus: «Moisés não vos deu a Lei? No entanto, nenhum de vós pratica a Lei» (7,19). De facto, a palavra «Torah» deriva da raiz «ירה» que significa sobretudo «ensinamento», mais do que «lei» (que a tradução grega «νόμος» sublinha)[22]. Julgando cumprir a Lei, os Judeus, de facto, não o fazem, porque não cumprem o projecto de Deus, que a Lei, enquanto Escritura, revela. Em 19,31-37 esta contraposição é clara.

1.4 A necessidade de «ser levantado»

A razão mais profunda da preocupação dos Judeus com o cumprimento da norma de Dt. 21,23 respeita à sepultura do corpo (o que não é referido no pedido dos Judeus a Pilatos), tendo em conta a consequên-

---

[22] Cf. J. BEUTLER, L'ebraismo e gli Ebrei, 40. Os próprios Judeus distinguem na Lei entre «הלכה» (norma jurídica) e «הגדה» (ensinamento moral). O termo «הלכה» vem do hebraico «הלך» (caminhar, comportar-se) e diz respeito ao conjunto de normas jurídicas e éticas que respeitam ao comportamento individual e comunitário; o termo designa quer uma lei considerada individualmente, quer a Lei escrita (Pentateuco), quer ainda a Lei oral (consignada no Talmud). A «הגדה», que deriva do hebraico «נגד» (narrar) é de tipo mais edificante e moralizante. Para uma exposição maior, cf. G. PORTON, «Halakah», 26-27; ID., «Haggadah», 19-20.

cia de se deixarem os justiçados no madeiro: contrair «impureza»[23]. O verbo utilizado por Dt 21,23 é «μιαίνω», que ocorre uma única vez no QE[24], em 18,28, no início do processo de Jesus diante de Pilatos: «eles [os Judeus] não entraram para não serem contaminados (ἵνα μὴ μιανθῶσιν), e poderem comer a Páscoa». Esta constatação permite-nos reparar como a preocupação que acompanha o nosso episódio é a da «pureza» ritual, para «poderem comer a Páscoa». Também aqui se contrapõem dois mundos: o do legalismo e o da fé em Jesus.

1.4.1 A pressa em «levantar»

A urgência na morte dos crucificados depende da necessidade de «levantar/retirar» (αἴρω) os corpos, de modo a não ficarem impuros.

O verbo utilizado é «αἴρω», o que recorda, por um lado, a violência dos Judeus, sublinhada com o mesmo verbo em 19,15 (bis: «Levanta-o, levanta-o [ἆρον, ἆρον]; crucifica-o») e, por outro, o seu contraste com o final do discurso do Bom Pastor, quando Jesus declara: «ninguém me levanta/tira (αἴρει) a vida, mas eu ponho-a por mim mesmo, pois poder tenho para a pôr e poder tenho para de novo a tomar: este é o mandamento que recebi de meu Pai» (10,18).

A ironia é ainda sublinhada pelo facto de o evangelista voltar a utilizar o verbo, por duas vezes em 19,38, e numa espécie de inclusão com 19,31, para dizer que não foram nem os Judeus nem os soldados que «levantaram» o corpo de Jesus, mas José de Arimateia, coadjuvado por Nicodemos, dois discípulos, que, por medo dos Judeus, ainda não se tinham revelado como tal (19,39-42). Nem nisto o plano dos Judeus é cumprido... O corpo de Jesus pertence aos seus discípulos[25].

---

[23] O texto de Dt 21,22-23 insiste, sobretudo, na norma de sepultar o corpo do que foi suspenso sobre o madeiro e não sobre a morte: cf. R. VICENT SAERA, «La halaka de Dt 21,22-23», 699 nota 2. A *Mishna* considera ainda que o facto do cadáver ficar pendurado poderá levar à profanação do nome de Deus: cf. *San* 6,4.

[24] E apenas 4x em todo o NT.

[25] O verbo é utilizado, com ênfase, no episódio de Maria Madalena (20,1.2.13.15): Maria vê a pedra do sepulcro «levantada» (20,1) e corre a dizer aos discípulos que «levantaram» o Senhor (20,2), repetindo o mesmo aos Anjos (20,13), pensando que o «levantamento» tinha sido obra dos homens, ao que ela quer contrapor o seu «levantar» o corpo de Jesus (20,15). Mas, de facto, o «levantar» de Jesus não é obra nem dos Judeus, nem dos discípulos, mas de Jesus e do Pai, o que é recordado e sublinhado várias vezes no Evangelho através, sobretudo, do verbo «ὑψόω» (que estudaremos e veremos como estabelece esta dicotomia entre a acção dos Judeus e a acção de Deus).

Mas, sobretudo, a preocupação em «levantar» os corpos por causa da «pureza» para poderem comer o cordeiro pascal, revela uma outra ironia do evangelista: não entendem que apenas Jesus purifica o homem, pois, tal como o apresentara o Baptista, ele é «o cordeiro de Deus, o que levanta (ὁ αἴρων) o pecado do mundo» (1,29). Querendo permanecer puros, permanecem em pecado, por recusarem acreditar no Cordeiro de Deus e assim não lhes ser «levantado» o verdadeiro pecado: o da incredulidade[26]. Esta ideia é bem relevada no uso do campo semântico da pureza.

1.4.2 A pureza ritual

O campo semântico da «pureza», no QE, abrange cinco termos: «ἁγνίζω» (11,55) e «νίπτω» (9,7bis.11bis.15; 13,5.6.8bis.10.12.14bis), o substantivo «καθαρισμός» (2,6; 3,25) e o adjectivo «καθαρός» (13,10bis; 15,3). Como verbo antónimo ocorre «μιαίνω» (18,28).

O verbo «ἁγνίζω» (purificar, limpar) acontece em 11,55, introduzindo a subida de muitos a Jerusalém por ocasião da Páscoa "ἵνα ἁγνίσωσιν ἑαυτούς". O uso do pronome reflexo sublinha o que está em questão: pensar que a «purificação» é algo que se consegue por mérito próprio e pelo cumprimento de ritos. Nesta concepção, a purificação não é obra de Deus, mas de «si mesmo» (ἑαυτούς). Neste sentido podemos entender a ocorrência do verbo «μιαίνω» (contaminar) em 18,28: os Judeus não entram no Pretório «para não se contaminarem e poderem comer a Páscoa», vendo a impureza como algo que é sofrido por causas exteriores (uso passivo) e considerando-se, portanto, puros.

Ora, o adjectivo qualificativo «καθαρός» nunca é aplicado a alguém a não ser aos discípulos de Jesus. E a causa é terem escutado a sua palavra (13,10; 15,3). Por isso, «nem todos» estão «puros»: Judas não acolheu verdadeiramente Jesus e a sua palavra (13,11).

Dentro do mesmo campo semântico encontramos ainda o verbo «ἐγείρω» (13x: 2,19.20.22; 5,8.21; 7,52; 11,29; 12,1.9.17; 13,4; 14,31; 21,14) referido à ressurreição como uma acção de Deus (2,22; 5,21; 21,14), mas também de Jesus que faz «levantar» o paralítico como sinal do seu poder de «vivificar (5,8.21) e ressuscita Lázaro (12,1.9.17). Em 2,19 Jesus utiliza o verbo na voz activa, afirmando que ele próprio «levantará» o templo do seu corpo. O evangelista comenta que os discípulos se recordaram disto quando «foi levantado dos mortos» (passivo teológico: 2,22), pelo que o «levantar/ressuscitar» é entendido como uma acção comum do Pai e de Jesus.

[26] Sobre o papel da fé no «levantar o pecado», cf. B. LINDARS, «The Passion», 82; R. CULPEPPER, *Anatomy*, 88.

Esta contraposição entre a pureza ritual e a purificação que só Jesus, através da sua palavra, realiza, surge no episódio das Bodas de Caná, através do uso do substantivo «καθαρισμός» determinado pelo genitivo «τῶν Ἰουδαίων» para falar da função das seis talhas de pedra «vazias» (2,6). O facto de faltar uma para o número perfeito (sete) parece querer significar que a esta «purificação» falta alguma coisa para a perfeição: Jesus surge como esse «algo», cuja palavra transforma a água em vinho messiânico de qualidade[27]. O centro do desenrolar da acção está na importância do imperativo da Mãe de Jesus: «o que quer que ele [Jesus] diga, fazei» (2,5). Os serventes seguem obedientemente o que Jesus «diz» (2,7.8), o que provoca o desenrolar da acção: «The importance of acceptance of the "word" of Jesus is a crucial theme»[28]; é ela que não só «enche» as talhas, como transforma o seu conteúdo. O que verdadeiramente produz «purificação» e permite a relação com Deus não são os ritos «vazios», mas a obediência à palavra poderosa de Jesus. Em 3,25, o substantivo é de novo utilizado na narração da discussão entre os discípulos de João e «um judeu»[29], precisamente acerca da «purificação», que, pelo contexto, se percebe que é baptismal. O testemunho do Baptista que se segue, enfatiza precisamente o valor da «palavra» e do «testemunho» de Jesus (3,27-33), porque «fala as palavras de Deus, pois ele dá o Espírito sem medida» (3,34). Por isso, conclui João: «Quem crê no Filho tem vida eterna. Quem recusa crer no Filho não verá vida. Pelo contrário, a ira de Deus permanece sobre ele» (3,36). A purificação aparece agora num contexto baptismal, não como rito exterior, mas como consequência da «escuta» e do «crer» em Jesus, que «dá o Espírito sem medida».

Isto é bem relevado nas ocorrências do verbo «νίπτω» no episódio do cego de nascença. Todas acentuam que é uma acção que surge como

---

[27] O desconhecimento da origem manifestada pelo chefe de sala (οὐκ ᾔδει πόθεν ἐστίν: 2,9) parece querer referir-se quer ao vinho, quer a Jesus, de acordo com a pergunta insistente dos «Judeus», ao longo de todo o Evangelho sobre a origem de Jesus. Cf. J. GNILKA, *Das Johannesevangelium*, 23. O vinho, no contexto de uma boda, é próprio da plenitude dos tempos messiânicos (cf., p. e., Os 2,19-20; Is 25,6-8; Jr 2,2).

[28] F. MOLONEY, *Gospel*, 68. A importância do acreditar na palavra de Jesus é fundamental para todo o relato. Aqui assume um papel preponderante a Mãe de Jesus, que confia plenamente na palavra do Filho, em algo que é preciso ainda verificar-se.

[29] Embora não entremos neste argumento, é possível que o texto original apresentasse uma discussão entre os discípulos de João e os de Jesus (e não com «um Judeu»): cf. D. MOLLAT, «Evangelho», *in loco*.

consequência da obediência à palavra de Jesus (9,7a), como o cego salienta no testemunho que presta (9,11bis.15). A ordem dada por Jesus ao cego é que «se lave» numa água concreta: a da piscina de Siloé, que o evangelista se apressa a traduzir: «que significa "Enviado"» (9,7b), ou seja Jesus[30]. Num contexto baptismal, é, uma vez mais, a obediência à Palavra de Jesus que purifica o cego (que o faz sem qualquer resistência: 9,7c). Ele, que era considerado «nascido todo em pecado» (9,34), começa um processo de fé que termina na profissão de fé em Jesus (cf. 9,35-37). O verbo aparece, pela segunda e última vez, no episódio do lava-pés (8x), no qual ocorrem o substantivo «καθαρισμός» e o adjectivo «καθαρός» (cf. *supra*), o que nos ajuda a perceber que o verbo é utilizado num contexto de «purificação», mas para manifestar precisamente que a «purificação» dos discípulos não acontece pelo rito («quem se banhou não tem necessidade de se lavar, porque está inteiramente puro. Vós também estais puros, mas não todos»: 13,10) mas pela escuta da palavra de Jesus («vós estais puros, por causa da palavra que vos disse»: 15,3)[31].

Os Judeus, que se preocupam por não se tornarem legalmente impuros, convencidos, portanto, que estão puros, pelo contrário são «culpados de pecado» porque se recusaram a escutar a palavra de Jesus (15,22; cf. 8,21.37.43.47; 9,41; 10,26s).

Mas, a preocupação é redobrada e enquadrada pela importância «daquele» sábado.

1.5 *«Era um grande dia o daquele sábado»:*
o «tempo» de Jesus no tempo dos Judeus

A causa do pedido dos Judeus não é apenas a preocupação com o cumprir a norma de Dt 21,22-23, mas também a solenidade do sábado seguinte, que não é apenas «um sábado» mas «aquele sábado». A ênfase posta pelo evangelista na importância desse sábado faz com que o leitor se concentre quer na «preparação» para tal sábado, quer, consequentemente, na qualidade do sábado em si. As indicações temporais,

---

[30] O QE insiste bastante neste título de Jesus: Jesus é o enviado do Pai (3,17; 5,24.36-38; 8,42; 9,7; 11,42; 17,8.21-25) e tem nele a sua origem (3,31; 6,46; 7,29; 8,42, etc.).

[31] A finalidade do lava-pés não é o de purificar os discípulos, como se percebe no diálogo de Jesus com Pedro (13,6-11), mas de exemplo de humildade e de serviço (13,12-15), no qual a Paixão se enquadra.

com os ecos que provocam no leitor, enquadram a morte de Jesus na teologia do tempo e das festividades judaicas.

1.5.1 O sábado: enquadramento de um «tempo» novo

Ao insistir, por duas vezes, na definição do dia seguinte como «sábado» (19,31), o evangelista recorda o leitor do contexto que o «sábado» tem no QE[32]. Até à Paixão, o «sábado» é referido exclusivamente a duas curas realizadas por Jesus: a do enfermo da piscina de Betesda (5,9.10.16.18; 7,22.23bis) e a do cego de nascença na piscina de Siloé (9,14.16). As 4 restantes acontecem na nossa perícope (19,31) e no capítulo seguinte (mas aqui já não para referir o sábado, mas o «primeiro dia da semana», marcado pela ressurreição de Jesus e pela reunião dos discípulos: 20,1.19; cf. 20,26).

Nas 7 primeiras ocorrências, referidas ao dia em que Jesus curou o enfermo da piscina de Betesda, «o sábado» aparece como o contexto da controvérsia de Jesus com os Judeus sobre a sua autoridade. Os Judeus insurgem-se contra o homem curado: «É sábado e não te é permitido carregar o teu leito» (5,10), o que remete para a questão da «legalidade» e é razão para os Judeus começarem a perseguir Jesus («por isso os Judeus perseguiam Jesus: porque fazia tais coisas ao sábado»: 5,16)[33]. No entanto, a verdadeira questão é colocada por Jesus: «Meu Pai trabalha continuamente[34] e eu também trabalho» (5,17). A declaração remete para o «ἐργάζεται» contínuo de Deus ao sábado, como Juiz. Ou seja, Jesus está a colocar a sua acção no contexto da «obra» última de Deus

---

[32] A palavra ocorre 13x no QE, o que lhe dá uma importância relativa, se tivermos em conta as ocorrências nos outros Evangelhos (cf. tabela, cap. I).

[33] Segundo a *Mishna* (*Shab* 10,5) é lícito, ao sábado, transportar numa enxerga uma pessoa viva (um doente) e a excepção deve-se pelo serviço ao doente. Ao ordenar ao curado que transporte a sua própria enxerga, Jesus está, de acordo com a perspectiva rabínica, a infringir a Lei. Por outro lado, as leis rabínicas permitem que ao sábado se cure alguém que esteja em perigo de vida (cf. *Tosefta Shabbat,* 15,18; *Talmud Babli Joma,* 85b). Ora, também aqui Jesus transgride as leis rabínicas, visto que cura uma pessoa que não se encontra nesta situação. O que se pode, ou não, fazer ao sábado está muito bem documentado e especificado na *Tosefta* e no *Talmud:* cf. H. STRACK – P. BILLERBECK, *Kommentar,* II, 454-461; J. BEUTLER, *L'ebraismo e gli Ebrei,* 20-21.

[34] A expressão «ἕως ἄρτι», como afirma H. WEISS, «The Sabbath», 316, seguindo Bultmann e Maurer, «does not indicate termination but "duration" or "constancy"».

no cumprimento da criação, ou seja, no julgamento escatológico[35]. Percebendo que Jesus se está a apropriar de uma prerrogativa exclusiva de Deus, os Judeus procuram matá-lo «pois, para além de violar o sábado, ele dizia ser Deus o seu próprio Pai, fazendo-se, assim, igual a Deus» (5,18). Tal como na discussão sobre a Lei, também aqui o sábado aparece como ocasião de se apresentar a *origem* e a *natureza* de Jesus. Isto é claro, quer na afirmação de Jesus em 5,17, quer no discurso que se segue (5,19ss), quer na retoma do tema em 7,22-23, onde Jesus contrapõe a preocupação legalista dos Judeus com a sua obra curativa, justificada com a citação (não textual) de Is 11,3 (missão messiânica de julgar). Este episódio abre a secção das grandes controvérsias que se estende até ao fim do cap. 10.

A origem de Jesus é, de novo, a questão colocada por alguns fariseus em 9,16, no contexto da cura do cego de nascença em dia de sábado: «Esse homem [Jesus] não vem de Deus, porque não guarda o sábado» e, por isso, «é um pecador» (9,24s)[36]. A atitude dos fariseus é contraposta ao percurso crente do homem curado, que, do relato dos factos (9,11: «o homem chamado Jesus»; cf. 9,15), vai progredindo na sua fé e no testemunho: «é um profeta» (9,17), «faz a vontade de Deus e é escutado por Ele» (9,31), até à confissão de fé sobre a *origem* de Jesus («vem de Deus»: 9,33) e sobre a sua *natureza*: «Filho do Homem» (9,35s) e «Senhor» (prostrando-se: 9,38). A atitude dos fariseus é enquadrada por uma declaração de Jesus aos Judeus sobre o tema do julgamento (9,39) e da cegueira dos fariseus (pecado da incredulidade), precisamente porque estão convencidos que vêem (9,41), ao contrário do que antes era cego e agora professa a sua fé na origem e na natureza divinas de Jesus.

Nestas ocorrências, a controvérsia sobre «o sábado» aparece sempre ligada à controvérsia sobre o sentido da «Lei», numa fundamentação cristológica que ultrapassa o aspecto legalista que move os Judeus[37], e

---

[35] Cf. D. MOLLAT, «Evangelho», *in loco*; J.-M. SEVRIN, «Jésus et le Sabbat», 234 com nota 1.

[36] Segundo o *Talmud* da Babilónia, *Aboda Zara*, 28b, ao sábado é permitido curar um olho doente em caso de urgência, mas não se prevê a cura de uma doença crónica, como é o caso da cegueira de nascença: cf. H. STRACK – P. BILLERBECK, *Kommentar*, II, 533-534; J. BEUTLER, *L'ebraismo e gli Ebrei*, 20-21.

[37] «La transgression du sabbat est le moyen de mettre en évidence ce rapport étroit entre la christologie et l'interprétation de la loi»: J.-M. SEVRIN, «Jésus et le Sabbat», 235. Para este autor, o episódio do cap. 5 é um «sumário» do diálogo dramático do

que introduz o leitor na origem de Cristo e na missão salvífica (dar a vida) e escatológica (função de Juiz) que o Pai lhe entregou (5,21s)[38].

Tal como a Escritura e as festas judaicas[39], também o «sábado» aparece como ocasião da revelação de Jesus, que leva à plenitude o seu sentido mais profundo.

---

cap. 9 sobre a obra de Jesus e os preceitos da Lei (para a comparação sinóptica entre os dois episódios: cf. *Ibid.*, 228-229).

[38] Para C. BARRETT, *Gospel*, 265, os milagres no sábado são utilizados para apresentar o cumprimento da proposta redentora para a qual foi dada a Lei. H. WEISS, «The Sabbath», 317.319, defende que o evangelista apresenta não só uma submissão do sábado à cristologia, como também confere ao sábado uma nova dimensão escatológica. T. THATCHER, «The Sabbath Trick», 53-77, partindo da constatação que a indicação temporal do sábado é introduzida pelo evangelista, em ambos os episódios, apenas depois da narração das curas (cf. 5,9 e 9,14), defende que este facto pertence a uma estratégia literária a que chama «ironia instável», na qual não só são enganados os personagens («ironia estável») mas também o leitor (p. 54). A função desta «ironia instável» seria conduzir o leitor à releitura da história de Jesus, libertando-se de preconceitos. Em desacordo com esta teoria está J. BEUTLER, *L'ebraismo e gli Ebrei*, 17, pois «supporre che l'autore di un vangelo tanto centrato sul concetto della "verità" prende in giro intenzionalmente i suoi lettori sembra difficilmente immaginabile». Por isso, Beutler, na sequência de muitos outros (cf. resumo no artigo de H. WEISS, «The Sabbath») defende que uma narração primitiva, não conectada à observância do sábado, foi posteriormente ligada a esta. Na nossa perspectiva, e tendo em consideração o que já afirmámos, a indicação do narrador sobre a ocorrência dos acontecimentos em dia de «sábado» apenas depois da narração das curas, destina-se não a uma «ironia instável», mas a apresentar as duas argumentações: a da interpretação rabínica da Lei e a da cristologia e escatologia, de que o «sábado» é apenas ponto de partida. Nesta linha se situa o estudo de M. ASIEDU-PEPRAH, *Johannine Sabbath Conflicts as Juridical Controversy*, que aplicando os «rîv-pattern» dos textos proféticos do AT às controvérsias joaninas sobre o sábado, chega à conclusão que «the juridical controversy christology should thus be viewed as an attempt by the Johannine Christians to persuade those opposing them about the identity of Jesus and his soteriological importance for their lives» (p. 228). No entanto, enquanto que para Asiedu-Peprah, as controvérsias de Jo 5 e 9 se distinguem dos «rîv» por não terem, ao contrário destes, uma terceira parte que julga as outras duas em confronto, na nossa perspectiva este papel existe e é desempenhado pela Escritura (cf. III,1) que dá testemunho de Jesus (assim como o Pai, João Baptista, o DA…). Contudo, é preciso ter presente que, como defende J. BEUTLER, *L'ebraismo e gli Ebrei*, 18, este carácter jurídico está ao serviço da exposição cristológica e soteriológica do QE.

[39] E o Templo, sobre o qual falaremos adiante. Estas duas curas são as únicas que Jesus realiza em Jerusalém, e fá-las numa piscina: no cap. 5 na de Betesda e no cap. 9 na de Siloé, situadas nos extremos da cidade e que por isso «encadrent le Temple comme les deux guérisons encadrent les polémiques qui s'y déroulent»: J.-M. SEVRIN, «Jésus et le Sabbat», 227.

Em 19,31bis, o «sábado» aparece no contexto da morte de Jesus, para enquadrar a importância do dia seguinte e a necessidade de se partirem as pernas aos crucificados e retirá-los da cruz. Ora, tendo em consideração que, nas ocorrências anteriores de «sábado», o contexto é sempre cristológico e soteriológico, no sentido de apresentar quer a origem e a natureza de Jesus, quer o seu poder messiânico-divino de salvar e de julgar, a dupla referência ao «sábado» faz ecoar os contextos anteriores nos acontecimentos de 19,31-37, enquadrando-os numa dimensão de revelação cristológica e salvífica.

Por outro lado, as ocorrências em 20,1 (τῇ δὲ μιᾷ τῶν σαββάτων) e 20,19 (οὔσης οὖν ὀψίας τῇ ἡμέρᾳ ἐκείνῃ τῇ μιᾷ σαββάτων; cf. 20,26) enfatizam já não o sábado, mas «o primeiro dia da semana» como dia do encontro de Jesus com os seus discípulos. Para os discípulos, o dia importante de reunião já não é o «sábado» mas «o primeiro dia da semana». De facto, *durante o sábado nada acontece* (Jesus está no sepulcro) e *tudo recomeça depois do sábado*: a presença do Crucificado e Ressuscitado e os efeitos desta.

Assim, o sábado aparece como ocasião de contraposição entre a interpretação legalista dos Judeus e a manifestação da origem e missão de Jesus, mas também de contraposição entre o dia importante dos Judeus (com a reunião própria nas sinagogas) e o dia de reunião dos discípulos de Jesus, onde este e os efeitos escatológicos e salvíficos da sua morte e ressurreição se manifestam: já não o sábado, mas o dia da ressurreição (20, 1.19; cf. 20,26). Com a morte de Jesus, um novo tempo começa.

1.5.2 A «preparação da Páscoa»: enquadramento de uma outra Páscoa

Alguns autores defendem que a preocupação dos Judeus não é tanto com a «preparação» da Páscoa, mas sobretudo com a preparação de «o sábado», tendo em conta a repetição da palavra em 19,31. Se bem que concordemos com a ênfase colocada no «sábado», pensamos, tendo em conta o texto, que o acento é colocado, sobretudo, na importância de «aquele sábado», ou seja, na Páscoa e na sua «preparação»[40]. De facto, em 19,14, João especifica: «παρασκευὴ τοῦ πάσχα». Assim, o leitor, em 19,31, já sabe que a «preparação» se refere à Páscoa.

---

[40] Cf. X. LÉON-DUFOUR, *Lectura*, IV, 133-134. Para uma visão da problemática da diferença de calendário entre o QE e os Sinópticos e as tentativas de solução e conciliação, cf. G. GHIBERTI, «Tradizione giovannea».

a) A «preparação»

Ao utilizar, em 19,14, a expressão «ἦν δὲ παρασκευὴ τοῦ πάσχα» sem artigo definido, o evangelista parece acentuar não tanto a «preparação» como «a Páscoa» (18,28)[41]. Por outro lado, ao acrescentar à informação «ὥρα ἦν ὡς ἕκτη», o narrador parece querer remeter o leitor para o sacrifício dos cordeiros pascais no Templo, que começava neste dia e a esta hora[42].

Em 19,38 a expressão adquire um outro determinativo, que já não a Páscoa, para explicar a sepultura de Jesus: «διὰ τὴν παρασκευὴν τῶν Ἰουδαίων» (única ocorrência em que «preparação» aparece com artigo definido). O genitivo partitivo parece querer sugerir que «a preparação *dos Judeus*», é distinta da «preparação» de Jesus e dos leitores, que celebram uma outra Páscoa.

b) «Aquele sábado»: a Páscoa

O termo «Páscoa» (πάσχα)[43] emoldura a vida pública de Jesus: é «perto da festa da Páscoa» e em Jerusalém que começa o seu ministério (2,13) e é nesta cidade e na Páscoa que ela termina (11,55bis; 12,1; 13,1; 18,28; 18,39; 19,14; cf. I,1.1). Há uma Páscoa intermédia, na qual Jesus não sobe a Jerusalém (6,4). Cada uma delas começa com um «estribilho» semelhante: «estava próxima a Páscoa dos Judeus»[44].

As primeiras ocorrências (2,13.23) criam uma pequena inclusão para o episódio da purificação do Templo, onde se introduz a morte e a ressurreição de Jesus, através do tema do seu corpo-Templo (2,19.21). É este corpo-Templo, elevado e glorificado, que constituirá o «sinal» pedido pelos Judeus (2,18).

---

[41] O termo «preparação» (παρασκευή) é usado 3x pelo QE, todas no cap. 19 (19,14.31.42), e correspondem a metade do uso da palavra no NT (as outras 3 ocorrem em Mt 27,62; Mc 15,42; Lc 23,54).

[42] No tempo de Jesus o cordeiro já não era preparado em casa pelo chefe de família, mas pelos sacerdotes, no Templo. O facto de se começar ao meio-dia era motivado por uma questão de ordem prática: a grande quantidade de cordeiros que tinham de ser sacrificados pelos sacerdotes. Isto levou a casuística a interpretar Ex 12,6 (que exige que se mantenha o cordeiro pascal vivo até 14 de Nisan e que seja sacrificado "entre as duas tardes") como uma prescrição que se podia realizar a partir do meio-dia: cf. R. BROWN, *Evangelio*, II, 1278.

[43] 2,13.23; 6,4; 11,55bis; 12,1; 13,1; 18,28.39; 19,4.

[44] 2,13: «καὶ ἐγγὺς ἦν τὸ πάσχα τῶν Ἰουδαίων»; 6,4: «ἦν δὲ ἐγγὺς τὸ πάσχα, ἡ ἑορτὴ τῶν Ἰουδαίων»; 11,55: «ἦν δὲ ἐγγὺς τὸ πάσχα τῶν Ἰουδαίων».

Na segunda Páscoa (6,4), a multiplicação dos pães e dos peixes é motivo para Jesus se revelar como o verdadeiro Pão descido do Céu, que é alimento de eternidade (6,33ss). E o «sinal» pedido pela multidão para que «possam ver e crer», em contraposição com o maná comido no deserto (Τί οὖν ποιεῖς σὺ σημεῖον, ἵνα ἴδωμεν καὶ πιστεύσωμέν σοι; τί ἐργάζῃ;: 6,30) é anunciado por Jesus: «o Pão que eu darei é a minha carne para a vida do mundo» (6,51)[45]. A Paixão é anunciada como o «sinal» (6,62), que se concretiza no âmbito corporal (carne e sangue) e que todos poderão «ver» e «crer» (6,30: dois verbos importantes também em 19,35). Tal como na Páscoa da Paixão, também nesta segunda Páscoa, o discurso de Jesus e a necessidade incontronável de «comer a carne» e «beber o sangue» como condição de permanecer unido a Jesus e, através dele, ter a vida eterna (6,53ss) é motivo de dispersão e de abandono por parte de «muitos discípulos» (6,66), mas também da profissão de fé dos Doze pela boca de Pedro (6,70). No entanto, o episódio termina abrindo a dramaticidade da última Páscoa, com a referência à traição de Judas e ao conhecimento que Jesus tem disso (6,70-71). Uma série de elementos, pois, que apontam para a última Páscoa[46], em que do discurso se passará à realidade do corpo oferecido.

A última Páscoa é anunciada (11,55bis) numa transição entre a ressurreição de Lázaro, com a consequente decisão do Sinédrio de matar Jesus (11,53) e a unção de Betânia, episódio que o próprio Jesus remete para a sua Paixão (12,7). Ou seja, ao longo da primeira parte, todas as ocorrências de «Páscoa» são ocasião de introduzir o tema da morte e ressurreição de Jesus.

No início da segunda parte, em 13,1, o evangelista coloca tudo o que se segue «antes da festa da Páscoa». Mas numa Páscoa marcada pelo amor de Jesus pelos seus, levado ao extremo. É nesta Páscoa que chega a «hora» de Jesus, a de *passar* (ἵνα μεταβῇ) deste mundo para o Pai». Esta Páscoa coincide com a «hora chegada». Uma tradição judaica (de que a Vulgata se faz eco) interpretava o termo «Páscoa» (cf. Ex 12,11) como «passagem», em referência à «passagem» do Mar Vermelho[47],

---

[45] O «sinal» que a multidão pede a Jesus (6,30) está relacionado, no pensamento da multidão, com o prodígio do maná no deserto; Jesus recorda que os pais que comeram o maná no deserto morreram (6,50.58) enquanto que o pão que o Pai dá é o próprio Jesus (6,32), a sua carne que é alimento de eternidade (6,51ss): este é o «sinal».

[46] Também o da realeza: cf. I,1.3.

[47] Cf. D. MOLLAT, «Evangelho», *in loco*.

como a grande intervenção salvífica de Deus[48]. Agora, «chegada a hora», será Jesus a manifestar a salvação de Deus como gesto de amor levado «ao fim/ao extremo». A utilização do verbo «μεταβαίνω» (passar) recorda as outras duas ocorrências: em 5,24 refere-se à «passagem» da morte à vida daquele que escuta a palavra de Jesus e crê; em 7,3 são os irmãos que dizem a Jesus *passa daqui para fora e parte para a Judeia, para que também os teus discípulos vejam as obras que fazes* convidando-o a «manifestar-se perante o mundo» (7,4) ao que Jesus responde «Eu não subo para essa festa, porque *o meu tempo ainda não se completou*» (7,8). Completou-se agora.

1.6 *Conclusão*

Embora os Judeus introduzidos em 19,31 sejam os sumo-sacerdotes, o leitor é recordado que a atitude destes insere-se na oposição incrédula de «os Judeus» em relação a Jesus, ao longo de todo o Evangelho. O pedido a Pilatos, para que os corpos sejam «quebrados», baseia-se na preocupação em cumprir a Lei e, sobretudo, em não contrair impureza, preocupação redobrada, dada a importância «daquele» sábado, ou seja, a Páscoa (11,55; 18,28). Estes dois motivos temporais recordam ao leitor que, por um lado, o sábado serviu de contexto para Jesus não só falar da sua origem divina, como do poder de curar e de julgar (revelação perante a qual os Judeus sempre se mantiveram incrédulos) e, por outro, como a Páscoa (primeira e segunda) inseriu temas fundamentais (corpo-Templo, carne que «será dada», realeza) que esperam agora a sua concretização. Por isso, ironicamente, aqueles que se preocupam com a pureza para poder «comer» o cordeiro pascal (18,28), são, precisamente aqueles que, como Judas, não foram purificados pelo «Cordeiro de Deus que tira o pecado do mundo» (1,29.36; cf. 19,14). A sua recusa é acentuada no pedido a Pilatos: querem que Jesus morra. Mas Jesus não morrerá por causa da «Páscoa dos Judeus», nem porque estes o querem, mas porque chegou a «hora» da sua «Páscoa» (13,1)[49], de «pôr a sua vida» de acordo com o desígnio do Pai e em cumprimento

---

[48] Em 18,39, Pilatos recorda o hábito de soltar um prisioneiro pela Páscoa, o que recorda a Páscoa como festa de libertação.

[49] A junção dos temas da «Páscoa» e da «hora» (13,1) regressa em 19,14, dando lugar ao tema da «preparação da Páscoa» e fazendo, desta forma, uma grande inclusão para toda a Paixão, apresentando-a como uma manifestação divina, com efeitos salvíficos e libertadores.

livre da sua vontade (10,17-18)⁵⁰. Trata-se de uma Páscoa e de um sábado que darão origem aos tempos novos. Por isso, em 19,31-37, cumpre-se não a vontade destruidora dos Judeus, mas a manifestação da salvação de Deus. E isto é revelado na frase que dá título ao próximo apartado.

2. «O viram já morto»: a manifestação da vontade de Deus (o anúncio da morte de Jesus no QE)

Os planos dos Judeus são frustrados porque, ao contrário dos outros crucificados, quando os soldados chegaram a Jesus «o viram já morto» (19,33). O estado «morto» de Jesus é sublinhado pelo uso de «ἀποθνῄσκω» no particípio perfeito activo, sublinhando, assim, que se trata de uma acção que continua no presente algo já acontecido. Este facto muda tudo. Jesus não é quebrado para morrer, mas morre para permanecer «inquebrado» e ser trespassado, tal como o manifestam as citações da Escritura (19,36-37). A morte de Jesus não depende dos Judeus nem dos soldados, mas exclusivamente da sua obediência livre à vontade do Pai.

Ao longo do QE o vocabulário do campo semântico «morrer/morte» serve para enquadrar a cristologia e a soteriologia, de forma a que chegado a 19,33 com os soldados, o leitor saiba, ao contrário destes, que Jesus tem poder sobre a morte (10,18) e que, portanto, esta não tem a última palavra. De facto, o verbo «ἀποθνῄσκω» ocorre apenas uma outra vez em 11,44, para falar da situação de Lázaro, num particípio perfeito activo substantivado (ὁ τεθνηκώς). Lázaro regressa à vida pelo poder da palavra de Jesus (11,43) e a descrição da forma como sai do túmulo (com as mãos e os pés enfaixados e o rosto coberto com um sudário) cria paralelismo com a descrição da ressurreição de Jesus (20,6)⁵¹. Preparado pelo episódio de Lázaro, o leitor sabe que a morte de Jesus não é definitiva (cf. 10,18).

---

⁵⁰ É interessante verificar que a partir de 12,1, o evangelista não utiliza mais a expressão «a Páscoa dos Judeus», pois embora o enquadramento seja esse (11,55: «Ἦν δὲ ἐγγὺς τὸ πάσχα τῶν Ἰουδαίων»), agora trata-se da Páscoa (passagem) de Jesus (13,1).

⁵¹ Com diferenças evidentes: Lázaro sai ainda com os sinais da morte (os panos e o sudário); os panos e o sudário de Jesus ficam no túmulo (20,5-7): tratam-se de duas ressurreições diferentes, pois a de Lázaro conduzirá de novo à morte física, a de Jesus, pelo contrário é uma entrada eterna na glória (cf. II,2.3).

Da mesma forma, as primeiras ocorrências de «θνῄσκω»[52], que respeitam à iminência da morte do filho do funcionário real (4,47.49), mostram, por um lado, o poder de Jesus e da sua palavra (mesmo não estando presente) sobre a força da morte e, por outro lado, a atitude crente do funcionário real que, mesmo sem ver, acredita na eficácia da palavra de Jesus. A mesma fé é proclamada por Marta e por Maria (11,14.32: a presença de Jesus é garantia de vida). A morte de Lázaro é ocasião para manifestar a glória de Deus e do Seu Filho (cf. 11,5) e fundamentar a fé dos discípulos na ressurreição e no poder de Jesus sobre a morte (cf. 11,15), porque não só a domina como ele próprio «é» ressurreição e vida (11,25). Ou seja, não se trata de uma qualidade, mas da essência, da natureza de Jesus. Desta forma, o leitor está preparado para entrar na segunda parte do Evangelho.

De facto, a partir de 11,50 todas as ocorrências do verbo dizem respeito ao «morrer» de Jesus[53]. Caifás apresenta a necessidade da morte de Jesus como uma morte pelo povo (e pelos filhos de Deus dispersos: 11,50-52). O uso, por três vezes, da preposição «ὑπέρ» avança o sentido do verbo para um contexto de consequências salvíficas. O mesmo sentido tem a ocorrência na boca de Jesus em 12,14: o grão de trigo morre para produzir muito fruto. Este «morrer» será, por isso não uma desgraça, mas fonte de vida.

A última ocorrência acontece na boca dos Judeus: «nós temos uma Lei e segundo essa Lei ele deve morrer porque se fez filho de Deus» (19,7). Isto concentra o leitor no essencial: a causa da morte de Jesus está relacionada com a sua «pretensão» divina. Mas ele não morre por pretender ser Filho de Deus; morre porque *é* Filho de Deus. A consciência que Jesus tem da sua morte é de tal forma viva (e logo no início do QE: 2,19ss), que o que acontece na Paixão sucede «a fim de se cumprir a palavra de Jesus, com a qual indicara de que morte havia de morrer» (12,33; cf. 12,28-32)[54]. Tal como o funcionário real, o leitor é

---

[52] Ocorre 27x, sobretudo na primeira parte do Evangelho: 4,47.49; 6,49.50.58; 8,21.24bis.52.53bis; 11,14.16.21.25.26.32.37.50.51; 12,24.33; 18,14.32; 19,7; 21,3bis.

[53] Excluímos a dupla ocorrência em 21,3 (epílogo), que respeita à morte do DA.

[54] O substantivo «morte» ocorre 8x: 5,24; 8,51.52; 11,4.13; 12,33; 18,32; 21, 19. Na primeira parte do Evangelho para referir a passagem da morte à vida daqueles que acreditam na palavra de Jesus (5,24) e que, guardando-a, «jamais verão a morte» (8,51.52) e, no episódio da morte de Lázaro, como ocasião da manifestação da «glória de Deus» (11,4.13). Na secção de transição entre as duas partes do Evangelho, o substantivo introduz a «morte» de Jesus como «exaltação» e «glorificação» (12,33) e,

convidado a acreditar na palavra de Jesus. Neste caso, a crer que a sua morte acontece de acordo com o plano de Deus, tal como foi anunciado ao longo do Evangelho.

De facto, a morte de Jesus, tal como sublinha M. Davies, «is anticipated from the beginning in a variety of ways»[55], de forma a preparar o leitor para o seu sentido cristológico, por um lado, e eclesiológico e soteriológico, por outro. De tal forma que, como refere Culpepper «John's theology of the cross, therefore, is artfully developed in the narrative mode in the Gospel»[56]. Neste sentido, logo desde o início do Evangelho a morte de Jesus é apresentada como uma «necessidade» de «ser levantado/exaltado» (ὑψωθῆναι δεῖ: 3,14) para que «todo o que creia tenha nele a vida eterna» (3,15), pois o Pai «amou de tal modo o mundo que lhe deu o Filho» (3,16) «para que o mundo seja salvo por ele» (3,17). Por isso, ainda na segunda Páscoa se anuncia a entrega de Jesus por Judas como algo iminente (6,71: ἔμελλεν)[57]. E isto, porque foi para «esta hora» que ele veio (12,27).

2.1 A «hora» de Jesus

Dentro do campo semântico do tempo, tão importante no enquadramento da nossa perícope (19,31), emerge, no QE, o tema da «ὥρα», que ocorre 26x, quase todas referidas a acções de Jesus, realizadas ou por realizar, e às suas consequências[58]. No uso da palavra, podemos distinguir quatro sentidos:

---

tal como o verbo «morrer», também o substantivo «morte» (que aparece unido àquele) se refere apenas à auto-consciência que Jesus tem da própria morte (12,33; 18,32).

[55] M. DAVIES, *Rhetoric and Reference*, 54; cf. M. LACONI, «La morte di Gesù», 106-107 com nota 43.

[56] R. CULPEPPER, «Designs for the Church in the Jesus' Death», 391. No entanto, Culpepper não se debruça sobre o episódio objecto do nosso estudo, que, na nossa perspectiva, é imprescindível para entender o significado mais profundo da teologia joanina (já no seu artigo «The Theology of the Johannine Passion Narrative» o autor termina a sua análise em 19,30, sem aflorar 19,31-37).

[57] O verbo ocorre referido à morte de Jesus ainda em 7,35bis; 11,51; 12,4.33; 14,22; 18,32). J. FORESTELL, *The Word of the Cross*, 61 nota 18, apresenta a hipótese do verbo ter o mesmo sentido de «δεῖ». Julgamos que têm *nuances* diferentes: «δεῖ» exprime a vontade divina; o verbo «μέλλω» prepara o leitor para a iminência da morte de Jesus.

[58] As excepções são 16,2.4, que se referem à «hora» dos discípulos, que, tal como o Mestre, conhecerão a perseguição e a morte (16,2.4), mas terão a presença fortificadora do Paráclito (cf. 15,26s; 16,7ss). O QE usa pouco os termos «χρόνος» ou «καὶ

1) *a «hora» da glorificação de Jesus*. Até ao cap. 12 diz-se que ela «ainda não chegou» (2,4; 7,30; 8,20) e a partir de 12,23 anuncia-se a sua chegada como «hora» da glorificação (ἐλήλυθεν ἡ ὥρα ἵνα δοξασθῇ ὁ υἱὸς τοῦ ἀνθρώπου):

a) *a «hora» não chegada*: a primeira ocorrência (2,4), dentro de um contexto nupcial, está enquadrada pelos temas do «sinal», da manifestação da «glória» de Jesus e da fé dos discípulos. Em 7,30 a «hora» surge no contexto da discussão sobre a origem e a natureza de Jesus e da sua unidade com o Pai. Em 8,20 aparece inserida na discussão sobre a origem de Jesus, o julgamento e a veracidade do seu testemunho. As duas últimas ocorrem no Templo e no contexto da Festa dos Tabernáculos e revelam a «hora» como algo que depende exclusivamente de Deus (7,25-32), de tal forma que os Judeus embora procurem prender Jesus, não o fazem porque «ainda não tinha chegado a sua hora»;

b) *a «hora» chegada* (12,23) é proclamada como «hora» da «glorificação» do Filho pelo Pai e do Pai pelo Filho (12,27-28; 17,1)[59]. Esta «hora» acontece na morte de Jesus, como «hora» para a qual Jesus veio (12,27) e, na e pela qual, regressa ao Pai (13,1)[60]. Nesta «hora» Jesus oferece aos seus a «vida eterna» (17,2) que consiste no conhecimento perfeito do Pai através do Filho (17,3.7-8). Este conhecimento dado por Jesus aos discípulos é o mesmo recebido por Jesus do Pai e coincide com a glória recebida do Pai e transmitida aos discípulos (17,22; pelo que Jesus também é glorificado nos discípulos: 17,10)[61] e que encontra a sua plenitude no mistério da morte e da ressurreição e na vinda do ES.

2) *a «hora» determinada*: o QE apresenta-nos quatro horas determinadas, para se referir ao início da vida dos discípulos com Jesus (1,39), ao encontro com a samaritana (4,5), à cura do filho do funcionário real (4,52bis.53) e à hora em que Pilatos entrega Jesus para ser crucificado (19,14). A hora concretizada marca, pois, quer o relacionamento com os discípulos, quer a pregação e a revelação que se reflectem no encontro com a samaritana, quer a acção salvífica de Jesus que se manifesta

---

ρός» e prefere «ὥρα», a que dá um significado teológico. A «hora» está de tal forma ligada a Jesus que «riceve un approfondimento di senso, diventa cioè nel suo valore culminante un tema squisitamente cristologico»: G. FERRARO, «Cristo di fronte alla sua ora», 196.

[59] Cf. M. LEE, «*Signore, Vogliamo Vedere Gesù*», 97.

[60] «The hour of the δοξασθῆναι is at the same time the hour of the passion»: R. BULTMANN, *Gospel*, 424.

[61] Por isso, também a «hora» deles há-de chegar (16,2-4).

na cura do filho do funcionário real. Estas «horas» concretizam e antecipam a «hora» de Jesus, como algo que se realiza na história concreta dos homens. Ou seja, marca o ministério e a missão de Jesus, que engloba Judeus (1,39), samaritanos (4,5) e pagãos (4,52-53). É este o sentido da palavra no episódio da ressurreição de Lázaro: «são doze as horas do dia» (11,9). Ou seja, é no concreto do tempo dos homens que acontece a revelação e a acção salvífica[62]. É também neste contexto revelador e salvífico que deve ser lida a referência à «hora sexta» em 19,14 (cf. II,2.2.2);

3) *a «hora» como início de algo «novo»*: do anúncio de João que dá testemunho de Jesus (5,35), de um culto novo num Templo novo (4,21.23), da ressurreição dos mortos (5,23.28), da tristeza convertida em alegria (16,21), da manifestação e revelação claras de Jesus acerca do Pai (16,25);

4) *a «hora» teológica* (19,27)[63] para onde convergem todas as outras «horas»: é a «hora» da glorificação de Jesus, na qual revela o seu amor e o amor do Pai levado «até ao extremo» (13,1) que coincide com a «hora» dos discípulos, da Igreja, representada na Mãe de Jesus e no DA[64].

Ou seja: enquanto que a primeira parte do QE aponta para a «hora», a segunda explicita o seu conteúdo teológico e cristológico e as suas implicações soteriológicas[65] e eclesiológicas. O anúncio da sua chegada com o uso do perfeito (ἐλήλυθεν: 12,23; 16,32; 17,1) antecipa o mistério da morte e ressurreição como algo já presente e actuante e, ao mesmo tempo, estende na história os efeitos da chegada desta «hora»[66].

---

[62] Interessante verificar como estas «horas» determinadas são sempre do dia e nunca da noite, o que recorda a palavra de Jesus em 11,9; em contraposição encontramos a noite como âmbito de acção de Judas (13,30; cf. 18,3) e também, ao início, de Nicodemos (3,2; cf. 19,39). A acção dos Judeus na Paixão e as negações de Pedro também decorrem de noite, como se percebe pelo contexto (18,12-27).

[63] Cf. G. FERRARO, *L' ora di Cristo*, 207.

[64] Esta «hora» de Jesus está também marcada pela dispersão dos discípulos (16,32), que é superada pela presença da Mãe de Jesus e do DA junto à cruz. Aqui dá-se a última ocorrência de «ὥρα» no QE, onde, ao entregar reciprocamente a Mãe e o DA, Jesus abre a sua «hora» à «hora de Igreja»: cf. G. FERRARO, *L'ora di Cristo*, 280.

[65] Cf. G. MLAKUZHYIL, *The Christocentric Literary Structure*, 165-166.

[66] Cf. M. RODRIGUEZ RUIZ, *Der Missionsgedanke*, 142. Para um resumo do tema da «hora», cf. G. FERRARO, *L'ora di Cristo*, 297-305; ID., «Cristo di fronte alla sua ora».

CAP. II: DA VONTADE DOS JUDEUS À REVELAÇÃO DE DEUS   93

Portanto, a «hora» de Jesus está marcada por um carácter vertical e horizontal. Vertical, na medida em que é o momento do regresso ao Pai (13,1) numa glorificação recíproca pelo cumprimento da obra que o Pai lhe confiara e que atinge o seu cume na sua morte, ressurreição e ascensão[67], revelando a glória que já tinha junto do Pai, antes que o mundo existisse (17,5). Horizontal, porque a glorificação de Jesus é um momento salvífico, que envolve e integra os discípulos, visto que, através da fé em Jesus, conheceram o Pai e receberam, desta forma, «a vida eterna» (17,2-3). Isto cria uma unidade tão grande com Jesus que, por e nele, se tornam um só com o Pai, participando da própria glória de Jesus (17,21-24)[68]. Por isso, a «hora» de Jesus é antecipada e concretizada no início do novo seguimento (1,37), no encontro com a samaritana (4,5) e na cura do filho do funcionário real (4,52.53), que, por sua vez, são antecipação da «hora teológica» (19,27). Mas, de forma particular, concretiza-se em 19,14, a única hora determinada no cômputo temporal da Paixão: «era a preparação da Páscoa, perto da hora sexta»[69]. Qual o significado?

2.2 *A «hora» de Jesus na «preparação da Páscoa»*

Os dois temas da «hora» e da «Páscoa» surgem juntos em 13,1 e 19,14, criando uma grande inclusão para a Paixão.

2.2.1 A «hora» da «passagem» para o Pai

Em 13,1, o narrador liga o tema da Páscoa ao da «hora» da «passagem» (μεταβαίνω) de Jesus para o Pai[70]. Trata-se de uma passagem que é um regresso, no qual se sublinha, sobretudo, a origem e a natureza de Jesus (3,13; 6,62; 7,35; cf. 7,28ss; 8,14bis.21-22ss; 13,3), o seu amor

---

[67] A «hora» de Jesus refere-se, no seu sentido técnico, à «pasión, muerte, resurrección, ascensión»: J. LÓPEZ, «Todo el que», 73. Para J. FREY, *Die johanneische Eschatologie*, III, 219 nota 38, a «hora de Jesus» respeita a todos os eventos narrados em 12,20-20,28.

[68] Assim, «attraverso il duplice movimento della glorificazione del Figlio e del Padre in perfetta reciprocità, l'"ora" è nello svolgimento della storia il punto centrale della salvezza degli uomini»: G. FERRARO, «Cristo di fronte alla sua ora», 207.

[69] Cf. R. CULPEPPER, «The Theology», 21.

[70] Esta ideia está ainda presente noutros vocábulos: «ir» (πορεύομαι: 7,35; 14,2.3.12.28; 16,7.28), «partir» (ὑπάγω: 7,33; 8,14bis.21bis.22; 13,3.33.36bis; 14,4.5.28; 16,5bis.10.17), «subir» (ἀναβαίνω: 3,13; 6,62; 20,17bis).

pelo Pai (14,28-31) e pelos discípulos (13,1) manifestado na cruz e as consequências soteriológicas (14,2-5) e pneumatológicas (16,5bis.7.10) que isso implica. Na cruz, Jesus aparece como aquele que «veio» do Pai para revelar e salvar através da fé e que, cumprida esta «obra» do Pai, agora regressa a Ele: «andando al Padre con la sua morte, Cristo entra in pieno nella sfera della divina potenza e dà finalmente inizio, in modo irresistibile, all'opera annunciata. [...] Rivelazione cristologica, decisiva anche per il credente, per la sua vita e per la sua morte»[71].

De facto, a partida de Jesus para o Pai não corresponde a um «afastamento» dos seus; pelo contrário, pela sua morte Jesus preparará «uma morada», para que onde ele está estejam também os discípulos (14,2s; cf. IV,4.1).

2.2.2 A «hora» do cordeiro pascal

Em 19,14, o tema pascal é enriquecido com a referência à «preparação»: «ἦν δὲ παρασκευὴ τοῦ πάσχα, ὥρα ἦν ὡς ἕκτη». É uma das concretizações da «hora», mas que aqui tem um significado especial, visto que o narrador interrompe o desenvolvimento do dramatismo do julgamento para declarar a «hora» precisa em que Jesus vai ser entregue por Pilatos para ser crucificado (19,16). A diferença em relação ao cômputo temporal dos Sinópticos[72] faz-nos perceber uma intenção teológica no QE: a «hora» anunciada e já presente, concretiza-se na «hora sexta», «hora» a que no Templo se começavam a sacrificar os cordeiros pascais.

Se tivermos em conta a ênfase colocada em 7,30 e 8,20 no facto de não tocarem em Jesus «porque ainda não chegara a sua hora», vemos a importância que tem a indicação da «hora sexta»: Jesus vai para o Gólgota apenas porque «chegou a sua hora» e fá-lo enquadrado na intensidade da imagem que o cordeiro pascal invoca. A importância do seu

---

[71] M. LACONI, «La morte di Gesù», 120 (cf. 118-120). Cf. J. FORESTELL, The Word of the Cross, 77-81; J. BEUTLER, «Die Heilsbedeutung», 46; M. LEE, «Signore, Vogliamo Vedere Gesù», 104.

[72] Mc 15,25 diz que a crucifixão foi às 9h da manhã (tércia) e é a hora aceite pela maior parte dos exegetas, que partem do princípio que o julgamento de Jesus não poderia ter durado toda a manhã. No entanto, os Sinópticos são claros em afirmar que as trevas cobriram toda a terra desde o meio-dia até às 3h da tarde, o que, no contexto, se entende como o tempo que Jesus permaneceu na cruz. Para M. STIBBE, John as Storyteller, 115, estas e outras referências criam o que ele chama «passover plot». Assim também M. DAVIES, Rhetoric and Reference, 24.234.305.355.

corpo «intocável» até agora[73], recorda não só as tentativas de o prender e apedrejar, como as outras duas Páscoas, onde o acento é posto no corpo de Jesus e no que acontecerá na terceira Páscoa. Nesta, à preocupação dos Judeus em não se contaminarem para «comer» o cordeiro pascal, contrapõe-se a «carne» (6,53ss) do «Cordeiro de Deus» (1,29.36) que «levanta/tira o pecado do mundo» e que se dá a «comer»[74].

2.3 A «hora» da «exaltação» e da «glorificação»

É um dado adquirido que, em relação aos Sinópticos, o QE mitiga os aspectos dolorosos e sofridos da Paixão e enfatiza a iniciativa de Jesus, apresentando a sua morte como uma «exaltação» e uma «glorificação»[75]. Em que sentido?

2.3.1 Um «levantamento» que é «exaltação»

Jesus fala da sua morte utilizando o verbo «ὑψόω», que ocorre sempre na sua boca[76] e ligado à expressão «Filho do Homem». O QE joga com o duplo significado do verbo («levantar/elevar» e «exaltar»), para apresentar o «levantamento» de Jesus pelos Judeus (8,28: voz activa), como uma «exaltação» por parte de Deus (3,14; 12,32.34: passivo teológico).

Em 3,14 (bis), a primeira ocorrência tem como sujeito Moisés (voz activa) e a segunda Jesus (voz passiva): «como Moisés levantou (ὕψωσεν) a serpente no deserto, assim é necessário que seja levantado (ὑψωθῆναι) o Filho do Homem». A expressão refere claramente o regresso de Jesus ao Pai (3,13) e, pela comparação com o episódio da serpente de bronze (Nm 21,4-9; cf. Sb 16,6), percebe-se que o verbo faz coincidir o «levantamento» para o Pai (exaltação) com o «levanta-

---

[73] Esta insistência faz ecoar o preceito judaico, segundo o qual o cordeiro devia ser reservado e nunca imolado antes da hora sexta, sob pena de tornar inválido o sacrifício: cf. *Pes* 5,3.

[74] Este tema será desenvolvido em III,2 (sobretudo III,2.2.3).

[75] Cf. I. de la POTTERIE, *La passione di Gesù*, 11-12; H. NIELSEN, «John's Understanding», 232.

[76] Excepto em 12,34, que ocorre na boca da multidão, mas reproduzindo a afirmação de Jesus em 12,32.

mento» na cruz (como os versículos seguintes esclarecem)[77]. A utilização do verbo na voz activa para Moisés e na passiva teológica para Jesus estabelece uma diferença soteriológica entre os dois «levantamentos»: a serpente levantada por Moisés restabelecia a vida biológica a quem para ela olhava; o Filho do Homem levantado por Deus dá algo que o homem ainda não tem, nem pode ter, por si mesmo: «a vida eterna» (3,15-16). Assim como, com a serpente, a fé era a condição da salvação, também aqui a condição é «acreditar» no «Filho único de Deus»[78]. A finalidade da «elevação» é, pois, salvífica[79].

Em 8,28, o contexto é de discussão sobre a origem e a natureza de Jesus (como resposta à pergunta dos Judeus: «quem és tu?»: 8,25) e da sua relação de íntima unidade ao Pai: «quando levantardes o Filho do Homem, então sabereis que Eu Sou […] quem me enviou está comigo; não me deixou sozinho». O uso do verbo na voz activa, tendo como sujeito os Judeus, refere-se à elevação de Jesus na cruz. Assim, a elevação de Jesus na cruz é um acto dos Judeus, mas corresponde à sua elevação/exaltação, que é um acto de Deus (3,14). Ela será por isso, revelação da divindade de Jesus («Eu sou») e do regresso à sua origem, que será, ao mesmo tempo, ocasião de julgamento da incredulidade dos

---

[77] Cf. J. LÓPEZ, «Todo el que», 77 com nota 17. O tema da «exaltação» não é exclusivo do QE; a sua originalidade está em ver essa «exaltação» já realizada na morte de Jesus: cf. M. LACONI, «La morte di Gesù», 106. A interpretação do significado do verbo cria divisão entre os exegetas: alguns consideram que se refere apenas à ascensão (Dodd e Bultmann), outros que o «levantamento» na cruz é já o início da ascensão (M. de BOER, «Johannine History», 305-310; assim também Bernard, Barrett, Blank, Moloney, Thüsing, Schnackenburg, Brown, Forestell, Lindars). Para uma apresentação sintética das diversas posições: M. LEE, «*Signore, Vogliamo Vedere Gesù*», 87-94, que defende que o verbo se refere quer à elevação na cruz, quer à exaltação de Jesus, como se percebe claramente em 12,33. Cf. J. FREY, *Die johanneische Eschatologie*, III, 279; J. NIELSEN, «The Lamb of God», 245-247. Esta é também a nossa interpretação.

[78] A tradição sapiencial (Sb 16) sublinha que não é a serpente, em si, que salva; ela é apenas um «sinal de salvação» (σύμβολον σωτηρίας: Sb 16,6) que provoca o regresso dos israelitas a Deus (Sb 16,7.10.12). Como sublinha J. NIELSEN, «The Lamb of God», 244: «it implicitly is understood in the narrative [Nm 21,4b-9] that it is obedience to God's command, and not just the sight of the serpent itself, that provides the salvation» (cf. *Ibid.*, 245 com nota 82 para a explicação rabínica, que se mantém nesta linha).

[79] H. NIELSEN, «John's Understanding», 248 com nota 61.

Judeus na pessoa e missão de Jesus[80], o «pecado», por antonomásia, na concepção joanina (8,24)[81].

A mesma perspectiva é apresentada em 12,32.34, que enquadra a nota do evangelista: «assim falava para indicar de que morte devia morrer» (12,33), o que vinca a ideia de que o verbo se refere realmente à crucifixão de Jesus[82]. Mas, uma vez mais, esta «elevação» tem uma dimensão teológica (a voz que se faz ouvir e o verbo na passiva teológica) e cristológica («quem é esse Filho do Homem?») e, por outro lado, com efeitos escatológicos («é agora o julgamento deste mundo; agora o príncipe deste mundo será expulso»: 12,31) e, sobretudo, eclesiológicos e soteriológicos («quando for levantado da terra, atrairei todos a mim»: 12,32). Assim, o verbo «exaltar» propõe uma visão teológica de fundo para a Paixão: aquilo que é humilhação aos olhos humanos, torna-se exaltação por Deus aos olhos da fé, pois Jesus, pela sua morte, tornou em acto o plano divino[83].

2.3.2 Uma «exaltação» que é «glorificação»

A acção teológica do «levantamento/exaltação» é reforçada pelo verbo «δοξάζω» (glorificar) que a acompanha (cf. 12,23.28) e que, no NT, significa «participar na glória divina ou receber a glória divina», entendendo por «glória» a essência divina, glória, fama[84]. O uso da voz pas-

---

[80] Cf. J. PAINTER, «The Enigmatic Johannine», 1884.

[81] Cf. I. de la POTTERIE, *La passione di Gesù*, 20. O pecado em João é a incredulidade em Jesus e a recusa em segui-lo: 8,21.24.46; 15,22; 16,9. Para o evangelista existe um vínculo entre a pecaminosidade do homem e a incredulidade (3,19-21). O pecado não consiste numa coisa mal feita, mas numa atitude existencial de culpa e alienação em relação a Deus: cf. J. van der WATT, *Family of the King*, 324. Para R SCHNACKENBURG, *Evangelio*, II, 249-250, trata-se de um domínio diabólico (8,44-47) que o homem pode, e deve, quebrar através da fé, vivendo a dimensão nova do amor (13,34s). Mais avisada nos parece a posição de C. KOESTER, «The Death of Jesus», 149, que defende que o problema não é tanto do pecado em si, mas do poder opressivo do mal, de que o homem só se liberta pelo poder do amor revelado na cruz de Jesus e aceite pela fé.

[82] Cf. M. LACONI, «La morte di Gesù», 109; H. NIELSEN, «John's Understanding», 249-250.

[83] Cf. M. LACONI, «La morte di Gesù», 112. Por isso, G. RICHTER, *Studien zum Johannesevangelium*, 62, fala em «visão teocêntrica» da cruz (pelo menos nas que considera passagens joaninas originais).

[84] A palavra traduz o hebraico «כבוד», que significa o «peso» e o «poder» da pessoa: cf. W. COOK, «The "Glory" Motif», 291-297; C. HERGENRÖDER, *Wir schauten*

siva, no que respeita à glorificação do Filho[85], pressupõe Deus como sujeito[86], mas é concomitante com a glorificação do Pai pelo Filho (uso passivo em 13,31b; 13,32a; 14,13; 15,8; em 17,1b.4 é clara a afirmação da glorificação do Pai pelo Filho). Que a glorificação respeita à morte de Jesus é claro pelo contexto (12,24.33)[87].

Tenhamos, pois, presentes os versículos que falam da «glorificação» de Jesus ligando-a à sua morte e ressurreição: 11,4; 12,23.28; 13,31-32; 17,1.5[88].

Em 12,23.28 a morte de Jesus, a sua «hora», é apresentada como uma glorificação do Filho pelo Pai (12,23) e do nome do Pai pelo Filho (12,18) que, coincide com a atracção de todos a Jesus pela sua «elevação/exaltação»[89]. Em 13,31, a glorificação recíproca do Pai e do Filho

---

seine Herrlichkeit, 247; M. LEE, *«Signore, Vogliamo Vedere Gesù»*, 78. O verbo ocorre sobretudo na segunda parte do Evangelho: 7,39; 11,4; 12,16.23.28; 13,31s(4x); 14,13; 15,18; 16,14; 17,1bis.4.4.10; 21,19. De acordo com T. LARSSON, *God in the Fourth Gospel*, 252-259, os termos «δοξάζω / δόξα» e «ὑψόω» estão intrinsecamente ligados à revelação e morte de Jesus na cruz. Cf. J. BEUTLER, «Die Ehre Gottes», 84-91. Segundo o estudo de T. KNÖPPLER, *Die theologia crucis*, 165-173, o verbo, tendo em consideração o sujeito e os complementos, pode ser classificado da seguinte forma a partir do sujeito: a) Deus (absoluto: 12,28cd; com complemento directo pessoal: 8,54b; 12,28a; 13,32; 17,1.5; na voz passiva e com sujeito gramatical expresso: 7,39; 11,4; 12,16.23; 13,31; 17,10); b) Jesus (com complemento directo pessoal: 8,54a) 17,1b; 17,4; com passiva e sujeito gramatical expresso: 13,31b; 13,32a; 14,13; 15,8); c) Espírito (16,14); d) Pedro (21,19): cf. M. LEE, *«Signore, Vogliamo Vedere Gesù»*, 80-81.

[85] 7,39; 11,4; 12,16.23; 13,31b; 17,10.
[86] Cf. T. KNÖPPLER, *Die theologia crucis*, 99-100.
[87] No entanto, é preciso ter presente que a «glorificação» de Jesus não acontece apenas na cruz (tal como defendem J. BLANK, *Krisis*, 269; M. PAMMENT, «The Meaning of *doxa*», 13-14), mas que se manifesta já no acontecimento da encarnação e culmina na morte e ressurreição: cf. M. LEE, *«Signore, Vogliamo Vedere Gesù»*, 82.
[88] Consideramos também 11,4, na medida que a «glorificação do Filho de Deus» acontece pela ressurreição de Lázaro, num duplo sentido: Jesus é glorificado pelo sinal que realiza, que, ao mesmo tempo, provoca e prefigura a sua própria morte (11,46-54) e ressurreição. Cf. R. FABRIS, *Giovanni*, 477.
[89] O uso do passado e do futuro do verbo em 12,28 manifesta a glorificação como algo que respeita não só ao Ressuscitado, mas também ao Jesus terreno. Trata-se de uma única glorificação, com dois momentos: a revelação histórica de Jesus através dos seus sinais e discursos e a «hora» da «exaltação» e «glorificação», na sua morte e ressurreição. Em Jesus se realiza toda a glorificação: cf. R. BULTMANN, *Gospel*, 424.429; M. RODRIGUEZ RUIZ, *Der Missionsgedanka*, 153. Para as intercomunicações temáticas entre crucifixão e ressurreição, cf. U. SCHNELLE, «Cross and Resurrection».

CAP. II: DA VONTADE DOS JUDEUS À REVELAÇÃO DE DEUS 99

está enquadrada pela traição de Judas, mas a utilização do verbo no passado, no presente e no futuro faz perceber a glorificação como um acontecimento «complessivo» que, no entanto, se manifesta de forma plena na cruz[90]. Em 17,1.4-5 o uso do verbo manifesta uma vez mais a intimidade da relação entre o Filho e o Pai e revela a glorificação como a manifestação da glória que o Filho tinha antes da existência do mundo (17,5) depois da glorificação do Pai pelo Filho «sobre a terra» (17,4). Esta glorificação coincide com a «hora chegada» (17,1) e tem como consequência a «vida eterna» que, por sua vez, se traduz em «conhecer» Deus (17,3).

A morte de Jesus, a sua glorificação é, desta forma, um momento de revelação, quer da relação do Filho e do Pai, quer das consequências salvíficas da morte e ressurreição de Jesus. Por isso, J. Nielsen resume os diferentes sentidos das ocorrências de «δόξα» e «δοξάζω» «in glorification as the revelation or acceptance of God's power in the activity of Jesus»[91].

2.3.3 A implicação visual, reveladora e comunitária da «exaltação» e «glorificação»

A «exaltação» de Jesus é algo que implica o «ver», como se percebe na comparação com a serpente levantada por Moisés. Trata-se de um «ver» que tem necessariamente implicações crentes e, nesta medida, salvíficas (3,14ss). Este «ver» o Filho do Homem elevado implica «saber/conhecer»: «quando tiverdes elevado o Filho do Homem, então sabereis que Eu sou» (8,28)[92], o que manifesta a elevação como uma revelação. Esta ligação entre o «ver» e a «exaltação» é clara em 12,21.32, que, por sua vez, está intimamente unida à «glorificação» (12,28).

---

[90] Cf. R. FABRIS, *Giovanni*, 586. «The idea of Jesus glorifying the Father in terms of ἐπὶ τῆς γῆς τὸ ἔργον τελειώσας (17,4) implies his death on the cross (cf. 19,28.30). Of course, after the cross, the task of glorifying Jesus will be carried out by the Holy Spirit (16,14) and by the Church (14,13; 15,8; 17,10), but even this glorification is because of Jesus' passion and death»: L. KANAGARAJ, *Mysticism*, 227-228.

[91] J. NIELSEN, «The Lamb of God», 247.

[92] Esta relação (e quase identificação) entre o «ver» e o «conhecer/saber» é relevada pelo paralelo entre 8,19 («Se me conhecêsseis, conheceríeis também meu Pai») e 14,8 («quem me vê, vê o Pai»): cf. III,3.2.1.

O verbo «glorificar» (que nunca está ligado ao verbo «ver»)[93] está relacionado com a manifestação da «glória» (δόξα) que, por sua vez, implica o verbo «ver»[94]: «se δόξα è una realtà percepita con gli occhi, δοξάζειν porta con sé il senso di "fare gloria visibilmente", e in questo senso è il verbo associato all'epifania; esso esprime l'evento della rivelazione»[95].

Por outro lado, «ver» a glória de Jesus «is described by John as a community affair», como se releva no plural «ἐθεασάμεθα» (1,14)[96]. A «glória» é um dom manifestado e dado aos discípulos na medida em que viverem na unidade (17,22)[97].

O vocabulário depende da teologia do AT, onde, em relação a Deus, «ver» a «glória» significa presenciar as suas teofanias e, sobretudo, através da fé, os actos históricos de salvação e de juízo, de um modo particular no contexto da Aliança ou da Sua presença no Santuário (Ex

---

[93] Cf. R. PIPER, «Glory», 282 (este autor estuda a «δόξα» a partir do sistema competitivo de patrão/mediador/cliente do antigo Mediterrâneo).

[94] A palavra «δόξα» ocorre em 1,14bis; 2,11; 5,41.44bis; 7,18bis; 8,50.54; 9,23; 11,4.40; 12,41.43bis; 17,5.22.24. Sendo complemento directo do verbo «ver» implica ver a «glória de Deus» ou a «glória de Cristo»: ver o «Verbo encarnado» (1,14) que manifesta e faz ver a sua glória nos sinais que realiza (2,11), o que apenas é possível através da fé (11,4.40). Por isso, Isaías já contemplou a glória de Jesus, enquanto os Judeus estão impedidos de ver e acreditar (12,39-41) e os discípulos hão-de de contemplá-la em plenitude (17,24). Trata-se da glória que Jesus tinha junto do Pai (17,5) e só dele recebida (jamais dos homens: 5,41.44), que procura constantemente (7,18; Jesus não procura a sua glória [8,50.54], ao contrários dos Judeus: 5,44; 12,43) e que transmite aos discípulos (17,22). Ao campo da «glória» pertencem ainda «τιμή» (estima, honra) e «τιμάω» (honrar): cf. J. BEUTLER, «Die Ehre Gottes», 83-91.

[95] M. LEE, «Signore, Vogliamo Vedere Gesù», 78. Cf. C. HERGENRÖDER, *Wir schauen seine Herrlichkeit*, 254. Por isso, J. FERREIRA, *Johannine Ecclesiology*, defende que «The idea of glory as the revelation of God's judgment and salvation of God is found in both the [Dead Sea] Scrolls and John. In both sets of documents the revelation of glory is a crucial event of salvation history. For the Scrolls the revelation will take place in the future; for John the revelation took place in the ministry of Jesus».

[96] L. KANAGARAJ, *Mysticism*, 230-231.

[97] B. LINDARS, *The Gospel*, 530, pensa na glória de Jesus em 17,22 como algo ligado à «relação» entre os membros da comunidade crente, que é expressão da relação mútua, pessoal e íntima, que existe entre o Pai e o Filho (καθὼς ἡμεῖς); cf. L. KANAGARAJ, *Mysticism*, 230. De facto, ela manifesta-se na unidade dos discípulos, no amor: cf. H. HEGERMANN, «δόξα», 1054-1055; F. la GIOIA, *La glorificazione di Gesù Cristo*, 251-263.

40,34-35; 1Rs 8,10-11; Ez 43,4; 44,4). Está sempre relacionado com a experiência da divindade e da sua presença (Ex 33,18; Is 6,3.5)[98].

A cruz, como momento da «elevação» e «glorificação» será uma experiência destinada a ser «vista», como uma revelação da presença de Deus e da sua actuação salvífica.

2.4 O «cumprimento» da vontade salvífica do Pai

O uso da forma verbal «δεῖ» (é necessário) em 3,14 e 12,34 para falar do «levantamento/exaltação» do Filho do Homem exprime, antes de mais, a vontade e o projecto de Deus, como um gesto de amor do Pai pelo Filho (5,20.35; 10,15.17-18) e destes pela humanidade, com consequências salvíficas (3,16)[99]. Será um momento de revelação da natureza divina de Jesus (8,28) com efeitos: o julgamento da incredulidade e da expulsão do príncipe deste mundo (8,24; 12,32.37), mas fonte de salvação e de vida eterna para os que acreditam (3,14; 12,36). Estes serão «atraídos» a Jesus (12,32).

É para cumprir a vontade do Pai, na «hora», que Jesus veio (12,27) e, por isso, tem de «beber o cálice que o Pai lhe deu» (18,11: entendendo-se a expressão como paráfrase à sua morte), de forma a que tudo se

---

[98] Cf. G. von RAD, «kābôd nell' Antico Testamento», 1358-1370. Para os diferentes entendimentos do conceito de «glória» em João, cf. M. LEE, *Signore, Vogliamo Vedere Gesù*, 78 nota 45.

[99] A expressão ocorre em Mc 8,31 par. para falar da necessidade do sofrimento e da morte. O QE redimensiona essa «necessidade», retirando-lhe o conteúdo do sofrimento e apresentando-a como uma «exaltação» que sublinha, sobretudo, a vontade salvífica do Pai e o amor que tem pelo mundo (3,16; 12,32.36). Cf. H. NIELSEN, «John's Understanding», 237-238. A expressão tem sempre, no QE, um enquadramento cristológico e salvífico: em 3,7 refere-se à necessidade de «ser gerado do Alto»; em 3,30 à necessidade de João Baptista diminuir para Jesus crescer, pois ele é quem dá o «Espírito sem medida» e a vida eterna (3,34-36); em 4,4 «era necessário» que Jesus passasse pela Samaria, o que parece ser uma necessidade geográfica para passar para a Galileia, mas que corresponde ao projecto de Deus de chegar também aos samaritanos, pois, ao contrário do que dizem os Judeus e é recordado pela samaritana, Jerusalém deixará de ser «o lugar onde é necessário adorar» (4,40), pois a partir de agora «é necessário» não um lugar mas «adorar em espírito e verdade» (4,24). Da mesma forma, a cura do cego de nascença é apresentada por Jesus como uma «necessidade» de «trabalhar as obras do que me enviou» (9,4) que incluem não só as ovelhas de Israel mas todas as outras que o Pai entregou a Jesus e que «é necessário conduzir» de forma a haver «um só rebanho e um só pastor» (10,16). Em 20,9, a ressurreição de Jesus é apresentada como uma «necessidade» prevista e requerida pela Escritura (onde se expressa a vontade de Deus).

desenvolva de acordo com o que o Pai lhe ordenou (14,31)[100] e, assim, a Escritura seja plenamente cumprida (19,28-30)[101] e manifesto o amor de Deus pelo mundo (3,16).

No entanto, esta obediência à vontade do Pai, «ao que lhe agrada» (8,29), não exclui a liberdade de Jesus.

2.5 Um gesto «livre» e «poderoso» de amor salvífico do Bom Pastor

Jesus tem plena consciência da sua morte e, por isso, ela é vivida em plena liberdade[102]. Este facto é bem expresso no discurso do Bom Pastor, onde a vida entregue é fruto da sua iniciativa e do seu poder, mas que está intimamente em consonância com a vontade do Pai: «ninguém ma tira [a vida] de mim, mas eu a dou livremente; tenho poder (ἐξουσίαν ἔχω) para entregá-la e poder para retomá-la; esse é o mandamento que recebi de meu Pai» (10,18). Daí a ironia com que o evangelista retoma a mesma construção no diálogo com Pilatos (18,10-11)[103]. Ao afirmar o seu «poder» sobre a vida e a morte (10,18), Jesus afirma a sua natureza divina, pois só Deus tem «poder» sobre a vida e a morte[104].

Por outro lado, o termo «ἐξουσία» é utilizado no AT para significar o «poder» de Deus ou o «poder» outorgado por Deus a alguém[105]. Esse é também o sentido da palavra no QE: a «ἐξουσία» de Jesus foi-lhe dada pelo Pai (17,2)[106], sobretudo tendo em vista a oferta da vida divina (17,2; cf. 5,21-22.26-27), o que releva o significado e a finalidade do «pôr e receber de novo a vida (ψυχή)» (= para dar a vida [ζωή] em abundância: 10,10) e, através desse seu poder, dar «aos que o receberam, o poder (ἐξουσία) de se tornarem filhos de Deus» (1,12).

---

[100] A «vontade» do Pai é, simultaneamente um «mandamento» recebido por Jesus (cf. 10,18): cf. F. MATERA, «On Behalf», 166. Este consiste em «consumar» a «Sua obra» (4,34).

[101] Cf. A. OBERMANN, Die christologische, 350-364.

[102] O particípio «εἰδώς» pontua a Paixão, para sublinhar esta consciência (13,1; 18,4; 19, 28), o que é condição para enfrentar e viver a sua «hora» com plena liberdade: cf. M. LACONI, «La morte di Gesù», 106 com nota 42; G. FERRARO, «Cristo di fronte alla sua ora», 204-205.

[103] Cf. H. NIELSEN, «John's Understanding», 238 com nota 22.

[104] «Tu [Deus] tens poder de vida e de morte (ζωῆς καὶ θανάτου ἐξουσίαν ἔχεις) e fazes baixar às portas do Hades e fazes sair dele» (Sb 16,13).

[105] Cf. Dn 7,14; G. SCHRENK - G. QUELL, «πάτηρ», 1257 nota 313.

[106] Cf. U. BUSSE, «Open questions», 14.

Ao contrário dos Sinópticos, onde Jesus é «entregue à morte», o QE sublinha o acto voluntário de Jesus (7,1; 13,3), que não acontecerá enquanto ele não quiser (8,59; 10,39) e a sua «hora» não chegar (7,30; 8,20; 19,11)[107], embora em plena comunhão com a vontade e o amor do Pai (10,17-18)[108]. Que «a receba de novo» significa que a ressurreição segue o «pôr» e já está contida nele, constituindo ambos a missão recebida do Pai[109].

Ao afirmar por duas vezes «Eu sou o Bom Pastor» (10,11.14) Jesus incarna todo o significado do Pastor no AT[110]. A primeira afirmação define claramente em que consiste ser «Bom Pastor»: «pôr a vida pelas suas ovelhas» (10,11)[111], facto de tal forma importante que é afirmado cinco vezes: 10,11.15.17.18bis. A cristologia é afirmada em ligação

---

[107] Cf. G. FERRARO, «Cristo di fronte alla sua ora», 200-201.

[108] Com o discurso de 10,17-18, o evangelista «nous prépare à lire la Passion de Jésus comme l'accomplissement volontaire du projet du Père»: A. MARCHADOUR, *L'évangile*, 145.

[109] Cf. R. SCHNACKENBURG, *Evangelio*, II, 374.

[110] Nos livros veterotestamentários, a imagem do pastor refere-se em primeiro lugar a Deus (Ez 34,11-12; cf. Gn 48,15; Sl 23,1; 28,9; 80,2; Is 40,10s; Jr 23,3; 31,10), mas também a David (cf. Sl 78,70s. David era pastor de um pequeno rebanho: 1Sm 16,11), aos chefes do povo (não só a função do rei é comparada à de um pastor [1Rs 22,17.35-36] como também a dos chefes [2Sm 7,7; Is 56,11; Jr 2,8; 3,5; 10,21; 22,22; 23,1-4; 50,6; Zc 10,3; 11,4-6.16ss; 13,7]). De modo particular, o contexto de esperança messiânica aplica a imagem ao futuro David, o rei messiânico (Ez 34,1.23), que Deus enviará para tirar as ovelhas da situação em que se encontram (Ez 34,23s; cf. Jr 23,5; 30,9; Mq 5,4; Is 40,11; *SalSal.*, 17,45). Assim, ao falar do pastor, Jesus remete para uma imagem divina e messiânica, bem conhecida dos ouvintes (cf. M. DEELEY, «Ezekiel's Shepherd», 261). Mas, ao fazê-lo através de uma contraposição forte com o ladrão e salteador, com que dá início ao discurso, Jesus faz emergir também o contexto de polémica de Ez 34 e Jr 23 contra os «maus pastores de Israel» a quem Deus admoesta e anuncia que *Ele próprio* será o Pastor do seu povo (o rei messiânico que se anuncia apenas apascentará as ovelhas que *são de Deus*). De facto, ainda que o rei e os chefes, nas suas funções, sejam comparados a um pastor (mas nunca um rei em funções: cf. J. JEREMIAS, «ποιμήν», 1199; R. SCHNACKENBURG, *Evangelio*, II, 368; J. VANCIL, «Sheep – Shepherd», 1189), Israel é rebanho de Deus (cf. Sl 23,1-4; 74,1; 78,25.52.70-72; 79,13; 80,2; 95,7; Is 40,11; Mq 2,12) e, por isso, só Deus pode dizer que as ovelhas são «suas», o que é sublinhado de forma enfática em Ez 34 (12x: Ez 34,6.8tris.10.11.12.15.17.19.22.31). Assim, pelo possessivo «τὰ ἴδια» (10,3bis), Jesus transforma a imagem transportando-a para o âmbito divino: *só Deus* pode dizer que as ovelhas são «próprias», porque só Ele é o verdadeiro Rei de Israel.

[111] Cf. F. MOLONEY, *Gospel*, 304.

com a soteriologia, na continuidade da imagem e da função da «porta» (10,7-10)[112]. O contexto relacional da imagem do Bom Pastor é sublinhado pela contraposição às atitudes egoístas e nefastas do «mercenário». A segunda afirmação (10,14) desenvolve a imagem apresentada em 10,11, como relação de intimidade do Pastor com as ovelhas (relação sublinhada pelo possessivo «as minhas»). Esta funda-se no conhecimento recíproco entre o Pai e o Filho (10,14-15)[113].

Com o verbo «γινώσκω» (10,14bis.15bis) Jesus fala de um «conhecer» que não implica apenas o intelecto, mas, no contexto do AT, significa um conhecimento íntimo, pessoal, que cria vínculos de corações e de vidas[114]. A perspectiva soteriológica («pôr a vida») tem a sua origem

---

[112] A afirmação «Eu sou a porta» aparece como uma imagem relacional pelo genitivo «das ovelhas» (10,7). A finalidade da imagem é salvífica: só entrando «através de» Jesus alguém «será salvo» pois, só assim, «encontrará pastagem» (10,9). A afirmação sublinha a exclusividade salvífica de Jesus (cf. M. WINSTANLEY, «The Shepherd Image», 200). Em 14,6 Jesus reafirmará: «ninguém vai ao Pai senão através de mim» (sobre a relação entre os dois textos, cf. A. BOTTINO, «La metafora della porta», 213). A finalidade desta «mediação exclusiva» é apresentada com uma linguagem de salvação, que entra na linguagem específica do evangelista (10,9), em contraposição com uma linguagem de perdição (10,10), que contrapõe a finalidade da «vinda» do ladrão (10,10) à da vinda de Jesus (construção quiástica que entrelaça o positivo com o negativo). O bipolarismo «salvar/perder» ligado à «vida/morte» (10,9-10) revela o potencial do ladrão, mas sobretudo a sua subordinação à função e poder da «Porta», servindo, assim, de contraposição para a introdução da dimensão cristológica e soteriológica, preparando a introdução da imagem do «Pastor» (cf. J. PAINTER, «Tradition», 62). O futuro passivo teológico «σωθήσεται» (10,9) corresponde ao futuro «encontrará pastagens» (εὑρήσει: 10,9), expressão veterotestamentária (1Cr 4,40) para falar da solicitude de Deus (Sl 23,2) que salva Israel de entre os povos (Ez 34,12-15) e lhe concede a bênção escatológica (Is 49,9s; cf. R. SCHNACKENBURG, *Evangelio*, II, 366). O verbo grego «σώζω» é traduzido pelas versões siríacas dos evangelhos pelas várias formas de «hy'», «ter vida»: cf. K. BAILEY, «The Shepherd Poems», 9. Ao apresentar-se como aquele que é a passagem para as pastagens, revela-se como divino.

[113] Cf. 6,57; 13,34; 15,9-10.12; 17,11.18.21. A conjugação «καθώς» (10,15) significa mais que uma simples comparação; é quase uma demonstração com um sentido causal (cf. *BDF*, § 453,2; N. CACHIA, «*I am the good shepherd*», 175). A conjunção tem, no QE, um significado cristológico e soteriológico, na medida em que é usada para descrever o papel de Cristo e o significado da sua doação salvífica (15,9.10; 17,11.21.22): cf. R. FABRIS, *Giovanni*, 591.

[114] De um modo particular encontramos este tipo de conhecimento em Oseias e no Deutero-Isaías, como uma resposta adequada ao amor com que Deus escolheu Israel e está presente na sua vida: Os 2,8; 6,3; 8,2; 11,3; 13,4; Is 40,21.28; 41,20; 43,10; 45,3; 49,23; 52,6; 58,2; 60,16; 63,16. É também este o sentido de, p. e., 14,7.9.17.20; 17,3.

na dimensão teológica (relação com o Pai), que é o fundamento da dimensão cristológica («Eu sou»...«eu conheço») e também eclesiológica («conhecem-me»)[115].

Qual o sentido deste «conhecimento»? A relação entre o «conhecer» e o «amor» é muito clara em 1Jo 4,7: «Quem ama, conhece (γινώσκει) Deus». Da parte das ovelhas este conhecimento/relação é uma resposta vital Àquele que as chama, num processo de escutar/seguir/crer (10,3.4.26) para alcançar a «vida em abundância» (10,10). Por isso, a relação Pai/Filho é retomada em 10,17-18, entrando em cheio na fundamentação cristológico-teológica[116]. Unindo o amor que o Pai tem a Jesus (10,17) ao mandamento que o Pai lhe deu (10,18), afirma, com isso, que o «pôr a vida» e «recebê-la de novo» (10,17.18) é sinal da unidade e comunhão entre o Pai e o Filho e do Filho com o rebanho, em que o «pôr a vida» tem a sua causa na união com o Pai[117]. A inclusão de «πατήρ» no início e no fim de 10,17-18 faz com que «le Père apparaît comme la source et la fin de l'activité de Jesus» e faz entender o «mandamento» (10,18) como expressão do «amor» (10,17)[118] que já existe desde a criação do mundo (3,35; 17,24).

O amor manifestado no «pôr a vida» é «o» amor por antonomásia: «ninguém tem maior amor do que aquele que *põe a sua vida* pelos amigos» (15,13). Assim, este «conhecimento» do Pastor/ovelhas está inseparavelmente unido ao «amor» às ovelhas, como é manifesto em 17,26 nas palavras com que termina a Ceia e imediatamente antes do «início»

Cf. M. WINSTANLEY, «The Shepherd Image», 201; N. CACHIA, «*I am the good shepherd*», 178-179. I. de la POTTERIE, «οἶδα et γινώσκω», 709-725, distingue os dois verbos, em que «γινώσκω» sublinha o processo de conhecimento e se refere ao conhecimento adquirido naturalmente, enquanto «οἶδα» apenas respeita ao conhecimento em si e se refere a uma espécie de conhecimento divino. Ora, J. GAFFNEY, «Believing and Knowing», 228, nota que o texto não nos permite fazer uma distinção substancial entre o sentido de um e outro verbo, pois ambos são usados para falar do conhecimento entre o Pai e o Filho: cf., p. e., 8,55 (οἶδα) e 17,55 (γινώσκω).

[115] E não apenas cristológico e soteriológico, como defende U. BUSSE, «Open questions», 16. Para os Padres este «conhecimento» faz das ovelhas «participantes da natureza divina» (2Pe 1,4), numa perspectiva de redenção: cf. R. GREER, «The Good Shepherd», 326. Esta passagem recorda a imagem da «videira» do cap. 15, em que a origem suprema da comunhão é o Pai: cf. J. ERNST, *Juan*, 114.

[116] Como diz R. KYSAR, «Johannine Metaphor», 92: «even more fundamental to the imagery of the verses 17-18 is the human experience of the relationship», provocando no leitor uma reflexão sobre a cristologia em termos de relação.

[117] Cf. F. MOLONEY, *Gospel*, 305.

[118] Cf. A. MARCHADOUR, *L'évangile*, 144-145.

da Paixão: «Eu *dei-lhes a conhecer* (ἐγνώρισα) o Teu Nome e lhes *darei a conhecer* (γνωρίσω), para que o *amor* com que me *amaste* esteja neles e também eu neles». Tal como sublinha Nielsen, mais do que uma morte pelo pecado da humanidade, «it is love which is the real reason why Jesus gave his life for humankind»[119]. Trata-se, pois, de um gesto de profunda união no amor ao Pai, mas de amor livre e salvífico pelos homens.

2.6 Uma «santificação/consagração» de Jesus pela «santificação/consagração» dos discípulos

Jesus refere-se, ainda, à sua morte como um «santificar-se/consagrar-se a si mesmo» (ἐγὼ ἁγιάζω ἐμαυτόν:17,19)[120]. Qual o sentido da expressão?

2.6.1 A santificação/consagração de Jesus

O verbo «ἁγιάζω» ocorre apenas 4x no QE (10,36; 17,17.19bis). Em 10,36, Jesus define-se como aquele que o Pai «santificou/consagrou e enviou ao mundo». Segundo Schnackenburg, o sentido do verbo será o de que o envio do Filho ao mundo inclui tudo aquilo que é necessário para o desempenho da sua missão na terra e demonstrativo de que Jesus é verdadeiramente o «Filho de Deus», em quem repousa o ES, e que, por isso, faz dele «el portavoz autorizado y pleno de Espíritu de las palabras de Dios»[121]. No entanto, tendo em consideração o contexto, reparamos como esta afirmação de Jesus é motivada pela reacção dos Judeus à sua afirmação em 10,30: «eu e o Pai somos um só», interpretado por estes como uma afirmação da divindade de Jesus (10,31-33).

---

[119] H. NIELSEN, «John's Understanding», 250 com nota 69. O discurso do Bom Pastor é, na nossa perspectiva, a chave de leitura de todo o Evangelho e, de um modo particular, da morte de Jesus e do seu significado. A imagem e o discurso servem para Jesus apresentar a sua natureza, a relação com o Pai que o enviou, e a finalidade da sua vinda que se concretiza na morte, entendida como um gesto de amor e de salvação pelas ovelhas, quer as que já lhe pertencem, quer as que lhe hão-de pertencer.

[120] O verbo, tradução da raiz hebraica «קדש», assume os dois sentidos que vêm do hebraico: o sentido causativo (consagrar) e o enfático (santificar): cf. O. PROCKSH, «ἁγιάζω», 299. E que Jesus se refira à sua morte é claro, quer pelo uso do pronome reflexo, quer pelo da preposição «ὑπέρ»: cf. R. SCHNACKENBURG, *Evangelio*, III, 233; T. KNÖPPLER, *Die theologia crucis*, 210-215; J. ZUMSTEIN, *L'Évangile*, 180 com nota 144.

[121] R. SCHNACKENBURG, *Evangelio*, II, 386.

Acusado de blasfémia, Jesus refere-se a esta unidade através do verbo «santificar/consagrar», que na sua missão (envio) Jesus manifesta: «a fim de conhecerdes sempre mais que o Pai está em mim e eu no Pai» (10,38). As obras manifestam esta unidade. Assim, o verbo «santificar/consagrar» é utilizado para manifestar a relação ontológica de intimidade e unidade entre o Pai e o Filho, o que faz com que, no enviado, esteja aquele que «enviou» e vice-versa. Mais significativo ainda, se tivermos em conta que esta afirmação é proferida por Jesus no Templo, local, por antonomásia, da presença de Deus, e no contexto da Festa da Dedicação/Consagração do Templo (10,22).

A acção de «santificar/consagrar» (ἁγιάζω) está ligada, no AT, ao culto (Ex 19,10.14; Js 7,13) e às festas (Ex 20,8; Dt 5,12; Is 30,29), assim como aos profetas (cf. p. e., a consagração de Jeremias para ser enviado: Jr 1,5). Raramente o verbo tem Deus como complemento directo, mas quando tal acontece (Nm 20,12; 27,14; Is 8,13; 29,23) indica o reconhecimento do que já está na Sua essência. Os complementos directos, normalmente, são os sacerdotes, o povo, os objectos e lugares de culto. O significado é o de «pôr de parte», no sentido de pertencer a Deus e a mais ninguém[122]. Não é o homem que santifica Deus, mas o inverso: «santificar o nome de Deus» é realizar a santidade de Deus no homem, que faz a experiência da manifestação da Sua presença, da Sua revelação (Is 6,3)[123]. Assim, ao «santificar-se a si mesmo» (17,19) Jesus manifesta a sua santidade, ou seja, a sua divindade e a sua pertença exclusiva ao Pai[124].

2.6.2 A santificação/consagração pelos discípulos

A mesma perspectiva, na nossa opinião, é realçada em 17,17.19bis. O pedido de Jesus ao Pai para que «santifique/consagre» os discípulos «na verdade» (17,17a) deve ser lido à luz de 17,19: os discípulos serão «santificados/consagrados na verdade» pela auto-santificação/ consagração de Jesus: «consagro-me a mim próprio para que sejam santifica-

---

[122] Cf. D. MOLLAT, «Evangelho», *in loco*.

[123] Cf. O. PROCKSH, «ἁγιάζω», 299-301. No Pai-nosso: «ἁγιασθήτω τὸ ὄνομά σου» (Mt 6,9; Lc 11,2).

[124] Em 10,36 Jesus afirma que o Pai o consagrou (passado); agora diz que ele próprio se consagra: trata-se de relevar um mesmo poder compartilhado pelo Pai e pelo Filho, como acontece com outras realidades, como, p. e., é sublinhado em 10,29-30: sobre este assunto, cf. R. BROWN, *Evangelio*, I, 723-724.

dos na verdade». E a «verdade» é a palavra do Pai (17,17b), ou seja, o próprio Jesus (1,1; 14,6). Pela sua morte, Jesus consagra os discípulos, ou seja, «põe-os de parte» como pertença exclusiva do Pai e do Filho (cf. 17,9ss). Por isso, porque «permanecem no mundo» (17, 11), embora, de facto, «não sejam do mundo» tal como Jesus não é do mundo (17,14.16), Jesus pede ao Pai que os guarde do Maligno, o que equivale a pedir que se mantenham sempre na «unidade» (17,22)[125].

A expressão «ἁγίασον αὐτοὺς ἐν τῇ ἀληθείᾳ» permite-nos perceber que o sentido da expressão tem muito mais a ver com a revelação, que com o sentido sacerdotal. No entanto, se Jesus é a «Palavra» do Pai (1,1) e se ele mesmo «é» a «verdade» (14,6), então a consagração dos discípulos acontece *em* e *através* (é possível ver no «ἐν» um sentido instrumental) de Jesus[126].

E, tal como em 10,36 o verbo está associado ao envio do Filho ao mundo, assim também aqui está associado ao envio do Filho e dos discípulos: «como Tu me enviaste ao mundo, assim eu os enviei ao mundo» (17,18)[127]. O envio é acção posterior à santificação e fruto dela. Assim como a missão do Filho é manifestação da unidade entre o Pai e o Filho, assim também a missão dos discípulos é manifestação da unidade dos discípulos entre si e de todos a Jesus e ao Pai.

2.6.3 Uma santificação/consagração em contexto pascal

Embora o verbo «ἁγιάζω» esteja enquadrado pelo tema da revelação, a sua utilização no contexto da festa da Páscoa (13,1; cf. 18,28; 19,14.36) imerge a acção num contexto salvífico e cúltico. De facto, o verbo «ἁγιάζω» é utilizado nos LXX para a consagração das vítimas do sacrifício (Ex 13,2; Dt 15,19) e para a consagração dos sacerdotes para o serviço do culto (Ex 28,41; 40,13; Lv 8,30; 2Cr 5,11) e, tendo em consideração que Jesus é conduzido à morte à mesma hora que os

---

[125] Esta equivalência entre «santificação/consagração» e «unidade» é mais explícita se tivermos em consideração a expressão «filho de perdição» referido a Judas (17,12) que não manteve a «unidade» (17,11-12): cf. V,3.2.3.

[126] Cf. J. ZUMSTEIN, *L'Évangile*, 179. É a palavra de Jesus, que «limpa» e, portanto «santifica» (15,3): cf. R. BROWN, *Evangelio*, II, 1130.

[127] A construção «como/também» de 17,18 estabelece um paralelismo entre o que o Pai fez por Jesus e o que Jesus faz pelos seus. Este paralelismo não é novo: aparece em 6,57 (sobre a vida), 10,14-15 (o conhecimento), 15,9 e 17,23 (amor) e 17,22 (a unidade). Cf. R. BROWN, *Evangelio*, II, 1125.

cordeiros pascais eram imolados no Templo, não podemos deixar de ver em 17,17-19 uma referência a Jesus como o Cordeiro de Deus, tal como tinha sido apresentado pelo Baptista (1,29.36)[128]. No entanto, o que se sublinha não é tanto o carácter sacrificial da morte de Jesus (embora isso esteja presente, como veremos), mas o carácter relacional e de comunhão[129], que o simbolismo do cordeiro pascal tem: o sacrifício no Templo e a consumação da sua carne em família é um gesto de aliança e de pacto (sacrifício de comunhão pascal), através do qual Israel renova, em memorial, cada ano, a Aliança (cf. Ex 13,8-9; Dt 6,21)[130]. Por outro lado, é uma consequência e um «memorial» da salvação que o Senhor realizou no Egipto através de Moisés (cf. III,2.2.3). Também aqui a «consagração» do Cordeiro de Deus tem esse significado: será pela sua Páscoa (a sua auto-consagração) que Jesus consagrará também os discípulos, ou seja «pô-los-á de parte», como membros de um novo povo, que não é já pertença do «mundo» mas apenas do Pai, de Jesus e dos seus, como consequência da sua morte salvadora. Assim, Barrett apresenta a «santificação» dos discípulos nos seguintes termos: «The Son who has prayed to be glorified now asks again in other terms that he may re-enter the divine life, in order that may take his disciples with him and so, as it were, incorporate them into God»[131].

O sentido sacrificial está ao serviço do carácter relacional e de comunhão na unidade (cf. II,3.2.1) — e não apenas da revelação do amor de Deus, como defende Forestell[132]. Daqui a grande insistência no «amor» Pai/Filho e do Pai/Filho/comunidade dos discípulos.

---

[128] Cf. R. BROWN, *Evangelio*, II, 1131; R. SCHNACKENBURG, *Evangelio*, III, 233. Como nota N. FÜGLISTER, *Il valore salvifico*, 61, o cordeiro pascal era «separado» do rebanho cinco dias antes de 14 de Nisan.

[129] De facto, como faz notar J. ZUMSTEIN, *L'Évangile*, 178: «Le verbe "sanctifier" désigne l'acte de mettre à part pour devenir pleinement la propriété de Dieu, pour être dans une relation de proximité et de communion avec lui».

[130] A celebração pascal, como celebração da Aliança, é a tese desenvolvida por N. FÜGLISTER, *Il valore salvifico*, 285-290. De facto, os Sinópticos e S. Paulo apresentam a ceia de Jesus e a sua Paixão no contexto da Aliança: o «sangue» que Jesus derramará é sangue da «Aliança» (Mt 26,28; Mc 14,24; «nova Aliança: Lc 22,20; 1Cor 11,25). Trata-se de um gesto, que, tal como a Páscoa, deverá ser celebrado, no futuro, como «memorial»: Lc 22,19; 1Cor 11,24.26.

[131] C. BARRETT, *Gospel*, 511.

[132] Cf. J. FORESTELL, *The Word of the Cross*, 76.

2.7 Passagem da «παροιμία» dos discursos à «παρρησία» da «hora»

O discurso do Bom Pastor é classificado pelo narrador como uma «παροιμία» (10,5)[133].

O seu significado é explicitado pelo próprio Evangelho, onde a utilização de «παροιμία» juntamente a «παρρησία», dá-nos a possibilidade de compreender o sentido da palavra: «em enigmas (ἐν παροιμίαις) vos disse estas coisas; vem a hora na qual não falarei mais em enigmas (οὐκέτι ἐν παροιμίαις), mas abertamente (παρρησίᾳ) vos anunciarei sobre o Pai» (16,25). Em 16,29 são os próprios discípulos que declaram que Jesus agora fala "abertamente" (ἐν παρρησίᾳ) e nada fala em enigmas (παροιμίαν). Do confronto com os paralelos vêm à luz duas ideias sobre o significado de «παροιμία»: 1) o seu significado no QE é «linguagem enigmática/obscura», por contraposição ao «abertamente/claramente» (παρρησία) que parece apontar para um falar «claro» no futuro; 2) é uma expressão ligada à «hora» (ὥρα) de Jesus (16,25) quando não falará já em «enigmas» mas «abertamente»[134]; em 16,32, Jesus afirma expressamente que esta «hora» já chegou: «ἰδοὺ ἔρχεται ὥρα καὶ ἐλήλυθεν».

Em 10,1-18 o «dizer» em «enigma» (ταύτην τὴν παροιμίαν εἶπεν) é enquadrado pela linguagem salvífica de Jesus; o «dizer» refere-se a uma *acção* concreta: «pôr a vida», num contexto salvífico, que acontecerá na «hora». É interessante verificar que «παρρησία» referido a uma acção concreta que não seja verbo «dicendi», apenas acontece em 7,4 e 11,54[135]. Em 7,4 os irmãos de Jesus, no início da Festa das Tendas, impelem Jesus a subir a Jerusalém para se «manifestar ao mundo» (φανερόω) «abertamente» (ἐν παρρησίᾳ), ao que Jesus responde: «Não subo a esta festa, porque o meu tempo ainda não se completou» (ἐγὼ

---

[133] O termo aparece nos LXX uma dezena de vezes, correspondendo ao hebraico «משל» que pode significar «provérbio», «parábola», «instrução sapiencial», «discurso velado» ou «simbólico», «sentença enigmática»: cf. R. FABRIS, *Giovanni*, 580 nota 13. Sobre as diversas interpretações do sentido da palavra, cf. U. BUSSE, «Open questions», 10-11 com notas 35-43.

[134] O «discours révélateur de Jésus […] demeure obscur jusqu'à l'heure»: R. KIEFFER, «Traits paraboliques», 16.

[135] Das 9 ocorrências de «παρρησία» no QE, as outras referem-se ao «dizer» (λέγω: 10,24; 11,14), ao «falar» (λαλέω: 7,13.26; 16,29; 18,20), ao «anunciar» (ἀπαγγέλλω: 16,25). Em 18,20, Jesus diz que «falei abertamente ao mundo (παρρησίᾳ λελάληκα τῷ κόσμῳ)», mas a expressão não se refere ao conteúdo do que disse, mas aos lugares onde falou.

οὐκ ἀναβαίνω εἰς τὴν ἑορτὴν ταύτην, ὅτι ὁ ἐμὸς καιρὸς οὔπω πεπλήρωται: 7,8). O «manifestar-se ao mundo», «ἐν παρρησίᾳ», está pois ligado ao «tempo» que se «completa» e a uma outra festa: a da Páscoa da sua Paixão, quando chegar a sua «hora». A morte de Jesus aparece como o cumprimento daquilo que o QE tinha pré-anunciado (sinais e discursos) e que agora é actuado «claramente»[136]. Em 11,54 diz-se que Jesus «já não caminhava abertamente (οὐκέτι παρρησίᾳ περιεπάτει) entre os Judeus», porque eles «tinham decidido matá-lo» (11,53), o que é enquadrado pela profecia do Sumo-Sacerdote (11,51-52). Em 12,12 esta situação desaparece. Jesus entra triunfalmente em Jerusalém para a festa da Páscoa e anuncia: «É chegada a hora em que será glorificado o Filho do Homem» (12,20)... «Foi precisamente para esta hora que eu vim» (12,27).

Assim, chegada a «hora», «completado o tempo», a cruz manifestará «ἐν παρρησίᾳ», o que tinha sido anunciado «ἐν παροιμίαις».

2.8 *Conclusão*

A morte de Jesus é apresentada como uma «elevação» realizada pelos Judeus (8,28), mas que corresponde à «exaltação» realizada pelo Pai (3,14; 12,32). De tal forma, que a sua «elevação» é também «glorificação», que acontece na «hora» (12,23.28) para a qual ele veio (12,27). Trata-se de um desígnio do Pai (δεῖ: 3,14; 12,32.34), no qual manifesta o Seu amor pelo mundo (3,16), mas que corresponde a um gesto livre e poderoso de Jesus em plena obediência ao Pai (10,17-18; cf. 19,10-11) e que manifesta o amor de Jesus pelos seus (15,13). Foi para isso, que ele foi «santificado/consagrado» e enviado pelo Pai (10,36) e é por isso que a sua morte é uma «consagração/santificação», que manifesta a perfeita relação ontológica entre o Pai, que enviou com uma missão, e o Enviado, que a consuma perfeitamente (17,19; cf. 19,30). A «consumação» transforma «ἐν παρρησίᾳ», o que tinha sido dito «ἐν παροιμίαις». Jesus morre não por vontade dos Judeus, mas segundo o desígnio de Deus e a sua própria vontade.

Mas permanece uma questão: *por que* razão deve Jesus morrer?

---

[136] Cf. M. LACONI, «La morte di Gesù», 126.

3. O anúncio das consequências e efeitos da morte de Jesus

O «corpo inquebrado» de Jesus donde sai «sangue e água» é uma *consequência* e um *efeito* da sua morte. Ao longo do QE, o evangelista preparou o leitor para ler nestes factos as consequências e os efeitos da morte e ressurreição de Jesus: a manifestação da sua natureza e as consequências soteriológicas e eclesiológicas[137]. Estes efeitos, anunciados também eles «ἐν παροιμίαις» são agora manifestados «ἐν παρρησίᾳ» no corpo «inquebrado» do qual sai «sangue e água». Percorramos primeiro o anúncio, para entendermos a realização.

3.1 *Manifestação da natureza de Jesus*

A causa da condenação à morte, pelos Judeus, é clara: «porque Ele se fez Filho de Deus» (19,7). A expressão «Filho de Deus» não é meramente religiosa, pois isso não causaria a ira dos Judeus, que a si próprios se consideram como tendo a Deus por Pai (8,41). Trata-se da natureza que Jesus invoca para si: «ele dizia ser Deus seu próprio Pai, fazendo-se, a si mesmo, *igual a Deus*» (ἴσον ἑαυτὸν ποιῶν τῷ θεῷ: 8,18).

Perante a pergunta dos Judeus sobre a sua identidade («Quem és tu?»: 8,25) Jesus reenvia a manifestação da sua natureza para o momento da «elevação/exaltação» na cruz: «*Quando* elevardes o Filho do Homem, *então* sabereis que Eu Sou» (8,28). O uso correlativo de «ὅταν» (preposição temporal seguida de conjuntivo, que expressa uma acção eventual no futuro[138] e que responde à pergunta «quando?»[139]) e «τότε» (advérbio temporal: «então/nesse momento») faz-nos perceber a «elevação» como o *momento* da revelação da natureza de Jesus, e da

---

[137] Aliás, estes três aspectos são bem expressos pelo evangelista na finalidade do QE (20,31): «estes [sinais] foram escritos para acreditardes que Jesus é o Cristo, o Filho de Deus e para que, acreditando, tenhais vida em seu nome» (21,31). A primeira finalidade é cristológica (fortalecer a fé na natureza humana e divina de Jesus: ele não só é o *Cristo*, mas o *Filho de Deus*); as outras são uma consequência deste acreditar e expressas pelo uso plural do verbo («vós»: que implica uma dimensão comunitária/eclesial) e na expressão «ter a vida no seu nome» (a dimensão soteriológica). M. LACONI, «La morte di Gesù», 120, chama-lhe «dinamismo della morte di Cristo nella vita del credente».

[138] Cf. BDF, § 382,3.
[139] Cf. BDF, § 455,1.

íntima unidade entre o Pai e o Filho (8,29)[140]. Aliás, o contexto insere a questão na discussão sobre a pré-existência de Jesus (8,56.58); os Judeus insistem na natureza mortal de Abraão e dos profetas, para introduzir a pergunta: «quem pretendes ser?», diálogo que termina com nova afirmação de Jesus «Eu sou» (8,58)[141]. A expressão, usada em absoluto e enquadrando a pergunta dos Judeus (8,24.28), recorda, por um lado, a revelação do nome divino a Moisés (Ex 3,14)[142] e, por outro, remete para a cruz, como momento de revelação da natureza de Jesus e da sua obra soteriológica e escatológica[143]. A expressão, que se

---

[140] Cf. L. CILIA, *La morte di Gesù*, 105-106. J. NIELSEN, «The Lamb of God», 245, vê este anúncio já na utilização do verbo «levantar/exaltar» em 3,14-15, tendo em conta a finalidade anunciada desta «elevação» («ter a vida eterna»): «the uplifting implies a revelation that evokes the true understanding of Jesus [his divine identity], which according to the Fourth Gospel involves eternal life (e.g. 11,25f.; 17,3)».

[141] A afirmação de 8,58 parece depender de Is 43,10, mas sobretudo do *Targ. Is.* 43, que faz referência a Abraão como tendo tido conhecimento das coisas que estavam para suceder (cf. Jo 8,56). A pré-existência é uma afirmação clara da divindade de Jesus, como se percebe pela reacção hostil dos Judeus (8,59). Cf. D. BALL, *«I am» in John's Gospel*, 195-196.

[142] D. BALL, *«I am» in John's Gospel*, 170, seguindo Bultmann, discorda que em 8,24.28 a expressão se refira à divindade de Jesus, porque, de contrário, a reacção seria negativa como em 8,59 e não justificaria a pergunta «quem és tu?» em 8,25. Discordamos, pois é precisamente a afirmação «se não crerdes que Eu Sou» (8,24) que provoca a pergunta dos Judeus e que levará à afirmação de 8,28: cf. M. VELLANICKAL, «I am», 49. O texto dos dois versículos é muito próximo de Is 43,10, que, tal como o nosso texto, relaciona o «saber» e o «crer» com a expressão «Eu Sou»: ἵνα γνῶτε καὶ πιστεύσητε καὶ συνῆτε ὅτι ἐγώ εἰμι. Interessante ainda notar como o texto de Is 43,9-10 diz respeito ao «testemunho», tal como o contexto de Jo 8,24.28 (cf. 8,13-18). A linguagem de Isaías é jurídica e processual (cf. B. CHILDS, *Isaia*, 364) tal como a de João (testemunho, julgamento): em Isaías o povo embora «cego» é convidado a dar testemunho de Deus e da sua natureza; em João, embora perante a «luz», os Judeus não são capazes de distinguir a natureza de Jesus, precisamente porque se recusam a «ver».

[143] Aliás, no AT a fórmula «sabereis que Eu Sou» (ou que «Eu sou Iahweh») afirma o poder divino (Is. 43,11) e anuncia uma intervenção poderosa e salvífica de Deus: cf. Ex 10,2; Ez 6,7.10.13s; Is 43,10; D. MOLLAT, «Evangelho», *in loco*; R. SCHNACKENBURG, *Evangelio*, II, 252-253. Sobre o uso da expressão em João, com o seu *background* vetero e neotestamentário, cf. R. BROWN, *Evangelio*, II, 1657-1665 (Brown recusa a influência pagã na expressão; o *background* joanino é o do Judaísmo palestinense, em que a expressão «Eu sou Iahweh» ou «Eu sou Deus» é muitas vezes substituída pelo absoluto «Eu Sou», que, sobretudo, sublinha a unicidade de Deus: pp. 1661-1663).

refere à sua elevação na cruz e para o Pai, encontra-se acompanhada de outras, que revelam a origem de Jesus: «Eu sou do alto [...] eu não sou deste mundo» (8,23). «En el v. 28 insiste Jesús en que solo cuando regrese al Padre se verá claro que Dios lo había enviado, que Jesús ostenta el nombre divino y que Dios está siempre a su lado (v. 29)»[144]. Ou seja, a sua exaltação e glorificação manifestarão a sua natureza, na medida em que revelarão o seu destino, que coincide com a sua origem: Jesus regressa para donde veio[145].

Assim também, ao afirmar-se com poder sobre a sua vida e a sua morte (10,18; cf. Sb 16,13) e ao classificá-la como uma auto-santificação (17,19), Jesus invoca uma prerrogativa exclusivamente divina.

A sua morte acontece não por «se ter feito Filho de Deus» (19,7) e «se fazer a si mesmo igual a Deus» (8,18), mas porque o *é*. Essa manifestação acontecerá na cruz (8,28), mas numa visibilidade que implica a fé, como se percebe pela imagem da serpente de bronze (3,14-15; cf. 12,21.32).

O «reconhecimento» cristológico terá consequências soteriológicas e esclesiológicas[146].

3.2 *Consequências soteriológica e eclesiológica*

As consequências soteriológica e eclesiológica da morte de Jesus estão intimamente unidas. Em 3,14-15, Jesus anunciara a sua «elevação/exaltação» como uma necessidade (δεῖ) que tem uma finalidade salvífica e universal: «para que *todo o que crer* tenha nele *vida eterna*». Esta consequência salvífica e eclesiológica é expressa, sobretudo, através da preposição «ὑπέρ», mas também de diversas afirmações, imagens e metáforas, que a aprofundam e lhe dão conteúdo.

---

[144] R. BROWN, *Evangelio*, I, 648. Sobre a origem de alguém consideravam-se sempre dois elementos, a parentela (humana) e a geografia que, para o QE não têm importância na medida em que não revelam a verdadeira origem de Jesus, como é claro em 1,45 (filho de José) e 1,46 (de Nazaré: de facto, não é a origem geográfica de Jesus que leva ao seu reconhecimento como Messias, mas a fé). Para um desenvolvimento deste aspecto, cf. A. DESTRO – M. PESCE, «Gesù», especialmente 51-56.

[145] Cf. 3,13; 6,62; 7,33.35; 8,14.21.22; 13,1.3.33.36; 14,2.3.4.5.12.18; 16,5.7. 10.17; 20,17.

[146] Cf. J. NIELSEN, «The Lamb of God», 247.251-252.

3.2.1 Uma vida entregue «ὑπέρ»: o sentido «sacrificial»

Ao longo do QE, a morte de Jesus, ou a referência a ela, é apresentada como um acontecimento marcado pela preposição «ὑπέρ»[147], que lhe confere um significado salvífico. No entanto, conforme se interprete a preposição, assim o sentido salvífico é diferente. Trata-se de uma morte sacrificial? E se sim, qual o seu sentido? Vicário, expiatório, ou outro? Para uma resposta, é necessário fazer a exegese da preposição nos diferentes contextos em que ela aparece relacionada com a morte de Jesus.

No discurso do pão da vida, Jesus afirma: «o pão que eu darei é a minha carne, pela vida do mundo (ὑπὲρ τῆς τοῦ κόσμου ζωῆς)» (6,51). O sentido da preposição não pode ser de substituição (Jesus não dará a sua carne «em vez da vida do mundo») ou de expiação (pois o «pão vivente» [6,51a] destina-se a ser comido), mas de «em favor de»[148]. A morte de Jesus acontecerá «em favor de» consequências salvíficas e vivificantes, para transmitir ao «mundo» a sua própria «vida»[149].

A expressão volta a aparecer, por duas vezes, na «παροιμία» do Bom Pastor. Em 10,11 Jesus afirma-se como o «Bom Pastor, que põe a sua vida em favor (ὑπέρ) das ovelhas»[150]. Uma primeira leitura pode parecer permitir uma interpretação vicária da expressão (perder a vida «em vez» das ovelhas), mas o que está em causa é a qualidade da relação e do amor do pastor pelas ovelhas, em contraposição com os mercenários

---

[147] 6,51; 10,11.15; 11,50.51.52; 15,13; 17,19; 18,14. As outras ocorrências da preposição: 1,30; 11,4; 13,37.38. Para uma extensa apresentação da interpretação da preposição nos diferentes autores, cf. J. DENNIS, *Jesus' Death*, 13-24.

[148] Uma leitura «sacrificial-expiatória» da expressão, como a que faz, p. e., T. KNÖPPLER, *Die theologia crucis*, 202, parece-nos abusiva, pois nada no texto o permite afirmar.

[149] Cf. J. PAINTER, «Sacrifice and Atonement», 300. Este é também o sentido da preposição em 1,30, quando João Baptista afirma que «este é [aquele] *em favor* do qual eu disse...»: trata-se de um testemunho «em favor» de Jesus (quase no sentido antónimo de «contra»). O mesmo sentido encontramos em 11,4: «esta doença não é para a morte, mas *em favor* da glória de Deus», no sentido positivo de permitir que a glória de Deus se manifeste. Em 13,37.38 a preposição poderá ter um sentido «vicário» (Pedro dispõem-se a dar a vida por Jesus, no sentido de «em vez de») mas também pode ter o sentido anterior de «em favor de» (Pedro está disposto a dar a vida não «por» Jesus, mas «em favor de» Jesus, para o poder seguir). De qualquer forma, não se trata aqui da morte de Jesus.

[150] O «pôr a vida (ψυχή) por (ὑπέρ)» não é apenas um «arriscar» a vida como sugere M. WINSTANLEY, «The Shepherd Image», 200, com base em 1Sm 17,34, mas entregá-la verdadeiramente, como se percebe pelo contexto.

e salteadores (10,12-13). A prova deste amor do Pastor é precisamente o facto de «pôr» a vida em favor delas. É esta dimensão relacional que a segunda ocorrência em 10,14-15 releva: o Pastor e as ovelhas conhecem-se mutuamente, assim como o Pai e o Filho se conhecem mutuamente, com tudo o que «conhecer» implica de relação e de amor no QE; é esta relação que permite que, pela sua morte, Jesus as conduza à «vida em abundância» (10,10).

O mesmo é vincado na ocorrência de «ὑπέρ» em 15,13: «maior amor que este ninguém tem: que alguém ponha a sua vida *em favor* dos seus amigos». Quer o que antecede, quer o que sucede, refere-se ao «amor» recíproco do Pai e do Filho (15,9.10), de Jesus pelos seus (15,9.12) e dos discípulos por Jesus (15,9.10) e entre si (que tem como paradigma, precisamente a qualidade do amor de Jesus pelos seus: 15,12-13.17). Trata-se de uma morte que manifesta o amor de Jesus pelos seus e que é paradigma de vida para os seus seguidores e, por isso, é apresentada como mandamento: «amai-vos uns aos outros *como* eu vos amei» (15,12) explicado logo de seguida (15,15) como um amor que vai até ao extremo (cf. o início da secção em 13,1)[151]. É este amor pelos seus que conduz Jesus à morte e é nela que se manifesta e revela de forma plena quer o amor de Jesus, quer o amor do Pai (cf. 3,16). É este amor, feito epifania na morte de Jesus, que dá unidade e consistência à unidade do Pai e do Filho com os discípulos e dos discípulos entre si.

Em 11,50-52 a preposição ocorre três vezes. A primeira aparece na boca de Caifás: «é melhor para vós que morra um só homem pelo povo (ἀποθάνῃ ὑπὲρ τοῦ λαοῦ) e não pereça a nação toda» (11,49), frase que será recordada pelo narrador no início do processo da Paixão (18,14). Aqui, ao contrário das ocorrências anteriores, a preposição parece, de facto, ter um sentido vicário: Jesus deve morrer para que os romanos não punam todo o povo, ou seja, deve morrer *em lugar de* o povo[152]. Mesmo considerando que a expressão faz parte do texto original[153], o

---

[151] H. THYEN, «Niemand hat größere Liebe als die», defende que 15,13 é a chave de leitura quer para a morte, quer para a missão de Jesus, quer ainda para a própria cristologia joanina (cf. especialmente p. 476).

[152] Cf. R. BROWN, *Evangelio*, I, 765; T. KNÖPPLER, *Die theologia crucis*, 201-216 (sobre 10,11-15 e 11,50); H. NIELSEN, «John's Understanding», 247. De opinião contrária é J. BEUTLER, «Die Heilsbedeutung», 190-191, que se opõe à concepção vicária.

[153] A expressão é omitida por alguns Padres latinos (Agostinho, Crisóstomo, Teodoreto) e por vários manuscritos etíopes. Por isso, e tendo em consideração a crítica interna, R. BROWN, *Evangelio*, I, 247, considera a expressão como uma glosa. Cf.

seu verdadeiro sentido só é perceptível pela interpretação que o evangelista faz dela nos versículos seguintes, pois a afirmação de Caifás, por si só, não nos diz como é que a morte de Jesus beneficia o povo[154]. De facto, embora reconheça as palavras de Caifás como uma «profecia», o evangelista redimensiona-as e dá-lhes um novo sentido: Jesus morrerá «*em favor da* nação – e *não só em favor da* nação, mas também para congregar na unidade todos os filhos de Deus dispersos» (11,51-52)[155]. Muda, portanto, o sentido vicário que a preposição tinha na boca de Caifás em finalidade salvífica e eclesiológica: a morte de Jesus será *em favor* desta finalidade («congregar na unidade», o que está plenamente de acordo com o sentido da preposição em 10,16; cf. 12,20-24)[156]. Uma interpretação expiatória ou vicária não teria qualquer sentido[157]. Ao redimensionar a «profecia» de Caifás, o evangelista mostra, uma vez mais, como Deus ultrapassa, em muito, o plano dos Judeus[158].

Por último, encontramos o mesmo sentido da preposição na boca de Jesus em 17,19: «e, *em favor* deles, a mim mesmo me santifico, para que sejam santificados na verdade». A expressão refere-se à morte de Jesus (cf. II,2.6.1). Aqui, de facto, a combinação deste vocabulário dá à preposição um sentido sacrificial-soteriológico, não necessariamente expiatório. O sentido sacrificial deve ser entendido à luz da teologia joanina da cruz. Koester, com razão, defende que a morte de Jesus não pode ser vicária, porque a noção de sacrifício vicário gira à volta de dois pólos: «justiça e misericórdia» ou «lei e graça». O princípio do sacrifício vicário depende da concepção de que, quando a pessoa infringe a lei, a justiça reclama a sua punição e, se o pecado for grave, isso implicaria a renúncia à própria vida. O sacrifício vicário consiste em, com base na misericórdia de Deus, oferecer um animal em substituição da vida pessoal. Assim, segundo esta concepção, Deus, porque é

J. FORESTELL, *The Word of the Cross*, 82 com notas 97-98.

[154] Cf. J. FORESTELL, *The Word of the Cross*, 82.

[155] Enquanto o Sumo-Sacerdote pensa em Israel, o evangelista fala de um novo povo, formado por Judeus e os da gentilidade.

[156] Por isso, não podemos ler o mesmo sentido nas 3 ocorrências da preposição, como faz, p. e., J. van der WATT, «Salvation», 117.

[157] Por isso não concordamos com a opinião de R. SCHNACKENBURG, *Evangelio*, III, 233, que vê em 11,50-52 e 18,14 um sentido vicário («en su lugar»), tal como B. MARCONCINI, «Il significato», 209, entre outros.

[158] Por isso, T. KNÖPPLER, *Die theologia crucis*, 206, interpreta a forma verbal «ἔμελλεν» antes de «ἀποθνῄσκειν ὑπὲρ τοῦ ἔθνους» como «das göttliche Muss». Cf. H. NIELSEN, «John's Understanding», 247.

justo, espera o sacrifício, mas, porque é misericordioso, oferece o seu próprio Filho, Jesus, em substituição. Ora, como sublinha Koester, o QE não relata a morte de Jesus como uma satisfação da justiça divina, mas «to the need of human faith». Por isso, «when the love of God, revealed through the death of Jesus, overcomes the sin of unbelief by evoking faith it delivers people from the judgment of God by bringing them into true relationship with God»[159]. O sentido soteriológico está unido ao eclesiológico: «the soteriological perspective finds expression in Jesus sanctifying himself so that his disciples can be sanctified in fellowship with him»[160]. Esta perspectiva é sublinhada pelo versículo que segue: «não rogo somente por eles, mas pelos que, por meio da sua palavra, crerão em mim, a fim que todos sejam um» (17,20). O que se sublinha é a unidade no amor que a «santificação» (morte) de Jesus significará (cf. 17,21-26). Este é o sentido da purificação, de que fala Jesus no lava-pés: «ter parte comigo» (μετ' ἐμοῦ: 13,8; 17,24), expressão que introduz o tema da «purificação» no contexto da relação pessoal com Jesus e, através dele, com Deus.

Em conclusão: a preposição é usada numa perspectiva soteriológica e eclesiológica, com uma *nuance* sacrificial, não expiatória ou vicária[161], mas num sentido relacional, pelo amor e unidade com Deus. O amor revelado na morte de Jesus será fonte de unidade e de vida para os discípulos (15,9-17), unificando em «um só rebanho e um só pastor» as ovelhas que já são suas e as que lhe hão-de pertencer (10,16), reunindo, debaixo da cruz, «os filhos de Deus dispersos» (11,50-52), que através da palavra dos discípulos crerão em Jesus, «a fim que todos sejam um» (17,20). Detenhamo-nos um pouco nesta «unidade».

3.2.2 A unidade como fruto da atracção de todos

A atitude do Bom Pastor, que «põe a sua vida» (10,11.15), não só produz a consequência inversa à da atitude do mercenário (ἀγαγεῖν/

---

[159] C. KOESTER, «The Death of Jesus», 147.

[160] H. NIELSEN, «John's Understanding», 247 nota 57.

[161] Ao contrário de U. von WAHLDE, «The Interpretation of the Death», que vê a presença das duas concepções nos escritos joaninos, embora reconheça que a visão expiatória é mais evidente na 1Jo. De facto, em 1Jo, aparecem expressões como «αὐτὸς ἱλασμός ἐστιν περὶ τῶν ἁμαρτιῶν ἡμῶν» (1Jo 2,2) e «ἀπέστειλεν τὸν υἱὸν αὐτοῦ ἱλασμὸν περὶ τῶν ἁμαρτιῶν ἡμῶν» (4,10), mas a relação entre as duas obras (QE e 1Jo) não é suficiente para estabelecermos um sentido expiatório no QE, pois o contexto vital é diferente, o que leva a sublinhados também diferentes: cf. IV,5.2.

σκορπίζω: 10,12), como inclui as «as outras ovelhas que não são deste pátio» (10,16). O facto que identifique as «outras ovelhas» em «contraposição» às «τῆς αὐλῆς ταύτης», permite-nos, por um lado, perceber «pátio» como uma referência ao povo judaico e às suas instituições e, por outro, entender as «outras» como uma referência aos cristãos vindos da gentilidade, que, por isso, estão fora da alçada do Templo e da Lei[162], em relação às quais a sua missão é a mesma: conduzir (ἀγαγεῖν: 10,16; cf. 10,4.9), sublinhado como fazendo parte da missão que Deus lhe deu (δεῖ: «é necessário»)[163].

Jesus alarga as expectativas messiânicas, na medida em que lhe dá uma dimensão universal[164]. O resultado será «um só rebanho», conduzido por «um só pastor» (μία ποίμνη, εἷς ποιμήν)[165]. A garantia da unidade e o seu fundamento é o «εἷς ποιμήν» («um só Pastor»). De facto, «The dual orientation of the formulation μία ποίμνη, εἷς ποιμήν is both ecclesiological and christological and details these two aspects of the usage of the oneness motif»[166]. Aquele que é o único Pastor, forma o único rebanho. A unidade é um dom dado pela morte de Jesus (futuro: γενήσονται)[167], como sublinha a exegese da profecia do Sumo-Sacerdote feita pelo evangelista em 11,51-52.

---

[162] Cf. R. SCHNACKENBURG, *Evangelio*, II, 373.

[163] Cf. R. FABRIS, *Giovanni*, 581.

[164] Esta ideia de um só povo reunido e conduzido por Deus é de tradição bíblica (Mq 5,3-5; Jr 3,15; 23,4-6; Ez 34,23-24; cf. Is 11,10; 49,6; 60,1) e da literatura judaica (cf., p. e., *CD* 13,7-9; 2Bar 77,13-17). No AT, à dispersão, de que falam os profetas, corresponde a acção de Deus, por si ou pelo seu Messias, de «agregar, reunir»: Jr 32,37ss; Ez 34,13; 37,12.21, onde surgem verbos do mesmo campo semântico. Esta dimensão universal da salvação actuada em e por Cristo é acentuada no QE: ele é o «Salvador do mundo» (cf. 3,16ss; 4,42; 12,47). Cf. M. RODRÍGUEZ RUIZ, «El discurso», 35; S. PANIMOLLE, «Il buon pastore», 220.

[165] A expressão «μία ποίμνη» é *hapax* no NT, mas coincide, no pensamento, com Ef 2,15-16. As ovelhas e o pastor «have stayed together in a loving fellowship. The idea here must be that this fellowship has its condition Jesus' death, the soteriological importance of which is also in this way made plain»: H. NIELSEN, «John's Understanding», 245.

[166] M. APPOLD, *The Oneness Motif*, 262. Sobre a «unidade» no QE, ver também D. MARZOTTO, «L'unità della famiglia», 45-61, que resume a obra ID., *L'unità degli uomini*.

[167] Cf. 3,14.15; 11,51.52; 12,20.24.25.33; Cf. G. SÁNCHEZ MIELGO, «El Buen Pastor», 34-35; K. BAILEY, «The Shepherd Poems»; M. WINSTANLEY, «The Shepherd Image», 201, 13.

Neste episódio (11,47-53), o evangelista sublinha o contraste entre a finalidade da «reunião» do Sinédrio (συνήγαγον: 11,47), para decidir a morte de Jesus, e os efeitos que essa morte terá: «reunir na unidade/em um os filhos de Deus dispersos» (συναγάγη εἰς ἕν: 11,52). Jesus morrerá não só pelos Judeus, mas também pelos filhos de Deus dispersos, de forma a «reuni-los em um» (11,51-52). Este «reunir em um» (εἰς ἕν)[168] é algo que deriva da relação ontológica entre o Pai e o Filho (10,30; 17,21-23)[169]. Pela morte de Jesus (17,19), todos os que acreditam nele (e acreditarão: 17,20) serão agregados pela «atracção» da sua «elevação/exaltação» (12,32) participando na relação de amor do Pai e do Filho: «eu em ti e tu em mim, para que sejam perfeitamente um» (τετελειωμένοι εἰς ἕν: 17,23)[170]. O verbo «τελειόω» usado em 17,23, é o mesmo que tinha sido utilizado em 17,4, para se referir à consumação/perfeição com que Jesus realiza a obra do Pai sobre a terra e pela qual o glorifica, pelo que podemos inferir que esta «obra» é não só a revelação, como a unidade de todos em e por Jesus e que encontra a sua epifania no grito de Jesus na cruz (τετέλεσται: 19,30), ou seja, quando todos são «consumados na unidade» (τετελειωμένοι εἰς ἕν: 17,23). Trata-se da construção da nova comunidade messiânica, a Igreja[171].

Esta ideia é apresentada também pela imagem do fruto do grão de trigo em 12,24[172], entendida à luz do contexto dos gregos que procuram «ver» Jesus (12,21). Jesus enquadra este desejo no contexto do fruto que a sua morte produzirá: a possibilidade de também os do mundo fora de Israel poderem chegar a Jesus[173]. Isto é claro na continuidade do dis-

---

[168] Para a discussão sobre a expressão, cf. L. CILIA, *La morte di Gesù*, 74-91.

[169] «It is this oneness between Father and Son which is the basis for authentic oneness among the believers»: M. APPOLD, *The Oneness Motif*, 274.

[170] «Mientras que en el mundo helénico, la unidad es impersonal y ahistórica, en Juan es personal e histórica. No se trata de una uniformidad, sino de un dinamismo divino que se realiza en el modelo de la inmanencia de amor entre el Padre y el Hijo»: M. LÓPEZ BARRIO, «Juan 17», 59.

[171] Cf. I. de la POTTERIE, *La passione di Gesù*, 22-24. J. van der WATT, *Family of the King*, 438, afirma que a eclesiologia «is defined in terms of the social gathering of the people of God» (que o autor define, ao longo do seu livro, como uma relação familiar). Cf. V,3.2.1.

[172] Sobre a discussão sobre a natureza desta imagem e da passagem, cf. H. NIELSEN, «John's Understanding», 239 com os artigos referidos nas notas 26 e 27.

[173] O evangelista não se refere apenas aos Judeus da diáspora, pois «if John had intended only to include Greek-speaking Jews, the word Ἑλληνισταί would have been

CAP. II: DA VONTADE DOS JUDEUS À REVELAÇÃO DE DEUS   121

curso: «quando eu for elevado da terra, atrairei todos a mim» (12,32). O acento do episódio é colocado muito mais na abundância da vida eterna e da salvação (consequência) do que na crucifixão em si (morte)[174]. Esta salvação manifesta-se na congregação de «todos» em Jesus[175].

O verbo «ἕλκω» (atrair), com que se descreve a consequência da morte de Jesus em 12,32, é usado 5x pelo QE[176]. Em 6,44 aparece no seguimento da afirmação de Jesus (e da consequente murmuração dos Judeus) «Eu desci do Céu» (6,42) e no contexto da vida divina que veio oferecer, apresentando a «atracção» como uma acção do Pai através da fé em Jesus (6,40). Trata-se de uma «atracção» que subtrai o homem ao poder da morte e que implica a ressureição (6,44). O Jesus que «desceu do Céu» e que na cruz «é elevado», «atrai todos», elevando-os com ele (por isso, já «não são do mundo»: 17,14.16) e fazendo-os participar da sua própria vida (a «vida eterna»: 6,40.47). A ligação entre o «atrair» e a unidade dos «todos» é sublinhada de novo pela ocorrência do verbo em 21,6.11 referido à rede «atraída/puxada», que, apesar de tanto peixe (153), «não é rompida» (οὐκ ἐσχίσθη: 21,11)[177]. A «unidade» da rede é símbolo do «único rebanho» (10,16)[178], resultado da reunião dos «filhos de Deus dispersos» (11,52), como obra do Bom Pastor que «põe a sua vida». Por outras palavras, trata-se da Igreja[179], una e indivisível, e da sua missão de retirar os peixes do mar, símbolo das forças demoníacas[180] (que no QE corresponde à incredulidade) e

---

more appropriate. A universalistic sense of the Ἕλληνες in 12,20 is also underlined by Christ's "drawing all to himself" in v. 32»: J. BEUTLER, «Greeks Come», 343.

[174] Cf. M. RODRIGUEZ RUIZ, *Der Missionsgedanke*, 145; M. LEE, *«Signore, Vogliamo Vedere Gesù»*, 105.

[175] Cf. D. MARZOTTO, *L'unità degli uomini*, 143, que apresenta um paralelismo entre 12,32 e 12,24.

[176] 6,44; 12,32; 18,10; 21,6; 21,11. No resto do NT apenas 3x (nenhuma nos Sinópticos).

[177] Segundo Lc 5,11 a rede rompe-se. Sobre este particular, cf. F. BRAUN, «Quatre signes johanniques», 153-155.

[178] É importante repararmos como o tema do «não romper» está ligado ao tema do «apascentar» (21,15-17).

[179] Esta é a opinião de R. SCHNACKENBURG, *Evangelio*, III, 442, que vê a Igreja como o resultado do «fruto» da obra de Jesus (12,24.32). Assim também D. MARZOTTO, *L'unità degli uomini*, 216 nota 7, que vê na indicação da grande quantidade de peixes (πλῆθος) uma referência ao «dará muito fruto» de 12,24.

[180] Sobre este sentido do mar, cf. R. KRATZ, «θάλασσα», 1811-1812. Para um estudo do mar como lugar do caos e do lugar do «dragão», quer na mitologia do Médio

cuja unidade é garantida por Deus e por Jesus (passivo teológico: οὐκ ἐσχίσθη). «Atrair» tem, pois, força salvífica e está intimamente relacionado com a «unidade» («não perdendo nenhum»: 6,39; «atraindo todos»: 12,32; numa unidade que «não se rompe»: 21,11)[181].

Interessante ainda reparar como o sujeito do verbo é: *Deus* quando se refere ao Jesus terreno (6,44), *Jesus* quando se refere à sua morte e ressurreição (12,32) e *Pedro* (no conjunto dos discípulos)[182] obedecendo à palavra do Senhor Ressuscitado (21,11; cf. 21,6; por si só, os discípulos nada podem: 15,5). Há pois uma continuidade na acção, mas sobretudo uma unidade Pai/Filho/discípulos: a «atracção» de «todos», é um dom do Pai, manifestado como salvação na e através da morte de Jesus e actuado na acção da Igreja, fiel a Jesus e guiada pela sua palavra. Aliás, em todas as passagens referidas, o objectivo da «atracção» é a pessoa de Jesus: em 6,44 é o Pai o sujeito, mas o objectivo é Jesus («ninguém pode vir a mim»); em 21,11 a rede é «atraída» para terra, onde se encontra Jesus[183].

A «unidade» é uma consequência da salvação, que o homem por si só não alcança, a não ser sendo «puxado/atraído» por e a Jesus[184] como efeito da cruz[185], que continua a sua acção de «reunir» através do ministério da Igreja[186].

Oriente Antigo, quer no AT e NT, cf. J. DAY, «Dragon and Sea». Por isso, Ap 21,1 apresenta a nova ordem, depois do mal ter sido vencido, como o lugar onde já «não há mar», ou seja, onde Deus venceu todas as forças do mal e onde, consequentemente, reina a sua autoridade e a harmonia: cf. E. FOLLIS, «Sea», 1059.

[181] Para uma leitura eclesial da primeira parte de Jo 21, cf. R. CULPEPPER, «Designs for the Church in John 21,1-14».

[182] Embora os outros discípulos colaborem, é Pedro a tomar a iniciativa e a dirigir as manobras: cf. F. BRAUN, «Quatre signes johanniques», 154.

[183] Cf. D. MARZOTTO, *L'unità degli uomini*, 218.

[184] A iniciativa da salvação é de Deus, como é sublinhado em 6,44: «ninguém pode vir a mim se o Pai, que me enviou, não o atrair». O «ir a Jesus» é uma consequência e uma resposta livre do homem à acção primeira do Pai. «Ir a Jesus» ocorre em 5,40; 6,44.45.65; 7,37 e aparece como uma resposta à escuta do ensinamento do Pai (6,45) ou seja a fé (6,65), que tem como consequência receber o Espírito (7,37-39). Cf. M. RODRIGUEZ RUIZ, *Der Missionsgedanka*, 145.

[185] A expressão «οὐκ ἐσχίσθη» parece retomar a cena da cruz (a outra única ocorrência do verbo no QE), quando os soldados resolvem «não romper» a túnica de Jesus (19,23-24) que simboliza a «capacità unitiva della morte di Cristo»: D. MARZOTTO, *L'unità degli uomini*, 216. Cf. II,4.2.

[186] R. BROWN, *La morte del Messia*, 1433, vê, nas figuras de José de Arimateia e de Nicodemos (19,38ss) os primeiros frutos desta atracção. Cf. C. KOESTER, «The

CAP. II: DA VONTADE DOS JUDEUS À REVELAÇÃO DE DEUS 123

O verbo, utilizado em Jr 38,3 (LXX: εἵλκυσά σε), refere-se à iniciativa de Deus que restaura a casa de Israel e, como um pastor que reúne e guarda o seu rebanho (Jr 38,9-10: LXX), faz regressar os dispersos, pelo seu amor que «atrai tudo a si», restaurando a Aliança (cf. Jr 38,1: LXX)[187]. Ora, no QE, é Jesus, o Bom Pastor, que «atrai» pela oferta da sua vida (ψυχή) para que as suas ovelhas não só se tornem «um só rebanho» (10,16) como tenham vida (ζωή: 10,10.11.15.17).

3.2.3 Uma nova vida para os crentes: a vida eterna (ζωὴ αἰώνιος) como comunhão com o Filho e com o Pai

O QE distingue entre «ψυχή» e «ζωή». A «ψυχή» designa a vida física, enquanto conceito concreto que fala do homem como ser vivo e consciente (de tal forma que, por vezes, equivale ao pronome reflexo)[188]. Jesus entrega a sua «ψυχή» (10,11.15.17; 15,13) para que o homem tenha acesso a um outro tipo de existência: a vida de Deus, a vida eterna (ζωή)[189]. A elevação do Filho do Homem, que é dádiva do Pai ao mundo (ἔδωκεν: 3,14) acontece «para que (ἵνα) todo o que nele acredita tenha nele a vida eterna (ζωὴ αἰώνιος)» (3,14-15). A causa: o amor de Deus pelo mundo (3,16)[190]. Mas, em que consiste esta «vida eterna»?

a) *A «vida eterna»: a vida de Deus*

A «vida» (ζωή) ou a «vida eterna» (ζωὴ αἰώνιος) — o QE não faz distinção[191] — é a «vida» própria de Deus[192]. Apenas o Pai «tem a vida

---

Death of Jesus», 157 nota 30.

[187] Mais uma vez a morte de Jesus e os seus efeitos são enquadrados pelo tema da Aliança: «serei Deus para a raça de Israel e eles serão para Mim um povo» (Jr 38,1: LXX; cf. 39,29-41; Ez 11,20).

[188] Cf. J. MATEOS – J. BARRETO, *Vocabulario Teologico*, 298-297.

[189] Cf. C. DODD, *Interpretation*, 144.

[190] Sobre o sentido salvífico da «exaltação», cf. II,2.3.1. Cf. J. BLANK, *Krisis*, 80-85; T. KNÖPPLER, *Die theologia crucis*, 154-160; H. NIELSEN, «John's Understanding», 249-250. Em Jo 3, de forma particular, o evangelista revela o conceito de «vida eterna», como o seu conceito soteriológico preferido: cf. J. van der WATT, *Family of the King*, 377.

[191] Cf. 1,4bis; 3,15.16.36bis; 4,14.36; 5,24bis.26bis.29.39.40; 6,27.33.35.40.47.48. 51.53. 54.63.68; 8,23; 10,10.28; 11,25; 12,25.50; 14,6; 17,2.3; 20,31.

[192] O adjectivo «eterno» define a qualidade desta vida, mais que a duração: cf. M. LÓPEZ BARRIO, «Juan 17», 55. Ela corresponde «to that wich God possesses»: J. van der WATT, *Family of the King*, 202. Como diz M. VELLANICKAL, *The Divine*

em si mesmo» (ἔχει ζωὴν ἐν ἑαυτῷ: 5,26) e «deu ao Filho ter vida em si mesmo» (τῷ υἱῷ ἔδωκεν ζωὴν ἔχειν ἐν ἑαυτῷ: 5,26). Ter a vida «em si mesmo» (ou por si mesmo)[193] é algo que caracteriza ontologicamente quer o Pai, quer Jesus («Eu sou...»: 14,16; 11,25; cf. 1,4). Por isso, o Pai é chamado «o Vivente» (ὁ ζῶν: 6,27) e Jesus o «Pão Vivente» (ὁ ἄρτος ὁ ζῶν: 6,35; cf. 6,48). Portanto, tudo o que Pai e o Filho realizam está impregnado desta «vida»: as palavras de Jesus (6,63.68) e o mandamento do Pai (12,25). Os Judeus procuram esta «vida» nas Escrituras, pensando que ela vem através do ritualismo (5,24), recusando-se a «ir» a Jesus, o único que «tendo vida» e sendo «a Palavra» que «é vida» (1,1.4) pode «dar vida»[194]. Esta é a finalidade da sua encarnação (10,10), que corresponde à vontade do Pai («que todo o que vê o Filho e acredita tenha nele a vida eterna»: 6,40).

b) *A «vida» no homem: um dom de Deus e uma opção humana*

A recepção desta «vida» acontece pela fé em Jesus (3,15.16.36; cf. 6,47), que o mesmo é dizer, acreditando na sua palavra (5,24) e naquele que o enviou (o Pai: 5,24). E que vida é esta? O próprio Jesus a define na última ocorrência da palavra na sua boca: «A vida eterna é esta: que eles te conheçam, o único Deus verdadeiro, e o que enviaste, Jesus Cristo» (17,3). A condição para a participação nesta vida é, pois, «conhecer», a que se chega pela fé: «the disciple attains this knowledge by recognizing the divine origin of Jesus, his words and his Works (17,7-8)»[195].

Se «ter a vida em si mesmo» é apenas prerrogativa do Pai e do Filho, ao revelar-se, Jesus cria uma relação entre ele e os seus discípulos, que gera uma comunidade de vida (10,14;15,15) igual à comunidade de vida que existe entre Jesus e o Pai (10,15). Com isto, Jesus introduz o crente na comunhão com o Pai e com o Filho, fazendo-o participar da «vida» divina, que se caracteriza pelo amor recíproco:

Sonship, 210-211, a vida eterna é uma analogia com a vida terrena, de forma a ser compreensível, mas muito diferente desta, por causa da sua natureza divina.

[193] É possível ver na preposição um significado instrumental com sentido de agente (cf. BDF, § 220,1) no sentido que o Pai não recebe a vida de ninguém, mas de si próprio e o mesmo concedeu ao Filho.

[194] «δίδωμι ζωήν»: 6,27.33.51; 10,28; 17,2; «ζάω»: 4,10.11.50.51.53; 5,25; 6,51.57.58; 7,38; 11,25.26; 14,19bis; «ζωοποιέω»: 5,21 (através do Espírito: 6,23).

[195] J. FORESTELL, *The Word of the Cross*, 119. Cf. D. IHENACHO, *The Community*, 191-194.

«como o Pai me amou, assim eu vos amei; permanecei no meu amor» (15,9; cf. 14,19-20)[196].

O homem, que, por si mesmo, não pode chegar à vida (6,23) é tornado participante da própria natureza de Jesus (que *é* vida: 11,25) que, por isso, o faz viver (14,19) e «ter *em si mesmo* a vida» de Deus (6,53). E isto acontece pelo «ver» e «acreditar» no Filho do Homem «elevado» (3,15ss; cf. 6,40). Só «comendo a carne e bebendo o sangue de Jesus» (imagem que implica uma comunhão profunda, quase fusão, entre o que come e o que se dá) o homem pode ter a vida «em si mesmo» (6,53-54.57-58).

Esta vida consiste, portanto, na participação do homem na vida divina (6,53)[197], que «is not partial or provisional, life that is not interrupted by physical death»[198]. Esta vida torna-se veículo de relação com a realidade divina e nisto consiste a salvação[199].

Assim, se, por um lado, a «vida» é dom de Deus oferecida pela morte Jesus, por outro, implica a fé, ou seja, a resposta livre do homem: «La acción de Jesús por tanto, en sí objetivamente eficaz, se ofrece como don. No se impone a la fuerza. El elemento "subjetivo" de acogida creyente es indispensable para el fruto de salvación. Ambos polos son necesarios para la redención humana»[200]. Mas, se o homem se recusar a acreditar, não poderá participar desta vida, ser salvo?

c) *Jesus levantado: a «hora» da vida e do julgamento*

Em 12,31-32, como consequência da «elevação» de Jesus, opõem-se dois movimentos: a «expulsão» do príncipe deste mundo e a «atracção

---

[196] «In the Fourth Gospel "life" is often synonymous with "eternal life", since authentic life comes through knowing the eternal God (17,3). Life is a relationship that begins in faith and continues beyond death into everlasting life through resurrection Jesus reveals the divine love that draws people into the relationship with God that is true life»: C. KOESTER, «Jesus as the Way», 132. Como afirma M. COLOE, *Dwelling*, 199: «the Johannine story of salvation is in essence a love story». Cf. J. FORESTELL, *The Word of the Cross*, 119-122; M. LÓPEZ BARRIO, «Juan 17», 55.

[197] Cf. D. IHENACHO, *The Community*, 189.

[198] T. O'DONNELL, «Complementary Eschatologies», 764; cf. J. van der WATT, «The use of ΑΙΩΝΙΟΣ».

[199] Cf. J. van der WATT, *Family of the King*, 203. «faith *is* not salvation. It is the means of attaining salvation. It opens the person up towards Jesus, the source of salvation, the Giver of eternal life»: ID., «Salvation», 122.

[200] J. LÓPEZ, «Todo el que», 72; cf. I. de la POTTERIE, *La Vérité*, I, 111.

de todos» a Jesus[201]. Ambos dependem da atitude do homem perante Jesus. Enquanto a «atracção» implica a aceitação e a participação nesta vida divina, o julgamento destina-se aos que a recusam, ao recusar Jesus. Estes continuam sob o poder do Maligno; aqueles entram num novo dinamismo, o do Reino (reinado) de Deus[202].

+ A «hora» da vida

Em 3,15 Jesus anuncia que a participação nesta «vida» é uma consequência da «elevação/exaltação do Filho do Homem», ou seja, é fruto da sua morte e ressurreição. A dimensão futura é reforçada no discurso do Pão da Vida (6,51: «o pão que eu darei [δώσω: dom futuro] é a minha carne, pela [ὑπέρ] vida do mundo»)[203] e anunciada como algo que acontece na «hora» e na «glorificação»: «Pai, chegou a hora: glorifica o teu Filho, para que o teu Filho te glorifique, já[204] que lhe deste poder sobre toda a carne, para que ele dê a vida a todos os que lhe deste» (17,1-2). Este efeito da morte de Jesus quebra os limites do espaço e do tempo, abrangendo quer os que estão no sepulcro (5,28-29, ligado à «hora»), quer os que, no futuro, acreditarão nele (10,10.16). A participação na «vida», através da fé, é também a finalidade do Evangelho (20,31).

Mas, o homem pode recusar.

+ A «hora» do julgamento

Jesus veio para a salvação do «mundo» (3,17; 12,47) porque o mundo está dominado pelas forças do mal, pelo «príncipe deste mundo» (12,31; 14,30; 16,11) que será expulso pela sua morte (14,30)[205]. O

---

[201] Cf. A. HAMMES, *Der Ruf ins Leben*, 281.
[202] Cf. R. CULPEPPER, «The Theology», 25.
[203] A linguagem sobre a «vida» é particularmente importante neste discurso (um terço das ocorrências de «ζωή»). Ver o que dissemos sobre o uso de «ὑπέρ» referido à dimensão salvífica da morte de Jesus em II,3.2.1.
[204] A frase causal, começada por «καθώς», encontra a sua explicação em «ἵνα»: pela glorificação Jesus recebe poder sobre todos os homens («toda a carne») e glorifica o Pai, dando a vida eterna a todos aqueles que o Pai lhe deu, ou seja, aos que acreditam nele e no Pai, que o enviou (5,24): cf. R. SCHNACKENBURG, *Evangelio*, III, 214.
[205] O verbo «ἐκβάλλω» é utilizado nos Sinópticos para referir a expulsão dos espíritos demoníacos (cf., p. e., Mc 1,34.39.43); o QE não narra nem refere qualquer

mundo, no QE, tem um tríplice significado[206], mas o «mundo» que será julgado é o da incredulidade. De facto, as forças do mal são representadas na figura do «príncipe deste mundo», ou Satanás (13,27) ou diabo (6,70; 8,44; 13,2) sempre referida num contexto de incredulidade perante a pessoa e a mensagem de Jesus: os Judeus têm por pai o diabo, porque não acreditam em Jesus (8,44) e Judas é a personificação do mal (εἷς διάβολός ἐστιν: 6,70) porque se deixa dominar e possuir por Satanás (13,2.27: «entrou nele»), por causa da sua recusa em receber Jesus e Aquele que o enviou (13,20)[207]. Não acreditar no Filho implica auto-exclui-se da participação na vida divina (3,36) e estar sujeito ao julgamento (5,20-27).

Assim, a acção vivificadora de Jesus está intrinsecamente ligada à sua acção como juiz. Os que acreditam não são julgados porque já «passaram da morte à vida» (5,24). O julgamento é exclusivamente para os que se recusam a acreditar, ou seja, se «recusam ir a Jesus para ter a vida» (5,40)[208]. Por isso, quem não crê «já está julgado, porque se recusou a crer no Nome do Filho único de Deus» (3,18-19)[209]. De facto, embora afirme que o Pai lhe entregou todo o poder de julgar (κρίσις: 5,22.27), na sua vida pública Jesus nunca pronuncia um juízo, mas um «discernimento» (κρίμα: 9,39), que, no fundo, é uma opção entre o começar a ver ou o permanecer cego. Quem se recusa a acreditar mantém-se e morre no pecado (8,21.24) e, por isso, «a ira de Deus permanece sobre ele» (3,36). Trata-se de um auto-juízo (cf. 8,12-18).

---

exorcismo e remete a «expulsão» do mal para a Paixão de Jesus. Cf. E. PLUMER, «The Absence of Exorcisms», 288-294.

[206] a) indica a criação de Deus (1,9; 11,9; 17,5.24; 21,25); b) o mundo amado por Deus (1,29; 3,16; 4,42; 6,51; 8,12; 9,5; 10,36); c) o mundo submetido ao poder do mal (1,10; 7,7; 14,17.22.27.30; 15,18.19; 16,8.20.33; 17,6.9.14-16), mas vencido por Jesus (12,31; 14,30) cuja acção continua na acção do Paráclito (16,11.33), o que corresponde ao juízo do mundo (16,8.11). Trata-se de algo já realizado na cruz de Jesus, mas que continuará ao longo da história, terminando na vitória em plenitude: cf. S. CIPRIANI, «Il giudizio», 178; M. LEE, «*Signore, Vogliamo Vedere Gesù*», 112 com notas 214.215.

[207] Jesus perturba-se depois destas palavras por causa do que anuncia a seguir (a traição de Judas: 13,21), o que nos permite interpretar a traição de Judas à luz de 13,20.

[208] Sobre o pecado, cf. II,2.3.1.

[209] Cf. J. FREY, *Die johanneische Eschatologie*, III, 290-292; J. LÓPEZ, «Todo el que», 79. Para um desenvolvimento da concepção joanina da morte de Jesus como um julgamento, cf. A. LINCOLN, *Truth on Trial*, 191.197-198.202-203.209-216.

É, sobretudo, perante a dificuldade da cruz que o homem é convidado a manifestar a sua confiança e a sua fé (6,62). Só «vendo», na fé, o Filho «elevado», o homem poderá receber a vida, para que «não pereça/se destrua, mas tenha a vida eterna» (3,15-16)[210]. Por isso, «ver» o corpo de Jesus elevado é momento da «vida» ou do «julgamento»[211].

d) *«Entrar no Reino»: participar na vida divina*

A morte de Jesus manifesta a vitória do Rei (tema predominante na Paixão)[212] sobre o Príncipe deste mundo (12,31). Trata-se de uma «luta» pelo senhorio sobre o homem[213], para o transportar à vida de Deus. Por isso, «ver» e «entrar no Reino de Deus» (3,3-4) equivale a «ver» (3,36) e «ter» «a vida eterna» (3,15-16) porque implica um «novo nascimento», em que a vida física (carnal) é plenificada pela «vida» divina (do Espírito) (3,6)[214]. Entrar no Reino é entrar na «vida», no senhorio absoluto de Deus, que se manifesta no momento mais dramático da vida de Jesus, a sua «exaltação» (3,14). Como afirma López,

---

[210] A forma média «μὴ ἀπόληται» (3,16) sublinha o perdição como algo que o sujeito inflige a si mesmo, como consequência da opção da incredulidade.

[211] Cf. W. SALIER, *The Rhetorical Impact*, 157. Ao contrário da tradição cristã primitiva (e da judaica), que remete o juízo final para o fim da história (p. e., Mt 25,31-46), João apresenta este julgamento do mundo «nel corso della vita di Gesù e in particolare alla croce, ma ha inizio fin dal principio della vita di Cristo»: I. de la POTTERIE, *La passione di Gesù*, 19.

[212] Sobre este particular, cf. J. LÓPEZ, «Todo el que». Das 16 ocorrências de «βασιλεύς» no QE, 11 acontecem no relato da Paixão (18,33.37bis.39; 19,3. 12.14.15bis.19.21bis). O tema da realeza, na Paixão, é antecipado na entrada de Jesus em Jerusalém, onde Jesus é aclamado como rei: 12,13.15. Cf. o que dissemos em I,1.1; 1.2.

[213] J. KOVACS, «Now shall the Ruler of this World», 227-247, interpreta a morte de Jesus como uma batalha cósmica, tal como J. ZUMSTEIN, *L'Évangile*, 87. Concordamos que se trate de uma luta, mas não nos parece que se acentue o aspecto cósmico, mas sim o soteriológico: o que está em causa é o amor de Deus pelo homem, manifestado na cruz de Jesus, portadora de salvação, que vence o poder das trevas. Neste sentido, embora trilhando outro caminho e sublinhando, sobretudo, a revelação, cf. D. TONSTAD, «The Father of Lies».

[214] J. van der WATT, *Family of the King*, 377-378, pelo contrário, defende que não há uma identificação total entre «Reino» e «vida eterna», na medida em que o primeiro pertence a um campo semântico mais político e o segundo tem uma conotação mais salvífica. No entanto, como aprofundaremos no cap. III, o QE redimensiona muitos dos conceitos tradicionais. Na linha do nosso pensamento, cf. R. KIEFFER, «L'image royal de Jésus».

«el reinado mesiánico de Jesús, ejercitado en el amar εἰς τέλος (13,1), llega a su cumbre en la hora de Jesús»[215]. É neste momento que o crente é chamado a fazer a sua profissão de fé mais pura (6,62) e, ao mesmo tempo, mais profunda: ver no crucificado o exaltado e glorificado, como sinal do grande amor de Deus pelo mundo (3,16). Esta fé é considerada uma resposta de amor (cf. 3,19) ao Amor de Deus manifestado em Jesus. Acreditando nisto, o homem tem em si a «vida eterna», ou seja, «viu» e «entrou» no «Reino de Deus»[216]. Mas, em que consiste a transmissão desta vida divina?

e) *A vinda do Espírito que é «vida»*

É o Espírito, princípio vital, que realiza no homem um «novo nascimento» (3,3.5.7) diferente do da carne (3,6; cf. 1,12-13) e que o eleva a algo que ele, pela sua natureza carnal, jamais conseguiria alcançar: «o Espírito é que vivifica (τὸ ζῳοποιοῦν); a carne nada pode» (6,63). A afirmação é colocada no fim do discurso do Pão da Vida, imediatamente depois do anúncio da «subida do Filho do Homem» (6,62), o que liga a vida eterna à morte de Jesus e ao Espírito. Só Deus «tem vida em si mesmo» (5,26) porque «Deus *é* Espírito» (4,24); Jesus «tem vida em si mesmo» (5,26) porque tem a plenitude do Espírito (3,34; cf. 1,32s)[217].

+ O Espírito «habita» em Jesus

Em 1,32.33, o Baptista testemunha que «viu» o «Espírito Santo descer do céu e permanecer *sobre*» Jesus, de acordo com o que lhe tinha sido anunciado pelo que o enviou a baptizar. E esse será o sinal de que

---

[215] J. LÓPEZ, «Todo el que», 73. Segundo W. THÜSING, *Die Erhöhung*, 1-37, a exaltação na cruz é uma aplicação do tema da realeza de Jesus.

[216] Jesus é a «porta» através da qual as ovelhas «entram» na salvação (10,10): cf. J. FREY, *Die johanneische Eschatologie*, III, 253. Entrar no Reino «significa creer en Jesús, acogerlo y mediante la fe participar de la comunión de vida con Él»: J. LÓPEZ, «Todo el que», 78.

[217] É possível fazer a leitura de 1,34 de duas formas: «aquele que Deus enviou [Jesus] dá o Espírito sem medida», em que o doador do Espírito é Jesus; ou «[Deus] dá o Espírito sem medida [a Jesus]». Esta segunda hipótese parece mais de acordo com o contexto, que afirma de seguida: «o Pai ama o Filho e tudo entregou na sua mão», em que se estabelece um paralelismo entre o dom do Espírito e o dom de todas as coisas. No entanto, como em outras passagens do QE, é possível ler simultaneamente a primeira hipótese, ou seja, que o Filho é aquele que «baptizando no ES» (1,33) «dá o Espírito sem medida». Cf. G. FERRARO, *Lo spirito santo*, 30-31.

Jesus é «o que baptiza no Espírito Santo». O verbo «descer» (καταβαίνω) informa sobre a proveniência do ES (Deus)[218]. O verbo «μένω» com a preposição «ἐπί» («permanecer sobre») indica a «habitação» do ES em Jesus. A primeira ocorrência utiliza o aoristo (ἔμεινεν), para indicar o facto daquilo que foi «visto»; a segunda usa o particípio presente (μένον), para indicar a continuidade da permanência: «si tratta dell'immanenza dello Spirito nel Figlio come dono del Padre. Gesù appare in senso pieno come "pneumatico" per eccellenza, posseduto dallo Spirito e possessore dello Spirito»[219].

O verbo, em ambas ocorrências, está acompanhado da locução preposicional «ἐπί + acusativo», o que, como locução preposicional de «μένω», é caso único no Evangelho[220]. A fórmula parece estar influenciada pelos Sinópticos (Mt 3,16; Lc 3,22) mas as diferenças em relação a estes (sobretudo a ausência do baptismo de Jesus, a precisão «ἐξ οὐρανοῦ» e o testemunho de Deus não directamente, mas através do Baptista) levam Brown a considerar uma fonte independente[221]. Seja como for, a fonte de todos parece ser Is 42,1, que usa «ἐπί + acusativo», (embora com o verbo «δίδωμι»), onde se afirma que Deus colocou o seu Espírito sobre o seu Servo: «ἔδωκα τὸ πνεῦμά μου ἐπ' αὐτόν» (cf. Is 11,2). A possessão plena e permanente do Espírito é uma característica do Messias (Is 9,2; 61,1)[222]. O que se pretende sublinhar é o «testemunho» do Baptista, que «não conhecia» Jesus, mas «viu» o Espírito «descer e permanecer» e, por isso, o seu testemunho é fiável, porque revelado anteriormente por Deus (1,33). E o testemunho consiste em que «ele é o Filho de Deus» (1,34)[223], que «baptiza no Espírito Santo» (1,33; cf. a concordância no uso dos perfeitos: «vi» e «testemu-

---

[218] Assim também para referir a proveniência celestial de Jesus (3,13; 6,33.38.41.42.50.51.58) e dos anjos (1,51).

[219] G. FERRARO, *Lo spirito santo*, 20.

[220] Aqui, a preposição com acusativo procura responder à pergunta «onde?»: cf. BDF, § 233,1,2. Em 19,31 o verbo é acompanhado da mesma preposição, mas com o que se segue em genitivo.

[221] Para estes e outros elementos próprios e discordantes, cf. R. BROWN, *Evangelio*, I, 276-277.

[222] Cf. R. SCHNACKENBURG, *Evangelio*, I, 341. Esta é também a perspectiva presente em *1En.*, 49,3; *SalSal*, 17,37; *Test. Levi*, 18,2-14; *Test. Judá*, 24,2-3.

[223] Ou «Eleito de Deus» segundo outros testemunhos. Embora tenha escolhido a lição «Filho», a Comissão, tendo em conta o peso dos testemunhos que apresentam «Eleito», conferiu-lhe um grau {B} de certeza: cf. B. METZGER, *A Textual Commentary*, 172 (cf. III, 2.2.2.b). Para a crítica textual, cf. C. BARRETT, *Gospel*, 178; R. SCHNACKENBURG, *Evangelio*, I, 342-343.

nho»). Utilizando a preposição «ἐν» a referência ao aspecto visual não era possível e, consequentemente, não era possível o «testemunho». O acontecimento é apenas um *sinal para o Baptista* de que Jesus é «aquele que baptiza no Espírito Santo» (1,33) e *não que, só nesse momento, Jesus tenha recebido o Espírito*[224]. De facto, Jesus está repleto do Espírito (3,34; 7,37-39) que habita «nele» (e não «sobre» ele) desde toda a eternidade, porque é Deus (1,1)[225].

+ O Espírito «estará» nos discípulos

A relação do «Espírito da Verdade» com os discípulos é tratada também com o verbo «μένω», em 14,17. Estes «já o conhecem» porque «permanece/habita junto» deles, mas no futuro «estará em» eles: «παρ' ὑμῖν μένει καὶ ἐν ὑμῖν ἔσται». O uso de «παρά + presente» indica uma realidade próxima, mas *exterior* aos discípulos; o uso de «ἐν + futuro», uma presença *interior*. O Espírito «permanece junto» aos discípulos, porque «permanece» em Jesus (1,32.33; cf. 3,34), que até agora «permaneceu junto aos discípulos» (παρ' ὑμῖν μένων: 14,25), assim como os discípulos «permaneceram junto» a Jesus (παρ' αὐτῷ ἔμειναν: 1,39). Por isso, Jesus afirma que os discípulos já «conhecem» o Espírito, porque conhecem Jesus (tal como conhecem o Pai, porque conhecem Jesus: 14,7.9-11). A morte e ressurreição de Jesus (14,12) marcam a mudança de tempo verbal e de preposição: Jesus pedirá (futuro: ἐρωτήσω) ao Pai e Ele dará (futuro: δώσει) outro Paráclito que «esteja em vós para sempre» (14,16) e que, por isso, deixará de «habitar *junto de*» e «estará *em*» os discípulos (ἐν ὑμῖν ἔσται: 14,17). O Paráclito é dom do Pai, enviado por Ele (14,16.26) e por Jesus (16,7.26) e que acontecerá com a sua partida (o que revela a unidade do Pai e do Filho no envio do Paráclito)[226]. A condição para que tal aconteça é a união a

---

[224] Ao contrário do que afirmam muitos autores, como, p. e., A. DESTRO – M. PESCE, «I riti», 89-90. «Fu la discesa dello Spirito su Gesù al suo battesimo a convincere Giovanni di chi fosse veramente Gesù»: C. KRUSE, *Il Vangelo*, 95. Cf. W. BINNI, *La Chiesa*, 157 (embora divirjamos deste autor quanto ao sentido de «ἐπί»); J. NIELSEN, «The Lamb of God», 242.

[225] Como é claro em 7,38: o Espírito sai do interior de Jesus, como sublinha a preposição utilizada: «ἐκ τῆς κοιλίας» (das duas leituras possíveis, esta parece-nos a mais provável, como veremos de seguida).

[226] Cf. J. ZUMSTEIN, *L'Évangile*, 121. Para este autor (p. 75), as afirmações sobre o Paráclito em 15,26-27 e 16,7-11.13-15 são uma releitura de 14,16-17.26, de acordo com a teoria, que também nós subscrevemos, de que os caps. 15-17 são produto de uma releitura dos cap. 13-14 (cf. I,1.2).

Jesus na conservação da sua palavra/mandamentos e no amor (14,15; cf. paralelismo entre 14,15-16 e 14,23).

A sua missão é «ensinar» e «recordar» tudo o que Jesus disse (15,26). Assim, o Espírito, «nos» discípulos fá-los-á mergulhar na «verdade plena» (16,13) que não tinham compreendido antes (2,22; 12,16; 13,7; 20,9) e, por eles e neles, confundirá a incredulidade do mundo (16,8-11). Mas, quando, em que momento, acontecerá esta dádiva de Jesus aos seus?

+ Do «interior» de Jesus para os discípulos:
  importância exegética de 7,37-39

Encontramos uma resposta em 7,37-39. Mas, antes é necessário estabelecer o sentido do texto. A ocorrência de «ventre», na citação de 7,38, refere-se, com maior probabilidade, a Jesus. O problema, tantas vezes discutido, está na dupla possibilidade de pontuação de 7,37-38, que lhe muda o sentido: «...e beba aquele que crê em Mim. Como diz a Escritura: "de seu ventre jorrarão rios de água viva"» ou «...e beba. Aquele que crê em Mim, como diz a Escritura...». Ambas são gramaticalmente possíveis, mas o sentido muda completamente: a primeira hipótese implica que a água jorre do ventre de Jesus, a segunda do ventre do crente[227]. O contexto seguinte faz-nos perceber que se refere ao «ventre» de Jesus: «ele falava do Espírito que deviam receber aqueles que tinham acreditado nele; pois ainda não havia Espírito, porque Jesus ainda não fora glorificado» (7,39). Ora, em 7,37 o convite feito é de «vir» a Jesus e «beber», o que implica que a fonte não seja o «ventre» da própria pessoa, mas de Jesus. «Beber» de Jesus, por seu lado, implica a fé («aquele que crê em mim»), pelo que os dois sujeitos estão relacionados[228]. A «água viva» refere-se ao Espírito que, pela glorificação de Jesus, receberão os que «acreditam»: é fruto da sua morte e ressurreição (7,39)[229]. Portanto, todas as expressões são cristológicas, como

---

[227] A passagem de 7,37-38 é uma *crux* clássica. Para uma visão da discussão e dos respectivos autores, cf. M. COLOE, *God Dwells with Us*, 125ss.

[228] O paralelismo entre «vir a Jesus» e «crer nele» é uma correspondência que é apresentada noutras partes do Evangelho (cf. 6,35: ὁ ἐρχόμενος πρὸς ἐμὲ οὐ μὴ πεινάσῃ, καὶ ὁ πιστεύων εἰς ἐμὲ οὐ μὴ διψήσει πώποτε).

[229] Cf. R. FABRIS, *Giovanni*, 433.463-464. Não tem sentido nem fundamento a interpretação cristológica de 7,39b feita por M. RIGATO, «La mente cultuale», 70: «infatti Gesù non era ancora spirito...».

se percebe pelas discussões sobre a origem de Jesus que antecedem (7,25-30) e que se seguem imediatamente (7,40-52)[230].

A outra ocorrência de «κοιλία» no QE é em 3,4, no diálogo de Nicodemos com Jesus (3,1-21). Jesus declara a necessidade de nascer do alto (ἄνωθεν), para ver o Reino de Deus (3,3); Nicodemos entende «entrar segunda vez para o ventre (κοιλία) de sua mãe» para poder nascer «de novo» (duplo sentido de ἄνωθεν) (3,4). Jesus fala-lhe de um outro tipo de nascimento, contrapondo o nascimento da carne (do «ventre» materno) ao nascimento da água e do Espírito (do «alto») (3,5-7). Só o Espírito permite «ver» e «entrar» no Reino de Deus (3,3.5). Perante nova pergunta de Nicodemos sobre «como pode isso acontecer?» (3,10), Jesus remete para a «necessidade» da «elevação do Filho do Homem» (3,14) ligando a questão do «nascer do alto» à dos frutos salvíficos da sua morte: a «vida eterna», ou seja, a «vida» de Deus (3,15-16).

Considerando as duas ocorrências de «κοιλία» e a proximidade temática dos seus contextos[231], podemos concluir que do «ventre» de Jesus, do seu interior[232], jorrará esta «água viva» (7,38), que permitirá o «nascimento do alto» (3,3.7). Trata-se de nascer do «ventre de Cristo»[233], enquanto dele jorrará o Espírito como consequência da sua «elevação» (3,14) que é já «glorificação» (7,39). Este nascer de novo, que equivale a «ter nele a vida eterna» (3,15-16), só é possível aos que «acreditam»

---

[230] Cf. N. WAI-YEE, *Water Symbolism*, 78-81. L. DEVILLERS, *La saga de Siloé*, 80ss, embora coloque a hipótese de uma dupla leitura (Jesus e o crente) é de opinião que o enquadramento cristológico da passagem só permite uma leitura cristológica.

[231] Segundo L. DEVILLERS, *La saga de Siloé*, 90-91, a ligação entre os dois textos não se limita ao uso da palavra «κοιλία»: «dans les deux cas, Jésus évoque le rôle de l'Esprit dans l'accès des hommes à la vie ("vie éternelle", Jn 3,15; "eau vive", Jn 7,38-39); dans les deux cas, Nicodème intervient (Jn 3,1-10; 7,50-52); de plus, le rôle de l'Esprit et la présence de Nicodème marquent aussi la séquence de la croix (Jn 19,30.34.39-42), où apparaît à nouveau la thématique du "grand jour" (Jn 19,31; cf. 7,37)».

[232] «Interior» é, nos LXX, um dos significados mais profundos da palavra: cf. J. BEHM, «κοιλία», 665.667. J. BERNARD, *A Critical and Exegetical Commentary*, I, 283, acentua o carácter emocional da expressão no AT (κοιλία é «the seat of man's emotional nature»). Ora, não são as emoções que estão em questão, mas o íntimo da pessoa (as emoções exprimem precisamente o mais íntimo da pessoa humana).

[233] Cf. L. DEVILLERS, *La saga de Siloé*, 91-94, que, seguindo a intuição de S. JUSTINO, *Diálogo com Trifão*, 135,3, afirma que os cristãos foram «talhados do ventre de Cristo».

(3,15: πᾶς ὁ πιστεύων; 7,39: οἱ πιστεύσαντες). Isto permite-nos confirmar o texto de 7,37-39 como referente ao ventre de Cristo e não do crente: o novo nascimento pelo ES não pode acontecer senão, exclusivamente, a partir do ventre de Jesus[234] e através fé: «quem vem a mim nunca mais terá fome; o que crê em mim nunca mais terá sede» (6,35), porque terá em si o conhecimento de Deus e a sua vida íntima, o ES. Trata-se de um dom, fruto da sua morte, como se percebe também pelo uso do verbo «μέλλω», com que, normalmente, se apresenta a «iminência» da morte de Jesus (cf. II,2). De facto, em 7,35, o evangelista estabelece uma relação entre a «iminência» do ir para o Pai (cf. 7,33-34.36) e a «iminência» de os crentes receberem o ES (7,39: περὶ τοῦ πνεύματος ὃ ἔμελλον λαμβάνειν).

3.3 Conclusão

As pernas não quebradas e o lado trespassado, são consequência da morte de Jesus. Ao longo do Evangelho, o leitor foi sendo preparado para poder entender estes factos como fruto da «elevação/exaltação» e glorificação de Jesus. Por isso, eles devem ser lidos à luz do que o Evangelho anunciou como consequências da sua morte.

A primeira consequência é o reconhecimento cristológico. A morte de Jesus é o *momento* da revelação da sua natureza humana e divina: «Quando elevardes o Filho do Homem, *então/nesse momento* sabereis que Eu Sou» (8,28; cf. 8,56-58). Ao «pôr a sua vida» e «retomá-la», Jesus manifesta o poder divino que possui sobre a vida e sobre a morte (10,18). Por isso, a sua morte é uma «auto-santificação» (17,19), prerrogativa exclusiva de Deus, onde se manifesta o seu poder e, nele, a sua natureza.

A segunda consequência é soteriológica e eclesiológica. Nesta perspectiva, a morte é apresentada através do verbo «δεῖ» (3,14-15; cf.

---

[234] Por isso não podemos concordar com a possibilidade do duplo sentido (Jesus/crente) admitida por C. KOESTER, *Symbolism*, 14. A expressão «a água que eu lhe darei tornar-se-á nele fonte jorrando para a vida eterna» utilizada por Jesus no diálogo com a Samaritana (4,14) e que, muitas vezes é utilizada para falar do ventre de 7,38 como referindo-se ao crente, tem outro sentido: refere-se à abundância que o crente recebe pelo dom da revelação e do ES, que não se esgota precisamente por ser uma participação na vida divina. O texto é claro: o crente receberá essa água como um dom futuro de Jesus.

9,14; 12,34) e pela preposição «ὑπέρ» (6,51; 10,11.15; 11,50.51.52; 15,13; 17,19; 18,14), relevando o «levantamento/exaltação» de Jesus como uma «necessidade» teológica «em favor» daqueles que são seus (10,11.15; 15,13; 17,19), num sacrifício que tem como finalidade conceder-lhes a vida divina (6,51), ou seja, a vida eterna como manifestação do amor do Pai e de Jesus (3,16; 13,1), unificando em «um só rebanho e um só pastor» as ovelhas que já são suas e as que lhe hão-de pertencer (10,16), atraindo e reunindo, debaixo da cruz, «os filhos de Deus dispersos» (11,50-52), que, através da palavra dos discípulos, crerão em Jesus, «a fim que todos sejam um» (17,20).

Pela sua morte, Jesus oferece a todos eles a possibilidade de participar na «vida eterna» (3,15-16.36 10,10), ou seja, a vida divina (5,26; 6,27.35), que é comunhão com o Pai e com o Filho (14,19-20) e consequência do «ver» e «acreditar» no Filho do Homem «levantado» (3,14-15; 6,40) e «glorificado» (17,1-2) como «Messias e Filho de Deus» (20,31). Ou seja, de serem salvos. Não «acreditar» corresponde à recusa de participar na vida de Deus (que o mesmo é dizer «entrar no Reino de Deus»: 3,3-4 e 3,15-16) e, por isso, continuar sob o poder do «Príncipe deste mundo» (12,31; 14,30; 16,11; cf. 6,70; 8,44; 13,2). Os primeiros participam na vida, os segundos no julgamento.

O ES é a expressão e o conteúdo desta vida divina, da qual Jesus tem a plenitude (3,34; 5,26; cf. 1,32s), e que será dada ao que acredita, como fruto e consequência da sua morte e ressurreição (7,39; cf. 3,14-16) e actuada no crente através da força vivificante do Espírito (6,63; 15,26; 16,13).

Tendo estudado as consequências teológicas da morte de Jesus (cristológica, soteriológica e eclesiológica), chegado às consequências narrativas sua morte (as pernas «inquebradas» e o lado trespassado são uma consequência de Jesus «já estar morto»), o leitor possui a chave de interpretação dos factos: hão-de, necessariamente, ter um sentido cristológico, soteriológico e eclesiológico. Em que medida?

4. O corpo «inquebrado» e trespassado de Jesus

Preparado ao longo do QE, o leitor é convidado agora a contemplar a morte de Jesus e as suas consequências visibilizadas no corpo «inquebrado» e trespassado do crucificado. No entanto, para fazermos emergir a riqueza simbólica e teológica da contemplação, é necessário termos presente o campo semântico do corpo de Jesus.

4.1 *O campo semântico do «corpo» de Jesus*

O campo semântico do «corpo» de Jesus é dominado por três vocábulos: «σῶμα» (corpo), «σάρξ» (carne) e «αἷμα» (sangue), aos que podemos acrescentar «κόλπος» e «στῆθος» (peito), «κοιλία» (ventre) e «πλευρά» (lado/pleura). Para estudarmos este campo semântico é preciso considerar ainda «ψυχή» (vida). Analisemo-los, para concluirmos como, através deles, o evangelista conduz o leitor da visibilidade sensível, à invisibilidade da fé.

4.1.1 O «corpo» (σῶμα) de Jesus

O termo «σῶμα» aparece sempre, no QE, no contexto da morte e ressurreição e referido, quase exclusivamente, a Jesus[235].

No início do Evangelho, perante a expulsão dos vendedores e dos animais do Templo realizada por Jesus, os Judeus interpelam-no, pedindo-lhe para lhes «mostrar» (δεικνύεις ἡμῖν) o «sinal» (σημεῖον) que lhe dá autoridade para agir de tal forma (2,18). A resposta de Jesus faz coincidir o «sinal», pedido pelos Judeus, à tentativa destes de «destruir» (λύσατε) o «Templo», mas que Jesus levantará em três dias (2,19). Este Templo (ὁ ναός) é o seu «corpo» (2,21). O «corpo» de Jesus na cruz e na ressurreição é, desta forma, o «sinal» que Jesus «mostrará», como o confirma o uso do mesmo verbo em 20,20: Jesus «mostrou» (ἔδειξεν) aos discípulos as mãos e o lado, o que provoca o reconhecimento[236]. De facto, este corpo permanece «inquebrado/ indestruído», ao contrário do que pretendem os Judeus (19,31.33) e é como tal que surge no primeiro dia da semana.

Na manhã de Páscoa, Maria, «inclinando-se para dentro do sepulcro» (20,11) vê dois anjos sentados um no [lugar] da cabeça e outro no [lugar] dos pés, no local «onde tinha sido depositado o corpo de Jesus» (20,12). Sublinha-se, com esta ênfase no corpo (σῶμα) e nas extremidades corporais (κεφαλή / πούς) a ausência total do corpo e, portanto, a corporeidade da ressurreição. No entanto, esta transformou o «corpo»: Maria não é capaz de reconhecer Jesus (20,14-15), o que só acontecerá quando este a chamar pelo nome (20,16)[237]. Esta diferença na natureza

---

[235] 2,21; 19,38bis.40; 20,12; cf. 19,31.
[236] Cf. J. McCaffrey, *The House With Many Rooms*, 240-244.
[237] O episódio recorda a afirmação de Jesus no discurso do Bom Pastor, que chama as suas ovelhas «pelo nome» (10,3) e estas «reconhecem a sua voz» (10,3.4): cf. X. Léon-Dufour, *Lectura*, IV, 181.

corporal é ainda sublinhada pela proibição de Jesus a Maria: «não me agarres» (μή μου ἅπτου: 20,17). Alguns autores vêem nesta proibição um conflito com 20,27, onde Jesus diz a Tomé: «desloca (φέρε) o teu dedo aqui e vê as minhas mãos; desloca (φέρε) a tua mão e lança-a (βάλε) no meu lado e não sejas incrédulo, mas crente». Isto significaria que, entre 20,17 e 20,27, há uma mudança no corpo de Jesus: em 20,17 não pode ser tocado[238]; em 20,27 pode ser tocado[239]. Ora, é preciso ter em conta que os verbos dos dois versículos são diferentes e, por outro lado, que em 20,27 Jesus utiliza a linguagem usada por Tomé em 20,25 (que este colocara como condição para acreditar), num tom de repreensão pela sua incredulidade (o verbo «βάλλω» denota movimento brusco e até agressivo)[240]. De facto, ao contrário de tantas representações artísticas, como a de Caravaggio, o relato não diz que Tomé tenha «tocado» em Jesus[241]!... E Jesus sublinha não o tacto, mas a visão: «porque viste,

---

[238] Diferentemente de Mt 28,9, onde se afirma o contacto físico com o Ressuscitado.

[239] Para uma apresentação desta dificuldade, ver as posições, e respectiva bibliografia, apresentadas por R. BROWN, *Evangelio*, II, 1419-1421; F. MOLONEY, *Gospel*, 528-529; C. KEENER, *The Gospel*, II, 1193. R. SCHNACKENBURG, *Evangelio*, III, 392-393 e L. MORRIS, *Evangelio*, II, 472, assim como a maior parte dos autores, interpretam o imperativo presente proibitivo como uma ordem para «deixar de agarrar». Na nossa perspectiva, a forma gramatical pode referir-se apenas a uma acção tentada por Maria, mas não levada a cabo (cf. BDF, § 336,2c com nota 4); o uso do presente tem sobretudo um carácter durativo (cf. BDF, § 336,2a), no sentido de «não me agarres, nem agora, nem daqui em diante», pois o que se releva é o carácter «diferente» da corporeidade de Jesus, tal como é sublinhado na incapacidade de Maria de o reconhecer (20,15). De facto, se se interpreta este imperativo presente como «deixar de», teríamos de interpretar os imperativos de Jesus a Tomé em 20,27 do mesmo modo e, no entanto, são utilizados para uma acção concreta e pontual (cf. BDF, § 336, 3^5). Se a negação com imperativo só tivesse aquela interpretação, significaria que, p. e., o uso de «μὴ δοκεῖτε» em 5,45 («não penseis que vos acusarei diante do Pai»), dito por Jesus aos Judeus, implicaria que eles pensavam assim e Jesus ordena-lhes que o deixem de fazer, o que é absurdo. F. MOLONEY, *Gospel*, 526, também defende que o verbo se refere ao desejo de Maria e não a um facto: «a desire to cling to Jesus [...] the days of being associated with the historical Jesus are over. An entirely new situation is being established».

[240] Cf. 3,24; 5,7; 8,57.59; 15,6bis; 21,6bis; 21,7. Em 8,59 aparece a outra única ocorrência em que Jesus é o objectivo do verbo e diz respeito às pedras que os Judeus apanham para lhe «atirar». Em 7,30.44 é usada uma expressão muito próxima à de 20,25.27: «οὐδεὶς ἐπέβαλεν ἐπ' αὐτὸν τὴν χεῖρα» também num contexto agressivo.

[241] Cf. R. KYSAR, *Preaching John*, 161; S. SCHNEIDERS, «Touching the Risen Jesus», 168.

acreditaste» (20,29). Embora no episódio não ocorra «σῶμα», a referência a este é clara pela visibilidade dos estigmas (20,20.25.27) que sublinham a continuidade entre o Jesus terreno e o glorificado[242]: as marcas do crucificado (19,18.34) estão presentes no Ressuscitado. O «corpo» de Jesus permanece o mesmo mas, simultaneamente, está diferente: Maria não o reconhece (20,14-15) e Jesus «vem» à comunidade dos discípulos sem necessidade de entrar pela porta (20,19.26)[243].

É necessário atendermos ainda ao episódio que se segue à nossa perícope (19,38-42) e que, de forma particular, enfatiza o corpo de Jesus (19,38bis.40), relevando a forma como este é sepultado: de acordo com o que «é habito entre os judeus» (19,40). Este dado recorda-nos a «judaicidade» de Jesus. Por outro lado, a quantidade de especiarias com que é preparado, recorda a sua dignidade real[244].

Mas, sobretudo, a ocorrência da palavra no contexto de 2,21, que remete para 19,31-37, faz-nos perceber o «corpo» de Jesus como «Templo», ou seja, como sinal da presença «visível» do Pai no meio dos homens. Esta presença acontece na continuidade da história da salvação (judaicidade do corpo de Jesus) com toda a importância salvífica e soteriológica que implica a presença de Deus. Se o corpo de Jesus é, pois, o lugar da presença de Deus (Templo) e ele continua presente na comunidade dos discípulos reunida, então Jesus continua a ser Templo, também na sua dimensão gloriosa[245].

Assim, o termo «σῶμα» acentua a visibilidade e a tangibilidade da pessoa de Jesus (19,38bis.40) e a sua judaicidade (19,40) e, ao mesmo tempo, a dignidade real da sua pessoa, a continuidade entre o Crucificado e o Ressuscitado e a sua presença no «meio» dos discípulos (19,34; 20,20.25.27; cf. 19,18)[246]. Mas, sobretudo, aparece como «sinal» da presença de Deus e da possibilidade de o homem se relacionar com Ele (Templo).

---

[242] Cf. K. WENGST, *Vangelo*, 747-748; J. ZUMSTEIN, *L'Évangile*, 291.

[243] E, por isso, discordamos de D. LEE, *Flesh and Glory*, 45-46, que defende que o termo é outra forma, para além de «carne», para falar da mortalidade que a encarnação implica. O conceito vai mais longe.

[244] Cf. I,1.2.

[245] Voltaremos a este assunto no cap. IV (cf., sobretudo, IV,3).

[246] Cf. R. LÓPEZ ROSAS, *La Señal del Templo*, 101. Por isso, não podemos concordar com G. O'DAY, «The Love of God Incarnate», 163, quando afirma que, no QE, o corpo não tem um sentido simbólico.

4.1.2 A «carne e sangue» de Jesus

O vocábulo «σάρξ» (carne) referido a Jesus[247] aparece quase sempre ligado a «sangue», excepto nas primeiras ocorrências (1,14; 6,51.52). O «αἷμα» (sangue) referido a Jesus (6,53.54.55.56; 19,34)[248] surge sempre ligado a «carne», excepto na nossa perícope (19,34).

No AT, o termo «σάρξ» designa, sobretudo, a natureza animal e humana da criação, por contraposição a Deus que é Espírito. Mas, referido ao homem, distingue-o dos animais e refere-se a todo o seu ser (Adão chama a Eva «carne da minha carne»: Gn 2,23). A palavra sublinha a dimensão débil, contingente e mortal da natureza humana, em contraposição com a eternidade de Deus (cf. Is 40, 6-8)[249].

No QE, é também este o sentido de «σάρξ». A dimensão carnal do homem serve para falar da sua natureza física, distinta da natureza divina, que é espiritual (3,6bis). A natureza do homem, enquanto carne, está marcada pela debilidade e impotência, limitação só ultrapassável pela acção «vivificadora» de Deus, que é Espírito (6,63). Por isso, tornar-se «filho de Deus» é algo que a «carne» não pode dar: a «carne» sublinha o aspecto criatural do homem»; ser «filho de Deus» e participar na vida divina implica um novo nascimento como dom de Deus (1,13; 3,5-6)[250], em Jesus: «pelo poder que lhe deste sobre toda a carne (πάσης σαρκός) ele dê a vida eterna a todos os que lhe deste» (17,2)[251].

---

[247] Cf. 1,14; 6,51.52.53.54.55.56; cf. 8,15. As outras ocorrências são 1,13; 3,6bis; 6,63; 17,2.

[248] A outra ocorre em 1,13, onde parece referir-se aos que se tornaram «filhos de Deus», pela fé em Jesus Cristo e não por processos humanos. J. BEHM, «αἷμα», 463-464 defende que o plural usado (ἐξ αἱμάτων) indica a concepção de que o sangue do pai e da mãe, ao fundirem-se, geram uma nova vida. Mas, os autores discutem se se refere ao crente ou a Jesus: cf. R. SCHNACKENBURG, *Evangelio*, I, 280-282.

[249] Cf. J. CABA, *Teología joanea*, 43-44. A natureza carnal do homem é referida numa perspectiva relacional, para definir a sua situação diante de Deus: cf. F. BAUMGÄRTEL – R. MEYER – E. SCHWEIZER, «σάρξ», 1287.1327 (sobre o uso do substantivo no AT, no NT, em Qumran e no rabinismo, ver a «voz» na sua totalidade).

[250] Na expressão «ἐκ θεοῦ ἐγεννήθησαν» de 1,13, a voz passiva sublinha a acção de Deus e a sua natureza sobrenatural, em contraposição com as expressões anteriores (οὐκ ἐξ αἱμάτων οὐδὲ ἐκ θελήματος σαρκὸς οὐδὲ ἐκ θελήματος ἀνδρός) que sublinham o carácter natural. À carne de 1,13 é atribuída uma «vontade», pelo que se percebe a sua referência à natureza humana, considerando o homem na sua totalidade natural, por contraposição ao «espírito»: cf. F. BAUMGÄRTEL – R. MEYER – E. SCHWEIZER, «σάρξ», 1366; R. BROWN, *Evangelio*, I, 206.

[251] A expressão «toda a carne» é tradicional e refere-se a todos e cada um dos homens (cf., p. e., Is 40,5.6; 66,23.24; Jr 12,12; 25,31). Cf. F. BAUMGÄRTEL –

Por seu lado, o «sangue», na mentalidade veterotestamentária, tem um carácter sagrado, na medida em que é veículo de vida. Por isso, é proibido comê-lo[252]. Ele significa, em primeiro lugar, a vida humana.

A expressão conjunta «σάρξ καὶ αἷμα» (do hebraico בשר ודם) aparece como forma judaica (mas não veterotestamentária) para indicar o homem na sua condição de criatura, em contraposição com a natureza divina[253]. Este é também o sentido comum de «sangue» no QE.

a) A «carne» de Jesus

A primeira referência à «carne» de Jesus surge no Prólogo, para falar da «vinda» da Palavra (1,11): a Palavra que «existia» (ἦν: 1,1; imperfeito que denota uma acção continuada no passado, para falar da existência eterna e contínua da Palavra) em determinado momento do tempo «se fez carne» (σάρξ ἐγένετο: 1,14; aoristo indicativo, que se refere ao *momento* em que tal aconteceu)[254]. Este «fazer-se carne» corresponde ao «montar a tenda» (ἐσκήνωσεν) e implica, como consequência, a possibilidade de «ver a sua glória» (1,14), a mesma que tinha «junto do Pai, como Filho único»[255]. Por outras palavras, 1,14bss expõe o modo como a Palavra se fez carne, sem deixar a sua condição divina (cf. 1,18): «The Logos changes his place, but never really changes himself»[256]. O verbo «σκηνόω» pertence à mesma raiz de «σκηνή», Tenda

---

R. MEYER – E. SCHWEIZER, «σάρξ», 1285.

[252] Cf. Lv 17,10.14: cf. 3,17; 7,26s; Dt 12,23; Gn 9,4; 1Sm 14,32ss.

[253] Os gregos usam a expressão para falarem dos elementos que compõem o corpo humano. Quer para as ocorrências judaicas, quer gregas, cf. J. BEHM, «αἷμα», 462-463. Cf. R. BROWN, *Evangelio*, I, 558: a expressão «carne e sangue» indica a totalidade do homem.

[254] Para M. COLOE, *God Dwells with Us*, 25, «σάρξ emphasizes the temporality of the Word» e destina-se a designar a contigência e a finitude humana, que a autora vê como uma possível alusão a Is 40,7-8 (LXX), que enfatiza a finitude da realidade criada e da glória humana, em contraposição com a eternidade da palavra de Deus.

[255] Este reconhecimento tem consequências salvíficas: «The dynamic between "flesh" in 1,13 and "flesh" in 1,14 is a transfiguring, twofold movement: believers come to share in the divine nature, just as – and indeed solely because – the Logos comes to share in human nature»: D. LEE, *Flesh and Glory*, 35.C. KRUSE, *Il Vangelo*, 77, tendo em conta o carácter temporário do «montar a tenda», traduz o verbo por «habitou um tempo»; não concordamos, pois o aoristo não é durativo e o que se pretende sublinhar é, por um lado, o momento da entrada da Palavra no tempo e, por outro, a ligação entre a «tenda» e a presença da glória.

[256] M. THOMPSON, *The Humanity of Jesus*, 36. A encarnação no QE não é uma epifania, pois a Palavra não se manifestou ou apareceu na «carne», mas «tornou-se

mandada construir por Deus a Moisés (Ex 25,8-9) como lugar da Sua presença no meio do povo[257]. Na visão do regresso de Yahweh, Ezequiel anuncia em nome do Senhor: «o meu nome montará a tenda no meio da casa de Israel para sempre» (κατασκηνώσει τὸ ὄνομά μου ἐν μέσῳ οἴκου Ισραηλ τὸν αἰῶνα: Ez 43,7) que corresponde à presença do próprio Deus (Ez 43,9) no Templo (Ez 43,1-5)[258]. Ezequiel descreve a entrada da «glória do Senhor»: «eis a casa do Senhor cheia/com a plenitude[259] da glória» (ἰδοὺ πλήρης δόξης κυρίου ὁ οἶκος: Ez 43,5) com um vocabulário semelhante ao do QE: «ἐθεασάμεθα τὴν δόξαν αὐτοῦ, δόξαν ὡς μονογενοῦς παρὰ πατρός, πλήρης χάριτος καὶ ἀληθείας» (1,14)[260]. Assim como Ezequiel «viu» a casa do Senhor «cheia da glória», assim, pela encarnação do Verbo, a comunidade apostólica «viu», no corpo-Templo de Jesus «a plenitude da graça da verdade»[261], ou seja, a presença da glória de Deus (14,9-10)[262].

(ἐγένετο) carne» (cf. R. BULTMANN, *Gospel*, 63). E também não é uma humilhação ou uma «kenosis» (contra L. DEVILLERS, «La croix de Jésus», 404-405), pois na «carne» de Jesus está presente a mesma «glória que tinha junto de Deus» (1,14).

[257] O substantivo é usado pelos LXX para traduzir do hebraico quer «Tenda da Reunião» (p. e.: Ex 27,21; 28,29; Lv 1,5) quer «Tabernáculo» (p. e.: Ex 25,9; Nm 9,20; 1Cr 6,48).

[258] O Apocalipse desenvolverá este tema: usa o verbo para falar da presença de Deus no Céu (Ap 7,15), mas na visão da nova Jerusalém utiliza-o para afirmar que Deus «montará a sua tenda com eles e eles serão o seu povo» (Ap 21,3); assim já não haverá Templo, pois «o Templo é o Senhor, o Deus todo-poderoso e o Cordeiro» (Ap 21,22).

[259] O adjectivo «πλήρης» seguido de genitivo, comum a Ez 43,9 e Jo 1,14, não se pode declinar (cf. BAGD, 669-670) pelo que F. MOLONEY, *Gospel*, 45, o traduz, em Jo 1,14, como um substantivo (cf. BDF, § 263): «a plenitude» (cf. 1,16).

[260] Para um desenvolvimento desta ideia, cf. R. BROWN, *Evangelio*, I, 233-236.

[261] A «plenitude» (πλήρης) é explicitada pelos genitivos que se seguem (χάριτος καὶ ἀληθείας); o segundo substantivo, unido ao primeiro pelo «καί» é uma «endíade», em que o segundo substantivo está dependente do primeiro: cf. BDF, § 442,9b[28]; F. MOLONEY, *Gospel*, 45. Para uma discussão sobre o sentido de «χάρις» em 1,14.17, cf. I. de la POTTERIE, *La Vérité*, I, 129-50.

[262] A visão da «glória» é algo pedido por Moisés a Deus, na Tenda da Reunião, mas que não lhe é concedido. Porque, diz Deus, «o homem não Me pode ver e continuar vivendo» (Ex 33,18.20-23). Esta passagem, para além de nos fazer perceber a correspondência entre «glória» e «rosto», ajuda-nos a entender como em Jesus se dá um salto qualitativo na relação entre Deus e o homem, pois o «fazer-se carne» de Jesus deu a possibilidade ao homem de «ver» a sua «glória» (o rosto/presença de Deus) que implica já não a morte, mas precisamente a participação na vida divina (1,12).

Há, portanto, uma mudança temporal e espacial: da eternidade («no princípio *era*»: 1,1) para a história («*fez*-se carne»: 1,14); de «junto de Deus» (πρὸς τὸν θεόν: 1,1) para «entre nós» (ἐσκήνωσεν ἐν ἡμῖν: 1,14). Mas, não há mudança na natureza: a «glória» que é «vista» pelos que o «receberam» e «creêm no seu nome» é a mesma que «tem junto do Pai» (1,12.14). A Palavra, que vivia na eternidade e na glória do Pai, revela, agora, esta mesma glória, nas palavras e gestos de Jesus, Palavra encarnada. Daí a importância do verbo «λαλέω» tendo como sujeito Jesus[263], ou dos substantivos «λόγος» e «ῥῆμα»[264] e das «ἔργα»[265], que, ao manifestarem um significado mais profundo e revelador, são «σημεῖα»[266], pois anunciam a presença de Deus em Jesus: «o Pai, permanecendo em mim, realiza as suas obras» (14,10).

A fé é a condição para «ver», na temporalidade da «carne» de Jesus, a intemporalidade da sua «glória» divina. Por isso, no contexto da incredulidade dos Judeus (que «não sabem» a sua origem nem o seu destino: 8,14) Jesus declara: «vós julgais segundo a carne (κατὰ τὴν σάρκα κρίνετε)» (8,15)[267], que encontra o seu paralelo estreito em 7,24:

---

[263] Cf. 3,11.34; 4,26.27bis; 6,63; 7,17.26.46; 8,12.20.25.26bis.28.30.38.40; 9,37; 10,6; 12,36.48.49bis.50bis; 14,10.25.30; 15,3.11.22; 16,1.4.6.18.25.29.33; 17,1.13; 18,20bis.21.23; 19,10.

[264] Segundo J. CABA, *Teologia joanea*, 54-55, «λόγος» refere-se à totalidade da mensagem de Jesus, enquanto que «ῥῆμα» (no plural «τὰ ῥήματα») alude aos ditos concretos com que Jesus revela o Pai: cf. «λόγος» em 2,22; 4,41.50; 5,24; 6,60; 7,36.40; 8,31.37.43.51.52; 10,19; 12,48; 14,23.24bis; 15,3.20; 18,9.32; «ῥῆμα» em 3,34; 5,57; 6,63; 8,20; 10,21; 12,47.48; 14,10; 15,7; 17,8.

[265] Cf. 3,21; 4,34; 5,20.36bis; 6,29; 7,3.21; 9,3.4; 10,25.32bis.37.38; 14,10.11.12; 15,24.

[266] 2,11.18.23; 3,2; 4,48.54; 6,2.14.26.30; 7,31; 9,16; 12,18.37; 20,30; cf. 10,41; 11,47. As duas grandes partes do QE terminam com a referência aos «sinais» de Jesus (12,37; 20,30) que são um convite a acreditar na sua pessoa: no final da sua vida pública, mesmo perante «tantos sinais», muitos não acreditaram nele (12,37); os seus discípulos, saboreando os «sinais» escritos «neste livro» são convidados a, através deles, fortalecerem a sua fé em Jesus, como «Cristo e Filho de Deus» (20,30). Os «sinais» manifestam a glória de Jesus (2,11): o aoristo «ἐφανέρωσεν» de 2,11 tem um sentido ingressivo («começou a manifestar...»). J. CABA, *Teología joanea*, 55, defende que este «princípio dos sinais» em Caná apresenta o «sinal» que ilumina todos os outros que se seguem. Acrescentamos nós: mas só atingirá o seu sentido mais pleno no grande sinal por antonomásia, o corpo crucificado e ressuscitado (2,18-22).

[267] Normalmente esta ocorrência não é entendida como referida à «carne» de Jesus (como é o caso de M. COLOE, *God Dwells with Us*, 25). No entanto, se tivermos em conta o contexto, temos de concordar com F. BAUMGÄRTEL – R. MEYER –

«μὴ κρίνετε κατ' ὄψιν». O que está em causa é a origem de Jesus: os habitantes de Jerusalém pensam saber de onde vem Jesus, conhecem o seu pai e a sua mãe e, por isso, não o podem reconhecer como o Cristo, como alguém que «desceu do Céu» (cf. 6,42).

Assim, a «carne» de Jesus, refere-se àquilo que é externamente visível, mas, mais propriamente, à sua natureza humana. Apenas pela fé é possível passar à «visão» da «glória» divina que na sua humanidade se manifesta. No mesmo contexto se enquadra o discurso sobre o «comer a carne» e «beber o sangue» de Jesus.

+ Comer a «carne» de Jesus

O discurso de Jesus sobre a sua carne que será dada «a comer» (6,51-58) é antecedido pela incredulidade dos Judeus sobre a sua *origem* («desci do Céu»: 6,41-42) e dá início ao discurso sobre o seu *destino* («o pão que eu darei», com indicação clara à sua morte[268]: 6,51). O «pão descido do Céu» é a «carne» do Filho do Homem, o qual «subirá» para onde estava antes (6,62)[269]. Sublinha-se, desta forma, a «encarnação» da Palavra (1,14), Pão que o Pai «dá» (ὁ πατήρ μου δίδωσιν: 6,32) e é a «carne» que Jesus «dará» (ἐγὼ δώσω: 6,51) na sua morte[270]. A «carne» que será dada «a comer» é a totalidade da pessoa de Jesus, a sua humanidade, onde está presente a sua glória, que se manifestará na sua elevação e glorificação. Como diz Caba: «es una carne ya glorificada, incluso ya vivificada por la fuerza del Espíritu»[271], pois Jesus, na sua «carne» (humanidade) tem e dá o Espírito sem medida (1,32-33; 3,24; 20,22).

Em 6,53-56 Jesus apresenta a consequência do «comer e beber» a sua carne e o seu sangue: a vida eterna, ou seja, a vida divina. Esta afirmação surge na sequência de 6,35-50 onde se insiste na necessidade de acreditar em Jesus: alimentar-se da carne e do sangue de Jesus, isto é, do que ele revelou na sua «carne» (encarnação), é condição para a inter-habitação (ἐν ἐμοὶ μένει κἀγὼ ἐν αὐτῷ: 6,56) numa vida que é

E. SCHWEIZER, «σάρξ», 1364 e J. CABA, *Teología joanea*, 46, que a entendem como referida a ele.

[268] Cf. F. MOLONEY, *Gospel*, 220; D. SENIOR, «The Death of Jesus», 277.
[269] Cf. J. CABA, *Cristo, Pan de vida*, 337-339.
[270] Cf. R. BROWN, *Evangelio*, I, 569. Para uma apresentação dos autores que defendem esta leitura, cf. M. THOMPSON, *The Humanity of Jesus*, 140 nota 52.
[271] J. CABA, *Teología joanea*, 46.

comunhão entre o Pai, o Filho e os discípulos (6,57; cf. IV,5.1.4). Também aqui parece estar presente um eco do tema da Aliança[272].

b) *O «sangue» de Jesus*

Excluindo a nossa perícope, o «sangue» de Jesus aparece, acompanhado sempre por «carne» e exclusivamente no discurso do pão da vida. E a sua função parece ser querer sublinhar a afirmação de 6,51 sobre a «carne» de Jesus que será dada a comer (6,51), o que escandaliza o Judeus (6,52). Assim, em 6,53-56, Jesus acrescenta a necessidade não só de «comer a carne», como de «beber o sangue», condição de «ter a vida em [ἐν] vós» (6,53), ou seja, a «ter a vida eterna» (6,54), que corresponde a «permanecer» em Jesus e vice-versa (6,56). Em todas as referências, «il sangue di Gesù porta la vita a coloro che lo ricevono»[273]. Se o «sangue» é veículo de vida, beber o sangue de Jesus é receber da sua própria vida.

O «sangue» simboliza, pois, a *natureza humana* de Jesus, a sua vida biológica e íntima. No entanto, na boca de Jesus, o seu sentido aparece enquadrado pela expressão «Filho do Homem»: trata-se, como aprofundaremos (III,3.2.3), da «carne» e do «sangue» do Filho do Homem (6,53), oferecido sobre a cruz (19,34).

c) *A «ψυχή» de Jesus*

A vida humana e íntima, que a visibilidade do «sangue» plastifica, corresponde ao conceito (invisível) de «ψυχή». Este termo aparece, no QE, 10x[274], para designar a vida humana. Corresponde ao termo hebraico «נפשׁ», que designa o «respiro», a capacidade de «viver», ou seja, o ser humano enquanto vivente e capaz de sensações e afectos[275] (cf. 12,25.27).

Jesus refere-se à sua «ψυχή», como algo que «porá» (10,11.15.17) para que as suas ovelhas tenham «ζωή» (10,10), ou seja, através da doação da sua vida humana, os que são seus alcançarão a vida divina. A «vida» humana de Jesus, oferecida na cruz, é não só um lugar teológico (nela se manifesta o seu poder divino) como soteriológico (onde se

---

[272] Cf. R. BROWN, *Evangelio*, I, 571.
[273] D. SENIOR, *La Passione di Gesù*, 127.
[274] 10,11.15.17.24; 12,25bis.27; 13,37.38; 15,13.
[275] Cf. A. SAND, «ψυχή», 2183; D. IHENACHO, *The Community*, 182-184.

revela o seu amor vivificante que transporta o crente da vida meramente humana à vida de Deus). A «ψυχή» é o conceito (invisível) do princípio vital que se materializa no «sangue» (visível). São dois termos correspondentes.

4.1.3 O «peito» (κόλπος e στῆθος), o ventre (κοιλία) e o lado (πλευρά)

A materialidade da Palavra feita carne é ainda sublinhada por outras palavras, referentes a partes do corpo de Jesus.

Os substantivos «κόλπος» (13,23) e «στῆθος» (13,25; 21,20: únicas ocorrências) são utilizados para referir o «peito» de Jesus, sobre o qual se reclina o DA (respectivamente 13,23 e 13,25; 21,20). A posição parece justificar-se pela posição dos comensais à mesa[276]. No entanto, a outra única ocorrência de «κόλπος» em 1,18 refere-se ao «Unigénito que está [voltado] para o peito/seio do Pai (εἰς τὸν κόλπον τοῦ πατρός)», o que nos faz perceber um sentido mais profundo da palavra em 13,23. O peito é a parte exterior do coração, com todo o sentido simbólico que este tem na mentalidade bíblica[277]. O DA está «no peito de Jesus» precisamente porque «Jesus o ama» (ἐν τῷ κόλπῳ τοῦ Ἰησοῦ, ὃν ἠγάπα ὁ Ἰησοῦς), ou seja, o gesto exterior corresponde ao interior, como comunhão de vida[278]. E, assim como em 1,18 se afirma que o Filho, «voltado para o peito/seio do Pai» é que O deu a conhecer (no sentido de o «descrever/interpretar»: ἐξηγήσατο)[279], assim também parece afirmar-se, com esta posição do DA sobre o peito de Jesus, a sua

---

[276] O verbo «ἀνάκειμαι» («estar reclinado»: 13,23.28) faz referência ao costume greco-romano, difundido também no Mediterrâneo, de comer reclinado à mesa apoiado sobre o braço esquerdo, pelo que o DA para falar com Jesus teve de se reclinar sobre o seu peito: cf. K. WENGST, Vangelo, 538 nota 51.

[277] O coração é o centro da vida interior, onde têm lugar e origem todas as forças e funções da pessoa, do ser e do agir do homem e, portanto, é a ele que Deus, de um modo particular conhece e se dirige. Para um maior desenvolvimento sobre este sentido no AT, no helenismo e no NT, com as respectivas passagens bíblicas: cf. F. BAUMGÄRTEL, «καρδία», 193-213.

[278] Este é também o sentido da palavra em Lc 16,22.23: Lázaro, que morreu, é levado para o «peito/seio» de Abraão. A palavra expressa, através da plasticidade da imagem, a comunhão e intimidade de Lázaro com Abraão (sobre este motivo e sobre o sentido de comunhão íntima que a palavra manifesta: cf. R. MEYER, «κόλπος», 764-766).

[279] É única ocorrência no QE. Cf. Lc 24,35; At 10,8; 15,12.14; 21,19.

relevância e autoridade para apresentar e revelar a pessoa de Jesus e a sua missão.

Por outro lado, como concluímos, em 7,37-39 (II,3.2.3.e), «κοιλία» sublinha, sobretudo, o novo nascimento do crente, «pela água e Espírito» (3,3ss), que o faz entrar na dimensão da eternidade. Trata-se do dom da vida íntima de Cristo, o dom do ES, que será oferecido pela elevação e glorificação de Jesus (3,14; 7,39). O «ventre» aparece com uma conotação maternal, que faz a ponte entre a invisibilidade da natureza íntima de Jesus (o ES) e a oferta desta vida ao crente, como num novo nascimento, pela sua morte e ressurreição.

A «πλευρά» (19,34; 20,20.25.27) não se refere a um órgão em especial, mas ao «lado», no sentido do «costado» ou «flanco»[280]. O seu carácter «visível» é sublinhado nas ocorrências do cap. 20 e é um dos sinais da continuidade corporal entre o Crucificado e o Ressuscitado. No entanto, o acto de «trespassar o lado» faz com que o interior de Jesus (sangue e água) se manifeste exteriormente (19,34). O «lado trespassado» permite que, num primeiro momento se constate a morte real de Cristo, mas «imediatamente» faz surgir da sua carne aberta (exterior) a manifestação do seu interior: o sangue e água. A sua função parece ser a de apresentar a ligação entre a «invisibilidade» da vida íntima de Jesus e a sua manifestação (visibilidade).

4.1.4 Conclusão: o corpo de Jesus, lugar teológico

Em síntese, podemos afirmar que todo o «corpo» de Jesus é lugar da presença de Deus, mas as palavras que pormenorizam aspectos ou partes do corpo apresentam *nuances* diferentes.

O «corpo» de Jesus sublinha, sobretudo, a visibilidade da sua pessoa e liga-a, de forma particular, à sua morte e ressurreição. A realidade corporal de Jesus faz a ponte entre a continuidade e a descontinuidade que há entre o Jesus crucificado e o Ressuscitado: continuidade, como é claro pela presença dos estigmas; descontinuidade, porque não é facilmente reconhecível e tem propriedades que permitem a sua presença sem limitações espaciais. Assim, o «corpo» refere-se à «pessoa» de Jesus, que, embora diferente, continua a mesma depois da ressurreição. Por outro lado, a sepultura do corpo de Jesus sublinha não só a sua judaicidade, como também a sua realeza divina. Ao considerar o seu

---

[280] No NT só aparece em At 12,7, para dizer que um anjo golpeou Pedro no flanco.

próprio corpo, terreno e ressuscitado, como «Templo», Jesus auto-apresenta-se como a presença visível de Deus no meio dos homens, com todas as consequências salvíficas que a presença de Deus implica (e que continuam depois da ressurreição).

A «carne» e o «sangue» sublinham, de forma particular, a natureza humana de Jesus e o mistério da encarnação. A «carne» enquanto aspecto visível dessa humanidade; o sangue como o veículo da vida da pessoa. Este aspecto visível da vida humana de Jesus é a plasticização do conceito imaterial de «ψυχή». Por isso, não há grande distinção entre «carne» e «corpo», embora cada um apareça com uma *nuance* diferente. De facto, «tornar-se carne» (1,16) é a possibilidade de assumir a visibilidade do corpo humano e o «corpo» torna visível não só a carne (temporalidade da encarnação), como também a eternidade do Verbo (1,1) e a contemplação da sua glória, a que tinha junto do Pai (1,14). Por isso, não se trata de uma «kenósis», mas de uma manifestação.

E esta manifestação tem consequências soteriológicas: a «plenitude da graça da verdade» (1,14), própria do Filho junto do Pai (παρὰ πατρός: eternidade), é dada à comunidade crente («da sua plenitude todos recebemos…»: 1,16) através de Jesus Cristo (encarnação/temporalidade: 1,17) e que consiste na revelação do conhecimento de Deus (1,18)[281]. Assim, a revelação da imaterialidade e da eternidade de Deus dá-se na materialidade e temporalidade da «carne» de Jesus e na possibilidade de «ver» Jesus (no seu corpo), a quem é necessário «receber» na fé (1,11-12). Comer a sua carne e beber o seu sangue (veículo da sua vida humana e interior) é participar da sua «vida» divina (invisível).

A realidade da sua natureza humana não é anulada pela sua morte e ressurreição; no glorificado está presente a sua humanidade e a sua corporeidade, embora transformada.

Por seu lado, as diferentes palavras que aparecem referidas a «partes» do corpo de Jesus, funcionam como «ponte» entre aquilo que se *vê* e o que é *invisível*, entre o que é perceptível aos sentidos e o que o é apenas pela fé. Assim, o «lado» (πλευρά: 19,34), pela abertura provocada pela lança, faz com que o interior de Jesus, a sua vida íntima, se manifeste exteriormente (sangue e água). Se a materialidade do sangue remete para a invisibilidade da «ψυχή» de Jesus, que significado tem a água? Permaneçamos, por enquanto, no âmbito do corpo inquebrado e

---

[281] Por isso, D. LEE, *Flesh and Glory*, 36, considera a «carne» como «a core symbol in the Fourth Gospel».

do seu significado. Para isso, é importante termos em consideração o episódio de 19,23-24.

4.2 *Um episódio paralelo propedêutico: a túnica «indivisa/inquebrada» (19,23-24)*

Para além do contexto de todo o QE, à luz do qual podemos ler as consequências da morte de Jesus, é preciso, ainda, considerar o episódio da «túnica indivisa» (19,23-24) que se encontra, na secção narrativa do Calvário, em paralelismo concêntrico com 19,31-37 (cf. I,1.2). De facto, em ambas se sublinha o carácter «indivisível/inquebrável»: da túnica (19,23-24) e do «corpo» de Jesus (19,33). Em que sentido este episódio ilumina a nossa perícope?

4.2.1 O episódio

João refere que «quando crucificaram Jesus» os soldados tomaram as suas vestes (τὰ ἱμάτια) e delas fizeram quatro partes (μέρη), uma parte (μέρος) para cada um. A divisão das vestes encontra paralelo no Sinópticos (Mt 27,35; Mc 15,24; Lc 23,24), mas estes limitam-se a referir a divisão (διαμερίζω) das vestes (τὰ ἱμάτια), sem referirem as «quatro partes» e sem a apresentarem como um «cumprimento» da Escritura (embora ele seja implícito, pois o vocabulário é o do Sl 21,19 LXX). Por outro lado, o QE acrescenta um outro elemento: a decisão dos soldados de «não dividir» (μὴ χίσωμεν) a túnica (ὁ χιτών) de Jesus, porque era «sem costura (ἄραφος), tecida toda de uma só peça desde o alto (ἐκ τῶν ἄνωθεν ὑφαντὸς δι᾽ ὅλου)» e de «lançar sortes (λάχωμεν)» sobre ela. O cumprimento da Escritura, segundo João, diz respeito quer às vestes, quer à túnica: «ἵνα ἡ γραφὴ πληρωθῇ [ἡ λέγουσα], Διεμερίσαντο τὰ ἱμάτιά μου ἑαυτοῖς καὶ ἐπὶ τὸν ἱματισμόν μου ἔβαλον κλῆρον» (19,24). Ora, estes dados permitem-nos perceber que João dá uma particular importância quer às «quatro partes», quer à túnica e à sua indivisibilidade. Por quê?

4.2.2 Interpretação

A túnica refere-se à roupa interior de Jesus (ὁ χιτών), por contraposição às vestes (τὰ ἱμάτια), que são a roupa exterior[282]. Mas, os autores

---

[282] Cf., p. e., Mt 5,40; W. RADL, «ἱμάτιον», 1994-1995; R. BROWN, *Evangelio*, II, 1303-1304; R. SCHNACKENBURG, *Evangelio*, III, 336; I. de la POTTERIE, *La passione di Gesù*, 110-111.

dividem-se em dois blocos, no que respeita à interpretação do significado da túnica: os que pensam referir-se à veste do Sumo-Sacerdote[283] e os que lhe dão um significado eclesial (a unidade dos crentes)[284]. Moyise, que é desta opinião, reconhece a dificuldade de sustentar o simbolismo eclesial, na medida em que «is problematic that this garment is taken away from Jesus by the soldiers»[285]. Schnackenburg rejeita as duas hipóteses e estabelece um paralelismo entre a «túnica» que é tirada a Jesus e o auto-despojamento do manto no episódio do lava-pés (13,4), pelo que a cena teria um significado cristológico (Jesus entrega a sua pessoa e os seus bens terrenos)[286]. Qual, pois, o significado: cristológico ou soterio-eclesiológico? E em que sentido?

É preciso ter em conta três aspectos: o sentido simbólico das «vestes» na concepção bíblica; o contexto do QE; considerar conjuntamente os dois factos (o «repartir» das vestes e a «indivisibilidade» de túnica) e lê-los à luz do contexto imediato.

a) *O significado das vestes*

Na mentalidade bíblica, a veste tem um simbolismo concreto: ela é expressão da pessoa e do seu interior[287].

---

[283] É o caso de, p. e., J. HEIL, *Blood and Water*, 89-92; L. MORRIS, *Evangelio*, II, 440 nota 55. A tese tem por base o facto de *Ant.*, 3,161 utilizar o mesmo substantivo «χιτών» referido à indumentária sacerdotal como uma peça única. No entanto, como faz notar R. SCHNACKENBURG, *Evangelio*, III, 337, trata-se do «manto» que o Sumo-Sacerdote usava, cingido com um cinto de ouro (cf. Ap 1,13), e, por outro lado, «es muy problemático que en el EvJn desempeñe algun papel la cristología del sumo sacerdote». Cf. I. de la POTTERIE, *La passione di Gesù*, 98.111.

[284] Como I. de la POTTERIE, *La passione di Gesù*, 111-120; R. FABRIS, *Giovanni*, 974-975; B. LONGENECKER, «The Unbroken Messiah», 433-434; R. CULPEPPER, «The Theology», 27-28; F. MOLONEY, *Gospel*, 503; K. WENGST, *Vangelo*, 704; J. ZUMSTEIN, *L'Évangile*, 245.

[285] S. MOYISE, *The Old Testament*, 69.

[286] Cf. R. SCHNACKENBURG, *Evangelio*, III, 338. F. MANNS, *L'évangile et la sagesse*, 258-260, por seu lado, pensa no véu do Templo. Outros, como J. BERNARD, *A Critical and Exegetical Commentary*, II, 631-632, não lhe dão um significado especial. Para uma leitura mais desenvolvida sobre as diversas hipótese, ver a síntese apresentada por R. FABRIS, *Giovanni*, 973-975; R. BROWN, *La morte del Messia*, 1075-1078.

[287] «Dans la Bible le vêtement n'est jamais un élément accidentel: il exprime la personnalité, sa dignité et son rang social»: F. MANNS, *L'évangile et la sagesse*, 257. Assim, p. e., os Sinópticos falam da vestes resplandecentes de Jesus transfigurado

Esse é também o sentido de «ἱμάτιον» em 19,2.5: na primeira referência, Jesus é revestido pelos soldados com um «manto de púrpura», significando a sua dignidade real; no segundo, Jesus vem para fora, com o mesmo manto (e a coroa de espinhos), e é apresentado por Pilatos através do célebre: «Eis o Homem». Ora, estas ocorrências confirmam que também em João as vestes são a exteriorização simbólica da dignidade da pessoa (aqui sublinhando o carácter real de Cristo, importante em toda a Paixão).

b) *As vestes divididas em quatro partes*

O facto do QE acrescentar, em relação aos Sinópticos, o repartir das vestes em «quatro partes» deve ser tido em consideração, ao contrário do que faz a maior parte dos comentaristas[288], que, mesmo quando o fazem, é apenas para sublinhar o número de soldados correspondente ao número das «partes»[289]. Ora, a citação da Escritura diz respeito não só à túnica («lançaram sortes») mas também às vestes («repartiram»).

Tendo em consideração que o Gólgota, no QE, está tecido de factos, *todos* carregados de simbolismo, pensamos que a referência exclusiva de João às «quatro partes» não é apenas factual (pois, além disso, não há referência às «vestes» dos outros crucificados)[290], mas tem um significado cristológico e soteriológico a descortinar[291].

A última referência a «ἱμάτιον» acontece (ainda que no singular)[292]

(Mc 9,3, par.) ou do manto poderoso do Salvador (Mc 5,27.28.30 par.; 6,56 par.; Mt 14,36): cf. W. RADL, «ἱμάτιον», 1996.

[288] A maior parte sublinha apenas a importância da túnica indivisa. Cf., p. e., R. SCHNACKENBURG, *Evangelio*, III, 336; R. FABRIS, *Giovanni*, 973-975; K. WENGST, *Vangelo*, 701-704.

[289] Cf. C. BARRETT, *Gospel*, 550; X. LÉON-DUFOUR, *Lectura*, IV, 107-112; L. MORRIS, *Evangelio*, II, 439-440; J. ZUMSTEIN, *L'Évangile*, 245.

[290] O repartir dos bens dos justiçados pelos soldados era um costume: cf. J. ZUMSTEIN, *L'Évangile*, 244.

[291] E, por isso, não podemos concordar com aqueles que negam qualquer significado a todo o episódio de 19,23-24, como J. BECKER, *Das Evangelium*, II, 696.

[292] O facto de se usar plural em 19,23 não é significativo, pois também Mc 5,27.30, referindo ao manto de Jesus, usa indistintamente o singular e o plural, no sentido de «vestes» em geral. Aliás, em 13,4.12 percebe-se, pelo contexto, que, embora use o plural, se está a referir ao manto (não a todas as vestes). Na Paixão, além da túnica apenas há referência a uma outra veste: a capa «real» que os soldados colocam sobre Jesus; ao distinguir-se «as vestes» da «túnica», a atenção do leitor é posta sobre

em 19,2 para falar, como vimos, da capa púrpura que os soldados (os mesmos sujeitos de 19,23-24) colocam sobre Jesus, para significar, exteriormente, a sua dignidade real. Ora, tendo em conta a sequência da narração, o leitor depreende que «as vestes» de 19,23 são, sobretudo, uma referência a esse «manto» real. Aliás, a realeza de Jesus é o tema do contexto anterior (19,18-22), ao qual há uma ligação gramatical, estabelecida pelo «οὖν» de 19,23 (que retoma o que está antes) e pelos verbos no aoristo do indicativo (ἐσταύρωσαν / ἔλαβον) enquadrados pelo «ὅτε», que tornam as acções quase concomitantes («quando» e não «depois de»)[293].

Assim, na nossa perspectiva, o simbolismo «das vestes» (τὰ ἱμάτια) é, em primeiro lugar cristológico: a realeza do crucificado. O sentido soteriológico e eclesiológico é significado pelas «quatro partes».

A informação de que os soldados «fizeram quatro partes» (ἐποίησαν τέσσαρα μέρη), na nossa perspectiva, não procura acentuar a «divisão» das vestes, pois, por um lado, João não utiliza o verbo «σχίζω» (como para a túnica), mas o verbo «ποιέω» (o verbo «διαμερίζω» referido às vestes, só aparece na citação da Escritura) e, por outro, o uso do substantivo «μέρος» tem, no QE, um sentido positivo. De facto, em 13,8 refere-se ao ter «parte/participação» com Jesus (οὐκ ἔχεις μέρος μετ᾽ ἐμοῦ: Jesus diz a Pedro que se não o lavar, não terá parte com ele)[294].

Ora, o texto não diz que se rasgam as vestes, mas que do «todo» fazem quatro «partes», que são uma participação no «todo». E que significam estas «quatro partes» e este «todo»? Como vimos, segundo alguns, trata-se de uma referência à unidade dos filhos de Deus dispersos. Ora, esta leitura teria sentido se das «quatro partes» se fizesse uma só, mas o movimento é precisamente o contrário!... O «todo», tendo em conta o que vimos, refere-se à realeza de Cristo; as «quatro partes», tendo em consideração o contexto anterior (a universalidade da realeza de Cristo, proclamada nas três línguas: 19,20), refere-se à universalidade desta realeza[295]. De facto, os actores são os soldados, que representam aqui, juntamente com Pilatos, o império romano, o mundo pagão;

---

a capa de Jesus. Esta é também a leitura de J. MATEOS – J. BARRETO, *Evangelio*, 814-816.
[293] A ligação gramatical é defendida por R. SCHNACKENBURG, *Evangelio*, III, 335.
[294] A passagem permite-nos perceber a «parte» como uma *participação no «todo»* de Jesus (13,8).
[295] Cf. A. CHARBONNEAU, «Jésus en croix», 15.

as «quatro partes», como defende Mateos, referem-se aos quatro pontos cardeais, ou seja, à terra inteira (domínio do Império romano)[296].

Assim, temos em primeiro plano o significado cristológico (a realeza de Jesus crucificado) do qual depende o significado soteriológico e eclesiológico (um reinado — manto real — que se destina aos quatro cantos da terra), como participação das «partes» no «todo». E, como vimos (II,3.2.3.c), esse reinado consiste na participação na vida eterna. A «vida» é, pois, uma participação no «todo» de Jesus.

c) *A túnica «indivisa/inquebrada»*

A ênfase do episódio é posta, no entanto, na «não divisão» da túnica de Jesus: 19,24. A expressão utilizada para a resolução dos soldados é «μὴ σχίσωμεν». O verbo «σχίζω» significa «rasgar» no sentido de dividir em mais que uma parte[297]. A razão da resolução foi apresentada enfaticamente: «ἦν δὲ ὁ χιτὼν ἄραφος, ἐκ τῶν ἄνωθεν ὑφαντὸς δι' ὅλου» (19,23). Antes de analisarmos o episódio é preciso fazer uma ressalva, que poderia constituir uma objecção ao paralelismo entre 19,23-24 e 19,34.36: o verbo utilizado em 19,24 é diferente do usado em 19,34.36. Ora, a diferença dos verbos é exigida pela diferença do «material» do complemento: tecido (no primeiro episódio) e per-

---

[296] Cf. J. MATEOS – J. BARRETO, *Evangelio*, 815. O número «quatro» aparece em 4,35; 11,17; 19,23. Nas duas primeiras ocorrências simboliza uma quantidade indeterminada, cujo limite não é precisado (ao contrário do número «sete» que indica uma totalidade determinada e, por isso, acabada e perfeita). Assim, em 4,35 a expressão «quatro meses» refere-se a um tempo indeterminado que é o tempo da acção da Igreja (todo o futuro); em 11,17, pelo contrário, refere-se ao passado para sublinhar que Lázaro já está morto há muito tempo. Também o múltiplo «quarenta» se refere à duração de uma vida individual ou comunitária: cf. *Ibid.*, 248-249 nota 12. Portanto, o número é simbólico. Mas, em 19,23, o simbolismo é determinado: parece querer significar os quatro limites do mundo. Esta ideia é sustentada, p. e., por Mt 24,31 que refere os «quatro ventos» do Céu, para falar da reunião dos dispersos na parusia (ἐπισυνάξουσιν τοὺς ἐκλεκτοὺς αὐτοῦ ἐκ τῶν τεσσάρων ἀνέμων ἀπ' ἄκρων οὐρανῶν ἕως [τῶν] ἄκρων αὐτῶν); o mesmo em Mc 13,27. A expressão «a quarta parte da Terra» aparece em Ap 6,8 (τὸ τέταρτον τῆς γῆς), o que sublinha a ideia de que a totalidade da Terra tem «quatro partes», como é explícito em Ap 7,1: «quatro Anjos, colocados nos quatro cantos da terra, segurando os quatro ventos da terra (τέσσαρας ἀγγέλους ἑστῶτας ἐπὶ τὰς τέσσαρας γωνίας τῆς γῆς, κρατοῦντας τοὺς τέσσαρας ἀνέμους τῆς γῆς); cf. Ap 20,8.

[297] Cf. P. LOUW – E. NIDA, ed., *Greek-English Lexicon*, I, 225.

CAP. II: DA VONTADE DOS JUDEUS À REVELAÇÃO DE DEUS   153

nas/osso (no segundo). Mas o sentido é o mesmo: (não) destruir a unidade quer de um, quer de outro. Esclarecido este pormenor, avancemos.

Tendo em conta o que dissemos, a túnica, como veste «íntima» de Jesus, simboliza a sua pessoa, a sua íntima natureza. O facto de não ter costura releva a integridade da sua natureza, ou seja, que nele não há «divisão». Que natureza? A utilização da expressão «ἐκ τῶν ἄνωθεν» recorda a ocorrência do advérbio «ἄνωθεν» no Evangelho[298]: Nicodemos deve «ser gerado do alto» para entrar no Reino de Deus, que equivale a ser gerado da (ἐκ) água e do Espírito (3,3.5); o Baptista, no contexto da messianidade e da filiação divina de Jesus (3,28.36), fala dele como «aquele que vem do alto (ἄνωθεν)», que equivale a «vir do (ἐκ) Céu» por contraposição ao que «é da (ἐκ) terra» (3,31)[299]; Jesus diz a Pilatos que este «nenhum poder» teria sobre ele, se não lhe tivesse sido dado «do alto» (ἄνωθεν: 19,11)[300]. Assim, a preposição sublinha, em todas as passagens, o mundo divino; é ele a origem de Jesus (3,31) e dele vem a vida (divina) oferecida no novo nascimento (3,3.7). O sentido do advérbio é pois teológico-cristológico e soteriológico[301]. A natureza da túnica é descrita como tecida «desde o alto» (subentende-se «até abaixo»). Se a túnica simboliza a pessoa de Jesus, a expressão «ἐκ ἄνωθεν» significa, na nossa perspectiva, a origem e, portanto, a *natureza divina* de Jesus e remete para a sua unidade com o Pai («eu e o Pai somos um»: 10,30). O facto que seja uma túnica e, portanto, simbolize a visibilidade da pessoa, sublinha a sua *natureza humana*. Estas duas naturezas são «sem costura», ou seja «indivisíveis» e, como tal, se manifestarão no corpo de Jesus[302].

---

[298] 5x: 3,3.7.31; 19,11.23 (apenas 8x no resto do NT).
[299] Repare-se o uso da preposição «ἐκ», que sublinha a origem.
[300] Cf. ainda o uso de «ἄνω» em 11,41 (onde o «alto» é o lugar onde está Deus) e 8,23 (que refere a origem de Jesus).
[301] Cf. J. MATEOS – J. BARRETO, *Evangelio*, 814; K. SANDNES, «Whence and Whither».
[302] R. CULPEPPER, «Designs for the Church in the Jesus' Death», 387-388, dá importância ao advérbio, mas interpreta-o como uma referência a Deus e pensa no pormenor «sem costura» como uma designação da obra de Deus. Esta nossa interpretação cristológica encontra ainda fundamento na ligação semântica do verbo «σχίζω», utilizado pelos soldados, ao uso de «σχίσμα» ao longo do QE (7,43; 9,16; 10,19). A «separação/divisão» (σχίσμα) acontece sempre entre a multidão/fariseus/Judeus (respectivamente) por causa da origem e, consequentemente, a identidade/natureza de Jesus (cf. 7,40-44; 9,16.22.29.33). O que é causa de divisão entre os Judeus não o é para o cego curado: «se esse homem não viesse de junto de Deus (παρὰ θεοῦ) nada

Também aqui, do sentido cristológico depende o soteriológico e eclesiológico[303]: a «unidade» de Jesus, que se manifesta na cruz, ou seja, a revelação cristológica que a sua «exaltação» e «glorificação» possibilitam, tem consequências: «reunir em um, os Filhos de Deus dispersos» (11,50-52). Jesus «elevado» cumpre a palavra que anunciara: «quando for elevado da terra, atrairei todos a mim» (12,32). Por isso, é relevante que o verbo «σχίζω» ocorra apenas uma outra vez no QE (21,21) para referir que a rede, embora cheia de peixes, «não se rompeu/dividiu». Ora, esta simboliza a acção da Igreja que, dirigida pela palavra do seu Senhor (21,6) é pescadora de «homens» (Mc 1,17 par.; cf. II,3.2.2), das ovelhas que «serão» de Cristo (10,16). Trata-se do Rei-Pastor divino[304], que, «pondo a sua vida», reúne, como Pastor «único», as suas ovelhas em «um só rebanho» (10,16). A túnica indivisível significa, pois, num segundo nível, aqueles que pertencem (e pertencerão) a Cristo, unidos «em um» no único Rei-Pastor. Esta unidade está explicitada no episódio que se segue da entrega recíproca que Jesus faz da Mãe e do DA, na presença de outros discípulos, junto à cruz (19,25-27), tal como é defendido por vários autores[305]. Mas, podendo ir um pouco mais longe, é, talvez, possível que, tal como a referência à Mãe, ao DA e aos outros discípulos, é simbólica (no sentido de referir as ovelhas que já são suas), também os soldados sejam uma imagem daqueles que «não são deste pátio» e que é preciso que, pela sua morte e ressurreição, o Pastor-Rei «reúna», de forma a haver «um só rebanho e um só pastor», «sem divisão» (10,16). A este reindado universal, corresponde a oferta universal da vida divina.

O episódio surge como propedêutico e como «imagem» daquele que o concretiza e realiza: a morte de Jesus e o seu o corpo «inquebrado».

---

poderia fazer» (9,33). Cf. L. DEVILLERS, *La saga de Siloé*, 94. Em 10,19, a palavra surge como consequência do discurso do Bom Pastor, com o significado cristológico, eclesiológico e soteriológico que lhe vimos.

[303] Também J. ZUMSTEIN, *L'Évangile*, 246, defende uma ligação entre a cristologia, a eclesiologia e a soteriologia, embora numa perspectiva algo diferente da nossa.

[304] Sobre a correspondência Pastor/Rei no QE, cf. J. LÓPEZ, «Todo el que», 94-96.

[305] A ligação estabelece-se gramaticalmente pelo uso do «μέν», com que termina 19,24, e que encontra a sua continuidade no «δέ» com que começa 19,25. Como diz I. de la POTTERIE, *La passione di Gesù*, 116: «il fatto simbolico [19,23-24] è presentato per preparare la realtà e per farla capire». Cf. R. FABRIS, *Giovanni*, 974-975; B. LONGENECKER, «The Unbroken Messiah», 433-434; F. MOLONEY, *Gospel*, 503; G. ROUILLER, *«Voici l'homme»*, 114; K. WENGST, *Vangelo*, 704; J. ZUMSTEIN, *L'Évangile*, 245.249.

4.3 *Significado teológico e cristológico do corpo «inquebrado»*

Tal como preparado ao longo do QE, a primeira consequência da morte de Jesus é a revelação cristológica. Tal é, portanto, o sentido primeiro do corpo «inquebrado».

4.3.1 Revelação da natureza de Jesus

O corpo-Templo de Jesus (visível; 2,21), onde se manifesta a presença de Deus (invisível), mantém-se «inquebrável» na cruz, ou seja: na visibilidade da sua humanidade, permanece «inquebrável» a manifestação da divindade. Tal como a túnica indivisa e tecida de «alto a baixo como uma só peça» (19,23-24), o corpo «inquebrado» manifesta, na humanidade, a «inquebrantabilidade» da natureza divina e humana de Jesus.

De facto, o momento da «elevação» do seu corpo na cruz, é o momento da manifestação da sua divindade (8,28). Trata-se de uma revelação, que implica o *ver* (visibilidade do corpo) e a *fé* (invisibilidade da natureza divina de Jesus), tal como se percebe na comparação da «elevação» de Jesus com o episódio da «elevação» da serpente de bronze (3,14-15).

4.3.2 Manifestação da unidade Pai-Filho

No contexto do anúncio da sua «elevação» pelos Judeus como momento da manifestação da divindade de Jesus (8,28), Jesus afirma que «o Pai não o deixa sozinho» (8,29; cf. 8,16), expressão mais explicitamente referida à Paixão em 16,32: «Eu não estou sozinho, porque o Pai está comigo».

A unidade Pai-Filho tinha sido afirmada no Templo, no contexto da festa da Dedicação: perante nova pergunta sobre a messianidade de Jesus, este vai mais longe, ao afirmar a sua total identificação com o Pai: «eu e o Pai somos uma coisa só» (ἐγὼ καὶ ὁ πατὴρ ἕν ἐσμεν: 10,30). A «testemunha» qualificada desta realidade são as «obras» que Jesus realiza em nome do Pai (10,25)[306], que manifestam a presença recíproca do Pai e do Filho (10,38). Ora, esta obra é proclamada como «consumada» precisamente na cruz, epifania do amor de Deus pelo mundo (3,16; 19,30).

---

[306] Cf. 5,17.30.36.

O corpo inquebrável de Jesus, enquanto Templo, ou seja, «lugar» visível da presença do Pai, manifesta a «inquebrantabilidade» da unidade-presença Pai-Filho: «The depth of Jesus' unity with God is disclosed by the crucifixion, which was his consummate act of obedience to God's will on earth and the way he rejoined the Father in heaven»[307].

4.4 *Significado sotério-eclesiológico do corpo «inquebrado»*

O corpo «inquebrado» de Jesus, que manifesta a unidade não só da sua natureza, como da sua relação com o Pai, evoca, ao mesmo tempo na mente do leitor, tudo o que antes se afirmara sobre o efeito unitivo da morte do Senhor. Perante o corpo «inquebrado» de Jesus, o leitor recorda-se do que fora dito por Jesus: é no seu corpo/grão de trigo que morre, que se produz o «muito fruto» anunciado (12,24); é no seu corpo morto e «inquebrado» que se dá a unidade de todos os que ele «atrai» (12,32), congregando «em um os filhos de Deus dispersos» (11,50-52). A unidade da natureza de Jesus e deste com o Pai é a garantia da unidade de todos aqueles que a sua morte atrai a si, de forma a haver «um só rebanho, um só pastor» (10,16; cf. 17,11)[308]. Esta unidade é prefigurada na túnica indivisa de Jesus, na qual não há divisão e na participação na sua realeza (vestes).

4.5 *O corpo «inquebrado», do qual sai «sangue e água»*

O «sangue e água», que saem «imediatamente» do lado de Jesus (ἐξῆλθεν εὐθὺς αἷμα καὶ ὕδωρ), são uma consequência do seu corpo se manter «inquebrado». Por outras palavras, são uma consequência da sua morte, mas dependente da «unidade» do seu corpo. Por isso, este segundo facto deve ser interpretado à luz do primeiro: é do «corpo inquebrado» de Jesus, (no qual se manifesta a unidade da sua natureza pessoal e com o Pai e a consequência unitiva da sua morte) que brotam o «sangue e água». Mas qual o significado?

4.5.1 Sentido literal: certificar a morte de Jesus

O acto de trespassar o lado de Jesus com a lança destina-se, no sentido lógico e literal do texto, a certificar que Jesus está verdadeiramente

---

[307] C. KOESTER, *Symbolism*, 250 (cf. pp. 235-239).
[308] Cf. C. KOESTER, *Symbolism*, 250.

morto³⁰⁹. O sangue e água, manifestam a verdadeira natureza humana de Jesus, a verdade da sua encarnação³¹⁰. De facto, segundo os cânones da fisiologia antiga, o corpo humano é composto de sangue e água³¹¹ e chamam ao liquido colorido, que flui das feridas, «ἰχώρ» ou «ὕδωρ»³¹².

No entanto, quer o facto de não quebrarem as pernas, quer o de trespassar o lado, é descrito pelo evangelista como acontecimentos que decorrem quer para cumprimento da Escritura (19,36-37), quer como objecto de fé e de testemunho (19,35). Há, portanto, um segundo nível, simbólico³¹³, que, com base no primeiro, convida o leitor a ir mais longe. Mas onde?

4.5.2 Significado simbólico: a leitura da fé

A riqueza simbólica da água e sangue, que saem do lado de Jesus, deu origem às mais diversas interpretações, que podemos sistematizar do seguinte modo³¹⁴:

1) trata-se de um dado histórico, com explicação médica³¹⁵;
2) rebate as doutrinas docetistas³¹⁶ e não tem outra intenção que não seja mostrar que Jesus encarnou verdadeiramente³¹⁷;
3) o sangue simboliza a vida profunda de Jesus e a água o ES, que é o Espírito de Jesus³¹⁸, pelo que a morte de Jesus é o início da missão do ES, cuja missão é a de aprofundar a revelação cristológica³¹⁹;

---

³⁰⁹ Assim, p. e., R. SCHNACKENBURG, *Evangelio*, III, 357. O QE não é apenas simbólico, mas a verdade da fé baseia-se na verdade dos factos: cf. J. ROBINSON, «His witness», 453-454. Nesta perspectiva e no que se refere à Paixão, cf. P. ANDERSON, «Gradations of Symbolization».

³¹⁰ Cf. J. ZUMSTEIN, *L'Évangile*, 258.

³¹¹ Assim também na mentalidade judaica: cf. R. SCHNACKENBURG, *Evangelio*, III, 357.545 nota 86.

³¹² Cf. C. KOESTER, *Symbolism*, 201.

³¹³ Cf. D. SENIOR, *La Passione di Gesù*, 126, embora não concordemos que o significado salvífico se refira apenas ao «potere salvifico della sua morte», como veremos em seguida.

³¹⁴ Apresentamos apenas um autor representativo de cada. Seguimos, em parte e desenvolvendo, a sistematização de E. MALATESTA, «Blood and Water», 171-172.

³¹⁵ Cf. A. SAVA, «The Wound», 343-346.

³¹⁶ Cf. J. BERNARD, *A Critical and Exegetical Commentary*, II, 647.

³¹⁷ Cf. J. WILKINSON, «The Incident», 171.

³¹⁸ Cf. I. de la POTTERIE, «Le symbolisme», 220-221.

³¹⁹ Cf. S. STANCATI, *Gv 19,31-37*, 186.244-249.258.

4) simbolizam a purificação como sacrifício[320] de expiação[321]; é a água (ES) que dá ao sangue o seu significado expiatório[322];
5) são símbolo da continuidade entre o crucificado (sangue) e o exaltado, que, pela fé, oferece a revelação e a salvação[323];
6) indicam que o ES pode ser dado porque Jesus morreu (7,39; 1Jo5,6-8), tratando-se, pois, de um simbolismo proléptico (em relação a 20,22)[324] e destina-se a todos os que têm fé (dimensão eclesial, presente no testemunho de 19,35)[325]; a água é um símbolo do Espírito, que se torna eficaz pela morte de Jesus[326];
7) o lado aberto do corpo de Jesus simboliza o novo Templo[327] de onde corre a água como símbolo da fonte escatológica de Zacarias[328];
8) o lado aberto recorda o preceito de *Pes* 74b, que ordena a abertura do ao cordeiro pascal, para que possa jorrar o sangue[329];
9) o simbolismo deve ser lido à luz da aplicação do *midrash Êxodo Rabba* 3,12-13, em que Deus anuncia um terceiro sinal que só se realizará quando Moisés bater duas vezes na rocha de Meribá: primeiro sai sangue (castigo) e só depois água (graça concedida a Israel); este *midrash* serve de suporte ao episódio das Bodas de Caná, que só atingem o seu significado quando a água e o sangue jorram do lado de Jesus[330];
10) são símbolo do nascimento humano e, no contexto, remetem para Gn 2,21: como Eva foi criada do lado de Adão, assim a Igreja nasceu do lado de Cristo[331];
11) são símbolos de vida na morte humana e, por isso, simbolizam o ministério de Jesus e a permanência da sua vida humana na Igreja,

---

[320] Cf. M. MIGUENS, «Salió sangre y agua», 8.
[321] Cf. B. GRIGSBY, «The Cross», 61-62.
[322] Cf. M. de BOER, *Johannine Perspectives*, 297.
[323] Cf. H.-J. VENETZ, «Zeuge des Erhöhten», 103-104.
[324] Cf. M. VELLANICKAL, «Blood and Water», 149-150.
[325] Cf. R. BROWN, *Evangelio*, II, 1364-1365.
[326] Cf. J. WINANDY, «Le témoignage», 24-26.
[327] Cf. M. RIGATO, «Gesù, l'Agnello di Dio», 105.
[328] Cf. A. CARMINATI, *È Venuto nell'Acqua e nel Sangue*, 80.
[329] Cf. N. FÜGLISTER, *Il valore salvifico*, 69.
[330] Cf. M. REMAUD, «Jean et les traditions juives», 562-564.
[331] Cf. D. SAWYER, «Water and Blood», 304-305.

através dos sacramentos³³²: a água simboliza o baptismo e o sangue a eucaristia³³³.

Esta panóplia de opiniões exegéticas faz-nos perceber, por um lado, a riqueza dos símbolos, mas, por outro, a dificuldade na sua interpretação. Na nossa perspectiva, para entendermos o significado simbólico da expressão é necessário ter em consideração, separadamente, quer o simbolismo do sangue, quer o da água e, num segundo momento, o facto de os dois estarem unidos na expressão indefinida «sangue e água», enquadrada pelo advérbio «εὐθύς» (imediatamente).

O simbolismo é, portanto, «descontínuo», ou seja, é necessário interpretar cada um dos símbolos, para, num segundo momento, entendermos o significado do conjunto. Este significado tem de ter em conta dois elementos que, normalmente, não são considerados pelos exegetas: 1) o símbolo, no QE, tem camadas de sentido: em primeiro lugar é teológico-cristológico e, só depois, soteriológico-eclesiológico; 2) o «sangue e água» devem ser lidos à luz daquilo que lhes serve de enquadramento: o corpo «inquebrado» de Jesus.

a) *O «sangue» e a «ψυχή» de Jesus*

Como vimos (II,4.1.2), «sangue» e «ψυχή» são dois termos correspondentes, em que o primeiro plastifica a invisibilidade do segundo. Se o simbolismo da «carne» e do «corpo» se refere à visibilidade desta natureza, o «sangue» manifesta a vida íntima de Jesus, e, tornando-se visível pela acção do soldado, é a revelação do princípio vital (invisível) da sua «ψυχή». Ao mesmo tempo, trata-se de uma manifestação cristológica, na medida em que a doação da sua vida humana (ψυχή) fora anunciada como um «poder» divino sobre a própria vida (10,18) como uma manifestação do amor recíproco, da relação, Pai-Filho (10,17). Por outro lado, como visibilidade da «ψυχή» de Jesus, recorda o que Jesus anunciara no discurso do Bom Pastor: Jesus «porá» a sua vida humana (ψυχή) para que as suas ovelhas tenham «ζωή» (10,10), ou seja, participem na vida divina e para que haja «um só rebanho»

---

³³² Cf. E. MALATESTA, «Blood and Water», 176.177 (entre muitos outros significados que o autor apresenta em 174-177).
³³³ Cf. R. KIEFFER, *Le monde symbolique*, 88. Para D. MOLLAT, «Ils regarderont», 100-101, o episódio remete para o baptismo de «água e sangue», mas como a conclusão de um processo de conversão, tal como foi anunciado pelos profetas.

(10,15-16), pelo que a referência ao «sangue» tem também um sentido soteriológico e eclesiológico, enquadrado pelo amor (15,13). Assim, o «sangue» tem um simbolismo múltiplo:

1) manifesta que Jesus morreu verdadeiramente e que, tal como tinha anunciado, «pôs» a sua vida humana;

2) manifesta visivelmente a vida humana e íntima de Jesus (ψυχή), a sua encarnação;

3) recorda o leitor do «poder» divino que Jesus tem sobre a vida;

4) recorda os efeitos soteriológicos e eclesiológicos deste «pôr» a vida.

b) *A «água»: a revelação e o ES*

O termo «ὕδωρ» em 19,34, aparece como «the culmination of the living water theme»[334], que tem, no QE, 21 ocorrências, o que, comparando com os Sinópticos, demonstra predilecção do evangelista pelo termo. A palavra é referida à água com que João baptiza (1,26.31.33; cf. 3,23), à que Jesus transforma em vinho (2,7.9bis; 4,46), à «água e espírito» da qual é preciso nascer (3,5), à com que Jesus lava os pés aos discípulos (13,5)[335]. Mas, sobretudo, o tema é importante em dois episódios fundamentais: no diálogo de Jesus com a samaritana (onde ocorre 8x: 4,7.10.11.13.14tris.15) e em 7,38 onde o evangelista identifica a «água» com o Espírito. Os dois episódios estão ligados pelo uso do termo «ὕδωρ ζῶν» (4,10.11; 7,38: únicas ocorrências) expressão que dá ao substantivo uma conotação especial. Por fim, a palavra ocorre na nossa perícope (19,34). As interpretações sobre o seu significado simbólico no QE variam.

No AT, Deus é chamado frequentemente «fonte de água viva» (Jr 2,13; Sl 36,9; Is 12,3). Mas também a Sabedoria e a Lei eram simbolizadas com esta expressão (Br 3,12; Eclo 24,23-33), pelo que a «água» se refere, algumas vezes, à Lei (cf. Am 8,11-12) e à Sabedoria (Eclo 15,3; 24)[336]. Isto leva a que exegetas vejam no símbolo a *revelação* divina de Jesus[337]. Para outros, e tendo também em consideração o AT

---

[334] L. JONES, *The Symbol of Water*, 211.
[335] Refere-se ainda à água da piscina em 5,7.
[336] Para um estudo destes textos, cf. A. LUPO, *La sete*, 26-33.
[337] Cf. F. RAURELL, «El costado abierto», 95 nota 8; S. PANCARO, *The Law*, 473-485; H.-J. VENETZ, «Zeuge des Erhöhten», 104.

(p. e., Is 44,3-4), a água é *símbolo do ES*[338]. Outros defendem a dupla significação: *revelação e ES*[339].

Como faz notar Koester, o significado da palavra, no QE, está quase sempre ligado ao «lavar-se/purificar-se» e ao «beber»[340]. Para entender o seu significado, é necessário proceder a uma breve resenha exegética do uso do vocábulo.

Em 1,33 o testemunho do Baptista apresenta duas expressões que, com construções iguais, contrapõem dois tipos de baptismo: o seu «ἐν ὕδατι» (com água); o de Jesus «ἐν πνεύματι ἁγίῳ» (com o Espírito Santo). O facto que Jesus baptize «com o Espírito Santo» é consequência do mistério da sua natureza íntima; ele é possuidor do Espírito. O baptismo com água do Baptista é apenas uma preparação para a vinda de Jesus (1,26-27.33)[341]. O mesmo sentido tem a água transformada em vinho, nas bodas de Caná (2,1-12). Regressemos a este episódio. As seis talhas destinadas à purificação dos Judeus e que Jesus manda encher de água (2,6-7) para a transformar em vinho messiânico (2,9) simbolizam a Lei[342], que, por um lado, espera um dom mais perfeito (o seis indica imperfeição)[343] e, por outro, a continuidade entre o dom dado por Moisés e a «graça verdadeira» dada em Jesus (1,17)[344], que leva à plenitude o dom anterior, na medida em que apenas ele, enquanto «voltado para o seio do Pai» é o único que o pode dar a conhecer (1,18). O tema da «hora» ainda não chegada (2,4) remete a plenitude deste dom para o mistério da exaltação e glorificação de Jesus[345].

---

[338] Cf., p. e., G. BURGE, *The Anointed Community*, 96-99.

[339] Cf. R. BROWN, *Evangelio*, I, 424-425; C. KOESTER, *Symbolism*, 181-191; A. LUPO, *La sete*, 136-144.191-194. Para uma apresentação das diversas opiniões, cf. L. JONES, *The Symbol of Water*, 28-34.

[340] Cf. C. KOESTER, *Symbolism*, 176.

[341] Cf. G. de VIRGILIO, «L'impiego di ὕδωρ», 793 794; J. BEUTLER, «Resurrection», 251.

[342] O dom da Lei não aparece só no símbolo da água, mas é evocado no enquadramento temporal do relato («ao terceiro dia»), expressão que evoca o dom da Lei no Sinai, quando se revela a glória de Deus (Ex 19,16: τῇ ἡμέρᾳ τῇ τρίτῃ).

[343] Cf. G. de VIRGILIO, «L'impiego di ὕδωρ», 794-795 nota 35. Cf. II,3.2.3.d.

[344] Cf. F. MOLONEY, *Gospel*, 68. O facto de que a água seja posta nas talhas por ordem de Jesus (2,7) permite-nos colocar a possibilidade que o evangelista pretenda apresentar o dom da Lei como algo em que Jesus está implicado, enquanto Palavra eterna e divina (1,1); assim, Moisés escreveu acerca de Jesus (5,46).

[345] Com este «princípio dos sinais» Jesus manifesta a sua glória (2,11), cuja epifania acontecerá na cruz, com a manifestação da natureza de Jesus e a dádiva do ES. A tese de A. LUPO, *La sete*, desenvolve-se a partir desta ideia fundamental, de que Jesus,

A *água* de João prenuncia o *ES* de Jesus e, por outro lado, estabelece uma diferença qualitativa entre a natureza de João e a de Jesus (1,30.34)[346], tal como a água de Caná estabelece a continuidade, mas também a diferença qualitativa entre o dom da Lei e o dom da *revelação* oferecido em Jesus, que conduz à manifestação da glória, que, por sua vez, provoca a fé dos discípulos[347].

Esta diferença qualitativa é estabelecida em 3,5, quando Jesus afirma a Nicodemos que é preciso «γεννηθῇ ἐξ ὕδατος καὶ πνεύματος» («ser gerado da água e Espírito»), que equivale a «γεννηθῇ ἄνωθεν» («ser gerado do alto»: 3,3) e é condição para «entrar no Reino de Deus» (3,5)[348]. A água já não é a de João, mas a que vem «do alto», ligada intrinsecamente ao Espírito. A expressão «ἐξ ὕδατος καὶ πνεύματος» causa problemas de interpretação, dando origem a exegeses que podemos agrupar em três perspectivas[349]: 1) a água refere-se à purificação, tendo em consideração o baptismo de João; 2) a água relaciona-se com a procriação; 3) a água como referência ao baptismo cristão. Morris situa-se na segunda explicação, mas entendendo o «καί» como endíade (a definição é nossa), significando «nascer da água espiritual». Na nossa perspectiva, tendo em consideração quer a expressão correspondente em 3,3 («nascer do alto»), quer o uso da preposição única para a expressão, a leitura mais correcta parece-nos ser a epexegética, como endíade, mas com o sentido de «nascer da água, *isto é*, do Espírito»: a «água» (visível) simboliza o Espírito (invisível)[350].

O Espírito é a personificação da vida divina, a vida eterna, de que Jesus está cheio (3,34; cf. 1,32.34). A água torna-se, assim, símbolo da vida eterna, da vida divina, ou, por outras palavras, do Espírito San-

---

como cume e plenitude da revelação e dador do ES, é a resposta de Deus, que supera qualquer esperança, à sede do homem.

[346] Segundo C. KOESTER, *Symbolism*, 178.181, a água do baptismo de João não lava os pecados do povo, mas apenas serve de enquadramento para apresentar Jesus como aquele que, cheio do ES, é «o Cordeiro de Deus que tira o pecado do mundo». Da mesma opinião é L. JONES, *The Symbol of Water*, 37-51.

[347] Cf. L. JONES, *The Symbol of Water*, 51-65.

[348] Cf. G. de VIRGILIO, «L'impiego di ὕδωρ», 795.

[349] Cf. L. MORRIS, *Evangelio*, I, 255-259.

[350] Cf. M. VELLANICKAL, *The Divine Sonship*, 186; X. LÉON-DUFOUR, *Lectura*, I, 231-232; L. JONES, *The Symbol of Water*, 74; J.-M. SEVRIN, «L'ombre de la croix», 262.

to³⁵¹. Por isso, a Lei dada através de Moisés é levada à plenitude pela «graça verdadeira» acontecida em Jesus (1,16), pois não é na Lei que se encontra o dom da vida divina, mas exclusivamente em Jesus (5,39-40)³⁵².

Esta identificação simbólica da água com a «vida eterna» é clara em 4,14: «quem beber da água que eu lhe darei [note-se o futuro δώσω] nunca mais terá sede. Pois a água que eu lhe der tornar-se nele fonte de água jorrando para a vida eterna». Não se trata já da água que a samaritana conhecia, mas de uma «ὕδωρ ζῶν» (água vivente), adjectivada com o particípio do verbo «ζάω», que, tal como o substantivo «ζωή», designa a vida divina, a «vida eterna», que o crente receberá como dom de Jesus³⁵³. A mesma expressão «ὕδωρ ζῶν» volta a ocorrer em 7,38, e, através dela, o QE dá resposta à pergunta da samaritana («de onde tens a água vivente?»: 4,11)³⁵⁴. Jesus anuncia, no último dia da Festa dos Tabernáculos, que «a água vivente» jorrará de seu seio, ou seja do seu interior (7,38)³⁵⁵. Quer o anúncio feito à samaritana, quer o da Festa dos Tabernáculos, remete a concretização deste dom da água/Espírito para o futuro, que, como vimos, acontecerá na «elevação/exaltação» (3,14-15) e «glorificação» (7,39) de Jesus (cf. 6,62-63; 17,1-2). Na declaração de Jesus à samaritana, em 4,10, estabelece-se uma ligação intrínseca entre conhecer a identidade de Jesus e o dom da água viva: «the giver and the gift must be understood together»³⁵⁶. Ora, é, precisamente, na cruz que o leitor é exortado a reconhecer a natureza íntima de Jesus (19,35) e, assim, a receber o dom do ES. Por isso, não há

---

³⁵¹ Como afirma R. CULPEPPER, *Anatomy*, 193, a ênfase não é colocada no baptismo, mas no facto de que, sem o ES, aquele «is defective». Para uma apresentação das diversas posições sobre a relação água/Espírito, cf. M. VELLANICKAL, *The Divine Sonship*, 181-186.

³⁵² «the coming of Jesus Christ is not just God's χάρις (gracious gift); it is the *true* χάρις»: R. EDWARDS, «χάριν ἀντὶ χάριτος», 201.

³⁵³ Cf. II,3.2.3.a. Para um estudo da «água» em Jo 4, da sua ligação ao Templo e do *background* da literatura bíblica e judaica, cf. S. UM, *The Theme of Temple Christology*.

³⁵⁴ Por isso, a samaritana, por não ter ainda capacidade para entender, utiliza o mesmo advérbio (πόθεν) que, como vimos, é usado para interrogar a origem misteriosa de Jesus (4,11; cf. 7,27bis.28; 8,14bis; 9,29.30; 19,9; em 2,9 refere-se à origem do vinho, símbolo de Jesus e dos tempos messiânicos). De relevar que o mesmo advérbio tinha sido utilizado para falar da origem misteriosa, porque de Deus, do Espírito (3,8).

³⁵⁵ Cf. II,3.2.3.«+ Do interior de Jesus para os discípulos».

³⁵⁶ C. KOESTER, *Symbolism*, 187.

qualquer incompatibilidade na leitura da «água» como símbolo da revelação e do ES, pois como afirma Jesus, o ES «vos ensinará tudo e vos recordará tudo o que eu vos disse» (14,26). É o ES que permite entender o sentido mais profundo da revelação de Jesus. Por tal, ele é o «Espírito da Verdade» (14,17; 15,26; 16,13) e as palavras de Jesus «são Espírito e Vida» (6,63).

Desta forma, a água simboliza, concomitantemente, *a revelação e o ES*, o qual permite não só a compreensão da «verdade plena» da revelação (16,13; cf. 14,26), como a purificação que acontece por intermédio dessa compreensão (15,3; cf. 13,10). Isto permite o novo nascimento pela «água e Espírito», que é entrada no Reino de Deus (3,3.5), ou seja, participação na vida divina, a própria vida de Jesus.

c) *O significado da expressão «saiu imediatamente sangue e água»*

Tendo em conta o simbolismo do «sangue» e da «água» podemos considerar agora o seu significado conjunto em 19,34.

A falta de artigos definidos nos substantivos da expressão «sangue e água» (αἷμα καὶ ὕδωρ) levou Ford a considerar o «καί» como epexegético, lendo a expressão como «sangue misturado» ou «fluído» (cf. I,3.1.1.d)[357]. Embora nos pareça que o texto não apresente suporte para uma leitura à luz dos textos sacrificiais rabínicos, esta leitura como endíade, é, no entanto, sugestiva[358]. De facto, a nível dos acontecimen-

---

[357] J. FORD, «Mingled Blood», 337, baseia-se no *Talmud Oholoth* c 3 5, onde se fala do sangue de um crucificado, distinguindo entre o sangue que corre e o sangue que goteja, considerando-os como «sangue misturado» e que Rabi Eleazar descreve como «água». O autor apresenta o argumento para defender a mesma ideia de Miguens, apresentada infra, de que o sangue de Jesus, misturado com água, é valido para o sacrifício. No entanto, M. MIGUENS, «Salió sangre y agua», 23-24, não concorda com esta ideia, visto que se a intenção do evangelista fosse apenas dizer que água misturada no sangue não invalidou o sacrifício, bastava-lhe ter omitido o facto. Concordamos plenamente com este autor, mas não no desenvolvimento que faz a seguir, para tentar provar que há uma relação entre o «sangue e água» e Hb 9,19, e aasim dizer que, como Moisés consagrou a antiga a Aliança com sangue e água, também Jesus (*Ibid.*, 25-26). Ora, por um lado, o texto de Ex 24,5-8, onde se baseia Hb 9,19, apenas fala no sangue (não na água) e, por outro, embora possamos admitir, com este autor, que o texto de Hb 9,19 é fruto da tradição oral, não temos qualquer suporte para afirmar que ambos conheciam essa tradição. A argumentação é muito rebuscada.

[358] «On plutôt les deux éléments semblent se mêler pour n'en plus former qu'un seul»: I. de la POTTERIE, «Le symbolisme», 220; cf. A. EVANS, *Word and Glory*, 181-182.

tos, como era possível à testemunha (19,35) distinguir os dois elementos (água e sangue) separadamente? Naturalmente, a principal preocupação não é histórica, mas simbólico-teológica. Num primeiro nível, cristológico, o facto significará que as naturezas humana (sangue) e divina (água/Espírito) de Jesus são indissociáveis e que, por isso, se manifestam conjuntamente na sua morte, tal como fora anunciado. Num segundo extracto de sentido, o soteriológico, significará que na vida doada de Jesus (sangue) acontece o dom do ES, como epifania da sua revelação e salvação (água). São acontecimentos inseparáveis, ou seja, «inquebráveis»[359].

O advérbio «εὐθύς» (imediatamente), que refere o modo da saída do «sangue e água», dando ao facto um forte dinamismo, é, na nossa perspectiva (tendo em conta que é desnecessário na narração), uma referência à vivacidade quer do sangue, quer da água[360], o que recorda a «água vivente» anunciada, ou seja, o ES (água) oferecido «imediatamente» na morte (sangue) de Jesus[361].

d) *Conclusão: o «lado» aberto — a manifestação do invisível*

O «lado» aberto permite que se torne visível, aquilo que até agora estava escondido no interior de Jesus: o mistério da sua pessoa. A acção do soldado permite que se manifeste a vida íntima de Jesus, numa revelação em *primeiro lugar cristológica*: Jesus é verdadeiro homem, que oferece a sua vida biológica (ψυχή) manifestada no «sangue»; mas é também verdadeiro Deus, repleto da invisibilidade da vida divina, do ES (3,34), que se manifesta na visibilidade da «água». Aquilo que estava escondido e que correspondia ao ser mais profundo de Jesus, manifesta-se, pelo «lado» aberto, aos olhos da fé (daí a importância do «ver» da testemunha ocular e o seu «testemunho» destinado à fé dos leitores:

---

[359] Por uma questão metodológica, deixamos para o cap. IV o estudo da possibilidade sacramental do «sangue e água».

[360] E não apenas para enfatizar a acção, como diz L. JONES, *The Symbol of Water*, 210.

[361] Segundo M. MIGUENS, «Salió sangre y agua», 16-17, que faz uma leitura tipológica do episódio à luz do ritual judaico da imolação do cordeiro, a finalidade do advérbio «εὐθύς» é a de relevar a preocupação do evangelista em mostrar como o sacrifício de Jesus foi válido, pois segundo as regras rituais, o sangue devia sair ainda quente, não coalhado. A leitura, rebuscada, baseia-se na leitura do episódio à luz da citação de 19,36, entendida como uma referência ao cordeiro pascal. Assim também J. FORD, «Mingled Blood», 338.

19,35). Em *segundo lugar*, trata-se de uma epifania *eclesiológica e soteriológica*, recordando o que Jesus anunciara no discurso do Bom Pastor e na Festa dos Tabernáculos: pela sua vida biológica oferecida, o Bom Pastor concede aos seus a vida divina, a vida de Deus, ou, numa palavra, o ES[362]; pelo seu lado aberto, que atesta a sua morte, Jesus, repleto do ES (3,34) cumpre o que anunciara em 7,37-39, para que o Espírito, a vida divina, «esteja» nos discípulos «para sempre» (14,16) congregados num «único rebanho» (10,16)

4.6 Conclusão

O corpo de Jesus é, no QE, um lugar teológico, no qual se torna visível a presença invisível da divindade. Por isso, ele é corpo-Templo (2,12). O vocabulário do campo semântico do corpo de Jesus é usado pelo evangelista para sublinhar a encarnação e, como através dela, o crente pode contemplar não só a glória de Jesus (1,14.18) e a sua natureza divina (8,28), como a presença do Pai (2,12) e a relação «inquebrável» deste com o Filho (10,30.38; cf. 8,16.29; 16,32).

O significado do corpo «inquebrado» de Jesus é preparado não só ao longo do QE, como, de uma forma particular, no episódio concêntrico da túnica «indivisa/inquebrada» (19,23-24), onde se revela a natureza (humana e divina) «indivisível» de Jesus, cuja realeza, manifestada na cruz, se destina a todos os homens (as «quatro partes» das vestes/manto real). Por isso, o corpo morto e «inquebrado» recorda o leitor da consequência «unitiva» da sua morte: a atracção de todos (12,32; cf. 11,52), para que «um único rebanho» seja formado pelo «único pastor» (10,16).

O facto que o corpo «inquebrado» seja a consequência imediata da constatação da morte de Jesus e que o «sangue e água» saiam deste corpo «inquebrado», faz perceber a segunda acção depende da primeira. O «lado» trespassado de Jesus, permite que se torne visível o que até então era invisível: a vida íntima de Jesus. O seu «sangue» como manifestação da sua «ψυχή» humana doada, é revelação da sua vida divina, o ES (água). Ambas são «indissociáveis/inquebráveis» e como tal se manifestam.

---

[362] «The spear that pierced Jesus' side demonstrated that he was dead; yet the water that came forth revealed that in death he was the source of live»: C. KOESTER, *Symbolism*, 203; cf. R. BROWN, *Evangelio*, II, 1365.

Se o primeiro sentido de revelação é cristológico, este tem, no entanto, consequências soteriológicas: através da doação da sua vida biológica e íntima (sangue), Jesus derrama sobre os seus a vida de Deus, a revelação e o ES (água), pelo que o ES, que «habita» em Jesus passa a «estar» no crente, fazendo-o entrar na esfera da soberania e da intimidade divinas, da sua própria vida (eterna), ou seja, no Reino de Deus, unido a «um só rebanho», fruto da morte do único Rei-Pastor (10,16).

Assim, os dois episódios têm camadas de simbolismo que é necessário respeitar: em primeiro lugar o sentido é teológico-cristológico e apenas em segundo lugar (e como consequência do primeiro) soteriológico-eclesiológico.

5. Conclusão

À atitude incrédula, legalista, mortífera e destruidora de «os Judeus», contrapõe-se a revelação do projecto de Deus: a vida. A constatação dos soldados, que ao chegarem a Jesus «o viram já morto» (19,33) recorda o leitor que Jesus morre não porque os Judeus assim o querem, mas porque Deus o estabeleceu. Por isso, o plano dos Judeus não é concretizado em Jesus: o seu corpo permanece «inquebrado» e, por isso, é trespassado. Isto remete o leitor ao contexto de todo o Evangelho, convidando-o a ler a morte de Jesus à luz do que fora anunciado ao longo do QE e, por outro lado, a ver o corpo «inquebrado» e trespassado (consequências do «já» estar morto) como a evocação visível daquilo que fora predito como consequências da sua morte.

Assim, Jesus não morre porque «era a preparação» da Páscoa (19,31), mas porque chegou a «hora» da sua Páscoa (passagem) deste mundo para o Pai (13,1). Por isso, ele segue para o Calvário como cordeiro pascal (19,14). O seu «levantamento» pelos Judeus (8,28) é «exaltação» por Deus (3,14;12,32) e «glorificação» (7,39; 12,16.23.28; 13,31.32; 17,1.5), que implica uma revelação visível. Esta «hora» corresponde a uma necessidade salvífica (δεῖ), na qual se revela o cumprimento da vontade do Pai e o «poder» livre e divino de Jesus (10,17-18). Trata-se de uma auto-santificação/consagração pelos discípulos, entregando-se como verdadeiro cordeiro pascal. Assim, ao contemplar o corpo morto de Jesus, o leitor entende que nele se cumpre «ἐν παρρησίᾳ», o que tinha sido anunciado «ἐν παροιμίαις».

Da mesma forma, as consequências da morte de Jesus, tinham sido preparadas ao longo do QE. Será um momento que terá consequências: a revelação cristológica (da sua natureza divina: 8,28), mas também soteriológica e eclesiológica. A sua morte é «em favor de» (ὑπέρ) a unidade, fruto da atracção de todos (11,52; 12, 24.32), formando «um só rebanho e um só pastor» (10,16), de forma a que todos possam participar na própria vida divina, recebida pela fé, subtraindo-se, assim, ao poder do «Príncipe deste mundo» (12,31) e entrando na soberania do Reinado de Deus (3,3ss). Esta vida divina, o ES, que «habita» em Jesus, pela sua morte «estará» nos discípulos.

A contemplação da visibilidade do corpo de Jesus é exortação a ver, na fé, a manifestação da invisibilidade da sua natureza humana e divina, que simbolizada na túnica «indivisa/inquebrável» é plasticizada no seu corpo «inquebrado», no qual se reúne o «único» rebanho do «único pastor», participando da realeza de Cristo, do reinado de Deus (cf. 4,2.2.b). É dele, e como sua consequência, que sai «sangue e água», cujo simbolismo descontínuo, faz perceber como o sangue, manifestação visível da sua vida íntima e doada (ψυχή), é revelação cristológica e indissociável da sua vida divina, do ES (água). Através da «vida posta» do Bom Pastor, o crente recebe a água da revelação e do ES, a própria vida de Deus.

Desta forma, a morte não é fonte de destruição, mas de «unidade» e de vida (sangue e água)[363] pelo que o plano dos Judeus é sobreposto pelo plano de Deus.

Este plano de Deus manifesta-se também na Escritura. Por isso, o evangelista utiliza duas citações (19,36-37) e recorre, em «eco», a outros símbolos e metáforas veterotestamentários, para ajudar o leitor a perceber o corpo «inquebrado» e trespassado de Jesus como o culminar e o redimensionar da toda a história da salvação. Assim, no corpo «inquebrado» de Jesus se manifesta a unidade da Escritura e da história da salvação. Como? E porque é que não analisámos, antes destas conclusões, as citações da Escritura?

---

[363] Cf. C. BARRETT, *Gospel*, 556-557; L. JONES, *The Symbol of Water*, 211.

CAPÍTULO III

O «cumprimento» de toda a Escritura

O significado do episódio é iluminado com duas citações da Escritura: «osso não lhe será quebrado» (19,36) e «olharão para o que trespassaram» (19,37).

O facto que o evangelista apresente estas citações ajuda-nos a confirmar como a ênfase do episódio é posta no corpo «inquebrado» e trespassado e, só num segundo momento, no «sangue e água».

Ora, se o próprio evangelista nos dá uma chave de leitura, por que não interpretámos imediatamente o episódio (tal como o faz grande parte dos autores) à luz das citações da Escritura? Por duas razões fundamentais. Em primeiro lugar, porque, como afirmámos na introdução e agora procuraremos demonstrar, no QE, não é tanto a Escritura a iluminar a cristologia, como esta a redimensionar a Escritura. Por isso, era importante estudar primeiro a cristologia para agora podermos entender o sentido *cristológico* da Escritura, ou dito de outra forma, entender como a cristologia redimensiona a Escritura. Em segundo lugar, porque as citações, como outras no QE, não correspondem exactamente a nenhum texto do AT (TM ou LXX), o que nos obriga a determo-nos nelas, para procurarmos demonstrar como também este facto releva o facto de a cristologia redimensionar a Escritura.

Esta ideia de fundo permitir-nos-á aproximar das citações de 19,36-37 com um enquadramento diferente daquele que, muitas vezes, é utilizado pelos exegetas (não são tanto as citações que iluminam os factos, mas os factos que, enquadrados pela visão do QE, iluminam o verdadeiro sentido das citações, redimensionando-as) e perceber como o evangelista faz confluir para os acontecimentos de 19,31-37 toda a história da salvação, «fundindo-a» na metáfora do corpo-Templo de Jesus, imagem onde «resume» o sentido teológico, cristológico, eclesiológico e soteriológico de todas as outras que apresentou (ao Templo dedicaremos o capítulo seguinte).

1. A Escritura dá testemunho de Jesus e Jesus «enche» o sentido da Escritura

Entender a forma como o QE utiliza a Escritura de Israel é essencial para perceber as citações de 19,36-37.

O evangelista usa o AT (tal como os espaços e os tempos sacros de Israel) de acordo com a apresentação da sua teologia e cristologia. De facto, o recurso à Escritura acontece sempre para falar da origem, da natureza e da missão de Jesus. Ou seja, o princípio hermenêutico da interpretação da Escritura de Israel é a cristologia do evangelista[1].

Moyise faz notar como a maneira de introduzir uma citação da Escritura é diferente na primeira e na segunda partes do QE: na primeira parte as citações são introduzidas com o verbo «γράφω», através das fórmulas «está escrito...», «como diz a Escritura...», ou outra similar (cf. 1,23; 2,17; 6,31.45; 7,38; 10,34; 12,14-15); na segunda parte, a fórmula muda, utilizando-se o aoristo conjuntivo passivo de «πληρόω»: «para que fosse cumprida...» (12,38-40; 13,18; 15,25; 17,12; 18,9.32; 19,24.28.36-37)[2]. A única excepção nesta segunda parte é 19,28, que usa o aoristo conjuntivo passivo de «τελειόω» no meio de outras duas formas do verbo similar «τελέω» (no indicativo perfeito passivo), que sublinham a consciência de Jesus de que tudo chegou ao fim (τετέλεσται: 19,28.39).

Qual o significado deste uso diferente na primeira e segunda partes do Evangelho? Na nossa perspectiva, na primeira parte pretende-se afirmar a Escritura como testemunha de Jesus, no contexto das grandes controvérsias com os Judeus; na segunda, sublinhar como o acontecimento da cruz redimensiona todas as expectativas e, portanto, a própria Escritura.

---

[1] Cf. P. MILLER, «They Saw His Glory», 128 (todo o artigo se desenvolve com base nesta perspectiva).

[2] Cf. S. MOYISE, *The Old Testament*, 64; A. EVANS, *Word and Glory*, 174-176; S. PORTER, «Can Traditional Exegesis?», 402-403. A única excepção nesta segunda parte é 19,28, que usa o aoristo conjuntivo passivo de «τελειόω» no meio de outras duas formas do verbo similar «τελέω» (no indicativo perfeito passivo), que sublinham a consciência de Jesus de que tudo chegou ao fim (τετέλεσται: 19,28.39): cf. M. HENGEL, «The Old Testament», 33. No entanto, nem 19,28, nem 17,12 são citações directas e 18,9.32 não se referem à Escritura mas à palavra de Jesus.

1.1 *Toda a Escritura dá testemunho de Jesus*

A palavra «γραφή» ocorre 12x no QE[3], sempre definida, excepto em 19,37, onde é acompanhada do adjectivo «ἑτέρα» e está ligada à definição da «Escritura» no versículo anterior. Ocorre também sempre em singular (excepto em 5,39) e referindo-se à Escritura de Israel. O verbo «γράφω» ocorre 22x, mas apenas 10 se referem à Sagrada Escritura de Israel[4] e, neste sentido, ocorre na boca de Jesus, dos discípulos, na pena do narrador e uma na boca da multidão (6,31). Nunca na boca dos «Judeus».

1.1.1 A Escritura

A primeira ocorrência acontece na pena do narrador aquando da purificação do Templo referida aos discípulos: «recordaram-se os discípulos dele que isto dissera e acreditaram na Escritura e na palavra que disse Jesus» (2,22). Uma citação da «Escritura» aparece como justificadora da acção de Jesus (2,17), mas é caminho para falar do corpo de Jesus como a «casa» do Pai (2,16.21), de tal modo que a sua palavra é colocada, pelo narrador, como objecto de fé, ao mesmo nível da Escritura. É a este testemunho, que as Escrituras dão de Jesus, que ele próprio se refere na segunda ocorrência, aquando da controvérsia sobre o sábado: «Procurais as Escrituras [plural] porque pensais ter nelas a vida eterna; ora, são elas que dão testemunho de mim; vós, porém, não quereis vir a mim para terdes a vida» (5,39-40). Recusar Jesus implica recusar a Escritura, que está em função dele, e exclui a participação na vida, que, ao contrário do que pensam os Judeus, não está no «escrito» mas na Palavra que é Jesus (5,37). Esta ideia é bem explícita na terceira ocorrência: «se alguém tem sede, venha a mim e beba o que acredita em mim. Como diz a Escritura: do seu seio jorrarão rios de água viva» (7,37-38). Os judeus recusam-se a «ir» a Jesus (5,39) e procuram a «vida» na Escritura (5,39), quando esta testemunha que apenas aquele que «vai» a Jesus pode receber a «vida», simbolizada na «água viva» (7,37). Esta atitude dos Judeus em relação a Jesus/Escritura, é posta em

---

[3] 2,22; 5,39; 7,38.42; 10,35; 13,18; 17,12; 19,24.28.36.37; 20,9.
[4] 1,45; 2,17; 5,46; 6,31.45; 8,17; 10,34; 12,14.16; 15,25. No fim do Evangelho, o verbo está ligado ao que «está escrito» no QE: 20,30.31; 21,24.25bis. Deixamos de lado a ocorrência de 8,8, que se refere a Jesus que escreve na terra (cujo sentido é dúbio e não podemos entrar aqui nesse problema) e o episódio da placa escrita por Pilatos (que insiste no verbo «escrever»: 19,19bis.20.21.22bis).

relevo imediatamente a seguir (quarta ocorrência): enquanto alguns acreditam, outros justificam com a Escritura a sua recusa em acreditar: «Porventura pode o Cristo vir da Galileia? A Escritura não diz que o Cristo será da descendência de David e virá de Belém, a cidade de onde era David?» (7,41b-42). É precisamente sobre a sua natureza como «Filho de Deus» que Jesus evoca de novo a Escritura (quinta ocorrência) para, num argumento «a fortiori»[5], mostrar como a Escritura «não pode ser anulada/quebrada», mas atinge o seu significado naquele «que o Pai consagrou e enviou ao mundo» (10,35; cf. 10,33-36).

Na segunda parte do Evangelho a palavra ocorre, sobretudo, para revelar como nada na Paixão acontece, mesmo (e sobretudo) o mais negativo, que não fosse da vontade de Deus, já prevista na Escritura[6]. Em 20,9 o narrador explica a reacção de Pedro e do DA no sepulcro por «ainda não terem entendido a Escritura segundo a qual era necessário ele ressuscitar dos mortos»[7].

A «Escritura» (e a «Lei» como parte dela: cf. II,1.3) tem, no QE, uma utilização e uma finalidade cristológicas: ela dá *testemunho de Jesus, da sua origem e do seu destino, da sua natureza e missão*, mesmo no momento mais dramático da sua vida: a Paixão e morte. Acreditar na Escritura equivale a acreditar que ela se refere a Jesus; recusar Jesus implica recusar a Escritura e a vida eterna (5,39-40).

---

[5] Cf. D. MOLLAT, «Evangelho», *in loco*.

[6] As duas primeiras ocorrências surgem na boca de Jesus: em 13,18 para explicar a traição de Judas como um cumprimento, o que de novo é retomado em 17,22. As outras acontecem nas intervenções do narrador, quase todas no Calvário: em 19,24 para explicar a divisão das vestes de Jesus e o lançamento de sortes sobre a túnica; em 19,28 apresentando a sede de Jesus como um levar «ao fim/ao extremo» (o verbo usado, ao contrário das outras ocorrências é $\tau\epsilon\lambda\epsilon\iota\acute{o}\omega$ e não $\pi\lambda\eta\rho\acute{o}\omega$), após o que exclama: «Está consumado» (19,30: verbo $\tau\epsilon\lambda\acute{\epsilon}\omega$); em 19,36 (a que está unido 19,37) para explicar os factos das pernas não serem quebradas a Jesus e o do seu lado ter sido trespassado. A respeito da traição de Judas, como «cumprimento» da Escritura, é interessante a leitura interpretativa que R. VIGNOLO, *Personaggi*, 200, apresenta para a afirmação de 17,12: «nenhum deles se perdeu (excepto o filho da perdição/destruição) para que se cumprisse a Escritura». Esta leitura permite perceber a traição de Judas como um gesto livre e não como algo necessário para que se cumprisse a Escritura, o que não teria qualquer sentido (Judas não seria um traidor, mas cumpridor do projecto de Deus!...). Não se trata de alguém destinado à perdição (C. BARRETT, *Gospel*, 508), mas que se entregou à perdição/destruição. Em 13,18 o «cumprimento» refere-se a Jesus como o Justo traído pelo comensal amigo.

[7] No início (2,22) e no fim (20,9) a compreensão da Escritura pelos discípulos está ligada à ressurreição de Jesus.

1.1.2 O verbo «γράφω»

Perante a murmuração dos Judeus sobre a origem celestial de Jesus, este invoca o que «está escrito» nos Profetas para se apresentar como o cumprimento de «todos serão ensinados por Deus» (6,45). Ele é «aquele acerca de quem escreveu Moisés, na Lei, e os Profetas», como afirma Filipe (1,45) e o próprio Jesus reiterará (5,46). Na medida em que «está escrito na Lei» que o testemunho de duas pessoas é válido, Jesus, acerca do qual fala a Lei, pode dar testemunho de si mesmo (da sua origem e do seu destino: cf. 8,14) em conjunto com o Pai (8,17-18; cf. 5,39).

Em 6,31 a multidão cita o que «está escrito» (sem dizer onde): «deu-lhes a comer um pão do Céu»[8] e Jesus dá-lhes o verdadeiro significado («não foi Moisés quem vos deu o pão do Céu; meu Pai é que vos dá o verdadeiro Pão do Céu»: 6,32), apresentando-se como o verdadeiro Pão do Céu, alimento de eternidade (6,33ss). A passagem revela como o que «está escrito», quer por Moisés (5,46), ou seja, a Lei (8,17; 10,34; 15,25), quer pelos profetas (6,45) não só dá testemunho de Jesus, da sua natureza e da sua missão, como é Jesus que lhe confere o verdadeiro sentido. Por isso, o narrador releva em 2,17 «recordaram-se os seus discípulos que está escrito: "o zelo pela tua casa devorar-me-á"» e em 12,15-16, na citação de Zc 9,9s e no comentário que se segue, «quando Jesus foi glorificado, então [os discípulos] recordaram-se que todas estas coisas estavam escritas sobre ele e que estas coisas ele realizou». Isto significa que tudo estava previsto no plano salvífico de Deus, que a Escritura revela e que tal é cumprido *em* Jesus e que é nele que ganha o seu significado mais profundo. Assim, também as palavras dos Profetas, ou os gestos de Moisés. Em que medida?

1.1.3 Moisés/Lei e os Profetas

A Escritura de Israel divide-se em duas grandes partes. A Lei de Moisés e os Profetas (a que se acrescentam os Escritos). Quer uma, quer outra dão testemunho de Jesus[9].

Ligado à «Lei», cujo conteúdo como «Escritura» vimos no capítulo anterior (II,1.3.2), está, inevitavelmente, o nome de Moisés (Μωϋσῆς),

---

[8] Literalmente, não corresponde a um texto em particular: pode ser uma referência a Ex 16,4 ou 16,15 ou ainda ao Sl 77,24.

[9] Para o uso dos Salmos pelo QE e da relação do Prólogo com a tradição sapiencial, cf. J. BEUTLER, *L'ebraismo e gli Ebrei*, 58-61 e 54-57, respectivamente. Para o Sl 118, em particular, cf. A. BRUNSON, *Psalm 118*.

que ocorre 13x no QE, sempre na primeira parte do Evangelho[10]. Aparece, sobretudo, como o escritor da Lei e é como tal que é contraposto a Jesus logo no Prólogo: «a Lei foi dada através de Moisés, a graça e a verdade aconteceram através de Jesus Cristo» (1,17). O uso do passivo teológico (ἐδόθη) para Moisés e da voz activa (ἐγένετο) para Jesus colocam-nos em planos diferentes: Moisés foi intermediário para o dom da Lei; em Jesus *acontece* o dom da graça e da verdade, porque apenas ele viu Deus do seio do qual saiu (1,18)[11]. De facto, enquanto «Deus falou a Moisés» (9,28-29), em Jesus cumpre-se o anunciado nos Profetas: «todos serão ensinados por Deus» (6,45), o que contrapõe qualitativamente as duas revelações. Pela mesma razão, enquanto Moisés foi intermediário de Deus para o maná do deserto, Jesus é o verdadeiro Pão do Céu dado pelo Pai (6,32ss). E a diferença é substancial, pois o maná não livrou da morte, enquanto que o Pão, que é Jesus, é comida de eternidade (6,48ss). No entanto, Moisés aponta para Jesus, não só porque escreveu acerca dele (5,46-47: não se diz onde, pelo que se entende que se refere à Lei na globalidade) como os gestos que realizou preparam e são imagem dos gestos de Jesus, como é o caso do Pão que *desceu* e da serpente *levantada*: duas imagens que correspondem à *descida* de Jesus de junto do Pai e à sua *subida* de novo para junto dele, ambas com um profundo sentido revelador e salvífico e que respondem à questão sobre a origem de Jesus (9,28-29). O episódio da serpente levantada por Moisés é uma imagem do levantamento de Jesus (3,14), mas um sinal que, mais uma vez, não só é cumprido como superado por Jesus, pois enquanto a serpente livrava da morte física aqueles que para ela olhavam (Nm 21,4-9), Jesus *levantado* dará a vida eterna àqueles que nele crêem (3,15-16)[12]. O episódio remete para a nossa perícope e cumpre-se nela (19,37).

Da mesma forma, também «os Profetas», no geral[13], são invocados para testemunhar acerca da origem e da natureza de Jesus (1,45; 6,45) e

---

[10] 1,17.45; 3,14; 5,45.46; 6,32; 7,19.22bis.23; 8,5; 9,28.29.

[11] Segundo R. EDWARDS, «χάριν ἀντὶ χάριτος», o dom da Lei dada por Moisés, encontra o seu cumprimento no dom da «verdade» dado através de Jesus Cristo; cf. F. MOLONEY, *Gospel*, 40; II,4.5.2.b.

[12] Por isso, parece-nos um erro dizer que Jesus é o «novo Moisés», visto que enquanto este foi apenas intermediário, Jesus é o Unigénito de Deus e a própria Palavra eterna.

[13] A palavra «προφήτης», referida à Escritura, ocorre 4x: 1,23.45 6,45; 12,38. Todas, portanto, na primeira parte do Evangelho.

o «profeta» Isaías abre e encerra a primeira parte do QE: no início para enquadrar não só a missão do Baptista como o testemunho que ele dará de Jesus (1,23); no fim, quer para explicar a cegueira e consequente incredulidade dos Judeus, como algo previsto na Escritura, quer para, sobretudo, falar da origem e natureza divinas de Jesus, pois Isaías «viu a sua glória» (12,38-41)[14], a mesma que, pela encarnação, a comunidade é convidada a contemplar (1,14).

1.1.4 A Escritura, como um todo, dá testemunho de Jesus

É a consciência que «tutta la Scrittura parla di Gesù, quando è letta con l'intelligenza della fede»[15], que faz com que o QE não tem dificuldade em afirmar que Moisés (5,46) e a Escritura falam de Jesus (1,45; 5,39) e da sua ressurreição (2,22; 20,9), sem, no entanto, dizer onde.

Este princípio hermenêutico permite ao evangelista apresentar várias referências à Escritura, sem que, contudo, o leitor perceba com clareza a que passagem concreta se refere: p. e., a citação de 6,31 refere-se ao Sl 77,24 (LXX), a Ex 16,4 ou a Ex 16,5? O QE usa ainda as «citações» da Escritura fazendo confluir vários textos (p. e., em 12,14-15 combina vários textos proféticos: Zc 9,9; Is 40,9; Sf 3,14s)[16], ou alterando e adaptando os textos do AT, para apresentar a sua visão cristológica[17]. De facto, na medida em que *toda* a Escritura fala de Jesus, o evangelista, em jeito de *midrash targumimico*, faz confluir para um acontecimento mais do que uma referência do AT, de modo a iluminá-lo[18].

---

[14] O nome de Isaías ocorre 4x no Evangelho e 3 delas em 12,38-41, o que enfatiza o significado dos escritos deste profeta para interpretar a incredulidade dos Judeus como algo previsto por Deus. Outras referências implícitas aos escritos de Isaías aparecem no QE, como veremos.

[15] J. BEUTLER, *L'ebraismo e gli Ebrei*, 35. Para uma apresentação mais alargada do uso das referências ao AT, ver na mesma obra as pp. 31-38 e 39-61. Para um estudo mais aprofundado das ideias do autor, cf. ID., «The use of "Scripture"». Como diz P. MILLER, «They Saw His Glory», 134 :«What John says of the prophet Isaiah in 12,41 is true of all Old Testament witnesses: they saw Christ's glory and spoke of him».

[16] O mesmo acontece em 6,31; 7,38; 12,15.40; 13,10: cf. M. MENKEN, *Old Testament*, 52-53.157.

[17] Cf. E. ELLIS, *Prophecy*, 148; G. SCHUCHARD, *Scripture within Scripture*, xvi.

[18] Assim p. e., P. MILLER, «They Saw His Glory», 129, vê Jo 6 como um *midrash* do Sl 78,24: «Ele deu-lhes pão do Céu para comer». Para uma exposição sucinta dos princípios do método do *midrash targumímico*, cf. D. MUÑOZ LEON, «Derash neotestamentario», 667-671.

1.2 *Jesus ilumina e redimensiona a Escritura*

No entanto, se na exegese judaica o que está em causa é o uso da Escritura para iluminar uma passagem menos perceptível da própria Escritura, no QE o princípio iluminador é a *cristologia do evangelista*. Ou seja, o evangelista não se limita a procurar (*darash*) na Escritura as passagens que iluminam o acontecimento «Jesus»; é o acontecimento «Jesus» que ilumina e dá um sentido novo à Escritura[19].

Esta perspectiva leva a que o evangelista, que preferentemente usa os LXX, não tenha qualquer problema em usar o TH, quando este serve melhor os propósitos da sua cristologia[20].

1.2.1 A palavra de Jesus

Os acontecimentos não são, por isso, apenas um cumprimento da Escritura, mas também das palavras de Jesus: «quando ele ressuscitou dos mortos, os seus discípulos lembraram-se de que dissera isso, e acreditaram na *Escritura* e na *palavra dita por Jesus*» (2,22). No início do julgamento romano, o evangelista recorda que o que acontecerá é «para que se cumpra a palavra de Jesus (ἵνα ὁ λόγος τοῦ Ἰησοῦ πληρωθῇ) com a qual indicara de que morte devia morrer» (18,32), utilizando a mesma expressão que usa para o cumprimento da Escritura na segunda parte do QE. O mesmo já tinha ocorrido em 18,9, mas com um pormenor interessante: a introdução (ἵνα πληρωθῇ ὁ λόγος ὃν εἶπεν ὅτι Οὓς δέδωκάς μοι οὐκ ἀπώλεσα ἐξ αὐτῶν οὐδένα) dá a entender que o que se segue é passagem da Escritura[21], quando, de facto, se trata das palavras de Jesus em 17,12 (καὶ οὐδεὶς ἐξ αὐτῶν ἀπώλετο)[22].

---

[19] Cf. J.-N. ALETTI, «Mort de Jésus», 159. «El Derás neotestamentario procede *de la fe en Cristo como Mesías, Hijo de Dios* y sin ella resulta incomprensible»: D. MUÑOZ LEON, *Derás*, 229.

[20] O texto usado é o dos LXX, que o evangelista «added, omitted, or changed elements on the basis of analogous OT passages»: M. MENKEN, *Old Testament*, 207; cf. P. MILLER, «They Saw His Glory», 128. Da mesma forma e com o mesmo propósito, o evangelista socorre-se dos *targumim*, como é claro, p. e., na citação de 12,48: cf. C. BARRETT, *Gospel*, 29; R. BROWN, *Evangelio*, I, 76.827; M. MCNAMARA, *Targum and Testament*, 142-159; A. EVANS, *Word and Glory*, 158.

[21] Compare-se com 12,38: «ἵνα ὁ λόγος Ἡσαΐου τοῦ προφήτου πληρωθῇ ὃν εἶπεν».

[22] Isto não quer dizer que o evangelista entenda as palavras de Jesus como «Escritura», tal como defende E. FREED, *Old Testament Quotations*, 51-59, pois em lado algum do QE isso é afirmado (cf. J. BEUTLER, «The use of "Scripture"», 161-162 nota

O QE apresenta Jesus como aquele que verdadeiramente entende o sentido da Escritura (13,18; 15,25) e é a sua palavra (e não propriamente a Escritura) que se torna um «mandamento»[23]. E a razão é clara: em Jesus todos são instruídos pelo próprio Deus (6,45), na medida em que ele é a Palavra do Pai feita carne (1,1.14), o único que pode «interpretar» Deus (1,18). Ou seja, o testemunho da Escritura é acompanhado por aquilo que Jesus disse e que dá à Escritura o seu verdadeiro sentido cristológico e salvífico. E não só pelo que disse, mas sobretudo pelo que realizou na cruz.

1.2.2 Jesus «enche», levando a «cumprimento» e superando, as promessas da Escritura

Por isso, Jesus «enche» (πληρόω)[24] de conteúdo e redimensiona as expectativas expressas na Escritura. É esta novidade superadora que dá sentido ao verbo «τελέω» utilizado por Jesus para significar o sentido da sua morte (19,30: «τετέλεσται»). Este «τελέω» de Jesus é enquadrado pelo «τελέω» e «τελειόω» do evangelista: «vendo Jesus que *tudo estava cumprido* (πάντα τετέλεσται), para que a Escritura *fosse completada* (ἵνα τελειωθῇ) diz: "Tenho sede"» (19,28). Ora, o verbo «τελειόω» ocorre em 4,34, um texto característico da cristologia do QE:

---

50). Pela mesma razão não podemos concordar com J. LIEU, «Narrative Analysis», 158 e P. MILLER, «They Saw His Glory», 131, quando afirmam que as palavras de Cristo substituem e tomam o lugar das palavras da Escritura. No entanto, parece-nos evidente que o evangelista concede às palavras de Jesus não só «a comparable authority» (J. BEUTLER, «The use of "Scripture"», 154; cf. G. van BELLE, «L'accomplissement», 605.625), mas algo que, como vimos, lhe dá o verdadeiro significado. Mais, como afirma J. CLARK-SOLES, *Scripture Cannot be Broken*, 321: «Jesus' words function as the ultimate authority for the Fourth Gospel»; ou como afirma G. GHIBERTI, «La Scrittura», 87: «La Scrittura ha valore veritativo e Gesù Cristo rivela e attua la verità ultima della Scrittura». Cf. J.-N. ALETTI, «Mort de Jésus», 155.157-158. Por isso, não podemos concordar com J. CARREIRA DAS NEVES, «A verdade», 32, que afirma que a legitimação de Jesus não passa pelo testemunho das Escrituras, pois como o próprio Jesus afirma: «a Escritura não pode ser anulada/destruída» (10,35).

[23] Cf. J. CLARK-SOLES, *Scripture Cannot be Broken*, 318.321.

[24] Este é o primeiro significado do verbo: cf. H. HÜBNER, «πληρόω», 994. O verbo referido à Escritura aparece em 12,3 (a palavra de Isaías); 13,18; 15,25 (a Lei, mas referida à Escritura); 17,12; 19,24.36. Mas também se refere ao «encher» de conteúdo a palavra de Jesus: 18,9 (cf. 17,12); 18,32, ou seja, transformar em «παρρησία» o que tinha sido anunciado em «παροιμία» (cf. II,2.7).

«o meu alimento é fazer a vontade daquele que me enviou e completar (τελειώσω) a sua obra» (cf. 5,36; 17,4). A «obra» de Jesus, que o Pai lhe confiou (17,4) dá um dimensão nova que suplanta as Escrituras, não só «cumprindo» mas «levando à perfeição», significado contido em «τελειόω»[25]. Este é o enquadramento do «τελέω» de Jesus que apenas ocorre aqui (bis): Jesus tem plena consciência que a obra que o Pai lhe confiou «está completa» (τετέλεσται) e grita: «está completo» (τετέλεσται), ou seja, «levado à perfeição» (τελειόω) o anunciado nas Escrituras[26].

A ocorrência *hapax* em 13,1 do substantivo «τέλος» (do qual o verbo τελέω deriva) é significativa pois introduz a Paixão como um «amar até ao fim»; a expressão «εἰς τέλος ἠγάπησεν αὐτούς» pode ser entendida também como «amou-os completamente» com um amor que supera todas as esperanças messiânicas e todas as profecias (a expressão «εἰς τέλος» tem, nos LXX, o significado de «até ao fim», mas também «inteiramente/completamente»: 1Tm 2,16)[27]. É também o amor de Deus que enquadra os acontecimentos da Paixão: «Deus amou o mundo ao ponto de lhe dar o seu Filho...» (3,16); a oferta do Filho *supera qualquer profecia*. É esta «obra» do Pai que o Filho leva ao «cumprimento» e que faz com que a «Escritura fosse completada» (19,28): não uma passagem, mas toda a Escritura[28] e não apenas cumprida nas suas esperanças, mas superada. Por isso, a forma verbal que introduz a dupla citação da Escritura em 19,36-37 aparece na voz passiva (πληρωθῇ), ou seja, as consequências da morte de Jesus «enchem» a Escritura de significado[29]. De facto, note-se como, nas cenas junto da cruz, são citadas e encontram «cumprimento» as três grandes partes da Escritura: a Lei (19,36, que cita Ex 12,46 e Sl 33,21), os Profetas (19,37, que «cita»,

---

[25] Cf. H. HÜBNER, «τελειόω», 1712; R. SCHNACKENBURG, *Evangelio*, III, 217. É significativo que o verbo apareça em 17,23 para significar a perfeição da unidade dos discípulos (ἵνα ὦσιν τετελειωμένοι εἰς ἕν), cuja forma passiva nos faz perceber que se trata de uma acção de Jesus e do Pai como consequência da sua morte.

[26] Cf. R. BROWN, *Evangelio* II, 1339-1340; J.-N. ALETTI, «Mort de Jésus», 159; R. CULPEPPER, «The Theology», 32. E não só, como pretende H. LEROY, «Kein Bein», 76, da revelação e das obras de Jesus.

[27] Cf. H. HÜBNER, «τέλος», 1723; I. de la POTTERIE, *La passione di Gesù*, 152. Por isso, na 1Jo o verbo «τελειόω» está sempre unido ao amor (ἀγάπη) de Deus: cf. R. SCHNACKENBURG, *Cartas*, 138ss.

[28] Cf. E. MALATESTA, «Blood and Water», 170 nota 15.

[29] Cf. G. THEISSEN, *La religión*, 231.

como veremos, Zc 12,10) e os Escritos (19,24, que cita Sl 22,19; 19,28, que cita Sl 69,22 e possivelmente alude a Sl 22,16)[30]. Ou seja, não só Jesus «enche» de sentido a Escritura, como a sua morte e as suas consequências «completam, levam ao fim», superando, o anunciado pela Lei e pelos profetas.

Na nossa opinião, é essa a razão que está na base de se usar, na narração dos factos, palavras diferentes daquelas que são usadas nas citações (é o caso de 19,33-34 em relação a 19,36-37)[31]; é uma forma de apresentar um «cumprimento» que não se identifica completamente com a citação, na medida em que a suplanta.

1.2.3 «Cristificação» das imagens veterotestamentárias

Esta mesma perspectiva sobressai nas imagens metafóricas que o QE evoca, utilizadas no AT para falar de Deus, mas que o evangelista utiliza ao serviço da cristologia. Através delas vai construindo e apresentando a pessoa de Jesus[32]. Assim, p. e., as imagens do pastor, do juiz ou do rei, que o AT aplica a Deus e o QE a Jesus.

No entanto, enquanto no AT eram imagens idealizadas, no QE torna-se imagens «encarnadas». Desta forma, a imagem veterotestamentária de Deus como Juiz, transforma-se, no QE, num dos conteúdos da finalidade da encarnação («para um julgamento/discernimento vim a este mundo»: 9,39): o Pai não julga ninguém (ao contrário da mentalidade do AT) mas entregou ao Filho a missão de julgar (5,22; cf. 3,17). O mesmo podemos dizer de um outro tipo de imaginária apresentada no QE e referida a Jesus, como, p. e., «Cordeiro de Deus», «dom de Deus», «pão de Deus». O genitivo coloca Jesus em relação com o Pai, pois, quem oferece o Cordeiro, o dom, o pão, etc., é Deus[33] (genitivo

---

[30] Cf. J.-N. ALETTI, «Mort de Jésus», 155 nota 7.

[31] Ou ainda, p. e., no episódio da túnica indivisa, paralelo ao nosso, em que se usa χιτών em vez do ἱματισμός da citação.

[32] A obra de R. ZIMMERMANN, *Christologie*, baseia-se na ideia central que a imaginária é a fonte principal na construção da cristologia do QE. Na mesma linha segue o artigo de M. THOMPSON, «Every Picture». A superabundância de temas, motivos e símbolos do AT (cf. A. BRUNSON, *Psalm 118*, 145) é, na nossa opinião, um elemento que fortalece esta ideia de que, em Jesus, se cumpre toda a Escritura.

[33] Cf. M. THOMPSON, «Every Picture», 264.

subjectivo). Contudo, o genitivo tem também uma *nuance* objectiva: o cordeiro, o dom, o pão, etc., são Deus, ou seja, são divinos.

M. Thompson faz notar como todas estas imagens se destinam «to depict the realization of biblical promises that God will gather his people together and give them the life»[34]. Estas imagens têm um primeiro significado: apresentar Jesus como de origem e condição divinas e intimamente ligado a isto, o cumprimento das promessas salvíficas do AT oferecidas por e em Jesus[35].

1.3 *Em Jesus se condensa e redimensiona a história da salvação*

Por outras palavras: a Escritura ilumina os factos da vida de Jesus e estes acontecem, sobretudo os da Paixão, para que ela «fosse cumprida» e «enchida» de significado. No entanto, as citações da Escritura ganham uma *dimensão nova* à luz da cristologia do Evangelho. Por isso, a expressão «para que fosse cumprida» tem um duplo sentido: em primeiro lugar, significa que o sentido mais profundo da Escritura é revelado completamente em Cristo; em segundo que é completada e redimensionada pelas palavras e pela obra de Jesus. P. e.: o episódio das vestes repartidas e da túnica indivisa (19,23-24) acontece para «ser cumprida a Escritura». Assim também nos Sinópticos. Mas o cumprimento da Escritura *apenas* diz respeito à divisão das vestes e ao lançar sortes sobre a túnica; a cristologia do QE vai mais longe, apresentando *pormenores simbólicos*, repletos, como vimos, de um significado cristológico e esclesiológico/soteriológico, que redimensionam, em Cristo, o sentido da Escritura (é o caso da túnica que permanece indivisa: não

---

[34] M. THOMPSON, «Every Picture», 259.

[35] De facto, como faz notar G. THEISSEN, *La religión*, 233.235, todos os ditos «eu sou» estão relacionados com a vida (divina) oferecida: «Eu sou o pão da *vida*...» (6,35); «Eu sou o pão *vivo* [...] quem comer deste pão *viverá* para sempre [...que] é a minha carne para a *vida* do mundo» (6,51); «Eu sou a luz do mundo, quem me segue [...] terá a luz da *vida*» (8,12); «Eu sou a porta das ovelhas [...] vim para que tenham *vida* e a tenham em abundância» (10,7-10); «Eu sou o Bom Pastor [...que] põe a sua vida (ψυχή) pelas ovelhas» (10,11; cf. 10,14: embora não se fale de vida, pressupõe-se); «Eu sou a ressurreição e a *vida*, o que crê em mim, ainda que morra, *viverá*, e o que *vive* e crê em mim não morrerá jamais» (11,25); «Eu sou o caminho, a verdade e a *vida*» (14,6); «Eu sou a verdadeira vide...» (15,1ss; embora não se fale em vida, toda a linguagem do discurso é uma referência a ela: «permanecer», «permanecer no amor», «dar fruto»...).

estava previsto na Escritura), levando-a para além do que «está escrito».

A chave de leitura é a cristologia e soteriologia apresentadas ao leitor, ao longo de todo o Evangelho.

Poderíamos plastificar esta ideia da seguinte forma:

Neste sentido, ao cumprir e redimensionar a Escritura, em Jesus se condensa e redimensiona a história da salvação, fazendo-a entrar nos tempos escatológicos[36].

1.4 *A fundição de imagens, símbolos e metáforas e os «espaços mentais»*

O princípio de que, em Jesus, não só se cumprem, como se redimensionam, as promessas do AT e que não se cumpre apenas determinadas passagens da Escritura, mas *toda* a Escritura, manifesta-se também na forma como o QE utiliza as imagens, os símbolos e as metáforas veterotestamentárias: dá-lhes um conteúdo novo, relacionando-as, juntando-as e fundindo-as, de acordo com este princípio hermenêutico.

Assim, p. e., os verbos «levantar/exaltar» e «glorificar», próprios da figura do Servo Sofredor de Is 52,13[37], são, no entanto, aplicados à

---

[36] Como faz notar A. Hanson, «John's Use of Scripture», 365-367, o uso da Escritura no QE não é apenas pontualizada; embora não haja um esquema da história da salvação como linha que atravesse o Evangelho, esta é o *background,* do princípio ao fim. A tríplice concentração do verbo «τελειόω/τελέω» evidencia o objectivo do narrador de apresentar a morte de Jesus, não só como cumprimento do seu ministério terrestre, «ma anche dell' intera storia di salvezza registrata nelle Scritture»: S. Grasso, *Il Vangelo*, 738.

figura do Filho do Homem de Dn 7,13[38], fundindo as duas imagens numa nova figura/conceito, que subtrai os aspectos humilhantes da figura do Servo para apresentar a cruz como «exaltação» que é «glorificação[39] e, que através do figura do Filho do Homem, releva o aspecto judicial deste «levantar/exaltar». Duas figuras que, no AT, não estão relacionadas, são *fundidas* pelo QE, de forma a apresentar um conceito novo. Como o faz e por quê?

1.4.1 A teoria cognitiva de Fauconnier

Os contributos das ciências humanas ajudam-nos a perceber como o evangelista, utilizando os conteúdos metafóricos e simbólicos das imagens e figuras do AT, lhes dá um novo conteúdo conceptual[40].

De modo particular, é importante apercebermo-nos como se desenvolve o processo cognitivo a partir do sentido que as imagens/metáforas produzem na mente, onde a imaginação humana constrói novos conteúdos de sentido, integrando e fundindo ideias diferentes e que, por vezes, à primeira vista, nada têm a ver umas com as outras. Neste processo, a metáfora tem um papel privilegiado, na medida em que faz parte, natural e inconscientemente, do processo de pensar e de falar, através da qual se criam novos conceitos[41].

---

[37] Este é o *background* dos verbos «ὑψόω» e «δοξάζω» em 12,20-21 (e no QE): cf. J. BEUTLER, «Greeks Come», 347 nota 92. Assim também W. NICKELSBURG, «Son of Man», 146; J. DENNIS, «The Lifting Up», 686-687.

[38] Quando apresentamos a citação de Dn 7,13 para falar do Filho do Homem, fazêmo-lo por uma questão de conveniência e de tradição exegética, pois a figura não lhe é exclusiva. De facto, em Ezequiel aparece 93x.

[39] «The fourth gospel identifies the Son of Man with the suffering servant of Yahweh but does not dwell upon the humiliating aspects of the servant's career»: J. FORESTELL, *The Word of the Cross*, 65. Cf. W. THÜSING, *Die Erhöhung*, 36; J. BEUTLER, «Greeks Come», 337-342; M. LEE, *«Signore, Vogliamo Vedere Gesù»*, 87.94. Para J. FREY, *Die johanneische Eschatologie*, III, 249, a transferência do Servo para Jesus acontece através da metáfora «Cordeiro de Deus». Esta opinião não é de excluir e reforça a nossa ideia da forma como o QE trata as diversas imagens/conteúdos, de forma a apresentar Jesus como cumprimento de todas.

[40] Seguimos o princípio de M. THOMPSON, «Every Picture», que a fonte das imagens no QE é o AT, mesmo que inspiradas nas tradições judaicas, a que a autora chama «exegéticas» (pp. 265.269).

[41] Sobre este assunto, ver os abundantes estudos apresentados por J. NIELSEN, «The Lamb of God», 217-218 nota 4.

A base desta teoria reside no conceito de «espaços mentais», que, segundo G. Fauconnier, «are the domains that discourse builds up to provide a cognitive substrate for reasoning and for interfacing with the world»[42]. Quando se pensa ou comunica, produzem-se uma série de espaços mentais, que não têm sentido apenas em si mesmos, mas que ganham significado específico dentro do contexto em que se produzem. Neste sentido, os espaços mentais são «small conceptual packets constructed as we think and talk, for purposes of local understanding and action»[43]. Dentro do espaço mental, as expressões são postas em relação com a denotação e conotação, estruturando-se a partir de um enquadramento de senso comum ou lógico.

Com base nesta teoria, Fauconnier defende que os espaços mentais, inicialmente separados, entram em relação entre si através de uma espécie de «mapa»[44]. Isto acontece quando partes de significado ou de estrutura de um espaço mental são projectados em partes equivalentes de outro espaço mental. Assim, elementos de um espaço («input space») interpretam elementos de um outro espaço («target space»). A ligação entre os dois é possibilitada por um «espaço genérico», que contém estruturas abstractas comuns aos dois.

Com este processo, o «target space» ganha uma nova dimensão, mas sem criar uma nova estrutura. Isto acontece quando ambos funcionam como «input spaces» em relação a um outro espaço, que selecciona projecções vindas daqueles e cria uma estrutura própria, com um conteúdo próprio, que já não se identifica totalmente com nenhum deles, dando conteúdo ao «espaço genérico» e resolvendo os paradoxos. Nisto consiste a operação de «fusão» conceptual: «The blend inherits partial structure from the input spaces and has emergent structure of its own»[45].

Simplifiquemos este processo, através de um esquema:

---

[42] G. FAUCONNIER, *Mappings in Thought*, 34.
[43] G. FAUCONNIER – M. TURNER, *The Way We Think*, 40.
[44] Cf. G. FAUCONNIER, *Mappings in Thought*, 149-158; ID. – M. TURNER, *The Way We Think*, 40-50, onde se apresentam os princípios da «fusão» e se descreve o processo que agora apresentamos. Para uma descrição simplificada da teoria, cf. síntese de J. NIELSEN, «The Lamb of God», 220-221 (da qual retiramos também o esquema-desenho que se segue).
[45] G. FAUCONNIER, *Mappings in Thought*, 149.

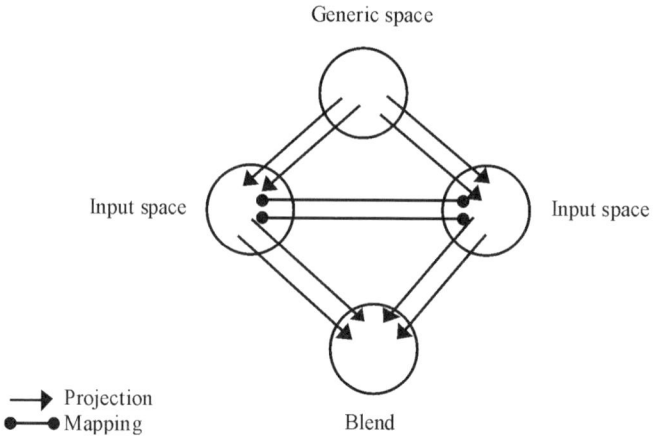

1.4.2 Um exemplo clarificador

Para melhor entendermos o processo, tomemos um exemplo. Aplicando este esquema cognitivo à imagem da vide de Jo 15, Nielsen[46] apresenta o primeiro «input space» como aquele que é caracterizado por tudo o que se apresenta na mente quando se fala em vide (videira, ramos, viticultor, etc.) e na relação entre eles. No entanto, quando Jesus afirma «eu sou», faz actuar um outro espaço mental que envolve o cenário social de Jesus em relação com o Pai (15,1) e com os discípulos (15,5) que será construído ao longo do discurso. O «mapa de relações» entre os dois espaços é construído a partir do momento em que as relações Jesus-Pai-discípulos (segundo «input space») são apresentadas com os conceitos vitícolas (primeiro «input space»). O «blend space» (fusão) surge quando Jesus se auto-identifica com a verdadeira vinha (15,1), criando um «espaço de fusão», que junta elementos humanos e vitícolas, no qual, por um lado, apresenta a relação de Jesus com os discípulos como a relação física da vinha/ramos (sem a qual, tal como os sarmentos, não podem dar fruto), mas em que, por outro, é independente da ligação física (como se entende na expressão «ide e dai frutos»: 15,16). É o seguimento do discurso que dá conteúdo à «fusão».

---

[46] Cf. J. NIELSEN, «The Lamb of God», 221-224.

Através deste exemplo, podemos, a partir de Nielsen, fazer emergir três conclusões: 1) a nova estrutura que aparece na «fusão» não se identifica com nenhuma das estruturas apresentadas nos «input spaces»; 2) a nova estrutura não tem significado por si mesma e pode ser interpretada de diversas maneiras e, por isso, é necessário considerá-la dentro do contexto; 3) interpretar uma metáfora de outro tempo e cultura implica investigar a história da tradição para entender o conteúdo dos «input spaces».

A exegese de uma metáfora, seguindo o método desta teoria, tem uma valência dupla: por um lado, revela a amplitude do potencial de significado de uma metáfora e como, em contextos distintos, pode ter sentidos diferentes e, por outro, revela uma interpretação do significado específico da metáfora no seu contexto e da forma como ela influencia todo o texto[47].

Por isso, poderíamos aplicar esta teoria a todas as imagens, símbolos e metáforas que o QE nos apresenta («Eu sou o Bom Pastor», «Eu sou o Pão Vivo», «Eu sou a Luz do mundo»…) mas também a afirmações que evocam «espaços mentais» veterotestamentários, que se tornam «input spaces». Assim, p. e., ao curar o doente da piscina de Beteshda em dia de sábado (5,1-18), é invocado um primeiro «input space», a transgressão do sábado por Jesus. A afirmação de Jesus «meu Pai trabalha continuamente e eu também trabalho» (5,17), cria um segundo «input space» que evoca uma característica divina (só Deus «trabalha» ao sábado e fá-lo na sua missão de julgar). De dois «input spaces» apresenta-se uma «fusão» que já não corresponde a nenhum deles, mas que apresenta um conceito novo: Jesus é divino e tem a missão de salvar e de julgar.

No entanto, levanta-se uma questão: se, p. e., na imagem da vinha o segundo «input space» é dado pela própria passagem evangélica, ou, no episódio do doente de Beteshda, pelo *background* veterotestamentário, noutras passagens isto não acontece. É o caso da apresentação que o Baptista faz de Jesus: «Eis o Cordeiro de Deus» (1,29.36). Onde, pois, o encontraremos?

---

[47] Cf. J. NIELSEN, «The Lamb of God», 225.

1.4.3 Um «input space» fundamental: a cristologia, soteriologia e eclesiologia do QE

A grande maioria das imagens, símbolos ou metáforas refere-se, quase sempre, quer explicita, quer implicitamente, em, primeiro lugar à pessoa de Cristo e, em segundo, à sua relação com os discípulos[48]. Por isso, a cristologia e a eclesiologia/soteriologia do QE são sempre um «input space» que redimensiona o conteúdo dos outros «input spaces». Isto aplica-se, na nossa perspectiva, mesmo às imagens, como a da vinha: a «fusão» de dois (ou mais) «input spaces» só encontra o seu significado mais profundo no contexto de todo o QE. Assim, a relação Pai-Jesus-discípulos fica incompleta se não se tiver em conta quer a cristologia, quer a soteriologia e eclesiologia de todo o QE: é ela que serve de moldura ao conteúdo dos outros «input space» e que leva o conteúdo da «fusão» ao seu significado mais profundo.

Assim, o esquema interpretativo da imagem/metáfora apresentado por Nielsen[49] (com base no de Fauconnier) deve ser enriquecido com este elemento importantíssimo: o contexto cristológico, eclesiológico, soteriológico, pneumatológico (um ou mais «input spaces», conforme os casos) de todo o QE:

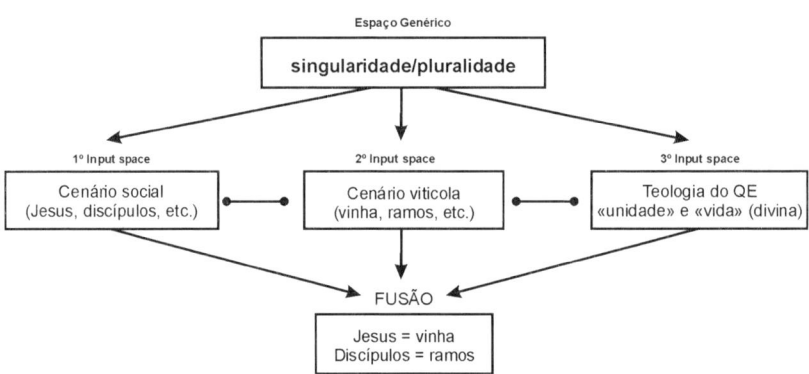

Esta teoria é-nos preciosa para entender as citações/imagens de 19,36-37 e a forma como elas nos levam mais longe do que o simples cumprimento de uma passagem determinada.

---

[48] Cf. Introdução,2.
[49] Cf. J. NIELSEN, «The Lamb of God», 223.240.255.

1.5 *Conclusão:*
«A Escritura não pode ser anulada/quebrada/destruída»

A última ocorrência de «Escritura» na primeira parte do Evangelho acontece em 10,35 e é importante repararmos como Jesus aplica à Escritura o verbo «λυθῆναι» (do campo semântico do «quebrar, partir, desligar, anular, destruir»), a mesma que é usada no episódio do Templo (λύσατε τὸν ναὸν τοῦτον: 2,19). Naturalmente a tradução do verbo precisa de ser diferente, pois, se o Templo é um edifício, a Escritura não o é. No entanto, o sentido é o mesmo. Em ambos os episódios, o contexto é cristológico. Em 10,35, Jesus usa a expressão na resposta à acusação de blasfémia e tentativa de lapidação, por parte dos Judeus, porque Jesus se intitula «Filho de Deus» (10,31ss). O episódio remete claramente para a acusação que é apresentada na Paixão (19,7), tal como para esta remete o episódio do Templo. Mas, tal como o corpo-Templo de Jesus não é destruído (19,33), assim também a Escritura, que, pelo contrário, encontra em Jesus o seu sentido mais profundo[50].

Contemplar o corpo «inquebrado» e trespassado de Jesus é contemplar como nele a Escritura «não é anulada/quebrada», mas *toda* ela levada não só ao cumprimento, como ao seu redimensionamento. É neste enquadramento que podemos, agora, estudar as citações de 19,36-37.

2. «Osso não lhe será quebrado» (19,36)

Esta primeira citação da Escritura, que não é evocada em nenhuma outra parte do NT[51], sublinha, em primeiro lugar, que o facto de o corpo de Jesus permanecer intacto é vontade de Deus, em contraposição com a dos Judeus. No corpo «inquebrado» de Jesus, «cumpre-se a Escritura». A dificuldade surge quando se pretende determinar a que passagem se refere, visto que não corresponde literalmente a nenhuma. A preocupação dos diversos autores, em querer fazer corresponder a citação a uma passagem do AT, leva a que cheguem a conclusões diferentes, que se resumem, substancialmente, em duas hipóteses/opiniões. A citação refere-se a:

---

[50] Cf. R. KIEFFER, «The Implied Reader», 64-65.
[51] Cf. B. SCHUCHARD, *Scripture within Scripture*, 133.

1) *cordeiro pascal*. A citação é tomada de Ex 12,10.46 e de Nm 9,12, respeitantes ao cordeiro pascal: «ὀστοῦν οὐ συντρίψετε ἀπ' αὐτοῦ» (Ex 12,10.46); «οὐ καταλείψουσιν ἀπ' αὐτοῦ εἰς τὸ πρωὶ καὶ ὀστοῦν οὐ συντρίψουσιν ἀπ' αὐτοῦ κατὰ τὸν νόμον τοῦ πασχα ποιήσουσιν αὐτό» (Nm 9,12)[52];

2) *Servo*. O texto é recolhido do Sl 33,21, que fala do Justo perseguido, mas protegido por Deus: «κύριος φυλάσσει πάντα τὰ ὀστᾶ αὐτῶν ἓν ἐξ αὐτῶν οὐ συντριβήσεται»[53].

Ora, o texto de Ex 12,10.46 apenas apresenta em comum com a citação joanina o uso do mesmo verbo e do determinativo (οὐ συντρίβω e αὐτοῦ), pois o verbo é passivo no QE e activo no Êxodo e, por outro lado, o pronome pessoal, no Êxodo, faz parte da locução preposicional «ἀπ' αὐτοῦ». Acontece o mesmo no texto de Números. A ligação com o Sl 33,21 dá-se apenas na forma verbal. Assim, apenas pelo teor literal não se pode tomar uma decisão segura[54].

Vejamos as possibilidades de leitura dos textos e a forma como o evangelista os redimensiona.

2.1 *Análise dos diferentes textos/possibilidades*

Analisemos os diversos textos.

1) A comparação com o texto de Ex 12,10.46 e Nm 9,12. O facto do QE não apresentar a preposição «ἀπό» não é de admirar, pois tal é possível, quando se usa «αὐτοῦ» referido a uma pessoa[55]. No entanto, a grande dificuldade reside no verbo, que, em todas as passagens, se encontra no plural activo (2ª ou 3ª pessoas) e que João apresenta na 3ª pessoa do singular da voz passiva. Freed, seguido por Schuchard,

---

[52] Esta é a interpretação que reúne maior número de autores, embora, por vezes, com perspectivas diferentes: cf., p. e., M. MIGUENS, «Salió sangre y agua», 8ss; J. FORD, «Mingled Blood», 377ss; B. GRIGSBY, «The Cross», 53-59; F. VATTIONI, «Nec os illius confringetis», 322-324; J. DERRETT, *The Victim*, 147ss; H. ORCHARD, *Courting Betrayal*, 211.215.235-240.

[53] É, p. e., a perspectiva de J. SEYNAEVE, «Les citations», 68-70; M. SABBE, «The Johannine Account», 50; M. RIGATO, «Gesù, l'Agnello di Dio». Para uma apresentação mais desenvolvida das diferentes opiniões/autores, cf. W. LOADER, *The Christology*, 70; B. SCHUCHARD, *Scripture within Scripture*, 134-136.

[54] Cf. R. SCHNACKENBURG, *Evangelio*, III, 359.

[55] Cf. E. FREED, *Old Testament Quotations*, 113; B. SCHUCHARD, *Scripture within Scripture*, 138.

defende que o evangelista modificou a forma verbal, de modo a fazer da passagem uma profecia especificamente respeitante a Jesus[56]. Como faz notar Moo, a mudança de voz numa forma verbal não é inusitada[57]. No entanto, o sujeito do verbo não é Jesus mas o «osso» e o que se pretende enfatizar é a acção dos soldados. Por outro lado, como faz notar Menken, não há razão para substituir aqui a voz activa pela passiva, pois, por um lado, na citação seguinte de 19,37 (Zc 12,10) as formas média e activa são mantidas (ὄψονται e ἐξεκέντησαν) e, por outro, o uso da 2ª pessoa do plural não é inusual numa citação, onde claramente a 3ª plural teria mais sentido, precisamente por ser uma citação[58]. Por isso, o texto dos LXX de Ex 12,10.46 e Nm 9,12 será a fonte mais provável de Jo 19,36, excepto no que diz respeito à forma verbal.

2) A comparação com o Sl 33,21. A forma verbal «συντριβήσεται» parece ter a sua origem no Sl 33,21 (LXX). No hebraico encontramos «נשברה» que pode ser interpretado como nifal perfeito 3ª pessoa do feminino singular, ou nifal particípio feminino singular. Ora, como faz notar Menken, por um lado, este é o único caso em que os LXX traduzem um nifal perfeito ou particípio de «שבר» por um futuro e, por outro, a parte final do Sl 33 está quase toda no futuro (imperfeito no TM), o que faz com que as palavras se tornem «a promise of what God will do to the righteous — which suits the context of John's quotation very well»[59].

Podemos, pois, dizer que a passagem referente ao Servo Sofredor do Sl 34(33),21, foi combinada, pelo evangelista, com as citações referentes ao cordeiro pascal (Ex e Nm)[60]. A evocação do Sl 33,21, recorda a

---

[56] Cf. E. FREED, *Old Testament Quotations*, 113; B. SCHUCHARD, *Scripture within Scripture*, 138.

[57] Cf. D. MOO, *Old Testament*, 315. Aliás, como vimos, o QE não tem dificuldade alguma em alterar as citações.

[58] Cf. Mt 13,13/Is 6,9; At 7,42-43/Am 5,25-27; Rm 3,4/Sl 51[50],6. Cf. M. MENKEN, *Old Testament*, 149-150. A diferença do texto de Nm 9,12, que apresenta a 3ª pessoa do plural (συντρίψουσιν) explica-se como uma variante fonética ou gráfica de «συντρίψετε» (Ex 12,10.46): cf. F. VATTIONI, «Nec os illius confringetis», 323; M. MENKEN, *Old Testament*, 150-151. Este último autor considera que as variantes passivas que aparecem nos textos de Ex 12,10.46 e Nm 9,12 são uma assimilação de Jo 19,36: cf. *Ibid.*, 149 nota 3 e 151 nota 12.

[59] M. MENKEN, *Old Testament*, 151.

[60] «The verb συντρίβειν with the negation οὐ is found in both Ps. 34(33),21 and the Pentateuchal passages, the fut. pass. form it has here comes from Ps. 33,21 LXX.

protecção de Deus em relação ao Justo e, no contexto, remete para a ressurreição de Jesus, pois «o Senhor resgata a vida dos seus servos» (Sl 33,23). Mas, qual a intenção?

O evangelista parece redimensionar a figura e a função do Servo (através do qual os Sinópticos iluminam a Paixão e morte de Jesus), fundindo-a com a imagem do cordeiro pascal, de forma a iluminar o facto do corpo de Jesus permanecer «inquebrado».

Cria, desta forma, um *novo conceito* que já não corresponde totalmente aos espaços mentais evocados pelo Servo e pelo cordeiro. É este novo conceito do Servo-cordeiro pascal que «*cumpre*» a Escritura, mas, que, ao mesmo tempo, *vai mais longe* que o conteúdo das imagens veterotestamentárias evocadas (por isso, não se trata apenas de uma identificação, como defende Menken)[61].

Ao combinar as citações, o evangelista evoca na mente do leitor «input spaces» veterotestamentários referentes ao Servo e ao Cordeiro, que entram em relação com o primeiro «input space» (o corpo morto de Jesus, ao qual não são quebradas as pernas). O confronto relacional entre os dois «imput spaces» cria uma «fusão», que origina um conteúdo novo: o corpo inquebrado de Jesus não é um simples facto, mas revela o cumprimento da Escritura, e, ao mesmo tempo, redimensiona-a porque não corresponde apenas a uma imagem (não é apenas o Servo e não é apenas o Cordeiro: primeiros «input spaces») mas algo que se reveste de novidade.

The substantive ὀστοῦν occurs in both Ps. 34(33),21 and the Pentateuchal passages; the nom. sg. without any qualification, in which it appears here, is due to the Pentateuchal texts. Αὐτοῦ at the end of the quotation is from the Pentateuchal verses»: M. MENKEN, *Old Testament*, 152 (sobre o costume da exegese judaica e cristã de combinar textos análogos: *Ibid.*, 52-53). Para B. SCHUCHARD, *Scripture within Scripture*, 134-140 e S. PORTER, «Can Traditional Exegesis?», 404, o texto base é o do Pentateuco. De opinião contrária (que é o do salmo) é M. MENKEN, *Old Testament*, 160, pois, por um lado, o verbo é o núcleo da frase e, por outro, a profecia é mais apropriada à passagem que o aspecto legal dos textos do Pentateuco. Da mesma opinião são C. BARRETT, *Gospel*, 558; J. FORESTELL, *The Word of the Cross*, 90; J. ZUMSTEIN, «L'interprétation johannique», 2132. Outros, como M. DALY-DENTON, «The Psalms», 135-136, limitam-se a constatar a hipótese da combinação dos textos, sem propor um texto base.

[61] Cf. M. MENKEN, *Old Testament*, 160.

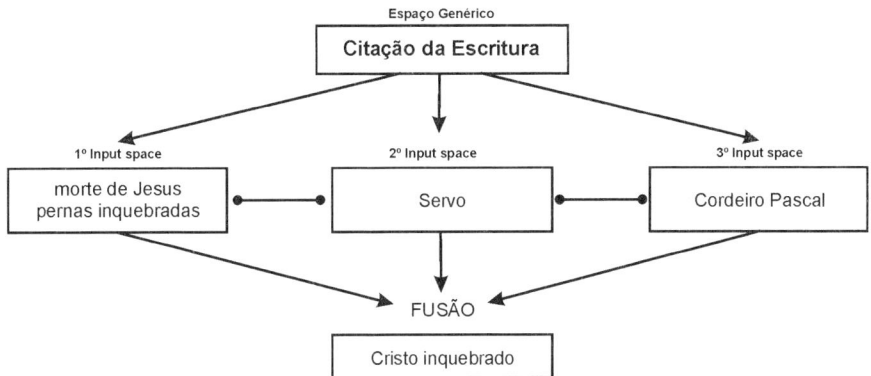

Qual o significado deste «algo novo», ou, por outras palavras, qual o conteúdo específico deste conceito «fundido»?

Para entendermos o seu sentido é necessário termos em conta a forma como o QE prepara e redimensiona estas imagens, de um modo particular através da apresentação que o Baptista faz de Jesus como «Cordeiro de Deus que tira o pecado do mundo» (1,29.36, onde as imagens do Servo e do cordeiro também parecem surgir fundidas) e o conteúdo que a imagem do cordeiro, em contexto pascal, evoca[62].

2.2 «Eis o Cordeiro de Deus, que levanta o pecado do mundo»

No início do Evangelho, João Baptista apresenta Jesus como «o Cordeiro de Deus, que levanta/tira o pecado do mundo» (1,26.36).

O determinativo «de Deus», referido a Jesus, é usado no QE para afirmar que ele é «o Filho de Deus»[63], «o Pão de Deus» (6,33) e «o Santo de Deus» (6,69). Como vimos, o determinativo revela a pertença de Jesus a Deus, a sua origem nele, e, ao mesmo tempo, que se trata de um dom de Deus aos homens[64]. Mas, perceber o conteúdo de «cordeiro» é mais complicado.

A expressão é, naturalmente, uma metáfora (Jesus não é um cordeiro) que invoca um conteúdo significativo de «cordeiro» no AT, mas, ao mesmo tempo, indeterminado.

---

[62] Cf. II,2.2; 2,6.3.
[63] Cf. 1,34.39.49; 3,18; 5,25; 10,36; 11,4.27; 19,7; 20,31.
[64] Cf. M. RIGATO, «Gesù, l'Agnello di Dio», 98 com nota 86; III,1.2.3.

Esta indeterminação leva a que os autores se dividam na interpretação exegética[65]:

1) a expressão «cordeiro de Deus» suporia o uso do aramaico «טליא דאלהא» pelo Baptista (que pode significar «servo» ou «cordeiro») e que o evangelista, no grego, interpretou como «cordeiro»[66];
2) cordeiro apocalíptico (*1En.* 90,38; *Test. Jos.* 19,8)[67];
3) bode expiatório (Lv 16)[68];
4) as tradições «עקדה» (Gn 22)[69];
5) a constelação astrológica Carneiro[70];
6) o sacrifício diário: «תמיד» (Ex 29,38; Nm 28,3)[71];
7) o cordeiro indefeso, inocente e obediente (Nm 27,17; 1Rs 22,17; Ez 34; Os 4,16; *1En.*, 89-90)[72];
8) o cordeiro pascal (Ex 12)[73] com sentido expiatório[74];
9) o cordeiro mencionado em Is 53,7[75];
10) o cordeiro do sacrifício de Isaac[76];
11) manifesta a relação Deus/Jesus como Pastor/Cordeiro[77].

Outros autores pensam em mais de uma tradição[78].

Ora, esta disparidade de opiniões permite-nos perceber como a metáfora não permite uma ligação imediata com nenhuma das tradições.

---

[65] Inspiramo-nos na síntese apresentada por J. NIELSEN, «The Lamb of God», 225-226. Para uma apresentação mais detalhada, cf. M. HASITSCHKA, *Befreiung von Sünde*, 54-59, complementando com R. METZNER, *Das Verständnis der Sünde*, 143-144. Para uma boa síntese da história da interpretação exegética, cf. A. GARCÍA-MORENO, *El Cuarto Evangelio*, 23-67; J. JÁUREGUI, «Testimonio de Juan el Bautista», 94-116.

[66] Cf. J. JEREMIAS, «ἀμνός», 919-922, que segue a intuição de C. BURNEY, *The Aramaic Origin*, 107-108. M.-É. BOISMARD, «Le Christ-agneau», 104, partindo da mesma tese, coloca, no entanto, a hipótese de se referir, ao mesmo tempo, ao Servo de Is 42,1ss, ao cordeiro pascal de Ex 12 e ao cordeiro sofredor de Is 53,7.

[67] Cf. C. DODD, *Interpretation*, 236-238.
[68] Cf. R. INFANTE, «L'Agnello», 358.
[69] Cf. B. GRIGSBY, «The Cross», 60.
[70] Cf. B. MALINA – R. ROHRBAUGH, *Social-Science Commentary*, 50-52.
[71] Cf. P. STUHLMACHER, «Das Lamm Gottes», 529-542.
[72] Cf. U. SCHNELLE, *Das Evangelium*, 53.
[73] Cf. C. BARRETT, «The Lamb of God», 211.217-218.
[74] Cf. M. COSTA, «Simbolismo battesimale», 363.365.
[75] Cf. M. MENKEN, «The Lamb of God».
[76] Cf. F. BRAUN, *Jean*, 179-181.
[77] Cf. R. BIERINGER, «Das Lamm Gottes», 228-230.
[78] Cf. C. BARRETT, «The Lamb of God», 217-218 (cordeiro pascal e Servo) ou K. WENGST, *Vangelo*, 88 (cordeiro escatológico e pascal).

Teoricamente qualquer dos conceitos pode estar presente no «espaço mental» aberto pela expressão[79].

No entanto, tendo em consideração o conjunto do QE e, de modo particular, a citação de 19,36, há hipóteses com maior peso que outras. Assim o bode expiatório não tem qualquer cabimento dentro da soteriologia joanina, assim como não tem qualquer sentido uma referência à constelação astrológica. De igual forma, o sacrifício diário não tem grande fundamento no QE e a referência ao sacrifício de Isaac não encontra um paralelo perfeito, pois, por um lado, o animal providenciado por Deus a Abraão é um carneiro (κριός: Gn 22,13) e, por outro, Deus não substitui Jesus por um animal (para além de que o QE não parece ter uma visão vicária da morte de Jesus)[80].

Na nossa perspectiva, seguindo Nielsen, a afirmação do Baptista tem o seu *background* em Is 53 (que fala quer do Servo, quer do cordeiro) e no cordeiro pascal, imagens que o QE «funde», num novo conceito que está relacionado com os outros, mas que já não se identifica com eles[81]. No entanto, Nielson não explica como é que esta apresentação do Servo/cordeiro pascal provoca o seguimento dos discípulos do Baptista (1,37). De facto, como é que eles percebem que Jesus é o cordeiro pascal?!... E como se justifica que sigam Jesus por ele ser o Servo Sofredor?!... Isto não tem sentido[82]. Esta questão levantou muitas dúvidas nos exegetas, e levou-os, quer a recusar a figura do Servo, quer a falar da impossibilidade de o Baptista, logo no início do QE, ter capacidade para falar de Jesus como cordeiro pascal[83].

---

[79] Para D. RUSAM, «Das Lamm Gottes», 67-68, a expressão «Cordeiro de Deus» é deliberadamente poli-semântica, cujo sentido preciso apenas é determinado pelo contexto.

[80] Cf. II,3.2.1. Não nos parece proveitoso para o nosso estudo fazer aqui uma análise de cada uma das diferentes opiniões exegéticas, porque, como veremos, a probabilidade de que se refira ao Servo e cordeiro pascal tem maior fundamento. Para uma avaliação das diversas propostas, cf. M. HASITSCHKA, *Befreiung von Sünde*, 50-109. J. LEAL, «El sentido soteriológico», apresenta um grande elenco de autores que subscrevem a interpretação do sacrifício expiatório: 17 Padres da Igreja, 21 autores da Idade Média, 31 nos sécs. XVI-XVIII e 21 entre 1800-1925 (cf., especialmente, pp. 147-158).

[81] Cf. J. NIELSEN, «The Lamb of God», 227.

[82] «Did they follow Jesus because he played the role of a suffering Messiah?»: P. RENJU, «The Lamb of God», 237.

[83] Para uma visão desta discussão, cf. E. BURROWS, «Did John the Baptist?».

Na nossa opinião, a apresentação reveladora do Baptista[84] precisa ser lida tendo em conta dois níveis: o que o título significa para a audiência indeterminada (leitor) em 1,29 e o seu significado para os discípulos do Baptista em 1,36. E não, portanto, como faz a grande maioria dos exegetas (como Jeremias, Boismard, de la Potterie) que estudam a dicotomia com base no que o Baptista pretendeu dizer e o que o evangelista quis afirmar[85]. De facto, não nos parece casual o enquadramento de cada uma das duas afirmações do Baptista: a primeira apresentação (1,29) parece destinar-se ao leitor do Evangelho, na medida em que não se especifica quem a ouve[86]; a segunda (1,36) é dirigida explicitamente aos dois discípulos que estão com João (1,35.37). O facto de se dizer expressamente que nesse dia estavam com o Baptista, leva-nos a supor que no dia anterior isso não aconteceu. Ora, os discípulos apenas escutam a segunda afirmação (1,36), que não inclui a expressão «que tira o pecado do mundo». Que importância tem isto? Muita, porque os contextos permitem que os «espaços mentais», que a expressão evoca, sejam diferentes.

Para entendermos o significado para os discípulos, é necessário termos em conta o contexto imediato e o «input space» que é evocado na mente daqueles. Para percebermos o(s) «input space(s)» evocados na mente dos leitores, é indispensável considerarmos não só o contexto imediato como o do QE. Por uma opção metodológica, comecemos pelo estudo do sentido que a expressão tem para os discípulos.

2.2.1 O significado para os discípulos do Baptista (1,36)

O título «Cordeiro de Deus», afirmado por duas vezes, é o primeiro a ser atribuído a Jesus (depois do Prólogo) e insere-se na secção da semana inaugural, que termina com o episódio da revelação da glória de Jesus nas bodas de Caná (1,19-2,11; cf. I,1.1). Esta semana caracteriza-se pela apresentação de Jesus, através de uma série de *títulos cristológicos*: Cordeiro de Deus (1,29.36), Filho de Deus (1,34), Messias (1,41), Filho de Deus e Rei de Israel (1,49), Filho do Homem (1,51)[87].

---

[84] A presença de um esquema de revelação é introduzida pela partícula «ἴδε» (1,29.36), cuja função é chamar a atenção sobre algo novo que vai ser manifestado (cf. E. PERETTO, «Il logion giovanneo», 344 com notas 22.23). No entanto, aquilo que os discípulos pensam ter percebido, só será entendido, verdadeiramente, na Paixão e Ressurreição, quando o «Cordeiro de Deus» oferecer a sua vida.

[85] Cf. I. de la POTTERIE, « Ecco l'Agnello di Dio», 162-163, que segue Boismard.

[86] Assim também D. RUSAM, «Das Lamm Gottes», 64.

[87] Cf. T. KNÖPPLER, *Die theologia crucis*, 67.

A apresentação de Jesus começa com a afirmação da sua «vinda» pelo Baptista (1,27.30) e termina com o anúncio da sua morte, através da imagem do Filho do Homem em 1,51.

É, naturalmente, neste contexto de títulos cristológicos que os dois discípulos de João entendem a expressão «Cordeiro de Deus»[88] e que os leva a seguir Jesus (1,37), como de resto é explícito nas declarações de André («encontrámos o Messias»: 1,41) e Natanael (1,51). Por isso, a tese de Dodd, segundo a qual a expressão é entendida no sentido do cordeiro apocalíptico, ou seja, do cordeiro-messias, rei de Israel, parece-nos provável. Mas apenas no que respeita à compreensão dos dois discípulos (e não do Baptista, como defende Dodd), considerando que quase todos os títulos desta secção têm uma matriz apocalíptica ou pelo menos de cenário apocalíptico[89] e de cunho messiânico-real.[90].

Os discípulos escutam apenas o título (sem a especificação «que tira o pecado do mundo»)[91] e interpretam-no no «espaço mental» das esperanças messiânicas. Isto gera um movimento de discipulado, como iní-

---

[88] Cf. J. PAINTER, «Sacrifice and Atonement», 293-294, embora não concordemos com o resto da argumentação de que o título só tem este significado, como procuraremos demonstrar a seguir. J. O'NEILL, «The Lamb of God», procura provar como no *Testamento dos Doze Patriarcas*, «Cordeiro de Deus» faz parte dos títulos messiânico-judaicos e não é apenas, como alguns defendem, uma interpolação cristã. Embora se reconheça que há interpolações, os autores de uma forma geral, concordam que a imagem do cordeiro que está na base, não é uma invenção cristã: cf. N. HOHNJEC, *Das Lamm*, 28. De opinião contrária, é G. CAREY, «The Lamb of God», 113. O Colóquio de Louvaina de 2005 apresenta duas intervenções principais sobre o sentido de 1,29.36 e ambos entendem o título como messiânico, embora em sentidos diferentes: M. GOURGES, «Mort pour nous péchés», defende que, baseando-se na tradição anterior que transfere para o Cordeiro a função redentora do Servo, a expressão «que tira o pecado do mundo» destina-se, sobretudo, a sublinhar que o baptismo recebido por Jesus não é para perdão dos pecados porque ele é que «tira o pecado do mundo», ideia que será desenvolvida na 1Jo (pp. 190-192.194-196); R. BIERINGER, «Das Lamm Gottes», por seu lado, entende o título à luz da relação Deus/Jesus como uma relação Pastor/Cordeiro que não se aplica, em primeira instância à morte de Jesus.

[89] Cf. R. INFANTE, «L'Agnello», 344ss.

[90] A crítica de Barrett à tese de Dodd, com base em que em nenhuma da literatura apresentada por este se fale do cordeiro que «levanta» o pecado, perde muito do seu sentido se entendermos a apresentação do Baptista nesta dupla dimensão de sentidos (discípulos/leitor). Barrett, aceita, no entanto, que a expressão, nos lábios do Baptista, possa ter tido esta dimensão, tendo em conta o carácter escatológico da sua pregação nos Sinópticos (cf. C. BARRETT, «The Lamb of God», 210.212).

[91] Contra D. RUSAM, «Das Lamm Gottes», 77; J. NIELSEN, «The Lamb of God», 243.

cio de uma nova comunidade[92]. Temos, pois, uma primeira fusão de sentido:

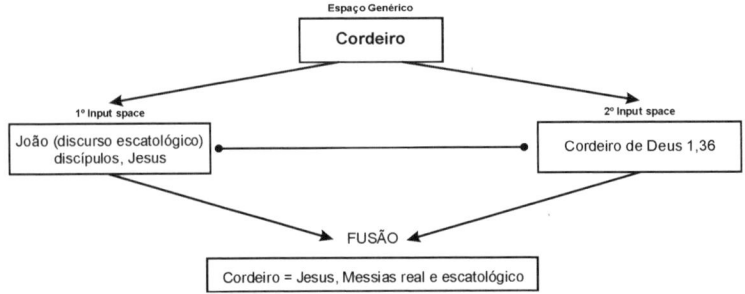

No entanto, falta um «input space» fundamental: a cristologia do QE, que redimensionará a fusão e que está implícita em 1,29.

2.2.2 O significado para a audiência indeterminada (1,29)

A primeira apresentação do «Cordeiro de Deus» é complementada com a expressão «que tira o pecado do mundo» (1,29), dado fornecido a uma audiência indeterminada e ao leitor.

O leitor sabe que a apresentação aos discípulos (1,36), com o *background* veterotestamentário que evoca, deve ser enquadrada pela afirmação primeira de 1,29. Ora, aqui a imagem parece ser bebida em Is 53, embora, como veremos, transformada, e criando uma tensão e uma expectativa literárias que têm de esperar pelo cap. 19, de forma a serem entendidas em toda a sua profundidade, quer pelos discípulos, quer pelo leitor.

a) *A influência (mas não identificação com) de Isaías 53*

O texto de Isaías apresenta o Servo como «uma ovelha levada ao matadouro, como cordeiro (ἀμνός) mudo [que] perante os seus tosquiadores não abriu a boca» (Is 53,7). E a sua função é descrita como «carregar os pecados de muitos» (ἁμαρτίας πολλῶν ἀνήνεγκεν: Is 53,12; cf.

---

[92] Para W. BINNI, *La Chiesa*, 158, assim como o Baptista preparou o caminho do Esposo, assim também a sua comunidade «ebbe in seno l'embrione vitale della comunità messianica racolta dal Cristo».

53,5)[93]. A imagem apresenta o seu sofrimento como um acto de salvação mas, sobretudo, como um gesto de abandono e desprotecção perante a dor e a humilhação.

Ora, embora o QE sublinhe a Paixão como um acto de abandono confiante de Jesus nas mãos do Pai, não o apresenta como «cordeiro mudo» nem perante Anás (18,20-23) nem diante de Pilatos (18,34-37). Por outro lado, os verbos «exaltar» (ὑψόω) e «glorificar» (δοξάζω), tão importantes para falar da morte e ressurreição de Jesus, têm a sua origem no Servo de Isaías (cf. III,1.4). No entanto, não são usados, como em Isaías, para falar da exaltação e glorificação futuras que Deus concederá ao seu Servo depois da humilhação, mas para falar da cruz como um momento já desta exaltação. Por outro lado, como vimos, o verbo «ὑψόω» aparece, no QE, não ligado à figura do Servo mas à do Filho do Homem (3,14; 8,28; 12,34; cf. 12,32), o que lhe dá um cunho de julgamento escatológico (cf. II,1.3). Como tivemos oportunidade de estudar, o uso do verbo está intimamente ligado às consequências da morte de Jesus: será ocasião da manifestação da sua origem divina (8,28), da oferta da vida eterna (3,14: consequência soteriológica) e da «atracção de todos» (12,32.34: consequência eclesiológica).

É preciso ainda ter em conta que o verbo usado na expressão de 1,29 é diferente: João usa «αἴρω», o que dá à acção um sentido mais activo (sublinha o acto do Cordeiro de «levantar»)[94] enquanto que em Isaías o «carregar» (ἀναφέρω) é mais passivo e tem um contexto vicário (que parece inexistente no QE)[95]. Além disso, o QE substitui a expressão «ἁμαρτίας πολλῶν» por «τὴν ἁμαρτίαν τοῦ κόσμου». Não se trata de expiar as culpas individuais, mas de «levantar» algo a que o mundo está

---

[93] Não concordamos com J. NIELSEN, «The Lamb of God», 228, que defende que o QE utiliza quer o TM, quer os LXX. Se isto é verdade no conjunto do Evangelho, no entanto, não há aqui nada que nos permita essa conclusão.

[94] Embora os LXX traduzam indiscriminadamente o verbo «נשא» com «αἴρω» ou «φέρω / ἀναφέρω» (cf. J. JEREMIAS, «αἴρω»; R. INFANTE, «L'Agnello», 337 nota 20), no QE, o verbo «αἴρω» tem um sentido físico de levantar ou remover alguma coisa (2,16; 11,41; 15,2 20,1.2) e, por extensão do sentido, de levantar a vida ou a alegria (10,18; 16,22). Cf. J. FORESTELL, *The Word of the Cross*, 160-165; C. KOESTER, «The Death of Jesus», 156 nota 18. Pelo contrário, o verbo «φέρω» é utilizado sempre no sentido de transportar/carregar algo físico (2,8bis; 4,33; 19,39; 20,27bis; 21,10.18) ou de suportar (12,24; 15,2tris.4.5.8.16) e, por extensão de sentido, de carregar uma acusação (18,29). O verbo «ἀναφέρω» não ocorre no QE.

[95] Contra o que afirma J. JÁUREGUI, «Testimonio de Juan el Bautista», 105.

subjugado e de que, por si mesmo, não tem capacidade para se libertar[96]. Que «pecado» é este? O da incredulidade (cf. II,2.3.1; 3.2.3c.).

O significado da imagem é, pois, redimensionado pela teologia do QE, começando logo no contexto imediato.

b) *Um conceito redimensionado pelo contexto imediato*

O contexto imediato da declaração do Baptista é, também ele, inspirado na figura do Servo. O Baptista apresenta Jesus como «Cordeiro de Deus» e como «Filho de Deus», por ter visto o ES «descer e permanecer sobre ele» (1,32-34) o que recorda a apresentação do Servo em Is 42,1, onde Deus estabelece o seu Servo colocando sobre ele o seu Espírito (τὸ πνεῦμά μου ἐπ' αὐτόν)[97]. No entanto, como vimos, em Jesus o ES não «permanece sobre» numa espécie de eleição (como no Servo), mas o facto é apenas um sinal para o Baptista de que Jesus possui o Espírito (que constitui a sua vida íntima e divina) e que, por isso, será ele a baptizar no ES[98].

O episódio deste primeiro dia está enquadrado numa espécie de inclusão pelo «ver» do Baptista: ele «viu» Jesus que «vem» (βλέπει τὸν Ἰησοῦν ἐρχόμενον) e apresenta-o como «Cordeiro de Deus» (1,29), assim como «viu» (ἑώρακα) o Espírito descer e permanecer e por isso «testemunha» que ele é o «Filho de Deus» (1,34). Esta inclusão parece querer identificar os dois títulos[99].

Ora, como vimos[100], a expressão «Filho de Deus» (1,34) é o testemunho de apenas alguns manuscritos; outras lições apresentam «Eleito de Deus». Na nossa perspectiva, a lição «Eleito» é uma harmonização com Isaías 42,1, pois, a lição «Filho de Deus», tal como salienta a Comissão, tem muito mais a ver com a terminologia teológica do QE. Além disso, imediatamente depois de afirmar que Jesus é o «Cordeiro de Deus», o Baptista fala da pré-existência de Jesus (1,30), ou seja da sua divindade, o que sublinha a filiação (Filho de Deus) e não a «eleição» (Eleito de Deus), que nada tem a ver com a cristologia joanina.

---

[96] Cf. S. CIPRIANI, «Cristo agnello», 466.

[97] Esta inspiração da apresentação de Jesus em Isaías é ainda perceptível pela auto-apresentação do Baptista, que bebe de Is 40,3.

[98] Cf. II,3.2.3.e: «O Espírito Santo habita em Jesus».

[99] Cf. R. BIERINGER, «Das Lamm Gottes», 230-231; R. FABRIS, «L'"Agnello"», 249.

[100] Cf. III,3.2.3.e. «+ O Espírito habita em Jesus», em nota.

Por outro lado, o «servo» (παῖς) de Isaías nunca é chamado «filho de Deus» (υἱός), embora o termo grego «παῖς» possa ter os dois sentidos e seja utilizado em Jo 4,51 com o sentido de «filho» (única ocorrência no QE), mas que jamais é aplicado a Jesus.

O paralelo permite-nos, pois, perceber a correspondência de «Cordeiro de Deus que tira/levanta o pecado do mundo» com «Filho de Deus». De facto, como sublinham os Sinópticos, só Deus pode perdoar pecados (Mc 2,7)[101].

A metáfora «Cordeiro de Deus» remete a mente do leitor para um primeiro «input space», a do Servo de Isaías, que se caracteriza por ser humilhado e depois exaltado, por ser eleito de Deus sobre o qual repousa o ES e que carrega os pecados de muitos, morrendo de modo vicário. O segundo «input space» é a apresentação de Jesus, que aparece como aquele que possui o ES, que é Filho de Deus e que tira o pecado do mundo. Os dois espaços mentais fundem-se no conceito novo de Cordeiro de Deus: não é apenas um eleito, mas o Filho de Deus, enquanto está cheio do ES.

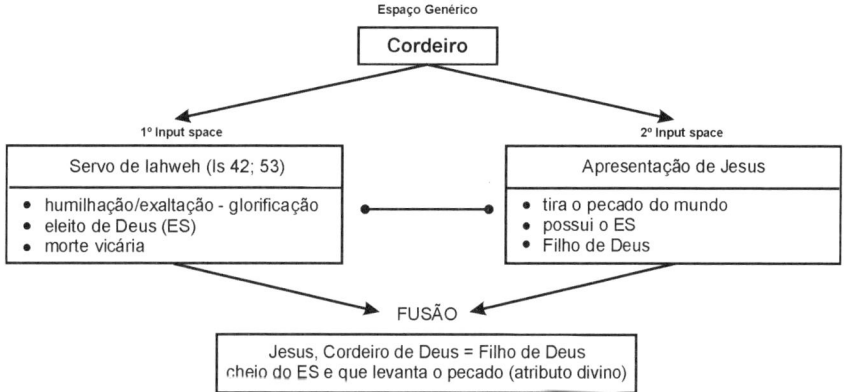

---

[101] Cf. A. GEORGE, «De l'agneau», 88-89. Para o estudo das passagens onde se utilizam expressões semelhantes a «levantar o pecado» no AT, sempre atribuídas a Deus, cf. M. RIGATO, «Gesù, l'Agnello di Dio», 93-94. Em 1Jo 3,5, a expressão também é utilizada, mas tendo o QE como suporte e aplicando-a à situação concreta da comunidade (aqui o pecado consiste em não praticar a justiça e não amar o irmão: cf. M. RIGATO, «Gesù, l'Agnello di Dio», 95), que, no entanto, acaba por ser uma falta de fé na medida em que corresponde ao não permanecer em Jesus, a «não o ver nem o conhecer» (1Jo 3,6). Sobre a relação do QE com 1Jo, cf. IV,5.2.

Por outro lado, esta fusão enquadra a apresentação do «Cordeiro de Deus» aos discípulos, cujo conteúdo, como vimos, apresenta Jesus como o Messias real, que dá início a uma nova comunidade (manifestada no seguimento dos discípulos). Estas duas apresentações tornam-se, elas próprias, para o leitor, dois «input spaces» que dão origem a uma nova fusão, transferindo para Jesus o potencial sentido de Cordeiro de Deus: Jesus é o Messias e Filho de Deus, que tem uma missão: «levantar o pecado do mundo». Assim, embora a imagem do Servo em Isaías sirva de base, a apresentação de Jesus ultrapassa o seu conteúdo[102].

No entanto, o conteúdo desta «fusão», desta nova imagem-conceito, não é ainda completamente explícito: precisa da continuidade do Evangelho e, de um modo particular, de 19,14.34.36 (terceiro «input space»). Como é que o Cordeiro de Deus «levanta o pecado do mundo»? Já vimos que não é através de uma morte vicária, tal como o Servo. Como, então?

c) *Um conceito redimensionado pelo contexto remoto*

O pecado do mundo, que no QE equivale à incredulidade[103], é «levantado» pelo Cordeiro na medida em que a sua palavra e as suas obras e, de modo particular, a sua «exaltação» e «glorificação» convidam à fé. É pela fé, como resposta à acção do Cordeiro, que o pecado é «levantado». Ora, em Is 53 o Servo sofre uma morte vicária, e esta caracteriza-se precisamente por ter efeitos por si mesma (não precisa da fé nem da participação do pecador). Pelo contrário, a «exaltação» e «glorificação» de Jesus (verbos, como vimos, ligados à figura do Servo) são precisamente o momento por excelência da sua revelação divina (8,28) e, consequentemente, o momento, por antonomásia, do convite à fé em Jesus, como «Cristo e Filho de Deus» (20,31):

> If sin is the unbelief that separates people from God, then the Lamb of God removes sin by removing unbelief. In Johannine theology sin is taken away when faith is evoked. Sin is the opposite of faith, and both are relational notions. If sin is a deadly alienation from God, then faith is a lifegiving relationship with God, and the death of Christ takes sin away when it moves

---

[102] Cf. J. NIELSEN, «The Lamb of God», 243.
[103] Cf. II,2.3.1; 3.2.3c.

people from sin into faith. If sin is the hatred that separates people from God, then faith awakens the love that binds people to God, and the death of Christ calls forth human love for God by conveying God's love to humankind[104].

O «levantamento» (αἴρω) do pecado (consequência soteriológica) pela fé é uma consequência do «levantamento» (ὑψόω) de Jesus (8,28)[105] e conduz, por sua vez, à possibilidade da relação com Deus, que na linguagem bíblica tem um nome: Aliança. O QE chama-lhe «unidade» (cf. II,3.2.2). Por isso, não acreditar em Jesus significa «morrer em pecado» (8,21.24; 16,9; cf. 3,18)[106] e permanecer «escravo do pecado» (8,34), vivendo, consequentemente, não na unidade, mas em «σχίσμα» permanente (7,43; 9,16; 10,19)[107].

É precisamente a questão da fé em Jesus que encerra a primeira parte do Evangelho, com a incredulidade dos Judeus iluminada por uma citação expressa de Is 53,1, em que quem fala é o Servo: «Senhor, quem acreditou na nossa palavra? E o braço do Senhor a quem foi revelado?» (12,38). Ora, não só o QE abre e fecha com a referência ao Servo (Is 53 e Sl 33,21), como a primeira parte fecha também com ele. Só que com uma diferença essencial: enquanto que na primeira parte se sublinha a incredulidade dos Judeus; na segunda apresenta-se o testemunho de fé, e o convite a ela, perante o levantado/exaltado (19,35).

Na medida em que a fé em Jesus faz que seja removido o pecado, o homem fica possibilitado não só à relação íntima (unidade) com Deus, como com os outros. E a «unidade», como vimos, é, precisamente, uma das consequências da morte de Jesus. A outra é soteriológica, ou seja, a

---

[104] C. KOESTER, «The Death of Jesus», 146. Sobre o papel da fé no «levantar» o pecado, cf. B. LINDARS, «The Passion», 82; R. CULPEPPER, Anatomy, 88.

[105] Para J. ZUMSTEIN, «L'interprétation johannique», 2120, Jesus não é «Cordeiro de Deus» apenas na sua morte, mas em toda a sua vida. De opinião contrária é J. FREY, Die johanneische Eschatologie, II, 167. Tendo em conta o conteúdo cristológico e soteriológico da expressão, concordamos com Zumstein, mas considerando que é verdadeiramente no mistério da sua «elevação» e «glorificação», ou seja na cruz e ressurreição, que Jesus se revela como o Servo-Cordeiro que tem a sua origem em Deus, o qual, pela fé nele, retira o pecado do mundo.

[106] Aliás, como faz notar M. MENKEN, Old Testament, 158, o Sl 33,21, que serve de base para a citação de 19,36, continua no v. 22 com a morte em pecado dos que mataram o Justo, o que se enquadra perfeitamente na ideia joanina de que os incrédulos morrerão em pecado.

[107] Cf. II,4.4.2.c, em nota.

nova vida para os crentes, a vida eterna, como comunhão com o Filho e com o Pai. São estas consequências da morte de Jesus (cf. II,3), que redimensionam (são o «input space» fundamental) a imagem do Servo-cordeiro, é evocada de novo em 19,36.

Embora, a imagem, logo no início do Evangelho, aponte para o seu final[108], só agora, no final da vida de Jesus, a expressão «Cordeiro de Deus» é iluminada no seu sentido mais profundo.

2.2.3 Um conceito redimensionado pela Páscoa: o cordeiro pascal

A apresentação de Jesus como «cordeiro pascal» vai sendo preparada ao longo do QE:

1) na primeira Páscoa: a expulsão dos animais destinados ao sacrifício (2,13-16) anuncia um outro tipo de culto e de sacrifício;

2) na segunda Páscoa: o anúncio de Jesus que dará a sua carne a comer (6,52-54) dá significado à expulsão dos animais do Templo (primeira Páscoa) e prepara o sentido profundo do que acontecerá na terceira Páscoa;

3) na terceira Páscoa: por um lado, a morte é anunciada como uma «santificação/consagração» que, em contexto pascal, recorda a santificação (como «colocar à parte») dos cordeiros pascais (17,19; cf. 10,36; cf. II,2.6.3); por outro, enfatiza-se o enquadramento pascal da Paixão[109] e a necessidade de *comer* a Páscoa (18,28);

4) o narrador, em 19,14, interrompe, inesperadamente o relato para, antes de Jesus ser condenado à morte e seguir para o Calvário, fornecer uma informação ao leitor: «era a preparação da Páscoa, perto da hora sexta» (19,14), ou seja, a hora em que, no Templo, começavam a ser sacrificados os cordeiros pascais (cf. II,2.2.2). Ao fazê-lo, orienta o leitor para que este enquadre o que se segue: aquele que segue para o Calvário é o verdadeiro cordeiro pascal.

5) o corpo de Jesus permanece «inquebrado», de forma a cumprir-se Escritura (19,34.36)[110].

---

[108] «Introducing Jesus as the Lamb at the beginning of the gospel anticipates his death at Passover at the end of the gospel»: C. KOESTER, «The Death of Jesus», 145.

[109] 11,55bis; 12,1; 13,1; 18,28.39; 19,14; cf. 19,31.42

[110] Vários autores pretendem também ver no termo «hissope» de 19,29, uma referência ao «hissope» com que, segundo Ex 12,22, o sangue do cordeiro pascal foi colocado no lintel e ombreiras das portas: cf. B. MALINA – R. ROHRBAUGH, *Social-Science Commentary*, 274; J. SÁENZ DE UGARTE, «Tipología pascual», 16 (este autor

CAP. III: O CUMPRIMENTO DE TODA A ESCRITURA 203

Ora, esta metáfora do cordeiro pascal volta a redimensionar a metáfora inicial do Cordeiro-Servo[111]. Mas em que sentido? Para o entendermos, é necessário percebermos primeiro o «espaço mental» que a imagem produz no leitor ideal. Para isso, focalizemos quatro considerações:

1) o cordeiro pascal recorda o êxodo, no qual o cordeiro aparece com uma *função apotropaica*. A protecção, que o sangue do cordeiro permite, estende-se a todas as gerações, desde que os israelitas repitam o ritual anual. Este tem uma função anamnética (Ex 12,14.17.25-27.42), que não se limita a recordar, mas a tornar eficaz[112]. A mesma necessidade é recordada na primeira Páscoa pós-exílica (Esd 6,19-22)[113]. Fora do AT, também *Jub.*, 49 acentua o carácter apotropaico do cordeiro, enfatizando a proibição de não se lhe partirem os ossos (49,13ss), neste contexto de recordar e reactivar, em cada ano, a protecção e salvação de Deus[114]. Flávio José, por sua vez, embora não definindo a classe de animal necessária para o sacrifício, sublinha a aspersão do sangue como

---

propõe a tipologia pascal como chave interpretativa de todo o Calvário). Para M. CASEY, *Is John's?*, 189, o evangelista criou um *midrash* do Sl 69,21, de forma a incluir o hissope.

[111] Para A. GEORGE, «De l'agneau», 89, ocorre o contrário: «La désignation de Jésus comme *l'Agneau de Dieu qui ôte le péché du monde* complète ainsi le thème traditionnel de l'agneau pascal par celui du Serviteur». Isto não tem sentido, pois a imagem do cordeiro pascal é a última a ser insinuada; é ela, portanto, que redimensiona a outra.

[112] Cf. M. COSTA, «Simbolismo battesimale», 365 (embora não concordemos com o sentido expiatório que este último autor lhe confere); C. SCHLUND, *Kein Knochen*, 25-28; J. NIELSEN, «The Lamb of God», 234. Para uma explicação da função anamnética dos elementos da ceia pascal judaica, cf. N. FÜGLISTER, *Il valore salvifico*, 156-161.167-169. O cordeiro pascal serve de enquadramento a toda a Páscoa do Egipto: Deus, antes das pragas, indica a Moisés a forma de o preparar e de o comer (Ex 12,3-11.43-49) e, mais tarde, ordena-lhe que o seu sangue seja colocado sobre o lintel e ombreiras das portas, para que os filhos dos israelitas não morram.

[113] Nos textos do Judaísmo antigo, o cordeiro pascal não tem uma função expiatória (contra, p. e., R. METZNER, *Das Verständnis der Sünde*, 129-132, que se baseia em Filão), mas, sobretudo, comemora a primeira Páscoa, onde o sangue do cordeiro foi protecção e libertação. Para uma análise dos diferentes textos e refutação de um sentido expiatório, cf. J. NIELSEN, «The Lamb of God», 235-239 (contra S. STANCATI, *Gv 19,31-37*, 175.177-178).

[114] Cf. M. MENKEN, *Old Testament*, 161-164. Para as diferenças entre a versão etíope e a versão latina de *Jub.*, e para a interpretação alegórica de Filão, cf. J. NIELSEN, «The Lamb of God», 236-237.

um rito de purificação[115]. Usa o verbo «ἁγνίζω» (purificar), que, segundo C. Schlund, é usado para expressar a purificação recebida pelo povo e que o coloca numa situação vital, que a morte não pode afectar[116]. A ênfase é colocada, portanto, na libertação da morte, como possibilidade de passar a uma nova vida. Isto é possível pelo sangue do cordeiro, como resposta, na fé, à palavra de Deus. O sangue garante a presença divina que realiza a salvação[117]. De facto, se os israelitas não tivessem acreditado na palavra de Moisés, a Páscoa teria sido de morte e não de vida: «il possesso della vita [...] deve essere considerato quindi come il vero e proprio stato della salvezza pasquale»[118]. Assim, acreditar na palavra de Jesus é condição *sine qua non* para participar na salvação de Deus: a vida divina oferecida (p. e., 5,39-40; 6,63; 8,51).

2) momento de *julgamento*: o episódio tem um acento escatológico, na medida em que a decisão dos israelitas de colocar, ou não, o sangue decidirá o juízo entre a vida e a morte[119]. Assim como através do sangue colocado nas portas, os israelitas tiveram a possibilidade de participar, através da fé, na vida nova oferecida, assim também através do sangue de Jesus (sinal da sua vida humana oferecida) é dada possibilidade de participar, através da fé, na vida divina (simbolizada na água), sendo libertado da escravidão do pecado e da morte (8,21.24.34; cf. 3,18). Tal como o do cordeiro da primeira Páscoa, o sangue de Jesus dá vida (6,53-56)[120]. Perante Jesus crucificado dá-se o julgamento, do qual depende a vida e a morte (p. e., 3,14ss; 8,24ss).

3) o sacrifício deve ser seguido pelo *comer* o cordeiro (Ex 12,8-11.43-48). Este segundo rito era tão importante que a própria festa era denominada como «comer a Páscoa» (Jo 18,28; cf. Mc 14,12.14; Mt 26,17; Lc 22,8.11.15). E a importância do «comer» o cordeiro tem a ver com o ritual de uma aliança: no AT, as alianças são, normalmente, sigi-

---

[115] Cf. *Ant.*, 2,311-314. No entanto, Nm 9,6ss e Ez 45,18-24 (cf. 2Cr 30,2-3.17-20; 35,6) recordam a necessidade da pureza para sacrificar o cordeiro e para o comer (a pureza é um requisito, não um efeito: cf. Jo 18,28).

[116] Cf. C. SCHLUND, *Kein Knochen*, 90-93; J. NIELSEN, «The Lamb of God», 238.

[117] Cf. N. FÜGLISTER, *Il valore salvifico*, 189.

[118] N. FÜGLISTER, *Il valore salvifico*, 213.

[119] Para a interpretação da noite de Páscoa como a noite da ira e do juízo de Deus, cf. N. FÜGLISTER, *Il valore salvifico*, 176-177. Aos israelitas «le strappò allo "Sterminatore" e quindi alla morte incombente, compiendo su di loro la sua azione salutare de *psh*»: *Ibid.*, 213; cf. P. GRECH, «Fede e sacramenti», 152.

[120] Cf. A. EVANS, *Word and Glory*, 183-184.

ladas com uma refeição comum[121] que, muitas vezes, se caracteriza como um pacto sacrificial (cf., p. e., Gn 31,53ss; Ex 18,12), onde Deus é aquele que convida e os comensais são seus convidados (cf. Sf 1,7), que comem e bebem, com isso, «diante do Senhor»[122]. Em Ex 24,1-11ss, descreve-se uma série de acontecimentos similares, numa cerimónia que ratifica a Aliança do Sinai, entre Deus e o seu povo[123]: o sangue derramado sobre o altar (símbolo de Deus) e aspergido sobre o povo representa a conclusão do pacto e o seu aspecto duplo[124]; em Ex 24,11 diz-se que Moisés, Aarão, Nabad, Abiú e os setenta anciãos, depois de terem visto Deus, «comeram e beberam», como refeição cerimonial do pacto[125]. Por isso, a refeição sagrada «è infatti una *communio* o un *sacramentale*»[126]. Também na festa da Páscoa a refeição tem um carácter cúltico: oferece-se o sangue do cordeiro a Deus, no Templo, e come-se, em comunidade, a sua carne, significando com isto a aliança estabelecida entre as duas partes[127]. De facto, a libertação do Egipto significou a passagem da propriedade de um senhor (faraó) a outro (Deus)[128], realidade significada na Aliança do Sinai. Esta é o pressuposto e a finalidade do evento pascal[129]. A celebração pascal, como celebração da Aliança, é a tese desenvolvida por Füglister: «ogni pasqua è […] rinnovamento per eccellenza dell'alleanza stessa»[130]. Esta é a consciência também do NT. De facto, quer os Sinópticos, quer S. Paulo, apresentam a ceia de Jesus e a sua Paixão no contexto da Aliança: o «sangue» que Jesus derramará é sangue da «Aliança» (Mt 26,28; Mc 14,24; «nova Aliança: Lc 22,20; 1Cor 11,25). Trata-se de um gesto, que tal como a Páscoa deverá ser celebrado, no futuro, como «memorial» (Lc 22,19; 1Cor 11,24.26).

---

[121] Cf., p. e., Gn 26,28-31; 31,51-54; Ex 18,12; 2Sm 3,20. É interessante reparar como o termo «ברית» (aliança) tem uma etimologia semelhante a «ברה» (comer): cf. N. FÜGLISTER, *Il valore salvifico*, 144 nota 1.
[122] Cf. Dt 12,7.12.18; 14,26; 15,20; 27,7.
[123] Cf. A. JENKS, «Eating», 253.
[124] Cf. B. CHILDS, *Il libro dell'esodo*, 513.
[125] Cf. B. CHILDS, *Il libro dell'esodo*, 514.
[126] N. FÜGLISTER, *Il valore salvifico*, 82.
[127] Cf. A. JENKS, «Eating», 253.
[128] Cf. N. FÜGLISTER, *Il valore salvifico*, 204-210.
[129] Cf. N. FÜGLISTER, *Il valore salvifico*, 275-278.
[130] N. FÜGLISTER, *Il valore salvifico*, 287 (cf. 285-290).

Ora, ao fazer coincidir a hora em que Jesus é entregue com a hora do sacrifício dos cordeiros, o evangelista recorda ao leitor que a Páscoa que é necessário «comer» não é já a da carne do cordeiro pascal (18,28), mas de Jesus, que, na segunda Páscoa, anunciara que daria (futuro) a sua carne a comer (6,52-56). Assim como o ritual do cordeiro pascal actua o poder de Deus que livra da morte e possibilita a passagem a uma nova vida, também a carne e o sangue de Jesus serão dados «para a vida do mundo» (6,51). Comer a carne e beber o sangue de Jesus, equivale a acreditar nele. E acreditar nele é actuar, pessoalmente, a possibilidade «do mundo» ser resgatado do pecado e da escravidão e passar a uma nova vida, a vida divina. Assim como os israelitas foram libertados do poder do faraó e transportados à vida pela fé e obediência à palavra de Deus, assim a fé na palavra de Jesus conduz à libertação não só do pecado, como da morte, simbolizada no «Príncipe deste mundo», que «é lançado fora» (12,31). Por isso, Jesus é «o Cordeiro de Deus, que tira o pecado do mundo», pois permite que o mundo seja libertado da morte e passe a uma outra condição: participante na vida de Deus (6,54-57). Recusar comer a carne de Jesus significa continuar na morte («se não comerdes a carne do Filho do Homem e não beberdes o seu sangue, não tereis a vida [divina] em vós»: 6,53). Tal como a carne do cordeiro pascal, também a carne de Jesus se destina a ser comida, como sinal de pacto, de aliança com Deus e penhor de participação na Sua salvação.

4) a necessidade de comer o cordeiro *em comunidade* (Ex 12,3-4.46). O cordeiro não se destina apenas a ser sacrificado, mas a ser comido *comunitariamente*. Por outras palavras, a dimensão não é apenas teológica e soteriológica, mas também comunitária: «come la circoncisione, essa [la participazione nella Pasqua] è espressione della sua appartenenza al Signore e ad Israele, ed equivale quindi in un certo senso ad un *segno* e ad un *rinnovamento dell'alleanza*»[131], como membros do povo. A dimensão comunitária está bem explícita na necessidade de se pertencer ao povo judaico, através da circuncisão, para se poder comer a Páscoa, ou seja, o cordeiro (Ex 12,43.48). Trata-se não só de um privilégio, como também de um dever, sob pena de ser

---

[131] N. FÜGLISTER, *Il valore salvifico*, 148.

excomungado do povo de Israel[132]. Por isso, qualquer um dos três tipos de celebração da Páscoa (egípcia; deuteronomista, celebrada no Templo; ou judaica pós-bíblica) define dois tipos de comunidade, intimamente ligados, que participam na refeição pascal: a comunidade doméstica e a do povo[133]. O cordeiro é a razão de ser da reunião/congregação da família, considerada como uma unidade litúrgica e uma comunidade sacrificial e convivial, que se estabelece não tanto pelos laços de sangue, mas pelo facto de se comer o cordeiro em conjunto[134]. No dizer de Flávio José, este facto cria uma «φρατρία»[135], isto é, um vínculo de fraternidade.

De facto, o que está em causa não é apenas o sentido do sangue do cordeiro, como gesto apotropaico. Este recorda a protecção de Deus no Egipto e actualiza-a. Mas este sangue já não é agora colocado nas portas das casas: é oferecido a Deus no Templo e a carne é consumida em família, num gesto de aliança e de pacto (sacrifício de comunhão pascal), em que Israel, como povo, renova, em memorial, cada ano, a Aliança (cf. Ex 13,8-9; Dt 6,21).

Embora o QE nunca fale de Aliança, Y. Simoens demonstra como a linguagem de Jo 13-17 é de inspiração deuteronomista, apresentando a passagem do «todos» em «um» no enquadramento da unidade do Pai e do Filho[136]. Ora, a «unidade» é uma das consequências na morte de Jesus (II,3.2.2). De facto, é interessante repararmos como é precisamente o título «Cordeiro de Deus» que inicia a congregação da nova comunidade de Jesus (1,37ss) e como é na comunidade reunida que ele se manifesta ressuscitado e concede os dons escatológicos (20,19-39). Não estar na comunidade, como Tomé, reunido à volta do «Cordeiro de Deus», implica não fazer a experiência de fé no Ressuscitado, que se torna presente com as marcas da sua imolação sobre a cruz (cf. V,5).

---

[132] Cf. Nm 9,13, em paralelo com Ex 12,23; cf. N. FÜGLISTER, *Il valore salvifico*, 147-148, com nota 14.

[133] Para um desenvolvimento, cf. N. FÜGLISTER, *Il valore salvifico*, 149-154.

[134] Cf. N. FÜGLISTER, *Il valore salvifico*, 141.

[135] Cf. *Bell. Jud.*, 6,9,3; *Ant.*, 3,10,3.

[136] «Dans la terminologie de l'alliance, le point fondamental est le suivant: la titulature, le titre du Seigneur "Un", est devenu le titre du peuple, dans une unité aussi parfaite que possible, sans confusion aucune […]. Les trois moments de l'alliance se trouvent ainsi synthétisés en un seul qui est précisément l'intégration en "Un" !» : Y. SIMOENS, *Entrer dans l'Alliance*, 134-135.

Concluindo: a imagem do cordeiro pascal invoca na mente do leitor a libertação do Egipto, como uma passagem para uma nova vida, através da função apotropaica e de cariz escatológico que o sangue do cordeiro encerra[137]. Por outro lado, recorda a necessidade de comer o cordeiro e de o fazer comunitariamente, de forma a renovar a Aliança (que é a finalidade primeira da saída do Egipto). Todos estes elementos (que constituem um «input space») enriquecem e fundem-se com o «input space» que resultou da apresentação do Baptista e, por outro lado, são redimensionados pela a cristologia, eclesiologia e soteriologia do QE. O cordeiro oferecido a Deus e consumido pelo povo simboliza este compromisso de vida, esta Aliança, que agora é firmada não num animal, mas no *corpo* do próprio Filho de Deus, oferecido sobre a cruz.

2.3 *Conclusão: duas imagens (Servo/Cordeiro Pascal) fundidas num conteúdo cristológico novo — Cordeiro de Deus/Filho de Deus*

A imagem do cordeiro cria uma grande inclusão para a vida terrena de Jesus, através do conteúdo simbólico das duas imagens, cordeiro e Servo (1,29.36 e 19,14.33.36). Esta inclusão é ainda sublinhada pelo uso que os dois episódios fazem da mesma expressão: «κἀγὼ ἑώρακα καὶ μεμαρτύρηκα ὅτι οὗτός ἐστιν ὁ υἱὸς τοῦ θεοῦ» (1,34); «καὶ ὁ ἑωρακὼς μεμαρτύρηκεν» (19,35). Elas servem, assim, de moldura à vida e missão de Jesus e ao testemunho acerca da sua filiação divina.

Quando o leitor chega ao episódio das pernas não quebradas (19,34: primeiro «input space»), com a proclamação que tal aconteceu «para que se cumprisse a Escritura: "osso não lhe será quebrado"» (19,36), a sua mente evoca os dois «input spaces» veterotestamentários (Servo do Sl 33,21 e cordeiro pascal de Ex 12,10.46 e Nm 9,12) aplicando-os, com o evangelista, ao corpo «inquebrado» de Jesus, mas fundindo-os com os elementos que extraíra, quer da apresentação do Baptista, quer da apresentação, ao longo do QE, das consequências cristológicas, soteriológicas e eclesiológicas do «levantamento/exaltação» de Jesus. Aliás, o próprio verbo «ὑψόω» (que caracteriza a exaltação do Servo de Is 53 e no qual o evangelista se inspira para falar da morte de Jesus: 3,14bis; 8,28; 12,32.34) sublinha as consequências desta «exaltação»: será uma manifestação da origem e natureza divinas de Jesus (8,28: cristologia), da vida divina que a morte de Jesus possibilita (3,14: sote-

---

[137] A libertação que Jesus realiza da escravidão do pecado apresenta a revelação de Deus em Cristo como uma nova Páscoa: R. KYSAR, *Preaching John*, 146-147.

riologia) e da comunidade que forma pela «atracção de todos» (12,32.34: eclesiologia). A acção do Servo, que se caracteriza por uma morte vicária, é redimensionada, por sua vez, pelo significado libertador, salvífico e eclesial do Cordeiro[138], que, por sua vez, tendo em conta que não tem características de sacrifício pelo pecado, é redimensionado pela acção do Servo. Juntando as duas imagens, o QE cria «a new type of imagery in which Jesus the Passover Lamb of God delivers people from death precisely by delivering them from sin»[139]. Não se trata de uma acção mágica, nem pode ser vicária, porque, ao contrário destas, exige a resposta do homem: a fé. Por outro lado, ao assumir o conteúdo salvífico do Servo, o Cordeiro é enriquecido e redimensionado: este Cordeiro «tira o pecado do mundo», não porque seja Cordeiro nem Servo, mas porque é «Filho de Deus». A filiação divina redimensiona a figura do Cordeiro (já por sua vez redimensionada pela figura do Servo).

Esta fusão dá origem a um novo conceito, com um conteúdo semântico novo: o «Cordeiro de Deus» é o Messias (1,36) e Filho de Deus (1,29ss), a quem Deus protege a vida (a ressurreição já presente na cruz) e que, pelo seu «levantamento/exaltação», «levanta o pecado do mundo» pela fé na sua divindade, dando ao homem a possibilidade de receber a salvação de Deus (a vida divina, o ES) e de, assim, entrar na «unidade» (Aliança) com Deus e com uma comunidade salva e salvífica (eclesiologia). Participar, comendo, da carne do corpo «inquebrado» do Cordeiro de Deus, é participar da «unidade» de Jesus, entrando, por ele, na «unidade» com Deus e com a comunidade.

Por outras palavras, encontramos já expresso neste novo conceito que a imagem do Cordeiro de Deus permite, a cristologia, a soteriologia (e eclesiologia) expressas na finalidade do Evangelho (20,31). De facto, o reconhecimento do crucificado como uma pessoa divina (fé) faz actuar os efeitos salvíficos da sua morte[140]. Sintetizemos esquematicamente:

---

[138] E, portanto, não está apenas associado à libertação da morte, como defende C. KOESTER, «The Death of Jesus», 145.

[139] C. KOESTER, «The Death of Jesus», 146.

[140] E não apenas «the recognition of the crucified as a divine figure produces the salvific effect», como afirma J. NIELSEN, «The Lamb of God», 254. Os efeitos salvíficos não são produzidos pela fé mas pela acção de Jesus; a fé faz actuar em cada crente estes efeitos salvíficos. Esta ideia é bem explicitada na primeira utilização do verbo «ὑψόω», em 3,14: a cruz é um sinal de salvação para o mundo, mas é a fé no Filho Unigénito de Deus que faz actuar pessoalmente esta salvação.

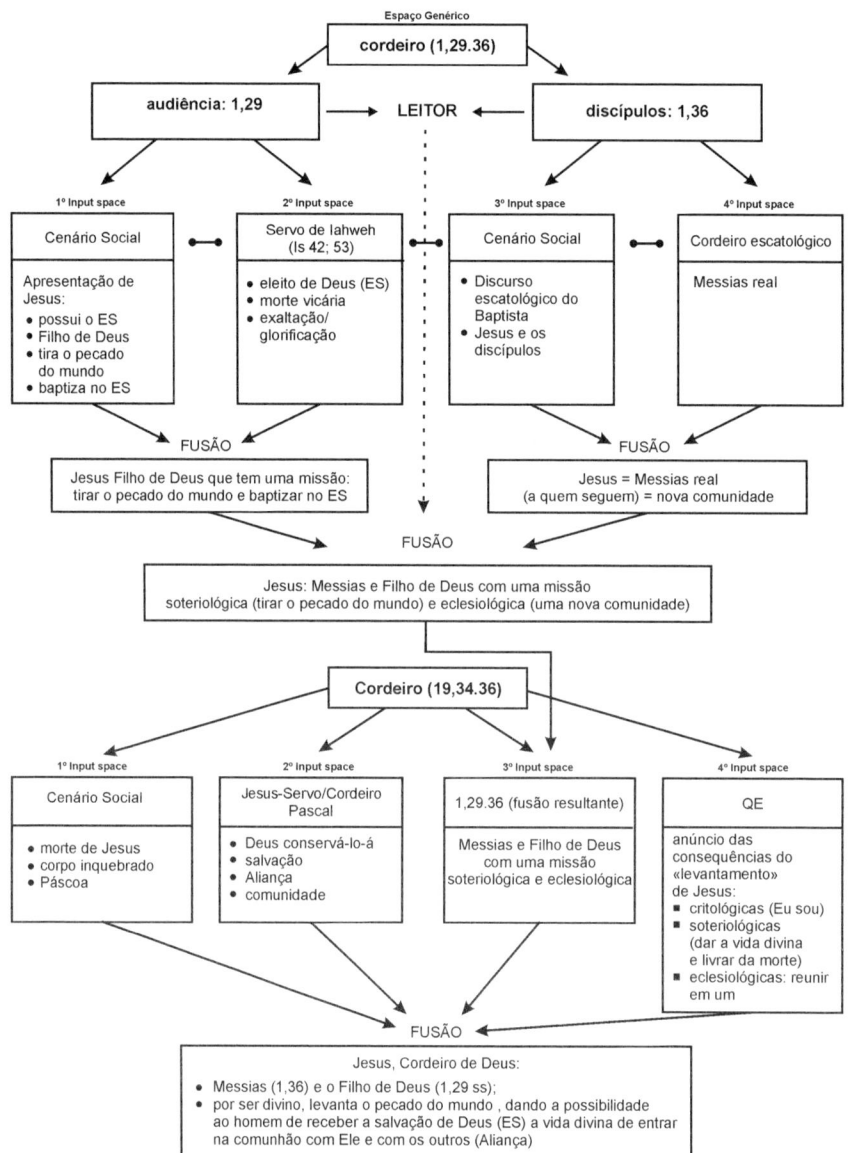

3. «Olharão para o que trespassaram» (19,37)

O acto do soldado de trespassar o lado de Jesus é interpretado pelo evangelista como um «cumprimento» da Escritura, de que apresenta a citação. Esta deve ser lida juntamente com a primeira, como se percebe pelo uso da expressão «ἵνα ἡ γραφὴ πληρωθῇ» (19,36) e «καὶ πάλιν ἑτέρα γραφὴ λέγει» (19,37)[141]. O uso do advérbio «πάλιν» para juntar duas citações já tinha acontecido na conclusão da primeira parte do Evangelho, para apresentar a incredulidade dos Judeus como o «cumprimento» de duas citações de Isaías: «ἵνα ὁ λόγος Ἠσαΐου τοῦ προφήτου πληρωθῇ ὃν εἶπεν» (12,38) a que liga uma outra citação em 12,40, utilizando a expressão «πάλιν εἶπεν Ἠσαΐας» (12,39). Ora, como tivemos ocasião de referir acima (III,1), esta dupla citação de 12,38-40 introduz o tema do «cumprimento» com o verbo «πληρόω», o mesmo que é utilizado, pela última vez (e também com uma dupla citação) na nossa perícope[142]. Se tivermos em consideração que a dupla citação de 12,38-40 apresenta o testemunho da Escritura para a incredulidade dos Judeus e que a dupla citação de 19,36-37 é antecedida por um convite à fé perante o crucificado «inquebrado» e trespassado (19,35), parece que encontramos uma espécie de inclusão temática. Qual o seu significado? Para o percebermos, teremos de definir primeiro a que citação da Escritura se refere o evangelista e em que sentido a utiliza, assim como o conteúdo semântico do acto de «ver».

3.1 *As diversas possibilidades da origem do texto*

Os exegetas são unânimes em considerar 19,37 como uma citação de Zc 12,10. O problema aqui é de outra ordem: qual o texto citado pelo QE? É que, de facto, não corresponde, de forma alguma, aos LXX (que apresenta: «καὶ ἐπιβλέψονται πρός με ἀνθ' ὧν κατωρχήσαντο»: «eles olharão para mim, porque dançaram»)[143] e tem afinidades com o TM e com as versões tardias de Aquila, Teodição e Símaco, mas sem coincidir exactamente com nenhuma delas. Por outro lado, a forma da citação de Zacarias (ou alusões a ela) utilizada pelo QE encontra-se em outros escritos da literatura cristã antiga, em termos muito próximos à de Jo

---

[141] Cf. S. PORTER, «Can Traditional Exegesis?», 403.
[142] Cf. M. HENGEL, «The Old Testament», 32.34; G. GHIBERTI, «La Scrittura», 83.
[143] O verbo «dançar» tem aqui uma conotação insultuosa: cf. M. MENKEN, *Old Testament*, 172.

19,37[144]. Como se explica isto? A dificuldade na resposta levou os exegetas às mais diversas conclusões, que podemos apresentar da seguinte forma[145]:

1) trata-se de uma tradução do TM[146];

2) o QE baseou-se numa versão corrigida dos LXX[147] (talvez com emendas nas margens)[148];

3) trata-se de um texto deliberadamente modificado a partir da cristologia[149];

4) baseia-se num conjunto (apologético) de *testimonia*[150], não necessariamente escrito[151].

Estudemos os textos, para podermos fazer emergir as conclusões.

3.1.1 As possibilidades de leitura do TH

O TM apresenta-nos a frase «וְהִבִּיטוּ אֵלַי אֵת אֲשֶׁר־דָּקָרוּ»: «e olharão para mim, o que trespassaram» (é Deus quem fala).

No entanto, a palavra «אלי» pode ser vocalizada como «אֱלֵי» (forma poética da preposição: Job 3,22; 5,26; 15,22; 29,19) o que muda a frase: «olharão para o que trespassaram»[152].

Por seu lado, o «את» pode ser lido como preposição «com» («olharão para mim com o que trespassaram» o que torna a leitura incompatível com a interpretação de «אל» como forma poética da preposição) ou como *nota accusativi*. Se o considerarmos como *nota accusativi* temos duas leituras possíveis: lê-lo com a frase principal ou com a frase subordinada relativa.

No primeiro caso, a frase principal tem um complemento duplo, introduzido respectivamente por «אל» (preposição) e por «את» (*nota*

---

[144] Cf. M. MENKEN, *Old Testament*, 167.

[145] Para uma abundante bibliografia sobre os autores que defendem as diferentes opiniões, cf. B. SCHUCHARD, *Scripture within Scripture*, 144-145, com as notas respectivas. Aqui limitamo-nos a apresentar um autor para cada uma das perspectivas.

[146] Cf. C. BURNEY, *The Aramaic Origin*, 123.

[147] Cf. B. SCHUCHARD, *Scripture within Scripture*, 149 (como possibilidade).

[148] Cf. R. BULTMANN, *Gospel*, 677 nota 2.

[149] Cf. R. SCHNACKENBURG, *Evangelio*, III, 360.

[150] Cf. E. FREED, *Old Testament Quotations*, 115.125.128 (como possibilidade).

[151] Cf. M. MENKEN, *Old Testament*, 170-171.

[152] Seguimos a apresentação de Cf. M. MENKEN, *Old Testament*, 171-172, que, por sua vez, se baseia, para o estudo das diversas hipótese textuais, no estudo de M. SÆBØ, *Sacharja 9-14*. Cf. ainda M. DELCOR, «Un problème».

accusativi); no segundo, teríamos uma antecipação, que acontece no hebraico, em que o «את» de acusativo precede o «אשר» (numa frase onde esperaríamos «אשר־דקרו אתי», ou «אשר־דקרו אתו» se o «אלי» for considerado forma poética)[153], o que daria: «olharão para mim que trespassaram» (ou no segundo caso: «para o que trespassaram»).

O texto apresenta-nos uma *crux*, pois seguir o TM e considerar o «את» como *nota accusativi*, implica que a pessoa trespassada seja Deus. Por isso, muitas interpretações foram sugeridas[154] e as próprias traduções fizeram uma interpretação, como veremos. Menken, que segue Sæbø, coloca a hipótese de o texto ser resultado da contaminação de duas frases originais: «והביטו אלי» (que seria a conclusão do que precede: a casa de David e os habitantes de Jerusalém olharão para Deus) e «והביטו אשר־דקרו» (como início do que sucede: o trespassado seria outro)[155].

3.1.2 As leituras dos textos gregos

Os LXX «resolvem» a questão apresentando «καὶ ἐπιβλέψονται πρός με ἀνθ' ὧν κατωρχήσαντο», o que tem na base uma troca da forma verbal «דקרו» (trespassaram) pela forma «רקדו» (dançaram). Alguns autores supõem que isto se deve à dificuldade teológica que o TM apresenta: como é que Deus podia ser trespassado? Mas a razão pode ser muito simples: uma troca inadvertida do «ר» pelo «ד» por causa da sua similitude[156]. Menken, que parte do princípio que os LXX correspondem a uma tradução de um TH igual ao TM (embora com a confusão provocada pela mudança das consoantes hebraicas) explica a expressão «ἀνθ' ὧν» como uma interpretação do tradutor para a expressão hebraica «את אשר־דקרו» que leria um *accusativus limitationis*, cujo sentido seria: «eles olharão para mim no que respeita ao facto que dançaram». Desta forma, conclui Menken, não há necessidade de supor que o texto utilizado pelo tradutor dos LXX tenha sido diferente daquele que o TM apresenta.

As versões gregas, por sua vez, apresentam a seguinte tradução:

---

[153] Cf. Jouön, §158; M. MENKEN, *Old Testament*, 171 com nota 11.
[154] Cf. P. LAMARCHE, *Zacharie*, 80-84; M. SÆBØ, *Sacharja 9-14*, 97-102.
[155] Cf. M. SÆBØ, *Sacharja 9-14*, 100; M. MENKEN, *Old Testament*, 172.
[156] Assim M. MENKEN, *Old Testament*, 173 (para uma série de exemplos de outros textos onde isto acontece, cf. nota 15 e bibliografia respectiva).

— Aquila: «σὺν ᾧ ἐξεκέντησαν» traduzindo o «את» por «σύν» («com o que trespassaram») e, assim, o que é trespassado não é Deus, mas outro;

— Símaco: só restaram as duas palavras «ἔμπροσθεν ἐπεξεκέντησαν» cujo sentido é difícil de perceber;

— Teodição: o texto conhecido apresenta duas variantes: «καὶ ἐπιβλέψονται πρός με ὃν ἐξεκέντησαν» («e olharão para mim, o que trespassaram»: assim no *ms* 86) e «καὶ ἐπιβλέψονται πρός με εἰς ὃν ἐξεκέντησαν» («e olharão para mim, para o que trespassaram»: assim na Siro-Hexapla). A diferença não altera o sentido (Deus é a pessoa trespassada) e a tradução pressupõe um texto como o TM[157].

Também as traduções das versões não são claras e permitem uma dupla leitura: em Aquila a personagem trespassada é outra que não Deus; em Teodição, pelo contrário, é Deus. Mas o facto de que também Aquila traduza evitando identificar a personagem trespassada com Deus, obriga-nos a colocar a hipótese que a tradução dos LXX, ao contrário do que defende Menken, pode não ser só uma confusão de letras, mas uma tentativa de evitar um antropomorfismo. O QE não terá qualquer problema em fazê-lo, como tentaremos mostrar.

3.1.3 O texto de Zc 12,10 nos outros escritos cristãos

A citação de Zc 12,10, ou referências a ela, aparece noutros escritos do NT:

1) Ap 1,7 afirma «καὶ ὄψεται αὐτὸν πᾶς ὀφθαλμὸς καὶ οἵτινες αὐτὸν ἐξεκέντησαν» («e todo o olho o verá, também os que o trespassaram»). O texto aparece depois de uma alusão à figura do Filho do Homem de Dn 7,13 («eis que ele vem com as nuvens») e continua com uma alusão a Zc 12,10b-14 («e todas as tribos da terra lamentarão por causa dele»);

2) Mt 24,30 apresenta uma alusão e um contexto similares: «E então todas as tribos da terra lamentarão e verão (ὄψονται) o Filho do Homem vir nas nuvens do Céu». Também aqui se combinam os dois textos de Zc 12,10-14 e Dn 7,13. O paralelo de Mc 13,26 apresenta apenas: «e então verão (ὄψονται) o Filho do Homem vir sobre as nuvens» (assim também Lc 21,27)[158].

---

[157] A tradução da *Peshitta* concorda com a segunda hipótese; a da Vulgata com a primeira.
[158] Cf. M. MENKEN, *Old Testament*, 168.

3.1.4 Conclusões a partir da confrontação dos textos

As confrontações que fizemos entre os diversos textos, fazem emergir algumas conclusões[159]:

1) o texto usado por Jo 19,37 parece corresponder a uma tradução do TH;

2) a forma verbal usada por Jo 19,37 (ὄψονται) não corresponde a nenhuma das versões gregas[160], mas é idêntica à usada quer por Mateus, quer por Marcos. A forma, no singular, usada por Ap 1,7 é pedida gramaticalmente pelo sujeito (singular);

3) o texto de Zc 12,10 é lido por Ap e Mt aplicado à figura do Filho do Homem de Dn 7,13, dando-lhe um cunho escatológico e aplicando-o à *parusía* (o mesmo acontece nos paralelos de Mc e Lc);

4) o texto de Ap e Mt apresentam a alusão como uma revelação (escatológica) com um carácter universal (seguindo o texto de Zc); o Ap aplica esta revelação «também àqueles que o trespassaram»;

5) todas as referências do NT omitem a primeira pessoa do singular que se encontra no hebraico «אלי», o que se explica se a palavra foi entendida como a forma poética da preposição «אל» (אֱלֵי) que em grego se traduziria por «εἰς»;

6) no entanto, apenas Jo 19,37 apresenta a preposição «εἰς»[161]; de facto, na construção «ὁράω + acusativo» é dispensável[162]. Qual o sentido?

3.1.5 Depende Jo 19,37 de uma colecção de *testimonia*?

Perante estas evidências, Menken defende que o texto de Jo 19,37 tem a sua origem numa tradução independente do hebraico feita pela comunidade primitiva e que fazia parte de um conjunto de *testimonia*

---

[159] Seguimos, em parte, M. MENKEN, *Old Testament*, 175-176.

[160] M. MENKEN, *Old Testament*, 175 com nota 27, explica a escolha deste verbo através de duas razões: um jogo de palavras entre «ὄψονται» e «κόψονται» no início de Zc 12,10b; mas sobretudo, pela interpretação cristológica e escatológica da passagem, pois o verbo «ὁράω» é utilizado muitas vezes para falar do testemunho da *parousia* de Jesus, ou de Deus, ou do Reino: cf. Mc 9,1 par.; 13,26 par.; 14,62 par.; Mt 5,8; Lc 3,6; 13,28; 17,22; Hb 9,28; 12,14; 1Jo 3,2; Ap 22,4. O facto que as passagens do NT utilizem o verbo «ὁράω» para traduzir Zc 12,10 significa, segundo Meken, que a referência é aplicada à *parousia* de Cristo.

[161] Aparece também na segunda variante de Teodição.

[162] Cf., p. e., Mt 24,20; Mc 13,26; 14,62; Lc 21,27.

(não necessariamente escritos). Esta tese torna, portanto, improvável que o QE tenha feito uma tradução directa do hebraico[163]. No entanto, como é que o QE apresenta a construção «ὄψονται + εἰς» que não aparece em nenhuma outra alusão dos textos do NT a Zc 12,10 e que nas versões só acontece em Teodição (segunda variante)? Menken justifica-o com o facto de os *testimonia* não serem escritos, mas orais. Na nossa perspectiva, isso não justifica o uso de «εἰς» pelo QE quando mais ninguém o faz no NT[164]. Pensamos, por isso, que, embora o QE conheça e tenha tido presente o *testimonium* (ver abaixo), também conhece e usa o TH, e, por isso, utiliza a preposição «εἰς» na construção «ὄψονται + εἰς» (ausente no *testimonium*), visto que ela corresponde melhor à sua perspectiva[165].

Ora, por um lado a confirmação da tese do uso dos *testimonia* está dependente de uma outra confirmação. A alusão a Zc 12,10 nos textos do NT está ligada à figura do Filho do Homem e é usada num contexto escatológico (cf. Mt 24,30 par.; Ap 1,7). Em 19,37 terá o mesmo sentido? A resposta a esta questão ajudará a confirmar a tese do uso de Zc

---

[163] Cf. M. MENKEN, *Old Testament*, 177-178. Este autor confirma a sua opinião com o facto de também Jo 19,37 deixar de fora a primeira pessoa do singular. Esta tradução directa do hebraico é sugerida por outros autores, como E. FREED, *Old Testament Quotations*, 114. A dependência de um *testimonium* é defendida, também, p. e., por D. MOO, *Old Testament*, 211-212. B. SCHUCHARD, *Scripture within Scripture*, 147-148, também tem presente esta hipótese, mas considera a alusão de Jo 19,37 como uma provável criação do QE.

[164] Menken justifica a existência destes *testimonia* também com o facto da alusão de S. Justino a Zc 12,10, onde aparece a construção «ὄψονται + εἰς» (*Apol.*, 1,52,10-12 onde a citação tem a mesma construção do QE; noutras passagens liga a preposição ao verbo «conhecer/reconhecer» o trespassado, numa distinção entre, o que ele chama, a primeira e a segunda *parusias*: *Dial.*, 18,8; 32,2; 64). E, por isso, Menken declara: «The standard early Christian version of Zech. 12:10aβ was "ὄψονται εἰς ὃν ἐξεκέντησαν"»: M. MENKEN, *Old Testament*, 169-170. Embora admitamos a possibilidade de Justino usar os *testimonia*, não nos parece que a forma «ὄψονται + εἰς» dependa destes, visto que nenhum outro escrito do NT que os usa apresenta esta construção, pois, como vimos, a construção grega não necessita da preposição. Por isso, não nos parece que a preposição «εἰς» fizesse parte da fórmula *standard*. E em S. Justino a sua presença explica-se melhor se admitirmos que é uma influência da construção apresentada no QE, que ele conhecia (B. LINDARS, *New Testament*, embora pense que Justino se tenha baseado numa tradição viva como a hipótese mais plausível, também admite a possibilidade de se ter usado «an amalgam» de Mt 24,30, Jo 19,37 e Ap 1,7).

[165] Assim também J. SEYNAEVE, «Les citations», 71-72, embora não coloque a hipótese de um *testimonium*.

12,10 a partir de um *testimonium*. Por outro lado, a confirmação do facto que o QE tenha, ao mesmo tempo, recorrido ao TH no que se refere à construção de «ὄψονται + εἰς»[166], porque esta corresponde melhor à sua visão, depende do conteúdo semântico que «ὁράω» tem no QE. Comecemos por aqui (cf. a fundamentação definitiva em IV,6.2).

3.2 *Olhar para o «inquebrado» trespassado*

A acção de «olhar/ver» para o trespassado evoca algo mais profundo que uma simples acção sensorial. Por isso, estudaremos, em primeiro lugar, o conteúdo semântico dos verbos de visão no QE.

Em segundo lugar, este «olhar» implica o contexto de Zc 12,10, que evoca a figura do Rei-Pastor trespassado, imagem com que Jesus enquadra o significado salvífico e eclesiológico da sua morte (10,1-18). No entanto, tendo em conta o contexto do QE, a citação de Zacarias remete para o início do Evangelho, quando, no final da série de títulos cristológicos com que Jesus é apresentado, este se auto-apresenta como «Filho do Homem» (1,50-51). A citação de Zacarias remete para este texto (Menken não o refere) não só porque é a primeira auto-apresentação de Jesus (e que, portanto, o define) como, sobretudo, pelo facto de o título «Filho do Homem» estar ligado ao verbo «ὁράω» no futuro e a um contexto de «acreditar». Jesus promete a Natanael que «verás» (futuro singular: ὄψῃ) coisas maiores, especificando de seguida em que consiste esta visão, mas mudando o futuro singular para o futuro plural: «vereis (ὄψεσθε) o céu aberto e os anjos de Deus subindo e descendo sobre o Filho do Homem». Ora, a passagem refere-se à morte de Jesus e o facto que se utilize o futuro da segunda pessoa plural do verbo «ὁράω» remete para o «ὄψονται» de 19,37, que, embora use o futuro (por ser profecia), aparece como algo que «se cumpre» (19,36). Além disso, o verbo «ver» está ligado à fé em Jesus (1,50) tal como na nossa perícope (19,35.37). A análise desta perspectiva ajudar-nos á a confirmar o uso do *testimonium* de que falávamos acima, embora na perspectiva própria do evangelista.

Por fim, é preciso recordar que, ao contrário do que faz a maioria dos exegetas, a citação de 19,37 não se refere apenas ao trespassado, mas ao *inquebrado* trespassado, o que remete o leitor para o conteúdo teológico do «Cordeiro de Deus».

---

[166] Assim também R. SCHNACKENBURG, *Evangelio*, III, 360.

Por outras palavras, a profecia de Zacarias é um convite a «olhar» para o inquebrado trespassado e a «ver» nele a confluência de uma série de imagens e metáforas redimensionadas pela cristologia joanina.

3.2.1 A semântica dos verbos de visão

O convite a «olhar/ver» o inquebrado trespassado está condicionado pelo conteúdo semântico que o QE dá aos verbos de visão.

Embora a nossa citação e a perícope de 19,31-37 utilizem exclusivamente o verbo «ὁράω» (19,33.35.37), é importante uma panorâmica, ainda que sucinta, sobre o uso dos verbos de visão: «βλέπω» (17x) com os seus compostos «ἀναβλέπω» (4x) e «ἐμβλέπω» (2x), «θεωρέω» (24x), «θεάομαι» (6x) e «ὁράω» (63x)[167]. Por quê? Porque a diferença entre eles nem sempre é clara e, por vezes, parecem poder intercambiar-se sem dificuldade. Isto levou alguns autores a considerarem a existência de uma sinonímia entre os diversos verbos[168] e outros a defenderem um duplo sentido, em que uns terão um significado físico e outros espiritual[169]. Procuremos a resposta[170].

---

[167] A contabilidade é feita a partir de *CNTG*, tal como a de F. RAMOS PÉREZ, *Ver a Jesús*, 15 (cf. I,3.1.2.d). M. LEE, «*Signore, Vogliamo Vedere Gesù*», 71, estranhamente, não considera os compostos de «βλέπω». Para a contabilidade dos diversos verbos da visão no NT, cf. a tabela apresentada por F. RAMOS PÉREZ, *Ver a Jesús*, 15. Tal como este autor, preferimos não incluir o verbo «παρακύπτω» (cf. C. TRAETS, *Voir Jesus*, 9 nota 8), pois o seu significado em Jo 20,5.11 diz respeito ao acto de inclinar-se (cf. F. RAMOS PÉREZ, *Ver a Jesús*, 14 nota 1).
[168] Defendem uma sinonímia mais ou menos exacta, p. e., R. BULTMANN, *Gospel*, 69 nota 2; W. MICHAELIS, «ὁράω», 1017-1024; M. BENÉITEZ, «Nota», 109-110.
[169] Cf. O. CULLMANN, «Der johanneische Gebrauch». Este autor aplica a tese, de forma particular, no que se refere ao uso dos verbos tendo como complemento directo a «glória»: cf. ID., «Εἶδεν καὶ ἐπίστευσεν», 55. Para uma posição rígida em relação à diferença semântica dos diferentes verbos, cf. G. PHILLIPS, «Faith and Vision». I. de la POTTERIE, «Volgeranno lo sguardo», 113-114, distingue o significado de cada verbo, os quais apresentam «un passaggio progressivo dal vedere esteriore, fisico, allo sguardo contemplativo e interiore: scorgere (*blepein*), osservare (*theôrein*), contemplare (*theasthai*), vedere (*horan*, con vari aspetti, secondo i tempi del verbo)». Procuraremos demonstrar que a diferença não é assim tão linear.
[170] Seguimos a apresentação de F. RAMOS PÉREZ, *Ver a Jesús*, 19-44. No entanto, estranhamente, não apresenta um estudo semântico estruturado dos verbos no QE.

a) *Os verbos «βλέπω», «ἀναβλέπω», «ἐμβλέπω» e «θεωρέω», «θεάομαι»*

No grego clássico, nos LXX, e no NT, o verbo «βλέπω» tem um sentido físico (referido à visão como tal, ou à capacidade de ver do sujeito) e um metafórico (a visão da mente)[171]. No QE também encontramos um duplo uso: com o sentido literal e com um sentido metafórico[172]. No entanto, em várias ocorrências, o contexto permite uma leitura dupla («ver» com os olhos e «perceber» com a mente): em 1,29, o Baptista «vê» Jesus e «compreende» que ele é o Cordeiro de Deus[173]. De igual forma, todas as ocorrências no cap. 9 permitem uma dupla leitura concomitante, pois o cego não apenas «vê» como «entende» à luz da fé em Jesus (tal como 9,39tris.41 permitem perceber). O julgamento de Jesus consiste precisamente na forma de «olhar»: permanecer apenas na visão física, recusando-se a «perceber» aquele que se vê como o Messias e Filho de Deus, é causa de permanecer em pecado (9,39-41) e, portanto, impossibilitado de participar na vida que Jesus oferece.

O mesmo sentido literal e metafórico encontramos em «ἀναβλέπω» e «ἐμβλέπω». Quer na literatura grega, quer no NT, «ἀναβλέπω» tem dois significados essenciais: o de levantar os olhos (a visão) e o de recuperar ou obter a visão. Este último sentido é o que surge nas quatro ocorrências no QE, todas no episódio do cego de nascença (9,11.15.18bis). Esta nova dimensão do homem que era cego é de tal forma importante que ele é chamado «o que obteve visão» (particípio determinado: «τοῦ ἀναβλέψαντος»: 9,18). O «obter a visão» é fruto do «lavar-se» (9,11) como obediência à palavra de Jesus (9,11; cf. 9,15.18-21). Também aqui se joga com o sentido literal e metafórico do verbo: a capacidade de «obter a visão» acontece pela fé na palavra de Jesus, permitindo «perceber» algo que, até então, não acontecia. Assim, também

---

[171] Cf. BAGD, 143-144; W. MICHAELIS, «ὁράω», 889-891.918-919.941-942.950; F. RAMOS PÉREZ, *Ver a Jesús*, 21-24.

[172] Literal: 1,29; 5,19; 9,7.15.19.21.25; 11,9, 13,22; 20,1.5; 21,9.20; metafórico: 9,39tris.41.

[173] E não, como pretende F. RAMOS PÉREZ, *Ver a Jesús*, 379-380 (com base no esquema de revelação apresentado por M. de GOEDT, «Un schème»), apenas na apresentação que o Baptista faz através do «ἴδε». A revelação «pública» (introduzida pelo «ἴδε») é antecedida da revelação «privada», ou dito de outra forma, do «ver» e «compreender» quem é aquele que se aproxima. Assim, também não concordamos com G. PHILLIPS, «Faith and Vision», 83, quando afirma que o verbo, no QE, não é utilizado para falar da apreensão da verdade espiritual.

«ἐμβλέπω» (que pode intercambiar-se com «βλέπω») tem um significado próprio («fixar o olhar em» alguém ou alguma coisa) e outro metafórico, de sentido espiritual (como «considerar»). Nas duas ocorrências no QE (1,36.42) o sentido utilizado é o próprio, mas não deixa de ser possível encontrar-lhes um sentido metafórico: de facto, o Baptista «vê» em Jesus algo mais do que um simples ser humano («vê» o Cordeiro de Deus: 1,39) e Jesus «vê» em Pedro algo que se refere à sua missão futura (1,42)[174].

O verbo «θεωρέω», por seu lado, tem, no NT, sobretudo, e no seguimento da literatura grega, dois significados essenciais: num sentido próprio, refere-se à percepção sensorial da vista e pode ser traduzido como «observar, ver, olhar»[175]; num sentido metafórico, refere-se à actividade da mente humana como «perceber, considerar, notar»[176]. No QE, encontramos quer o sentido literal, quer o metafórico[177] e, também com ele, por vezes, os dois sentidos são permitidos: assim, p. e., em 6,40, o «ver» está relacionado com o «perceber» e acreditar na missão de Jesus; da mesma forma, o mundo não pode receber o Espírito da Verdade porque «não o vê», que equivale a «conhecer» e acreditar (14,17: os discípulos «vêem-no» porque acreditam em Jesus). Particularmente interessante é a dupla ocorrência de 12,45, em que «ver» Jesus (sentido literal e metafórico) é o mesmo que «ver» o Pai (sentido metafórico)[178]. A ligação entre o «ver» e o «acreditar» é estabelecida em

---

[174] Segundo BAGD, 254 e F. RAMOS PÉREZ, *Ver a Jesús*, 25, o sentido metafórico, embora exista nos LXX, apenas é possível no NT (e o sentido é dúbio) em Mt 6,26. Ora, o facto que se utilize «ἐμβλέπω» em 1,36 e «βλέπω» em 1,29 (em frases semelhantes) confirma que, por um lado, também no QE, são intercambiáveis e, por outro, que tal como «βλέπω» em 1,29, também «ἐμβλέπω» em 1,36 tem um segundo sentido, metafórico.

[175] Ainda que seja semelhante a «βλέπω», distingue-se deste, na medida em que «βλέπω» se refere mais propriamente à actividade dos olhos e «θεωρέω» a uma actividade mais intensa do olhar, que se detém naquilo que é observado.

[176] Cf. BAGD, 360; F. RAMOS PÉREZ, *Ver a Jesús*, 25-30. De reparar que, no NT, há uma tendência de substituir o imperfeito de «ὁράω» pelo de «θεωρέω» (e o mesmo parece acontecer com o presente): cf. W. MICHAELIS, «ὁράω», 971-972. O evangelista, tal como no resto do NT, parece não fazer distinção significativa entre o uso de «θεωρέω» e de «ὁράω», como se confirma pelo uso dos dois em 16,16.

[177] Para o sentido literal, cf. 2,23; 6,2.19.40.62; 7,3; 9,8; 10,12; 12,15 (primeira ocorrência); 14,17.19bis; 16,10.16.17.19; 17,24; 20,6.12.14; para o metafórico, cf. 4,19; 8,51; 12,19.45 (segunda ocorrência).

[178] Por isso, não entendemos como é que G. PHILLIPS, «Faith and Vision», 83, pode dizer que, embora o verbo implique concentração no que se vê, não o faz com

várias passagens: «ver» os sinais de Jesus produz a fé (2,23; 6,2; cf. 7,3) e a vontade do Pai consiste precisamente em que «todo o que vê o Filho e acredita nele, tenha a vida eterna» (6,40). Portanto, «ver» é condição para «acreditar», de forma a receber a vida divina.

Encontramos, no NT, o mesmo sentido no verbo «θεάομαι»: «ver, olhar, contemplar». Este «ver, contemplar» com os olhos físicos pode conduzir a uma contemplação de carácter sobrenatural (1Jo 4,14)[179]. Também no QE o sentido não é diferente. Quando Jesus é o complemento do verbo, a experiência de «ver» pode conduzir a uma contemplação de carácter sobrenatural (cf. 1,14: contemplação da glória do Verbo). O mesmo no que respeita a «ver» o Espírito (1,32). Esta contemplação produzida pelo «ver» é fruto da fé: os judeus acreditam em Jesus «vendo» a ressurreição de Lázaro (11,45); no entanto, outros «vêem» o mesmo e, depreende-se, não acreditam, denunciando Jesus aos fariseus (11,46)[180].

Assim, todos os verbos têm, no QE, um duplo sentido e convidam a passar do meramente sensível à percepção da fé.

b) *O verbo «ὁράω»*

O verbo «ὁράω», que é o que directamente nos diz respeito, tem, na literatura grega antiga, o significado fundamental de «ver, olhar»[181]. Como verbo intransitivo, significa, no sentido próprio, sobretudo «fixar os olhos», ou «ter olhos» e, quando acompanhado de um adjectivo ou

---

uma alta percepção do que se contempla. Ou a afirmação de A. GARCÍA-MORENO, «La *Third Quest*», 77, de que significa (apenas) ver com os olhos.

[179] Para estes e outros sentidos do verbo, cf. BAGD, 353. A capacidade, expressa pelo verbo, de «ver» e maravilhar-se pelo que se contempla, leva não só a um conhecimento mais elevado, como até a que o sujeito quase que seja absorvido pelo objecto contemplado: cf. C. TRAETS, *Voir Jésus*, 37. Por isso, percebe-se a tendência dos LXX em usar o verbo para falar da contemplação da acção de Deus. Para a mesma perspectiva na literatura grega antiga e para um aprofundamento, cf. F. RAMOS PÉREZ, *Ver a Jesús*, 40-43.

[180] O verbo é usado, quer no sentido literal (1,38; 4,35; 6,5; 11,45), quer no metafórico de uma compreensão mental e de contemplação sobrenatural (1,14.32). Embora se note a preferência pelo uso do aoristo (excepto em 1,32, onde se usa o perfeito), as diversas ocorrências permitem-nos perceber como o sentido deste verbo, no QE, não difere do dos outros verbos analisados.

[181] O verbo resulta da evolução de três raízes diferentes, cada uma delas sublinhando aspectos da acção de «ver» e do seu resultado, como conhecimento: para este particular e para a evolução do verbo, cf. F. RAMOS PÉREZ, *Ver a Jesús*, 31-33.

substantivo atributivo, significa «ter o olhar ou o ar de». No sentido figurado pode significar «prestar atenção a, tender para, observar». Como transitivo adquire vários significados, como «ver, olhar, observar, olhar para investigar», e, no sentido metafórico, refere-se ao «ver com os olhos do espírito, compreender»[182]. Particularmente significativas são as expressões «ver as obras de Deus» e «ver a glória de Deus». A primeira expressão[183] não se refere apenas a uma simples recordação de experiências, mas a encontrar o próprio Deus, que actua na história. Neste sentido, é particularmente significativa a afirmação do Sl 62,3 sobre a visão da potência e da glória de Deus no Templo (cf. TM), o que quer dizer que esta visão não é apenas subjectiva, mas, de alguma forma, objectiva. De igual forma, Is 52,10 parece estabelecer um paralelismo entre o «ἀποκαλύψει κύριος» e «ὄψονται», pelo que o «ver» do homem é complementar ao «revelar-se» de Deus[184]. No mesmo sentido, a segunda expressão («ver a glória de Deus»)[185], mais do que uma visão física é uma percepção mental, que resulta de uma revelação de Deus. Por isso, o verbo aparece também na passiva, com referência directa a «δόξα κυρίου»[186], o que nos faz perceber que pertence à terminologia dos acontecimentos reveladores (pelo que o verbo se poderia traduzir como «manifestar-se»)[187].

No NT, «ὁράω» é o preferido dentre os verbos de visão, usado sobretudo no aoristo e com uma grande profusão semântica, na continuidade dos significados veterotestamentários[188].

---

[182] Cf. F. RAMOS PÉREZ, *Ver a Jesús*, 33.

[183] Ou similar: cf. Ex 34,10; Dt 3,21; 4,3.9; 11,7; Eclo 42,15.

[184] Cf. W. MICHAELIS, «ὁράω», 916.

[185] Ou outra semelhante: cf. Ex 16,7; Nm 14,22; Sl 96,6; Is 26,10; 35,2; 66,18s; Eclo 42,25.

[186] Cf. Ex 16,10; Lv 9,6.23; Nm 24,10; 16,19; 17,7; 20,6.

[187] Cf. W. MICHAELIS, «ὁράω», 916-918.

[188] O aoristo, incluindo o particípio e o infinito, ocorre 322x (exceptuando o QE) e o futuro 25x. Também os outros tempos aparecem, embora com muito menor frequência. O presente do indicativo é normalmente substituído pelo de «βλέπω»: para este e outros aspectos, cf. F. RAMOS PÉREZ, *Ver a Jesús*, 36-38. Quando é usado *transitivamente*, pode significar «ver, notar», como percepção sensorial (tendo também Deus como complemento directo). A voz passiva é importante, na medida em que significa «tornar-se visível, aparecer». É ainda possível encontrar o verbo, quer com o significado de «experimentar, atestar, testemunhar», quer com um sentido metafórico, para falar da percepção mental ou espiritual: «notar, reconhecer, entender» e «ver, olhar» no sentido espiritual. Quando é *intransitivo*, o que acontece menos frequente-

No QE, o verbo ocorre 82x, das quais 19 correspondem à fórmula «ἴδε» (e destas apenas 4 correspondem ao aoristo imperativo). Temos, assim, 67 ocorrências verbais: no futuro indicativo (10x), no aoristo (37x) e no perfeito (20x), todas elas na voz activa ou como forma depoente (futuro)[189]. É usado com grande amplitude semântica, que vai do sentido próprio do «ver» sensorial[190] e da elaboração mental do que se vê[191], até ao «ver» metafórico[192] e espiritual[193], embora, muitas vezes, os significados se interpenetrem e, portanto, as classificações sejam relativas. P. e., tal como acontece com «βλέπω» e «ἐμβλέπω», o «ver» (ὁράω) do Baptista (1,33.34) refere-se à percepção sensorial, mas também ao «compreender» quem é aquele que «viu», o que se torna numa «experiência» religiosa, que desemboca no testemunho de fé. Ou, então, o pedido dos gregos a Filipe de «ver» Jesus (12,21), que tem um primeiro sentido literal, mas, concomitantemente, um significado metafórico e espiritual.

Particularmente importante é primeira ocorrência do verbo, que conclui o Prólogo e faz a transição para o início do Evangelho, que marca o seu sentido mais profundo: «ninguém viu a Deus» (uso do perfeito: algo que continua no presente; cf. 5,37; 6,46bis; em 5,37 fala-se de «εἶδος», «forma/aparência», *hapax* no QE), «o Filho único, que está voltado para o seio do Pai, é que o deu a conhecer/interpretar» (1,18). Estabelece-se uma relação entre «ver» e «conhecer» e, por outro lado, a possibilidade de «conhecer» o Pai, apenas através de Jesus, o único que o viu (6,46) e que, portanto, o «conhece» verdadeiramente e, por isso, pode revelar o que «viu» (3,11.32; 8,38). Por essa razão, «ver» Jesus é «conhecê-lo» e «ver e conhecer» Jesus é «ver e conhecer» o Pai (14,7.9bis: cf. o paralelismo entre «conhecer» e «ver»).

---

mente, o verbo pode significar «atender, encarregar-se de», «estar de guarda». Para estes significados e para o uso com partículas e preposições, cf. BAGD, 578.

[189] Cf. F. RAMOS PÉREZ, *Ver a Jesús*, 18.

[190] Cf. 1,18; 1,47.48; 4,29.45.48; 5,6.37; 6,22.24.46; 8,57; 9,1.37; 11,31.32.33.34; 12,9.21; 16,16.17.18; 18,26; 19,6.26; 20,18.20.25bis.27.29bis; 21,21.

[191] Cf. 1,33.34.46; 6,14.26.30; 14,7.9bis; 15,24; 19,33; 19,35.37; 20,8.

[192] Cf. 1,39bis (de acordo com o que vimos, quando estudamos o verbo «permanecer/morar»); 1,50bis; 3,36 (no sentido de «experimentar, participar»; cf. 3,3); 7,52 (com o sentido de «descobrir, constatar»); 16,22 (no sentido de «ver», mas também de «visitar, tornar-se presente»; cf. Hb 13,23).

[193] Cf. 1,51; 3,3.11.32.36; 6,36; 8,38.56bis; 11,40; 12,40.41; 14,7.9bis; 19,35.37.

Embora nos apareçam muitos objectos do «ver», interessa-nos, sobretudo, as ocorrências em que Jesus, ou o que lhe respeita, aparecem como objecto directo ou sugerido do «ver», na medida em que é esse o caso da tríplice ocorrência do verbo na nossa perícope. O acto de «ver» Jesus está condicionado pela atitude de quem vê[194]. A relação entre o «ver/compreender/converter-se/ser salvo» está bem explícita na citação de Isaías em 12,40, na conclusão da primeira parte do Evangelho: se uma parte depende de Deus, outra depende do homem.

Assim, p. e., os soldados nada mais «vêem» que o aspecto sensível (19,33), enquanto que a testemunha ocular faz uma experiência sobrenatural (19,35). Quando há abertura em relação a Jesus, «vê-lo» é algo físico e sensível, mas que conduz a um «ver» sobrenatural, na medida em que se «conhece» o que é revelado. A condição para fazer a experiência deste «ver» mais profundo, é «ser gerado do alto», que o mesmo é dizer «entrar» no Reino de Deus, pela acção da «água e Espírito» (cf. paralelismo sinonímico de 3,3.5). Este «ver» sobrenatural, conduz ao testemunho daquilo que é revelado e em que se acreditou (1,34), tal como Jesus testemunha aquilo que «viu» junto do Pai e agora revela (3,11.32; 6,46bis; 8,38). Desta forma, não só o Baptista «viu» e testemunha (1,33.34), como Abraão pôde «ver» o dia de Jesus e Isaías «viu» a glória de Jesus e falou acerca dele. A «glória de Deus» já não é apenas uma experiência mental e espiritual, mas também sensível, que se revela nos gestos e no mistério de Jesus (11,40; 12,9). Mas há uma terceira possibilidade: um «ver» que provoca uma atitude de repúdio e mesmo de ódio mortal em relação a Jesus (19,6; cf. 15,24).

Por isso, «ver» os sinais e as obras que Jesus realiza são um convite ao despertar desta fé, mas não é suficiente[195]. Se eles podem provocar uma atitude de abertura em relação ao mistério da pessoa de Jesus (6,14) não são suficientes para acreditar, como o próprio Jesus releva (6,24). De facto, mesmo «vendo» as obras e os sinais de Jesus (cf. 12,37), os Judeus o odeiam (15,24). Desta forma, o objecto do «ver» não devem ser os sinais, como pretendem os Judeus (6,30), mas «o» sinal por antonomásia: «ver» a pessoa de Jesus e acreditar nele (6,36).

---

[194] Pode-se «olhar» para Jesus com fé (p. e.: 6,40; 9,37; 11,32; 12,21.45; 14,9) ou sem ela (p. e.: 6,36; 15,24): cf. M. MENKEN, *Old Testament*, 181 (embora Menken, seguindo C. TRAETS, *Voir Jésus*, considere 11,32 como um «ver» apenas físico, o que não é verdade, como demonstra a atitude de Maria, que se prostra aos pés de Jesus e afirma a fé no seu poder).

[195] Cf. M. THOMPSON, *The Humanity of Jesus*, 53-86 (81-86).

E «ver» Jesus é uma possibilidade dada pela sua encarnação, ou seja, por ter um corpo, o que permite que «quem o vê [sensivelmente no corpo e com os olhos da fé] vê [faz a experiência sensível e espiritual da presença de] o Pai» (14,9). É este corpo que permite continuar a «ver» o Ressuscitado (20,20.25), e que continua a permitir fazer uma experiência não só subjectiva como objectiva, ou seja, um «ver» não apenas espiritual, mas sensível, como o sublinha o mostrar os estigmas da crucifixão. E porque aquele que encarnou volta agora para junto do Pai (20,17), a última ocorrência do verbo (excluindo o epílogo) remete para a fé por antonomásia: acreditar sem «ver» com os sentidos (20,28), a partir do testemunho daqueles que «viram» sensivelmente[196].

c) *Conclusão*

Na literatura grega, os diversos verbos utilizados sublinham *nuances* diferentes do acto de «ver». No QE estas *nuances* aparecem mitigadas, de tal forma que os verbos parecem intercambiáveis[197]. Por outro lado, todos são utilizados com um sentido quer próprio, quer metafórico, mesmo no que se refere à visão da fé[198] e, tendo em conta a sua intercambialidade, a análise semântica de um verbo deve ter em conta o estudo das ocorrências dos outros. Foi o que procurámos fazer.

Quando o objecto do «ver» é Jesus, a experiência sensível pode originar três tipos de resposta: a do permanecer apenas no dado sensível; a de recusar e mesmo odiar aquele que se vê; a de fazer entrar o dado sensível observado num dinamismo crente, cujo cume é fazer experiência de «ver» o Pai, no acto de «ver» o Filho. A ligação intrínseca entre

---

[196] Cf. A. GARCÍA-MORENO, «La *Third Quest*», 77. Cf. V,5.

[197] Cf. J. PAINTER, *John*, 71 (que segue Bultmann); R. KIEFFER, «The Implied Reader», 54-55. A análise dos diferentes verbos/tempos utilizados permite-nos perceber como o autor prefere utilizar «βλέπω» e «θεωρέω» para o presente e imperfeito, os compostos «ἀναβλέπω» e «ἐμβλέπω» para o aoristo, e «θεάομαι» e «ὁράω» para o aoristo e este último para o futuro e o perfeito: cf. F. RAMOS PÉREZ, *Ver a Jesús*, 18.

[198] Assim, p. e., tanto se utiliza o verbo «βλέπω», como o «ὁράω» para falar do «ver» do Baptista, que implica um entender o mistério de Jesus (cf. 1,29.34) ou o facto de Jesus fazer o que «viu» o Pai fazer (cf., p. e., 5,19; 3,11.32; 8,38), ou «ὁράω», «θεάομαι» e «θεωρέω» tendo como objecto quer o Espírito (1,32.33; 14,17), quer a «glória» (cf. 1,14; 11,31; 12,9; 17,24), quer o que Jesus realiza e que conduz à fé (cf., p. e., 2,23; 6,2.14; 11,45), ou «ὁράω» e «θεωρέω» tendo como objecto quer Jesus, na dimensão sensível e na crente (cf., p. e., 6,36.40 e a frase sinónima, com verbos diferentes, «quem me vê, vê o Pai/O que me enviou: 14,9bis; 12,45bis), quer a não-vida/morte (cf., p. e., 3,36; 8,51).

o «ver» e o «acreditar» é o conteúdo da vontade do Pai: «esta é a vontade de meu Pai: que todo o que *vê* o Filho e *acredita* nele, tenha a vida eterna e eu o ressuscitarei no último dia» (6,40). Por isso, muitas vezes, *quando os acontecimentos decorrem num ambiente de fé, «ver» Jesus equivale (ainda que imperfeitamente) a acreditar nele*.

Naturalmente, num processo que começa com a visão sensorial, a possibilidade de «ver» Jesus é uma consequência da sua encarnação, ou seja, de ter um corpo. Se no AT o verbo «ver» (ὁράω) era utilizado para falar do «ver a glória de Deus» no Templo, agora, para revelar como é no corpo de Jesus que o homem vê o Pai e a glória de ambos[199]. No QE, há, pois, diversos níveis de «ver» que resultam em diferentes graus de conhecimento, ou de adesão à revelação. A fé ocupa o topo dessa pirâmide. Por isso, não há oposição entre «ver» e «acreditar», mas apenas uma gradação[200].

Portanto, «olhar», num contexto de fé, para o «inquebrado» trespassado (19,35.37) é *passar da visibilidade do corpo à visão da fé*. Mas, qual o *conteúdo* desta visão crente?

3.2.2 Ver Jesus e nele o Pastor-Rei trespassado

Com a citação de Zc 12,10, entram, na mente do leitor, três novos «input spaces».

Por um lado, a profecia de Zacarias sobre o Pastor-Rei trespassado, como um descendente da casa de David (Zc 12,10) no qual repousam as esperanças messiânicas (Zc 9,9-10; cf. Jo 12,14-15) e que, paradoxalmente, é rejeitado pelo povo[201]. Este entra em relação imediata com a dignidade real do crucificado (cf. I,1.1; 1.2). Por outro lado, a auto-designação de Jesus como Bom Pastor, uma metáfora cujo conteúdo, como tivemos oportunidade de estudar, afirma em primeiro lugar a divindade de Jesus (só Deus é proprietário das ovelhas: 10.4.11.14.15.16; o poder divino de Jesus sobre a própria vida: 10,17-18) e em segundo o carácter soteriológico (10,10.11.15) e eclesiológico

---

[199] «By using the verbs ὁράω, θεάομαι and θεωρέω primarily in connection with seeing God or Jesus, John affirms that God in his glory can be seen only in the earthly life of Jesus»: L. KANAGARAJ, *Mysticism*, 245; cf. II,2.3.3.

[200] Cf. P. MILLER, «They Saw His Glory», 136.

[201] Cf. Zc 12,10; 13,7. A imagem perpassa a Paixão: aparece não só em 19,37, como em 12,14-15 e 16,32. Cf. F. RAURELL, «El costado abierto», 96-97 (embora não apresente os paralelos no QE).

da sua morte (10,16: reunir num só rebanho). As três grandes dimensões da morte de Jesus estão presentes nesta imagem.

A própria designação de «ὁ ποιμὴν ὁ καλός» (10,11bis.14) também parece ser bebida em Zc 11. O adjectivo recorda a missão do Rei-Pastor. O substantivo «κάλλος» (beleza, bondade, benevolência), do mesmo campo semântico[202], refere-se a um dos dois «bastões» com que Deus anuncia que apascentará o seu povo; o outro chama-se «União» (σχοίνισμα: Zc 11,7). Perante o mau comportamento do povo, Deus quebrou o bastão «benevolência» e com ele rompeu «a minha aliança que concluíra com todos os povos» (Zc 11,10). Depois disto quebrou o bastão «União» para «romper a fraternidade entre Judá e Israel» (Zc 11,14). No entanto, Deus anuncia um pastor que «eu vou levantar (ἐξεγείρω) sobre a terra: ele não cuidará da que desapareceu, ele não procurará a desgarrada, não tratará aquela que está ferida, não sustentará aquela que está de pé...» (Zc 11,16)[203]. Note-se como os dois campos semânticos dos bastões aparecem em Jo 10,1-18: Jesus é o Bom (καλός) Pastor (10,10bis.14) e a sua missão é reunir (ἀγαγεῖν: 10,16). Em contraposição com o quebrar dos dois bastões, e, com isso, do desaparecimento da «benevolência» e da «união» em Zacarias, o QE apresenta Jesus como o Pastor «Bom» cuja finalidade é a «união» das ovelhas. O texto de Zacarias (clara profecia messiânica em Ezequiel) atinge o seu cumprimento em Jesus, no qual Deus apascenta as suas ovelhas e as conduz à união[204]. Esta realidade escatológica de Zacarias atingirá o seu auge quando o Rei-Pastor for trespassado: então, serão convidados a «olhar para o que trespassaram» (Zc 12,10) e sua conversão dará origem a que se abra a fonte (Zc 13,1) das «águas vivas» e «o Senhor será Rei sobre toda a terra» (Zc 14,8-9).

Assim, o primeiro «input space» aberto na mente do leitor com a alusão ao Rei-Pastor trespassado (que, pela sua morte, fará com que o povo, convertido, seja purificado pela fonte das águas vivas/Espírito de

---

[202] O substantivo «κάλλος» aparece na profecia de Zc 11,7, no contexto das «ovelhas destinadas ao matadouro», às quais parece remeter a imagem da destruição das ovelhas pela acção dos «maus pastores» em Jo 10,10a (cuja temática também bebe deste texto de Zacarias).

[203] Este último versículo aparece em Ez 34,4, como condenação dos «falsos pastores».

[204] Por outro lado a utilização de «καλός» para caracterizar o Pastor, remete às obras de Jesus que são qualificadas de «καλά» e que são critério para o seu reconhecimento messiânico e a adesão à fé: cf. R. FABRIS, *Giovanni*, 580.

Deus, e reunido sob a realeza universal de Yahweh) cria um mapa de relações com a apresentação da natureza real do crucificado e a afirmação de Jesus: «Eu sou o Bom Pastor» (a quem pertencem as ovelhas, que entrega a sua vida por amor a elas, para lhes dar a vida divina e as reunir num só rebanho e um só pastor)[205]. Isto dá origem a um novo espaço mental: o Rei-Pastor, como uma personagem que não é apenas messiânica, mas divina (natureza evocada no sublinhar da propriedade das ovelhas e no poder sobre a vida e a morte) e que dá a vida voluntariamente por amor, para que as ovelhas sejam reunidas num só rebanho (já não só as tribos de Israel, mas também as que não pertencem a «este pátio»: 10,16) e gozem da própria vida divina. Assim, a citação de Zc 12,10 é redimensionada pela cristologia do QE, que podemos apresentar no seguinte esquema:

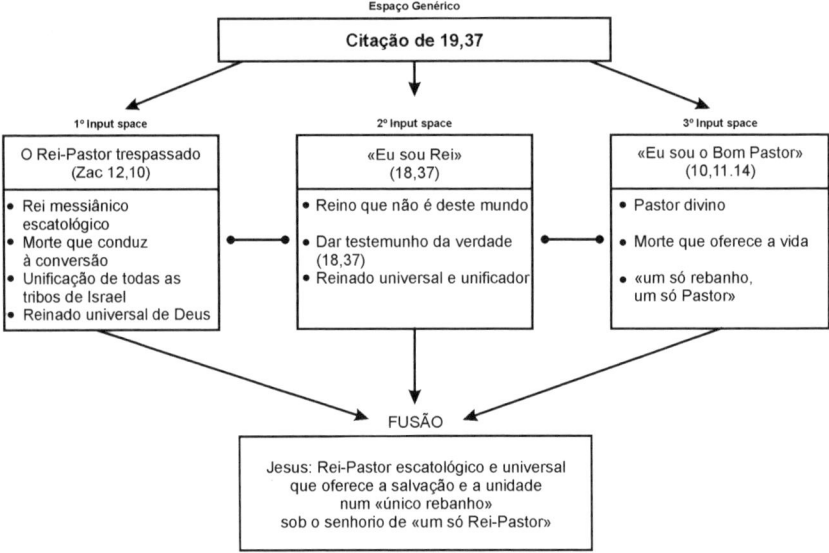

Mas, a citação leva o leitor ainda mais longe; remete ao início do QE, para a imagem com que Jesus se auto-apresenta: o Filho do Homem, cuja epifania será objecto do «ver».

---

[205] Cf. D. SENIOR, *La Passione di Gesù*, 116-117.

3.2.3 Ver Jesus e nele o Filho do Homem «exaltado» e «glorificado»

No início do Evangelho Jesus apresenta-se como «Filho do Homem», sobre o qual os discípulos «verão» os céus abertos e os anjos subindo e descendo (1,51)[206]. O futuro «ὄψεσθε» encontra a sua realização em 19,37 (cf. III,3.2). O mesmo é relevado pela segunda ocorrência da palavra em 3,13.14: o Filho do Homem será «levantado/exaltado» para que todo aquele que nele crê, possa ter nele a vida eterna. A implicação visual e a sua relação com a fé são sublinhadas pelo paralelismo com a imagem da serpente[207]. Olhar para o trespassado, é, pois, olhar para o Filho do Homem. Mas, qual o conteúdo desta figura?

A expressão «Filho do Homem ocorre no QE[208] sempre na boca de Jesus[209]. Segundo Juan Mateos e Juan Barreto, a expressão é apenas um modismo semita, que expressa a relação de duas realidades, ou seja, significa «indivíduo da espécie humana»[210]. De facto, ela sublinha, em primeiro lugar, a encarnação de Jesus (primeiro «input space»). Mas, o título, que tem a sua origem em Dn 7,13-14 (e em Ezequiel), é usado pelos Sinópticos para falar de três dimensões da vida de Jesus: a) das suas actividades terrenas (comer, viver em determinado lugar, salvar o que estava perdido); b) da Paixão; c) da sua glória futura e regresso na parusía, para o julgamento[211]. Ora, no QE, a expressão não é usada claramente no primeiro sentido e, por outro lado, o julgamento não está ligado à parusía de Jesus, mas

---

[206] M. NOBILE, «Alcune note», 36, seguindo Manns, vê na alusão à escada do sonho de Jacob, uma referência à cruz.

[207] Cf. W. THÜSING, *Die Erhöhung*, 7; S. PANCARO, *The Law*, 333-334.

[208] 1,51; 3,13.14; 5,27; 6,27.53.62; 8,20; 9,35; 12,23; 13,31; cf. 12,34bis

[209] Excepto em 12,34bis, que ocorre na boca da multidão, mas referindo-se à expressão utilizada por Jesus no anúncio da glorificação do Filho do Homem em 12,23.

[210] Os autores apresentam, entre outros exemplos, 17,12 em que a expressão «filho da perdição» designa aquele que se destina à perdição e 12,36, em que «filhos da luz» são os que vivem iluminados. Para outros exemplos, entre os quais, documentos que utilizam a expressão «filho do homem» apenas para designar alguém da raça humana, cf. J. MATEOS – J. BARRETO, *Vocabulario Teologico*, 134-135 (138-140). Para uma apresentação da multiplicidade de interpretações para o sentido, cf. D. BURKETT, *The Son of the Man*, 16-37.

[211] Cf. R. BROWN, *Evangelio*, I, 301; F. HAHN, «υἱός», 1846-1848. Para um estudo desenvolvido sobre a história e significado da expressão nos Sinópticos, cf. C. COLPE, «ὁ υἱὸς τοῦ ἀνθρώπου», 351-430; para a sua importância na literatura judaica (*En.*, *SabSal.* e *4Esd.*) cf. W. NICKELSBURG, «Son of Man», 138-142.

à atitude do homem perante a sua pessoa e revelação (cf. II,3.2.3.c). Então, em que sentido é usada?

Naturalmente que, de acordo com a tradição, o título invoca, na mente do leitor, a imagem escatológica de Dn 7, presente nos Sinópticos, que vem do Céu, na parusía, para julgar (segundo «input space»). No entanto, ela é redimensionada pela teologia do QE. De facto, está sempre referida, de forma mais ou menos directa, à morte e ressurreição de Jesus e ao seu significado cristológico e salvífico[212] (com excepção de 9,35): das 13 ocorrências da expressão, em 8x encontramo-la ligada aos verbos «subir» (3,13; 6,62), «exaltar» (3,14; 8,28; 12,34bis), «glorificar» (12,23; 13,31)[213].

Ora, os verbos «exaltar» e «glorificar» têm a sua origem, como referimos, não na figura do «Filho do Homem», mas na do Servo Sofredor do Segundo Isaías (terceiro «input space»). A figura do Servo de Isaías, invocada pelos verbos referidos à morte e ressurreição de Jesus (levantar/exaltar; glorificar), é fundida com a figura do Filho do Homem, o que manifesta a cruz de Jesus como o momento, por antonomásia, em que se dá o julgamento[214], mas também o da salvação (que a imagem do Servo evoca).

De facto, a teologia do QE apresenta a expressão ligada ao poder dado a Jesus para «fazer julgamento», precisamente «porque é o Filho do Homem» (καὶ ἐξουσίαν ἔδωκεν αὐτῷ κρίσιν ποιεῖν, ὅτι υἱὸς ἀνθρώπου ἐστίν: 5,27) e à salvação, oferecida pelo «comer a carne e o sangue do Filho do Homem» como condição para «ter a vida» (6,27.53).

Ora, como vimos, o julgamento, que é discernimento, dá-se pela atitude crente ou de rejeição perante a pessoa de Jesus (e é, precisamente, este o contexto de 5,27: cf. 5,24.38.40-47) e de um modo

---

[212] Cf. F. HAHN, «υἱός», 1851-1852; W. LOADER, «The Central Structure», 198-199.

[213] Cf. M. de BOER, *Johannine Perspectives*, 157-159, que vê uma espiral progressiva que parte da linguagem da «subida» para a da «glorificação» pelo caminho da «elevação/exaltação». Como vimos, são expressões claramente referidas à morte e ressurreição de Jesus, como momento onde se revelará a sua origem-destino (3,13; 6,62; cf. 1,51 como 9ª ocorrência), e, portanto, a sua natureza divina (8,20) e as consequências salvíficas de tal acontecimento (3,14; 6,27.53).

[214] Aliás, não é de excluir que a figura do «trespassado», uma figura misteriosa, seja também uma referência a Is 53,5: «ele foi trespassado [ἐτραυματίσθη] por causa das nossas transgressões [...] pela sua chaga [μώλωπι] fomos curados»: cf. J. SEYNAEVE, «Les citations», 72.

particular «quando levantantardes o Filho do Homem», momento em que se revelará a divindade de Jesus (8,20).

Nesta revelação cristológica, o Filho do Homem oferece também «um alimento» (futuro: 6,27; cf. 6,51.62), a sua carne e o seu sangue, pela qual se sublinha, uma vez mais, a humanidade de Jesus, mas também o facto de «ter a vida [divina] em si mesmo», como característica própria do Filho do Homem (5,26). Por isso, a revelação cristológica do Filho do Homem é, ao mesmo tempo, uma oferta da sua própria vida àqueles que o reconhecem como tal, na sua natureza humana, na sua carne e no seu sangue (6,53) oferecidos na cruz (6,27). Por isso, «é necessário que o Filho do Homem seja levantado, para que todo que *crer*, tenha nele a *vida eterna*» (3,14-15).

É nesta perspectiva que podemos entender a pergunta de Jesus ao cego curado: «crês no Filho do Homem?» (9,35). Trata-se da conclusão do processo crente do cego, que agora «vê» o Filho do Homem (9,37) e o reconhece como «Senhor» (9,38). O momento da «fé» ou da recusa é o momento do «discernimento» (9,39)[215]. O cego curado é um exemplo deste discernimento, que consiste em tomar uma decisão diante de Jesus. Ora, se o cego já tinha reconhecido Jesus como profeta (9,17) e como alguém de «junto de Deus» (9,33), ao perguntar-lhe se «acredita no Filho do Homem» Jesus apresenta-lhe um título maior (9,35), como se percebe pela prostração do homem (9,40)[216]. A afirmação de Jesus: «é aquele que vês e que fala contigo» (9,37) sublinha a importância dos sentidos («ver» da parte do cego; «falar» da parte de Jesus) para o reconhecimento deste título, ou seja, o título tem que ver com a corporeidade de Jesus. Mas leva mais longe: «acreditar» (9,35.36.38) significa passar da corporeidade à natureza mais profunda de Jesus: a sua divindade. «Ver» Jesus e professá-lo como «o Filho do Homem», é acreditar na sua *origem, destino e obra salvífica*[217].

---

[215] Cf. J. ASHTON, *Comprendere il Quarto Vangelo*, 343.

[216] Cf. C. COLPE, «ὁ υἱὸς τοῦ ἀνθρώπου», 440. O cego já não vê «um» Filho do Homem, mas «o» Filho do Homem.

[217] Cf. A. GARCÍA-MORENO, «La *Third Quest*», 76. Para C. COLPE, «ὁ υἱὸς τοῦ ἀνθρώπου», 442, o título de Filho do Homem teria aqui o objectivo de sublinhar a dimensão humana de Jesus, contra os docetas. Pelo contrário, J. PAINTER, «The Enigmatic Johannine», 1872-1877, defende que o *Sitz im Leben* da expressão está precisamente nos confrontos com a sinagoga, que nega a divindade de Jesus.

Tendo isto presente, voltemos à questão de *testimonium* (cf. 3.1.5).

Esta apresentação da figura do Filho do Homem coincide, no seu conteúdo, com o carácter escatológico que aparece nos textos do NT que fazem alusão a Zc 12,10. Por isso, partimos do princípio que a utilização que o evangelista faz de Zc 12,10 contém uma alusão à figura do Filho do Homem, tal como nos textos do NT[218], o que sustenta a possibilidade do uso comum de um *testimonium*. Mas, enquanto os textos do NT aplicam esta alusão ao futuro, quando Cristo vier «com poder e muita glória» (Mt 24,30; Lc 21,27; Mc 13,26: «com muito poder e glória»), o QE, pelo contrário, faz cumprir esta profecia na cruz de Jesus. É no «levantamento/exaltação», entendido como um acontecimento único com a ressurreição, que, como vimos, se manifesta a «glória», e, portanto, essa «glória» que nos outros textos neotestamentários se manifestará no futuro, com a vinda do Filho do Homem para julgar, no QE acontece na «elevação/exaltação» e «glorificação» do Filho do Homem[219]. É nela que o leitor é convidado a «ver» o Filho do Homem, «vir com grande poder e glória». Por isso, é também nela que se cumpre (ou começa a cumprir) aquilo que os Sinópticos remetem para o futuro[220]: a epifania e o julgamento escatológico.

Deste modo, este novo conceito fundido, recolhe os «input spaces» do Filho do Homem e do Servo, convidando a «ver» no Filho do Homem «levantado», o Servo «exaltado» e «glorificado» como momento do discernimento: os que, pela fé, «vêem» na humanidade do Filho do Homem a manifestação da sua divindade, participando, consequentemente, na vida divina; o auto-julgamento daqueles que, vendo, não acreditam e, por isso, se excluem da vida divina. Esquematicamente, podemos apresentar o que foi dito da seguinte forma:

---

[218] Ao contrário do que afirma B. SCHUCHARD, *Scripture within Scripture*, 148 com nota 32 ou H.-J. VENETZ, «Zeuge des Erhöhten», 109 (que considera os textos independentes).

[219] «El título en contexto de exaltación en cruz implica en Juan un juicio a efectuarse no en la parussía sino ya al presente mismo de la glorificación de *Logos* encarnado, en su retorno al Padre»: J. LÓPEZ, «Todo el que», 82; cf. F. MOLONEY, *The Johannine Son of Man*, 211-220.

[220] Por isso, não concordamos com S. MOYISE, *The Old Testament*, 71, que defende que o sentido deste futuro escatológico, presente em Mt e Ap, não está presente em Jo 19,37.

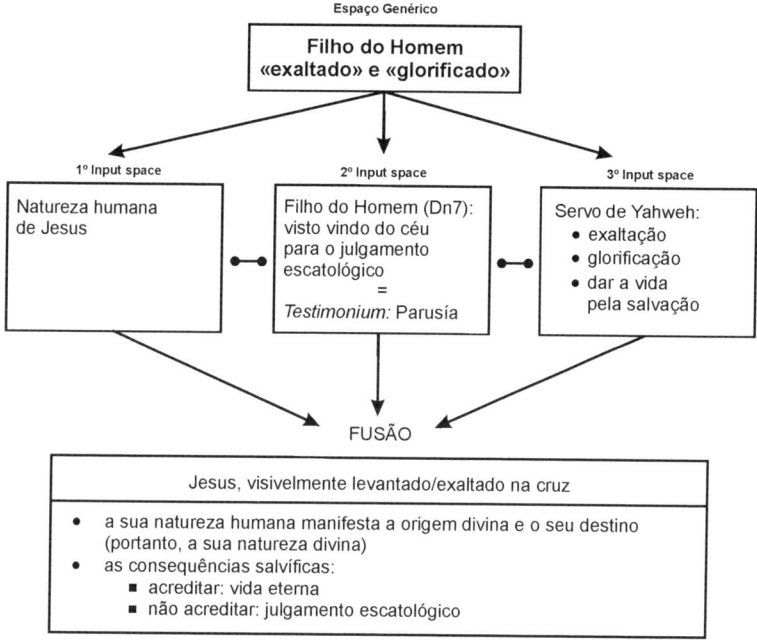

Mas, o «ver» da citação não se refere apenas ao trespassado. O convite é a «olhar» o «inquebrado» trespassado.

3.2.4 Ver Jesus e nele o Cordeiro de Deus «inquebrado» e trespassado

Além das figuras do Pastor/Rei e do Filho do Homem, a citação de Zc 12,10 refere-se também ao conteúdo que a imagem do «inquebrado» evoca. Trata-se de acreditar em Jesus, como o Cordeiro de Deus (com o conteúdo que o QE lhe dá) que, pela sua morte «levanta o pecado do mundo», ou seja, a incredulidade. Pela fé em Jesus, o homem, como na Páscoa do Egipto, actua a função apotropaica e salvífica do sangue do cordeiro, que liberta da escravidão e oferece a vida (divina), livrando-o do julgamento e da ira de Deus. Ao comer a carne do cordeiro inquebrado, o crente entra, pelo dinamismo da fé, na Aliança com Deus e, por ela, na dimensão de um povo «inquebrado», ou seja, uno.

A imagem do Cordeiro de Deus serve de base a todas as outras, tal como o corpo inquebrado de Jesus está na origem das acções que se seguem. «Ver» no corpo inquebrado e trespassado de Jesus o corpo do Cordeiro/Filho de Deus, que, como Rei-Pastor, entrega a sua vida por amor, é posicionar-se perante a figura do Filho do Homem, para participar na vida divina oferecida e na unidade não só com Deus, mas com a comunidade dos crentes. Rejeitá-lo é rejeitar os dons escatológicos que ele oferece[221]. Assim, o esquema é enriquecido com este novo «input space» (já ele fruto de fusões anteriores) do Cordeiro/Servo, que é Cordeiro de Deus:

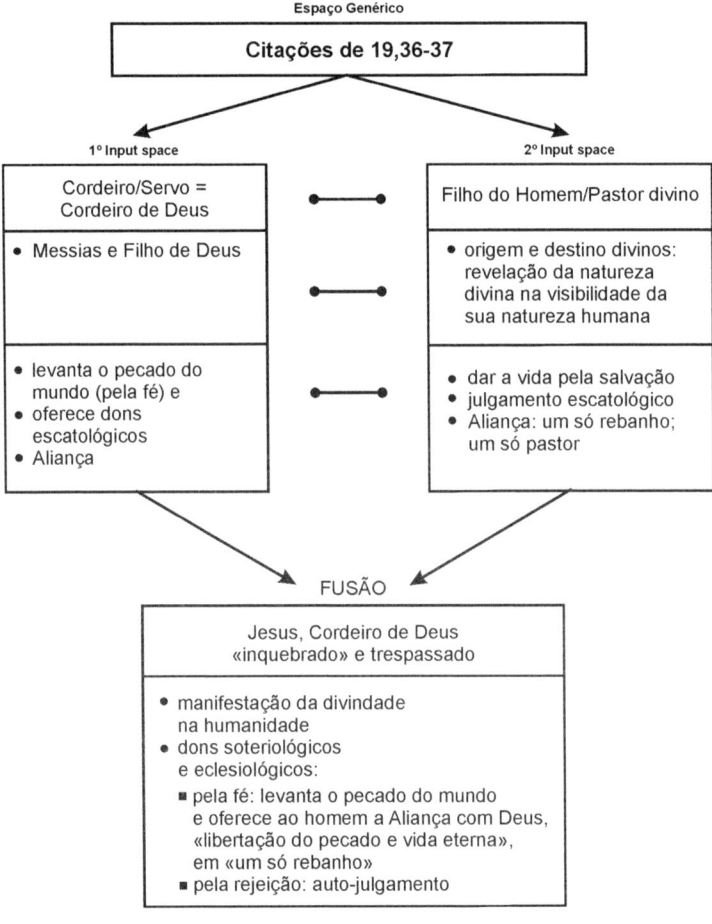

---

[221] A relação entre a imagem do Rei-Pastor e a função de Juiz é evocada em 19,13. Para um aprofundamento, cf. I. de la POTTERIE, «Jésus Roi et Juge»; J. PAINTER, *The Quest for the Messiah*, 334-335.

3.3 *Conclusão*

A citação bíblica cria um espaço genérico, no qual entram em relação uma série de «input spaces», que gera um mapa de significações.

A citação de Zc 12,10, no seu contexto, invoca, em primeiro lugar, a figura do Rei-Pastor o que abre um novo «input space»: o do rei messiânico escatológico, suscitado por Deus, mas recusado pelo povo, cuja morte levará à conversão e à unificação de todas as tribos com o reconhecimento de Deus, como rei de toda a terra. Este «input space» do Rei-Pastor evoca, por sua vez, dois outros «input spaces», o da apresentação de Jesus como Rei e o da sua auto-intitulação como «o Bom Pastor» que, por amor e manifestando o seu poder divino sobre a morte, «põe a vida pelas suas ovelhas» para que elas tenham «vida em abundância» e sejam reunidas «num só rebanho». Mas o QE redimensiona a questão: enquanto que o Rei-Pastor de Zc 12,10 morre trespassado, a imagem do Bom Pastor apresenta a morte de Jesus como uma acção voluntária (de facto, Jesus não morre trespassado, mas é trespassado porque morreu). Além disso, a proclamação da realeza universal de Jesus na cruz faz com que lhe seja aplicada a realeza universal que, em Zacarias, era aplicada a Deus. A relação entre os três «input spaces» cria uma nova fusão, em que Jesus aparece como o Rei-Pastor escatológico e universal, que não é apenas Messias, mas divino. Esta revelação cristológica na cruz tem efeitos salvíficos e eclesiológicos: oferecer a vida e a unidade.

Mas a alusão a Zc 12,10 (ou parte dela), usada pelo Apocalipse e pelos Sinópticos ligam-na à figura do Filho do Homem de Dn 7, que na parusía manifestará a sua glória e julgará o mundo, instaurando o seu reinado. De facto, Jesus anuncia a sua «exaltação» e «glorificação» ligando-a à figura do Filho do Homem (relacionando-a e fundindo-a, desta forma com a figura do Servo) e em 1,51 anuncia (futuro) um momento em que se «verá» uma epifania «sobre o Filho do Homem», num clara alusão à sua morte e ressurreição. Por isso, acreditamos que a citação deve ser lida à luz da tradição cristã expressa no hipotético *testimonium*, que liga a alusão a Zc 12,10 à figura escatológica do Filho do Homem. Isto invoca uma nova rede de significados, na qual entra também o conteúdo que o QE dá à figura do Filho do Homem, intimamente ligada à «elevação/exaltação» e «glorificação» de Jesus, ou seja, à sua morte, e à manifestação quer da sua origem/destino (e, consequentemente, natureza divina) e das consequências que tal acontecimento tem: o início do julgamento escatológico. Tudo isto se funde num conteúdo novo: Jesus elevado/exaltado na cruz manifesta já a sua «glória» (que os Sinópticos remetem para a *parousia*) e dá início ao julgamento escatológico. Estas duas fusões (Filho do Homem e Rei--Pastor) iluminam-se e fundem-se num conteúdo novo: Jesus crucificado é não só o Messias, como o Filho de Deus, para o qual é necessário «olhar», como forma de participar nas consequências da sua morte: a vida em abundância, ou seja, a vida divina, e a pertença a «um só rebanho». Olhar e recusar-se a acreditar, significa estar sujeito ao julgamento escatológico, ou seja, à auto-exclusão de participar nos efeitos soteriológicos e eclesiológicos da morte de Jesus; de facto, «já está julgado porque não acreditou no nome do Filho único de Deus» (3,18).

No entanto, estes conceitos fundidos entram em relação com a citação e o conceito fundido do Cordeiro de Deus. De facto, o corpo trespassado é o corpo «inquebrado» do Filho de Deus. É enquanto Filho que Jesus manifesta a sua divindade e levanta o pecado do mundo, livrando o crente do julgamento do Filho do Homem e conduzindo-o à vida divina e, por ela, à Aliança firmada no seu sangue, e que consiste na unidade com Deus e com os outros crentes. O convite a «olhar» o corpo «inquebrado» e trespassado de Jesus é uma exortação a passar do meramente sensível ao espiritual; a acreditar como nele se dá o cumprimento e o redimensionamento das esperanças veterotestamentárias.

No entanto, resta-nos algo por esclarecer. E o sangue e água (19,34)? Estão fora das citações da Escritura? De facto, ainda que o sangue tenha o *background* veterotestamentário na imagem do cordeiro pascal (redimensionado pela cristologia do QE) e, sobretudo, no simbolismo da vida humana e íntima de Jesus doada, a água é um símbolo que não remete nem ao cordeiro, nem ao Servo ou ao Filho do Homem, nem sequer ao Rei-Pastor. Onde encontraremos, então, o seu *background*?

Naquela que é a imagem com a qual o Jesus identifica o seu corpo: o Templo (2,21). Esta é, na nossa perspectiva, a imagem de «fusão», que assimila o conteúdo cristológico, soteriológico e eclesiológico de todas as outras. Como já tanto sublinhámos, o «sangue e água» não saem apenas do corpo trespassado, mas do corpo «inquebrado». «Olhar para o trespassado» é ver sensivelmente o corpo «inquebrado» de Jesus e «acreditar» que ele é não só o Cordeiro de Deus (como resultado de todas as fusões anteriores), mas também o Templo «inquebrado/indestrutível» (2,19), «o» sinal por antonomásia (2,18), donde sai «sangue e água». Nele ecoa a sinfonia apoteótica da história da salvação, pois *nele* (Templo) e *por ele* (Cordeiro) se dá a nova relação (culto) com Deus e se recebem todos os dons escatológicos que daí derivam.

CAPÍTULO IV

«Ver» o corpo-Templo do Cordeiro «inquebrado» e trespassado: sinfonia apoteótica da história da salvação

Diante do corpo «inquebrado» e trespassado de Jesus, o leitor sente ecoar na sua contemplação o que o próprio Jesus declarara no início da vida pública: «tentai destruir este Templo e eu o levantarei em três dias» (2,19)[1]. A palavra, não da Escritura, mas de Jesus (que, como vimos, redimensiona aquela) é cumprida agora. É ela que enquadra não só os acontecimentos, como o próprio «cumprimento» da Escritura (2,22).

O corpo «inquebrado» de Jesus é o Templo não destruído, «o» sinal por antonomásia (2,18).

Ao afirmar que Jesus «falava acerca do Templo do seu corpo», o evangelista utiliza uma metáfora genitiva, em que X de Y não significa apenas «X=Y»[2]. A afirmação cria um espaço genérico (Templo), que evoca um primeiro «input space» na mente dos leitores, ou seja, o seu significado como lugar da presença de Deus e da sua glória. Este conceito entra em relação e confronto com um segundo «input space»: o do corpo de Jesus. Ambos são redimensionados pelo terceiro «input space»: o significado que, quer o Templo, quer o corpo de Jesus, têm no QE.

A rede de significados funde-se na imagem do corpo-Templo de Jesus:

---

[1] Sobre o sentido «conativo» da forma «λύσατε», cf. II,1.2.3.
[2] Como afirma J. van der WATT, *Family of the King*, 105 com nota 366.

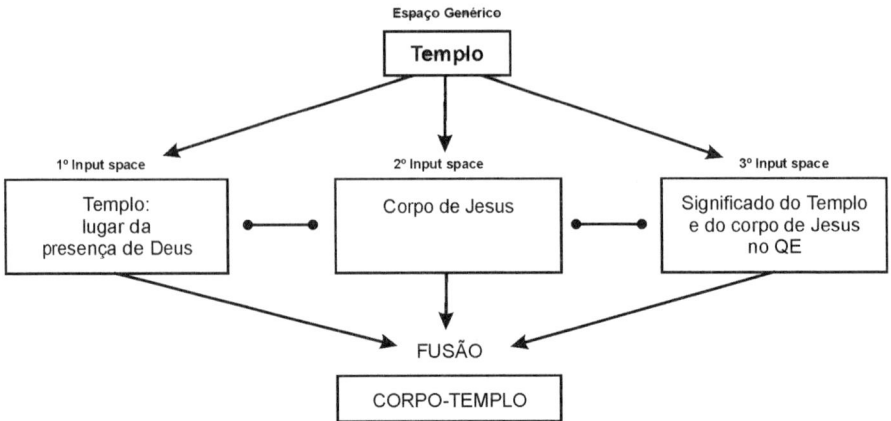

Ora, ao contemplar o corpo-Templo de Jesus, à luz da tradição profética evocada em Zc 12,10, o leitor é chamado a reconhecer neste corpo «inquebrado» e trespassado, o Templo escatológico anunciado, do qual sai a água que é o próprio Espírito de Deus. Esta imagem não é apenas mais uma. Se através das citações de 19,36-37, o leitor foi construindo uma série de fusões, que o convidam a ver na morte de Jesus o cumprimento e a superação das imagens e promessas veterotestamentárias, na metáfora do corpo-Templo de Jesus pode contemplar, numa única imagem, a fusão de todos os significados. Mas, qual o conteúdo concreto que o QE lhe dá? Tendo em conta que a imagem do corpo-Templo aparece como a consequência da morte de Jesus, antes de entrarmos propriamente na resposta a esta questão, é importante analisar o que, em seu lugar, é apresentado pelos Sinópticos, mormente por Marcos. De facto, Mc 15,38 par. apresenta como consequência da morte de Jesus o episódio do véu do Templo rasgado. Terão os dois episódios alguma relação[3]? Em jeito de parêntesis começaremos por estudar esta possibilidade, para regressarmos depois ao simbolismo do corpo-Templo de Jesus e, assim, entendermos como esta imagem não só recolhe o conteúdo veterotestamentário do Templo, como o funde com o conteúdo joanino do «corpo» de Jesus e das imagens evocadas pelas citações.

---

[3] A mesma pergunta é feita, na perspectiva do leitor implícito, por J. STALEY, «Reading Myself», 97, mas sem dar resposta.

1. Mc 15,38: o véu do Templo rasgado. Um episódio inspirador?

Antes de estudarmos a possibilidade de relação de Jo 19,31-37 e Mc 15,38 par., é preciso considerar algumas questões preliminares.

Quando comparamos o QE com os Sinópticos chegamos à conclusão que há semelhanças, mas também grandes diferenças[4]. Isto leva a que os autores não sejam concordes na hipótese da relação entre o QE e os Sinópticos[5]. Interessa-nos, sobretudo, o que respeita aos acontecimentos do Calvário. No entanto, também aqui as opiniões são divergentes: Garner-Smith, p. e., embora reconhecendo algumas semelhanças no conjunto do Calvário, é peremptório na afirmação da independência da narração do QE[6]. Sabbe, representante do grupo oposto, na tentativa de fazer uma relação estreita entre o Calvário sinóptico e o joanino, apresenta uma exegese com argumentos interessantes, mas também com uma ginástica exegética pouco consistente[7]. No entanto, mesmo Sabbe

---

[4] Para um quadro de ambas, cf. M. DAVIES, *Rhetoric and Reference*, 254-257; J. van der WATT, *An Introduction*, 80-86.

[5] As opiniões dos diversos autores dividem-se em três posições fundamentais: dependência literária em relação aos Sinópticos; o QE não conheceu os Sinópticos; dependência (ou independência) limitada, em que, segundo alguns, o contacto com o material pré-sinóptico teria acontecido numa fase pré-joanina, ou, segundo outros, com os próprios textos. Para a apresentação das três teorias (e das suas «subdivisões») e dos diferentes autores, cf. J. van der WATT, *An Introduction*, 78-92. Para uma apresentação mais resumida, cf. H. NIELSEN, «Johannine Research», 15-16.

[6] Cf. P. GARDNER-SMITH, *Saint John*, 69-72. No que respeita aos diferentes episódios e em relação a 19,28-37, afirma: «We do not know the source from which St John derived this tradition [...] He did not derive it from the Synoptic Gospels which contain no hint of anything of the kind» (p. 71).

[7] Cf. M. SABBE, «The Johannine Account». Interessantes são, p. e.: a sugestão da inspiração da presença das quatro mulheres «junto à cruz de Jesus» no grupo das mulheres que os Sinópticos apresentam olhando «de longe» (Mc 15,40 e par.) e que João nomeia e torna presentes «junto à cruz» por causa do diálogo que se vai seguir entre a Mãe e o DA (pp. 37-38); a relação que existe entre a indicação temporal de Jo 19,31 (ἐπεὶ παρασκευὴ ἦν; cf. 19,14.38) e a de Mc 15,42 (ἐπεὶ ἦν παρασκευὴ ὅ ἐστιν προσάββατον) que introduzem a entrada em cena de José de Arimateia, a pedir a Pilatos o corpo de Jesus (e que em Jo 19,31 aparece como uma espécie de paráfrase onde soam elementos sinópticos: p. 44); o facto de as acções dos soldados em Jo 19,32-34 serem uma elaboração feita a partir de Mc 15,44-45, onde Pilatos se admira de Jesus «já estar morto» (ἤδη τέθνηκεν) e pergunta ao centurião sobre isso, recebendo deste a confirmação antes de entregar o corpo a José de Arimateia (em Jo 19,34, ao «ὡς εἶδον ἤδη αὐτὸν τεθνηκότα» segue-se a confirmação do soldado com o lado trespassado: p. 45). Mas, por outro lado, esta ginástica exegética de conformação aos Sinópticos, leva-o, p. e., a negar o sentido pascal das indicações temporais (p. 44) ou a identificar

não faz qualquer ligação entre os acontecimentos que o QE e os Sinópticos apresentam após a morte de Jesus. De facto, são acontecimentos diferentes. Mas... serão assim tão diferentes?

A nossa única intenção é colocar uma *hipótese*: *se* o QE, de alguma forma, se inspira nos Sinópticos, qual a relação entre os acontecimentos relatados como consequência da morte de Jesus em Jo 19,32-34 e Mc 15,38 par.?

Mc 15,38 refere, como consequência da morte de Jesus, que «o véu do Templo se rasgou em duas partes, de cima a baixo» (τὸ καταπέτασμα τοῦ ναοῦ ἐσχίσθη εἰς δύο ἀπ' ἄνωθεν ἕως κάτω)[8].

Ora, a linguagem de Mc 15,38 é muito semelhante à de Jo 19,23-24 (episódio da túnica «inquebrada»): os dois utilizam o verbo «σχίζω» e ambos apresentam uma expressão semelhante «ἀπ' ἄνωθεν ἕως κάτω» (Mc; Lc) e «ἐκ τῶν ἄνωθεν» (Jo). Mas com uma diferença: nos Sinópticos o véu do Templo rasga-se; no QE a túnica de Jesus não é rasgada, ou seja mantém-se «indivisa/inquebrada». Uma primeira objecção que poderá ser colocada à relação entre os dois textos é o facto de Mc (e Mt) apresentar o episódio como uma consequência da morte de Jesus (em Mc é a única), enquanto que no QE o episódio da túnica ocorre antes. No entanto, como vimos, o episódio da túnica está em paralelo concêntrico com o episódio de 19,31-37, pelo que o primeiro prepara o significado do segundo[9]. Por isso, não é impossível que Jo 19,23-24 faça ecoar o episódio do véu do Templo. Mas, para uma fundamentação maior é necessário perceber o significado de ambos os episódios.

Em Mc 14,58, as falsas testemunhas acusam Jesus de ter dito «eu destruirei este Templo feito por mão humana e em três dias edificarei um outro não feito por mão humana», o que é repetido pelos que passam junto à cruz de Jesus e o insultam (Mc 15,29). Segundo Brown, é à

---

a testemunha de 19,35 com o soldado que lhe perfura o lado, fazendo correspondência à profissão de fé do soldado de Mc 15,39 (p. 48), etc.. Para uma apresentação dos estudos recentes sobre a relação entre os Sinópticos e o QE e, sobretudo, no que respeita à Paixão: cf. G. van BELLE, «The Death of Jesus», 3-8.43-51.

[8] Cf. Lc 23,45 (apresenta o episódio antes da morte de Jesus). Mt 27,51-53 apresenta a mesma frase, acrescentando os fenómenos que remetem para o «dia de Yahweh» (cf. Am 8,9) e a ressurreição dos santos, que é um sinal dos tempos escatológicos (cf. Is 26,19; Ez 37; Dn 12,2). Para um estudo das semelhanças e diferenças de vocabulário nos Sinópticos (e *EvanP.*), cf. R. BROWN, *La morte del Messia*, 1239-1240.

[9] Cf. I,1.3; II,4.2.

luz desta acusação que deve ser lido o episódio do véu do Templo: uma acção de Deus (o verbo está na passiva) que, desta forma, manifesta a sua ira[10]. Mas, qual o significado deste «véu»? A sua principal função é separar o lugar sagrado do profano. O facto de ter sido rasgado significaria que o lugar deixou de ser santo e que, consequentemente, o Templo de Jerusalém deixou de ser o lugar onde Deus habita[11]: «per Marco lo squarciarsi del velo del santuario significa che con la morte di Gesù il tempio in quanto tale cessa di esistere; la costruzione che continuava a stare lì non era un luogo sacro»[12]. Outros autores preferem ver no simbolismo do episódio a cessação da separação que o véu implicava[13] e em que o acesso de todos os povos (Mc 11,17) é manifestado na confissão de fé do centurião (Mc 15,39).

Ambas as interpretações estão de acordo com a cristologia do QE. Deus manifesta a sua presença não no Templo de Jerusalém, mas no Templo-corpo de Jesus (ναός: a palavra é idêntica em Jo 2,19.20.21 e Mc 15,38 par.). Por outro lado, a morte de Jesus marca, no QE, o momento da «unidade» de todos, judeus e não judeus (10,16; cf. II,3.2.2). E a ressurreição dos justos, apresentada por Mt 27,51-53, tinha sido anunciada por Jesus, em Jo 5,21.25-29, como consequência da sua «hora»; aliás, as consequências da morte de Jesus, apresentadas por Mateus anunciam que, com a morte de Cristo, o julgamento escatológico teve o seu início[14], o que é concorde com a soteriologia joanina (cf. II,3.2.3.c).

---

[10] Cf. R. BROWN, *La morte del Messia*, 1240-1241, que lê o episódio à luz da ira do Sumo-Sacerdote que «rasga» as suas vestes (Mc 14,63) e também de *Test. Levi*, 10,3 que apresenta a ira de Deus perante a malvadez dos sacerdotes precisamente rasgando o véu do Templo.

[11] Segundo *2Baruch*, antes da destruição do Templo pelos romanos, um anjo retira o véu do Templo (6,7) e ouve-se uma voz que afirma: «entrem os inimigos, venham os adversários, porque aquele que guardava a morada abandonou-a» (8,2). Assim também a *Did. Apos.*, 6,5,7 fala do anjo que abandonou o Templo «rasgando o véu e levando [do Templo] o espírito santo» (a mesma ideia aparece em *Adv. Iud.*, 13,15). Embora hajam muitas interpretações sobre o «véu» a que os evangelistas se referem, adoptamos a interpretação, de que Brown se faz eco, de que mais do que especificar qual o véu, o evangelista pretende falar do facto do Templo deixar de ser o «lugar» da presença de Deus (para a argumentação neste sentido e para a apresentação das outras hipóteses, cf. R. BROWN, *La morte del Messia*, 1251-1255).

[12] R. BROWN, *La morte del Messia*, 1242; cf. S. LÈGASSE, *Marco*, 831.

[13] «Il tempio è aperto; accesso a Dio e la riconciliazione con lui, come erano regolati nell' Antico Testamento, non valgono più»: K. STOCK, *Marco*, 343.

[14] Cf. R. BROWN, *La morte del Messia*, 1243.1261ss.1283ss.

No entanto, ao contrário do véu do Templo que se rasga, significando com isso que Deus abandonou o lugar santo de Israel, a túnica de Jesus, tecida «de alto a baixo», permanece «indivisa/inquebrada», ou seja, nem o Pai abandonou Jesus, nem Jesus, cuja túnica e corpo permanecem «inquebrados», deixou de ser, na sua morte, o «lugar» onde se continua a manifestar a presença e a revelação de Deus e onde todos os povos do mundo têm acesso e lugar[15].

Tendo isto em consideração, é possível, como *hipótese*, que o QE tenha bebido não só do vocabulário como, sobretudo, da teologia de Mc 15,38 par., para apresentar as consequências da morte de Jesus, pré-anunciadas na túnica «inquebrada» e realizadas no seu corpo «inquebrado», o verdadeiro Templo de Deus.

2. O Templo escatológico anunciado pelos profetas

O contexto imediato de Zc 12,10b integra a passagem num horizonte de salvação, que transporta o seu significado mais longe. Ela está enquadrada no início e no fim por textos paralelos: «naquele dia [...] derramarei sobre a casa de David e sobre todo o habitante de Jerusalém um espírito de graça e de súplica» (Zc 12,9-10a); «naquele dia haverá para a casa de David e para os habitantes de Jerusalém uma fonte aberta, para lavar o pecado e a mancha» (Zc 13,1). O profeta identifica o espírito que será derramado (Zc 12,10) com a fonte aberta (Zc 13,1), servindo ambas as declarações como moldura para o «olharão para o que trespassaram»[16]. Em Zc 14,8 retoma-se o tema para falar da «água viva» que «sairá, naquele dia, de Jerusalém».

Ora, a profecia de Zacarias sobre a «água viva» está ligada à Festa (escatológica) das Tendas, a mesma onde Jesus anunciara a «água viva» que sairá do seu seio (Jo 7,38)[17]. O contexto escatológico do «espírito/fonte aberta/água viva», que em Zacarias enquadra a imagem do «trespassado», parece, pois, ser o *background* da saída da água do corpo-Templo de Jesus[18].

---

[15] Cf. significado do manto em II,4.2.1.a-b.

[16] Para o paralelismo dos textos, embora não identifique o espírito com a fonte, cf. I. de la POTTERIE, «Volgeranno lo sguardo», 106-107.

[17] Sobre a influência de Zc 14,8 na afirmação Jo 7,38, cf. M. MENKEN, *Old Testament*, 196-197 (para a influência de outras passagens: pp. 194-203).

[18] Cf. I. de la POTTERIE, «Volgeranno lo sguardo», 107; Introdução, 1.6.

Esta imagem da fonte que, nos tempos messiânicos, regará Jerusalém é bebida por Zacarias na tradição profética e escatológica de Israel (em textos como Is 12,3; 55,1 e, sobretudo, Ez 36,25-27; 47,1-12)[19]. Isaías fala da água e do espírito, que darão vida nova ao povo, que regressará a Deus (Is 43,20; 44,1-5; 48,21; cf. 12,3). Ezequiel, por seu lado, anuncia um novo êxodo (Ez 34-36) no qual Deus reunirá Israel de todos os países (Ez 36,24) e aspergirá sobre eles uma água pura, o que é lido em concomitância com o facto de que Deus colocará «no vosso íntimo um espírito novo» (Ez 36,25-27). Trata-se do próprio Espírito de Deus (Ez 36,27). É este Espírito de Deus que, no interior do homem, lhe permitirá guardar a palavra do Senhor e cumpri-la (Ez 36,27). E então poderá renovar-se a Aliança: «sereis o Meu povo e Eu serei o vosso Deus (Ez 36,28). Por outras palavras: a água, que vem de Deus, simboliza o espírito novo que é o próprio Espírito de Yahweh, que purifica e torna o homem capaz de ser «reunido», de guardar a palavra do Senhor e de renovar a Aliança (cf. Ez 39,27-29). Esta Aliança renovada é plastificada na visão do Templo escatológico (Ez 40-43; cf. 44-46) ao qual regressa a «glória» de Yahweh (Ez 43,1ss). A visão do Templo termina com a visão da água que dele sai e que vivifica tudo por onde passa, anunciando uma nova vida (Ez 44,1-12). Isto deve ser lido à luz de Ez 43,1ss[20], ou seja, é uma consequência da manifestação do regresso da glória de Yahweh ao Templo. Ou seja, a água que corresponde ao Espírito de Deus, à sua própria vida, e que será infundida no interior de cada membro do povo de Israel, não só purifica do pecado como possibilita ao homem a Aliança. Também Zc 12,10 e a sua moldura (12,9-10a; 13,1) aparecem no contexto da nova Aliança (Zc 13,9)[21].

Os textos de Ezequiel, que inspiraram os de Zacarias, encontram o seu cumprimento em Jesus: é do seu corpo-Templo, onde habita e se torna visível a glória de Deus (1,14), que sairá uma «água viva», que é o próprio Espírito de Deus. Este Espírito, anunciado por Jesus em 7,38 como oferecido na sua glorificação (7,39), permitirá ao homem não só guardar a palavra do Senhor e cumpri-la/testemunhá-la (Ez 36,27; Jo 14,26; 15,26-27; 16,13), como é a própria vida de Deus. É este Espírito,

---

[19] Cf. M. COSTA, «Simbolismo battesimale», 365, que também vê na figura do trespassado uma convergência do tema do Servo.
[20] Cf. P. AUVRAY, «Ezequiel», *in loco*.
[21] Para um desenvolvimento do Templo na literatura judaica (antiga e helenista, nos targumim e posterior ao ano 70 d.C.), cf. G. BISSOLI, *Il Tempio*.

saído do Templo, que reúne todos os homens (Ez 39,27-29). Numa palavra: «Jésus est pour lui [évangéliste] le Temple eschatologique, d'où s'écoule l'eau vive du salut»[22].

Na nossa perspectiva, esta imagem do corpo-Templo, constitui a *metáfora de «fusão»*, que integra todas as outras. De facto, ela evoca não só a presença visível da glória de Deus, como a dádiva salvífica da água viva que sai do interior do Templo, o ES, que purifica do pecado (no QE a incredulidade) e reúne os homens de todas as partes da terra para a celebração da Aliança com Deus.

Para poder entender esta metáfora de fusão, o leitor vai sendo preparado ao longo do QE, de forma a perceber as suas implicações. Acompanhemo-lo.

3. Do Templo de Jerusalém ao corpo-Templo de Jesus

A importância cristológica, soteriológica e eclesiológica da imagem do corpo-Templo, vai sendo construída ao longo do QE. E este caminho tem início no Templo de Jerusalém.

3.1 *O Templo de Jerusalém: lugar da revelação de Jesus*

O ministério público de Jesus em Jerusalém não só começa e termina no Templo, como nele se desenvolve (2,14; 5,14; 7,14.28; 8,2.20.59; 10,23)[23]. E o lugar está quase sempre associado ao verbo «ensinar» (διδάσκω: 7,14.28; 8,2.20; 18,20; cf. 10,23). A maior parte destas referências está ligada à auto-revelação da natureza divina de Jesus: Deus é Pai de Jesus (2,16); Jesus tem poder divino sobre a morte e no seu corpo dará o «sinal» do seu poder (2,18-23); Jesus é igual a Deus (5,17-18ss) e tem n'Ele a sua origem (7,25-30ss) e, por isso, ele é a «luz do mundo» que «dá a luz da vida», a única pela qual se pode chegar ao conhecimento do Pai (8,12-20), porque, tal como o Pai, ele «é» (8,24-29.57-58). Também em 10,23 a questão é sobre a messianidade de Jesus: «se és o Cristo diz-nos abertamente» (10,24) ao que Jesus, redimensionando a questão e afirmando a sua natureza divina, responde: «eu e o Pai somos um só» (10,30.38). Assim, o Templo de Jerusalém aparece como o lugar próprio da revelação e manifestação da presença de Deus em Jesus.

---

[22] I. de la POTTERIE, «Le symbolisme», 215.
[23] Cf. C. UMOH, «The Temple», 314.

Perante as recusas dos Judeus em acreditar nele, Jesus vai-se progressivamente afastando do Templo: em 8,59 (festa dos Tabernáculos) os Judeus procuram apedrejar Jesus, mas ele oculta-se e sai do Templo; em 10,23 (festa da Dedicação) Jesus já se encontra na parte mais exterior do Templo, no pórtico de Salomão e em 10,39 o narrador informa que, perante nova tentativa do Judeus em prendê-lo, Jesus escapa-se-lhes e parte para o outro lado do Jordão (10,40). Nunca mais regressará ao Templo. Por isso, há quem veja, neste abandono do Templo, a invocação do abandono da «glória» de Deus do Templo de Jerusalém descrita por Ez 10,18-19; 11,23[24].

Na última Páscoa, procuram-no no Templo, perguntando-se se ele «virá à Festa» (11,56) mas Jesus nem está, nem jamais regressará ao Templo: na primeira Páscoa, no Templo, Jesus anunciara a tentativa da destruição do Templo do seu corpo (2,19-21); na última Páscoa o seu ministério já não acontece no Templo, mas manifesta-se «ἐν παρρησίᾳ» no Templo do seu corpo.

3.2 *O corpo de Jesus: o Templo da presença de Deus*

O Templo de Jerusalém, sinal veterotestamentário da presença de Deus, é, desta forma, lugar onde se revela aquele que é a verdadeira presença de Deus: Jesus[25]. «Prendendo lo spunto dell'edificio di pietra del *tempio* di Gerusalemme, dove si svolge l'azione cultuale, l'evangelista passa immediatamente alla realtà misteriosa della *persona* di Gesù»[26]. Esta revelação é enquadrada não só pela purificação do Templo (2,13-25)[27], como pela primeira Páscoa (inclusão de 2,13.23) e

---

[24] Cf. M. NOBILE, «Il tempio», 9; M. COLOE, *God Dwells with Us*, 154.

[25] Cf. B. KOWALSKI, «Anticipations of Jesus' Death», 603.

[26] I. de la POTTERIE, «Vocabolario spaziale», 33.

[27] A narrativa joanina reúne dois elementos que os Sinópticos apresentam separadamente: a acção de Jesus no Templo (Jo 2,14-16; Mt 21,12-13; Mc 11,15-19; Lc 19,45-48) e o *logion* sobre a destruição do Templo (Jo 2,19; Mt 26,61; 27,40; Mc 14,58; 15,29). Podemos ainda, com K. FUGLSETH, *Johannine Sectarianism*, 144, considerar que o desafio de Jo 2,18 (ou 2,18-20) tem o seu paralelo em Mt 21,23-27; Mc 11,27-33; Lc 20,1-8. Por outro lado, ao contrário dos Sinópticos, que apresentam estas referências ao Templo no fim do ministério de Jesus, João apresenta-as logo no início e enquadradas pela festa da Páscoa. Além disso, apresenta elementos originais e, sobretudo, o *logion* é colocado na boca de Jesus (2,19) enquanto que os Sinópticos o apresentam na boca das falsas testemunhas (Mc 14,58) e dos injuriadores (Mt 27,49; Mc 15,29). Para um aprofundamento, cf. M. COLOE, *God Dwells with Us*, 65-69; para uma panorâmica das diversas aproximações ao texto de 2,13-22, cf. R. LÓPEZ ROSAS,

remete para a sua morte e ressurreição (2,19-22). Mas o seu significado é iluminado pelo contexto imediato: o primeiro sinal de Caná (2,1-12)[28].

3.2.1 O princípio dos sinais: evocação da Aliança e manifestação da glória

O episódio de Caná, enquadrado pelo contexto matrimonial e considerado o «início dos sinais» (2,1.11), é interpretado no enquadramento da Aliança e termina com a manifestação da «glória» de Jesus diante dos seus discípulos. De facto, o «terceiro dia» (2,1) recorda o dom da Lei no Sinai (Ex 19,16) quando Deus manifestou a sua «glória (Ex 19,16-20; 24,16-17) e Israel se compromete com Ele na Aliança (Ex 24,3-8). Esta Aliança é concebida pelos profetas como um matrimónio entre Deus e o seu povo (Os 2,19-20; Is 25,6-8; 62,5; Jr 2,2; 3,14)[29]. Depois do dom da Lei e do compromisso solene da Aliança, e como seu sinal visível, Deus ordena: «faz-me um santuário para que eu possa habitar no meio dele» (Ex 25,8)[30], onde se há-de guardar a «arca» que conservará o «Testemunho» (Ex 25,16). O santuário[31] é sinal visível da presença de Deus, onde se manifesta a Sua «glória» (Ex 40,34-38; 1Cr 5,14; Sl 26,8) como resultado da Aliança proposta por Deus e aceite pelo homem. Assim, a questão colocada logo no início do ministério de Jesus (2,13ss) é: qual a casa onde Deus verdadeiramente habita, onde se manifesta a Sua glória? E a resposta é clara: Jesus. A metáfora significa que o conteúdo do conceito «Templo», como lugar de salvação, é transferido para Jesus[32], «o Salvador do mundo» (4,42).

La Señal del Templo, 122-125. Para a estrutura do texto, cf. B. KOWALSKI, «Anticipations of Jesus' Death», 593-596.

[28] Para um desenvolvimento da relação de 2,1-12 com o episódio do Templo: cf. C. KOESTER, «Hearing, Seeing and Believing», 330-333; B. KOWALSKI, «Anticipations of Jesus' Death», 600. Se o sinal de Caná é considerado o «início dos sinais» (2,11), a perícope do Templo aparece «as a prefiguration of the end and significantly also within the context of sign demonstration»: M. APPOLD, *The Oneness Motif*, 115.

[29] Para um maior desenvolvimento cf. F. MOLONEY, *Gospel*, 65-74.

[30] Nos LXX o texto é algo diferente e sublinha o carácter visível da presença de Deus, aspecto que remete para o «ver» a «glória»: «καὶ ποιήσεις μοι ἁγίασμα καὶ ὀφθήσομαι ἐν ὑμῖν».

[31] Primeiro a «Tenda da Reunião» (Ex 33,7-10) e depois o Templo construído por Salomão (1Rs 6-8).

[32] Cf. U. BUSSE, «Die Tempelmetaphorik», 400-401.

De facto, o leitor sabe, através de 1,51, que os discípulos verão os anjos de Deus subindo e descendo sobre a nova Bethel, a «casa de Deus» onde o Senhor está presente (o sonho de Jacob: Gn 28,19) e que é o próprio Jesus, aqui identificado como o «Filho do Homem»[33]. Já no Prólogo, o evangelista abrira o Evangelho afirmando: «e o Verbo se fez carne e montou a sua tenda entre nós e nós vimos a sua glória» (1,14): o corpo de Jesus é o santuário onde se revela a «glória» de Deus que se destina a «ser vista»[34]. Por outras palavras, a encarnação, o tornar-se «corpo» de Jesus é a possibilidade de acesso à «δόξα» divina[35] e, por isso, não há já necessidade de um lugar, porque a verdadeira «Tenda da Reunião» (Ex 33,7ss) entre Deus e o homem é o corpo de Jesus, onde a divindade se encontra inexoravelmente com a humanidade[36]. Trata-se do Templo escatológico, ao qual «regressa» a possibilidade de ver a glória de Deus e de receber a sua própria vida e no qual se reunirão todas as nações. De facto, o sinal de Caná e o episódio do Templo são seguidos de uma série de encontros de Jesus, que se estendem até ao segundo sinal de Caná (4,54): com Nicodemos (mundo judaico: 3,1-21), com o testemunho do Baptista (3,22-36), com os samaritanos (4,1-45) e com o mundo «pagão» (4,46-54)[37]. Ou seja, a Aliança, que se estabele no corpo-Templo de Jesus, destina-se a todos.

---

[33] Cf. J. NEYREY, «The Jacob Allusions in John 1:51»; F. MANNS, *L'évangile de Jean à la lumière*, 501; G. BISSOLI, *Il Tempio*, 117-119; M. COLOE, *God Dwells with Us*, 73 com nota 36; K. FUGLSETH, *Johannine Sectarianism*, 128 nota 23 (como possibilidade); B. KOWALSKI, «Anticipations of Jesus' Death», 603.

[34] C. KOESTER, *The Dwelling of God*, 100-115, desenvolve a ideia de que a «Tenda» de 1,14 (que bebe, sobretudo da literatura sapiencial), destina-se a fazer a ponte entre Judeus (que rejeitam Garizim) e Samaritanos (que rejeitam Jerusalém) naquilo que ambos respeitam, o Tabernáculo, revelando Jesus como verdadeiro lugar onde se pode encontrar a palavra e a glória de Deus.

[35] Cf. M. COLOE, *God Dwells with Us*, 80. O símbolo do Templo, assim como todos os outros símbolos que o QE utiliza, tem a missão de transportar da realidade sensível e conhecida, a outra mais elevada e, à primeira vista, inacessível: cf. S. SCHNEIDERS, «History and Symbolism», 372; R. LÓPEZ ROSAS, *La Señal del Templo*, 107-108.111.

[36] Reparemos como em Jo 2,1ss se apresenta a Mãe de Jesus (referindo, desta forma a sua humanidade) e agora se fala da «casa do meu Pai» (2,16), relevando como na humanidade de Jesus se torna presente a divindade. Cf. o que dissemos sobre o Templo, a Tenda e a glória de Deus em II,4.1.2.a.

[37] Para a ideia de que o funcionário real é um oficial gentílico, cf. A. MEAD, «The βασιλικός in John 4,46-53».

3.2.2 Um Templo novo e uma Aliança nova, onde todos são convidados ao culto no Cordeiro de Deus

Esta ideia do novo «lugar» do culto é desenvolvida por Jesus no encontro com a samaritana (4,1-45). O diálogo tem um enquadramento esponsal/aliança, utilizando os elementos da «cena típica de noivado»[38], em que Jesus se apresenta como procurando «matrimónio» (aliança) com os samaritanos, representados na mulher[39]. A questão fundamental é cristológica (a identidade de Jesus: 4,9.11.15.19.25.42; a sua revelação divina: «ἐγώ εἰμι»: 4,26)[40] relevando as suas implicações eclesiológicas e soteriológicas. De facto, a questão do «lugar» da relação com Deus (adoração) é central no relato: «nesta montanha ou em Jerusalém?» (4,20-21). Trata-se não só de uma questão geográfica e religioso-cúltica como também racial (Judeus-samaritanos)[41]. A questão racial é relevada em 4,20 com o uso da segunda pessoa do plural («nossos pais»…«vós dizeis»; cf. 4,7). Jesus «des-regionaliza» a questão e universaliza-a: «todo o que beber» (πᾶς ὁ πίνων: 4,13; cf. 4,14); o novo «local» de culto já não será nem *em* Jerusalém nem *em* Garizim, mas «*em* espírito e verdade» (4,23.24). O Espírito, que é princípio do

---

[38] Sobre este assunto, cf. J. SKA, *La Strada e la Casa*, 195-208; sobre a forma como os elementos da cena típica de noivado podem ser modificados para dar um sentido especial ao relato, especialmente no que se refere ao seu uso em 1Sm (em que do contexto esponsal se passa ao da Aliança), cf. M. de SOUSA, «La importancia del encuentro».

[39] Cf. C. KOESTER, «The Saviour», 670-671; M. COLOE, *God Dwells with Us*, 98 com nota 49. O episódio da samaritana é antecedido pelo testemunho de João Baptista, que apresenta Jesus como o «esposo» (3,29). No AT, a infidelidade da Samaria é considerada um adultério (cf. Os 2,2-5) e, por isso, a Samaritana afirma «não tenho marido/senhor» (em hebraico «בעל») o que é confirmado por Jesus (4,17.18). Segue-se imediatamente a questão da adoração (4,19ss), o que nos permite perceber que o problema não é conjugal mas religioso. Isto redimensiona a cena típica, transportando-a de um contexto nupcial para o contexto da Aliança.

[40] A fórmula «ἐγώ εἰμι, ὁ λαλῶν σοι» recorda Is 41,4; 43,10 e especialmente Is 52,6: «ἐγώ εἰμι, αὐτὸς ὁ λαλῶν»; com esta fórmula Jesus manifesta ser maior que Jacob (4,12), que um profeta (4,19) ou que o Messias davídico (4,25).

[41] Os Judeus não se davam com os samaritanos (Eclo 50,25-26; Jo 8,48; Lc 9,52-55; 10,33; 17,16; Mt 10,5) e explicavam a origem destes (2Rs 17,24-41) «pela emigração forçada de cinco povoações pagãs que, em parte, permaneceram fiéis aos seus deuses, simbolizados pelos "cinco maridos" do v. 18»: D. MOLLAT, «Evangelho», *in loco*. O monte Garazim, a que se refere o texto, era o local onde os samaritanos tinham construído um Templo, rival do de Jerusalém, e que foi destruído por João Arcano em 129 (128) a.C..

novo nascimento (3,5) e a própria natureza de Deus (4,24) só é possível *em* Jesus, porque a «salvação vem dos Judeus» (4,22) e ele «é» a verdade (14,6). Por isso, «agora» (em Jesus) vem a «hora» em que «os verdadeiros adoradores adorarão o Pai em espírito e verdade» (4,23: o verbo no futuro remete para a «hora» de Jesus) pois só nele os samaritanos têm acesso ao conhecimento do Pai (cf. 4,22.25-26). Este não é o Deus de Judeus ou de samaritanos, mas o Pai de Jesus (4,21.23)[42]. Ao dar-se a conhecer à samaritana como aquele que oferece a água viva (4,5), Jesus revela-se, de novo, como o Templo de Ez 37,26 do qual sai a água viva (Ez 47,1-12) e no qual se cumprem as esperanças escatológicas da reunião de Israel (Ez 37,15-22)[43]. Por isso, a adoração, a relação com Deus já não é redutível a um espaço, mas realiza-se numa pessoa, Jesus, onde «todo o que» quiser «beberá» a água que ele dará (futuro: 4,14).

A ideia de que Jesus é o verdadeiro Templo de Deus, é enquadrada ainda por 7,1-10,21 e 10,22-42: a Festa das Tendas e Festa da Dedicação/Consagração do Templo.

Na primeira, a grande questão é a da revelação da natureza de Jesus (7,25-35.40-42; 8,52-53; 10,21). Jesus serve-se do simbolismo dos dois elementos próprios da festa (água e luz) para se manifestar como a verdadeira «luz do mundo» (8,12; 9,1-42) e como aquele que dará a «água viva» (7,37). O ritual da água e da luz estavam intimamente ligados ao Templo e à revelação da presença do Senhor[44]. Ao personalizá-los e assumi-los, Jesus manifesta que é em si, e não no Templo, que estas duas imagens encontram verdadeiro cumprimento, porque ele não só é o sinal da presença de Deus, como ele próprio *é* divino (8,28.58). Por isso, na cura do cego de nascença (Jo 9) não só os dois elementos se encontram presentes e ligados, como a atitude do cego curado, que se prostra diante de Jesus em adoração (προσεκύνησεν: 9,38) manifesta o que Jesus anunciara à samaritana sobre o «lugar» onde é necessário

---

[42] Cf. B. KOWALSKI, «Anticipations of Jesus' Death», 603.

[43] Este parece ser também o significado da imagem da «colheita», em 4,35ss: a imagem é usada no AT para falar da reunião do povo nos tempos escatológicos, na qual se reunirá de novo a Samaria (Israel) e Judá: Is 60,4; cf. Os 6,11-7,1; Is 11,11; 27,12; Jr 23,3; 29,4; Ez 20,34; 34,13; 37,21. Para um maior desenvolvimento, cf. M. COLOE, *God Dwells with Us*, 108-111. «Reunir»: é «vontade daquele» que enviou Jesus e a consumação da sua obra (4,34).

[44] Ver o sentido de cada um dos três momentos rituais da festa em M. COLOE, *God Dwells with Us*, 121-122.

adorar (προσκυνέω: 4,21.22bis.23bis.24bis). O mesmo se insinua no episódio dos gregos, que sobem «para adorar» (ἵνα προσκυνήσωσιν) na festa, mas, que, de facto, querem «ver Jesus» (12,20-21)[45].

A mesma ideia é apresentada por ocasião da festa de Dedicação/Consagração do Templo (10,22-42), no contexto da afirmação de Jesus sobre a sua natureza divina e a sua unidade com o Pai (10,30.33.36). Jesus é «aquele que o Pai consagrou e enviou ao mundo» (10,36). Os dois verbos manifestam Jesus como o verdadeiro «lugar» do encontro entre a divindade e a humanidade. A sua «consagração» (ἡγίασεν), em contraponto com a «consagração» do Templo (10,22)[46] faz de Jesus o verdadeiro lugar consagrado, pois é nele que se manifesta a presença de Deus: «eu e o Pai somos um só» (10,30); «o Pai está em mim e eu no Pai» (10,38). O segundo verbo (ἀπέστειλεν) remete para o mistério da encarnação, onde a divindade se faz carne (7,29; 8,42; 17,3.8). No corpo de Jesus, Deus e o homem encontram-se definitivamente. Trata-se de um novo Templo, onde todos afluirão, numa nova Aliança para celebrar um culto novo «em espírito e verdade»[47].

3.2.3 Um culto realizado em Jesus, Templo e Cordeiro

O diálogo com a samaritana é enquadrado pela «ὥρα ἦν ὡς ἕκτη» (4,6), expressão que só volta a acontecer em 19,16 (ὥρα ἦν ὡς ἕκτη) para introduzir a imagem do cordeiro pascal aplicada a Jesus, contrapondo-a com a hora a que começavam os sacrifícios do Templo[48]. Esta «hora» concreta abre, no diálogo, o tema da «hora» (4,21.23) como «tempo» do novo culto, da adoração do Pai em «espírito e verdade». Tudo isto é enquadrado pela revelação da natureza de Jesus (como aquele que dá «a água viva» [4,10.14] e que é «o Cristo» [4,25-26]) e da sua missão [«fazer a vontade daquele que me enviou e consumar a sua obra»: 4,34]). Esta dupla referência à mesma «hora» concreta (4,6; 19,14) permite-nos pensar que, por uma lado, o diálogo com a samaritana aponta não só para o novo Templo, como para a imagem do cordeiro, apresentando Jesus como o Cordeiro de Deus (1,29.36) através do qual se realiza o novo culto, a nova relação com Deus.

---

[45] Nestas passagens se esgotam as 11 ocorrências do verbo «προσκυνέω» no QE.
[46] A consagração dos pátios do Templo, depois da vitória dos Macabeus, é narrada com o mesmo verbo «ἁγιάζω»: 1Mc 4,48; cf. 3Mc 2,9.16.
[47] Cf. S. SCHNEIDERS, «History and Symbolism», 373.
[48] Cf. II,2.2.2.

De facto, no episódio de 2,13ss, Jesus expulsa do Templo as ovelhas e os bois destinados ao sacrifício (da Páscoa: 2,13.25)[49] sem os quais este não se podia realizar. De facto, neste novo Templo, que é o seu corpo (2,21) já não são necessários animais para o sacrifício pascal, porque ele próprio é o Cordeiro de Deus, que verdadeiramente «levanta o pecado do mundo» (1,29.36)[50]. Jesus apresenta-se não só como o «lugar» da presença de Deus e da sua glória (o Templo) como também como Cordeiro[51]. Trata-se de um novo culto[52], de uma nova relação com Deus, que é uma participação na sua própria vida de intimidade e de relação com o Pai (4,23-24), que se realiza *em* Jesus (Templo) e *por* Jesus (Cordeiro). Mas… e depois da ressurreição?

4. A comunidade reunida: lugar da presença reveladora e salvífica de Jesus-Templo

A continuidade entre o corpo-Templo do Crucificado e o do Ressuscitado[53], revela que, depois da ressurreição, Jesus continua a ser o lugar da presença do Pai, donde brota a salvação.

---

[49] O significado sacrificial da passagem é relevado ainda pela utilização do verbo «ἐκχέω» (2,15: derramar) usado frequentemente no AT como referência ao sangue ou às libações sacrificiais (cf., p. e.: Ex 29,12; Lv 4,7.18.25.30.34; Nm 28,7; Jr 7,18; 19,13; 44,17.25); no NT o verbo ocorre quando Jesus fala sobre o cálice na última ceia (Mt 26,28; Mc 14,24; Lc 22,20). Cf. M. COLOE, *God Dwells with Us*, 74 com nota 39.

[50] Cf. C. UMOH, «The Temple», 319. J. NEUSNER, «Money-Changers», 290, defende que a acção simbólica de Jesus da expulsão dos vendedores e dos animais, mais do que «purificação» do Templo, significa a rejeição do culto antigo (cf. C. DODD, *Interpretation*, 301). Os autores, no entanto, dividem-se na interpretação do sentido do episódio da purificação e da profecia da destruição, em três perspectivas (com muitas subdivisões): significado não escatológico, escatológico e messiânico-escatológico. Para uma apresentação destas interpretações, cf. J. ÅDNA, *Jesu Stellung zum Tempel*, 334-430.

[51] Cf. o que dissemos sobre a santificação/consagração de Jesus, em contexto pascal, como uma referência ao cordeiro pascal, em II,2.6.2.3.

[52] Cf. J. BEUTLER, *L'ebraismo e gli Ebrei*, 27. Nesta perspectiva, alguns autores, como G. THEISSEN, *La religión*, 231, lêem o significado das talhas de pedra das Bodas de Caná num sentido cultual: «estaban destinados en el pasado a habilitar a las personas para el culto. Solo el que se sometía a ellos [rituales] podía participar en el culto del templo. La transformación del agua en vino sugiere un cambio en los ritos tradicionales».

[53] Cf. II,4.1.1.

De facto, só depois de mostrar aos discípulos as mãos e o lado (20,20) é que Jesus faz brotar do seu interior o dom do ES (20,22), o que remete para o episódio de 19,31-37: a permanência das marcas da sua morte (que recordam o seu sangue, a sua vida oferecida) manifesta a permanência e a continuidade do que foi oferecido: a água, ou seja, a vida divina, que o mesmo é dizer o ES. O episódio revela como o dom do ES está ligado: 1) à comunidade reunida; 2) ao envio missionário; 3) ao perdão dos pecados.

Ou seja, o episódio sublinha que o corpo «inquebrado» de Jesus continua a fazer-se presente, com a força reveladora e salvífica da sua cruz (recordada nos estigmas), na comunidade reunida, consequência eclesiológica da sua «elevação/exaltação». É nesta comunidade «unida» e, portanto, «inquebrada», e através dela, que Jesus «inquebrado» continua a revelar-se e a revelar o Pai (envio missionário) e a oferecer o ES, a vida divina, que brota do seu «interior» (em 19,34 simbolizado no lado aberto, em 20,20.22 na chaga do seu lado e no sopro)[54]. Ao comunicar o ES à comunidade, esta torna-se mediadora do perdão dos pecados, precisamente através do anúncio missionário do mistério do «Cordeiro de Deus», que conduz à fé e, portanto, «que tira o pecado do mundo» (1,29.36).

Ora, só Deus pode perdoar pecados (cf. Mc 2,7). Significa isto que a comunidade cristã, onde o Ressuscitado continua presente, é a *mediação* do dom do ES, dado por Jesus, que perdoa os pecados e oferece a vida divina.

Ao enviar os discípulos, tal como o Pai o enviou (20,21), Jesus entrega-lhes a mesma missão que o Pai lhe confiou[55]: convidar todos os homens a «olhar para aquele que trespassaram» (19,37), o «sinal» por excelência, para que, pela fé em Jesus como «Cristo e Filho de Deus, tenham a vida [divina, ou seja o ES] no seu nome» (20,30-31).

Esta revelação da comunidade como o lugar onde Jesus continuará a fazer-se presente e dará continuidade à sua missão, tinha sido anunciada no discurso do adeus e faz ecoar o cumprimento da promessa veterotestamentária, de que Deus habitará no meio do Seu povo[56]. No discur-

---

[54] Como afirmam A. DESTRO – M. PESCE, «I riti», 98: «È il corpo risorto che alita. Nella concezione del narratore, esso è il mezzo che rende concretamente possibile la manifestazione divina. È il luogo della comunicazione fra i presenti e Dio».

[55] Cf. J. BEUTLER, «Resurrection», 240.

[56] Ex 25,8; 29,45; Lv 26,11; 1Rs 6,13; Ez 37, 26-28; Zc 2,11. Cf. M. THOMPSON, «Every Picture», 267.

so da despedida, Jesus anunciara um tempo em que já não estará presente no mundo, mas os discípulos, que «estão no mundo» (17,6.11.15; cf. 13,1) continuarão a ser, no mundo, esta presença santificada e santificadora do Filho (17,17). É importante repararmos como a relação entre os dois verbos «santificar/consagrar» e «enviar» remete para a declaração de Jesus, no contexto da Dedicação (Consagração) do Templo (10,22-39): ele é o verdadeiro «consagrado» (não o Templo de Jerusalém) e «enviado» ao mundo (10,36) e, por isso, nele se manifesta a presença daquele que o enviou (10,30.38). Da mesma forma, depois da ressurreição de Jesus, os discípulos, «santificados/consagrados» e «enviados» por Jesus, são chamados a ser o «lugar» onde se manifesta a presença daquele que os enviou (cf. 17,18; 20,20). Ora, *se o Filho é o lugar da presença do Pai e a comunidade o lugar da presença de Jesus, nele se encontram os discípulos e o Pai.*

O grande sinal desta santificação e envio é a unidade Pai-Filho-discípulos (17,21.23.25), na qual se manifesta a «glória» de Deus (17,22-23). Depois da partida de Jesus, a comunidade dos discípulos (também os que no futuro acreditarão nele: 17,20) será a presença santificada do Pai e do Filho: assim como a presença de Deus se manifestou na Palavra feita carne que «montou a sua tenda no meio de nós» (1,14), assim agora será a «palavra» dos discípulos a conduzir a Jesus (17,20), Templo onde o Pai se quer encontrar com todos os homens.

Para falar desta realidade, Jesus utiliza, no discurso de despedida, uma série de enigmas/imagens (παροιμία: 16,25) entre elas a da expressão «muitas moradas» (14,2) e a da «vide» (15,1-11). Importante, sobretudo, é o uso e significado do verbo «μένω» (permanecer/habitar).

4.1 *«Na casa de meu Pai há muitas moradas» (14,2): a «inter-habitação»*

Uma primeira leitura faz-nos pensar que a afirmação de Jesus em 14,2 (ἐν τῇ οἰκίᾳ τοῦ πατρός μου μοναὶ πολλαί εἰσιν) diz respeito ao lugar que Jesus vai preparar, no Céu, para os seus discípulos (14,2-4). No entanto, um olhar mais atento permite-nos perceber um paradoxo: Jesus diz que «parte» mas que «regressa» aos seus discípulos (14,2.3.28). A chave de leitura deste paradoxo da «presença na ausência»[57], está no conceito joanino da «mútua in-habitação» expresso no

---

[57] M. COLOE, *God Dwells with Us*, 154.159. A expressão, embora a autora o não refira, é tema da tese de doutoramento de S. MIGLIASSO, *La presenza dell'Assente*.

verbo «μένω» e seus derivados e, por outro lado, no papel do Paráclito (14,15-17.25-26). De facto, o uso presente dos verbos «ὑπάγω» (14,4.28) e «ἔρχομαι» (14,3.28) apontam para uma realidade quase concomitante, como o uso conjunto faz perceber: «vou e venho a vós» (14,28) que, segundo Zumstein, se refere «à sa venue pascale, constamment actualisé par le Paraclet»[58].

4.1.1 Uma expressão relacional

A declaração de Jesus «em casa de meu Pai há muitas moradas» (14,2) faz ressonância da expressão «ὁ οἶκος τοῦ πατρός μου» de 2,16, em que Jesus, referindo-se ao Templo de Jerusalém, passa, no entanto, do significado deste ao do seu corpo, como verdadeiro «lugar» da presença e manifestação da «glória» de Deus (cf. IV,3.2). A expressão recorda o termo utilizado pelo TH para se referir ao Templo de Jerusalém como «a casa do Senhor» (בית יהוה)[59], indicando, com isso, o Templo como habitação da presença divina[60]. Ao modificar o determinativo («de Deus» para «do meu Pai») Jesus dá à expressão um sentido familiar e relacional[61]. E, se em 2,16 a expressão se refere à pessoa de Jesus, em 14,2 a «casa do meu Pai» constituída por «muitas moradas», alarga-se aos discípulos, pois eles têm aí «um lugar» (14,3). Que lugar?

Segundo 2,16.20-21 a casa do Pai é o próprio Jesus[62]. De facto, de «οἶκος» em 2,16 passa-se a «οἰκία», que, em 4,53, tem o sentido de família e em 8,35 de família alargada (embora em 11,31 e 12,3 tenha o sentido de espaço físico)[63]. Em 8,35 a palavra é utilizada para estabele-

---

[58] J. ZUMSTEIN, *L'Évangile*, 85 nota 6.

[59] A expressão ocorre 231x; «היכל» ocorre 60x: cf. M. COLOE, *God Dwells with Us*, 160 com nota 5.

[60] O Templo é entendido como uma verdadeira casa, em que as alfaias litúrgicas aparecem como instrumentos domésticos: cf. M. HARAN, «The Divine Presence», 255.

[61] No AT a expressão a «casa de meu pai» refere-se não à construção mas à família alargada, que inclui pais, filhos, familiares e servos: cf., p. e., Gn 24,38; 28,21; 46,31; Js 2,13; Jz 6,15; 9,18; 16,31; 1Sm 22,15; 2Sm 14,9.

[62] Cf. S. MIGLIASSO, *La presenza dell'Assente*, 213.

[63] Cf. R. GUNDRY, «In my Father's House», 71; J. MCCAFFREY, *The House With Many Rooms*, 31. As duas palavras, que no início tinham sentidos diferentes («οἶκος» designava a totalidade da propriedade e «οἰκία» a habitação), no NT aparecem intercomunicáveis e ambas significam quer a «habitação» quer a «família»: cf. neste sentido, Mc 3,25 par.; 6,4 par.; Lc 19,9; Jo 4,53; 8,35; At 10,2; 11,14; 16,15.31.33; 18,8;

cer a diferença entre o escravo e o filho no que respeita ao direito deste, ao contrário daquele, em poder residir em cada momento na casa do pai, ou seja, de estar em contínua comunhão com ele e participar de todos os seus bens. O que se sublinha é, não tanto o espaço, mas a relação[64]. O mesmo sentido parece ter o texto de 14,2: embora utilize categorias temporais (nos verbos) e espaciais, o desenvolvimento é relacional. Não concordamos com Coloe, que força o texto de 14,2-4, no sentido de o fazer dizer que se refere aqui à comunidade terrestre e que os discípulos tomam o lugar de Jesus como lugar da presença divina[65]: a primeira ideia só é perceptível no desenvolvimento que o evangelista faz desta afirmação escatológica tradicional e a segunda apenas na medida em que o crente enquanto unido a Jesus se torna presença de Jesus e, por Ele e nele, de Deus.

4.1.2 Uma escatologia já presente:
o Templo escatológico redimensionado

A ordem temporal dos verbos de 14,2-3 não deixa dúvidas: «vou para preparar um lugar para vós» (e não para Deus) e «virei de novo» e «vos levarei comigo» (futuro). Assim, o discurso alude à parusía e refere-se ao «templo celeste» onde Jesus vive em união com o Pai e no qual viverão também os discípulos, pois Jesus «os levará» consigo[66]. Esta ideia do Templo celeste (típica da apocalíptica judaica)[67], e da parusía (típica do Cristianismo primitivo)[68] é, no entanto, apenas um *ponto de*

1Cor 1,16; 16,15; 1Tm 3,4s.12; 5,4; 2Tm 1,16; 3,6; 4,19; Tt 1,11; Hb 11,7. Cf. P. WEIGANDT, «οἶκος», 501-503.505.

[64] Para as várias interpretações de «casa» em 8,35, cf. J. DENNIS, *Jesus' Death*, 128-129.

[65] Cf. M. COLOE, *God Dwells with Us*, 162-164 (de igual modo R. CULPEPPER, «Designs for the Church in the Jesus' Death», 390; R. CHENNATU, *Johannine Discipleship*, 103-104). J. BEUTLER, *L'ebraismo e gli Ebrei*, 28, critica a tese de Coloe, defendendo, pela referência à literatura apocalíptica judaica, que se refere ao lugar dos justos na morada divina. A nossa tese é algo diferente, como exporemos em seguida.

[66] Cf. J. MCCAFFREY, *The House With Many Rooms*, 220; R. SCHNACKENBURG, *Evangelio*, III, 89-93 (para os paralelos na literatura antiga, cf. *Ibid.*, 89-90).

[67] Cf. *1En* 39,4-8; 14,15-23; 41,2; 48,1; 71,5-10.16; *2En* 61,3-4; *Ap. Abr.* 17,16; 29,15.

[68] Cf., p. e., 1Ts 4,16s; 1Cor 4,5; 11,26; 16,22; Ap 22,17; 1Jo 2,28. Sobre o motivo «vir de novo»: cf. Mc 8,38 com base em Dn 7,13; sobre o «levar consigo»: cf. Lc 17,34-35. O evangelista parece, pois, partir da tradição cristã antiga que descreve a

partida, pois, ao contrário das tradições paulina e sinóptica, João não se interroga nem sobre o tempo, nem sobre as modalidades da parusía[69]. O que lhe interessa, embora parta da tradição, é apresentar «la promesse d'une communion infrangible entre le Christ élevé et les croyants, en recourant aux seules catégories spatiales»[70], como se comprova no contexto sucessivo. Nas respostas de Jesus às perguntas de Tomé (14,5-7), de Filipe (14, 8-11, com desenvolvimento até 14,21) e de Judas (14,22-31), o evangelista apresenta a esperança escatológica tradicional dos cristãos primitivos (14,2-3) como algo já presente[71]. O «ver» e «conhe-

---

trajectória de Cristo depois da cruz, com base na cristologia tradicional do Filho do Homem: «le Crucifié, élevé auprès de Dieu dans le ciel, reviendra lors de sa parousie pour rassembler les croyants et les emmener avec lui dans le monde divin, lieu du salut eschatologique (cf. 1 Th 4,15-17)»: J. ZUMSTEIN, *L'Évangile*, 58.

[69] De facto: não apresenta a dimensão cósmica que acompanha a apocalíptica; não estabelece diferenças entre as diversas gerações (vivos e mortos); não apresenta estádios temporais, como, p. e., o fim do ião presente; a dimensão espacial tem predominância sobre a terminologia temporal; não explicita a modalidade do regresso de Jesus; o jogo entre as formas presentes e futuras dos verbos faz ligação entre o presente da fé e o seu futuro: cf. J. ZUMSTEIN, *L'Évangile*, 61.

[70] J. ZUMSTEIN, *L'Évangile*, 59.

[71] A pergunta de *Tomé* permite apresentar a interpretação tradicional da partida de Jesus e introduzir uma explicação, que redimensiona a questão: Jesus não fala do caminho que deve percorrer, mas identifica-se com o caminho, que não é o seu, mas dos discípulos. O que está em causa com a partida de Jesus é a forma como os discípulos poderão ter acesso a Deus depois da morte de Jesus. A resposta é clara: através do conhecimento de Jesus, no qual se conhece o Pai (14,7). O pedido de *Filipe* (14,8) permite um desenvolvimento desta ideia, pois Filipe quer procurar o Pai fora de Jesus, o que permite a Jesus colocar a questão no seu verdadeiro lugar: «Eu estou no Pai e o Pai está em mim». Jesus é o «caminho» de acesso a Deus, pela imanência recíproca (14,10) que é perceptível apenas pela fé e que é o conteúdo da própria fé (14,11). Em 14,11-17 o evangelista apresenta a vida da comunidade pós-pascal, onde se sublinha a vinda e a permanência do ES, que já não está limitada nem ao tempo nem ao espaço (permanecerá «para sempre»: 14,16). Em 14,18 retoma o tema tradicional da «vinda» de Cristo, mas, em 14,19, de novo deixa o aspecto espacial e insiste no tema da «visão»: o mundo não verá Jesus, mas os seus discípulos sim, o que parece referir-se não à parusía mas à Páscoa (morte e ressurreição), pois, por um lado, o mundo não poderá ver Jesus (14,18.22) e, por outro, esta manifestação está enquadrada pelo tema do Vivente (14,18; um tema pertencente não à parusía, mas à Páscoa: cf. Lc 24,5.23; Mc 16,11; At 1,3; Ap 1,18). O que está em causa é a experiência da presença, na ausência, do Cristo pós-pascal («eu vivo») que continua a sua acção soteriológica («vós vivereis»: 14,19). Será no dia de Páscoa (já presente no da Paixão) que os discípulos compreenderão verdadeiramente que Jesus está no Pai e os discípulos em Jesus e Jesus nos discípulos (14,21). A pergunta de *Judas* (14,22) permite o desenvolvi-

cer» o Pai é algo que não está guardado apenas para o futuro, mas que já acontece, pelo facto de «ver» e de «conhecer» Jesus: «*desde agora* (ἀπ' ἄρτι) o conheceis e o vistes» (14,7) porque o caminho para (a casa de) o Pai é o próprio Jesus (14,6) que os discípulos já conhecem (14,4)[72].

Portanto, não é necessário esperar pelo Templo celeste para «ver» o Pai, porque, como diz Jesus a Filipe, quem vê o Filho vê o Pai (14,9) pois o Pai está no Filho e o Filho no Pai (14,10.11). Com o tema do «ver» o Pai, passa-se da escatologia futura à escatologia já presente. Por isso, a verdadeira morada do Pai é no Filho, no qual as suas obras são realizadas: «ὁ δὲ πατὴρ ἐν ἐμοὶ μένων ποιεῖ τὰ ἔργα αὐτοῦ» (14,10). A utilização do verbo «μένω» (do mesmo campo semântico de «μοναί») no particípio presente durativo, revela qual a verdadeira morada do Pai, já no presente, à qual os discípulos têm já acesso (e não apenas no futuro). Trata-se do cumprimento da promessa escatológica de Deus morar com o Seu povo (Ez 37,26-27; Zc 2,14 TM; cf. Ap 21,3.22-23).

Ao futuro, pertence uma outra «morada»: a dos discípulos. Neles «permanece» o Paráclito que o Pai enviará (futuro: 14,16.26). Esta presença do Paráclito e da sua obra permite a recíproca «permanência» dos discípulos e de Jesus, na medida em que a sua missão é fazer «anamnesis» de «todas as coisas» que Jesus disse e ensinou (14,26), da «palavra» escutada e do «mandamento» recebido, condição para que os discípulos «permaneçam» em Jesus e Jesus «permaneça» nos discípulos (14,23; 15,3-4.7.10). Esta ideia é desenvolvida na imagem da «vide».

4.2 *A metáfora da vide:*
em Jesus, relação de vida Pai-Jesus-discípulos

Recordando o que dissemos no cap. I sobre a consideração dos capítulos 15-17 como um processo de releitura de 13-14, ao lermos o discurso sobre a vide (15,1-8), que termina com «μένω ἐν» (15,9 introduz

---

mento do tema desta inter-presença, retomando 14,21: o amor dos discípulos manifesta-se na conservação e observância da palavra e dos mandamentos de Jesus, condição para que o Jesus pascal se manifeste (14,21) o que corresponde à vinda de Jesus e do Pai para «estabelecer morada» nos crentes (14,23). Cf. J. ZUMSTEIN, *L'Évangile*, 65-83.

[72] O «caminho» é descrito nos versículos seguintes como um processo de conhecimento.

o tema do «amor») reconhecemos o retomar da fórmula da imanência recíproca de 14,20 (καὶ ὑμεῖς ἐν ἐμοὶ κἀγὼ ἐν ὑμῖν), agora num desenvolvimento eclesiológico e ético, sobre a nova relação, de profunda intimidade, entre o Cristo pós-pascal e os seus discípulos. Enquanto que 15,1-8 desenvolve o tema do «habitar em Jesus», 15,9-11 interpreta-o como um «habitar no seu amor», o que é precisado em 15,12-17[73].

Utilizando a vinha, uma imagem veterotestamentária para referir Israel como propriedade de Deus (agricultor)[74], o evangelista transforma-a: já não se trata da vinha, mas de uma única videira (Jesus)[75] à qual estão unidos os sarmentos (discípulos) chamados a dar fruto (15,2.5.8), como condição de continuar a sua ligação vital a Jesus (e vice-versa). A videira, que é Jesus, está em íntima relação com o Pai, que é o «o agricultor» (15,1), e com os sarmentos (pertencentes, também eles à videira)[76]. A relação entre Deus (agricultor) e os discípulos (sarmentos) dá-se *através de* e *na* videira (Jesus). A imagem é cristológica e eclesiológica e, sobretudo, relacional, o que é perceptível pela enfatização do verbo «μένω» (11x: 15,4tris.5.6.7bis.9.10bis.16)[77]. Ela realça como a vida dos discípulos depende exclusivamente da sua união com Jesus e como é *nele* que se estabelece relação com o Pai. Assim também é *em* Jesus que o Pai estabelece relação com os discípulos[78]. Esta imagem é retomada e enriquecida na imagem de Jesus-Templo.

---

[73] Cf. J. ZUMSTEIN, «L'interprétation de la mort», 111-112 ; ID., *L'Évangile*, 92.94.

[74] Cf., p. e., Is 5,1-7; Sl 80,9-20; Os 10,1; Jr 2,21; 5,10; 6,9; 12,10; Ez 15,1-8; 17,3-10; 19,10-14. Para um estudo da estrutura e da coerência de 15,1-8 (e ampla bibliografia), cf. G. GIURISATO, «Struttura e messaggio di Gv 15,1-8».

[75] Ao referir-se a si mesmo como «a verdadeira vide», Jesus assume um lugar análogo ao que a imagem dava a Israel, como escolhido de Deus e lugar exclusivo da presença de Deus (cf. Is 5,1-7; Jr 2,21) que, ao contrário de Israel, é fiel ao Pai até ao fim.

[76] Se em 15,1 a afirmação «Eu sou...» introduzia, sobretudo, a relação com o Pai, em 15,5 introduz a relação com os discípulos.

[77] Sublinha-se o carácter comunitário, embora não se esqueça o pessoal: cf. L. KANAGARAJ, *Mysticism*, 264.

[78] A declaração «Eu Sou a verdadeira vide» (15,1), ao contrário das anteriores declarações «Eu Sou» (que têm um carácter sobretudo cristológico-soteriológico: 6,35; 8,12; 10,9.11; 11,25; 14,6), acentua o aspecto eclesiológico: cf. J. ZUMSTEIN, *L'Évangile*, 98 com notas 23.24; J. van der WATT, *Family of the King*, 67-80 (77-78).

4.2.1 Jesus, o «lugar» da permanência (μένω) do Pai e dos discípulos

Em 14,10, Jesus apresentara a sua palavra como o realizar das obras do Pai que «permanece/habita» (presente durativo) em Jesus (ὁ δὲ πατὴρ ἐν ἐμοὶ μένων).

Das 11 vezes que o verbo ocorre no cap. 15, o acento é, sobretudo, posto no «permanecer» dos discípulos em Jesus (15,4bis[tris].5.6.7) e no seu amor (15,9.10)[79]. Isto corresponde a que a palavra e os mandamentos de Jesus «permaneçam» nos discípulos (15,7.10), assim como Jesus «permanece» no amor do Pai porque guardou os seus mandamentos (15,10). O que se sublinha é a «permanência» não tanto de Jesus, mas dos discípulos: na medida em que os discípulos guardam a palavra e os mandamentos de Jesus, «permanecem» nele e ele também nos discípulos, o que produz um amor vivificante, que resulta num fruto abundante, que «permanece» (15,16)[80]. No entanto, este «permanecer» é recíproco: Jesus «permanece» nos discípulos, na medida em que os discípulos «permanecem» em Jesus (15,4.5). Que significa este «permanecer» *de* Jesus e *em* Jesus, que se concretiza no «permanecer» no amor e nas palavras de Jesus e que se manifesta no fruto que «permanece» (15,16)?

No AT a «permanência» é uma característica de Deus e do que lhe pertence, tendo por antónimo a contingência humana: «Ele é o Deus vivo que permanece para sempre» (Dn 6,26)[81].

No QE, o verbo ocorre logo no início da relação entre Jesus e os seus discípulos. Estes perguntam a Jesus: «Onde permaneces (moras)?» (ποῦ μένεις;: 1,38 — presente durativo). Perante o desafio de Jesus («vinde e vereis») os discípulos «foram e viram [aoristo: ἦλθαν καὶ εἶδαν] onde mora [presente: μένει] e começaram a morar junto dele [καὶ παρ' αὐτῷ ἔμειναν][82] nesse dia. Era aproximadamente a hora décima» (1,39). O uso do tempo presente de «μένω» faz-nos perceber que a pergunta dos discípulos aponta para uma «morada» duradoira de Jesus, à qual os

---

[79] Para uma estudo mais aprofundado sobre o sentido teológico de «μένω», cf. K. SCHOLTISSEK, *In Ihm Sein und Bleiben*.

[80] «Permanecer» é uma característica do discipulado: cf. R. CHENNATU, *Johannine Discipleship*, 31-32. D. LEE, «Abiding», 127, considera o discipulado, em primeiro lugar, «in terms of witnessing and abiding».

[81] Cf. R. BROWN, *Evangelio*, II, 1620-1621.

[82] O aoristo aparece como ingressivo, pois os discípulos não ficam com Jesus apenas *nesse* dia, mas *a partir* desse dia.

discípulos são convidados, «indo» e «vendo». O leitor fica sem perceber «onde» (ποῦ) «mora» Jesus; apenas compreende que os discípulos começaram a «morar junto de» (παρά) ele[83]. A mesma expressão (verbo + παρά) é usada por Jesus em 14,25 para referir a sua relação com os discípulos («estas coisas vos tenho dito *permanecendo junto de vós...*»), e para anunciar um tempo em que o Pai e Jesus virão e «estabelecerão morada junto» daquele que guarda os mandamentos e a palavra de Jesus (14,23: μονὴν παρ' αὐτῷ ποιησόμεθα; cf. 14,21). Jesus refere-se à sua «hora», à sua morte, na qual não «permanecerá só» (μόνος μένει), mas «dará muito fruto» (12,24: ver a relação com 15,1-8). É *a sua morte e ressurreição que permitirá uma relação diferente com os discípulos* (e vice-versa): passar-se-á do «morar junto a» (μένω παρά) ao «morar com» (μένω ἐν): os discípulos a «morar *em*» Jesus (15,4bis.5.6.7) e no seu amor (15,9.10) e Jesus *nos* discípulos (15,4.5), através da permanência das suas palavras (15,7). A mudança de preposição manifesta uma mudança de relação dos discípulos com Jesus (e vice-versa): da relação com o Jesus histórico («morar junto de») passa-se a uma relação de maior profundidade e intimidade com o Jesus Pascal («morar em»). Esta é uma ligação concebida como uma «morada» quase física: «quem come a minha carne e bebe o meu sangue permanece/mora/habita em mim e eu nele» (ἐν ἐμοὶ μένει κἀγὼ ἐν αὐτῷ: 6,56) e que é um fruto da morte de Jesus (6,27; cf, 12,24)[84]. É esta «habitação» dos discípulos em Jesus (e vice-versa) que faz com que

---

[83] O verbo é utilizado na narração para sublinhar que a «permanência» de Jesus nos diversos lugares por onde passa *nunca é prolongada*: depois das bodas de Caná, Jesus, a Mãe e os discípulos descem a Cafarnaúm, mas «não permanecem ali muitos dias» (2,12); apenas permanece com os Samaritanos dois dias (4,40); embora pareça que vai «permanecer» na Galileia, sobe logo depois dos irmãos para Jerusalém (7,9); quando sabe da morte de Lázaro ainda «permaneceu» onde estava (cf. 10,40) mais dois dias (11,6). Duas passagens referem-se à permanência de Jesus no outro lado do Jordão (10,40) e com os discípulos em Efraim (11,54). Todas estas passagens utilizam o verbo no aoristo indicativo activo e têm apenas um carácter narrativo, mais que teológico.

[84] No final do seu ministério público, Jesus apresenta a sua «vinda» com a finalidade de retirar o homem da sua «morada» natural (as trevas) para a «morada» da «luz» que é o próprio Jesus: «eu, a luz, vim ao mundo, para que aquele que crê em mim não permaneça nas trevas (ἐν τῇ σκοτίᾳ μὴ μείνῃ)» (12,46). É o facto de não acreditarem na palavra de Jesus que não permite aos Judeus esta relação de intimidade com o Filho e através dele com o Pai (5,38; 9,41) pelo que o pecado «habita» dentro dos seus corações (9,41) e, por isso, «a ira de Deus permanecerá sobre ele» (μένει ἐπ' αὐτόν: 3,36).

estes possam dar «muito fruto» (15,5; cf. 15,16) pela acção do Pai que «habitando em Jesus» (14,10) realiza a «poda/santificação» (o verbo «καθαίρω» tem o duplo sentido, o qual está presente no texto: 15,2; cf. 15,3). A linguagem denota uma comunhão de vida entre Deus-Jesus-discípulos, compreensível em termos de Aliança (como o comer a carne e o sangue releva).

Concluindo: no fim do Evangelho, aponta-se para a morte de Jesus no sentido de responder à pergunta inicial: «onde moras?» (1,38). O leitor sabe agora, que Jesus que, na sua dimensão terrena, habitava «junto de» os seus discípulos (14,25) tal como estes «junto de» Jesus (1,39), pela sua Páscoa «habita em» a comunidade e vice-versa, tal como já antes o Pai «habitava em» (e continua a «habitar»: presente durativo) ele (14,10). É preciso relevar que o que se sublinha, em primeiro lugar, é a permanência/morada dos discípulos em Jesus. É condição para que Jesus permaneça neles. É nele que também permanece/habita o Pai. Desta forma, Jesus é o Templo escatológico onde a humanidade e a divindade se encontram definitivamente, na nova Aliança[85]. No entanto, depois da ressurreição, a comunidade é o «lugar visível» onde Jesus (invisível) se torna presente e, nele, se torna presente o Pai, e onde, portanto, o Pai, no Filho, se continua a revelar. Por isso, o evangelista manifesta a sua ironia aquando do anúncio claro de Jesus sobre «de que morte havia de morrer» (12,33): a multidão não entende como é que Jesus deve «ser elevado» pois «sabemos, pela Lei, que o Cristo permanece para a eternidade (μένει εἰς τὸν αἰῶνα)» (12,34). A resposta está precisamente na sua «elevação»: pela sua morte e ressurreição a «presença» de Cristo do Ressuscitado é a garantia da sua «permanência para sempre» na comunidade daqueles que guardam a sua palavra e o seu amor. A mesma ironia parece acontecer quando, ao contrário do que pretendem os Judeus — que os corpos não permaneçam sobre a cruz (ἵνα μὴ μείνῃ) e que, por isso, as pernas sejam quebradas (19,31) — Jesus se mantém «inquebrado» e é levantado, não pelos Judeus, mas por José de Arimateia e Nicodemos (19,38-42).

---

[85] O QE não fala de uma «nova Aliança», mas o seu pensamento corresponde a este conceito veterotestamentário. Nele tem particular importância o tema do Templo e do «permanecer». Cf. R. CHENNATU, *Johannine Discipleship*, 61-62.210. Nesta nova Aliança há, necessariamente, um novo mandamento: 13,31-35.

4.2.2 Jesus, o «lugar» da permanência (μένω) do ES doado aos discípulos

Também o ES aparece como sujeito do verbo «permanecer/habitar» (cf. II,3.2.3.d). O ES que «habita em» Jesus (1,32.33; 3,34; 7,37-39) e, por conseguinte, «habita junto» dos discípulos (enquanto os discípulos permanecem «junto» daquele que possui o ES), como consequência da morte e ressurreição de Jesus, passará a «estar em» os discípulos (14,17: παρ' ὑμῖν μένει καὶ ἐν ὑμῖν ἔσται — note-se a passagem do presente + παρά, para o futuro + ἐν). Passar-se-á de uma presença exterior, em Jesus, para um presença interior.

No entanto, *nunca* se diz que o ES «permanecerá/habitará em» os discípulos, mas que «estará» nos discípulos (14,17). Qual a diferença? Apenas Jesus é aquele em quem «habita» o ES e aquele em quem «habita» o Pai, pois, de facto, só ele é o Templo de Deus. A presença do ES nos discípulos acontece «em» Jesus, na medida em que se mantiverem unidos a ele, na conservação da sua palavra/mandamentos e no amor (ver paralelismo entre 14,15-16 e 14,23). Só assim, o ES «estará» nos discípulos, ou seja, a vida divina, que se recebe pela ligação vital e pela «permanência» dos ramos à videira (15,1ss)[86]. Quebrar a unidade com a videira, significa, consequentemente, tornar-se ramo seco (15,6) porque perde a ligação à fonte da vida divina.

Mais uma vez, a comunidade *não é o Templo* donde brota a «água viva», o ES. Mesmo depois de ressuscitado, Jesus é o Templo onde se encontram os discípulos com o Pai e donde continua a brotar o ES (20,19-23)[87]. Assim, «la vie éternelle n'est pás plus simplement le contraire de la perdition eschatologique, mais devient: demeurer en Jésus et vivre par lui comme Jésus vit par le Père (6,55-57)»[88]. Mas como, concretamente?

Estabeleçamos primeiro um contributo à tese de Coloe, para seguidamente respondermos a esta questão.

---

[86] Esta nossa perspectiva sobre o sentido da imanência dos verbos «permanecer/habitar» e «estar» simplifica a de D. PASTORELLI, *Le Paraclet*, 245-247.248-258 e parece-nos respeitar melhor o pensamento do evangelista.

[87] As referências aos estigmas simboliza esta dádiva contínua do ES: cf. J. PAMPLANIYIL, «Τύπον τῶν ἥλων», 940.

[88] J.-M. SEVRIN, «L'ombre de la croix», 263.

4.3 *Um contributo à tese de Coloe*

Beutler critica a tese de Coloe porque esta autora defende que a comunidade cristã toma o lugar de Jesus, depois da sua morte, ressurreição e ascensão, como lugar da presença divina. Segundo Beutler (e concordamos com ele) tal não é afirmado em parte alguma do QE[89]. Depois do que afirmámos, a nossa tese é que a comunidade cristã reunida é lugar da presença de Deus, *enquanto* lugar da presença de Jesus, o único e verdadeiro Templo da presença do Pai (14,10).

5. A continuidade salvífica e sacramental da presença de Jesus-Templo

Chegados a este ponto do nosso estudo, é necessário regressarmos ao significado do sangue e água, que, à primeira vista, não fazem parte de nenhuma das citações da Escritura evocadas. De facto, «sangue e água» não estão ligados apenas ao corpo trespassado, mas à imagem do corpo inquebrado e trespassado, com todas as imagens veterotestamentárias que o episódio evoca.

O corpo de Jesus é colocado, diante do leitor, como o verdadeiro Templo escatológico, onde aquele é convidado à contemplação da presença divina (1,12.14; 14,9), e à participação na comunhão escatológica com o Pai, como culminar de toda a história da salvação. Esta possibilidade acontece graças à acção do Cordeiro de Deus, que, pela sua vida oferecida, liberta o homem do pecado e o transporta à vida nova, a vida divina, que é a vida íntima de Jesus.

Esta relação vital na «unidade» encontra-se materializada na imagem do corpo «inquebrado». O corpo trespassado, por seu lado, permite abrir um «canal» para que a vida íntima de Jesus, interior e invisível, se manifeste exteriormente: o sangue e a água[90].

---

[89] Cf. IV,4.1.1 em nota.
[90] Recordemos as conclusões do estudo feito no cap. II: o «sangue e água» têm um significado simbólico e descontínuo (como todos os símbolos do QE, cada um manifesta em primeiro lugar a cristologia e, em segundo, a soteriologia e eclesiologia); o *significado cristológico do sangue* manifesta a verdade da encarnação e é a manifestação exterior da invisibilidade da vida íntima de Jesus (ψυχή); o *significado cristológico da água* recorda a «água vivente» como símbolo da revelação de Jesus, cujo sentido mais profundo só será atingido pelo dom do ES, que sairá do lado de Jesus; simboliza, portanto, a natureza divina de Jesus: ele é o «Logos» (1,1) repleto da vida divina, o ES (3,33); o *significado soteriológico do sangue* recorda que a vida humana

Mesmo depois da ressurreição, Jesus continua a ser o *Templo* onde o homem e Deus se encontram e que, com as marcas (estigmas) da sua morte (19,18.34; 20.20.25.27) se mantém como o *Cordeiro* de Deus da nova Páscoa, que, na comunidade reunida num novo tempo, continua a oferecer o dom do «sangue e água». Por outras palavras, Jesus continua a ser, na comunidade dos discípulos, o Templo e o Cordeiro, do qual saem «sangue e água» e através do qual (Cordeiro) e no qual (Templo), se realiza o *verdadeiro culto* (4,21-24). Trata-se de um novo culto, num novo «espaço» e num tempo novo, no qual a comunidade se reúne para fazer a experiência do Ressuscitado, para entrar em relação com ele e, nele, com o Pai. Mas, como, concretamente?

5.1 *Significado sacramental do «sangue e água»*

A tradição responde à questão anterior atribuindo ao «sangue e água», um significado sacramental: baptismal à água e eucarístico ao sangue. A comunidade faria a experiência da presença do Ressuscitado na celebração eucarística[91]. Esta hipótese sempre levantou questões e muitas vezes extremou posições[92].

---

de Jesus (ψυχή) é oferecida para que as suas ovelhas participem na vida divina (ζωή: 10,10), pelos dons da revelação e do ES, plastificados, precisamente, na água que sai do interior de Jesus (*significado soteriológico da água*); o sangue, manifestação da vida humana de Jesus (ψυχή), é dado para que se forme «um só rebanho e um só pastor» (10,16): *significado eclesiológico*. Por seu lado, a expressão «sangue e água», sugere uma leitura conjunta dos dois substantivos, através de um «καί» com uma *nuance* de endíade. A *nível cristológico* esta hipótese significaria que as naturezas humana (sangue) e divina (água) de Jesus são inseparáveis. O *nível soteriológico* significará a perfeita concomitância entre a vida humana doada (sangue) e a vida divina oferecida (água = revelação e ES). A nível *eclesiológico*, que a unidade da comunidade, fruto da morte de Jesus (sangue) é visibilizada no corpo «inquebrado» e que, como tal, é necessário que *permaneça «inquebrada»*, para continuar a ser o lugar da presença do corpo «inquebrado» de Jesus e, assim, continuar a receber a revelação e o ES (água).

[91] Cf. C. COSGROVE, «The Place Where Jesus is».

[92] A presença de referências sacramentais no QE, continua a ser controversa: desde os que as negam determinantemente (um clássico sobre Jo 6 é H. ODEBERG, *The Fourth Gospel*, 235-269), aos que, como O. CULLMANN, *Les sacrements*, tendem a um certo exagero. Para uma boa síntese das diferentes posições e autores (e do diálogo entre eles), assim como das novas perspectivas, cf. S. STANCATI, *Gv 19,31-37*, 78-98; F. MOLONEY, «When Is John?»; A. GARCÍA-MORENO, *El Cuarto Evangelio*, 319-348; D. IHENACHO, *The Community*, 110-113.

De facto, a leitura não é imediata, mas, por outro lado, o símbolo é, por natureza, um canal significativo aberto. Permite uma leitura múltipla, mas na qual, como vimos, é necessário respeitar os estratos de sentido. Por isso, é necessário que o enquadremos bem, através dos conteúdos semânticos que o autor lhe confere e, por outro lado, fazê-lo tendo em conta os contextos em que são utilizados.

5.1.1 O corpo de Jesus e o «sangue e água»:
«sinais» teológicos e soteriológicos

O corpo de Jesus tem, de facto — embora a palavra seja anacrónica — um sentido sacramental, na medida em que, através do visível, manifesta o invisível. O QE prefere chamar-lhe «sinal», em que aquilo que é significado não é apenas simbólico mas realiza o que significa.

O convite à fé em 19,35, como teremos oportunidade de aprofundar no capítulo seguinte, manifesta este carácter «sacramental»: é por ela que o homem reconhece, no sacramento do corpo de Jesus, a presença de Deus e o cumprimento das promessas escatológicas. Ora, uma vez mais, este sentido «sacramental» é, em primeiro lugar, cristológico e, só posteriormente e dependente deste, eclesiológico e soteriológico[93]. Esta fé faz actuar as consequências salvíficas da morte de Jesus e tem, portanto, um duplo papel: por um lado é a adesão a reconhecer no «sinal» a presença do mistério; por outro, o reconhecimento produz um dinamismo crente, que faz actuar pessoalmente os efeitos salvíficos que tal reconhecimento implica[94].

---

[93] Não ter isto em consideração leva a contradições, como a de F. RAURELL, «El costado abierto», 89.99, que afirma que o episódio está cheio «de profundas sugerencias cristológicas», mas que depois faz uma análise sobretudo soteriológica.

[94] «Se da una relación entre signo y fe cristológica, en cuanto que ésta es generada por aquel, pero a su vez sólo la fe es capaz de leer el milagro como un signo. Si falta esta reciprocidad, la fe generada por el milagro se queda en fe taumatúrgica. Mientras que en los "signos" la fe resulta la consecuencia, en los sacramentos en cambio ha de preceder siempre la fe a fin de que el sacramento confiera la vida. […] En relación con la revelación cristológica, el signo es todavía ambivalente porque está abierto a la libre decisión del hombre, por la fe-vida o por la incredulidad-muerte. El sacramento, en cambio, presuponiendo ya la elección de la fe, está orientado sólo a una escatología positiva, presencial y futura»: A. GARCÍA-MORENO, *El Cuarto Evangelio*, 336.339.

5.1.2 O conteúdo baptismal do símbolo da «água»

O facto que Jesus, no seu sangue, ofereça ao homem o ES, e que o acontecimento seja lido à luz da fé por aquele que «viu» (ὁ ἑωρακώς) e, por isso, «testemunha» (μεμαρτύρηκεν: 19,35), recorda o início da vida pública de Jesus, onde o Baptista também «vê e testemunha» (ἑώρακα καὶ μεμαρτύρηκα: 1,34). João «vê» o Espírito descer sobre Jesus e «testemunha» que ele é «o Filho de Deus». O acontecimento é um sinal para que o Baptista perceba que Jesus é o que «baptiza no Espírito Santo» (1,34)[95]. Este sinal leva-o a proclamar Jesus como «o Cordeiro de Deus que tira o pecado do mundo» (1,29; cf. 1,36). O paralelo entre os dois episódios, ajuda-nos a perceber o sentido baptismal da nossa perícope: Jesus é aquele que baptiza no ES e, nessa medida, é o que tira o pecado do mundo.

Portanto, o sentido baptismal, é, em primeiro lugar, pneumatológico, tal como a água que sai do lado de Jesus. No diálogo com Nicodemos, Jesus deixa claro que receber o ES equivale a «nascer do alto» (3,3), a «nascer de novo» (3,4), que o mesmo é dizer «nascer da água e do Espírito» (3,6.8)[96]. A ligação do sentido pneumatológico e baptismal, como soteriologia, à «elevação» de Jesus é afirmada imediatamente no seguimento do discurso (3,14ss), como resposta à pergunta de Nicodemos: «como pode isso acontecer?» (3,9). Acontecerá pelos efeitos salvíficos da «elevação» de Jesus, que tornará possível, pela fé (3,15.16.18), «nascer» de novo, «pela água e pelo Espírito»[97]. Este nascimento é concebido como uma «entrada» no Reino de Deus (3,5; cf. 3,3; II,3.2.3.d), que se dá pela «entrada» através da porta que é Jesus (10,9bis). Isto significa entrar numa Aliança que implica não só a intimidade com Deus, como entrar na relação com a comunidade, o «único rebanho» (10,16) de Jesus.

Assim, esta relação íntima entre a morte de Jesus e a possibilidade de «nascer da água e do Espírito» é manifesta no sangue derramado (morte) do Cordeiro de Deus «que tira o pecado do mundo» e que oferece a

---

[95] Cf. II,3.2.3.e.«+ O Espírito habita em Jesus».

[96] «Spirit and birth ἄνωθεν thus correspond to each other»: K. SANDNES, «Whence and Whither», 156.

[97] Como afirma G. BURGE, *The Anointed Community*, 169-170, a cruz é o lugar mais visível de ligação entre a fé e o novo nascimento, na medida em que a morte de Jesus é geradora de nova vida, quando recebida na fé (3,14-16).

«entrada no Reino de Deus», ou seja, na vida divina (ES)[98]. Desta forma, ele é o que «baptiza no Espírito Santo» (1,33).

Mas como é que isto acontecerá, se o próprio evangelista afirma que Jesus não baptizava, mas sim os seus discípulos (4,2)[99]?

5.1.3 O baptismo como actuação das consequências salvíficas
       (e a questão do ES em 19,30 e 20,22)

O evangelista, em 20,20, sublinha que antes de dar o ES, o Ressuscitado mostra aos discípulos as mãos e o lado. Se, por um lado, se revela a continuidade entre o que o Crucificado realizou na cruz e o que o Ressuscitado oferece aos discípulos, por outro, a referência explícita ao «lado» recorda o leitor do sentido do «sangue e água». Este lado continua aberto, a revelar a identidade de Jesus e a oferecer, pela fé, a vida divina. Por isso, ao «verem» o Senhor, os discípulos acreditam e recebem os dons escatológicos.

Esta comunidade, que recebe o ES, pode, agora, entender «a verdade plena» do que Jesus ensinou (14,26; 16,13-15) e é enviada (20,21). Enviada a quê? Diz o texto que a «perdoar os pecados» (20,23)[100]. Ora, o pecado, no QE, é levantado do mundo pela fé em Jesus, o Cordeiro de Deus (cf. III,2.2). Por isso, a comunidade é enviada, juntamente com o Paráclito, a dar «testemunho» de Jesus (15,26-27). Tendo o dom do ES, a comunidade é enviada, tal como Jesus foi enviado pelo Pai (20,23). E se Jesus foi enviado a baptizar no ES (1,33), então, a comunidade é enviada com a mesma missão. No entanto, é ele, presente na comunidade e através dela, que continua a «levantar o pecado do mundo» e a oferecer ao homem a vida divina, baptizando «no Espírito Santo»[101]. De facto, é significativa a semelhança entre a expressão utilizada para a «posição» do Ressuscitado na comunidade reunida (ἔστη εἰς τὸ μέσον: 20,19.26) e a do Baptista em 1,26: «eu baptizo com água, mas no meio (μέσος) de vós está (ἕστηκεν) o que baptiza no Espírito Santo». A expressão remete

---

[98] Cf. J. WEBSTER, *Ingesting Jesus*, 128.

[99] A afirmação de 4,2 corrige o que se dissera em 3,22.26 (que Jesus baptizava).

[100] Para a discussão sobre 20,23, cf. J. LAMBRECHT, «A Note on John 20,23b»; J. BEUTLER, «Resurrection».

[101] Por isso, estamos totalmente em desacordo com J.-O. TUÑÍ, «Jesús y el evangelio», 136, quando afirma «Los discípulos, como Jesús, han de quitar el pecado del mundo».

para a promessa do Templo escatológico, que Deus colocará «no meio» da casa de Israel para sempre (Ez 43,7; cf. II,4.1.2.a).

Nesta perspectiva, a «água» que sai do lado de Jesus não têm um sentido baptismal imediato. Ela significa o ES, a vida divina, a «água viva» que sai dessa fonte aberta no corpo-Templo de Jesus. O baptismo (com sentido «sacramental») é um rito da comunidade cristã: são os discípulos que materialmente baptizam (4,2), embora seja Jesus quem, de facto, baptiza (3,22.26), porque é ele, que, continuando no «meio» da comunidade, como Templo, oferece, do seu lado, a água (19,34), ou seja, «baptiza no ES» (1,33) e «levanta o pecado do mundo» (1,29). Desta forma, faz actuar pessoalmente no crente a salvação oferecida, de uma vez por todas, na cruz.

Há pois uma mediação nesta obra de «levantar os pecados» que Jesus realizou na cruz: é Jesus que continua a agir, mas, agora, através da comunidade, na qual continua presente. Como? Pela dádiva contínua da água do baptismo, que, cheia do ES, transmite ao homem a própria vida divina, a vida eterna. De facto, o «baptism is the material sign of the Spirit's work»[102].

Ora, depois desta reflexão, podemos debruçar-nos sobre a questão do Espírito «entregue» em 19,30 e «soprado» e recebido em 20,22. Em 19,30, a utilização do artigo definido e do verbo na expressão «παρέδωκεν τὸ πνεῦμα», diferente da utilizada pelos Sinópticos para falar da expiração de Jesus (Mt 27,50: «ἀφῆκεν τὸ πνεῦμα»; Mc 15,37 e Lc 23,46: «ἐξέπνευσεν»), leva grande parte dos autores a defender que a expressão se refere ao «cumprimento» (τετέλεσται) da obra que o Pai lhe entregou, ou seja, a entrega do ES aos discípulos[103]. Mas, tendo em conta que o ES é dado aos discípulos pelo Ressuscitado no «primeiro dia da semana» (20.22), muitos autores vêem em 19,30 (ou em 19,34) uma dádiva proléctica do ES[104]. Outros ainda lêem 19,30 como uma referência à força vital que anima a carne de Jesus e não ao ES (significaria,

---

[102] C. KOESTER, *Symbolism*, 185.

[103] Cf., p. e., E. HOSKYNS, *The Fourth Gospel*, 532; I. de la POTTERIE, *La Passione di Gesù*, 143-145; R. BEASLEY-MURRAY, *John*, 353; J. HEIL, *Blood and Water*, 102-103; F. MOLONEY, *Glory not Dishonour*, 146; G. de VIRGILIO, «L'impiego di ὕδωρ», 202-203.

[104] Cf. M. VELLANICKAL, «Blood and Water», 149-150; a bibliografia apresentada por M. LACONI, «La morte di Gesù», 102-103 nota 21.

portanto, apenas a morte de Jesus)[105]. Perante esta dificuldade, Crump, num artigo recente, desenvolvendo a teoria de Lindars, defende que 19,30 revela como Jesus entrega o ES ao Pai, na preparação para o envio do Paráclito, como prometido em 7,39[106].

Tendo em conta o que vimos, 19,30, na nossa perspectiva, refere-se de facto à morte de Jesus, mas também ao dom do ES «entregue», que, no entanto, será manifestado na água que sai do lado aberto (19,34) e no sopro com que Jesus continua a entregar o ES à comunidade reunida (20,22)[107].

Por outras palavras, não concordamos com a leitura proléctica de 19,34 em relação a 20,22. Na nossa perspectiva este sentido está em 19,30, onde o ES dado pela morte de Jesus, numa perspectiva universal, é recebido, na fé, pela nova comunidade crente e reunida aos pés da cruz (19,25-27) e por todas as comunidades reunidas «no primeiro dia da semana», onde o Ressuscitado continua a «soprar» o ES, ou seja, a baptizar, a oferecer a «vida divina». Não há contradição entre as três passagens: 19,34 e 20,22 concretizam a entrega do dom em 19,30. Mas, como é que o crente alimenta esta vida divina? Como «permanece» nela?

5.1.4 O sentido eucarístico do sangue

No cap. 6, Jesus anunciara que daria a sua carne a comer e o seu sangue a beber e que fazê-lo é condição para o crente «permanecer» nele e ele no crente (6,53.56). Ora, embora em 19,34 se fale apenas de «sangue» e não de «carne», o leitor é recordado que, ao longo do QE, o sangue ocorre sempre juntamente com carne[108] e no contexto do anúncio do cap. 6. Se a «carne» e o «corpo» sublinham a visibilidade da humanidade de Jesus e, portanto, todo o significado da sua encarnação, o «sangue» aparece como a manifestação da vitalidade da intimidade desta humanidade, tornando visível a «ψυχή» de Jesus. Esta é uma carne que Jesus «dará para a vida do mundo» (6,51). Ora, esta «vida» é o ES, simboliza-

---

[105] Cf., p. e., J. WEBSTER, *Ingesting Jesus*, 128, que defende a água de 19,34 como símbolo do ES que antecipa o dom dado depois da ressurreição.

[106] Cf. D. CRUMP, «Who Gets What?», 82-89 (para uma apresentação das teorias dos diferentes autores: pp. 79-82).

[107] Tal como, p. e., os episódios da túnica indivisa (19,23-24) e o da entrega recíproca da Mãe e do DA (19,25-27) preparam o significado de 19,31-37, ou seja, a manifestação das consequências da morte de Jesus.

[108] Excepto em 1,13 (onde não se refere ao sangue de Jesus) e na nossa perícope: cf. II,4.1.2.

do na água e oferecido através do sangue. Por isso, ao falar-se do corpo, donde brota o sangue, o evangelista não tem necessidade de falar de «carne», pois, desta forma, recorda o leitor do que fora anunciado por Jesus no cap. 6. De facto, a cruz é o momento de Jesus dar a «comer e beber» a sua carne e o seu sangue (6,51-58)[109].

Embora a carne e o sangue estejam oferecidos, é necessário que o homem os «coma e beba», «para ter a vida [divina]» (6,53-54). A comunhão íntima com Jesus dada aos homens pelo Pai (6,32) e que acontece pela fé (6,28.40.45.47) fá-los participar de tudo aquilo que Jesus é: «quem come a minha carne e bebe o meu sangue permanece em mim e eu nele. Assim como o Pai, que vive, me enviou e eu vivo pelo Pai, também aquele que de mim se alimenta viverá por mim» (6,56-57).

Ora, o texto não diz que comer a carne e beber o sangue sejam condição para «pertencer» a Jesus, mas «permanecer», o que *implica uma adesão anterior*, pelo nascimento da «água e Espírito», o baptismo (3,5). Ao comer a carne e beber o sangue, ou seja, ao alimentar-se de Jesus, com tudo o que a encarnação significa de revelação, o homem alimenta, pela fé, a vida divina que recebeu no baptismo. Só assim o crente pode «permanecer» em Jesus e vice-versa (6,58). Não fazê-lo é deixar morrer a vida divina recebida e os seus frutos (cf. 15,2.6).

O vocabulário de 6,51ss é, na tradição primitiva, eminentemente eucarístico (*pão, comer, carne, darei, em favor de*) mas, aqui, tem, em primeiro lugar, uma ligação à morte de Jesus, à entrega do seu corpo e sangue[110]. Recorda a promessa que Jesus fizera em 6,27: ele dará um alimento «que não perece, mas que permanece para a vida eterna». No entanto, a ligação entre a morte de Jesus e a eucaristia é relevada pela linguagem de 6,51-58. Na afirmação «a minha carne é verdadeira (ἀληθής) comida e o meu sangue é verdadeira (ἀληθής) bebida» (6,55), o adjectivo «ἀληθής», deixa perceber que não se trata de uma simples metáfora, o que é reforçado pelo uso do verbo «τρώγω» (mastigar/alimentar) mais forte que «ἐσθίω» (comer)[111] e pela reacção dos

---

[109] Contra S. STANCATI, *Gv 19,31-37*, 279 (entre outros), que recusa uma referência eucarística pelo facto de não se fazer referência à «carne».

[110] Cf. M. THOMPSON, *The Humanity of Jesus*, 44-52; F. MOLONEY, *Gospel*, 230; G. MLAKUZHYIL, *Initiation*, 188-193.

[111] Cf. 6,54.56.57.58; cf. 13,18. O verbo «τρώγω» ocorre no NT apenas mais uma vez, em Mt 24,38 e, aqui, o seu sentido não parece ser muito diferente de «comer». No entanto, no QE há uma progressividade na utilização dos verbos: a partir de 6,54 acentua-se a contraposição entre os dois tipos de pão; em 6,58 o discurso conclui com

Judeus, que se escandalizam (o que não aconteceria se a linguagem fosse figurada)[112].

Por outro lado, as afirmações remetem o leitor para o episódio da multiplicação dos pães (6,1-15), onde também encontramos um vocabulário eminentemente eucarístico[113]. Em 6,11 diz-se que Jesus «tomou os pães» (ἔλαβεν οὖν τοὺς ἄρτους), «deu graças» (εὐχαριστήσας) e «deu-o» (διέδωκεν) aos que estavam «sentados» para o banquete (τοῖς ἀνακειμένοις)[114]. Em 6,12-13 Jesus ordena aos seus discípulos que «reúnam» (συναγάγετε) os bocados (κλάσματα) que sobraram para que nada seja destruído (ἵνα μή τι ἀπόληται). Ora, a *Didaké*, S. Clemente e S. Inácio de Antioquia utilizam o verbo «συνάγω» para falar da reunião dos cristãos para a eucaristia[115], e «κλάσματα» é o termo usado pela *Didaké* para falar dos fragmentos eucarísticos[116]. Em 6,26-27 Jesus faz a transição entre o pão que deu e o alimento que «dará», identificado em 6,51-58 com a sua carne e o seu sangue, que é «sinal» que convida à fé (6,30). Mesmo depois da Páscoa, Jesus continua a «dar a sua car-

---

a contraposição clara entre os dois verbos e os dois tipos de pão, relevando as consequências salvíficas de cada um: o pão que os «pais comeram (ἔφαγον) não preservou da morte; Jesus é o pão que é preciso «mastigar/saborear» (ὁ τρώγων) e que conduz à vida: cf. H.-J. van der MINDE, «ἐσθίω», 1603; V. MANNUCCI, *Giovanni*, 293-294.

[112] O primeiro verbo volta a aparecer em 13,18, como citação, para falar da intimidade que Jesus tinha concedido a Judas e que releva, ainda mais, a gravidade da traição. Nesta citação do Sl 40,10 (LXX) João utiliza o verbo «τρώγω» quando os LXX utilizam «ἐσθίω» e, por outro lado, fala de «pão» no singular enquanto quer os LXX, quer o TM (40,9) utilizam o plural. Por isso, é natural que a referência ao «pão» seja ao próprio Jesus, de acordo com 6,51-58. Sobre a crítica textual do versículo e sobre a sua possibilidade eucarística, cf. R. BROWN, *Evangelio*, II, 838.880.

[113] C. KOESTER, *Symbolism*, 303, defende que não só o episódio da multiplicação, mas também as referências ao «comer a carne» e «beber o sangue» são similares aos textos paulinos e sinópticos da narração da última ceia: cf. Mc 14,22-24; Mt 26,26-28; Lc 22,19-20; 1Cor 11,23s. Cf. G. MLAKUZHYIL, *Initiation*, 190.

[114] Aqui não se faz referência ao «levantar os olhos ao Céu» porque já se fizera no início da cena, em 6,5. Sobre a unidade narrativa do cap. 6, cf. P. ROULET – U. RUEGG, «Étude de Jean 6», 239-240; J. BEUTLER, «The Structure of John 6». Para uma apresentação da discussão sobre o sentido sapiencial e/ou eucarístico do capítulo, cf. F. RAMOS PÉREZ, *Ver a Jesús*, 275-284. Uma leitura integrante das duas perspectivas é dado por X. LÉON-DUFOUR, «Le mystère», ou ID., *Lectura*, II, 75-79. Para uma síntese patrística, histórica e argumentativa da interpretação sacramental e não sacramental de Jo 6, cf. C. KOESTER, *Symbolism*, 303-309.

[115] Cf. *Didaké*, 9,4; *1Clem*, 34,7; *Epís. Pol.*, 4,2.

[116] Cf. *Didaké*, 9,3.4; F. MOLONEY, *Gospel*, 198.

ne» a comer[117]. Quer a morte, quer a eucaristia são duas manifestações de um único acontecimento: a vida «dada» de Jesus[118].

Tendo estes dados em consideração, podemos colocar seriamente a hipótese do significado eucarístico do «sangue» em 19,34. De facto, quando a comunidade dos discípulos se reúne, no primeiro dia da semana, fá-lo para quê? Para «ver» a presença do Senhor. Jesus «visibiliza-se» com o seu lado aberto e este torna presente o sangue derramado, a carne «dada» para a vida do mundo, com a mesma vivacidade com que saiu do lado aberto (εὐθύς: 19,34). Tal como o seu corpo «inquebrado» e, portanto, não destruído, a carne e o sangue que ele dá é o alimento que «não se destrói», mas que «permanece para a vida eterna» (6,27). Este pão, que é a carne de Jesus, «permanece» para sempre na comunidade e é a garantia da permanência da vida divina no crente. Comendo o alimento que «permanece para a vida eterna» (sangue), o homem alimenta, em e por Jesus, a vida divina recebida (água). Por isso, também sacramentalmente, os dois elementos são indissociáveis (cf. II,4.5.2.c), a vida recebida no baptismo, como consequência do sangue derramado na cruz, é indissociável da alimentação desta vida nova na eucaristia[119].

---

[117] Esta ideia é defendida por D. SENIOR, «The Resurrection», 201-203, em resposta ao artigo de S. SCHNEIDERS, «The Resurrection». Esta última autora distingue a «carne» (que significa o ser humano enquanto natural e mortal) e «corpo» (que não é uma substância, mas o todo da pessoa «in symbolic self-presentation» que a distingue das outras pessoas: p. 172). Para esta autora, a «carne» e o «corpo» são co-termos durante a vida terrena de Jesus; depois de morto e ressuscitado não é assim, pois o corpo de Jesus já não está limitado pela sua «carne» (a autora reafirma a sua tese em ID., «Touching the Risen Jesus»). Ora, Senior pergunta a Schneiders como é que explica a afirmação de Jesus em 6,51 («o pão que eu darei é a minha carne para a vida do mundo»), que se percebe ter um sentido pós-pascal, como um encontro que se dá na fé e nos sacramentos (6,52-59)? Na nossa perspectiva, a carne de Jesus, manifestação da sua encarnação (tal como o corpo), não «desaparece» depois da ressurreição: o Ressuscitado é o mesmo que o terreno, mas com uma «carne» transformada e irreconhecível, como corresponde a um corpo glorioso, e que se materializa em «sinal», como pão eucarístico, na comunidade reunida.

[118] «The eucharistic language of John 6 derives from its symbolic and theological framework: just as the flesh of Jesus radiate divine glory, so too the material substances of bread and wine as transfigured in the Eucharist to become redolent of divine presence/glory»: D. LEE, *Flesh and Glory*, 41.

[119] Uma das objecções que se poderia fazer é a do facto da ordem sacramental em 19,34 não ser a normal (água e sangue); no entanto, o sentido primeiro da expressão é

Por outras palavras, assim como, na visibilidade do corpo inquebrado e trespassado de Jesus, o discípulo é convidado a «ver» a invisibilidade da presença divina, assim também, na visibilidade do pão eucarístico, a comunidade reunida é convidada a comer e mastigar a presença (invisível) de Jesus, como forma sacramental de alimentar a «permanência» de e em Jesus e a actuação das consequências salvíficas da sua encarnação e morte[120]. Ao comer a carne do Cordeiro de Deus «inquebrado», a comunidade alimenta e reactualiza a acção salvífica de Jesus e, com ela, a Aliança, ou seja, a «unidade» inquebrável com o Crucificado e Ressuscitado e, através dele, com Deus e entre si. É ele, presente no «meio» da comunidade reunida como Templo «inquebrado», do qual continua a brotar a vida divina (recebida no baptismo), que alimenta a «unidade» da comunidade e a vida divina recebida, através do Pão, que é ele próprio[121] e que se continua a dar.

5.2 *Relação com 1Jo 5,7-8?*

O simbolismo da água e do sangue é estudado por muitos autores à luz de 1Jo 5,7-8 e, dos que defendem que há uma intertextualidade, alguns baseiam-se nela para falar do sentido sacramental de Jo 19,34.

A relação entre o QE e a Epístola baseia-se na ideia, defendida pela maior parte dos exegetas, de que esta é posterior ao QE e surge para chamar à atenção da comunidade de aspectos desviantes da doutrina recebida[122]. Mantemo-nos nesta linha interpretativa.

---

a afirmação do sentido cristológico e soteriológico da morte de Jesus (com o sangue, a água) o que não se poderia afirmar com uma ordem invertida.

[120] Como afirma F. RAURELL, «El costado abierto», 99: «El agua y la sangre que corren del costado de Cristo representan la eficacia saludable de su sacrificio, cuyos efectos llegan al hombre a través del Bautismo y de la Eucaristía, principalmente».

[121] Voltaremos no próximo capítulo a este tema, sobretudo à importância do Pão «inquebrado» (cf. 6,11).

[122] A obra de referência continua a ser R. BROWN, *The Community*, que vê as duas obras como correspondendo a quatro fases da comunidade joanina: uma fase pré-Evangelho (que corresponde à expulsão dos cristãos das sinagogas); a fase da redacção do QE (na qual continua e se endurece a luta, mas agora também com tensões com outros cristãos, cuja cristologia é considerada inadequada pelo evangelista); uma terceira fase (contemporânea à elaboração das Epístolas, em que ocorre um cisma entre dois grupos de cristãos, que interpretam o Evangelho); uma quarta fase (que corresponde à separação dos chamados «seccionistas», supostamente gnósticos): cf. *Ibid.*, 22-24 (e desenvolvimento nas páginas seguintes). Na obra póstuma, R. BROWN, *An Introduction*, 62-89, Moloney diz que Brown previa apresentar um apêndice sobre a

As afirmações de 1Jo 5,7-8 inserem-se num capítulo que começa com a afirmação da fé em Jesus como o Cristo e Filho de Deus (1Jo 5,1.5), que tem como consequência o nascer de Deus e a vitória sobre o mundo (1Jo 5,4-5)[123]. E o objecto de fé é Jesus, Cristo e Filho de Deus «que veio pela água e pelo sangue [...]; não com a água somente, mas com a água e o sangue» (1Jo 5,6a). O uso do aoristo (ὁ ἐλθών) faz referência a um facto passado e não a um presente (como a referência aos sacramentos implicaria), pelo que é muito provável que se refira ao sentido que os dois elementos têm no QE, ou seja, Jesus não veio apenas na sua natureza divina (a vida divina, o ES, que a água representa) como defendiam os pré-gnósticos, mas na natureza humana (sangue)[124]. Esta interpretação exegética está de acordo com a que fizemos para o significado primeiro do «sangue e água» em Jo 19,34[125]. Do verbo no passado,

---

história da comunidade joanina, mas nunca a escreveu (cf. p. 69 nota 66) e a teoria apresentada é de Moloney (pp. 69-85). No entanto, há vozes discordantes, como, recentemente, a de M. SOMMER, «A Better Class of Enemy», que defende que não só as Epístolas e o QE se opõem, como também que as Epístolas antecederam o Evangelho. Segundo Sommer, a 1Jo corresponde a uma comunidade dentro do Judaísmo, que apenas acredita que Jesus é o cumprimento do AT; o QE representa um grupo que se separou pela oposição ao conservadorismo da comunidade da 1Jo (os «Ἰουδαῖοι» do QE seriam os da comunidade da 1Jo).

[123] Alguns, como P. GRECH, «Fede e sacramenti», 156, interpretam o «mundo» como uma referência negativa aos «seccionistas» (sejam judeo-cristãos ou docetizantes).

[124] P. GRECH, «Fede e sacramenti», 156-157, concorda que o verbo faz referência a um facto passado da vida de Jesus, e entende-o como um sublinhar do valor soteriológico do sangue de Jesus reflectido no baptismo (água, que remete para a água que sai do lado de Jesus). Parece-nos ter mais sentido interpretar a «água» como o fazemos, do que como uma referência ao baptismo de Jesus, como o fazem muitos autores: p. e., R. SCHNACKENBURG, Cartas, 280-281; P. GRECH, «Fede e sacramenti», 162; C. KOESTER, Symbolism, 204. R. BROWN, Le Lettere, 812-813, por seu lado, defende a água deve ser lida em dois sentidos: para os seccionistas significava que a vinda salvífica de Jesus aconteceu pelo seu baptismo; o autor da Epístola procura mostrar como a verdadeira vinda salvífica aconteceu pela água que saiu do lado de Jesus (para um desenvolvimento da tese deste autor, cf. Ibid., 809-816).

[125] Alguns autores, como M. COSTA, «Simbolismo battesimale», 368, têm dificuldade em ver a ligação entre Jo 19,34 e 1Jo 5,6 porque a ordem é invertida («sangue e água» no QE e «água» e «sangue» na Epístola). Parece-nos uma falsa questão, na medida em que, enquanto no QE se pretende afirmar como através da vida humana doada (sangue) Jesus manifesta e oferece a vida divina (água), na Epístola o que se pretende sublinhar é o facto que Jesus não se manifestou apenas como repleto da vida divina (água), mas como verdadeiramente humano (sangue). A situação vital das

1Jo 5,6b passa ao presente: «e é o Espírito que testemunha (ἐστὶν τὸ μαρτυροῦν), porque o Espírito é a verdade», o que significa que, no presente, o Espírito dá a conhecer a verdade (cf. Jo 16,12): que Jesus veio não só na sua natureza divina, mas também humana[126]. Mas mais...

No seguimento do seu discurso, o autor continua no tempo presente, o que enquadra também a água e sangue: «porque três são os que testemunham: o Espírito, a água e o sangue e os três são concordes/inseparáveis (εἰς τὸ ἕν)» (1Jo 5,7-8)[127]. O facto de o verbo no presente englobar a água e o sangue, leva-nos a pensar que, aqui, estes elementos, embora remetendo para o significado do versículo anterior, têm um significado sacramental para a comunidade: Jesus continua a conceder o seu Espírito, a vida divina, inseparavelmente da água baptismal (Jo 3,5) e do sangue eucarístico[128]. Pela água baptismal, o crente, recebe o ES, a vida divina, e pela eucaristia alimenta-a (Jo 6,53-54.57-58). Sem a eucaristia não se pode «permanecer» em Jesus (Jo 6,55-56) e, consequentemente, não se pode alimentar a vida divina (Jo 15,6).

Por outras palavras: assim como o Espírito dá testemunho que Jesus veio não só na sua divindade, mas também na humanidade (1Jo 5,6), assim também o Espírito, juntamente com a água baptismal e com a eucaristia, continuam a dar testemunho (1Jo 5,7-8). Não pode, na fé verdadeira, haver um sem os outros (εἰς τὸ ἕν).

A dificuldade dalguns na comunidade parece estar, pois, não só na aceitação de que Jesus «veio» no sangue (humanidade: 1Jo 5,6) como no facto de que continua a ser testemunhado nele (presente: 1Jo 5,7-8), ou

---

comunidades é diferente: no QE «la agresiva oposición de la sinagoga obligaba a subrayar el origen celestial de Jesús, si se quería mantener la autenticidad de la confesión. En 1 Jn, en cambio, es un intento de defender la identidad terrena de Jesús frente a un grupo que, al subrayar la divinidad de Jesús, se olvidaba de su realidad humana»: J.-O. TUÑÍ, «Las cartas», 186.

[126] Parece-nos que esta interpretação tem mais sentido que a de R. SCHNACKENBURG, *Cartas*, 281, que vê no sangue uma resposta à recusa dos gnósticos em reconhecer a importância messiânica e a eficácia salvífica e propiciatória da morte de Jesus. De facto, a questão é responder aos falsos profetas que não reconhecem Jesus que «veio» na carne (1Jo 4,2).

[127] Sobre o chamado *comma johanneum*, cf. R. BROWN, *Le Lettere*, 1045-1062 e de forma mais sucinta, cf. R. FABRIS, *Lettere*, 109.

[128] Alguns autores recusam o sentido sacramental da passagem e outros, como R. FABRIS, *Lettere*, 104-108, silenciam-no. De facto, o sentido sacramental, embora não seja imediato, é bastante provável.

seja, na eucaristia[129]. De facto, também Jo 6,60.66 faz eco da dificuldade que muitos discípulos tinham em aceitar o discurso do «comer a carne e beber o sangue» de Jesus, facto que os fez afastarem-se dele[130].

Assim, o texto de 1Jo 5,6-8 (sobretudo 1Jo 5,6) parece beber de Jo 19,34 e do seu contexto, fundamentando o possível sentido sacramental no significado cristológico da água e do sangue.

5.3 Conclusão

A presença do corpo de Jesus na comunidade reunida manifesta como ele continua a ser o Templo, onde o homem se encontra com Deus. A referência às marcas da sua crucifixão releva a continuidade entre o Crucificado e o Ressuscitado e a presença das consequências salvíficas da sua exaltação e glorificação. Ele continua a ser, na comunidade, o corpo-Templo e Cordeiro de Deus, do qual brota o «sangue e água». Estes têm um sentido sacramental cristológico, na medida em que significam a manifestação da vida íntima de Jesus, a revelação da sua divindade (invisível) na sua humanidade (visível). Mas, num segundo momento, têm também um sentido sacramental soteriológico: a vida humana de Jesus oferecida (sangue) tem como consequência doar a vida divina, o ES (água). A junção destes dois aspectos (cristológico e soteriológico) apresentam o corpo de Jesus (visível) como o Templo escatológico (invisível), onde Deus e o homem se encontram, na relação da nova Aliança, firmada no corpo e sangue do Cordeiro «inquebrado», donde o crente recebe a «água viva», ou seja, se torna participante da vida de Deus, do ES. Como? Através do novo culto, realizado no corpo de Jesus, Templo e Cordeiro. É dele que continua a brotar o ES, a vida divina oferecida ao homem e recebida na fé. A oferta de Jesus e a recepção na fé são duas dimensões que se fundem no Baptismo e que se alimentam na eucaristia, lugar onde a comunidade reunida continua a escutar e Ressuscitado e a alimentar-se dele.

Ver uma alusão à eucaristia e ao baptismo, no sangue e água que saem do lado de Jesus, não é algo imediato, mas, no entanto, muito provável.

---

[129] A ligação de 1Jo 5,7-8 ao versículo anterior faz-nos perceber que o problema não consiste na água (baptismo) nem no Espírito, mas no sangue, ou seja, na eucaristia. Esta dificuldade coincide com o que Santo Inácio afirma sobre a recusa de alguns em acreditar que «a eucaristia é a carne do nosso Salvador Jesus Cristo» (*Esm.*, 7,1). Cf. R. SCHNACKENBURG, *Cartas*, 284-285.

[130] Retomaremos este assunto no capítulo seguinte.

O contexto do QE, com a sua linguagem baptismal e eucarística, permite que a comunidade veja no baptismo e na eucaristia a actuação da vida divina (água) oferecida na morte (sangue) de Jesus: «It is in the Sacraments of Baptism and Eucharist that the Johannine Church can find the presence of the absent one»[131].

6. Conclusão: «ver» o sinal do corpo de Jesus e nele a «sinfonia» do cumprimento da história da salvação

A contemplação do corpo «inquebrado e trespassado» de Jesus cria, na mente do leitor, uma «sinfonia simbólica», em que cada símbolo e alusão vai entrando em relação com os outros e que, com o seu som próprio, contribui, na sua especificidade, a projectar no corpo de Jesus a sinfonia do «cumprimento» de todas as promessas e imagens veterotestamentárias[132]. De facto, nos acontecimentos que se dão no corpo «inquebrado» e trespassado de Jesus (espaço genérico) fundem-se todos os «input spaces» que os diversos episódios e citações/alusões vão criando. Nele, o leitor é convidado a escutar a melodia de cada símbolo, mas no conjunto harmónico da sinfonia final.

Um primeiro «input space» evoca o conteúdo significativo da imagem do Cordeiro de Deus, Messias e Filho de Deus, que, pela fé, «levanta o pecado do mundo» fazendo-o entrar numa nova situação vital e escatológica, na Aliança, ou seja, na «unidade» com Deus e com a comunidade. Um segundo «input space» faz soar a melodia da imagem do «Filho do Homem» «levantado/exaltado» e «glorificado» (uma fundição das imagens do Filho do Homem e do Servo), que, na manifestação da natureza divina, revelada na sua natureza humana, dá início ao julgamento escatológico e que, como Rei e Pastor divino (nova fusão), congrega todos os crentes «num só rebanho e um só pastor» (unidade/Aliança: 10,16) de forma a conceder-lhes a «vida [divina] em abundância» (10,10). Por fim, um terceiro «input space», o do Templo escatológico, no qual se revela a presença divina e do qual brota a água, o Espírito divino, destinada a «regar» todos os povos, numa Aliança universal, onde todos são chamados ao novo culto.

---

[131] F. MOLONEY, «When Is John?», 25.

[132] Aliás, todo o Calvário vai introduzindo progressivamente nesta polifonia simbólica novos instrumentos, num crescendo sinfónico, que termina na apoteose da cruz, onde a ressurreição já está presente. Deixamos esta pista para um estudo posterior.

Todos estes «input spaces» fundem-se numa nova imagem/conceito, o corpo-Templo de Jesus, que, não correspondendo a nenhum dos anteriores, recolhe o «som» de cada um deles.

6.1 *A apoteose da sinfonia: o corpo-Templo de Jesus*

O corpo e o Templo marcam a fronteira entre aquilo que se vê (exterior) e o que não se vê (interior). Tal como o Templo (visível) esconde um mistério interior (invisível), isto é, a presença de Deus, assim o corpo de Jesus (visível) remete, pelo «ver» da fé, para o que sensivelmente não se vê, ou seja, o interior, a sua vida íntima e a sua divindade. O «sangue e água», que saem deste corpo-Templo «inquebrado» e trespassado, são a manifestação do que estava escondido: a cristologia, a soteriologia e a eclesiologia e, num último estrato hermenêutico, os sacramentos. Na revelação cristológica acontecida na visibilidade do «sangue e água» manifesta-se como, através da vida íntima de Jesus oferecida (sangue), se manifesta a natureza divina (água). Esta revelação cristológica tem como consequência indissociável a revelação do significado soteriológico e eclesiológico: livre da morte e do «pecado do mundo» (1,29) pelo sangue oferecido, o homem pode agora participar na vida divina, o ES (água), que o faz entrar na Aliança de «um só rebanho e um só Pastor» (10,16)[133].

Mesmo, depois do regresso de Jesus ao Pai, ele continua a fazer-se presente na comunidade reunida, como o «lugar» do encontro do homem com Deus. Através dela, continua a oferecer a mesma água, ou seja, a mesma vida divina, recebida pelo novo nascimento pela «água e espírito» (baptismo) e a alimentá-la pela carne e sangue eucarísticos, através da qual «permanece» nos seus.

---

[133] É a morte e ressurreição do único Pastor Jesus que faz com que as ovelhas que são suas (ἔχω: presente) se tornem (γενήσονται: futuro), com as que «tira» do pátio, um único rebanho de Deus. Tirando-as do antigo Templo, Jesus conduz todas as suas ovelhas, através da Porta que é ele mesmo, ao Novo Templo, que é visto pelo *Targum* como uma reunião de judeus e pagãos (cf. F. MANNS, «Traditions targumiques», 156 nota 65; Ez 37,26. Esta é também a interpretação de A. MARCHADOUR, *L'Évangile de Jean*, 143, que aplica a ideia de Jesus/Templo à imagem de Jesus/Porta: 10,7). O Livro de *En* 90,28-36, interpretando Is 54,3, faz esta ligação entre o «Mestre das ovelhas» e o «novo Templo» que é a cidade de Jerusalém, que se torna insuficiente para receber todos os dispersos que entram. Sobre outros textos do Targum e de Qumran que ligam o Pastor e o Templo, cf. F. MANNS, «Traditions targumiques», 149-152.

CAP. IV: «VER» O CORPO-TEMPLO

O corpo-Templo de Jesus é o «lugar» do encontro definitivo entre a humanidade e a divindade. Trata-se da Aliança, com tudo aquilo que esta implica. Só em Jesus, e já não no Templo de Jerusalém ou de Garizim, o homem pode «ver» a presença de Deus. Mas é, particularmente, na comunidade reunida (inquebrável) que a presença de Jesus, como lugar da presença do Pai, se concretiza. Se o corpo «inquebrado» de Jesus é «sinal» da presença de Deus e da sua revelação, a comunidade «unida» é «sinal» da presença de Jesus-Templo «inquebrado», que continua a alimentar a vida divina no crente (água), sobretudo através do oferecer a sua carne a comer.

De facto, importância do tema de Jesus-Templo, como lugar da revelação de Deus e da oferta da sua presença salvífica, é notória não só por aquilo que acabámos de ver, como por o que tivemos oportunidade de referir, quando apresentámos a nossa proposta de estrutura (cf. I,1). Tal como o *tempo* do QE está marcado pelas festividades judaicas, que estão ao serviço da revelação da cristologia, da soteriologia e da eclesiologia, assim também no que se refere ao *espaço*. Enquanto o ministério público de Jesus começa e termina no Templo (2,13-10,39: ver o que dissemos sobre a «secção de transição») que serve, assim, de inclusão à sua vida pública, ou seja, à sua revelação na carne, a segunda parte do Evangelho (13-20) começa e termina num outro «espaço», que serve de inclusão à Paixão e ressurreição: a comunidade dos discípulos (13-17; 20,19-28)[134]. A morte e ressurreição de Jesus dão um *novo impulso às coordenadas espácio-temporais da história da salvação*. A comunidade dos resgatados das trevas e do pecado, que agora participa na vida nova do ES e na comunhão-Aliança com Deus, no Filho, torna-se, nos tempos escatológicos, no «lugar» onde Jesus continua como presença reveladora do Pai, ou seja, como Templo, onde o homem e Deus se encontram numa comunhão de amor[135].

---

[134] Importante reparar como, embora se depreenda pelo contexto, nunca se diz que é numa «casa», o que realça o facto da presença de Jesus não se manifestar num lugar («nem sobre esta montanha nem em Jerusalém»: 4,22), mas «em espírito e verdade» (4,24), na comunidade cristã reunida.

[135] Cf. K. FUGLSETH, *Johannine Sectarianism*. A partir de 2,13-22 e 4,1-42, este autor procura provar como as passagens correspondem à situação da comunidade joanina dos anos 90-100, que, perante a destruição dos Templos de Jerusalém e de Garizim «transfere» para Jesus-Templo um lugar de culto «não espacial» (pp. 117-185, especialmente 143-185).

Assim, a fusão das imagens, como forma de revelar o mistério de Jesus, não é apenas o culminar e o superar das esperanças messiânicas (Rei-Pastor; Filho do Homem, Servo…), mas também do *culto* (cordeiro), dos *espaços* sagrados (Templo) e do *tempo* sacro de Israel (a Páscoa de Jesus faz surgir um novo tempo: o primeiro dia da semana). Na comunidade reunida, nos tempos escatológicos, Jesus continua a manifestar-se com as consequências e efeitos quer cristológicos, quer soteriológicos e eclesiológicos, quer ainda sacramentais, da sua morte e ressurreição. Como Ressuscitado, ele continua a ser o corpo-Templo (onde o Pai se continua a revelar ao povo escatológico, a comunidade reunida pela sua morte e ressurreição) e a ser o Cordeiro de Deus (através do qual se realiza o culto «em espírito e verdade»: 4,23). Neste novo culto, ele continua a oferecer sua carne e o seu sangue (eucaristia), como forma de alimentar a vida divina nos crentes, recebida no baptismo (água).

Para que tal possa acontecer, é necessário que a comunidade esteja reunida, ou seja, «inquebrável» na fé cristológica e, consequentemente, soteriológica e eclesiológica, pois a garantia da unidade e o seu fundamento é o «εἷς ποιμήν» («um só Pastor»): aquele que é o único Pastor, forma o único rebanho, cumprindo, no «pôr a vida», a profecia de Ez 37,24 («O Meu servo David será príncipe sobre eles; haverá para todos um só pastor [ποιμὴν εἷς ἔσται])», que o profeta apresenta na perspectiva da «Aliança eterna», a «Aliança de Paz» (ligada intimamente, em Ezequiel, ao tema da unidade)[136]. Esta acontecerá quando Deus puser o Seu santuário para sempre «no meio deles» (Ez 37,26-27).

6.2 *«Olhar» para o corpo-Templo «inquebrado» e trespassado (e o uso do testimonium)*

Desta forma, a citação de 19,37 não se refere apenas ao trespassado, mas ao corpo de Jesus, inquebrado e trespassado, e a todo o conteúdo «fundido» das promessas veterotestamentárias que nele se revela e manifesta.

É, pois, para este corpo-Templo, «inquebrado» e trespassado, que surge a exortação a «olhar».

---

[136] Cf. M. DEELEY, «Ezekiel's Shepherd», 256.

6.2.1 Quem são os que «olharão/verão»?

Quando os autores aplicam a citação apenas na perspectiva do acto de trespassar, deparam-se com uma dificuldade: o sujeito do verbo «ὄψονται» (19,37). Quem são «eles», os que «olharão»? Alguns respondem através de uma leitura literal: são os soldados que «viram» (εἶδον) Jesus já morto (19,33) e o trespassaram (19,34)[137]. Esta hipótese tem no entanto dificuldades: por um lado, o verbo da citação de 19,37 é plural (ἐξεκέντησαν) e o trespasse de Jesus é realizado apenas por um soldado (19,34)[138] e, por outro, a sequência das acções em 19,37 implica que primeiro se «trespasse» e depois se «olhe», enquanto que em 19,33-34 as acções são inversas. Outra hipótese é aplicá-lo aos Judeus, na medida em que são estes os responsáveis morais pelo acontecimento (cf. 8,28; 19,16.31)[139]. Mas, não é assim: os Judeus não são, de facto, os responsáveis pelo trespasse de Jesus (é decisão de um dos soldados). Uma terceira possibilidade é que o «ὁ ἑωρακώς» de 19,35 seja a concretização do «ὄψονται»[140].

A resposta deve ser procurada não só no *background* da citação de Zc 12,10, mas também no seu uso neotestamentário e, sobretudo, na cristologia e soteriologia que conduz para o corpo de Jesus, Cordeiro e Templo, o cumprimento da história da salvação.

6.2.2 Significado universal e intemporal de «ver»

A citação de Zc 12,10 remete para o seu contexto, que é uma promessa de salvação para as tribos de Israel (Zc 12,12-14). Este contexto salvífico é redimensionado pelo uso da alusão no NT: o «ver» é destinado a «todas as tribos da terra» (πᾶσαι αἱ φυλαὶ τῆς γῆς: Mt 24,30; Ap 1,7)[141],

---

[137] Cf. J. SANDERS – B. MASTIN, *A Commentary*, 412; A. CHARBONNEAU, «Jésus en croix», 14; M. SABBE, «The Johannine Account», 49.

[138] O que leva os que defendem esta hipótese a acrescentar aos soldados a multidão (cf. E. HOSKYNS, *The Fourth Gospel*, 536) ou «os Judeus» (cf. M. de BOER, *Johannine Perspectives*, 300-301).

[139] Cf. J. BERNARD, *A Critical and Exegetical Commentary*, II, 652; R. BULTMAN, *Gospel*, 525.

[140] Cf. I. de la POTTERIE, «Volgeranno lo sguardo», 112-114; M. MENKEN, *Old Testament*, 179ss.

[141] O texto de Zacarias, no contexto imediato, apenas faz referência às tribos israelitas (Zc 12,12-14: 9x) e a expressão «ἐκ πασῶν τῶν φυλῶν τῆς γῆς» aparece em Zc 14,17 para falar da subida a Jerusalém de todos os sobreviventes das nações, depois do combate escatológico, para adorar a realeza de Yahweh, na Festa das Tendas

a que Ap 1,7 acrescenta que «todo o olho o verá/olhará, também os que o trespassaram». O *testimonium* é usado, pois, numa perspectiva universal.

O uso da construção no futuro dá à expressão «ὄψονται εἰς» um carácter intemporal[142]. Ora, o grupo que está junto à cruz e «vê» Jesus trespassado é muito reduzido e localizado no tempo. Na nossa perspectiva, o «cumprimento» da profecia refere-se sobretudo ao «ἐξεκέντησαν» como o uso do aoristo deixa perceber, numa ligação directa a 19,34 (o acto do soldado é que corresponde ao cumprimento da profecia). E o facto que a profecia tenha sido cumprida, dá origem a um «olharão» escatológico. O «olharão» naturalmente faz parte da profecia e acontece neste momento, mas prolongar-se-á no tempo: os homens de todos os tempos e lugares são convidados a «olhar/ver» o trespassado.

Naturalmente, tendo em conta o contexto salvífico de Zc 12,10-14 e a ligação entre o «olhar» e «acreditar» como forma de receber a vida eterna (3,14-16), o sentido do verbo é o desafio a acreditar em todo o conteúdo que a imagem de Jesus-Templo significa, com as consequências soteriológicas que essa profissão de fé implica. No entanto, tendo presente a ligação da citação de Zc 12,10 à figura escatológica do Filho do Homem e do julgamento, o verbo também se refere à possibilidade de «olhar» e não acreditar[143]. Perante o «trespassado» é necessário tomar uma decisão. De facto, enquanto Mateus (par.) e o Apocalipse remetem os acontecimentos escatológicos para o futuro, o QE revela como esse momento já está presente na cruz de Jesus, mas prolongando-se no tempo: o crucificado e trespassado é um desafio permanente para os homens, de todos os tempos e lugares, a «olhar» e a «acreditar». De facto, a possibilidade de «ver» e «acreditar» em Jesus elevado e exaltado, como vimos, é dada a todos («πᾶς ὁ πιστεύων ἐν αὐτῷ / εἰς αὐτόν»: 3,15.16) e, portanto, também a todos é dada a possibilidade de, tal como o corpo

---

(Zc 14,16-19). Nos Sinópticos a passagem está contextualizada pela parusía do Filho do Homem, que encerra um julgamento destinado ao mundo inteiro («os seus anjos [...] reunirão os seus eleitos dos quatro ventos, de uma até a outra extremidade da terra»: Mt 24,31; cf. Mc 13,27) onde o Filho do Homem instaurará o seu reinado.

[142] Cf. R. SCHNACKENBURG, *Evangelio*, IV, 183; E. MALATESTA, «Blood and Water», 174; J. HEIL, *Blood and Water*, 112-113.

[143] Cf. C. TRAETS, *Voir Jésus*, 163. Por isso, o verbo aplica-se a uns e outros: os que acreditam recebem a vida; os que «olham» e não acreditam sujeitam-se ao julgamento do Filho do Homem. Cf. W. THÜSING, *Die Erhöhung*, 19-20 (embora aplique este julgamento apenas aos Judeus). No entanto, o que aqui se sublinha é o olhar crente, como a citação deixa perceber.

de Jesus, não «ser destruído», mas, pelo contrário, participar na vida divina: «ἵνα πᾶς ὁ πιστεύων εἰς αὐτὸν μὴ ἀπόληται ἀλλ' ἔχῃ ζωὴν αἰώνιον» (3,16)[144].

6.2.3 Um «olhar para»: processo de fé

A dupla construção «ἐν αὐτῷ» e «εἰς αὐτόν», usada em 3,15.16, releva o facto que a fé consiste em acreditar «em» Jesus, mas que se trata de um acreditar «para», ou seja, que envolve um *processo*, um caminho, em direcção à plenitude. Das 4 ocorrências da construção «εἰς ὅν» no QE[145], apenas duas se referem a Jesus e são precisamente referidas ao «acreditar» e ao «ver»: «a obra de Deus é que acrediteis para/em quem (ἵνα πιστεύητε εἰς ὅν) ele enviou» (6,29) e a nossa passagem (ὄψονται εἰς ὅν). Regressemos, de novo, à nossa hipótese de que a citação de Zc 12,10 usada pelo QE pode depender de um *testimonium* usado pelos escritos do NT (Menken), mas que conhece e usa o TH porque este corresponde melhor à sua teologia[146]. De facto, se o «olhar para» corresponde ao «acreditar»[147], então a expressão «ὄψονται + εἰς» sublinha melhor esta dimensão[148], visto que o QE apresenta muitas vezes a construção «πιστεύω + εἰς»[149]. Se o que se pretende sublinhar com a expressão «πιστεύω εἰς» é, sobretudo, a fé como um processo, como algo que caminha «para» a sua plenitude, assim também a apresentação de «ὄψονται εἰς» em 19,37 revela um convite à fé, entendida como um processo, o que está de acordo com a visão teológica do evangelista. Por outro lado, o TH, que cria a possibilidade de interpretar o «trespassado» como uma pessoa divina, está de acordo com a perspectiva do QE: «ver» a humanidade de Jesus e «acreditar» na sua divindade.

---

[144] Cf. II,3.2.2; 3.2.3c.
[145] 5,45; 6,29; 18,1 e 19,37.
[146] Cf. R. SCHNACKENBURG, *Evangelio*, III, 360.
[147] Cf. F. RAURELL, «El costado abierto», 98 com nota 14.
[148] «ὄψονται εἰς est bien apte à exprimer cet accueil par la foi»: C. TRAETS, *Voir Jésus*, 164 nota 46. A nossa perícope é a única passagem onde acontece a construção «ὁράω + εἰς»; em 13,22 ocorre «βλέπω + εἰς», mas o complemento não é Jesus.
[149] A expressão ocorre 36x: 2,11; 3,16.18.36; 4,39; 6,29.35.40; 7,5.31.38.39.48; 8,30; 9,35.36; 10,42; 11,25.26.45.48; 12,11.36.37.42.44bis; 14,11bis.12; 16,9; 17,20; três ocorrências da expressão «πιστεύω εἰς τὸ ὄνομα»: 1,12; 2,23; 3,18. Cf. P. MARITZ – G. van BELLE, «The Imagery», 338 nota 22.

Nesta perspectiva, o «ver» adquire um conteúdo dinâmico, que implica e sublinha, em primeiro lugar, um processo sempre renovado no «acreditar»[150].

6.2.4 A representatividade da testemunha ocular

A representatividade daqueles que «vêem» e acreditam acontece naquele «que viu» (ὁ ἑωρακώς: 19,35)[151], como o deixa entender o uso do perfeito: uma acção passada («viu») cujos efeitos continuam no presente («continua a ver»), que o mesmo é dizer «acreditou e continua a acreditar»[152]. O uso adverbial do «καί» na expressão «ἵνα καὶ ὑμεῖς πιστεύητε» confirma esta leitura: o «*também* vós acrediteis» implicaria que o verbo «acreditar» tivesse sido utilizado antes; em seu lugar aparece o verbo «ver» (ὁ ἑωρακώς), o que revela, uma vez mais, a relação directa entre «ver» e «acreditar» e, por outro lado, faz a passagem entre o olhar/ver físico e o «olhar/ver» que verdadeiramente importa: a fé[153]. Por isso, esta perícope é já o prelúdio para a afirmação final de Jesus no QE: «Felizes os que não vendo, acreditam» (20,30). De facto, o que é que a testemunha «viu» de extraordinário, que provoque a fé? Nada! Apenas um corpo «inquebrado» e trespassado, do qual sai sangue e água. No entanto, é o «ver» da fé que a faz passar da visibilidade da humanidade à «visibilidade» do sentido cristológico, soteriológico e eclesiológico. Por isso, como afirmávamos no cap. I, 19,35 é o centro da perícope, que marca o convite a passar do «ver» para o «acreditar». Em quê? «Ver» no corpo «inquebrado» e trespassado de Jesus o «sinal» do cumprimento e redimensionamento de toda a história da salvação[154]. Coloquemos tudo isto numa síntese esquemática (ver quadro seguinte).

---

[150] Para F. RAURELL, «El costado abierto», 97, a conversão é o principal aspecto da citação de Zc 12,10. D. MOLLAT, «Ils regarderont», interpreta a nossa perícope (embora só fale dela de passagem) no sentido do processo da conversão, em que o baptismo aparece como ponto culminante.

[151] Cf. I. de la POTTERIE, «Volgeranno lo sguardo», 116, embora, como já referido, não concordemos com a ideia de que o olhar se refere apenas ao sentido do sangue e água.

[152] Embora nos debrucemos sobre 19,35 no capítulo seguinte, é necessário que o antecipemos aqui, embora parcialmente e em modo sucinto, pela importância para a compreensão deste particular.

[153] Cf. L. CILIA, *La morte di Gesù*, 122-123.

[154] Para C. DODD, *Interpretation*, 438-439, o último sinal, que dá coerência e sentido pleno a todos os outros, é a Paixão de Jesus. Assim também D. SENIOR, «The

Assim, o «olharão para o que trespassaram» é redimensionado. O olhar/acreditar é já não um acto físico, que acontece no momento histórico da cruz, mas algo que se prolonga no tempo através daquele «que viu» e entrega o seu testemunho crente para que «também vós acrediteis». Em que sentido?

Death of Jesus», 272-275. Na nossa perspectiva, «o» sinal é o corpo de Jesus (2,18-21), onde o leitor é exortado a contemplar não só o sentido profundo da Paixão, como o significado da encarnação e de toda a história da salvação.

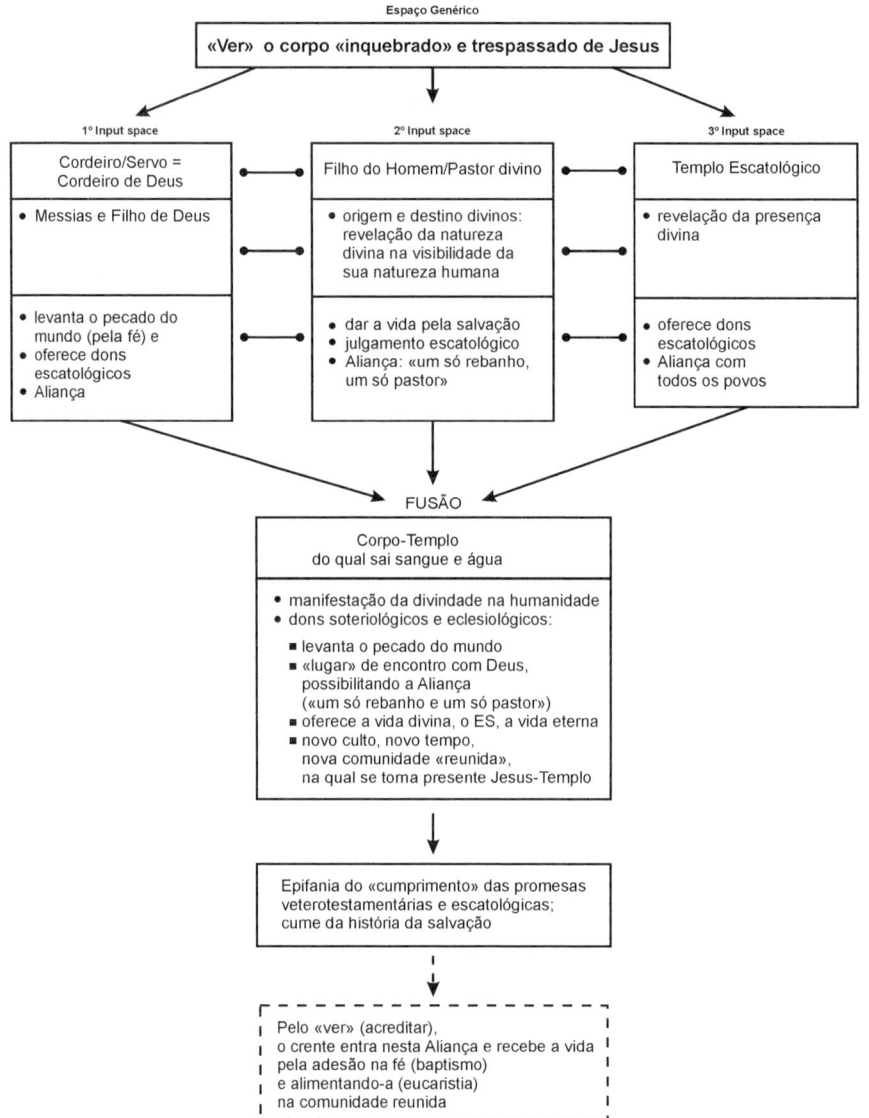

CAPÍTULO V

Exortação à «inquebrantabilidade» da fé, recebida pelo «testemunho verdadeiro» (19,35)

Debrucemo-nos agora sobre a intenção do texto ou, dito de outra forma, a resposta que o narrador pretende obter do leitor[1]. A nossa perícope é singular, na medida em que o próprio narrador, inesperada e expressamente, o afirma: «e o que viu testemunha e verdadeiro é o seu testemunho e ele sabe que diz a verdade, *para que também vós acrediteis*» (19,35)[2]. Este «ἵνα» centra a pragmática da perícope[3]: os leitores devem acreditar de acordo com o testemunho «verdadeiro» de «aquele que viu», que, por sua vez, se fundamenta no conteúdo do que «viu».

A expressão, muito semelhante à das primeira (20,31) e segunda conclusões do Evangelho (21,24)[4], não só dá à perícope uma grande

---

[1] A pragmática concentra-se, sobretudo, no leitor e sobre os efeitos que o texto tem sobre ele: cf. M. POWELL, *What is Narrative Criticism?*, 16. Ela corresponde nas escolas europeias continentais ao «reader-response criticism» da escola americana: cf. J. BEUTLER, «Response», 192. Sobre a função da pragmática há muitos e diversos estudos, entre eles o de J. STALEY, *The Print's First Kiss*, que estuda o QE enfatizando o papel do «leitor implícito». Para um estudo mais resumido, cf., entre outros, R. KIEFFER, «The Implied Reader».

[2] O narrador dirige-se directamente ao leitor por duas vezes (19,35; 20,31).

[3] Tendo em conta que a pragmática procura responder à pergunta «perché e per quale scopo è stato scritto un testo?» (W. EGGER, *Medodologia*, 142), este «ἵνα» é revelador.

[4] A estreita relação verbal entre 19,35 e 21,24 leva R. BAUCKHAM, *The Testimony*, 81, a considerar a segunda passagem como modelada na primeira e a dizer que esta antecipa ambas as conclusões do QE: «"so that you also may believe" anticipates the

solenidade e importância, como torna 19,35 no centro da perícope (cf. I,4.4). Ora, aqui levantam-se algumas questões fundamentais. Em que se fundamenta a autoridade do carácter «verdadeiro» do testemunho? Qual o conteúdo do «ver»? A que «acreditar» são convidados os leitores? Para podermos responder a estas questões temos de estabelecer, primeiro, a finalidade geral do QE[5], horizonte no qual se insere o caminho a que o leitor é convidado em 19,31-37.

1. A perícope no enquadramento da finalidade do QE

Sobretudo a partir dos estudos de J. Martyn[6], considerou-se o QE como um drama em dois níveis, onde desempenha um papel fundamental o «Sitz im Leben» da comunidade do QE, marcado pelo conflito

---

first stage, both verbally and conceptually, while what is said about this person's testimony and its truth corresponds closely to the second stage»: ID., *Jesus*, 368.

[5] Para uma visão geral e sintética das diferentes opiniões sobre a finalidade do QE, cf. L. MORRIS, *Evangelio*, I, 69-74. Para uma síntese das diversas opiniões sobre a que tipo de cristãos se dirige o QE, cf. R. FABRIS, *Giovanni*, 58 nota 24.

[6] J. MARTYN, *History and Theology*; ID., *The Gospel of John*. A intuição de Martyn tornou-se na pedra angular de grande parte dos estudos joaninos contemporâneos, embora em direcções diversas (cf. D. RENSBERGER, *Overcoming the World*, 22), de tal forma que J. ASHTON, *Comprendere il Quarto Vangelo*, 113, coloca a sua importância imediatamente a seguir ao comentário de Bultmann. Mas, a hipótese tem sido criticada, fundamentalmente por ser especulativa e pelo facto de que, na antiguidade, não existia um género literário «em dois níveis»: cf., p. e., T. HÄGERLAND, «John's Gospel», 321. Embora este não seja directamente o nosso objecto, interessa, no entanto, precisar que, na nossa perspectiva, esta leitura apresenta um perigo: o de diluir de tal forma a historicidade no que se refere a Jesus, que o QE acabe por ser um reflexo quase exclusivo da vida da comunidade (como faz notar M. NICOLACI, *Egli diceva loro*, 52, falando dos discursos de Jo 5-12). Por isso, X. LÉON-DUFOUR, *Lectura*, I, 16-18, prefere falar de dois tempos: «Jn restituye a la vez la predicación de Jesús de Nazaret y la enseñanza clara del Espíritu. De esta forma toca un doble teclado, el del recuerdo, que puede proceder de los oyentes-testigos, y el de la contemplación del misterio, que pertenece a los creyentes. Lo esencial está en la relación de los dos tiempos» (p. 17), em que se tem de ter em consideração, necessariamente, os dois tempos, como sucessivos e iluminando-se mutuamente (cf. ID., *Un biblista cerca Dio*, 207-217, onde aplica esta tese ao simbolismo do QE). Como afirma M. NICOLACI, *Egli diceva loro*, 48: o «"passato" del Vangelo, di portata radicalmente teologica, non è dominato ed eliminato dal "presente" dalla comunità, ma ad essa serve e da essa è ricordato proprio per la sua funzione rivelatrice ed efficacia salvifica».

com a sinagoga⁷. Assim, o verbo «πιστεύητε» (conjuntivo presente) da conclusão (20,31) faz perceber a finalidade do QE como um convite à perseverança, como se percebe pela necessidade de «permanecer» em Jesus (8,1.39; 15,4-10). Trata-se de uma perseverança na fé cristológica, como condição de participar nas suas consequências soteriológicas (cf. o duplo «ἵνα»): «estes [sinais], porém, foram escritos *para* crerdes que Jesus é o Cristo, o Filho de Deus, e, *para que*, crendo, tenhais vida no seu nome». Ou seja, o QE destina-se a cristãos, que, perante uma situação de conflito, necessitam de fortalecer a sua fé em Cristo⁸. Como afirma Beutler, o QE foi escrito «to deepen the faith of Christians in Jesus as Son of God and Giver of Live, but at the same time also to encourage them to confess this faith openly, even under

---

⁷ Os dois níveis são «a witness to an *einmalig* event during Jesus' earthly life» e «a witness to Jesus' powerful presence in actual events experienced by the Johannine church»: J. MARTYN, *History and Theology*, 40. Este autor defende que os cristãos teriam sido expulsos das sinagogas pelo decreto da hipotética reunião de Jamnia (cerca de 85 d.C.); a maldição dos heréticos que foi introduzida nas «Dezoito Bênçãos» referir-se-ia aos discípulos de Jesus (a expressão «ἀποσυνάγωγος» de 9,22; 12,42; 16,2, seria uma alusão a isto): cf. ID., *History and Theology*, 22-41. Esta teoria foi revista (para uma síntese, cf. M. NICOLACI, *Egli diceva loro*, 40ss) e hoje pensa-se que a expulsão das sinagogas se refira a algo circunscrito a algumas sinagogas nos finais do séc. I, de que os textos do QE se fazem eco: cf. R. CULPEPPER, «Anti-judaism», 70; J. BEUTLER, «Faith and Confession», 22. J. MARTYN, «A Gentile Mission», 125-126, regressa ao argumento e defende que a comunidade joanina, que teria nascido e pregado nas sinagogas cristãs, com a excomunhão vê-se obrigada a voltar-se para os gentios. Num artigo recente, E. KLINK III, «Expulsion?», opõe-se à tese de Martyn, defendendo que o termo «ἀποσυνάγωγος» remete-se ao Jesus histórico, que era considerado um «mesith», ou seja, um herético *dentro* do Judaísmo; os seus discípulos, por associação e de acordo com o pensamento rabínico, eram-lhe associados. Na perspectiva de Klink, o problema não é apenas com os cristãos, mas com os grupos «desviantes» dentro do Judaísmo do séc. I. A finalidade do QE seria mostrar que Jesus não é um «mesith», mas o Messias. Para uma visão do debate sobre a «Birkat ha-minim», cf. P. van der HORST, «The Birkat ha-minim».

⁸ «el evangelio según Juan tiene la intención de reestructurar la fe de los creyentes»: J. ZUMSTEIN, «El Evangelio según Juan», 364 (U. SCHNELLE, «Cross and Resurrection», 136, chama-lhe «a disciples' gospel»). Enquanto que a primeira opinião (conflito com a sinagoga) é mais comum entre os autores de língua inglesa, (p. e., Brown, Painter, du Rand), a segunda (fortalecer a fé) encontra maior eco nos de língua alemã (p. e., Bultamann, Schnackenburg, Becker, Schnelle, Schenke): para uma bibliografia, cf. J. BEUTLER, «Faith and Confession», 1 com notas 1-2.

circumstances in which this confession would endanger their social position or even their lives»⁹.

Brown, com base em 8,30-31, que fala dos Judeus que tinham «acreditado» em Jesus (τοὺς πεπιστευκότας αὐτῷ 'Ιουδαίους), pensa nos judeo-cristãos da comunidade joanina, que o são de forma escondida e que parecem ter uma cristologia deficitária; daí o duro discurso de Jesus, que os acusa de ter por pai o Diabo (8,44)[10]. Kysar abre a perspectiva e, partindo de 20,30-31 (embora defenda que a finalidade do QE não se possa estabelecer apenas com base nesta passagem) apresenta quatro finalidades do Evangelho: 1) diálogo com a sinagoga; 2) polémica anti-docetista; 3) missão samaritana; 4) apelo universal aos cristãos[11].

Na nossa perspectiva, todas as aportações têm fundamento e não se excluem. O QE tem, como finalidade (20,30-21), uma exortação à unidade e fortalecimento da fé cristológica (Cristo, Filho de Deus), da qual depende o fortalecimento da comunidade («vós») e a participação nos dons soteriológicos («para que tenhais a vida no seu nome»).

1.1 *Exortação à «unidade» cristológica*

Como se percebe, sobretudo por 6,60-71, há um tipo de discípulos que cria dificuldades *dentro* da própria comunidade: tratam-se de discípulos que, ao contrário dos cripto-cristãos, o são às claras, pois seguiam Jesus[12], mas que consideram «duro» (σκληρός) o seu ensinamento (6,60): alguns «murmuram» (γογγύζουσιν: 6,61), alguns «não acreditam» (οὐ πιστεύουσιν: 6,64) e muitos «partiram para trás» (ἀπῆλθον εἰς

---

[9] J. BEUTLER, «Faith and Confession», 29.

[10] Cf. R. BROWN, *An Introduction*, 172-183 (cf. o que dissemos em IV,5.2). Cf., ainda, H. de JONGE, «The Jews», 258; P. TOMSON, *Jésus*, 341-350; M. WRÓBEL, *Who are the Father?*, 55-59.189-232. L. SCHENKE, «Der Dialog Jesu», 596-597, considera todos os discursos aos «Judeus» nos caps. 7-10 como dirigidos ao interior da comunidade. Contra esta opinião é, p. e., B. LINDARS, «Discourse», 128.

[11] Cf. R. KYSAR, *The Fourth Evangelist*, 147-165; ID., *John*, 14-15.310; ID., *John, the Maverick Gospel*, 18-26; M. LEE, «Signore, Vogliamo Vedere Gesù», 215. R. BAUCKHAM, «The Audience», defende que o QE foi escrito tendo em conta a Igreja no geral (não apenas uma comunidade) e que «its intended readership included interested non-Christians» (p. 109).

[12] Como faz notar R. BROWN, *An Introduction*, 179 nota 69: «They had been following Jesus publicly, and so they are not the same as the crypto-Christians in synagogue».

CAP. V: EXORTAÇÃO À «INQUEBRANTABILIDADE» 291

τὰ ὀπίσω) e já «não andavam com ele» (οὐκέτι μετ' αὐτοῦ περιεπάτουν: 6,66). Mas qual a razão? Segundo alguns autores, deve-se à alta cristologia, que alguns discípulos têm dificuldade em aceitar[13]. Segundo Brown, que fala de «Christians of inadequate faith», tratam-se de discípulos que acreditaram em Jesus por causa dos sinais (cf., p. e., 2,23-25), mas que consideram inadmissível não só a pretensão messiânica, como o discurso eucarístico[14]. Uma posição exclui a outra? Na nossa perspectiva, não. De facto, em 8,31-59, alguns Judeus, que tinham acreditado em Jesus por causa dos sinais (cf., p. e., 7,31) não aceitam a pré-existência de Jesus. Ou seja, parecem não ter dificuldade em acreditar nele como Messias, pelos sinais que realiza, mas não o aceitam como Filho de Deus pré-existente.

Por outro lado, as dificuldades internas têm a ver também com o confronto que, necessariamente, a comunidade realiza com o mundo cultural da diáspora. Por duas vezes, o QE faz referência aos «gregos» (7,35; 12,20-21). Em 7,35, a expressão «diáspora dos Gregos (τὴν διασπορὰν τῶν Ἑλλήνων)» pode ser traduzida por «na diáspora, entre os gregos»; em 12,21-22 a referência parece ser aos gregos prosélitos[15]. Ora, como vimos (II,3.2.2), a expressão «Ἕλληνες» abarca aqueles que, no mundo grego, acreditam em Cristo. Este é o sentido de 10,16, quando Jesus afirma «tenho outras ovelhas que não são *deste* redil» (Judeus), que é necessário reunir para se formar «um só rebanho e um só pastor» (cf. 11,50-52)[16]. Isto «indicate that Johannine community comprised both Jews and non-Jews»[17].

Ora, este mundo está marcado pelas filosofias e religiões helenistas, pelo que é natural que os membros da comunidade se sintam influenciados por elas[18]. E, se perante os de tendência «judaizante»[19] é neces-

---

[13] Cf. L. SCHENKE, «Der Dialog Jesu», 599. Esta ideia é a base do estudo de B. de RUYTER, *De gemeente*, resumido e apresentado por M. de BOER, «Johannine History», 300-304 (o nosso acesso à obra é exclusivamente através da apresentação deste autor).

[14] Cf. R. BROWN, *The Community*. 169; ID., *An Introdution*, 179-180.

[15] Cf. P. BORGEN, «The Gospel», 111.

[16] Cf. S. PANCARO, «People of God?», 121-122.

[17] P. BORGEN, «The Gospel», 112. Divergentes desta opinião e em pólos opostos estão J. MARTYN, «A Gentile Mission», que defende que a expressão se refere aos Judeus, e M. CASEY, *Is John's?*, 111-139, que a considera referida aos gentios (que têm uma atitude comunitária anti-judaica).

[18] Cf. J. ZUMSTEIN, «El Evangelio según Juan», 368. Não entramos, porque não é a nossa finalidade, na problemática do gnosticismo ou do docetismo. Estes termos são

sário sublinhar a natureza divina de Jesus, perante os cristãos influenciados pelo ambiente helenista é importante realçar a sua natureza humana. O QE utiliza uma linguagem do *background* quer do Judaísmo, quer do meio ambiente em que se insere[20], mas a sua intenção é, precisamente, levar quer os «judaizantes», quer os que tendem a sublinhar quase exclusivamente a natureza divina de Jesus, a purificar a sua fé e a acreditar rectamente. Ora, tendo em conta o paralelo de 20,31 e 19,35, a exortação a fortalecer/purificar a fé implica, naturalmente, um conteúdo cristológico: acreditar em Jesus não só como Messias (judaizantes) e não só como Filho de Deus (tendências das filosofias helenistas), mas como Messias *e* Filho de Deus[21]. A todos o evangelista faz perceber que, tal como o cego de nascença, só a obediência incondicional à palavra de Jesus conduz à «visão». É neste binário que devemos compreender o episódio de 19,31-37 e a exortação ao fortalecimento/purificação da fé a que o narrador convida o leitor em 19,35.

1.2 *Exortação à «unidade» eclesiológica (fruto da cristológica)*

Naturalmente, as dificuldades a nível da cristologia, mais uma vez, têm consequências eclesiológicas. A falta de unidade na fé cristológica

---

extemporâneos, na medida em que estas doutrinas surgirão mais tarde. Por isso, não podemos concordar que o QE esteja marcado por elas. A este respeito, cf. a resposta a Bultmann (que vê o QE como fonte gnóstica cristianizada) e a Käsemann (que pensa em João como um simples docetista que se orienta gradualmente para o gnosticismo) em F. MOLONEY, «Who is "the Reader"?», 27-28. O que nos interessa aqui, como hipótese, é o facto de que as doutrinas filosóficas que lhes estão na base serem anteriores e circularem na mentalidade helenista. Por isso, é natural que já na comunidade joanina, os cristãos que, na sua vida diária, conviviam com estas doutrinas, fossem levados a acentuar de tal forma a divindade de Jesus, que a sua humanidade ficasse diluída, tal como podemos constatar nas cartas joaninas. Cf. L. MORRIS, *Evangelio*, I, 70-71. Para uma síntese das diferentes teorias sobre as influências recebidas pelo QE, cf. R. KYSAR, *Voyages with John*, 77-102; J. van der WATT, *An Introduction*, 133-144. Para uma refutação da influência gnóstica ou docetista no QE, cf. J.-M. SEVRIN, «Le quatrième évangile et le gnosticisme».

[19] Naturalmente que não utilizamos a expressão no sentido paulino, mas para falar dos que, pela sua formação judaica, são incapazes de reconhecer em Jesus mais do que um Messias humano.

[20] G. SARASA, «Encuentro de la cultura griega», 15. Sobre este aspecto, cf. R. BROWN, *The Community*, 57.

[21] Interessante repararmos como, no grego, a expressão tradicional é apresentada sem um «καί» intermédio, como que a apresentar os dois títulos formando uma unidade: «ὁ Χριστὸς ὁ υἱὸς τοῦ θεοῦ» (20,31).

cria, necessariamente, fracturas na comunidade, como se percebe em 6,60-66, onde «muitos dos discípulos» se separam não só de Jesus como do grupo dos Doze, que professa, pela boca de Pedro: «*nós* cremos e reconhecemos que tu és o Santo de Deus» (6,69; repare-se no «ἡμεῖς» enfático)[22]. Parece serem estes, que abandonam Jesus e a comunidade, os Judeus «que tinham acreditado em Jesus» e que o acusam de ser um samaritano e de «ter um demónio» (8,48: note-se também aqui o «ἡμεῖς» enfático; cf. 8,52)[23]. Esta afirmação remete para 7,20, onde a acusação é posta na boca da multidão[24]. Por outro lado, a insistência de Jesus na necessidade de «permanecer» nele (15,1ss) e na *unidade* dos discípulos, no *amor*, como sinal credível para a fé cristológica (13,35; 15,9-14.17; 17,20-23)[25] faz perceber que há dificuldades internas.

1.3 *Consequências soteriológicas de (não) acreditar rectamente*

A fé tem consequências eclesiológicas, mas também soteriológicas: «ter a vida no seu nome» (20,31). Por outras palavras, a insuficiência ou não rectidão na fé cristológica tem consequências negativas: «quebrar» a fé em Jesus como «Messias *e* Filho de Deus» implica separar-se da vide (15,4.6) e, naturalmente, dos outros ramos unidos a Cristo e,

---

[22] A separação de Jesus é ainda relevada pelo «ἀπῆλθον εἰς τὰ ὀπίσω» dos «muitos» (6,66) em contraposição com a resposta/pergunta de Pedro «πρὸς τίνα ἀπελευσόμεθα». A atitude dos «muitos» é caracterizada pelo mesmo verbo usado para falar do doente da piscina de Betesbda, que «parte» para ir denunciar Jesus aos fariseus (5,15), assim como da atitude de alguns dos Judeus que, em contraposição com os que diante do «sinal» da ressurreição de Lázaro, acreditaram em Jesus (11,45), «partem» para ir denunciar Jesus aos fariseus (11,46).

[23] Também aqui se podem sentir as dificuldades existentes na comunidade, entre os de origem judaica e samaritana.

[24] Sobre o demónio, porque a acusação de que Jesus é samaritano é a única ocorrência. Assim, é possível, como hipótese, que os «cismas» que se dão entre a multidão (7,34), entre os Judeus (10,19) e mesmo entre os fariseus (9,16; visto que «muitos chefes acreditaram em Jesus»: 12,42) sobre a origem e a natureza de Jesus, reflictam problemas internos. Esta ideia encontra maior suporte se tivermos em conta que o «cisma» de 10,19 acontece depois do discurso do Bom Pastor, onde se insiste na unidade do rebanho (10,16) e em estreita relação com a cura do cego de nascença, expulso da sinagoga (10,21; 9,34).

[25] Por isso, o «mandamento novo» do amor (15,22) está relacionado com a vida eterna (12,49-50).

consequentemente, secar, ou seja, perder a vida divina, que só a ligação a Jesus (e à comunidade) permite.

1.4 Conclusão

O QE situa-se num contexto de dificuldades externas (sinagoga) mas também internas, o que, necessariamente, causa «fracturas», não só na dimensão cristológica, como, consequentemente, eclesiológicas[26] e que desembocam na impossibilidade de manter a vida divina recebida. É nesta perspectiva que, em nossa opinião, se situa a intervenção e exortação do narrador em 19,35: uma exortação a acolher o mistério da «exaltação» e «glorificação» de Jesus, na «inquebrantabilidade» da sua natureza, tal como o transmite a testemunha ocular, para que o «ὑμεῖς» comunitário seja purificado na sua fé e, também ele, seja «inquebrável» na unidade, como condição de «terdes a vida no seu nome» (20,31). Mas, qual o conteúdo preciso deste «ver» e do testemunho, de acordo com o qual é preciso que os leitores afinem a sua fé?

2. O testemunho de «aquele que viu»

A testemunha ocular apresenta o que «viu» como algo cujo conteúdo é objecto de testemunho, que é qualificado de «verdadeiro» e que se destina ao «vós».

Não se trata, por isso, de algo apenas físico, (pois o sensível não é objecto de fé), embora também[27]. O seu «ver» o corpo inquebrado e trespassado de Jesus, consiste em percebê-lo como um «sinal» no qual se revela o Templo (2,18ss)[28], imagem que funde todas as esperanças e imagens veterotestamentárias, manifestando Jesus na sua encarnação e na sua morte e ressurreição como a plena realização toda a história da salvação[29]. O leitor é, agora, convidado a «ver» na humanidade de Jesus, visibilizada no seu corpo, «o» sinal por antonomásia.

---

[26] Cf. R. CHENNATTU, *Johannine Discipleship*, 199-200.

[27] O testemunho baseia-se no «ver» sensível e presencial e não apenas significativo, como pretende, p. e., M. DAVIES, *Rhetoric and Reference*, 63-64.

[28] Mais uma vez: o «sinal» não é o sangue e água, como pretende C. DODD, *Interpretation*, 425 («The issue of water and blood […] is certainly a σημεῖον»), seguido por G. van BELLE, «The Death of Jesus», 24.

[29] Este «ver», com o testemunho que se lhe segue ocupa o lugar central na perícope, na medida em que faz a ponte entre o meramente sensível (os factos) e o seu significado cristológico, soteriológico e eclesiológico. E não apenas das citações das

Este «ver» o corpo/humanidade de Jesus da testemunha ocular insere-se no contexto das diversas respostas que o QE apresenta. O leitor é confrontado com todas elas e exortado a tomar uma decisão.

2.1 *Ver a humanidade e os sinais de Jesus*

O que a testemunha ocular «vê», é, em primeiro lugar, o corpo humano de Jesus. Mas nele é capaz de «ver» o significado «invisível» manifestado no corpo «inquebrado».

No fim da vida de Jesus, e precisamente diante do seu corpo crucificado, o leitor é recordado que é perante este «sinal» que é convidado a passar do meramente sensível (a humanidade), ao «ver» de fé (a divindade). De facto, ao longo do QE, o leitor foi sendo confrontado com atitudes diferentes perante esta humanidade: a que acontece num ambiente de fé, de dúvida, ou de antagonismo (cf. III,3.2.1). Do mesmo modo, perante os sinais de Jesus é possível uma atitude de fé e de descrença[30].

2.1.1 Ver a humanidade de Jesus

O substantivo «ἄνθρωπος» (homem) aparece, referido a Jesus, na boca de João Baptista (3,27), da samaritana (4,29), dos guardas (7,46), do cego (9,11), da criada (18,37), de Pilatos (18,29; 19,5) e também dos adversários de Jesus (5,12; 9,16bis.26; 10,33; 11,47.50; 18,14). Na boca de Jesus ocorre apenas em 8,40 e, mesmo aqui, num sentido genérico que podemos traduzir por «alguém»[31]. Conforme a pessoa e o contexto em que o substantivo é utilizado, assim deparamos com um significado diferente.

Escrituras, como defende F. MIRGUET, «Voir la mort», 471 (como vimos, a Escritura é redimensionada pela teologia do QE) nem tão pouco somente a real morte de Jesus e seu significado salvífico, como defende V. MANNUCCI, *Giovanni*, 142.178.

[30] Como sublinha C. KOESTER, «Jesus' Resurrection», 54, a resposta das pessoas «are not governed by seeing alone. The question is what they see *in* the sign; that is, what they think the sign means».

[31] «Agora procurais matar-me; alguém (ἄνθρωπον) que vos disse a verdade...». Quando Jesus utiliza o vocábulo, fá-lo sempre na expressão composta «Filho do Homem» (1,51; 3,13.14; 5,27; 6,27.53.62; 8,20; 9,35; 12,23; 13,31; cf. 12,34bis). A humanidade de Jesus é ainda sublinhada por diversos aspectos e atitudes, referidos por D. LEE, *Flesh and Glory*, 30 e J. CABA, *Teología joanea*, 51-52. Para um estudo mais pormenorizado e desenvolvido, cf. M. THOMPSON, *The Humanity of Jesus*.

a) *enquadramento de fé*

A humanidade de Jesus é referida por João Baptista (3,27) como resposta aos que o interpelam sobre o facto de Jesus estar a baptizar e de «todos irem a ele» (3,26). João parte daquilo que é visível (a humanidade de Jesus: cf. ausência de artigo) para falar da sua origem «do alto» e não terrena (3,27.31.32.34).

A samaritana percorre um caminho de fé que vai da agressividade (4,9) passando pelo título respeitoso «senhor» (4,11) e «profeta» (4,19) até à intuição de que aquele «homem» (sem artigo: 4,29) será o Messias (4,25.29). O testemunho da mulher e o que os próprios samaritanos ouvem de Jesus levam-nos à confissão de que aquele «homem» é «verdadeiramente o salvador do mundo» (4,42)[32]. Ou seja, na humanidade de Jesus revela-se a sua natureza cristológica e salvadora.

O mesmo percurso é feito pelo cego de nascença, que, depois de curado, dá testemunho sobre o que fez «o homem chamado Jesus» (9,11). A discussão com os fariseus é, precisamente, sobre a origem deste «homem» (9,16.30-33), que o cego reconhece agora como profeta (9,17) e como alguém que «vem de Deus» (9,33). O episódio termina com a profissão de fé do cego sobre Jesus como «Filho do Homem», prostrando-se diante dele, como diante de Deus. (9,35-38). O percurso de fé do cego parte da visibilidade da humanidade de Jesus até chegar à descoberta da invisibilidade da sua divindade.

Resumindo, em todos os episódios, parte-se da afirmação da humanidade de Jesus para nela descobrir e afirmar a sua divindade.

b) *enquadramento de dúvida*

Os guardas que tinham sido enviados pelos chefes dos sacerdotes e fariseus para prender Jesus (7,32) regressam sem terem concretizado a ordem, porque reconhecem que «nunca um homem falou assim» (7,14). A palavra de Jesus sobre a «água viva» que sairá do seu seio provoca uma divisão na multidão sobre a origem de Jesus (7,40-43) e impressiona os soldados de tal forma que não o prendem. Para eles, a humanidade de Jesus revela uma *origem* misteriosa, precisamente pela força da sua palavra.

---

[32] Para a progressividade da fé da samaritana e sobre o sentido exclusivo do «ἀληθῶς» da expressão «verdadeiramente o Salvador do mundo» em confronto com o uso da expressão no mundo greco-romano, cf. C. KOESTER, *Symbolism*, 42-44.

CAP. V: EXORTAÇÃO À «INQUEBRANTABILIDADE» 297

Encontramos a mesma dúvida, sobre a origem e natureza de Cristo, na boca de Pilatos, enquadrando a inocência de Jesus: «que acusação trazeis contra este homem?» (18,29); «não encontro nele culpa alguma [...] Eis o homem» (19,4-5). A célebre afirmação «Eis o homem» (19,5)[33] parece ter um duplo sentido: em primeiro lugar mostrar aos Judeus a figura ridícula em que Jesus se tornou (com a coroa de espinhos e o manto de púrpura) como que para lhes dizer: «é este homem que vos assusta e que acusais?». Mas, são os Judeus que, ironicamente, redimensionam a questão: este «homem» «fez-se Filho de Deus» (19,7). Perante isto, Pilatos sente-se inquieto sobre a origem de Jesus (19,9) e acaba por reconhecer naquele «homem» alguém que tem uma origem diferente e procura libertá-lo (19,12)[34]. No entanto, pelo medo de ser considerado traidor (19,12-13), não tem coragem de ser consequente com a sua inquietação.

Em ambos os episódios, a humanidade de Jesus (visibilidade) gera inquietações sobre algo mais profundo e misterioso (invisibilidade).

c) enquadramento antagónico

Na boca dos opositores de Jesus, a palavra «homem» aparece quase sempre para sublinhar a sua concepção da natureza apenas humana de Jesus. Assim, no episódio da cura do doente de Betesda, perguntam pelo «homem» que o fez violar o sábado (5,12), procurando matar Jesus por se fazer «igual a Deus» (5,18). É a natureza de Jesus a causar «divisão» entre os fariseus, com alguns a considerá-lo um «homem que não vem da parte de Deus» e outros a perguntarem-se como é possível «um homem pecador fazer tais sinais?» (9,16), mas com a declaração final: «nós sabemos que este homem é pecador» (9,24). De novo o contexto é o da origem de Jesus (9,16; «não sabemos de onde é»: 9,29).

A origem de Jesus está relacionada com a sua natureza, como é sublinhado pela acusação que resume a posição dos Judeus em relação a

---

[33] Sobre as quatro grandes interpretações sobre a declaração «Eis o homem» ver a síntese apresentada por J. ZUMSTEIN, *L'Évangile*, 232 nota 64.

[34] Para M. TENNEY, *John*, 269, Pilatos aparece como o tipo de pessoa que pode vir a acreditar, mas que não está disposto a sacrificar a sua reputação e conveniências pessoais. Pelo contrário, H. BOND, *Ponzio Pilato*, 224-261, apresenta um Pilatos hostil a Jesus e manipulador dos Judeus. As opiniões são, portanto, divergentes, quanto à figura do governador e do seu posicionamento perante Jesus. Para um estudo aprofundado da figura e do significado de Pilatos, com um resumo das diferentes posições, cf. R. PIPER, «The Characterization of Pilate»; C. KOESTER, «Why Was the Messiah Crucified?», 168-169 com bibliografia das notas 15.17.

Jesus: «não te apedrejamos por causa das belas obras, mas por blasfémia, porque sendo tu homem, te fazes a ti mesmo Deus» (10,33). A ausência de artigos definidos faz-nos perceber os substantivos como qualitativos (humano...divino: ἄνθρωπος ὢν ποιεῖς σεαυτὸν θεόν). Esta recusa, mesmo perante o reconhecimento dos sinais, é retomada pelo Sinédrio (11,47) mas, profetizando, o Sumo-Sacerdote afirma que é precisamente a singularidade deste «homem» (εἷς ἄνθρωπος: 11,50; cf. 18,14) que, pela sua morte, «congregará na unidade todos Filhos de Deus dispersos» (11,52).

Os «Judeus» aparecem como «os cegos» por antonomásia, precisamente porque se recusam a ver mais longe que o meramente sensível (9,39-41), apesar de terem presenciado «tantos sinais» (12,37). Perante a mentalidade judaica, que considera que a cegueira física está relacionada com o pecado (9,2), Jesus revela que a verdadeira cegueira consiste na recusa em acreditar. E é nesta recusa em aceitar a luz que, pela encarnação, brilha nas trevas (1,5) e que permite passar do meramente sensível ao que é revelado, amando mais as trevas que a luz, que se dá o julgamento (3,19-21; 9,41; 12,45-48). O auto-convencimento dos Judeus que eram detentores da verdade (9,34), que conseguem «ver» com clareza (9,41), trunca o processo da descoberta da luz, leva-os a «não *poderem* crer» (οὐκ ἠδύναντο πιστεύειν: 12,39). Esta relação entre o «ver» Jesus e odiá-lo é bem expressa em 19,5: «Quando os chefes dos sacerdotes e os guardas o viram (εἶδον αὐτόν) gritaram: «levanta-o! Levanta-o! Crucifica-o» (19,5). Judas, sobre o qual nos deteremos adiante, aparece como a personificação deste ódio.

Importante é, ainda, debruçarmo-nos sobre os «irmãos» de Jesus[35]. Também eles se movem no mundo da incredulidade, mas com uma *nuance* diferente. A narrativa introdu-los depois do episódio das Bodas de Caná, juntamente com a Mãe e os discípulos de Jesus, o que parece querer dar a entender que também eles andavam com Jesus (2,12). No entanto, em 7,3 a expressão «os teus discípulos» posta na boca dos irmãos, manifesta dissociação destes em relação àqueles. De facto, o próprio narrador afirma: «nem os seus irmãos acreditavam nele» (7,5: o uso do imperfeito denota uma incredulidade já habitual, mas que, talvez, no tempo em que o QE foi escrito tenha sido ultrapassada). E esta

---

[35] Embora nas passagens em que são referidos não se fale de Jesus como «homem», o facto de serem «irmãos» faz entrar estas personagens no contexto da «humanidade» de Jesus.

incredulidade assume contornos mais graves se tivermos em conta que os próprios irmãos reconhecem as «obras» que Jesus realiza (7,3-4). Mas, como se coaduna esta incredulidade com o pedido destes a Jesus para que se manifeste ao mundo (7,4)? Trata-se de duas concepções diferentes: para os irmãos trata-se de uma manifestação para que Jesus seja conhecido (7,4); para Jesus de entregar a vida (7,8). Segundo Martín-Moreno, o que está por detrás do pedido e da decepção dos irmãos é a concepção política do messianismo de Jesus, de que querem beneficiar[36]. Como Jesus não corresponde às suas expectativas messiânicas, «não acreditavam».

2.1.2 Ver os sinais de Jesus e nele «o» sinal por excelência

Tal como com a humanidade, assim «ver» os sinais de Jesus provoca atitudes diferentes conforme o posicionamento de quem olha. Em 2,23-24, logo depois do episódio do Templo, afirma-se que muitos da multidão, vendo os sinais que Jesus realizara em Jerusalém, «creram nele»[37]. Mas, acrescenta o narrador, «Jesus não confiava neles, porque os conhecia a todos» (2,23-24). O mesmo acontece com a multidão que o segue por causa dos sinais que «viam» Jesus realizar nos doentes (6,2). É o «ver» o sinal da multiplicação dos pães que a leva a considerar Jesus como «o profeta que deve vir ao mundo» (6,14). Mas, trata-se de uma fé insuficiente, marcada por um messianismo político que Jesus recusa (6,15)[38]. Mais uma vez os «sinais» não são suficientes para uma fé recta (cf. IV,3.2.1.b), como se percebe também em 6,26. É a palavra de Jesus que dá sentido aos sinais (6,27) e é nela que é necessário acreditar (6,29): o que é necessário «ver» é «o Filho e acreditar nele» (6,40). Porém, como o próprio Jesus afirma: «vós me vedes e não credes» (6,36), o que manifesta que o grande «sinal» é ele mesmo, a sua humanidade, o seu corpo, que possibilita a «visibilidade» do seu mistério. Percebendo que o que Jesus diz não corresponde ao que desejavam, muitos o abandonam (6,64.66).

---

[36] Cf. J. MARTÍN-MORENO, *Personajes*, 291.
[37] Assim também os Galileus: 2,45.
[38] Na entrada em Jerusalém, mais uma vez a multidão insistirá em querer transformar Jesus num Messias à sua medida, aclamando-o como Rei em 12,12ss. Mas o narrador preparou o leitor, ao longo do QE, e, de modo particular, no episódio imediatamente anterior (12,1-8), para perceber esta entrada de uma outra forma.

O problema não radica nos sinais mas na capacidade/incapacidade para os «ver» com fé. Isto é claro na contraposição das conclusões das duas partes do QE (12,32; 20,30.31), onde se sublinha que os sinais foram feitos «diante de» (ἔμπροσθεν αὐτῶν / ἐνώπιον τῶν μαθητῶν) e se destinam a suscitar a fé. No entanto, os Judeus recusaram-se a acreditar. A uma atitude diferente é convidado o leitor que, «diante» de uma selecção destes mesmo sinais (20,31), é exortado a purificar/confirmar a sua fé. No entanto, o QE vai mais longe: o leitor é recordado que não basta acreditar nos «sinais» que recebe agora no testemunho escrito (20,30-31), mas que os deve «ver» de acordo com o testemunho de quem os escreveu (21,24), de forma a que a sua fé não seja nos sinais, mas em «Jesus, Cristo e Filho de Deus». Só assim terá a «vida no seu nome» (20,31). Tal como com o Jesus histórico, os sinais são um meio, não um fim, cujo verdadeiro sentido é iluminado pelo testemunho. E «o» sinal antonomásico é Jesus, na visibilidade do seu corpo.

2.1.3 Conclusão: ver o corpo de Jesus e nele a sinfonia do «cumprimento»

A humanidade de Jesus, revelada no seu corpo, é o lugar próprio da manifestação da sua *origem* e *natureza* divinas, às quais só se chega por um processo de fé. Por isso, embora quer Filipe, quer os Judeus, chamem a Jesus «filho de José» (1,45; 6,42), o primeiro começa um processo de seguimento que o levará mais longe, enquanto que os Judeus são incapazes disso[39]. O mesmo no que diz respeito à origem de Jesus na Galileia: enquanto que Natanael progride no reconhecimento («és o Filho de Deus; és o rei de Israel»), os Judeus permanecem na incredulidade (1,45-46; 7,41-44)[40]. É perante a natureza humana de Jesus que o homem é chamado a reconhecer o mistério da encarnação e, consequentemente, a sua origem divina. Este reconhecimento tem consequências salvíficas e eclesiológicas: a participação na vida divina[41] e a reunião de todos os filhos de Deus dispersos.

Através das personagens que vêem, mas não crêem, o leitor é precavido a não cair nas suas atitudes (pensando ser detentor da verdade),

---

[39] E ambos se baseiam na origem (humana) de Jesus (1,46; 6,41-42).
[40] Cf. M. THOMPSON, *The Humanity of Jesus*, 13-31.
[41] Como afirma G. MLAKUZHYIL, *Initiation*, 191: «Jesus' human life is the manifestation of eternal life (6,53-54)».

mas a deixar que as «suas verdades» sejam sempre purificadas e renovadas pelo testemunho do autor do QE (πιστεύητε: 19,35; 20,31), que, tal como João Baptista que «veio para dar testemunho da luz, para que todos cressem por meio dele» (1,7), continua a apresentar, no seu testemunho escrito, aquele que é a verdadeira luz (1,9; 8,12) e perante o qual se é convidado a passar das trevas à luz (12,46), como forma de «ter a vida no seu nome» (20,31).

Ora, o leitor de origem judaica, que começou a seguir Jesus, poderá, tal como os irmãos deste, ter dificuldade em acreditar num Jesus que não corresponde, à primeira vista, às esperanças messiânicas nas quais foi educado. E maior é a dificuldade diante de um Messias crucificado[42]! Por isso, é convidado a perceber a «manifestação» de Jesus, não na glória de um trono terreno, mas no da cruz («não subo para *esta* festa...»: 7,8).

É precisamente perante a cruz que o leitor é convidado a «olhar» para a humanidade de Jesus, para o seu corpo «inquebrado» e trespassado («o» sinal por excelência). Mas, a fazê-lo, já não através de um olhar de fé presencial (como o do Baptista, da samaritana, do cego de nascença...), mas pelo «ver» e pelo testemunho «verdadeiro» da testemunha ocular, purificando/fortalecendo a sua fé. Mas, «ver» o quê?

Este corpo, no qual é visível a humanidade de Jesus, é o corpo-Templo, no qual se manifesta a invisibilidade divina e os efeitos soteriológicos e eclesiológicos da sua encarnação e da sua morte e ressurreição. Na visibilidade da humanidade, ou seja, no corpo de Jesus, se manifesta a invisibilidade da glória da presença divina. O corpo inquebrado e trespassado de Jesus é a sinfonia cristológica e soteriológica na qual se manifesta não só a «inquebrantabilidade» da sua natureza humana e divina (Messias e Filho de Deus), como a «unidade» do «cumprimento» de toda a Escritura e da história da salvação, que junta num rebanho «inquebrável» (10,16) todos os filhos de Deus dispersos, que, em Jesus, entram numa relação nova (Aliança), que implica a dádiva da própria vida divina (a vida eterna). Se o Templo de Jerusalém é o lugar «onde todos os Judeus se reúnem» (18,20), Jesus, Templo «inquebrado» (2,18-21; 19,33) é o «lugar» onde os seus discípulos se encontram com o Pai e com os outros, num novo culto e num novo

---

[42] Cf. C. KOESTER, «Why Was the Messiah Crucified?», 163-165. De facto, como defende J. PAINTER, «The Death of Jesus», 338, a morte de Jesus é «a first crisis» para os crentes joaninos.

tempo («o primeiro dia da semana»: 20,19.26). A comunidade «reunida» e, portanto, «inquebrada» dos discípulos é, por sua vez, o lugar onde o corpo do «inquebrado» ressuscitado se torna presente (20,18ss).

É a consolidar a sua fé neste conteúdo que o narrador exorta os leitores, porque este é o «testemunho verdadeiro».

2.2 Ver e dar testemunho verdadeiro

A substantivação do particípio perfeito «ὁ ἑωρακώς» dá um carácter quase ontológico à personagem de 19,35, que se auto-define como «o que viu», ou seja, aquele que fez a experiência de algo que agora o caracteriza como sujeito: «viu» e continua a «ver» (uso do perfeito; a ligação entre o «ver» e o «acreditar» já foi suficientemente estudada). E este sujeito é agora impelido a uma nova acção: testemunhar o que viu. Mas, *não é a primeira vez que o faz*: a forma do perfeito do verbo «μαρτυρέω» (μεμαρτύρηκεν) significa que este «testemunho» já foi dado no passado[43]; agora reafirma-o, com solenidade, tendo em conta a situação presente da comunidade (o que é reforçado pelo aspecto durativo do presente «ἐστίν» e «λέγει» e que confirma o conjuntivo presente de «πιστεύω»). A solenidade deste «testemunho» manifesta-se na enfatização das palavras «μεμαρτύρηκεν / μαρτυρία» e «ἀληθινή / ἀληθῆ». Trata-se não só de «dar testemunho» mas de dar testemunho *verdadeiro*, o que implica poder haver um testemunho falso/mentiroso[44]. Em que medida?

2.2.1 Dar testemunho: a revelação

A ideia de «dar testemunho» pertence ao coração do QE, que lhe dá, segundo Beutler, três usos: o testemunho em favor de Jesus, o testemunho de Jesus, o testemunho sobre Jesus[45]. Na nossa perspectiva, podemos resumi-los aos dois primeiros[46].

---

[43] Cf. S. GRASSO, *Il Vangelo*, 742.

[44] Cf. R. KYSAR, *John*, 292 (embora o «testemunho falso» não tenha de ser sobre a negação da morte real de Jesus, como pretende este autor). É um dos dualismos do QE: 8,44-45 (cf. 1Jo 1,6; 2,21-22); cf. ID., *John, the Maverick Gospel*, 60; W. CARTER, *John*, 86-106. Na 1Jo 1,8; 4,6, o «erro» aparece contraposto a «verdade»: cf. I. de la POTTERIE, «La verità», 129.

[45] Cf. J. BEUTLER, *L'ebraismo e gli Ebrei*, 126-132. O testemunho em favor de Jesus é referido com a expressão característica «μαρτυρέω περί τινος», aparecendo, como «testemunhas» de Jesus: o Baptista (1,7.8.15.19.32.34; cf. 3,26; 5,33), o Pai

CAP. V: EXORTAÇÃO À «INQUEBRANTABILIDADE»

Um paralelismo importante para a compreensão do nosso texto é a afirmação de Jesus no diálogo com Nicodemos, em que declara que o seu testemunho assenta naquilo que «viu»: «falamos (λαλοῦμεν) do que sabemos (οἴδαμεν) e damos testemunho (μαρτυροῦμεν) do que vimos (ἑωράκαμεν), porém não acolheis o nosso testemunho» (3,11: note-se o paralelismo entre falar/testemunhar e saber/ver e o facto do «ver» e do «saber» anteceder o «falar» e «testemunhar»)[47]. O mesmo repete o Baptista acerca de Jesus «aquele que vem do Céu dá testemunho (μαρτυρεῖ) do que viu e ouviu (ὃ ἑώρακεν καὶ ἤκουσεν), mas ninguém acolhe o seu testemunho» (3,31-32). Todos os verbos utilizados em 3,11 são utilizados em 19,35 (embora os verbos *dicendi* sejam diferentes: «λαλέω / λέγω») o que nos permite pensar numa certa correspondência (mas, naturalmente, não identificação) de autoridade entre o que Jesus viu/testemunha e o que viu/testemunha a testemunha ocular, que tem como finalidade a fé (3,12; 19,35). Trata-se de uma revelação, que assenta no ver e no testemunho e na capacidade de o acolher (3,11.31-32).

De um modo particular, é importante o testemunho de João Baptista. Este não só «dá testemunho» que não é o Cristo (1,19) como «dá testemunho» que Jesus é o Filho de Deus (1,34). A afirmação do Bap-

---

(5,32.37; 8,18), as obras que Jesus faz e cuja realização lhe foi encarregue pelo Pai (5,36; 10,25), as Escrituras (5,39), o próprio Jesus (8,14.18; cf 8,13), o Espírito Paráclito (15,26) e os discípulos (15,27; cf. ainda a samaritana, em 4,39, e a multidão em 12,17). O testemunho de Jesus ocorre em 3,11-31-32 com a fórmula «μαρτυρέω τι» e ainda em 7,17; 13,21; 18,37. No que respeita ao testemunho sobre Jesus, cf. nota sucessiva.

[46] J. BEUTLER, *L'ebraismo e gli Ebrei*, 132, classifica 19,35 e 21,24 como «testimonianza su Gesù», visto que o genitivo utilizado não é de pessoa, mas de coisa: em 19,35 se refere à abertura do lado e ao fluxo do sangue e água (que, como vimos, não é a nossa opinião; não se refere apenas ao facto, mas sobretudo ao conteúdo crente dos factos que decorrem *em* Jesus, no seu corpo) e em 21,24 o genitivo «περὶ τούτων» refere-se a «todas as coisas» acerca de Jesus, uma expressão que não é de estranhar numa conclusão. Ora, o que está em causa é um testemunho (naturalmente positivo) sobre Jesus, pelo que a questão gramatical não é razão suficiente para desligar estas ocorrências da primeira classificação (de facto, também em 1,7.8, p. e., se utiliza um genitivo de objecto, embora se refira a Jesus: «ἵνα μαρτυρήσῃ περὶ τοῦ φωτός»).

[47] O «ver» constitui, para o testemunho de Jesus, a referência permanente, como releva o uso do perfeito: cf. F. MIRGUET, «Voir la mort», 474. Por outro lado, «A la suit de la Septante, Jean done à *lalein* valeur de révélation [...] (6,63)»: E. COTHENET, *La chaîne des témoins*, 43.

tista[48] em 1,34 (κἀγὼ ἑώρακα καὶ μεμαρτύρηκα ὅτι οὗτός ἐστιν ὁ υἱὸς τοῦ θεοῦ) utiliza um vocabulário e formas gramaticais muito próximas da afirmação da testemunha ocular em 19,35. O conteúdo do «ver» refere-se ao sinal da pomba (1,32: τεθέαμαι), que constitui uma revelação, cujo conteúdo é especificado: Jesus é o que baptiza no ES e é o Filho de Deus[49]. Ora, a finalidade do «dar testemunho» do Baptista tinha sido especificada em 1,7: «para que todos acreditem por meio dele» (ἵνα πάντες πιστεύσωσιν δι' αὐτοῦ: 1,7)[50]. Há, pois, um estreito paralelismo entre o vocabulário utilizado para o «testemunho» do Baptista e o da testemunha ocular de 19,35: ambos «vêem» algo mais profundo que o meramente físico e humano e que se refere não só à natureza divina de Jesus, como à finalidade da sua vinda: baptizar no ES. O «conteúdo» deste «ver» crente torna-se objecto de uma revelação[51], que, por sua vez, se torna «testemunho»[52], com uma finalidade: que os outros acreditem. Em quê? No conteúdo daquilo que é revelado: «The readers are asked to have faith not only in what the eyewitness say, but also in its theological implications»[53]. Mas, há uma diferença: enquanto que o Baptista testemunha para suscitar a fé (conjuntivo aoristo) cuja

---

[48] Embora o façamos por uma questão de facilidade, é preciso ter presente que o QE nunca chama Baptista a João. E o facto talvez não seja inocente, de forma a acentuar-se, sobretudo, o seu papel de «testemunha» em relação a Jesus: cf. E. COTHENET, *La chaîne des témoins*, 19.

[49] Cf. II,4.3.2.d; III,2.2.2.b.

[50] A finalidade do «dar testemunho do Baptista identifica-se com a finalidade da sua vinda: «ἦλθεν εἰς μαρτυρίαν».

[51] E não de um milagre, como pretende W. AMELING, «Evangelium», 30-34.

[52] A relação entre o DA e o Baptista é afirmada por vários autores. O «ver» e «testemunhar» quer do Baptista, quer do DA, é diferente do de Jesus: enquanto que este testemunha aquilo que «viu» directamente na realidade celeste, «l'événement extérieur qu'ils ont "vu" est un signe qui leur donne connaissance d'une autre réalité, qu'ils ne peuvent voir des yeux du corps; et leur témoignage parte directement sur cette réalité cachée, sur la chose signifiée [...]. Pour saint Jean le témoin n'est pas tant un témoin des faits, il est un témoin de sa foi» : I. de la POTTERIE, *La Vérité*, I, 82 (embora não concordemos com este autor, quando defende que o sinal de 19,35 é o sangue e a água [cf. pp. 86-87 nota 19; 579 nota 102); como vimos, é muito mais abrangente).

[53] M. VELLANICKAL, «Blood and Water», 148. A morte de Jesus é, como afirma E. MALATESTA, «Blood and Water», 166, «The supreme moment of revelation». O papel da visão no testemunho das mulheres foi tratado de modo particular por R. MACCINI, *Her Testimony is True*, onde chega a duas conclusões: as narrativas pretendem radicar a verdade do que é narrado no Jesus histórico e, em segundo lugar, persuadir o leitor a aceitar a verdade acerca da identidade de Jesus (p. 19).

consequência é o desejo do início do seguimento (1,37)⁵⁴, a testemunha ocular de 19,35 fá-lo para exortar a crer rectamente (conjuntivo presente), ou seja, a seguir Jesus na «verdade» daquilo que revelou⁵⁵.

2.2.2 Dar testemunho: anunciar a verdade

É neste contexto que entra o conceito de «verdade», que está intimamente unido à revelação. Tal como o Baptista «deu testemunho acerca da verdade» (μεμαρτύρηκεν τῇ ἀληθείᾳ) — que, pelo contexto, se percebe ser toda a revelação acerca de Jesus (quando os Judeus enviaram emissários junto dele: 5,33) — assim o narrador em 19,35 não só qualifica o testemunho como «verdadeiro» (ἀληθινὴ αὐτοῦ ἐστιν ἡ μαρτυρία), como o identifica com o «dizer» a verdade (ἀληθῆ λέγει), o que se entende ser testemunhar acerca da verdade da revelação sobre Jesus e o significado do sinal do seu corpo e dos acontecimentos que nele (não) se deram. Por outras palavras, dar testemunho da verdade é revelar Jesus, a verdade/revelação personificada (14,6-11; cf. 1,14.17)⁵⁶: o termo «verdade» não é uma categoria moral, mas «si riferisce a Gesù, persona-verità»⁵⁷.

Por isso, a «verdade» é uma palavra intimamente ligada ao verbo «dar testemunho» e qualifica muitas vezes o substantivo «testemunho». Quando assim é, refere-se ao testemunho acerca de Jesus, dado pelo Baptista (5,31-33⁵⁸; cf. 10,41), cuja verdade é atestada por Jesus (5,32), mas, sobretudo, pelo testemunho que Jesus, no qual o Pai permanece, dá acerca de si mesmo (8,13-14.18). Dar testemunho da verdade é a finalidade da sua vinda ao mundo (18,37)⁵⁹ e o seu conteúdo é a pala-

---

⁵⁴ Cf. R. BOILY – G. MARCONI, *Vedere*, 63.

⁵⁵ R. VIGNOLO, *Personaggi*, 168, considera o Baptista e o DA (que, como veremos, é também na nossa perspectiva, a testemunha de 19,35) um «doppio litterario», no sentido em que vê nas duas personagens um paralelismo estreito e completo, que estabelece entre elas «rapporto di vero e proprio *alter ego*», sobretudo no que respeita ao seu papel de testemunhas (para um desenvolvimento desta ideia, cf. *Ibid.*,170-194).

⁵⁶ Cf. S. PANIMOLLE, *L'evangelista*, 56; A. CASALEGNO, *«Perché contemplino»*, 142-143.

⁵⁷ A. CASALEGNO, *«Perché contemplino»*, 340.

⁵⁸ Esta passagem permite entender quer o Baptista, quer o Pai, como sujeito do testemunho: inclinamo-nos para a primeira hipótese, pois, por um lado é do Baptista que Jesus fala no texto seguinte e, por outro, a seguir Jesus fala de um testemunho maior que o de João: o das obras (5,36), o do Pai (5,37-38) e a da Escritura (5,39ss).

⁵⁹ A expressão «μαρτυρέω τῇ ἀληθείᾳ» aparece 2x no QE: 5,33 e 18,37, para caracterizar a missão do Baptista e a de Jesus.

vra do Pai (ὁ λόγος ὁ σὸς ἀλήθειά ἐστιν: 17,17), ou seja, o próprio Jesus, Palavra-revelação feita carne (1,1.14), na qual a verdade se tornou «corpo» (1,17)[60]. Acolher o seu testemunho é certificar que «Deus é verdadeiro» (3,33), na medida em que Jesus fala do que recebeu da parte do Pai (7,16-18; 8,26). Esta perspectiva deve ser entendida dentro do contexto do discernimento/julgamento para o qual Jesus veio (9,39): perante a mentira dos Judeus, que não acreditam em Jesus e, por isso, têm por Pai o Diabo, pai da mentira (8,44), os discípulos são chamados a testemunhar a verdade (Jesus)[61].

No cap. 8, ocorrem frequentemente as palavras «λόγος» (6x em 8,31-35) e «ἀλήθεια» (7x em 8,32-46), com «λόγος» a referir-se sempre à palavra de Cristo. A ligação entre os dois vocábulos é notória, sobretudo, logo em 8,31b-32: «se permanecerdes na minha palavra, sereis verdadeiramente meus discípulos; conhecereis a verdade e a verdade vos libertará». A «verdade» é, pois, a revelação que vem do Pai e que é testemunhada por Jesus (8,40). Ora, estes textos são muito importantes para a compreensão do nosso argumento, na medida em que Jesus dirige o seu discurso «aos Judeus que tinham acreditado nele» (πεπιστευκότας αὐτῷ: 8,31b), ou seja, a gente que, embora tendo feito uma adesão à fé, de facto, não «permanece» na «verdade», como se percebe pelo discurso sucessivo: ao contrário das ovelhas que reconhecem a voz do pastor (10,14.16.27) e que, por isso, são «da verdade» (18,37), estes não escutam a palavra de Jesus (8,43) na medida em que a palavra «não penetra» neles (8,37). Note-se o presente «não penetra (οὐ χωρεῖ) em vós», em contraste com o perfeito «πεπιστευκότας» de 8,31: no passado aderiram a Jesus e, embora no presente haja ainda, formalmente, alguma ligação a esse facto passado (o aspecto do perfeito), na verdade não são discípulos de Jesus, na medida em que não escutam a sua palavra (uso do presente)[62]. De facto, eles «não permaneceram» na palavra de Jesus (μείνητε ἐν τῷ λόγῳ τῷ ἐμῷ) e, portan-

---

[60] Cf. I. de la POTTERIE, «La verità», 131-133.

[61] Sobre o contexto judicial e religioso da expressão, cf. I. de la POTTERIE, «Jean-Baptiste», 319-320.327.328; E. COTHENET, *La chaîne des témoins*, 12-18. A obra de A. LINCOLN, *Truth on Trial*, (que resume em ID., «The Beloved Disciple», 10) enquadra os diversos testemunhos no contexto de um julgamento cósmico sobre a verdade, em que Jesus é o único agente, como testemunha-chefe e juiz no processo legal e dentro do qual devem ser lidos todos os testemunhos apresentados no Evangelho.

[62] «La vérité, pour saint Jean, s'apprend donc avant tout par l'audition des paroles de révélation» : I. de la POTTERIE, *La Vérité*, I, 66.

to, não conhecem «a verdade», tal como o Diabo «não está na verdade» (ἐν τῇ ἀληθείᾳ οὐκ ἔστηκεν: 8,44). Por isso, não são «verdadeiramente» discípulos de Jesus (ἀληθῶς μαθηταί μού ἐστε) e têm por pai o Diabo (ἐκ τοῦ πατρὸς τοῦ διαβόλου ἐστέ)[63]. O leitor, que também um dia «acreditou», é recordado que tal não é suficiente, mas que é necessário «permanecer» na palavra de Jesus, de forma a ser «verdadeiramente» seu discípulo; só assim conhecerá a verdade (8,31-32) e só assim «jamais provará a morte» (8,51.52), ou seja, terá «a vida no seu nome» (20,31). Dirigindo-se a judeo-cristãos, que podem estar em risco de renegar o seu discipulado, o evangelista recorda-os que «a graça e a verdade» não vêm através da Lei e do seu cumprimento legalista, mas de Jesus (1,17) e que não é na Lei/Escritura, mas em Jesus, que encontram a vida divina (1,17; 5,39-40). Mais: visto que, em Jesus, se «cumpre» toda a Escritura, recusar Jesus implica recusar a Escritura. Aos que ainda estão agarrados à Lei e ao discipulado moisaico, o evangelista recorda que o que Moisés escreveu, fê-lo a respeito de Jesus (5,46) e o que aquele realizou foram pré-anúncios figurados do verdadeiro dom dado neste (1,17): ele é o verdadeiro Pão que *desceu* do Céu (6,32-33) e o verdadeiro sinal de salvação, *levantado* por Deus (3,14-15), pois só ele oferece a vida divina (cf. III,1).

Ora, esta geração de leitores que já não escutou, nem viu sensivelmente Jesus, tem acesso a ele, já não pelo testemunho *de* Jesus, mas pelo testemunho *sobre* Jesus[64]. Depois da sua partida, são o Paráclito, «o Espírito da verdade» (14,17; 15,26; 16,13), e os discípulos que darão testemunho dele (15,26-27). Esta afirmação é feita no contexto do anúncio do ódio do mundo e das perseguições (15,18-25) e da expulsão das sinagogas e inclusivamente do assassínio dos discípulos (16,1-4), o que significa que é, sobretudo, nos momentos de dificuldade, como aquele por que a comunidade passa, que o leitor é chamado a «testemunhar» a verdade. E esta «verdade» só é revelada plenamente pela acção do ES (16,13)[65]. A ligação entre o «Espírito da Verdade» e os discípu-

---

[63] T. GRIFFITH, «"The Jews Who Had Believed"», vê nos Judeus de 8,31 os que, tendo acreditado no passado, agora não só já não acreditam como são os que (ou um grupo deles) em 8,59 querem apedrejar Jesus.

[64] De certa forma, como faz notar E. COTHENET, *La chaîne des témoins*, 137-141, os termos do campo semântico do «testemunho» estão, no QE, no lugar dos termos normais do *kerigma* (anunciar, pregar, evangelho, evangelizar).

[65] O verbo «ἀναγγέλλω» significa, sobretudo, «anunciar ou revelar» algo que estava de alguma forma velado: cf. I. de la POTTERIE, «La verità», 138-139.

los, feita pelo «καί» adverbial em 15,26-27, faz perceber aquele como o garante da «verdade» do testemunho sobre Jesus (cf. 16,13-15)[66].

Por isso, em 19,31-37, no momento mais escandaloso e incompreensível da vida de Jesus (a cruz), mas também da dádiva do Espírito, aquele que está junto à cruz «dá testemunho verdadeiro», cujo conteúdo já vimos.

A insistência no carácter «verdadeiro» do que se afirma, exorta o leitor a entender que acreditar num outro testemunho é não permanecer na verdade de Cristo, na verdade da sua revelação[67], o que, como em todos os dualismos joaninos, é inconciliável: não permanecer na «verdade» é pertencer ao Diabo, pai da mentira (8,44)[68] e, portanto, estar destinado

---

[66] A 1Jo 4,1-6 faz uma contraposição entre o «Espírito da verdade» (τὸ πνεῦμα τῆς ἀληθείας) e «espírito do engano» (τὸ πνεῦμα τῆς πλάνης), que se diferenciam precisamente por ser ou não «de Deus» (1Jo 4,1.2.3.6). O «Espírito da verdade» é «o Espírito que Ele [Deus] nos deu», garantia da «permanência» mútua de Deus em nós (1Jo 3,24). É ele que, em nós, «confessa que Jesus veio na carne» (1Jo 4,2) e faz escutar o que é ensinado (1Jo 4,6); isto significa que quem não «confessa Jesus» (subentende-se que «veio na carne») — ou seja, um Jesus diferente daquele que foi testemunhado — está sob a acção do «espírito do Anticristo» (1Jo 4,3), o «espírito do engano» (1Jo 4,6). Em 1Jo 2,19.22-23 estes «Anticristos» (aqueles que estão possuídos pelo «espírito do Anticristo») tinham sido descritos como negadores da fé cristológica e que «saíram de entre os nossos». Trata-se de «negar» que «Jesus é o Cristo» e, consequentemente, de «negar» o Pai (1Jo 2, 22-23). Ou seja, «o Espírito da verdade» é quem faz confessar a verdade sobre Jesus, de acordo com o que foi pregado. Por isso, o escritor distingue entre um «vós» e um «eles» (1Jo 4,4.5) em que os primeiros são exortados a «não acreditar» nos segundos, ou seja, nos falsos profetas (1Jo 4,1). Cf. I. de la POTTERIE, «La verità», 134-135; R. FABRIS, Lettere, 84-90.

[67] «In San Giovanni, si può dire che la menzogna o l'errore è la negazione della verità di Cristo, il rifiuto della sua rivelazione; questo rifiuto ha un carattere escatologico e assieme diabolico»: I. de la POTTERIE, «La verità», 129; cf. ID., La Vérité, I, 905-954 (este autor defende que o background de S. João é, de forma particular, a literatura apocalíptica e sapiencial judaica e não o helenismo e o dualismo gnóstico: cf. Ibid., 23-36.123-129).

[68] Veja-se o uso da mesma preposição «ἐκ» em 8,44 (ἐκ τοῦ πατρὸς τοῦ διαβόλου) e 18,37 (πᾶς ὁ ὢν ἐκ τῆς ἀληθείας) para falar dos que (não) escutam a palavra/voz de Jesus. Por outro lado, segundo I. de la POTTERIE, «La verità», 128 nota 15, a expressão «τὴν ἀλήθειαν λαλεῖν» é diferente da expressão «τὴν ἀλήθειαν λέγειν», que ocorre no QE 3x (8,45.46; 16,7) para introduzir uma palavra de revelação que é ainda enigmática e velada (enquanto que a primeira expressão acentua o carácter revelador da palavra de Jesus; contra, p. e., C. DODD, Interpretation, 177, que não faz distinção). A expressão de 19,35 é diferente, mas utiliza o verbo «λέγω», tendo como sujeito o DA, o que manifesta o carácter revelador da sua afirmação, comparável à revela-

CAP. V: EXORTAÇÃO À «INQUEBRANTABILIDADE»

à morte (8,51.52), ou seja, não «ter a vida em seu nome» (20,31). Tendo em conta o que dissemos, podemos perceber o «πιστεύητε» de 19,35 e 20,31 como algo que, como vimos no capítulo anterior, implica um *processo*, que parte de uma primeira adesão à fé, mas que necessita de uma fidelidade à verdade da revelação recebida («permanecer»; «guardar»)[69], cuja concretização é «dar testemunho da verdade», mesmo perante as dificuldades do dar testemunho de um Cristo crucificado (quer exteriores, quer interiores). Tal como Jesus, os discípulos padecem a sua «hora» da perseguição e morte (16,2.4), mas, precisamente nesse momento, são chamados a fortalecer a fé, para que, «permanecendo» em Jesus, sejam fortalecidos pela presença do Paráclito (15,26s; 16,7ss).

Neste sentido, podemos entender a expressão «fazer a verdade» (3,21) não só como «les dispositions de droiture, de loyauté, de fidélité à l'idéal entrevue»[70], mas como testemunhá-lo.

2.2.3 Dar testemunho da verdade: confessar

O conceito de «dar testemunho» da «verdade» encontra a sua formalização no verbo «ὡμολογέω» (confessar), que ocorre quatro vezes no QE (1,20bis; 9,22; 12,42)[71]. Na primeira ocorrência esta identificação entre «testemunhar a verdade» e «confessar» torna-se clara pela contraposição entre «confessou» (ὡμολόγησεν) e «não negou» (καὶ οὐκ ἠρνήσατο) do Baptista, sobre o facto de não ser o Messias. Ou seja, confessar implica dar testemunho da verdade, tal como no seguimento do texto o Baptista o fará (o verbo ἀρνέομαι ocorre em 13,38 e 18,25.27 para falar da negação de Pedro e da mentira sobre o seu discipulado). Ora, o que se sublinha, sobretudo, é o conteúdo «verdadeiro» do que se confessa, por contraposição ao falso (que o Baptista poderia ser o Messias)[72]. Desta forma, o leitor é confrontado com a necessidade de, tal

---

ção de Jesus. Para uma apresentação mais detalhada da relação entre o «dizer/falar» a verdade e o seu conteúdo revelador, cf. I. de la POTTERIE, *La Vérité*, I, 39-64.

[69] A «verdade» é algo que se vai descobrindo progressivamente, como faz notar o uso do futuro «γνώσεσθε» (8,31): cf. I. de la POTTERIE, «οἶδα et γινώσκω», 720-721.

[70] E. COTHENET, *La chaîne des témoins*, 49 (cf. a nota 13 para expressão semelhante nos escritos de Qumran).

[71] P.GRECH, «Le confessioni», 30-33, vai além da ocorrência do verbo e anota 25 possíveis confissões de fé no QE.

[72] E não tanto, como afima M. LEE, *«Signore, Vogliamo Vedere Gesù»*, 216, que esta primeira ocorrência do verbo «coincide con la professione di fede di Giovanni

como o Baptista e ao contrário de Pedro, «confessar» e «não negar», ou seja «dar testemunho da verdade»[73]. É este o sentido do verbo em 9,22: perante o perigo da expulsão da sinagoga, os pais do cego de nascença não são capazes de testemunhar a verdade (9,23), ao contrário deste, que, diante da hostilidade dos Judeus, se recusa a negar a verdade dos acontecimentos. E o perigo da expulsão da sinagoga tem a ver com o «confessar» Jesus como o Cristo (9,22). O cego, com vimos, não só o reconhece como o Cristo, como professa a sua fé nele como Senhor, prostrando-se (9,38). Tal como ele, o leitor é exortado a, perante as adversidades exteriores, fazer o caminho de fé e de «confissão» (testemunho da verdade), mesmo que isso implique o confronto e a expulsão da sinagoga (9,34).

Esta ideia é ressaltada na quarta ocorrência do verbo, em 12,42, na conclusão da primeira parte do QE. Muitos chefes dos Judeus, embora tendo acreditado em Jesus (ἐπίστευσαν εἰς αὐτόν)[74], não confessavam (ὡμολόγουν) a sua fé nele «para não serem expulsos da sinagoga». A razão é «amar mais a glória dos homens do que a de Deus» (12,23). O leitor é confrontado, desta forma, com duas atitudes de gente que crê (a do Baptista e do cego de um lado, e a dos chefes que acreditaram de outro) e a perceber que a fé implica testemunhar a verdade daquilo que se crê, ou seja, a confessar a fé, mesmo perante um ambiente hostil e que isso signifique perder a glória ao olhos dos homens (cf. 5,41-44). É o que faz Jesus diante de Pilatos (18,37-38) e a testemunha em 19,35: perante a hostilidade da cruz e a negação, aos olhos meramente sensí-

---

Battista». A resposta negativa do Baptista antecede e prepara, por antítese, a de Jesus: «Eu Sou»: cf. F. MOLONEY, *Gospel*, 52.

[73] Esta contraposição entre «ἀρνέομαι» e «ὁμολογέω» e a sua ligação à fé cristológica é muito clara em 1Jo 2,22-23: o mentiroso é aquele que «nega» Jesus como o Cristo e «negando» Jesus, «nega» o Pai; «o que confessa o Filho também possui o Pai». E esta confissão está ligada ao que foi transmitido: «mas vós, procurai que permaneça em vós o que ouvistes desde o início» como condição de «permanecer no Filho e no Pai» (1Jo 2,24). «Confessar» implica, pois, testemunhar a «verdade» (não «negar») sobre Jesus, *tal como foi recebida «desde o início», ou seja, pela pregação/testemunho recebido*. O conteúdo deste confessar» consiste em «confessar que Jesus veio na carne» (1Jo 4,2; cf. 2Jo 1,7) e que «é Filho de Deus» (1Jo 4,15). O verbo «ὁμολογέω» é usado nas epístolas joaninas para confissões de fé (1Jo 2,23; 4,2.3.15; 2Jo 3): cf. E. COTHENET, *La chaîne des témoins*, 22.

[74] O uso do aoristo com a preposição «εἰς» dá ao verbo aspecto ingressivo: «tendo começado a acreditar nele...».

veis, do mistério de Jesus, confessa, dá o testemunho verdadeiro[75]. Por isso, o leitor é convidado a manter-se fiel (conjuntivo presente) ao testemunho que recebeu; a, tal como o Baptista, «não negar» a verdade de Jesus, tal como lhe foi transmitida pela testemunha ocular[76]. Apenas este testemunho é verdadeiro; tudo o que não lhe corresponda é «mentira» e tem a sua origem no Diabo (8,44). Só assim poderá ter «a vida no Seu nome» (20,31): «Para tener vida hay que creer en Jesus; y a la fe se llega mediante el testimonio»[77]; por isso, «le témoignage dans S. Jean, est un thème de révélation [...] et le témoignage du croyant lui-même s'exprime dans la confession de foi»[78].

O leitor que não «viu» sensivelmente os sinais, é chamado agora a «ver» espiritualmente os «sinais» escritos por aquele que viu e testemunhou, acreditando e confessando a «verdade» recebida[79]. O conteúdo do «πιστεύητε» de 19,35 tem, assim, também a ver com a dimensão do «testemunhar a verdade», o «confessar».

Ora, perante isto, apresentam-se-nos duas questões fundamentais: quem é esta testemunha e donde lhe vem esta autoridade, que lhe permite apresentar o seu testemunho como «verdadeiro», como fundamento da fé do leitor?

3. O DA, revelador de Jesus e referência da comunidade

A testemunha de 19,35 é a primeira a concretizar o anúncio de Jesus em 15,27: «e também vós dareis testemunho, porque estais comigo desde o início». Se Jesus afirma que o testemunho é dado, nos primei-

---

[75] Pilatos, embora pergunte «o que é a verdade?» (19,38), não se dispõe a ouvir a resposta.

[76] A finalidade do testemunho é conduzir à co-divisão da visão de fé: cf. L. CILIA, *La morte di Gesù*, 123.

[77] L. SÁNCHEZ NAVARRO, «Estructura testimonial», 512.

[78] I. de la POTTERIE, «Jean-Baptiste», 318. J. PAINTER, *The Quest for the Messiah*, 388-389, apresenta a fé (com as passagens respectivas que fundamentam) como: 1) percepção, reconhecimento, compreensão; 2) decisão; 3) dependência e obediência.

[79] «in the discourse of the Fourth Gospel, seeing and testifying are equivalent of believing and confessing, what is claimed as true is the witness's belief about the significance of Jesus' death»: A. LINCOLN, «The Beloved Disciple», 25. Por outro lado, «The readers, who are supposed to get a living faith through all the signs Jesus did, are just people who have to believe without having seen Jesus, either before or after his resurrection»: R. KIEFFER, «The Implied Reader», 51.

ros tempos, por aqueles que estão com ele «desde o início»[80], naturalmente a testemunha de 19,35 é um deles. Mais, é o Paráclito, «Espírito da Verdade» (15,26) que plenifica de «verdade» o conteúdo do «dar testemunho» da testemunha ocular. Por isso, esta está capacitada para «dar testemunho verdadeiro», pois ela «é da verdade», e, portanto, escutou o testemunho de Jesus sobre a verdade (18,37b). Consequentemente, o narrador só se poderá estar a referir ao DA, aquele que, por ter guardado os mandamentos de Jesus é amado por este, que se lhe manifesta (14,21; 15,8-10)[81]. É ele a testemunha ocular, que permanecendo junto à cruz de Jesus (19,25-27), é o primeiro a receber o ES (água) que o faz entender a «verdade plena» da revelação (16,13) e, com o ES, a testemunhar acerca do que viu (15,26-27). Por isso, o seu testemunho é verdadeiro[82].

---

[80] Para A. LINCOLN, «The Beloved Disciple», 9-10, o testemunho não se baseia tanto no que «viram» mas sobretudo no significado da missão de Jesus como um todo. Ora, a nível da narração uma coisa acontece a partir da outra.

[81] Para o desenvolvimento desta ideia, cf. R. VIGNOLO, *Personaggi*, 187-188.

[82] Há dificuldade na identificação desta testemunha ocular, que tem que ver com o uso do pronome «ἐκεῖνος». A quem se refere? As respostas são díspares: alguns pensam no soldado romano (cf. J. MICHAELS, «The Centurion's Confession»; G. van BELLE, «The Death of Jesus», 41-42), outros em Deus através do ES (R. KEMPTHORNE, «As God is my Witness», 289), ou o próprio ES (A. DEWEY, «The Eyewitness», 67-68) ou ainda Jesus (M. de BOER, *Johannine Perspectives*, 302, que segue Bultmann). M. SABBE, «The Johannine Account», 49, distingue o que viu (soldado) do que dá testemunho (DA, autor do QE). Na nossa perspectiva, é preciso ter em consideração o contexto do Gólgota: o DA, que permanece junto à cruz de Jesus (19,25-27), é, tendo também em conta a sua autoridade em todo o QE, aquele que melhor se enquadra (cf., p. e., M. VELLANICKAL, «Blood and Water», 148-149; D. SMITH, *John*, 364; G. O'DAY – S. HYLEN, *John*, 188). Por outro lado, se, como o faz hoje a maior parte dos autores, distinguirmos o autor implícito do narrador, poderemos entender tratar-se de um testemunho do narrador em favor do DA, testemunha ocular dos acontecimentos, afirmando que acredita na verdade do seu testemunho: cf. R. CULPEPPER, *Anatomy*, 44; J. HEIL, *Blood and Water*, 110-111. De opinião contrária é R. BAUCKHAM, *The Testimony*, 81 (ID., *Jesus*, 368.380), que, à luz de 21,24, considera a testemunha ocular e «ἐκεῖνος» a mesma pessoa, ou seja, o autor (assim também, p. e., D. TOVEY, *Narrative Art*, 134: a expressão «is to be taken as an oblique self-reference» do autor implícito). A questão está, naturalmente, ligada à do autor e do narrador do QE e à do DA. Enquanto alguns distinguem o autor implícito do narrador, identificando o DA com o autor implícito, diferente do narrador (cf. R. CULPEPPER, *Anatomy*, 47), outros identificam-nos (cf. J. RESSEGUIE, *The Strange Gospel*, 22 com nota 49) e outros ainda identificam o DA com o autor real (cf. D. TOLMIE, *Jesus' Farewell*, 51-59). Na nossa perspectiva (que se baseia na distinção

3.1 *O DA, aquele que «viu» e «testemunha»*

Em 21,24, no fim do QE, o narrador confirma aquilo que o leitor já suspeita: «este é o discípulo que dá testemunho destas coisas e foi quem as escreveu. E sabemos que o seu testemunho é verdadeiro». Refere-se ao DA, como se percebe pelo contexto imediatamente anterior (21,20ss). Aquele, que em 19,35 é descrito como «ὁ ἑωρακὼς μεμαρτύρηκεν», em 21,24 recebe o nome de «ὁ μαθητὴς ὁ μαρτυρῶν», cujo «ver» e «testemunhar» se encontram agora no testemunho escrito (ὁ γράψας)[83]. Note-se a substantivação de todos os verbos, que qualificam progressivamente o DA: «o que viu»; «o que testemunha»; «o que fez escrever». O que está escrito corresponde ao testemunho, que, por sua vez, corresponde à visão.

O papel «revelador» do DA tinha sido preparado no QE[84], sobretudo em 13,23, onde se lhe faz uma primeira referência directa e se afirma que está «no seio de Jesus» (ἐν τῷ κόλπῳ τοῦ Ἰησοῦ). Isto é recordado no final do QE, em 21,20, com uma expressão diferente: «ἐπὶ τὸ στῆθος». A expressão encontra o seu paralelo em 1,18, onde se afirma que Jesus «está para o seio do Pai» (ὁ ὢν εἰς τὸν κόλπον τοῦ πατρός — cf. II,4.1.3). Ora, assim como Jesus é o único que «viu» o Pai e o

---

de Culpepper) a frase introduzida pelo «καί» adverbial permite uma dupla leitura: refere-se à fé do DA, que «viu» e, portanto, acreditou (por isso testemunha) e à fé do narrador na «verdade» do que é «testemunhado» pelo DA (cf. 21,24).

[83] Em 21,24, a expressão «o que escreveu estas coisas» (ὁ γράψας ταῦτα) parece ter um sentido causativo, à semelhança 19,22 (não foi, com certeza, Pilatos a escrever a placa, mas a «fazer escrever», no sentido de estar na origem do que se escreve): cf. J. BERNARD, *A Critical and Exegetical Commentary*, II, 713. Para a discussão sobre este particular, cf. R. BAUCKHAM, *Jesus*, 358-363.

[84] A expressão «ὁ (ἄλλος) μαθητὴς (ἐκεῖνος) ὃν ἠγάπα (ἐφίλει) ὁ Ἰησοῦς» ocorre em 13,23;19,26; 20,2; 21,7.20. No que respeita a 18,15-16, muitos autores consideram a personagem indicada como «outro discípulo» (ἄλλος μαθητής) referida ao DA: cf., p. e., C. BARRETT, *Gospel*, 525; R. CULPEPPER, *Anatomy*, 44; V. MANNUCCI, *Giovanni*, 229 com nota 13; K. QUAST, *Peter and the Beloved Disciple*, 78-82. A posição de J. CHARLESWORTH, *The Beloved Disciple*, 336-359, que conclui que se trata de Judas e não do DA, não tem sentido, pois, para além de Judas nunca ter sido assim tratado, a sua atitude de recusa total de Jesus (como veremos adiante) não justifica aqui a sua presença. Além disso, a expressão é paralela a 20,4 (Σίμων Πέτρος καὶ ἄλλος μαθητής / ὁ Πέτρος καὶ ὁ ἄλλος μαθητής), onde se refere ao DA (20,2) e onde se insiste por 3 vezes na referência a ele como «o outro discípulo» (20,3.4.8). O leitor sabe, pelo contexto de todo o Evangelho, que não pode ser outra pessoa.

revelou, dando testemunho (3,11)[85], assim também o DA, no sentido mais profundo do seu «ver» dá a conhecer Jesus, testemunhando-o[86]. Na última ceia (e a partir dela), o DA aparece como alguém muito ligado a Pedro e em contraste com Judas (13,21-30)[87]. Aliás, a revelação do traidor parece ser feita exclusivamente ao DA, o que manifesta a relação de intimidade com este (13,26)[88].

Mas a autoridade do seu testemunho vem também da atitude intemerata como (ao contrário dos outros discípulos que se dispersam [cf. 18,8] e de Pedro que, sem acção e com medo, nega Jesus [18,15-18.25-27]), toma a iniciativa de seguir Jesus desde o início do processo da Paixão (18,15-16) e, portanto, é testemunha (ao contrário de Pedro) de todos os acontecimentos (e, como vimos no cap. I, é ele a orientar o próprio Pedro)[89], sem ter medo de perder a sua «glória» diante dos homens (pois é uma personagem que deve ter alguma importância social, na medida em que é conhecido do Sumo Sacerdote: 18,15)[90]. É

---

[85] «ὃ οἴδαμεν λαλοῦμεν καὶ ὃ ἑωράκαμεν μαρτυροῦμεν, καὶ τὴν μαρτυρίαν ἡμῶν οὐ λαμβάνετε».

[86] Cf. R. CULPEPPER, *Anatomy*, 121; M. LEE, *«Signore, Vogliamo Vedere Gesù»*, 227; W. CARTER, *John*, 76. L. DEVILLERS, «Le sein du Père», seguindo Boismard, interpreta esta expressão em 1,18 como relacional, no sentido de que Jesus é aquele que conduz à relação íntima com Deus. Ora, também o DA conduz o leitor à relação íntima com Jesus e, através dele, com o Pai.

[87] Cf. R. VIGNOLO, *Personaggi*, 173.

[88] O texto dá a entender que a revelação de Jesus é feita apenas ao DA (cf. L. MORRIS, *Evangelio*, II, 247), quer pela posição deste à mesa, quer pelo verbo «ἀποκρίνεται» (13,26), que é diferente da declaração imperativa a Judas em 13,27b («o que tens a fazer, fá-lo rapidamente»), que nenhum dos discípulos compreendeu (οὐδεὶς ἔγνω τῶν ἀνακειμένων: 13,28-29), pelo que se depreende que neste caso, ao contrário do anterior, todos ouviram. Este «nenhum dos que estavam à mesa» refere-se também ao DA? Se gramaticalmente assim parece ser, a sequência do texto indica outra solução: o DA, ao contrário dos outros, sabe, pela resposta que Jesus lhe dá, o sentido do gesto que realiza com Judas; é impossível que não entendesse o que Jesus afirma a seguir. Parece-nos, pois, que a construção narrativa concede ao DA, com subtileza, um conhecimento privilegiado sobre os factos da Paixão, o que é confirmado nos capítulos 18-19.

[89] Para um aprofundamento da relação DA/Pedro, cf. K. QUAST, *Peter and the Beloved Disciple* (voltaremos a este assunto).

[90] O termo «conhecido» é interpretado por C. DODD, *Historical Tradition*, 86-87, como algo que implica uma relação estreita, mesmo familiar. L. MORRIS, *Evangelio*, II, 380-381 nota 35, defende que é provável que o DA (João) proviesse de uma família sacerdotal. M. RIGATO, *Giovanni*, 8.23-49 (48), radicaliza esta tese e considera-o como um levita sacerdote (embora não o considere nem filho de Zebedeu, nem um

ele a permanecer firme até ao Calvário e a receber de Jesus a revelação e constituição da nova comunidade fundada por Jesus, através da entrega recíproca e simbólica do DA e da Mãe de Jesus (19,25-27), sendo testemunha da «consumação» que a morte de Jesus implica (19,28-30)[91]. É ele ainda o primeiro a «ver» o túmulo vazio e a «acreditar» (20,8: εἶδεν καὶ ἐπίστευσεν)[92], numa acção concomitante, como em 19,35, à diferença de Pedro e independentemente das Escrituras[93]. Esta relação de intimidade com Jesus e de fé nele leva a que seja o DA o primeiro a reconhecê-lo como «o Senhor» nas margens do Lago de Tiberíades (21,7). É ele que continua a «seguir» Jesus (ἀκολουθοῦντα: o uso do particípio presente revela um seguimento contínuo, que implica que o DA nunca o deixou de seguir)[94]. Por tudo isto, é a ele que é entregue não o martírio, como a Pedro, mas a missão do testemunho (20,22-23)[95], que a comunidade recebe e professa como «verdadeiro» (21,23-24; cf. 19,35). Este testemunho «permanece» no seu livro, até que o Senhor regresse[96]. Desta forma, «le IVe évangile dans son ensemble se présent comme un témoignage (21,24)»[97].

---

dos discípulos). Independentemente das diferentes teorias, o que nos parece ser sublinhado no texto é que o DA põe em causa a sua posição social, não só seguindo Jesus, como introduzindo Pedro.

[91] O DA é a única testemunha masculina junto à cruz; ele é, por isso, «who witnesses the key salvific event of the whole Gospel story, the hour of Jesus' exaltation, toward which the whole story from John the Baptist's testimony has pointed»: R. BAUCKHAM, *The Testimony*, 85-86.

[92] Cf. C. KOESTER, «Hearing, Seeing and Believing», 344 com nota 37. O aoristo «ἐπίστευσεν» parece ter um sentido ingressivo. Esta leitura parece-nos mais prudente que a de U. SCHNELLE, «Cross and Resurrection», 144, que afirma: «and immediately comes to *complete* faith in Jesus' resurrection (20,8)» (o sublinhado é nosso). No sentido que demos à forma verbal, cf. a interpretação de C. KOESTER, «Jesus' Resurrection», 68-69.

[93] Esta é a interpretação de J. ZUMSTEIN, «La rédaction finale», 227 com nota 48, que subscrevemos.

[94] Cf. H. WAETJEN, *The Gospel*, 25 nota 87. Isto corrobora a nossa tese de que a referêcia ao «ἄλλος μαθητής» em 18,15 é ao DA.

[95] Cf. J. BEUTLER, «Faith and Confession», 26.

[96] Cf. J. BECKER, *Das Evangelium*, II, 649-650; I. de la POTTERIE, «Le témoin», 345; J. ZUMSTEIN, «La rédaction finale», 228; D. TOVEY, *Narrative Art*, 137; E. COTHENET, *La chaîne des témoins*, 135; R. BAUCKHAM, *Jesus*, 367-368. A partir do momento em que o DA coloca o seu testemunho por escrito, não é só o seu testemunho que continua a «testemunhar» ao leitor, mas também todos os outros apresentados ao longo do QE: cf. R. BAUCKHAM, *Jesus*, 387-388.

[97] I. de la POTTERIE, *La Vérité*, I, 80; cf. V. MANNUCCI, *Giovanni*, 232.

Se, como acreditamos, o DA se refere, com probabilidade, ao segundo dos discípulos do Baptista, que seguem Jesus e cujo nome permanece incógnito (ao contrário do de André: 1,40)[98], o seu «ver» e o seu testemunho remete-se a toda a vida pública de Jesus, desde a pregação do Baptista (1,35ss)[99]: ele que escuta o «ἴδε» do Baptista, revelando Jesus como «o Cordeiro de Deus» (1,36; cf. 1,29), e que dá início ao dinamismo de uma nova comunidade (cf. 1,37), escuta e testemunha o «ἴδε» de Jesus (19,26-27), que, pelo seu sangue, constitui a nova família, com todas as consequências soteriológicas e eclesiológicas[100].

O DA apareceria, assim, como alguém que acompanhou Jesus durante toda a sua vida pública, o que, para a comunidade primitiva, constitui algo de muito importante (cf. At 1,21-22) para se poder «testemunhar» acerca de Jesus (cf. 1Jo 1,1ss)[101]. O próprio QE termina dizendo: «muitos outros sinais realizou Jesus *na presença de* (ἐνώπιον) os seus discípulos...», dos quais fazem parte os que «foram escritos» (20,30). Ora, tendo em conta que o DA é não só testemunha ocular, como revelador

---

[98] Cf. K. QUAST, *Peter and the Beloved Disciple*, 31; C. GIBLIN, «The Tripartite Narrative Structure», 459 («quite probably»); J. SKA, «Sincronia», 145; D. TOVEY, *Narrative Art*, 131-133.

[99] «el testimonio del discípulo amado incluye el testimonio de Juan (Jn 1-10), hace posible su transmisión y manifiesta su eficacia»: L. SÁNCHEZ NAVARRO, «Estructura testimonial», 523.

[100] O Baptista (no início) e o DA (no fim) aparecem, assim, como uma espécie de «moldura» do QE, enquadrando-o num contexto «testemunhal»: o Baptista «atestando» acerca da Palavra divina encarnada; o DA «atestando» acerca da Palavra divina escrita no livro que lhe é atribuído: «este é o testemunho de João» (1,19); «este é o discípulo que atesta estas coisas e que as fez escrever» (21,21). E o «testemunho» de ambos destina-se a suscitar a fé (1,7; 19,35; 20,31; 21,21), embora que, enquanto o testemunho do Baptista se destina a Israel (1,31), o do DA destina-se aos leitores, numa dimensão que ultrapassa os limites de Israel (samaritanos, gregos, etc.). Cf. R. VIGNOLO, *Personaggi*, 171-173.

[101] Assim também no QE: cf. U. SCHNELLE, «Cross and Resurrection», 128. Para a fundamentação de que seria João, filho de Zebedeu (com a qual concordamos, se bem que não interesse grandemente para o nosso argumento), cf. M. DAVIES, *Rhetoric and Reference*, 242-252, que rejeita todas as outras teorias e, de modo particular e fundamentando, a tese de M. HENGEL, *The Johannine Question*, sobretudo 127-132, seguida por R. BAUCKHAM, *The Testimony*, que identifica o DA com João, o Presbítero (embora Hengel pense que algumas vezes o autor crie ambiguidade de forma a se pensar que o DA podem ser ambos: ele e João de Zebedeu). Para uma visão da multiplicidade de teorias sobre a identificação do DA, cf. ainda J. CHARLESWORTH, *The Beloved Disciple*, 127-224.

de Jesus, o seu testemunho, em 19,35, refere-se, não só à morte de Jesus, mas também ao significado revelador do corpo «inquebrado» e trespassado e às implicações que isso tem na vida do leitor[102]. Assim como «alguém jamais viu a Deus», mas o Filho que o deu a conhecer (1,18), assim também o leitor que não viu nem escutou Jesus, conhece-o pelo «ver» e pelo «testemunho» do DA, impresso do livro-testemunho que «permanece». Por isso, agora, trata-se de contemplar os «sinais» escritos, entendidos como o «todo» da encarnação, morte e ressurreição de Jesus e do seu significado[103].

Esta relação entre o DA e os leitores, discípulos de hoje, é preparada no QE, através da sua relação com os discípulos de outrora.

3.2 *A relação do DA com os discípulos de Jesus (de outrora e de hoje)*

O DA aparece sempre no contexto do grupo dos discípulos e em estreita relação com figuras importantes, entre elas, a Mãe de Jesus, Pedro e Judas[104]. A Mãe presente no início e no fim da vida pública de Jesus. Pedro como discípulo que acredita, mas «testemunha» mentira sobre o seu discipulado. Judas, que tendo acreditado, regride de tal forma na fé, que perversamente a transforma em ódio, entregando Jesus aos Judeus.

Através da relação do DA com estas personagens, o evangelista desenvolve a pragmática da relação do DA com os leitores de ontem e de hoje, à luz da qual é necessário ler a exortação directa que lhes faz em 19,35.

---

[102] Cf. A. LINCOLN, «The Beloved Disciple», 25-26. De facto, trata-se de um «testigo presencial de cuanto escribe (19,35); y es el autor del Evangelio (21,24), de modo que su palabra escrita da fe de cuanto en él se contiene»: L. SÁNCHEZ NAVARRO, «Estructura testimonial», 523. Como afirma I. de la POTTERIE, «Jean-Baptiste», 318: «la vision corporelle reste important : c'est par la vue des signes que les premiers disciples accèdent à la foi (2,11) ; sur cette base seulement ils pourront devenir un jour des témoins (15,27). Pour eux, le signe visible et la foi qu'il suscite, sont les présupposés nécessaires du témoignage».

[103] «the evangelist employs σημεῖα in 20,30 to designate Jesus' activities as a whole, the incarnation of the Son of God as revelation of the Father»: G. van BELLE, «The Death of Jesus», 9.

[104] DA e: Pedro (13,24; 18,15-18; 20,2-10; 21,7.20-24); a Mãe de Jesus (e sua irmã, Maria de Cléofas: 19,25-27). Cf. R. VIGNOLO, *Personaggi*, 178. Mas também em contraposição com Judas, na última ceia, sobretudo no que respeita à traição.

3.2.1 O DA e a Mãe de Jesus: significado eclesiológico concretizado em José de Arimateia e Nicodemos

A Mãe de Jesus aparece em duas ocasiões significativas do QE: no início do ministério de Jesus (no chamado prólogo narrativo: 2,1-12) e no seu termo (19,25-27). Em ambas surge em ligação com Jesus e os seus discípulos. Embora o QE nunca afirme que ela é discípula, é algo que o próprio contexto da sua presença não descarta[105]. Nas Bodas de Caná, onde se realiza o princípio dos sinais e da manifestação da glória (2,11), Jesus declara à Mãe: «ainda não chegou a minha hora» (2,4). Na cruz, e com a «hora chegada» (13,1; 17,1; 19,27) da «glorificação» (11,4; 12,23.28; 13,31-32; 17,1.5), pelo sinal que é o seu próprio corpo, Jesus revela o significado mais profundo do contexto matrimonial das Bodas de Caná: a formação de uma nova família, revelada no «ἴδε» dirigido à Mãe e ao DA, após o que declara: «está consumado» (19,30). O episódio, que, na estrutura concêntrica do Calvário, está em paralelo com a morte de Jesus (C e C': cf. I,1.3) aparece, como vimos, como anunciador do fruto da sua morte. Por outro lado, enquadrado pelo episódio da túnica «inquebrada» e do corpo «inquebrado» (B e B') revela como esta comunidade, «reunida» junto à cruz do «inquebrado», é chamada a ser «inquebrada»[106], ou seja, a viver na «unidade», como a própria expressão «εἰς τὰ ἴδια» (19,27) parece indicar[107]. São a concretização da «unidade» dos discípulos, pedida por Jesus (17,11.21), o «estar consumado na unidade» (ἵνα ὦσιν τετελειωμένοι εἰς ἕν: 17,23), que o «está consumado» (τετέλεσται) de Jesus significa (19,30) e que é manifestação do amor pelos seus (τοὺς ἰδίους) «até à consumação» (εἰς

---

[105] Quer pela presença no início e no fim da vida pública de Jesus, quer pela referência em 2,12, onde a Mãe e os irmãos acompanham Jesus e os discípulos a Cafarnaum, «onde permaneceram apenas alguns dias» (subentende-se que também a Mãe).

[106] Para C. BARRETT, *Gospel*, 459, 19,25-27 é uma ilustração da unidade da Igreja, simbolizada no episódio da túnica indivisa, ou do povo messiânico como diz I. de la POTTERIE, *La passione di Gesù*, 112.120. Cf. A. VALENTINI, *Maria*, 306. Para M. STIBBE, *John as Storyteller*, 163-166, o episódio estabelece a Igreja como uma família de fé, perante cristãos que, como é notório em Jo 9, têm dificuldades com a família de sangue e com o Judaísmo. A ligação entre os dois episódios, através do «μέν», com que termina 19,24, continuado no «δέ» com que começa 19,25, vimo-lo atrás (II,4.2.2.c). Recordar ainda que a túnica tem, em primeiro lugar, um significado cristológico e, dependente deste, eclesiológico.

[107] Não como os outros discípulos, que como anunciou Jesus, se dispersaram «ἕκαστος εἰς τὰ ἴδια» (16,32), mas os dois, Mãe e DA, «εἰς τὰ ἴδια».

τέλος: 13,1). Ou seja, é a «consumação» da obra que o Pai lhe confiou[108]. Se a Mãe de Jesus, nas Bodas de Caná, a quem Jesus, como no Calvário, chama «mulher» (2,4; 19,26) representa, no significado de bodas messiânicas que o episódio tem[109], o Israel fiel[110] (que espera o vinho novo e que, tal como no Sinai, se dispõe e orienta os serventes no sentido de «tudo o que Ele disser, fazei»: 2,5; Ex 19,8; 24,3.7)[111], e o DA representa o novo grupo de discípulos (que, a partir do testemunho Baptista, o seguem: 1,37), esta nova comunidade integra todos aqueles que, significados no letreiro escrito em três línguas (19,19-20) e no manto feito em quatro partes (19,23), «verão» o inquebrado e trespassado (19,37); é formada por Judeus, discípulos do Baptista, samaritanos, gregos e romanos. Todos são chamados a ser «consumados na unidade» (17,13), pela atracção de todos a Jesus elevado/exaltado (12,32; cf. 10,16; 11,5-52) e como fruto «daquela hora»[112]. De facto, embora sejam personagens históricas, o seu «anonimato», em contraposição com as outras que são nomeadas, deixa perceber um significado representativo[113].

---

[108] Cf. A. VALENTINI, *Maria*, 307; I. de la POTTERIE, *La passione di Gesù*, 121; II,3.2.2.
[109] Cf. I. de la POTTERIE, *La passione di Gesù*, 119-120; J. MARTÍN-MORENO, *Personajes*, 85-86.
[110] Cf. R. SCHNACKENBURG, *Evangelio*, III, 342-343; J. MARTÍN-MORENO, *Personajes*, 86; A. MARCHADOUR, *I personaggi*, 41.
[111] Cf. F. MOLONEY, *Gospel*, 63.72; J. MARTÍN-MORENO, *Personajes*, 86; A. MARCHADOUR, *I personaggi*, 40-41. De facto, ela é a única a aperceber-se da falta de vinho, ao contrário do mestre-sala (representante dos chefes religiosos?) que tinha a obrigação de estar atento. Esta leitura parece-nos preferível à que vê na Mãe de Jesus «la personificazione della "madre Sion" da cui nasce il popolo escatologico», como pretende I. de la POTTERIE, *La passione di Gesù*, 126. Esta é uma expressão equívoca, pois o povo escatológico nasce do «alto», «da água e Espírito» (3,3.5), que é um dom da morte, da «hora» de Jesus (2,4).
[112] A expressão «καὶ ἀπ' ἐκείνης τῆς ὥρας» parece ter um sentido causativo («por causa daquela hora»: 19,27), conforme defende F. MOLONEY, *Glory not Dishonour*, 144-145; ID., *Gospel*, 503, o que faz com que a «hora» de Jesus tenha como consequência a «hora» da nova comunidade, da Igreja, nascida «inquebrada» pela entrega do seu corpo «inquebrado»: cf. II,2.1.4.
[113] Cf. I. de la POTTERIE, *La passione di Gesù*, 123. E, por outro lado, a referência de ambos é a Jesus: a «sua» Mãe... o discípulo que «ele» amava, o que revela a configuração dos dois no discipulado em relação a Jesus: cf. R. BROWN, *La morte del Messia*, 1151-1155. Para um estudo do significado do anonimato, cf. D. BECK, «The Narrative Function of Anonymity».

Neste sentido, é significativo o episódio que se segue à nossa perícope. Em 19,38-42, dois discípulos de Jesus, José de Arimateia («discípulo de Jesus, mas secretamente por medo dos Judeus»: 19,38) e Nicodemos (que apenas se tinha encontrado com Jesus de «noite»: 3,2; 19,39; cf. 7,50)[114], passam do «medo» e da «noite» à coragem e à luz. Recebendo o «corpo» inquebrado de Jesus, «confessam», não por palavras, mas pela atitude, o seu discipulado[115]. José, ao pedir a Pilatos o corpo de Jesus, aparece como um judeu que se apresenta perante o poder romano, sem medo de dar a sua cara por Jesus e de pôr em causa o prestígio social[116]; Nicodemos surge como um discípulo que não teme o poder político, nem a perda da reputação, visto que era dos chefes dos Judeus (7,50)[117]. Nicodemos é, para o leitor que, porventura, é como ele judeu (ou, talvez, até chefe religioso) e que acreditou em Jesus, mas que não o «confessa» por «medo de ser expulso da sinagoga» (12,42), uma exortação a não «amar mais a glória dos homens do que a de Deus» (12,43) e a acolher, também ele, o significado do «corpo inquebrável» de Jesus, quer na cristologia, quer na eclesiologia. Assim,

---

[114] «Although various reasons are given for this unusual hour of consulting Jesus, the most probable one is that he did it "for fear of the Jews", the Jewish authorities of Jerusalem»: J. BEUTLER, «Faith and Confession», 28. Cf. R. BAUCKHAM, «Nicodemus», 31 (embora a tese de que Nicodemos pertencesse à família Gurion seja muito discutível e sem bases suficientemente sólidas).

[115] Alguns autores discordam que Nicodemos possa ser considerado um discípulo de Jesus, na medida em que o QE não relata uma confissão explícita de fé e apenas de José de Arimateia se diz explicitamente que era seu discípulo. Assim, p. e., J. BECKER, *Das Evangelium*, II, 602.710; J. BASSLER, «Mixed Signals» (procura demonstrar a ambiguidade de Nicodemos); A. MARCHADOUR, *I personaggi*, 73; J. ZANGENBERG, «Buried According to the Customs», 877. Outros entendem o facto de «receber» o corpo de Jesus à luz de 3,11, onde, no contexto de testemunho, se diz «não recebeis». Nicodemos, agora, não só «recebe» Jesus, como o sepulta como um rei: «Se sugiere muy probablemente que Nicodemo caracteriza a los que, provenientes de la tradición judaica, dan público testimonio de la elevación del rey (3,14) y lo acogen porque son de la verdad. En consecuencia, como renacidos de lo alto, vienen a la luz (3,21), ven y entran en el Reino de Dios (3,3.5) y poseen la vida eterna (3,15)»: J. LÓPEZ, «Todo el que», 84; cf. R. VIGNOLO, *Personaggi*, 115-121. A atitude de Nicodemos fala por si.

[116] Cf. M. LEE, *«Signore, Vogliamo Vedere Gesù»*, 227 com nota 68. Segundo Mc 15,43 José de Arimateia pertencia ao Sinédrio, pelo que a sua importância social é também relevante: cf. U. SCHNELLE, *Das Evangelium*, 295; J. BEUTLER, «Faith and Confession», 28. De facto, o acesso a Pilatos só se justifica por uma posição social relevante.

[117] Cf. J. BEUTLER, «Faith and Confession», 28.

ambos e não só José[118], representam para o leitor os chamados «cripto-cristãos», que têm dificuldades com a sinagoga. Mas, o pedido a Pilatos pode também querer apresentar ao leitor da diáspora, que começa a ter dificuldades com a autoridade romana, um exemplo de confissão de fé[119].

Ambos são sinal desta nova família «unida», que a morte de Jesus provoca, «inquebrável» como o seu corpo recolhido e que acolhe a sua realeza, tal como significado na sepultura real do corpo. De facto, como nota Zangenberg, a sepultura era realizada ou comissionada pela família, lugar aqui ocupado por José de Arimateia e Nicodemos[120]. A «atracção de todos», que a morte de Jesus significa (12,32), não se refere apenas aos «gregos», mas a «todos», mesmo aos Judeus que anteriormente tinham receio de professar a sua fé em Cristo. São incentivados a «dar a cara» pela sua fé e a não «quebrar» nem a «unidade» cristológica, nem a eclesiológica, mas a receber «inquebrável», como José e Nicodemos, a pessoa de Jesus.

Neste sentido, o leitor é recordado de outros exemplos de fé, fora de Israel, como o da samaritana, que se torna testemunha diante dos seus congéneres (4,1-45)[121], os quais confessam a sua fé em Jesus como «salvador do mundo» (4,42), ou o do funcionário real que acredita em Jesus sem ver «sinais», mas apenas pela sua palavra (4,46-54).

O leitor é chamado a reconhecer a «unidade» dos discípulos de Jesus como fruto da sua morte e fortalecer a «inquebrantabilidade» da união à comunidade, sendo «consumado na unidade», para não atraiçoar a «consumação» que a morte de Jesus significa. Por outro lado, e tendo em conta o que dissemos, coloquemos uma hipótese: se a leitura teológica que vê na Mãe de Jesus a representação do Israel fiel[122], a quem o DA, primeiro discípulo desta nova comunidade (1,40) acolhe, é correcta, podemos regressar agora à expressão «εἰς τὰ ἴδια». Normalmente é-lhe dado um sentido material («a sua própria casa»)[123], ou um

---

[118] Como defende, p. e., J. ZANGENBERG, «Buried According to the Customs», 877.
[119] Cf. J. BEUTLER, «Faith and Confession», 29 com nota 21.
[120] Cf. J. ZANGENBERG, «Buried According to the Customs», 878-879.
[121] O percurso da samaritana revela ao leitor que «Faith in Christ is accepted personally, but also confessed in the social context of the believing person»: J. BEUTLER, «Faith and Confession», 24.
[122] Cf. J. MATEOS – F. CAMACHO, *Evangelio, figuras y símbolos*, 113-114.
[123] Cf. F. NEIRYNCK, «εἰς τὰ ἴδια».

sentido espiritual[124]. Procuremos lê-la no seu contexto, ou seja, no seu significado eclesial. Ao Israel fiel são entregues os discípulos de Jesus, representados no DA e, ao mesmo tempo, ao DA, que é, para o leitor, o fundador da comunidade[125], é entregue o Israel fiel[126]. Ambos constituem a nova família de Jesus. Assim, a referência de que o DA a «recebeu para os seus»; tendo em conta o contexto de 1,11 (εἰς τὰ ἴδια ἦλθεν, καὶ οἱ ἴδιοι αὐτὸν οὐ παρέλαβον), parece querer significar «recebeu-a [como Israel fiel] na sua comunidade», fundada por Jesus e na qual se cumpre o que fora anunciado em 10,16: «um só rebanho e um só pastor». Assim, o texto poderá significar também um convite, desta vez ao leitor que se mantém unido à comunidade, para saber acolher (λαμβάνω) o Israel, os membros Judeus que pertencem ao Israel fiel e que fazem parte integrante da comunidade[127].

Mas o papel do DA não se limita ao acolhimento; trata-se também de acompanhar os que passam dificuldades na fé. Esta ideia é realçada pela relação entre o DA e Pedro.

3.2.2 A preocupação do DA por Pedro

No início do processo da Paixão, na casa do Sumo-Sacerdote, o DA procura que Pedro não fique «fora»[128], mas «fá-lo entrar», para que este continue a «seguir» Jesus (18,15: ἠκολούθει) e não se separe dele

---

[124] Cf. I. de la POTTERIE, *La passione di Gesù*, 131-132.
[125] Cf. U. SCHNELLE, *Das Evangelium*, 289.
[126] Como diz G. ROUILLER, *«Voici l'homme»*, 119: «le terme oriente vers l'idée d'appartenance ou de communion existentielle».
[127] H. THYEN, *Das Johannesevangelium*, 739, vê na Mãe uma referência ao povo messiânico e na afirmação «a partir daquela hora recebeu-a em sua casa» convite à Igreja para acolher a sinagoga.
[128] O advérbio «ἔξω» (que ocorre 13x no QE) implica separação, com um sentido positivo ou negativo conforme implique relação ou separação com respeito a Jesus. Assim o cego de nascença é separado da sinagoga (9,34.35), mas isso provoca o encontro «definitivo» com Jesus (9,35-38). Assim também Lázaro, morto, a quem é ordenado que venha para «fora» (onde está Jesus: 11,43). O mesmo acontece com Maria, que estando fora do sepulcro se encontra com o Ressuscitado (20,11). Pelo contrário, se Jesus está «dentro», estar «fora» implica separação: é o caso dos Judeus (18,29; 19,4bis; em 19,5.13 Jesus sai ao encontro destes, como Rei e como Juiz). Estar «fora» significa não permanecer em Jesus (15,6), pelo que Jesus promete que todo o que «vem a mim não o lançarei fora» (6,37), ao contrário do «Príncipe deste mundo» que «será lançado fora» (12,31).

(18,16)¹²⁹. No entanto, Pedro, com medo, não é capaz de «testemunhar» e «nega» o seu discipulado (18,25.27)¹³⁰. Por isso, o DA continua a ser, para Pedro, a referência a «seguir», na descoberta do sepulcro vazio (20,6: ἀκολουθῶν αὐτῷ) e da presença do Ressuscitado (21,7), o que lhe possibilita o reencontro com o Senhor, que o reabilita no amor (21,15-18), e lhe permite, novamente, o seguimento (21,19.22: ἀκολούθει μοι / μοι ἀκολούθει)¹³¹.

O DA, aparece assim, ao leitor, como aquele que se preocupa pelo discipulado e pela fidelidade no «seguimento», para que ninguém fique «fora» ou separado de Cristo. De modo particular isso pode acontecer, como a Pedro, perante a dificuldade da Paixão e da cruz¹³². De facto, Pedro tinha feito uma profissão de fé (6,68-69) à qual não se manteve fiel na hora da prova¹³³. Simão estava ainda muito dominado pelos valores do mundo para poder entender os de Jesus (13,6-11). A sua figura é, por isso, para o leitor (que, tal como Pedro, chegou a Jesus através de um «irmão»: 1,40-41) um convite à fidelidade na profissão de fé, que implica uma mudança de mentalidade em relação ao Judaísmo (ou às ideias helenizantes). Mas, mesmo que o leitor seja infiel, sabe que o DA, pela sua presença, agora através do «testemunho verdadeiro» escrito, continua a ser aquele que de novo o conduz ao encontro com Jesus, pelo convite permanente a fortalecer/purificar a sua fé (19,35; 20,31)¹³⁴. Mais, tendo em consideração que «The Beloved Dis-

---

[129] Ao longo do QE as figuras do DA e de Pedro aparecem sempre relacionadas, como se percebe pelo quadro comparativo apresentado por G. SNYDER, «John 13,16», 9, o que, segundo o mesmo autor, nos mostra que a relação entre os dois é um tema intencional (cf. p. 10; embora não concordemos com a tese de conflito). Cf. uma posição mais ponderada em J. MARTÍN-MORENO, *Personajes*, 199-226. Para uma visão das diferentes opiniões sobre a relação Pedro/DA, cf. J. TAVARES DE LIMA, *«Tu serás chamado ΚΕΦΑΣ»*, 10.31; B. BLAINE, *Peter*, 7-23.

[130] Embora não se use o verbo «testemunhar» ou «confessar» (pois Pedro está a mentir) usa-se o verbo «ἀρνέομαι» (negar: 4x no QE) que, como vimos, está relacionado: cf. V,2.2.3.

[131] Contra J. TAVARES DE LIMA, *«Tu serás chamado ΚΕΦΑΣ»*, 328-355, que discorda que o DA seja uma referência para Pedro.

[132] «he would be an appropriate model of identification for readers who saw themselves exposed to the danger of defecting from faith in the moment of opposition and persecution»: J. BEUTLER, «Faith and Confession», 25-26.

[133] A. MARCHADOUR, *I personaggi*, 43, intitula o capítulo sobre Pedro «Simon Pietro, la fedeltà difficile».

[134] O pedido de Pedro ao DA em 13,24, assim como a relação entre os dois ao longo do QE, é visto por alguns autores como apresentando uma subordinação em rela-

ciple [...] apears in the role of witness [...] while Peter [...] takes the more active role in mission»[135], o leitor, porventura responsável pastoral da comunidade, é convidado a encontrar no DA, tal como Pedro, o baluarte da fidelidade e do testemunho na sua missão.

É neste sentido que podemos, ainda, entender a «relação» do DA com o discípulo traidor: Judas.

3.2.3 O DA e Judas

É no contexto da fidelidade à verdade e ao seguimento, que devemos entender a preocupação do DA sobre o traidor. Ele pergunta a Jesus sobre «quem é o que te entrega?» (13,23-25) e a pergunta é recordada de novo no final do Evangelho, contrapondo o DA, que se reclina sobre o peito de Jesus (com o significado que lhe vimos), à figura do traidor (21,20). Este é designado pelo uso do particípio presente substantivado (ὁ παραδιδούς), o que lhe dá um carácter identificativo[136]. Através da

---

ção ao DA, pelo que o QE teria uma perspectiva anti-petrina (cf. A. MAYNARD, «The Role of Peter»; F. SNYDER, «John 13,16»). Não nos parece. Pelo contrário, a futura infidelidade de Pedro aparece enquadrada pela sua fidelidade ao discípulo que permaneceu sempre fiel. Tal como nos Sinópticos, Pedro tem no QE um papel de primeira linha e representativo dos Doze: é-lhe dado o nome de Pedro (1,43); é ele que confessa a fé em nome dos discípulos que ficam (6,68); tem um papel predominante na primeira parte da ceia (13,6); toma a iniciativa na defesa de Jesus (18,10) e acompanha-o no processo judaico (18,16ss); é a ele que é feito o anúncio do sepulcro vazio e tem predominância sobre o DA, que lhe reconhece primazia (20,2ss); é o primeiro a ver os sinais da ressurreição (20,7); é quem dirige o grupo da pesca (21,3) e o primeiro a lançar-se ao encontro de Jesus (21,7) e a obedecer às suas ordens em nome do grupo (21,11); e é a ele que Jesus entrega o cuidado com as suas ovelhas (21,15ss). Além disso, André, primeiro discípulo a ser identificado, é-o como «irmão de Simão Pedro» (1,37.40), mesmo antes de Pedro surgir na narração, o que revela a sua importância para a comunidade. Tenha-se ainda em conta que o QE usa o nome completo, Simão Pedro, 17x (o dobro dos Sinópticos) e usa Pedro apenas depois do nome completo ter sido apresentado. Cf. K. QUAST, *Peter and the Beloved Disciple*, 21-22.30 (no entanto, não concordamos com Quast, quando afirma que Pedro representa os Doze [p. 22], pois não podemos reconhecer a traição de Judas em Pedro, nem a fuga dos outros nove, como também não podemos ver nos outros nove a negação de Pedro).

[135] R. BAUCKHAM, *Jesus*, 367; cf. D. TOVEY, *Narrative Art*, 137; F. MANNS, «Jean 21», 208.

[136] A importância dada a Judas no QE é relevada pelo número de ocorrências (8x: 6,71; 12,4; 13,2.26.29; 18,2.3-5) em comparação com os Sinópticos: Mt 5x; Mc 3x; Lc 4x (mais 2x nos Actos). Para a apresentação de Judas no QE em comparação com

recordação de Judas no final do Evangelho e da pergunta do DA, num contexto de reabilitação no amor de Pedro, o narrador parece querer colocar o leitor perante uma pergunta que perdura: «quem é o que entrega [presente durativo]» Jesus? Não alguém que, porventura, como Pedro, o tenha negado, mas os que, como Judas, resistem ao seu amor. De facto, Judas aparece como aquele a quem Jesus, até ao fim (13,1) procura reabilitar, tal como a Pedro, no amor. Embora sabendo da sua traição, Jesus acolhe-o à sua mesa, juntamente com os outros, e lava-lhe os pés; e é a ele que oferece o bocado (13,26ss), gesto que manifesta a comunhão de Jesus com Judas e o seu amor por ele «até ao fim/extremo» (13,1-2)[137]. Mas, releva-se, ao mesmo tempo, a falta radical de comunhão de Judas com Jesus: nesse momento, «entrou nele Satanás» (13,27). A informação do narrador de que «era noite» quando Judas sai (13,30) torna-o «figura della notte», noite na qual, no entanto, a luz continua a brilhar (1,11)[138]. Contudo, Judas já não beneficia dessa luz: já não está presente na comunidade a quem Jesus se dirige, revelando o mandamento novo do amor (13,34-35), tal como tudo o que revela em 14-17.

Ele, que é apresentado como «um dos Doze» (6,71) ou «um dos discípulos» (12,4), abandona a comunidade e junta-se ao antagonismo dos Judeus (em 18,2-4, contrapõem-se o grupo de Jesus e dos discípulos de um lado e o Judas com os guardas dos sumo-sacerdotes e dos fariseus do outro).

Trata-se do culminar de um processo de incredulidade, que se manifesta por ocasião do discurso do Pão da Vida: Judas pertence ao grupo dos discípulos que não acreditam nas palavras de Jesus e não lhe querem dar ouvidos (6,60.64), mas que, ao contrário de muitos que o abandonam (6,66), se mantêm ainda na comunidade. Jesus chama-lhe «um diabo» (6,70-71), porque, de facto, o seu seguimento é apenas exte-

---

os Sinópticos, cf. R. VIGNOLO, *Personaggi*, 195. No entanto, o seu acto de recusa a Jesus é de tal forma forte, que o seu nome, não só no QE, mas também nos Sinópticos, se transforma em «ὁ παραδιδούς» (cf., p. e., Mt 26,46.48; Mc 14,42.44; Jo 6,64; 13,11; 18,2.5; 21,20).

[137] Sobre a possibilidade de que Judas estivesse sentado à esquerda de Jesus e, portanto, no lugar de honra (o que sublinha ainda mais o amor de Jesus e a gravidade da traição de Judas), cf. R. BROWN, *Evangelio*, II, 883; L. MORRIS, *Evangelio*, II, 246-248; C. KOESTER, «The Death of Jesus», 144.149

[138] R. VIGNOLO, *Personaggi*, 205.

rior[139]. Esta separação interior termina com Judas unido ao grupo dos maiores inimigos de Jesus, os Judeus, também eles considerados como tendo por pai o Diabo (8,44), cujo projecto de matar Jesus (7,19; 8,37.40) é tornado possível pela deliberação (13,14.21-30) e execução de Judas (18,1-4). Por isso, Judas é chamado por Jesus como o «filho da perdição/destruição» (ὁ υἱὸς τῆς ἀπωλείας: 17,12). Note-se como o substantivo pertence ao campo semântico da destruição e como é referido num contexto onde Jesus pede ao Pai que «sejam um como nós» (17,11). De facto, Judas quebrou não só a sua relação com Jesus, como com a comunidade e, naturalmente, perdeu a possibilidade de ter a «vida»[140].

Judas aparece como a «noite» personificada, na medida em que rejeita completamente a luz (3,19), num ódio «sem razão» como o dos Judeus (15,25). Mas o seu pecado é, de alguma forma, maior do que o dos maiores opositores de Jesus, na medida em que começou o seu processo de fé, mas fechou-se à sua consolidação, entrando num dinamismo de separação (primeiro interior e depois exterior) que termina na possessão diabólica (6,70; 13,18.21)[141].

A sua figura apresenta-se ao leitor como o que de mais odiável pode acontecer[142]: manter-se hipocritamente na comunidade dos discípulos, num processo de incredulidade crescente, que termina na traição, unin-

---

[139] Esta ambiguidade hipócrita é ainda sublinhada no episódio da unção de Betânia (12,1-12), onde a atitude de Judas (na sua falsa preocupação com os pobres) surge em contraposição com o gesto messiânico e de amor de Maria.

[140] Judas é chamado «ladrão» (κλέπτης), palavra que apenas aparece no discurso do Bom Pastor (10,1.8.10) para falar dos que vieram antes de Jesus (10,8), mas também dos que se aproximam do rebanho para «roubar, sacrificar e destruir (ἀπολέσῃ)» (10,10). De certa forma, Judas é a encarnação deste «destruir», na medida em que é o «filho da perdição/destruição». A expressão ocorre em 2Tes 2,3-4 para falar do Anticristo, ligado à apostasia e ao engano, que ocorrerão antes do «dia de Cristo» (2Ts 2,2). Para C. BARRETT, *Gospel*, 508, é possível que o evangelista tenha visto em Judas a personificação do Antícristo, que «in qualche modo antesignana di quegli eretici di 1*Gv* che hanno abbandonato la comunità cristiana (2,18), negando la messianità (2,22), la filialità (2,23) e la divinità (4,3) di Gesù, nonché alieni dal comandamento nuovo della carità»: R. VIGNOLO, *Personaggi*, 202.

[141] Judas e Satanás «are united in purpose and action (13,27)»: C. KOESTER, «Why Was the Messiah Crucified?», 171. Por isso, é possível interpretar a afirmação de 14,30 («o príncipe deste mundo vem [ἔρχεται]») personificada em Judas, que, em 18,3, é apresentado como aquele que «vem» (ἔρχεται) ao encontro de Jesus, numa encarnação do antagonismo e da incredulidade levados ao extremo.

[142] Cf. H. KLAUCK, *Judas*, 91.

do-se aos que odeiam, perseguem e entregam Jesus[143]. Num contexto de perseguição, a figura de Judas, em contraposição com a do DA, aparece como um forte apelo ao leitor, discípulo de Jesus como Judas e o DA (ambos são apresentados com a expressão «um dos discípulos»: 12,4; 13,23), a não deixar que a sua fé enfraqueça, para que não termine numa traição, numa apostasia, unindo-se aos que negam Jesus e, inclusivamente, perseguem a comunidade. O leitor é chamado a ter cuidado para que não aconteça que, tal como Judas, permaneça na comunidade, mas já interiormente separado dela e de Jesus. Para isso, é chamado a «purificar/fortalecer» a fé cristológica, de forma a manter a unidade com Cristo e com a comunidade e a continuar a receber a «vida» (19,35; 20,31); de contrário, tornar-se-á ele mesmo em «filho da perdição/destruição». Cada leitor continua a escutar a preocupação do DA («Senhor, quem é o que te entrega?»: 21,23; 13,23) e a receber o seu testemunho «verdadeiro» (19,35), para que se mantenha firme na fé cristológica e, consequentemente, eclesiológica e, assim, nunca tal lhe aconteça.

3.3 *Conclusão*

O narrador apresenta a personagem do DA, na continuidade do Baptista e em contraposição sobretudo com Judas (e os Judeus) e em ligação íntima com as personagens importantes do Evangelho, como a Mãe de Jesus e Pedro. Como possível discípulo do Baptista (1,37-40), o DA confia no testemunho deste, que apresenta Jesus como «Cordeiro de

---

[143] A ligação entre Judas e os Judeus é relevada não só pela semelhança dos nomes (Ἰούδας e Ἰουδαῖοι), como pelo uso do verbo «παραδίδωμι» (15x) em relação ao qual ambos aparecem como sujeito (Judas: 6,64.71; 12,4; 13,2.11.21; 18,2.5; 21,20; cf. 18,36; Judeus: 18,30.35). Em 19,11, a declaração de Jesus «ὁ παραδούς μέ σοι μείζονα ἁμαρτίαν ἔχει» refere-se a Judas, mas tendo em conta o contexto (18,30.35) permite, ao mesmo tempo, pensar nos Judeus (cf. F. GENUYT, «La comparution de Jésus», 143). Por sua vez, Pilatos aparece a «entregar» Jesus aos Judeus para ser crucificado (19,16). No entanto, em 19,30 aparece a única ocorrência em que o verbo é utilizado noutro sentido: Jesus «entrega» o Espírito. Aquele que é «entregue» pelo ódio e incredulidade, continua a ser senhor dos acontecimentos e é ele que verdadeiramente «entrega» o Espírito. Aliás, é interessante reparar como à «rapidez» com que Judas «sai» do cenáculo para entregar Jesus, contrapõe-se a «rapidez» com que do lado de Jesus «sai» sangue e água (ἐξῆλθεν εὐθύς: a expressão só ocorre nestes duas passagens – 13,30 e 19,34): uma e outra revelam a «rapidez» com que Deus revela a glória de Jesus (13,32: εὐθὺς δοξάσει).

Deus», e começa uma processo de fé (caracterizado do dinamismo procurar-encontrar)[144] que o leva a «ver», na humanidade de Jesus, a manifestação da sua divindade. Tal como ele acreditou no testemunho cristológico do Baptista, agora, através do seu escrito (é ele o autor do QE), convida a comunidade a receber o seu testemunho, que vê, na sensibilidade dos factos, a invisibilidade da natureza de Jesus e do cumprimento da história da salvação.

Desta forma, como o testemunho do Baptista dá início a um processo de formação comunitária (cf. III,2.2.1), também o do DA é um convite a manter «inquebrável» a comunidade, fundada junto à cruz do «inquebrado» (19,25-27), pela entrega recíproca da Mãe de Jesus e do DA. O leitor, enquanto membro da comunidade do DA, é chamado a ser fiel à «consumação na unidade» realizada por Jesus (17,13). E isso acontece pela «inquebrantabilidade» da fé cristológica, de acordo com o testemunho e o exemplo do DA e em comunhão com o «vós» comunitário, que implica seguir Jesus e acreditar nele, mesmo e sobretudo no momento mais incompreensível da sua vida: a sua paixão e morte. Mas, por outro lado, a saber acolher na «casa/comunidade» do DA, todos os irmãos.

Ele aparece como a referência da comunidade, enquanto «discípulo amado», crente fiel e testemunha[145]. De facto, não precisa de «ver» para acreditar (em 20,8, não viu outra coisa que não fosse o túmulo vazio), embora o seu testemunho assente no «ver». O próprio Jesus o convida a tal (1,39). Por isso, o leitor é exortado a, por um lado, conformar a sua fé com a verdade do testemunho daquele que «viu» e que, por isso, pode falar[146], e, por outro, conformar-se com a atitude pessoal de fé do DA que não precisa de «ver» para acreditar[147]. O DA desempenha um quádruplo papel em relação ao leitor: oferece a verdade do seu testemunho (porque «viu») e o seu exemplo de fé (que não precisa

---

[144] Cf. R. VIGNOLO, *Personaggi*, 190.

[145] Cf. R. COLLINS, «Representative Figures», 43-45. O epíteto de DA é colocado sempre na boca do narrador e parece corresponder a uma concepção da comunidade joanina, como reconhecimento do seu discipulado irrepreensível e modelar.

[146] A fé do destinatário é a finalidade do testemunho: cf. R. BOILY – G. MARCONI, *Vedere*, 94.

[147] «Le Disciple apparaît ainsi comme le modèle de ceux à qui le Seigneur adressera la dernière béatitude de l'évangile : "Heureux ceux qui croiront sans avoir vu" (20,29)»: E. COTHENET, *La chaîne des témoins*, 125.

CAP. V: EXORTAÇÃO À «INQUEBRANTABILIDADE» 329

de «ver» para crer)[148], assim como a fidelidade do seu seguimento[149]. Mas o *quarto papel*, normalmente não é relevado: a sua ligação à comunidade dos discípulos e a preocupação com eles, como, de um modo particular, se revela na sua atitude com Pedro, no sentido que o seguimento de Jesus não seja interrompido, sobretudo perante a dificuldade da cruz.

Judas (e os Judeus) nos antípodas, personifica a atitude do discípulo que, fechando-se a Cristo, acaba num processo que o separa do Senhor e, consequentemente, da comunidade dos discípulos e o agrega aos opositores incrédulos de Jesus (18,2-3), personificação do Diabo (8,44). Ele pretende não só «perder/destruir» Jesus, como «perde/destrói» a sua comunhão com os discípulos e se auto-priva da «vida» divina.

Por isso, perante o sinal do corpo «inquebrado» de Jesus, o leitor é convidado a não «perder/destruir» a sua «permanência» em Cristo-Templo, «lugar» do seu encontro com Deus e com a comunidade «unida», mas a purificar/fortalecer a fé (19,35), de forma a «ter a vida no seu nome» (20,31), de acordo com o exemplo e o testemunho do DA[150]. E este sublinha, de forma particular, a necessidade de fortalecer a fé perante o sinal do corpo «inquebrado» e trespassado de Jesus, não só como crucificado, mas ressuscitado.

---

[148] Cf. B. BYRNE, «The Faith of the Beloved Disciple».

[149] O DA aparece, assim, como a referência do que é ser discípulo de Jesus. Não se trata apenas de uma «figura tipo» no sentido de apresentar o ideal de ser discípulo (como, p. e., pretende K. QUAST, *Peter and the Beloved Disciple*, 16-25: «As an individual who lives on as a type, the Beloved Disciple is invested with a representativ, simbolic nature» [p. 21]) ou como uma realidade «inner-text», que não pode ser identificada com uma personagem real fora da narração (como pretende J. KÜGLER, *Der Jünger*, 456-488). Trata-se de uma figura real, como se percebe por 13,23-26 ou 20,1-10, mas, que, de facto, é uma referência pragmática, na sua forma de viver a fé e o discipulado, pelo que assume, também, um papel simbólico (cf. D. TOVEY, *Narrative Art*, 147), como se percebe, p. e., em 19,26-27 (contra R. BAUCKHAM, *The Testimony*, 83).

[150] Quer o DA, quer as outras personagens, são «modelli impiegati strategicamente dall'autore per comunicare al lettore il suo messaggio e guidarlo alla piena maturità del discepolo»: M. LEE, *«Signore, Vogliamo Vedere Gesù»*, 228. São personagens históricas, mas também modelos, que o leitor deverá imitar ou repudiar.

4. Acreditar numa cristologia «inquebrada», que implica a «inquebrantabilidade» eclesiológica e eucarística

A cristologia tem sempre, como vimos, consequências eclesiológicas e soteriológicas. Assim também a pragmática do tema do corpo «inquebrado».

4.1 *A comunidade «inquebrada», lugar da experiência da presença do «inquebrado» e dos seus dons.*

O corpo do Ressuscitado manifesta-se à comunidade dominical, tal como o leitor o contemplou na cruz: «inquebrado» e trespassado (20,20.27). Ou seja, com toda a força e eficácia reveladora e salvífica da sua morte. A comunidade reunida é o «lugar» da permanência e manifestação do Ressuscitado. Por isso, o facto de Tomé, no primeiro domingo, não «estar com» a comunidade (20,24: οὐκ ἦν μετ' αὐτῶν) faz com que não possa «ver» a presença do Senhor[151]. Apenas na assembleia dominical seguinte, oito dias depois, estando os discípulos «dentro» (ἔσω: note-se a contraposição semântica com «ἔξω» de Pedro: cf. V,3.2.2) e Tomé com eles (Θωμᾶς μετ' αὐτῶν: 20,26) pode fazer a experiência da presença de Jesus. Ou seja, a experiência do Ressuscitado faz-se na e «com» a comunidade (unida e, portanto, «inquebrada»), fruto da morte do «inquebrado» (19,25-27). Por isso, o leitor é convidado a fortalecer a sua fé (19,35) na perspectiva cristológica, mas também na eclesiológica, na medida em que é na comunidade que Jesus se continua a revelar. Este sentido comunitário é expresso pelo uso da segunda pessoa do plural (πιστεύητε: 19,35; 20,31): o leitor é exortado a «crer» *com* a comunidade e *enquanto* comunidade.

A «inquebrantabilidade» da fé cristológica é condição para manter «inquebrável» a ligação à comunidade. De facto, para além do exemplo de Judas já analisado, no discurso que dirige «aos Judeus que tinham acreditado nele» (8,31), Jesus fá-los perceber que o não permanecer na sua palavra é não poder conhecer a verdade (o próprio Jesus) e ser «escravo» do pecado (8,33), na medida em que, embora tenham acreditado em Jesus, a sua palavra não entra verdadeiramente neles (8,37). Por isso, como «escravos» (não filhos) não podem «permanecer para

---

[151] Para um aprofundamento desta personagem, cf. J. BEUTLER, «Faith and Confession», 26-27.

sempre na casa» (οὐ μένει ἐν τῇ οἰκίᾳ εἰς τὸν αἰῶνα: 8,35). Ou seja, aqueles que, embora tendo acreditado em Jesus, não «permanecem» nele e na sua palavra (8,31; 15,1ss) tornam-se, de novo, escravos do pecado e não podem permanecer em Jesus (a casa do Pai, por antonomásia: 2,16.20-21) nem na sua comunidade (a «casa», no sentido familiar alargado: cf. IV,4.1.1)[152].

Exortada a não deixar que, ao contrário da multidão, dos Judeus e dos fariseus, aconteça «σχίσμα» sobre a natureza de Jesus (7,43; 9,16; 10,19), a comunidade, pelo contrário, é chamada a ser uma rede que «não é rompida» (οὐκ ἐσχίσθη: 21,11), o que é garantido pela presença do «inquebrado» (note-se o uso da passiva) e da obediência à sua palavra (21,6), tal como é testemunhado pelo DA. Esta dimensão comunitária que, no entanto, não esquece a pessoal, é bem realçada na imagem da vide e dos sarmentos (Jo 15; cf. IV,4.2). Não promover pessoalmente este «inquebrantabilidade» comunitária é, não só trair a «consumação na unidade», como assumir o papel dos Judeus: querer destruir as consequências da morte do Senhor.

De facto, a unidade, embora seja consequência do «levantamento/exaltação» de Jesus, é um *processo* ao qual a comunidade é chamada, tal como é expresso pela preposição «εἰς» na expressão «ἵνα συναγάγῃ εἰς ἕν», usada no redimensionamento da profecia de Caifás (11,52). Este dinamismo continua pela palavra e missão dos discípulos (17,20) chamados a «reunir» o que Jesus semeou (4,36)[153].

A comunidade é, portanto, chamada a ser «inquebrada»[154], na medida em que apenas uma comunidade «unida» pode ser lugar da manifestação do «inquebrado» e só assim, consequentemente, pode usufruir dos dons soteriológicos da sua morte. Esta dimensão é particularmente relevada na comunidade dominical.

---

[152] J. DENNIS, *Jesus' Death*, 125, entende 8,35-36 como uma leitura irónica sobre a escravidão a que os Judeus estão sujeitos no séc. I. Ora, na nossa perspectiva, a expressão tem sobretudo um carácter cristológico e eclesiológico, na medida em que se dirige a «Judeus que tinham acreditado» em Jesus.

[153] Cf. F. MOLONEY, *Gospel*, 139-140. A ordem de Jesus aos discípulos «levantai os olhos e vede os campos» (4,35) faz referência aos samaritanos que vêm ao seu encontro (4,30). Os discípulos (a comunidade) são enviados a «reunir» os frutos de um campo semeado por Jesus (4,37-38), associando-os à missão recebida do Pai e que é necessário «consumar» (τελειώσω αὐτοῦ τὸ ἔργον: 4,34) e que encontra a sua concretização na entrega recíproca da Mãe e do DA (19,25-27; cf. 17,23; 19,30).

[154] Cf. B. LONGENECKER, «The Unbroken Messiah», 433-434.

4.2 O pão «inquebrado» (6,11):
sinal da presença do «inquebrado» e trespassado

No episódio da multiplicação dos pães (6,1-15), o evangelista parece inspirar-se no relato dos Sinópticos, que narram a acção de Jesus através de 4 verbos: «λαμβάνω», «εὐλογέω» ou «εὐχαριστέω», «κλάω» ou «κατακλάω» e «δίδωμι»[155]. São os mesmos verbos que aparecem nos relatos da última ceia, quer dos Sinópticos (Mc 14,22; Mt 26,26; Lc 22,19), quer de 1Cor 11,23-24[156]. O episódio tem, pois, um claro sabor eucarístico. Mas, com *três pormenores*, que lhe dão um significado especial.

A tradição cristã deu grande ênfase ao gesto de partir o pão («o pão que partimos» [κλῶμεν]: 1Cor 10,16), de tal forma que a eucaristia é conhecida como a «fracção do pão» (ἡ κλάσις τοῦ ἄρτου: At 2,43; cf. At 2,46; 20,7.11; 27,35; Lc 24,30.35). No entanto, estranhamente, no relato da multiplicação dos pães do QE, o único verbo *ausente* é, precisamente, «partir/quebrar» (cf. 6,11). Ora, tendo em consideração a importância do verbo para a comunidade primitiva, a sua omissão não pode ser casual, mas algo que se enquadra no pensamento teológico do evangelista[157]. De facto, isto torna-se mais relevante quando notamos que, paradoxalmente, como nos Sinópticos, se fala dos «κλάσματα» (bocados: 6,12.13). Ora, se há «bocados», necessariamente tem de haver a acção de «partir»! Como se explica que um pão que não é partido tenha «bocados»? Por que razão o evangelista evita o verbo?

Um segundo pormenor é o facto que, ao contrário dos Sinópticos, onde são os discípulos a distribuir o pão, no QE é o próprio Jesus (6,11). Que significado poderá ter este facto e que relação tem com o primeiro?

Além disso, enquanto que os Sinópticos usam o verbo «αἴρω» para a indicação de Jesus de «levantar» os bocados que sobram (Mt 14,20;

---

[155] Mc 6,41; Mt 14,19; Lc 9,16: «λαμβάνω», «εὐλογέω», «κλάω» ou «κατακλάω» e «δίδωμι»; Mc 8,6; Mt 15,36: «λαμβάνω», «εὐχαριστέω», «κλάω» e «δίδωμι».

[156] «λαμβάνω», «εὐχαριστέω», «κλάω».

[157] Cf. B. LONGENECKER, «The Unbroken Messiah», 431. Muitos autores não dão importância à omissão: C. BARRETT, *Gospel*, 276, defende que ela se deve ao facto de João não desejar multiplicar as alusões sacramentais; X. LÉON-DUFOUR, *Lectura*, II, 88, diz que acontece porque o acto de «partir» está implícito na distribuição do pão; R. FABRIS, *Giovanni*, 392, defende que o verbo é substituído pela dupla referência aos «bocados», mas não explica. Na nossa perspectiva, há uma intenção, tal como nas omissões, em relação aos Sinópticos, no relato da Paixão.

15,37; Mc 6,43; 8,8.19.20; Lc 9,17), o QE utiliza o verbo «συνάγω» (reunir: 6,12). Por quê?

A resposta a estas perguntas pode ser encontrada na cristologia, eclesiologia e concepção eucarística do QE.

O episódio da multiplicação dos pães é uma espécie de introdução, com base na tradição, para Jesus se apresentar como o «verdadeiro pão do Céu» (6,32ss). O episódio tem, pois, em primeiro lugar, um sentido cristológico: o pão, que aparece como «não partido» e que, paradoxalmente, sacia cinco mil homens, é imagem de Jesus, que, pela sua morte, dará a sua carne/corpo (inquebrado) «para a vida do mundo» (6,51). A ênfase não é posta na «divisão» mas na «unidade». Por isso, o QE é o único a apresentar a ordem de Jesus, sobre os bocados que sobraram, com o verbo «συνάγω» (reunir: 6,12), sublinhando, desta forma, não tanto os bocados, mas a necessidade de eles estarem «juntos». Ora, o verbo «συνάγω» será utilizado no redimensionamento da profecia de Caifás, para caracterizar as consequências da morte de Jesus (ἵνα συναγάγη εἰς ἕν: 11,52)[158]. Assim, os «doze cestos», onde continua presente o pão recolhido, poderão ser uma referência à Igreja, à totalidade da nova família de Jesus, chamada a receber e a «guardar» este Pão[159] e, por outro lado, os «bocados» aparecem como uma forma de se falar na participação de cada um em Jesus «indiviso», o que corresponde à ideia paulina: «o pão que partimos não é comunhão do corpo de Cristo?» (1Cor 10,1). Esta mesma ideia da «parte» como participação no «todo único» de Jesus, surge-nos no episódio da túnica indivisa e das vestes repartidas (II,4.2.2.b).

A finalidade é que «nada se perca/destrua» (ἵνα μή τι ἀπόληται). A expressão «ἵνα + μή + ἀπόλλυμι» está relacionada com a participação na vida eterna, na vida divina (3,16; 6,39; 10,28; 12,25; cf. 10,10; 17,12; 18,9). Esta vida, como vimos, é um dom-consequência da morte de Jesus, recebido na fé por aquele que nele crê (3,14-16). Por isso,

---

[158] O estudo de B. LONGENECKER, «The Unbroken Messiah», sobre a ausência do verbo «partir» na narração da multiplicação dos pães (e no episódio do corpo «não quebrado» de Jesus), assenta precisamente na ideia de que se pretende enfatizar a necessidade de manter a unidade na comunidade, perante as dificuldades e divisões internas.

[159] Para R. BROWN, *Evangelio*, I, 515, trata-se de uma referência aos 12 apóstolos «cada uno de los cuales hace su recogida para Cristo». Para uma opinião diferente (que se trata de uma referência às doze tribos): cf., p. e., J. MATEOS, *Evangelio*, 322; R. LÓPEZ ROSAS – P. RICHARD, *Evangelio*, 141.

Jesus anuncia que ele próprio é o Pão que «permanece para a vida eterna», ao contrário do «pão que se destrói/perece (ἀπολλυμένην)», e que ele mesmo dará em alimento (futuro δώσει: 6,27)[160]. «Comer» Jesus, significa estar em plena comunhão com ele e é a garantia de «permanecer» na participação da sua própria vida (a vida eterna).

Este pão «inquebrado» prepara-se e manifesta-se no «corpo inquebrado» de 19,34. O alimento visível (pão) revela uma realidade invisível (a origem celestial do pão e, portanto, da sua natureza divina: «do Céu» ou «descido do Céu»: 6,32-33ss) tal como no corpo visível de Jesus se revela a invisibilidade da sua origem e natureza divinas[161]. O pão-corpo de Jesus, que permanece «indiviso» é um convite não só a reconhecer a «unidade» da sua natureza, como um convite pragmático a conservar a «unidade» eclesial, com a necessidade permanente de «reunir»[162], de forma a participar na vida divina, sem nada perder.

Ora, é este Cristo-Pão «inquebrado» donde brota o «sangue e água», (19,34) que, como vimos, se continua a fazer presente na comunidade cristã reunida dominicalmente. Os dois temas estão relacionados e os contextos de ambos dão aos factos um enquadramento eucarístico.

Se considerarmos que Jo 6 e o «sangue e água» de 19,34 têm um sentido sacramental, então, o corpo «inquebrado» de Jesus aparece ainda como um convite a manter inquebrável a fé eucarística, sem deixar que nada se destrua.

De facto, o discurso de Jesus sobre o Pão da Vida, que dá continuidade ao gesto da multiplicação do pão «inquebrado», provoca uma grande divisão nos discípulos: os que consideram o seu discurso (sobre a carne e o sangue que é necessário comer e beber) «palavra dura» (6,60) e que, por isso, «voltaram para as suas coisas anteriores/de trás» (ἀπῆλθον εἰς τὰ ὀπίσω), deixando de andar com Jesus (οὐκέτι μετ' αὐτοῦ περιεπάτουν: 6,66) e os que, tendo Pedro por porta-voz (note-se o

---

[160] Cf. C. KOESTER, *Symbolism*, 99.

[161] Como vimos na apresentação da estrutura, na segunda Páscoa (cap. 6), em que Jesus não sobe a Jerusalém, anuncia-se, em palavras e imagens, o que acontecerá na subida para a terceira Páscoa. Também o sinal deste pão «não partido» concretiza-se no «corpo inquebrável» de 19,34.

[162] É possível que o aoristo imperativo tenha um sentido ingressivo (sublinhando, desta forma, a realização de uma acção que se opõe à que durava até agora) e complessivo (uma ordem que vale para sempre, sem considerar a duração): cf. BDF, §§ 1-2.

«nós» comunitário), professam a sua fé em Jesus como «Santo de Deus» (6,69), isto é, o Messias[163].

É defronte à eucaristia que cada um, como Pedro, é exortado a reconhecer, no sinal (visível) do pão (e do vinho), a presença (invisível) da carne (e do sangue) do Senhor, de forma a que cada um possa participar («os bocados») da vida divina oferecida pelo único Pão[164].

Os aspectos apresentados parecem querer relevar dificuldades internas, com membros da comunidade que não aceitam a eucaristia e que se afastam[165], e de outros, que, embora, permanecendo, como Judas, «não acreditam» (6,64-65.70). Este particular parece querer falar quer aos que acreditam, quer aos que não. Aos que acreditam na eucaristia, apresenta a atitude de Jesus em relação a Judas (não o exclui da comunidade: ele está presente na ceia e é a ele que Jesus, num gesto de particular deferência, oferece o pão molhado, procurando, até ao fim, a sua salvação — 13,26), ou seja, exorta a comunidade crente a procurar, até ao fim, a reintegração plena dos seus «Judas», dos que, embora permanecendo na comunidade, estão em «σχίσμα» de fé cristológica e eucarística. Aos que se afastaram (6,66), revelar-lhes como estão a quebrar o corpo «inquebrado» do Senhor, fazendo «perder/destruir» os bocados, a participação no único no qual podem encontrar a vida (6,69). Aos que não acreditam e permanecem, fazê-los perceber que estão a assumir a atitude de Judas, comendo o Pão que não pode ser destruído (ἀπόληται: 6,12) e tornando-se, por isso, «filho da destruição/perdição» (ὁ υἱὸς τῆς ἀπωλείας: 17,12), possuídos por Satanás (13,27). Tal como Judas, começando por negar a eucaristia, acabarão por renegar Jesus. Fora de Jesus e da comunidade, entrarão na «noite» (13,30).

Concluindo: reunidos no «primeiro dia da semana», os discípulos fazem a experiência do Ressuscitado na comunidade dominical (20,19-29), onde o Templo «inquebrado», sinal efectivo da presença divina, se manifesta, agora, no Pão-Cordeiro «inquebrado»[166] e é garantia da

---

[163] R. KYSAR, *Voyages with John*, 199-215, apresenta a passagem de 6,25-71 como «The Dismanteling of Decisional Faith», na medida em que o texto apresenta a fé como uma decisão perante a presença divina.

[164] A participação na eucaristia não basta para receber a vida: cf. D. SMITH, *The Theology*, 159.

[165] Cf. F. MOLONEY, *A Body Broken*, 116.

[166] O acento é posto no corpo e no Pão «inquebrados» e não «in the broken body» como defende F. MOLONEY, *A Body Broken*, 116.

comunidade «inquebrada»[167]. A unidade com ele, através da fé (cristológica e eucarística) é condição para que ele regresse (dominicalmente) aos seus, como Pão do Céu, dádiva do Pai (6,32) e alimente a vida divina oferecida (ES)[168]. Por isso, continua a ser ele, e não os discípulos, que, presente na comunidade eucarística, é único que dá de comer (6,11)[169], porque se dá a ele próprio «inquebrado», tal como na cruz[170].

5. Conclusão (o caminho do leitor): sem «ver» purificar/fortalecer a fé, através do «testemunho verdadeiro»

A exortação à fé de 19,35 apresenta o caminho a que o leitor é convidado. Perante a contemplação do corpo «inquebrado» de Jesus é incitado a manter «inquebrada» a fé cristológica, de acordo com o «testemunho verdadeiro» recebido do DA e, agora, tornado visível no livro escrito. Perante as dificuldades externas e internas, o leitor é chamado a ser fiel àquilo que recebeu e que tem o seu fundamento «verdadeiro» no carácter ocular da testemunha, que revelou o sentido profundo do seu «ver». Com o Baptista, a samaritana, o cego de nascença, e, sobretudo, o DA, o leitor, que contempla o corpo de Jesus através do «ver» da testemunha ocular, é exortado a ver no «sinal» da sua humanidade, a revelação da sua divindade e as consequências da sua morte. Ou seja, a, tal como o DA, revelador de Jesus e referência da comunidade, «confessar» (testemunhar a verdade), mesmo perante a maior dificuldade para a fé, que consiste em acreditar num Messias e Filho de Deus crucificado (19,31-34), mas no qual se «cumpre» e redimensiona toda a Escritura, enquanto história da salvação (19,36-37). Este «cum-

---

[167] É relevante reparar como, depois de Jo 6 (segunda Páscoa), o verbo «ἐσθίω» só volta a surgir em 18,28 (última Páscoa) para introduzir o tema do «comer a Páscoa» ou seja o cordeiro pascal, tema que ilumina, como vimos, a morte de Jesus (19,14.36). Também ele, tal como Jesus, deve permanecer «inquebrado» (Ex 12,46) e «inquebrado» deve ser comido, com o significado salvífico e eclesiológico que tal facto contém. Cf. III,2.2.3.

[168] Por isso, a vinda à comunidade reunida é trinitária, como anunciado em 14,4-14.

[169] Cf. X. LÉON-DUFOUR, *Lectura*, II, 89.

[170] Segundo P. GRECH, «Fede e sacramenti», 154, o sangue e a água (tendo em conta 1Jo) são interpretados pelo evangelista em referência aos sacramentos que dão testemunho, para rectificar a fé daqueles que acreditam, mas não o fazem rectamente (6,60ss).

CAP. V: EXORTAÇÃO À «INQUEBRANTABILIDADE» 337

primento» revela-se na nova comunidade, significada na entrega recíproca da Mãe e do DA (19,25-27), à qual Jesus oferece a sua vida humana (sangue) e, através dela, a vida divina (água). Congregada junto ao corpo «inquebrado» de Jesus, ela é chamada a ser «inquebrada» na sua fé, mas também a saber acolher, como o DA, a Mãe de Jesus (o Israel fiel). Daí a preocupação do DA com os discípulos que, como Pedro, têm dificuldades em continuar a «seguir» Jesus perante a Paixão e a morte. Através do seu testemunho verdadeiro escrito, o DA continua a conduzir o leitor, exortando-o a purificar e a fortalecer a sua fé, de forma a não se separar, por uma fé insuficiente, do Senhor. De contrário, suceder-lhe-á como a Judas, cuja resistência à fé e ao amor do Senhor o leva à «quebra» da sua relação com ele e, consequentemente, com a comunidade dos discípulos. Se assim for, tal como Judas, não «permanece» em Jesus e está destinado não à vida divina, mas à perdição.

Este fortalecer a fé no «inquebrado» e trespassado, que, ressuscitado, se manifesta na comunidade dominical, com a força reveladora e salvífica da sua morte (evocada nos estigmas), significa para o leitor fortalecer a sua «inquebrantabilidade» com a comunidade, enquanto lugar da presença do corpo-Templo de Jesus, donde continuam a brotar a água e o sangue. Permanecer na comunidade, mas não acreditar na presença (invisível) de Jesus no «sinal» (visível: 6,14) do Pão «inquebrado» é ter a mesma atitude de Judas, «o que o entregou». Por isso, no fim do QE, a pergunta do DA em 13,25, continua a ressoar: «quem é que te entrega» (τίς ἐστιν ὁ παραδιδούς σε;: 21,20; note-se o presente durativo) e Jesus continua a responder: «aquele a quem eu der o bocado» (13,26). «Comer» Jesus (e beber o seu sangue), sem estar em comunhão com ele e com a comunidade, é deixar-se possuir por Satanás (13,27).

Por isso, através da contemplação do corpo «inquebrado» e trespassado de Jesus, o leitor é convidado a «olhar» através do «olhar» crente do DA e a purificar a sua fé de acordo com o testemunho (agora) escrito, de forma a fortalecer a «inquebrantabilidade» da sua fé na cristologia, soteriologia e eclesiologia reveladas no corpo do Senhor, que se continua a fazer presente na comunidade «inquebrada» e no Pão «inquebrado». A passagem do «ver» sensível ao «ver» da fé, através do testemunho, é feita, funcionalmente, através da personagem de Tomé.

A relação entre o «ver», «acreditar» e «testemunhar» encontra-se no final do Evangelho (20,30-31). Embora esta última palavra não apareça, a conclusão deve ser lida em associação com a confissão de fé de

Tomé, seguida da beatitude proclamada por Jesus, sobre os que acreditam sem terem visto (20,28-29)[171].

Tomé recusa-se a acreditar no testemunho dos outros discípulos, «se não vir» as chagas do seu corpo e aí colocar a sua mão (20,25). Oito dias depois, Jesus convida-o a «ver» as suas mãos e a tocar as marcas da sua crucifixão, convidando-o a passar da incredulidade à fé (20,27). Ainda que Tomé tenha «visto» Jesus, todo o episódio desemboca na beatitude proclamada por Jesus: «porque viste, acreditaste! Felizes os que não vendo, acreditam» (20,29). De Tomé, o narrador passa o discurso directamente para o leitor[172], fazendo-o perceber que a sua fé não se baseia no «ver» Jesus, mas no «ver» os «sinais» escritos no testemunho daquele que «viu» (19,35)[173]. Ou seja, é exortado a não ter a mesma atitude incrédula de Tomé em relação ao testemunho dos outros discípulos, mas a acreditar no «testemunho verdadeiro», que o DA continua a prestar. Só assim será declarado «bem-aventurado» por Jesus (20,29).

Ora, Tomé apenas faz a experiência do Ressuscitado quando se reúne à comunidade dominical. É na comunidade «inquebrada» que o corpo-Templo de Jesus se manifesta e é nela que é possível o encontro com o Pão-Cordeiro «inquebrado» e trespassado, que continua a revelar-se, com o seu lado aberto e do qual continua a ser dada a alimentação da vida divina recebida. Além disso, na exortação dirigida por Jesus a Tomé, em 20,27 (καὶ μὴ γίνου ἄπιστος ἀλλὰ πιστός), o uso do verbo «γίνομαι» implica um certo «tornar-se», um processo[174]. Tomé está entre dois caminhos: regredir na fé, ou fortificá-la. De facto, Tomé não é incrédulo (cf. 11,16; 14,5), mas tem dificuldades em fortalecer a sua fé com base no testemunho dos outros discípulos[175]. O «contacto» que

---

[171] Cf. G. van BELLE, «The Death of Jesus», 25 (ver também o quadro comparativo que este autor estabelece com 19,35).

[172] Cf. P. JUDGE, «John 20,24-25», 925.

[173] «after Easter seeing and believing are transformed on the basis of the disciples' witness»: U. SCHNELLE, «Cross and Resurrection», 145; cf. C. KOESTER, «Jesus' Resurrection», 71-72.

[174] Esta mesma ideia aparece no uso dos verbos, na declaração de Jesus, em 20,29: cf. U. VANNI, «Il crocifisso risorto», 767.771-772; G. NAMPUDAKATHU, «The Profession of Faith», 256.

[175] Tal como afirma G. NAMPUDAKATHU, «The Profession of Faith», 254-255, sublinha-se, especialmente, não a incredulidade na ressurreição, mas a dificuldade em acreditar no testemunho e o querer colocar as próprias condições para acreditar; cf. A. MARCHADOUR, *I personaggi*, 131.

Jesus lhe pede (20,27) e que corresponde ao que Tomé tinha colocado como condição para acreditar na presença do Ressuscitado no meio dos discípulos (20,25), é colocado no contexto do «ver». Que contacto é este? Como diz Vanni «Data la cornice liturgica della domenica, in cui Giovanni colloca tutto il capitolo, viene spontaneo pensare anche al contatto eucaristico»[176]. Se assim é, o leitor, tal como Tomé, é chamado a «ver» a presença de Jesus e a tomar «contacto» com ele na comunidade dominical e eucarística e, nela, perante o «sinal» do Pão, a professar a fé na presença de Jesus: «Meu Senhor e meu Deus» (20,28)[177]. Ou seja, a «fortalecer/purificar» a fé (19,35; 20,31), acreditando no testemunho dos discípulos, mormente no do DA, e passando, deste modo, de um processo, que pode desembocar em «incredulidade», a um outro, que solidifica a fé (20,27), como condição de «ter a vida» (20,31).

Neste sentido, a declaração implícita sobre a fé do narrador (personagem muito esquecida), em 19,35, é significativa. Ele é um destes, que, embora não tendo visto, considera «verdadeiro» o «ver» e o «testemunho» do DA e acolhe o «conteúdo» revelador deste «ver». Ele é um dos «felizes» que acredita sem ter visto (20,29) como denota o «καί» adverbial (19,35); acredita no «testemunho» e convida o leitor a, com ele, acreditar, no que o seu livro testemunha, como fruto do seu acreditar.

A «verdade» do testemunho depende da sua conformação ao testemunho recebido do DA ao longo dos tempos[178], ou, como diz Jesus aos Judeus que tinham acreditado nele, trata-se de manter a fidelidade à palavra de Jesus, como condição de conhecer a verdade que liberta (8,31-32); só quem é da verdade ouve a voz do Pastor (18,37; cf. 10,12.15), que consiste na fidelidade à sua palavra, recebida através da

---

[176] U. VANNI, «Il crocifisso risorto», 769.

[177] O cap. 20, como faz notar F. MIRGUET, «Voir la mort de Jésus», 475-477, estabelece uma diferença qualitativa no que se refere aos verbos do «ver», que já não consiste em «ver» Jesus, mas sobretudo os sinais da sua ausência/presença e que, quando tem por objecto Jesus, este não é assim tratado, mas por «Senhor». O autor, comparando Jo 1 e 20, mostra como os mesmos verbos de visão utilizados em Jo 1 tendo Jesus (ou o ES) como complemento, em Jo 20 são usados para falar da visão dos sinais no túmulo ou de Jesus, considerado agora como «Senhor», o que implica um «ver» marcado pela ressurreição, diferente do «ver» Jesus (terreno). Cf. P. JUDGE, «John 20,24-25», 923-924. O próprio ES agora já não é complemento do «ver», mas do «soprar» (20,22).

[178] Cf. F. MOLONEY, «Who is "the Reader"?», 29.

«verdade» do testemunho do DA[179], contido no Evangelho testemunhal: «testimoni di tutti i testimoni»[180]. E isso só é possível pelo ES (a água), o Espírito da Verdade, que o «inquebrado» continua a oferecer à comunidade reunida.

Em 19,35, perante a dificuldade de um Cristo crucificado, o leitor implícito é convidado a tornar-se no leitor ideal, na fidelidade «inquebrável» à fé cristológica e eucarística, o que implica a união à comunidade «inquebrada», fruto da morte de Jesus. Para isso, é exortado a manter «inquebrável» o testemunho «verdadeiro», recebido daquele «que viu» e, agora, conservado no Livro. Até que Jesus venha (21,22-24).

---

[179] Utilizando a linguagem da narratologia, poderíamos dizer com R. KIEFFER, «The Implied Reader», 64: «the implied readers […] are invited to become if possible ideal readers. […] They readers are from the beginning informed about the "divine" omniscience of the narrator. [… and] are supposed to accept the author's ideology about Jesus' uniqueness. […] The readers who embrace such high Christology are assured that they themselves will defeat death if they follow Jesus».

[180] R. VIGNOLO, *Personaggi*, 194.

CONCLUSÃO

A nossa perícope (19,31-37) narra os factos que se sucedem à morte de Jesus e está estruturada, pelo próprio evangelista, em três partes fundamentais: a narração dos acontecimentos (19,31-34), a intervenção do narrador (19,35) e a leitura dos factos à luz da Escritura (19,36-37). A passagem do «ver» sensível para o «ver» da fé é feita pelo «ver» da testemunha ocular, cujo conteúdo entrega ao leitor para que «também vós acrediteis». Em quê? Foi o que procurámos descortinar.

O texto começa com um objectivo destruidor e mortífero dos Judeus (os chefes dos sacerdotes [19,21] entendidos no contexto da incredulidade de «os Judeus»): quebrar as pernas aos crucificados para que, assim, morram e sejam retirados antes do sábado. A preocupação é legalista e ritualista (Dt 21,22-23), por causa da «preparação» da Páscoa. Ao plano dos Judeus, contrapõe-se o plano de Deus. De facto, quando os soldados chegaram a Jesus «o viram já morto» (19,33). Jesus morre não por ser a Páscoa dos Judeus (19,31), nem por vontade destes, mas porque «chegou a sua hora» de «consumar» o plano salvífico de Deus, tal como fora anunciado ao longo do QE: o «levantamento» dos Judeus (8,28) é uma «exaltação» e uma «glorificação» por parte de Deus (3,14; 12,23.28.32.34) e um gesto de consagração (17,19), livre e poderoso (10,17-18; cf. 18,10-11), por parte de Jesus, com consequências salvíficas.

Por outro lado, esta constatação da morte de Jesus tem consequências: o seu corpo mantém-se «inquebrado» e é trespassado, saindo «imediatamente sangue e água». Isto remete, de novo, o leitor ao contexto do QE, ou seja, a ler nestes factos o que tinha sido anunciado como consequência da «exaltação» e «glorificação» de Jesus: a manifestação da sua natureza divina (8,28.56-58) e as consequências soteriológicas e eclesiológicas de tal revelação. Estas consequências são sublinhadas, de modo particular, pela necessidade teológica do «levantamento/exaltação» expressa por «δεῖ» (3,14; 12,34) e através da preposição «ὑπέρ» (6,51; 10,11.15; 11,51.52; 15,13,; 17,19; 18,14), que apresenta a morte de Jesus, não numa perspectiva vicária ou expiatória, mas de amor relacional, que terá como consequência a oferta da unidade de todos os crentes e a vida divina. Nesta perspectiva aparece a imagem do Bom Pastor (10,1-10.11-18) e a do grão de trigo (12,24), a profecia de Caifás redimensionada pelo evangelista (11,50-52) e a declaração de Jesus «quando for levantado/exaltado da terra, atrairei todos a mim» (12,32). A finalidade é que «todos sejam um» (17,21), «um só rebanho e um só pastor (10,16). A esta comunidade «reunida» pela sua morte (19,25-27), Jesus oferece a vida eterna, a vida de Deus. É um dom universal de Deus, que implica a liberdade do homem, ou seja, a resposta pela fé, particularmente perante Jesus «elevado/exaltado» (3,14-17). Trata-se do momento do reconhecimento cristológico (8,28) e, consequentemente, da vida que tal reconhecimento permite; trata-se de «ver» e «entrar» no Reino de Deus (3,3-4.14-16.36), sendo arrebatado ao domínio do Príncipe deste mundo, expulso pelo «levantamento/exaltação» de Jesus (12,31). Recusar acreditar implica continuar sob o domínio daquele (14,30; 16,11; cf. 6,70; 8,44; 13,2) e, portanto, estar sujeito ao julgamento (3,17-19.36; 5,24ss). O ES é a expressão e o conteúdo desta vida divina, da qual Jesus tem a plenitude (3,34; 5,26; cf. 1,32s), dada ao que acredita, como fruto e consequência da sua morte e ressurreição (7,39; cf. 3,14-16) e actuada no crente através da força vivificante do mesmo Espírito (6,63; 15,26; 16,13).

Tudo isto (revelação cristológica, com consequências soteriológicas e eclesiológicas), dito por Jesus «ἐν παροιμίαις», transforma-se «ἐν παρρησίᾳ» na visibilidade do seu corpo morto, «inquebrado» e trespassado. Este corpo, apresentado como lugar teológico por excelência, sublinha a visibilidade da sua encarnação e da sua pessoa e está ligado, de modo particular, aos factos da sua morte, sepultura e ressurreição. Ao proclamar o seu corpo como Templo «inquebrado» (2,19-21), Jesus apresenta-o como «o» sinal por excelência (2,18), pois na visibilidade do seu corpo se revela a presença (invisível) de Deus, e, por isso, nele se pode contemplar a «glória» divina (1,14.18), com todas as consequências escatológico-salvíficas, que a presença de Deus, no meio dos homens, implica. Assim, ao contemplar o corpo «inquebrado» de Jesus, o leitor é convidado a «ver» na visibilidade do seu corpo (humanidade) não só a revelação da «inquebrantabilidade» da sua natureza humana e divina (tal como tinha sido preparado pelo episódio concêntrico da túnica indivisa: 19,23-24; cf. 8,28), como a presença do Pai (2,12) e a unidade «inquebrável» dos dois (8,29; 10,30). Esta revelação cristológica tem efeitos sotério-eclesiológicos. O corpo «inquebrado» recorda o fruto da morte de Jesus: a «unidade» dos crentes e destes com Jesus e, através dele e nele, ao Pai, como forma de receber a própria vida de Deus.

A segunda consequência depende da primeira: é porque o corpo se mantém «inquebrado», que é trespassado. Portanto, o «sangue e água» saem do corpo «inquebrado». Se, por um lado, o acontecimento certifica a morte de Jesus, por outro, tem um significado simbólico, também ele preparado pelo QE. O facto que o «lado» de Jesus seja trespassado, permite que a sua vida íntima, até então invisível, se manifeste. O seu «sangue», como manifestação da sua «ψυχή» (vida humana) doada, é revelação da sua vida divina, o ES (água). Ambas são «indissociáveis/inquebráveis» e, como tal, se manifestam (*nuance* de endíade na expressão «sangue e água»). Se o primeiro sentido da revelação é cristológico, tem, no entanto, consequências soteriológicas: através da doação da sua vida biológica e íntima (sangue), Jesus derrama sobre os seus a vida de Deus, a revelação e o ES (água), pelo que o ES, que «habita» em Jesus, passa a «estar» no crente, fazendo-o entrar na esfera da soberania e da intimidade divinas, da sua própria vida (eterna), ou seja, no Reino de Deus.

Desta forma, a morte de Jesus não é causada pela destruição (Judeus). Pelo contrário, é fonte de «unidade» e de vida (desígnio de Deus).

Este desígnio de Deus estava expresso na Escritura e cumpre-se em Jesus (19,36-37), no qual a «Escritura não pode ser anulada/destruída/quebrada» (10,35), mas, pelo contrário, encontra o seu «cumprimento» pleno. Ao não fazer coincidir nenhuma das duas citações com uma passagem precisa da Escritura, o evangelista segue o seu princípio hermenêutico de, através de fusões de passagens, imagens, símbolos e metáforas veterotestamentárias, «cristificar» o AT, de forma a apresentar a morte de Jesus e as suas consequências não como o «cumprimento» de uma determinada passagem, mas de *toda* a Escritura. Por isso, mais do que a Escritura a iluminar os factos, é a cristologia a dar, quer à Escritura, quer aos acontecimentos, a sua verdadeira dimensão. Assim, as passagens não se referem uma ao corpo «inquebrado» (19,36) e outra ao trespassado (19,37): tal como o corpo trespassado é consequência e é o corpo «inquebrado», assim as duas citações devem ser lidas em conjunto. Desta forma, através de um processo progressivo de evocações e fusões de espaços mentais, o evangelista apresenta-nos o «olhar para» o «inquebrado» trespassado, como um «ver», pela fé, o cordeiro escatológico e pascal, o Servo (fundidos no novo conceito «Cordeiro de Deus, que tira o pecado do mundo), o Rei e o Pastor trespassado (redimensionado à luz do QE e fundido no conceito de Jesus Rei-Pastor escatológico), o Filho do Homem de Dn 7 (fundido com os verbos «exaltar» e «glorificar», próprios do Servo, e a dimensão escatológica e judicial do *testimonium* cristão). Ou seja, através de uma série de «input spaces» evocados na mente do leitor, cujas fusões vão apresentando Jesus não só como o «cumprimento», mas «redimensionamento» das esperanças veterotestamentárias, o evangelista coloca o corpo de Jesus, diante do «olhar» do leitor, como o Templo escatológico (fusão final). «Ver» o corpo «inquebrado» e trespassado na cruz, é uma exortação a reconhecê-lo como o Templo escatológico, no qual se revela a presença de Deus, inauguradora dos tempos últimos, e onde todos os povos são «reunidos» e convidados a participar, pela fé, na vida divina, num enquadramento de Aliança (que a ligação de 2,21 ao contexto matrimonial do episódio de Caná [2,1-12] deixa perceber). Esta revelação é feita no Templo de Jerusalém (onde se desenvolve o ensinamento «público»), mas «cumprida» no corpo-Templo (19,33-37), onde todos são convidados ao verdadeiro culto (4,20-24), não só *em* Jesus (Templo), mas também *através* dele (Cordeiro). Ou seja, já não num lugar (4,21), mas numa pessoa: Jesus.

Por isso, mesmo depois da ressurreição, Jesus continua a ser o «lugar» do encontro dos crentes com o Pai, com a força reveladora e salvífica da sua morte (20,22-23), como se significa na manifestação do seu corpo «inquebrado» e trespassado (20,20.27). Mas, por seu lado, é a comunidade reunida pelo «inquebrado» (19,25-27), agora num tempo novo («o primeiro dia da semana»), o «lugar» da manifestação da sua presença, da sua revelação e dos seus dons. Por outras palavras: por um lado, o corpo «inquebrado» de Jesus é a possibilidade do encontro entre o homem e Deus e da participação nos bens escatológicos (ES); por outro, esta presença reveladora e salvífica de Jesus acontece na comunidade e através dela.

Ou seja, na morte de Jesus, «visibilizada» no seu corpo, o leitor é convidado a contemplar o «cumprimento» não só de toda a Escritura, como das coordenadas da história: trata-se de um *tempo novo* (já não as festas judaicas, mas «o primeiro dia da semana») e dum *espaço novo* (Jesus-Templo), onde os discípulos, pela adesão na fé, participam, pelo dom da vida doada (sangue) na vida divina, o ES (água). Trata-se, portanto, de um *novo culto*, «em espírito e verdade» (4,23.24), no «Cordeiro de Deus, que tira o pecado do mundo» (1,29.36). O ES, a vida divina, continua a ser dado por Jesus-Templo (20,22), presente na comunidade (20,19.26) aos que nele acreditam. Por isso, embora sejam os discípulos que materialmente baptizam (4,2), quem, de facto, o faz é Jesus (3,22-26), pois é ele o único que concede o ES (20,22). E a «permanência» desta vida divina é alimentada na eucaristia (6,53-58). Por isso, o «sangue e água», que saem do corpo-Templo do Cordeiro de Deus são, muito possivelmente, também sinais sacramentais: do ES, recebido através do baptismo (3,5), e da eucaristia, que alimenta a vida nova recebida. Reunida no «primeiro dia da semana» a comunidade faz a experiência da presença do «inquebrado» no sinal (6,14) do pão «inquebrado» (6,11), que o próprio Jesus (e não os discípulos) continua a dar (6,11), tal como na cruz.

A testemunha ocular de 19,35 representa este «olhar» crente, que vê, no sinal do corpo «inquebrado» e trespassado de Jesus, o Templo, no e através do qual os homens de todos os tempos e lugares são convidados à relação com Deus e à participação na sua própria vida. Trata-se do culminar da história da salvação, da inauguração dos tempos escatológicos. Esta testemunha é, com grande probabilidade, o DA, aquele que, desde o início, ouvindo o testemunho do Baptista, acompanhou Jesus, «vendo» sensivelmente e «permanecendo» com ele (1,37-39), mesmo na Paixão (18,15-16) e na cruz (19,25-27.35). Por isso, pode apresentar o «testemunho verdadeiro» sobre todos os factos, mormente os da Paixão. Mas, sobretudo, pela sua relação fiel, crente e privilegiada com Jesus, pode revelá-lo (13,32) — tal como Jesus revela o Pai (1,18) — e, de forma particular, relevar a «verdade» do significado da morte de Jesus e das suas consequências. A sua preocupação com o «seguimento» dos discípulos, tal como com o de Pedro, leva-o a apresentar à comunidade o «testemunho verdadeiro» (19,35), já anteriormente dado (aspecto do perfeito), mas, agora, escrito (21,24). A finalidade é que o leitor, perante dificuldades internas e externas, se mantenha fiel à «inquebrantabilidade» do mistério de Jesus, tal como lhe foi transmitido e a testemunhar, também ele, a verdade, ou seja, a confessar Jesus como «Messias e Filho de Deus» (20,31). E isto, especialmente, perante as dificuldades do corpo de um Messias crucificado (e de um Pão no qual o Senhor se torna presente). Só assim manterá a «inquebrantabilidade» comunitária e só desta forma poderá «ter a vida no seu nome» (20,31), pois, só assim, será fiel às consequências da morte de Jesus: revelação cristológica e, dependentes desta, eclesiológica e soteriológica.

Desta forma, o aspecto veiculado pelo conjuntivo presente usado na expressão «ἵνα καὶ ὑμεῖς πιστεύητε» (19,35) implica «olhar» através do olhar crente do DA, materializado no seu «testemunho verdadeiro» e, assim, purificar/fortalecer a fé, de forma a «ver» na morte de Jesus, cujas consequências se visualizam no corpo «inquebrado» e trespassado, a sinfonia do cumprimento de toda a história da salvação. Fazê-lo é condição para manter «inquebrável» a fé cristológica, eucarística e eclesiológica, de acordo com o que foi «visto» e «testemunhado» pelo DA e que, agora, «permanece» no testemunho do seu Livro. Até que o Senhor venha (21,23-24).

SIGLAS E ABREVIATURAS

a.C.	antes de Cristo
ABD	FREEDMAN, G. – *al.*, *The Anchor Bible Dictionary*, I-VI, New York – *al.* 1992.
ABR	*Australian Biblical Review*
ACNT	Augsburg Commentary on the New Testament
Adv. Iud.	*Adversus Iudaeos* (Tertuliano)
al.	*Alii (outros)*
AnBib	Analecta Biblica
AnGr	Analecta Gregoriana
Ant.	*Antiquitates Judaicae* (Flávio José)
ANTC	Abingdon New Testament Commentaries
Ap. Abr.	*Apocalipse de Abraão*
Apol.	*Apologetica* (S. Justino)
AT	Antigo Testamento
BAGD	BAUER, W. – ARNDT, W. – GINGRICH, W. – DANKER, F., ed., *A Greek-English Lexicon of the New Testament and Other Early Christian Literature*, Chicago – London, 1957, 1979^2.
2Bar	*Segundo Livro de Baruc*
BBB	Bonner biblische Beiträge
BC	Biblia y Catequesis
BDF	BLASS, F. – DEBRUNNER, A. – FUNK, R., *Grammatica del Greco del Nuovo Testamento*, ISB.S 2, Brescia 1982, 1997^2.
BEB	Biblioteca de Estudios Biblicos
Bell. Jud.	*De Bello Judaico* (Flávio José)
BET	Beiträge zur biblischen Exegese und Theologie
BEThL	Bibliotheca Ephemeridum Theologicarum Lovaniensium
BHisB	Bibliotheca Hispana Biblica
Bib	*Biblica*
BibBB	Biblioteca Bíblica Básica
BibBhash	*Bible Bhashyam*

BibOr	*Bibbia e Oriente*
BibP	Bibbia e Preghiera
BIS	Biblical Interpretation Series
BiTod	*The Bible Today*
BiTr	*The Bible Translator*
BJ	*Bíblia de Jerusalém. Nova Edição Revista*, S. Paulo 1989.
BNTC	Black's New Testament Commentaries
BR	*Biblical Research*
BS	The Biblical Seminar
BSR	Biblioteca di Scienze Religiose
BTCom	Biblioteca de Teologia Comillas
BTCon	Biblioteca di Teologia Contemporanea
BU	Biblische Untersuchungen
BVC	*Bible et vie chrétienne*
BZ	*Biblische Zeitschrift*
BZNW	Beihefte zur Zeitschrift für die neutestamentliche Wissenschaft und die Kunde der alteren Kirche
cap.	capítulo(s)
CB.NT	Coniectania Biblica New Testament Series
CBET	Contributions to Biblical Exegesis and Theology
CBQ	*Catholic Biblical Quarterly*
CBQ.MS	Catholic Biblical Quarterly Monograph Series
CD	*Documento de Damasco*
CentBC	The Century Bible Commentary
cf.	confronta
CivCatt	*La Civiltà Cattolica*
1Clem	*Primeira Epístola de Clemente*
CleR	*Clergy Review*
CNT	Commentaire du Nouveau Testament
CNTG	*Concordance to the Novum Testamentum Graece of Nestle-Aland, 26th Edition, and to the Greek New Testament / Konkordanz zum Novum Testamentum Graece von Nastle-Aland, 26. Auflage und zum Greek New Testatament, 3rd edition*, ed. Institut für Neutestamentliche Textforschung und vom Rechenzentrum der Universität Münster, Berlin – New York 1987^3.
CollSB	Collana Studi Biblici
CRB	Cahiers de la Revue Biblique
CSB	Commenti e Studi Biblici
CSSC	Centro Studi Sanguis Christi

CTC	Colección Teológica Contemporánea
CTUN	Colección Teológica Universidad de Navarra
d.C.	depois de Cristo
DA	Discípulo Amado
DENT	BALZ, H. – SCHNEIDER, H. ed., *Diccionario Exegético del Nuevo Testamento*, I-II, BEB 90, 91, Salamanca 1996, 1998.
Dial.	*Diálogo com Trifão* (S. Justino)
Did. Apos.	*Didascalia Apostolorum*
DRev	*The Downside Review*
ed.	edidit, ediderunt (ao cuidado de)
EE	*Estudios Eclesiásticos*
EHPhR	Études d'histoire et de philosophie religieuse
1En.	*Primeiro Livro de Enoc*
2En	*Segundo Livro de Enoc*
Epis. Pol.	*Epístola a Policarpo* (Santo Inácio)
ES	Espírito Santo
4Esd.	*Quarto Livro de Esdras*
EstB	*Estudios Bíblicos* (Madrid)
EstFranc	*Estudios Franciscanos*
ET	*Expository Times*
EtB	Études Bibliques
etc.	et caetera
EThL	*Ephemerides Theologicae Lovaniensis*
ETNT	En Torno al Nuevo Testamento
EvanP.	*Evangelho de Pedro*
FC	Fede e Comunicazione
FRP	Fortress Resources for Preaching
Fs.	Festschrift (escrito em honra de)
FzB	Forschung zur Bibel
FZPhTh	*Freiburger Zeitschrift für Philosophie und Theologie*
GA	Georgia
GLNT	KITTEL, G. - FRIEDRICH, G. - RÜHLE, O., ed., *Grande Lessico del Nuovo Testamento*, I-XVI, Brescia 1965-1992.
GLNT.S	Supplementi al Grande Lessico del Nuovo Testamento
Greg	*Gregorianum*
GuL	*Geist und Leben*
h	hora
HBS	Herders biblische Studien
HBT	*Horizons in Biblical Theology*
HNT	Handbuch zum Neuen Testament

HR(U)	Acta Universitatis Upsaliensis. Historia Religionum
Ibid.	*Ibidem*
IBSt	*Irish Biblical Studies*
IBT	Interpreting Biblical Texts
ICC	The International Critical Commentary
Id.	IDEM
IEB	Introducción al Estudio de la Biblia
IF	Intellectus Fidei
Esm.	*Carta aos Esmirniotas* (Santo Inácio)
ISB.S	Introduzione allo studio della Bibbia. Supplementi
ItBib	Itinerari Biblici
ITEB	Instrumentos de trabajo para el estudio de la Biblia
IthS	Innsbrucker theologische Studien
JBL	*Journal of Biblical Literature*
JETS	*Journal of the Evangelical Theological Society*
Joüon	JOÜON, P. – MURAOKA, T., *A Grammar of Biblical Hebrew*, I-II, SubBi 14/1-2, Roma 1993.
JSNT	*Journal for the Study of the New Testament*
JSNT.S	Journal for the Study of the New Testament. Supplement Series
JSOT.S	Journal for the Study of the Old Testament. Supplement Series
JThS	*Journal of Theological Studies*
Jub.	*Livro dos Jubileus*
KY	Kentucky
LeDiv	Lectio Divina
LetB	Letture Bibliche
LirB	Lire la Bible
LNTS	Library of New Testament Studies
LumVie	Lumière et Vie
LumVie	*Lumière et Vie*
LvSt	*Louvain Studies*
LXX	Septuaginta
MA	Massachusetts
MB	Le monde de la Bible
MD	Maryland
MI	Michigan
MN	Minnesota
MO	Missouri
NEB.NT	Die Neue Echter Bibel. Neues Testament

Neotest.	*Neotestamentica*
NRTh	*Nouvelle Revue Théologique*
NT	Novo Testamento
NT	*Novum Testamentum*
NTA	Neutestamentliche Abhandlungen
NTCES	Nuovo Testamento Commento Esegetico e Spirituale
NTM	New Testament Monographs
NTMes	New Testament Message
NTOA	Novum Testamentum et Orbis Antiquus
NTS	*New Testament Studies*
NT.S	Novum Testamentum Supplements
NTT	New Testament Theology
ÖTBK	Ökumenischer Taschenbuchkommentar zum Neuen Testament
p. e.	por exemplo
p., pp.	página, páginas
PA	Pennsylvania
par.	paralelo(s)
ParVi	*Parola di Vita*
ParVi	Parola di Vita
PBTM	Paternoster Biblical and Theological Monographs
pl.	plural
PTeo	Presencia Teológica
QD	Quaestiones Disputatae
QE	Quarto Evangelho
RafrT	*Revue Africaine de Théologie*
RB	*Revue Biblique*
RevSR	*Revue des Sciences Religieuses*
RivBib	*Rivista Biblica Italiana*
RSR	*Recherches de Science Religieuse*
s, ss	seguinte, seguintes
SabSal.	*Sabedoria de Salomão*
SalSal.	*Salmos de Salomão*
SB	Sciences Bibliques
SBB	Stuttgarter biblische Beiträge
SBL	Studies in Biblical Literature
SBL.AB	Society of Biblical Literature. Academia Biblica
SBL.DS	Society of Biblical Literature. Dissertation Series
SBL.SS	Society of Biblical Literature. Symposium Series
SBS	Stuttgarter Bibelstudien

SCBTP	Studies in Contemporary Biblical and Theological Problems
ScEs	*Science et Esprit*
ScripVict	*Scriptorium Victoriense*
séc., sécs.	século, séculos
SémBib	*Sémiotique et Bible* (Lyon)
SJTh	*Scottish Journal of Theology*
SNTA	Studiorum Novi Testamenti Auxilia
SNTS.MS	Society for the New Testament Studies Monograph Series
SP	Sacra Pagina
SPCK	The Society for Promoting Christian Knowledge
SrivBib	Supplementi alla Rivista Biblica
SSEJC	Studies in Scripture in Early Judaism and Christianity
StAns	*Studia Anselmiana*
StAns	Studia Anselmiana
StBib	Studia Biblica
StBib(B)	Studi biblici (Brescia)
StBibFraAna	Studium Biblicum Franciscanum Analecta
StBibFraLA	*Studium Biblicum Franciscanum. Liber Annus*
StDeh	Studi Dehoniani
StEv	*Studia Evangelica*
StMis	*Studia Missionalia*
StPat	*Studia Patavina*
SubBi	Subsidia Biblica
Targ. Is.	*Targum de Isaías*
TC	Testi e Commenti
TCS	Turchia: la Chiesa e la sua storia
Test. Jo.	*Testamento de José*
Test. Judá	*Testamento de Judá*
Test. Levi	*Testamento de Levi*
TGr.S	Tesi Gregoriana. Serie Spiritualità
TGr.T	Tesi Gregoriana. Serie Teologica
TH	Texto hebraico
ThHK	Theologischen Handkommentar zum Neuen Testament
TM	Texto Massorético
TN	Tennessee
TS	*Theological Studies* (Woodstock, MD)
TX	Texas
TynB	*Tyndale Bulletin*
TZ	*Theologische Zeitschrift*
U.K.	United Kingdom

v., vv.	versículo, versículos
WBC	Westminster Bible Companion
WMANT	Wissenschaftliche Monographien zum Alten und Neuen Testament
WUNT	Wissenschaftliche Untersuchungen zum Neuen Testament
WUNT2	Wissenschaftliche Untersuchungen zum Neuen Testament - 2. Reihe
ZNW	*Zeitschrift für die neutestamentliche Wissenschaft und die Kunde des Alten Christentums*
ZPE	*Zeitschrift für Papyrologie und Epigraphik*
§; §§	parágrafo, parágrafos
x	vezes, ocorrências (depois de um número)

– As abreviaturas dos livros bíblicos são as da *BJ*.
– As siglas dos códices do NT são as de Nestle-Aland, *Novum Testamentum Graece*, Stuttgart 1993^3.
– As abreviaturas da *Mishna* são as de C. del Valle, ed., *La Misna*, BEB 98, Madrid 1981, Salamanca 1997^2.

BIBLIOGRAFIA

ÅDNA, J., *Jesu zum Tempel. Die Tempelaktion und das Tempelwort als Ausdruck seiner messianischen Sendung*, WUNT2 119, Tübingen 2000.

ALETTI, J.-N., «Mort de Jésus et théorie du récit», *RSR* 73 (1985) 147-160.

AMELING, W., «Evangelium Johannis 19,35. Ein aretalogisches Motiv», *ZPE* 60 (1985) 25-34.

ANDERSON, P., «Gradations of Symbolization in the Johannine Passion Narrative. Control Measures for Theologizing Speculation Gone Awry», in J. FREY – J. van der WATT – R. ZIMMERMANN, ed., *Imagery in the Gospel of John. Terms, Forms, Themes, and Theology of Johannine Figurative Language*, WUNT 200, Tübingen 2006, 157-194.

APPOLD, M., *The Oneness Motif in the Fourth Gospel. Motif Analysis and Exegetical Probe into the Theology of John*, WUNT2 1, Tübingen 1976.

ASHTON, J., *Comprendere il Quarto Vangelo*, LetB 14, Vaticano 2000.

ASIEDU-PEPRAH, M., *Johannine Sabbath Conflicts as Juridical Controversy*, WUNT2 132, Tübingen 2001.

AUVRAY, P., «Ezequiel [notas]», in *BJ*.

BAILEY, K., «The Shepherd Poems of John 10. Their Culture and Style», *IBSt* 15 (1993) 2-17.

BALL, D., *«I am» in John's Gospel. Literary Function, Background and Theological Implications*, JSNT.S 124, Sheffield 1996.

BARRETT, C., «The Lamb of God», *NTS* 1 (1954-1955) 210-218.

———, *The Gospel According to St John. An Introduction with Commentary and Notes on the Greek Text*, London 1955, 1996².

BASSLER, J., «Mixed Signals. Nicodemus in the Fourth Gospel», *JBL* 108 (1989) 635-646.

BAUCKHAM, R., «Nicodemus and the Gurion Family», *JThS* 47 (1996) 1-37.

BAUCKHAM, R., «The Audience of the Fourth Gospel», in R. FORTNA – T. THATCHER, ed., *Jesus in Johannine Tradition*, Louisville, KY – London – Leiden 2001, 101-111.

———, *Jesus and the Eyewitnesses. The Gospels as Eyewitness Testimony*, Grand Rapids, MI – Cambridge 2006.

———, *The Testimony of the Beloved Disciple. Narrative, History, and Theology in the Gospel of John*, Grand Rapids, MI 2007.

BAUMGÄRTEL, F., «καρδία», *GLNT*, V, 193-213.

BAUMGÄRTEL, F. – MEYER, R. – SCHWEIZER, E., «σάρξ, σαρκικός, σάρκινος», *GLNT*, XI, 1265-1398.

BAZYLINSKI, S., *Guida alla ricerca biblica*, SubBi 24, Roma 2004, 2005².

BEASLEY-MURRAY, G., *John*, WBC 36, Waco 1987, Nashville, TN 1999².

BECK, D., «The Narrative Function of Anonymity in Fourth Gospel Characterization», in E. MALBON – A. BERLIN, ed., *Characterization in Biblical Literature*, Semeia 63, Atlanta, GA 1993, 143-158.

BECKER, J., *Das Evangelium nach Johannes*, I-II, ÖTBK 4/1-2, Gütersloh – Würzburg, 1979-1981.

BEHM, J., «αἷμα», *GLNT*, I, 461-474.

———, «κοιλία», *GLNT*, V, 663-671.

van BELLE, G., «L'accomplissement de la parole de Jésus. La parenthèse de Jn 18,9», in C. TUCKETT, ed., *The Scriptures in the Gospels*, BEThL 131, Leuven 1997, 617-627.

———, «The Death of Jesus and the Literary Unity of the Fourth Gospel», in ID., ed., *The Death of Jesus in the Fourth Gospel*, BEThL 200, Leuven 2007, 3-64.

BENÉITEZ, M., «Nota sobre los verbos "sinónimos" en Jn», *EE* 49 (1974) 109-116.

BERNARD, J., A *Critical and Exegetical Commentary on the Gospel According to St. John*, I-II, ICC, Edinburgh, U.K. 1929.

BEUTLER, J., «Die Heilsbedeutung des Todes Jesu im Johannesevangelium nach Joh 13,1-20», in K. KERTELGE, ed., *Der Tod Jesu. Deutungen im Neuen Testament*, QD 74, Freiburg 1976, 188-204.

———, *Habt keine Angst. Die erste johanneische Abschiedsrede (Joh 16)*, SBS 116, Stuttgart 1984.

———, «Greeks Come to See Jesus (John 12,20f)», *Bib* 71 (1990) 333-347.

———, «Response from a European Perspective», *Semeia* 53 (1991) 191-202.

BEUTLER, J., «The Use of "Scripture" in the Gospel of John», in R. CULPEPPER – C. BLACK, ed., *Exploring the Gospel of John*, Fs. M. Smith, Louisville, KY 1996, 147-162.

———, «The Structure of John 6», in R. CULPEPPER, ed., *Critical Readings of John 6*, BIS 22, Leiden – al. 1997, 115-127.

———, *Studien zu den johanneischen Schriften*, SBAB 25, Stuttgart 1998.

———, «The Identity of the "Jews" for the Readers of John», in R. BIERINGER – D. POLLEFEYT – F. VANDECASTEELE-VANNEUVILLE, ed., *Anti-Judaism and the Fourth Gospel*. Papers of the Leuven Colloquium 2000, Assen 2001, 229-238.

———, «Synoptic Jesus Tradition in the Johannine Farewell Discourse», in R. FORTNA – T. THATCHER, ed., *Jesus in Johannine Tradition*, Louisville, KY – London – Leiden 2001, 165-173.

———, «Faith and Confession. The Purpose of John», in J. PAINTER – R. CULPEPPER – F. SEGOVIA, ed., *Word, Theology, and Community in John*, St. Louis, MO 2002, 19-31.

———, «Die Ehre Gottes und die Ehre der Menschen im Johannesevangelium», *GuL* 74 (2003) 83-91.

———, *L'ebraismo e gli Ebrei nel vangelo di Giovanni*, SubBi 29, Roma 2006.

———, «Resurrection and the Forgiveness of Sins. John 20,30 against Its Traditional Background», in C. KOESTER – R. BIERINGER, ed., *The Resurrection of Jesus in the Gospel of John*, WUNT 222, Tübingen 2008, 237-251.

BIERINGER, R. – POLLEFEYT, D. – VANDECASTEELE-VANNEUVILLE, F., «Wrestling with Johannine Anti-Judaism. A Hermeneutical Framework for the Analysis of the Current Debate», in ID., ed., *Anti-Judaism and the Fourth Gospel*. Papers of the Leuven Colloquium 2000, Assen 2001, 3-44.

BIERINGER, R., «Das Lamm Gottes, das die Sünde der Welt hinwegnimmt (Joh 1,29). Eine kontextorientierte und redaktionsgeschichtliche Untersuchung auf dem Hintergrund der Passatradition als Deutung des Todes Jesu im Johannesevangelium», in G. van BELLE, ed., *The Death of Jesus in the Fourth Gospel*, BEThL 200, Leuven 2007, 199-232.

BINNI, W., *La Chiesa nel Quarto Vangelo*, CollSB 50, Bologna 2006.

BISSOLI, G., *Il Tempio nella letteratura giudaica e neotestamentaria. Studio sulla corrispondenza fra tempio celeste e tempio terrestre*, StBibFraAna 37, Jerusalem 1994.

BLAINE, B., *Peter in the Gospel of John. The Making of an Authentic Disciple*, SBL.AB 27, Leiden – Boston 2007.

BLANK, J., *Krisis. Untersuchungen zur johanneischen Christologie und Eschatologie*, Freiburg 1964.

de BOER, M., *Johannine Perspectives on the Death of Jesus*, CBET 17, Kampen 1996.

———, «Johannine History and Johannine Theology. The Death of Jesus as the Exaltation and the Glorification of the Son of Man», in G. van BELLE, ed., *The Death of Jesus in the Fourth Gospel*, BEThL 200, Leuven 2007, 293-326.

BOILY, R. – MARCONI, G., *Vedere e Credere. La relazioni dell'uomo con Dio nel Quarto Vangelo*, FC 6, Milano 1999.

BOISMARD, M.-É., «Le Christ-agneau rédempteur des hommes», *LumVie* 36 (1958) 91-104.

BOND, H., *Ponzio Pilato. Storia e interpretazione*, StBib(B) 158, Brescia 2008.

BORGEN, P., «The Gospel of John and Hellenism. Some Observations», in R. CULPEPPER – C. BLACK, ed., *Exploring the Gospel of John*, Fs. M. Smith, Louisville, KY 1996, 98-123.

BOTTINO, A., «La metafora della Porta (Gv 10,7.9)», *RivBib* 39 (1991) 207-215.

BRAUN, F., «Quatre signes johanniques de l'unité chrétienne», *NTS* 9 (1962-1963) 147-155.

———, *Jean le théologien. Les grandes traditions d'Israël et l'accord des écritures selon le quatrième évangile*, Paris 1964.

BROCK, S., «"La festa nuziale di sangue sul Golgota". Un insolito aspetto di Gv 19,34 nella tradizione siriaca», in F. VATTIONI, ed., *Sangue e Antropologia, Riti e Culto*. Atti della V Settimana, II, CSSC 5, Roma 1987, 971-984.

BROWN, R., *El Evangelio según Juan*, I-II, Madrid, 1999, 2000².

———, *The Community of the Beloved Disciple*, New York 1979.

———, *Le Lettere di Giovanni*, CSB, Assisi 1986, 2000².

———, *La morte del Messia. Dal Getsemani al Sepolcro. Un commentario ai Racconti della Passione nei quattro vangeli*, BTCon 108, Brescia 1999.

———, *An Introduction to the Gospel of John*, ed. F. Moloney, New York 2003.

BRUNSON, A., *Psalm 118 in the Gospel of John*, WUNT2 158, Tübingen 2003.

BULTMANN, R., *The Gospel of John. A Commentary*, Oxford 1971.

BURGE, G., *The Anointed Community. The Holy Spirit in the Johannine Tradition*, Grand Rapids, MI 1987.

BURKETT, D., *The Son of the Man in the Gospel of John*, JSNT.S 56, Sheffield 1991.

BURNEY, C., *The Aramaic Origin of the Fourth Gospel*, Oxford 1922.

BURROWS, E., «Did John the Baptist Call Jesus "The Lamb of God"?», *ET* 85 (1973s) 245-249.

BUSSE, U., «Open Questions on John 10», in J. BEUTLER – R. FORTNA, ed., *The Shepherd Discourse of John 10 and Its Context*, SNTS.MS 67, Cambridge 1991, 6-17.

———, «Die Tempelmetaphorik als ein Beispiel von implizitem Rekurs auf die biblische Tradition im Johannesevangelium», in C. TUCKETT, ed., *The Scriptures in the Gospels*, BEThL 131, Leuven 1997, 395-428.

BYRNE, B., «The Faith of the Beloved Disciple and the Community in John 20», *JSNT* 23 (1985) 83-97.

CABA, J., *Cristo, Pan de vida. Teología eucarística del IV Evangelio. Estudio exegético de Jn 6*, Madrid 1993.

———, *Teología joanea. Salvación ofrecida por Dios y acogida por el hombre*, Madrid 2007.

CACHIA, N., *«I am the good shepherd. The good shepherd lays down his life for the sheep» (John 10,11). The image of the good shepherd as a source for the spirituality of the ministerial priesthood*, TGr.S 4, Roma 1997.

CAREY, G., «The Lamb of God and Atonement Theories», *TynB* 32 (1981) 97-122.

CARMINATI, A., *È Venuto nell'Acqua e nel Sangue. Riflessione biblico-patristica*, StDeh, Bologna 1979.

CARON, G., *Qui sont les «Juifs» de l'évangile de Jean ?*, Recherches 35, Québec 1997.

CARREIRA DAS NEVES, J., «A verdade em S. João», *Didaskalia* 33 (2003) 19-33.

CARTER, W., *John. Storyteller, Interpreter, Evangelist*, Peabody, MA 2006.

CASALEGNO, A., *«Perché contemplino la mia gloria» (Gv 17,24). Introduzione alla teologia del Vangelo di Giovanni*, IF 7, Cinisello Balsamo 2006.

CASEY, M., *Is John's Gospel True?*, London – New York 1996.

CHARBONNEAU, A., «Jésus en croix (Jn 19,16b-42), Jésus élevé (3,14ss; 8,28s; 12,31ss). Première partie», *ScEs* 45 (1993).

CHARLESWORTH, J., *The Beloved Disciple. Whose Witness Validates the Gospel of John?*, Valley Forge, PA 1995.

CHENNATTU, R., *Johannine Discipleship as a Covenant Relationship*, Peabody, MA 2006.

CHILDS, B., *Il libro dell'esodo. Commentario critico-teologico*, Casale Monferrato 1995.

——, *Isaia*, Brescia 2005.

CILIA, L., *La morte di Gesù e l'unità degli uomini (Gv 11,47-53; 12,32). Contributo allo studio della soteriologia giovannea*, SRivBib 24, Bologna 1992.

CIPRIANI, S., «Il "giudizio" in san Giovanni», in *San Giovanni*. Atti della XVII Settimana Biblica, Brescia 1964, 161-185.

——, «Cristo "agnello" redentore in Giovanni», *ParVi* 29 (1984) 463-472.

CLARK-SOLES, J., *Scripture Cannot be Broken. The Social Function of the Use of Scripture in the Fourth Gospel*, Boston – Leiden 2003.

COLLINS, R., «Representative Figures of the Fourth Gospel», in *DRev* 94 (1976) 26-46 = in ID., *These Things Have Been Written*, Grand Rapids 1990, 1-45.

COLOE, M., «Raising the Johannine Temple (John 19,19-37)», *ABR* 48 (2000) 47-58.

——, *God Dwells with Us. Temple Symbolism in the Fourth Gospel*, Collegeville, MN 2001.

——, *Dwelling in the Household of God. Johannine Ecclesiology and Spirituality*, Collegeville, MN 2007.

COLPE, C., «ὁ υἱὸς τοῦ ἀνθρώπου», *GLNT*, XIV, 273-472.

COOK, W., «The "Glory" Motif in the Johannine Corpus», *JETS* 27 (1984) 291-297.

COSGROVE, C., «The Place Where Jesus is. Allusions to Baptism and the Eucharist in the Fourth Gospel», *NTS* 35 (1989) 522-539.

COSTA, M., «Simbolismo battesimale in Gv 7,37-39; 19,31-37; 3,5», *RivBib* 13 (1965) 347-383.

COTHENET, E., *La chaîne des témoins dans l'évangile de Jean. De Jean-Baptiste au disciple bien-aimé*, LirB, Paris 2005.

CRUMP, D., «Who Gets What? God or Disciples, Human Spirit or Holy Spirit in John 19,30», *NT* 51 (2009) 78-89.

CULLMANN, O., «Der johanneische Gebrauch doppeldeutiger Ausdrücke als Schlüssel zum Verständnis des vierten Evangeliums», *TZ* 4 (1948) 360-372.

———, «Εἶδεν καὶ ἐπίστευσεν. La vie de Jésus, objet de la "vue" et de la "foi", d'après le quatrième Evangile», in *Aux sources de la tradition chrétienne*, Fs. M. Goguel, Neuchâtel – Paris 1950, 52-61.

———, *Les sacrements dans l'évangile johannique. La vie de Jésus et le culte de l'église primitive*, EHPhR 42, Paris 1951.

CULPEPPER, R., *Anatomy of the Fourth Gospel. A Study in Literary Design*, Philadelphia, PA 1987.

———, «The Theology of the Johannine Passion Narrative: John 19:16b-30», *Neotest.* 31 (1997) 21-37.

———, *The Gospel and Letters of John*, IBT, Nashville, TN 1998.

———, «Anti-Judaism in the Fourth Gospel as a Theological Problem for Christian Interpreters», in R. BIERINGER – D. POLLEFEYT – F. VANDECASTEELE-VANNEUVILLE, ed., *Anti-Judaism and the Fourth Gospel. Papers of the Leuven Colloquium 2000*, Assen 2001, 68-91.

———, «Designs for the Church in the Gospel Accounts of Jesus' Death», *NTS* 51 (2005) 376-392.

———, «Designs for the Church in the Imagery of John 21,1-14», in J. FREY – J. van der WATT – R. ZIMMERMANN, ed., *Imagery in the Gospel of John. Terms, Forms, Themes, and Theology of Johannine Figurative Language*, WUNT 200, Tübingen 2006, 369-402.

DALY-DENTON, M., «The Psalms in John's Gospel», in S. MOYISE – M. MENKEN, ed., *The Psalms in the New Testament*, London – New York 2004, 119-137.

DAVIES, M., *Rhetoric and Reference in the Fourth Gospel*, JSNT.S 69, Sheffield 1992.

DAY, J., «Dragon and Sea, God's Conflict With», *ABD*, II, 228-231.

DEELEY, M., «Ezekiel's Shepherd and John's Jesus. A Case Study in the Appropriation of Biblical Texts», in C. EVANS – J. SANDERS, ed., *Early Christian Interpretation of the Scriptures of Israel. Investigations and Proposals*, JSNT.S 148, SSEJC 5, Sheffield 1997, 252-264.

DELCOR, M., «Un problème de critique textuelle et d'exégèse: Zach 12,10», *RB* 58 (1951) 189-199.

DENNIS, J., *Jesus' Death and the Gathering of True Israel. The Johannine Appropriation of Restoration Theology in the Light of John 11,47-52*, WUNT2 217, Leuven 2006.

DENNIS, J., «The "Lifting Up of the Son of Man" and the Dethroning of the "Ruler of This World". Jesus' Death as the Defeat of the Devil in John 12,31-32», in G. van BELLE, ed., *The Death of Jesus in the Fourth Gospel*, BEThL 200, Leuven 2007, 677-691.

DERRETT, J., *The Victim. The Johannine Passion Narrative Reexamined*, Shipston-on-Stour 1993.

DESTRO, A. – PESCE, M., «Gesù, sua Madre, i fratelli e i suoi discepoli», in L. PADOVESE, ed., *Atti del III Simposio di Efeso su S. Giovanni Apostolo*, TCS 4, Roma 1993, 49-79.

———, «I riti nel Vangelo di Giovanni», in L. PADOVESE, ed., *Atti del V Simposio di Efeso su S. Giovanni Apostolo*, TCS 8, Roma 1995, 85-105.

———, «L'ultima sera di Gesù nel «grande processo» tra Gesù e il mondo secondo san Giovanni», in L. PADOVESE, ed., *Atti del VII Simposio di Efeso su S. Giovanni Apostolo*, TCS 13, Roma 1999, 53-68.

———, *Cómo nació el cristianismo joánico. Antropología y exégesis del Evangelio de Juan*, PTeo 117, Santander 2002.

DEVILLERS, L., *La saga de Siloé. Jésus et la fête des Tentes (Jean 7,1-10,21)*, LirB 143, Paris 2005.

———, «Le sein du Père. La finale du prologue de Jean», *RB* 112 (2005), 63-79.

———, «La croix de Jésus et les Ἰουδαῖοι (Jn 19,16). *Crux Interpretum* ou clé sotériologique», in G. van BELLE, ed., *The Death of Jesus in the Fourth Gospel*, BEThL 200, Leuven 2007, 385-407.

DEWEY, A., «The Eyewitness of History. Visionary Consciousness in the Fourth Gospel», in R. FORTNA – T. THATCHER, ed., *Jesus in Johannine Tradition*, Louisville, KY – London – Leiden 2001, 59-70.

DODD, C., *The Interpretation of the Fourth Gospel*, Cambridge 1953.

———, *Historical Tradition in the Fourth Gospel*, Cambridge 1963.

DUNN, J., «The Embarrassment of the History: Reflections on the Problem of "Anti-Judaism" in the Fourth Gospel», in R. BIERINGER – D. POLLEFEYT – F. VANDECASTEELE-VANNEUVILLE, ed., *Anti-Judaism and the Fourth Gospel. Papers of the Leuven Colloquium 2000*, Assen 2001, 47-67.

EDWARDS, R., «χάριν ἀντὶ χάριτος (John 1,16). Grace and the Law in the Johannine Prologue», *JSNT* 32 (1988) 3-15.

EGGER, W., *Metodologia del Nuovo Testamento. Introduzione allo studio scientifico del Nuovo Testamento*, CollSB 16, Bologna 2002.

ELLIS, E., *Prophecy and Hermeneutic in Early Christianity. New Testament Essays*, WUNT 18, Tübingen 1978.

ERNST, J., *Juan. Retrato teológico*, Barcelona 1992.

EVANS, A., *Word and Glory. On the Exegetical and Theological Background of John's Prologue*, Sheffield 1993.

FABRIS, R., *Giovanni. Traduzione e commento*, Roma 1992.

———, «L'"Agnello" nel Quarto Vangelo e nell'Apocalisse», *StPat* 50 (2003) 849-862.

———, *Lettere di Giovanni*, NTCES, Roma 2007.

FAUCONNIER, G., *Mappings in Thought and Language*, Cambridge 1997.

FAUCONNIER, G. – TURNER, M., *The Way We Think. Conceptual Blending and the Mind's Hidden Complexities*, New York 2002.

FERRARO, G., *L'Ora di Cristo nel Quarto Vangelo*, Roma 1974.

———, *Lo spirito santo nel quarto vangelo*, Roma 1981.

———, «Cristo di fronte alla sua "ora"», *ParVi* 29 (1994) 196-208.

FERREIRA, J., *Johannine Ecclesiology*, JSNT.S 160, Sheffield 1998.

FOLLIS, E., «Sea», *ABD,* V, 1058-1059.

FORD, J., «"Mingled Blood" from the side of Christ (Jo 19,34)», *NTS* 15 (1968s) 337-338.

FORESTELL, J., *The Word of the Cross. Salvation as Revelation in the Fourth Gospel*, AnaBib 57, Roma 1974.

FREED, E., *Old Testament Quotations in the Gospel of John*, SNT 11, Leiden 1965.

FREY, J., *Die johanneische Eschatologie*. I-III. WUNT 96, 110, 117, Tübingen 1997, 1998, 2000.

FÜGLISTER, N., *Il valore salvifico della pascoa*, GLNT.S 2, Brescia 1976.

FUGLSETH, K., *Johannine Sectarianism in Perspective. A Sociological, Historical, and Comparative Analysis of Temple and Social Relationships in the Gospel of John, Philo, and Qumran*, NT.S 119, Leiden-Boston 2005.

GAFFNEY, J., «Believing and Knowing in the Fourth Gospel», *TS* 26 (1965) 215-241.

GARCÍA-MORENO, A., *El Cuarto Evangelio. Aspectos Teológicos*, Pamplona 1996.

———, *El Evangelio según san Juan. Introducción y exégesis,* Badajoz-Pamplona 1996.

———, *Jesús el Nazareno, el Rey de los Judíos. Estudio de Cristología Joánica*, CTUN 103, Pamplona 2001.

GARCÍA-MORENO, A., «La *Third Quest* en el evangelio de Juan. Ritos de Mesa. El buen vino de Caná», in L. PADOVESE, ed., *Atti del IX Simposio di Efeso su S. Giovanni Apostolo*, TCS 17, Roma 2003, 73-91.

GARDNER-SMITH, P., *Saint John and the Synoptic Gospels*, Cambridge 1938.

GENUYT, F., «La comparution de Jésus devant Pilate. Analyse sémiotique de Jean 18,28-19,16», *RSR* 73 (1985) 133-146.

———, «La porte et le Pasteur (Jn 10,1-21)», in J. DELORME, ed., *Les paroles évangéliques. Perspectives nouvelles.* XIIe Congres de l'ACFEB, LeDiv 135, Paris 1989, 375-387.

GEORGE, A., «De l'agneau pascal a l'agneau de Dieu», *BVC* 9 (1955) 85-90.

GHIBERTI, G., «Tradizione giovannea e tradizione sinottica sulla cena "pasquale" di Gesù», in L. PADOVESE, ed., *Atti del VI Simposio di Efeso su S. Giovanni Apostolo*, TCS 11, Roma 1996, 101-109.

———, «"La Scrittura – la Parola di Dio – non può essere annullata" (Gv 10,35). La Scrittura sacra nel vangelo giovanneo», in S. ROMANELLO – R. VIGNOLO, ed., *Rivisitare il compimento. Le Scritture d'Israele e la loro normatività secondo il Nuovo Testamento.* Atti del VI Seminario Biblico di Teologia del Libro, Milano 2006, 75-90.

GIBLIN, C., «Confrontation in John 18,1-27», *Bib* 65 (1984) 210-232.

———, «The Tripartite Narrative Structure of John's Gospel», *Bib* 71 (1990) 449-468.

la GIOIA, F., *La glorificazione di Gesù Cristo ad opera dei discepoli. Analisi biblico-teologica di Gv 17,10b nell'insieme dei capp. 13-17*, TGr.T 101, Roma 2003.

GIURISATO, G., «Struttura e messaggio di Gv 15,1-8», *StPat* 50 (2003) 689-715.

GNILKA, J., *Das Johannesevangelium*, NEB.NT 4, Würzburg, 1983, 1985².

de GOEDT, M., «Un schème de révélation dans le quatrième évangile», *NTS* 8 (1961-1962) 142-150.

GOURGES, M., «Mort pour nos péchés selon les Écritures. Que reste-t-il chez Jean du Credo des origines? Jn 1,29, chaînon unique de continuité», in G. van BELLE, ed., *The Death of Jesus in the Fourth Gospel*, BEThL 200, Leuven 2007, 181-197.

GRASSO, S., *Il Vangelo di Giovanni. Commento esegetico e teologico*, Roma 2008.

GRECH, P., «Fede e sacramenti in Giov 19,34 e 1Giov 5,6-12», in P.-R. TRAGAN, ed., *Fede e Sacramenti negli Scritti Giovannei*. Atti del VI

Convegno di Teologia Sacramentaria, StAns 90, Roma 1985, 149-163.

GRECH, P., «Le confessioni di fede in Giovanni», in L. PADOVESE, ed., *Atti del VI Simposio di Efeso su S. Giovanni Apostolo*, TCS 11, Roma 1996, 29-37.

GREER, R., «The Good Shepherd. Canonical Interpretations in the Early Church?», in C. SEITZ – K. GREENE-MCCREIGHT, ed., *Theological Exegesis*, Fs. B. Childs, Grand Rapids, MI – Cambridge 1999, 306-330.

GRIFFITH, T., «"The Jews Who Had Believed in Him" (John 8,31) and the Motif of Apostasy in the Gospel of John», in R. BAUCKHAM – C. MOSSER, ed., *The Gospel of John and Christian Theology*, Grand Rapids, MI – Cambridge 2008, 183-192.

GRIGSBY, B., «The Cross as an Expiatory Sacrifice in the Fourth Gospel», *JSNT* 15 (1982) 51-80.

GUILDING, A., *The Fourth Gospel and Jewish Worship*, Oxford 1960.

GUNDRY, R., «"In my Father's House are Many Μοναί" (John 14,2)», *ZNW* 58 (1967) 68-72.

HÄGERLAND, T., «John's Gospel. A Two-Level Drama?», *JSNT* 25 (2003) 309-322.

HAHN, F., «υἱός», *DENT*, II, 1824-1856.

HAMMES, A., *Der Ruf ins Leben. Eine theologisch-hermeneutische Untersuchung zur Eschatologie des Johannesevangeliums mit einem Ausblick auf ihre Wirkungsgeschichte*, BBB 112, Bodenheim 1997.

HANSON, A., «John's Use of Scripture», in C. EVANS – W. STEGNER, ed., *The Gospels and the Scriptures of Israel*, JSNT.S 104, Sheffield 1994, 358-379.

HARAN, M., «The Divine Presence in the Israelite Cult and the Cultic Institutions», *Bib* 50 (1969) 251-267.

HASITSCHKA, M., *Befreiung von Sünde nach dem Johannesevangelium. Eine bibeltheologische Untersuchung*, IThS 27, Innsbruck 1989.

HEGERMANN, H., «δόξα», *DENT*, I, 1045-1055.

HEIL, J., *Blood and Water. The Death and Resurrection of Jesus in John 18-21*, CBQ.MS 27, Washington, DC 1995.

HENGEL, M., *The Johannine Question*, London – Philadelphia, PA 1989.

———, «The Old Testament in the Fourth Gospel», *HBT* 12 (1990) 19-41.

HERGENRÖDER, C., *Wir schauten seine Herrlichkeit. Das johanneische Sprechen vom Sehen im Horizont von Selbstschließung Jesu und Antwort des Menschen*, FzB 80, Würzburg 1996.

HOHNJEC, N., *«Das Lamm-τὸ ἀρνίον» in der Offenbarung des Johannes. Eine exegetisch-theologische Untersuchung*, Roma 1980.

van der HORST, «The Birkat ha-minim in Recent Research», *ET* 105 (1994) 363-368.

HOSKYNS, E., *The Fourth Gospel*, London 1940, 1947².

HÜBNER, H., «πληρόω», *DENT,* II, 993-1001.

———, «τελειόω», *DENT,* II, 1712-1716.

———, «τέλος», *DENT,* II, 1721-1725.

HUERTA PASTEN, E., *«He aquí vuestro Rey» (Jn 19,14). Estudio exegético-teológico de la realeza de Jesús en el Evangelio de Juan*, Roma 1990.

IHENACHO, D., *The Community of Eternal Life. The Study of the Meaning of Life for the Johannine Community*, Lanham – New York – Oxford 2001.

INFANTE, R., «L'Agnello nel Quarto Vangelo», *RivBib* 43 (1995) 331-361.

JANSSENS DE VAREBEKE, A., «La structure des scènes du récit da la passion en Joh. 18-19», *EThL* 38 (1962) 504-522.

JÁUREGUI, J., «Testimonio de Juan el Bautista (Jn 1,19-36). Análisis exegético de Jn 1,29», in J. CHAPA, ed., *Signum et Testemonium*, Fs. A. García-Moreno, Pamplona 2003, 93-118.

JENKS, A., «Eating and Drinking in the Old Testament», *ABD,* II, 250-254.

JEREMIAS, J., «αἴρω», *GLNT*, I, 497-500.

———, «ἀμνός», *GLNT,* I, 917-922.

———, «ποιμήν», *GLNT*, X, 1193-1227.

JONES, L., *The Symbol of Water in the Gospel of John*, JSNT.S 145, Sheffield 1997.

de JONGE, H., «The "Jews" in the Gospel of John», in R. BIERINGER – D. POLLEFEYT – F. VANDECASTEELE-VANNEUVILLE, ed., *Anti-Judaism and the Fourth Gospel. Papers of the Leuven Colloquium 2000*, Assen 2001, 239-259.

JUDGE, P., «John 20,24-25. More Than Doubt, Beyond Rebuke», in G. van BELLE, ed., *The Death of Jesus in the Fourth Gospel*, BEThL 200, Leuven 2007, 913-930.

KANAGARAJ, J., *«Mysticism» in the Gospel of John. An Inquiry into its Background*, JSNT.S 158, Sheffield 1998.

KEENER, C., *The Gospel of John. A Commentary*, I-II, Peabody, MA 2003.

KEMPTHORNE, R., «"As God is my witness". John 19,34-35», *StEv* 6 (1973) 287-290.

KIEFFER, R., «Traits paraboliques et discours de révélation en Jean 10:1-21», *SémBib* 45 (1987) 15-22.

———, *Le monde symbolique de Saint Jean*, LeDiv 137, Paris 1989.

———, «L'image royal de Jésus dans l'évangile de Jean», in P. SCHALK, ed., *Being Religious and Living Through the Eyes. Studies in Religious Iconography and Iconology*, Fs. J. Bergman, HR(U), Uppsala 1998, 241-250.

———, «The Implied Reader in John's Gospel», in J. NIELSEN – S. PEDERSEN, ed., *New Reading in John. Literary and Theological Perspectives Essays from the Scandinavian Conference on the Fourth Gospel. Arhus 1997*, JSNT.S 182, Sheffield 1999, 47-65.

KLAUK, H., *Judas. Ein Jünger des Herrn*, QD 111, Freiburg – Baser – Wien 1987.

KLINK III, E., «Expulsion from the Synagogue? Rethinking a Johannine Anachronism», *TynB* 59 (2008) 99-118.

KNÖPPLER, T., *Die theologia crucis des Johannesevangeliums. Das Verständnis des Todes Jesu im Rahmen der johanneischen Inkarnations- und Erhöhungschristologie*, WMANT 69, Neukirchen-Vluyn 1994.

KOESTER, C., *The Dwelling of God. The Tabernacle in the Old Testament, Intertestamental Jewish Literature, and the New Testament*, CBQ.MS 22, Washington, DC 1989.

———, «Hearing, Seeing and Believing in the Gospel of John», *Bib* 70 (1989) 327-348.

———, «"The Saviour of the World" (John 4:42)», *JBL* 109 (1990) 665-680.

———, *Symbolism in the Fourth Gospel. Meaning, Mystery Community*, Minneapolis, MN 1995, 2003².

———, «The Death of Jesus and the Human Condition. Exploring the Theology of John's Gospel», in J. DONAHUE, ed., *Life in Abundance. Studies of John's Gospel*, Fs. R. Brown, Collegeville, MN 2005, 141-157.

———, «Jesus as the Way to the Father in Johannine Theology (John 14,6)», in G. van BELLE – J. van der WATT – P. MARITZ, ed., *Theology and Christology in the Fourth Gospel*, BEThL 184, Leuven 2005, 117-133.

———, «Why Was the Messiah Crucified? A Study of God, Jesus, Satan, and Human Agency in Johannine Theology», in G. van BELLE, ed., *The Death of Jesus in the Fourth Gospel*, BEThL 200, Leuven 2007, 163-180.

———, «Jesus' Resurrection, the Signs, and the Dynamics of Faith in the Gospel of John», in ID. – R. BIERINGER, ed., *The Resurrection of Jesus in the Gospel of John*, WUNT 222, Tübingen 2008, 47-74.

KOVACS, J., «"Now Shall the Ruler of This World Be Driven Out". Jesus' Death as Cosmic Battle in John 12,20-36», *JBL* 114 (1995) 227-247.

KOWALSKI, B., «Anticipations of Jesus' Death in the Gospel of John», in G. van BELLE, ed., *The Death of Jesus in the Fourth Gospel*, BEThL 200, Leuven 2007, 591-608.

KRATZ, R., «θάλασσα», *DENT*, I, 1809-1813.

KRUSE, C., *Il Vangelo di Giovanni. Introduzione e Commento*, Chieti – Roma 2007.

KÜGLER, J., *Der Jünger, den Jesus liebte. Literarische, theologische und historische Untersuchungen zu einer Schlüsselgestalt johanneischer Theologie und Geschichte. Mit einem Exkurs über die Brotrede in Joh 6*, SBB 16, Stuttgart 1988.

KYSAR, R., «Johannine Metaphor. Meaning and Function. A Literary Case Study of John 10,1-18», in R. CULPEPPER – F. SEGOVIA, ed., *The Fourth Gospel from a Literary Perspective*, Semeia 53, Atlanta, GA 1991, 81-111.

———, *The Fourth Evangelist and His Gospel*, Minneapolis, MN 1975.

———, *John*, ACNT, Minneapolis, MN 1986.

———, *John, the Maverick Gospel. Revised Edition*, Louisville, KY 1993.

———, *Preaching John*, FRP, Minneapolis, MN 2002.

———, *Voyages with John. Charting the Fourth Gospel*, Wako, TX 2005.

LACONI, M., «La morte di Gesù nel Quarto Vangelo (Gv 19,17-37)», in G. BOGGIO, ed., *Gesù e la Sua Morte. Atti della XXVII Settimana Biblica*, Brescia 1984, 97-127.

LAMARCHE, P., *Zacharie IX-XIV. Structure littéraire et messianisme*, EtB, Paris 1961.

LAMBRECHT, J., «A Note on John 20,23b», *EThL* 83 (2007) 165-168.

LARSSON, T., *God in the Fourth Gospel. A Hermeneutical Study of the History of Interpretations*, CB.NT 35, Stockholm 2001.

LEAL, J., «El sentido soteriológico del cordero de Dios en la exégesis católica (Io 1,29-36)», *EE* 24 (1950) 147-182.

LEE, D., «Abiding in the Fourth Gospel. A Case-study in Feminist Biblical Theology», *Pacifica* 10 (1997) 123-136.

———, *Flesh and Glory. Symbolism, Gender and Theology in the Gospel of John*, New York 2002.

LEE, M., *«Signore, Vogliamo Vedere Gesù». La Conclusione dell'Attività Pubblica di Gesù Secondo Gv 12,20-36*, TGr.T 124, Roma 2005.

LÈGASSE, S., *El proceso de Jesús. La Pasión el los Cuatro Evangelios*, Bilbao 1996.

———, *Marco*, Roma 2000.

LÉON-DUFOUR, X., «Le mystère du pain de vie (Jean VI)», *RSR* 46 (1958), 481-523.

———, *Lectura del Evangelio de Juan*, I-IV, BEB 68, 69, 70, 96, Salamanca 1989, 1992, 1995, 1997^3, 2000^3, 1998^2, 1998.

———, *Un biblista cerca Dio*, Bologna 2004.

LEONE, C., *La morte di Gesù e il dono dello Spirito. Gv 19,28-37*, Roma 1996.

LEROY, H., «"Kein Bein wird Ihm zerbrochen werden" (Jn 19,31-37). Zur Johanneischen Interpretation des Kreuzes», in R. KILIAN – *al.*, ed., *Eschatologie. Bibeltheologische und philosophische Studien zum Verhältnis von Erlösungswelt und Wirklichkeitsbewältigung*, Fs. E. Neuhäusler, St. Ottilien 1981, 73-81.

LIEU, J., «Narrative Analysis and Scripture in John», in S. MOYISE, ed., *The Old Testament in the New Testament*, Fs. J. North, JSNT.S 189, Sheffield 2000, 144-153.

———, «Anti-Judaism, the Jews, and the Worlds of the Fourth Gospel», in R. BAUCKHAM – C. MOSSER, ed., *The Gospel of John and Christian Theology*, Grand Rapids, MI - Cambridge 2008, 168-182.

LINCOLN, A., *Truth on Trial. The Lawsuit Motif in the Fourth Gospel*, Peabody, MA 2000.

———, «The Beloved Disciple as Eyewitness and the Fourth Gospel as Witness», *JSNT* 85 (2002) 3-26.

———, *The Gospel According to Saint John*, BNTC 4, London – New York 2005.

LINDARS, B., *New Testament Apologetic. The Doctrinal Significance of the Old Testament Quotations*, London 1961.

———, «The Passion in the Fourth Gospel», in J. JERVELL – W. MEEKS, ed., *God's Christ and his People*, Fs. N. Dahl, Oslo 1977.

———, *The Gospel of John*, CentBC, Grand Rapids, MI 1986.

———, «Discourse and Tradition. The Use of the Sayings of Jesus in the Discourses of the Fourth Gospel», in C. TUCKETT, ed., *Essays on John*, SNTA 17, Leuven 1992, 113-129.

LOADER, W., «The Central Structure of Johannine Christology», *NTS* 30 (1984) 188-216.

———, *The Christology of the Fourth Gospel. Structure and Issues*, BET 23, Frankfurt 1989.

LONGENECKER, B., «The Unbroken Messiah. A Johannine Feature and its Social Functions», *NTS* 41 (1995) 428-441.

LÓPEZ, J., «"Todo el que es de la verdad escucha mi voz" (Jn 18,37). Una lectura desde el "libro de los signos"», *StMis* 53 (2004) 71-99.

LÓPEZ BARRIO, M., «Juan 17. Una expresión de deseos», *Greg* 88 (2007) 49-65.

LÓPEZ ROSAS, R., *La Señal del Templo. Jn 2,13-22. Redefinición Cristológica de lo Sacro*, México 2001.

LÓPEZ ROSAS, R. – RICHARD, P., *Evangelio y Apocalipsis de san Juan*, BibBB 17, Estella, Navarra 2006.

LOUW, P. – NIDA, E., ed., *Greek-English Lexicon of the New Testament, Based on Semantic Domains*, I-II, New York 1988.

LUPO, A., *La sete, l'acqua, lo spirito. Studio esegetico e teologico sulla connessione dei termini negli scritti giovannei*, AnGr 289, Roma 2003.

LYONNET, S., «Il sangue nella trafittura di Gesù: Gv 19,34», in F. VATTIONI, ed., *Sangue e Antropologia Biblica*, II, CSSC 1, Roma 1980, 739-793.

MCCAFFREY, J., *The House With Many Rooms. The Temple Theme of Jn 14,2-3*, Rome 1988.

MACCINI, R., *Her Testimony is True. Women as Witnesses According to John*, JSNT.S 125, Sheffield 1996.

MCNAMARA, M., *Targum and Testament. Aramaic Paraphrases of the Hebrew Bible. A Light on the New Testament*, Shannon, Ireland 1972.

MCPOLIN, J., *John*, NTMes 6, Dublin, 1984[4].

MAGUIRE, A., *Blood and Water. The Wounded Side of Christ in Early Christian Literature*, Washington 1958.

MALATESTA, E., «Blood and Water from the Pierced Side of Christ (Jn 19,34)», *StAns* 66 (1977) 165-181.

MALINA, B. – ROHRBAUGH, R., *Social-Science Commentary on the Gospel of John*, Minneapolis, MN 1998.

MANNS, F., «Traditions targumiques en Jean 10,1-30», *RevSR* 60 (1986) 135-157.

———, *L'évangile de Jean à la lumière du Judaïsme*, StBibFraAna 33, Jérusalem 1991.

———, «Jean 21. Contribution à l'ecclésiologie du quatrième Évangile», in R. FABRIS, ed., *La parola di Dio cresceva (At 12,24)*, Fs. C. Martini, SRivBib 33, Bologna 1998, 195-213.

———, *L'évangile de Jean et la sagesse*, StBibFraAna 62, Jérusalem 2003.

MANNUCCI, V., *Giovanni il Vangelo narrante. Introduzione all'arte narrativa del quarto Vangelo*, Bologna 2005.

MARCHADOUR, A., *L'Évangile de Jean. Commentaire Pastoral*, Paris – Outremont 1992, 2000[7].

———, *I personaggi del Vangelo di Giovanni. Specchio per una cristologia narrativa*, Bologna 2007.

MARCONCINI, B., «Il significato della passione in Giovanni», *ParVi* 29 (1984) 209-215.

MARITZ, P. – van BELLE, G., «The Imagery of Eating and Drinking in John 6,35», in J. FREY – J. van der WATT – R. ZIMMERMANN, ed., *Imagery in the Gospel of John. Terms, Forms, Themes, and Theology of Johannine Figurative Language*, WUNT 200, Tübingen 2006, 333-352.

MARTÍN-MORENO, J., *Personajes del cuarto evangelio*, BTCom 7, Madrid 2002.

MARTYN, J., *History and Theology in the Fourth Gospel*, New York 1968, Nashville 1979[2].

———, *The Gospel of John in Christian History. Essays for Interpreters*, SCBTP, New York – al. 1978.

———, «A Gentile Mission That Replaced an Earlier Jewish Mission?», in R. CULPEPPER – C. BLACK, ed., *Exploring the Gospel of John*, Fs. M. Smith, Louisville, KY 1996, 124-144.

MARZOTTO, D., «Struttura letteraria e teologia di Gv 19,31-42», in *La Sapienza della Croce Oggi. Atti del Congresso Internazionale. I. La Sapienza della Croce nella Rivelazione e nell'Ecumenismo*, Torino 1975, 163-169.

———, *L'unità degli uomini nel vangelo di Giovanni*, SRivBib 9, Brescia 1977.

———, «L'unità della famiglia umana nel Vangelo di Giovanni», *Vivens Homo* 3 (1992) 45-61.

MATEOS, J. – BARRETO, J., *El evangelio de Juan. Análisis lingüístico y comentario exegético*, Madrid 1971, 1992[3].

———, *Vocabulario teologico del evangelio de Juan*, Madrid 1980.

MATEOS, J. – CAMACHO, F., *Evangelio, figuras y símbolos*, ETNT, Córdoba 1989, 1999[3].

MATERA, F., «"On Behalf of Others", "Cleansing" and "Return". Johannine Images of Jesus' Death», *LvSt* 13 (1988) 161-178.

MAYNARD, H., «The Role of Peter in the Fourth Gospel», *NTS* 30 (1984) 531-548.

MEAD, A., «The βασιλικός in John 4,46-53», in C. EVANS – S. PORTER, ed., *New Testament Backgrounds*, BS 43, Sheffield 1997, 203-206.

MENKEN, M., *Old Testament Quotations in the Fourth Gospel. Studies in Textual Form*, CBET 15, Kampen 1996.

———, «"The Lamb of God" (John 1,29) in the Light of 1John 3,4-7», in G. van BELLE, ed., *The Death of Jesus in the Fourth Gospel*, BEThL 200, Leuven 2007, 581-590.

METZGER, B., *A Textual Commentary on the Greek New Testament*, Stuttgart 1975, 2000^2.

METZNER, R., *Das Verständnis der Sünde im Johannesevangelium*, WUNT 122, Tübingen 2000.

MEYER, R., «κόλπος», *GLNT*, V, 761-768.

MICHAELS, J., «The Centurion's Confession and the Spear Thrust», *CBQ* 29 (1967) 102-109.

MIGLIASSO, S., *La presenza dell'Assente. Saggio di analisi strutturale e di sintesi teologica di Gv. 13,31-14,31*, Roma 1979.

MIGUENS, M., «Salió sangre y agua (Jn 19,34)», *StBibFraLA* 14 (1963-64) 5-31.

MILLER, P., «"They Saw His Glory and Spoke of Him". The Gospel of John and the Old Testament», in S. PORTER, ed., *Hearing the Old Testament in the New Testament*, Grand Rapids, MI – Cambridge 2006, 127-151.

van der MINDE, H.-J., «ἐσθίω», *DENT*, I, 1598-1606.

MINEAR, P., «The Original Functions of John 21», *JBL* 102 (1983) 85-98.

MIRGUET, F., «Voir la mort de Jésus. Quand le "voir" se fait récit», in G. van BELLE, ed., *The Death of Jesus in the Fourth Gospel*, BEThL 200, Leuven 2007, 469-479.

MLAKUZHYIL, G., *The Christocentric Literary Structure of the Fourth Gospel*, AnBib 117, Roma 1987.

———, *Initiation to the Gospel of Life. A Guide to John's Gospel*, Bandra, Mumbai 2008.

MOLLAT, D., «Ils regarderont celui qu'ils ont transpercé», *LumVie* 47 (1960) 95-114.

———, «Evangelho segundo S. João [notas]», in *BJ*.

———, «Introdução ao Evangelho e às Epístolas de S. João», in *BJ*, 1979-1984.

MOLONEY, F., *The Johannine Son of Man*, BSR 14, Roma 1976, 1978^2.

———, «When is John Talking about Sacraments?», *ABR* 30 (1982) 10-33.

MOLONEY, F., «Who is "the Reader" in/of the Fourth Gospel?», *ABR* 40 (1992) 20-33.

———, *A Body Broken for a Broken People. Eucharist in the New Testament*, Peabody, MA 1997.

———, *Glory not Dishonour. Reading John 13-21*, Minneapolis, MN 1998.

———, *The Gospel of John*, SP 4, Collegeville, MN 1998.

MOO, D., *The Old Testament in the Gospel Passion Narratives*, Sheffield 1983.

MORRIS, L., *El Evangelio según Juan. Edición Revisada*, I-II, CTC, Terrassa, Barcelona, 2005.

MOTYER, S., *Your Father the Devil? A New Approach to John and «the Jews»*, PBTM, Northwood, U.K. 1997.

MOYISE, S., *The Old Testament in the New. An Introduction*, London – New York 2001.

MUÑOZ LEON, D., «Derash neotestamentário y derash intertestamentario», in ID., ed., *Salvación en la Palabra. Tárgum-Derash-Berith*, Fs. A. Díez Macho, Madrid 1986, 657-676.

———, *Derás. Los caminos y sentidos de la Palabra Divina en la Escritura. Primera Serie. Derás Targúmico y Derás Neotestamentário*, BHisB 12, Madrid 1987.

NAMPUDAKATHU, G., «The Profession of Faith by Thomas in the Gospel of St. John», *BibBhash* 34 (2008) 247-270.

NEIRYNCK, F., «εἰς τὰ ἴδια. Jn 19,27 (et 16,32)», *EThL* 55 (1979) 357-365.

NEUSNER, J., «Money-Changers in the Temple. The Mishnah's Explanation», *NTS* 35 (1989) 287-290.

NEYREY, J., «The Jacob Allusions in John 1,51», *CBQ* 44 (1982) 586-605.

NICKELSBURG, W., «Son of Man», *ABD*, VI, 137-150.

NICOLACI, M., *Egli diceva loro il Padre. I discorsi con i Giudei a Gerusalemme in Giovanni 5-12*, StBib 6, Roma 2007.

NIELSEN, H., «Johannine Research», in J. NIELSEN – S. PEDERSEN, ed., *New Reading in John. Literary and Theological Perspectives Essays from the Scandinavian Conference on the Fourth Gospel. Arthus 1997*, JSNT.S 182, Sheffield 1999, 11-30.

———, «John's Understanding of the Death of Jesus», in J. NIELSEN – S. PEDERSEN, ed., *New Reading in John. Literary and Theological Perspectives Essays from the Scandinavian Conference on the Fourth Gospel, Arhus 1997*, JSNT.S 182, Sheffield 1999, 245-252.

NIELSEN, J., «The Lamb of God. The Cognitive Structure of a Johannine Metaphor», in J. FREY – J. van der WATT – R. ZIMMERMANN, ed.,

Imagery in the Gospel of John. Terms, Forms, Themes, and Theology of Johannine Figurative Language, WUNT 200, Tübingen 2006, 217-256.

NIELSEN, J., «Resurrection, Recognition, Reassuring. The Function of Jesus' Resurrection in the Fourth Gospel», in C. KOESTER – R. BIERINGER, ed., *The Resurrection of Jesus in the Gospel of John*, WUNT 222, Tübingen 2008, 177-208.

NOBILE, M.,«Alcune note sull'Antico Testamento del Vangelo giovanneo», in L. PADOVESE, ed., *Atti del IV Simposio di Efeso su S. Giovanni Apostolo*, TCS 6, Roma 1994, 29-40.

———, «Il tempio come motivo conduttore del Vangelo giovanneo», in L. PADOVESE, ed., *Atti del VII Simposio di Efeso su S. Giovanni Apostolo*, TCS 13, Roma 1999, 7-18.

NOLLI, G., *Evangelo secondo Giovanni*, Città del Vaticano 1986, 2001^2.

O'DAY, G., «The Love of God Incarnate. The Life of Jesus in the Gospel of John», in J. DONAHUE, ed., *Life in Abundance. Studies of John's Gospel*, Fs. R. Brown, Collegeville, MN 2005, 158-167.

O'DAY, G. – HYLEN, S., *John*, WBC, Luisville, KY 2006.

O'DONNELL, T., «Complementary Eschatologies in John 5,19-30», *CBQ* 70 (2008) 750-765.

O'NEILL, J., «The Lamb of God in the Testaments of the Twelve Patriarchs», in C. EVANS – S. PORTER, ed., *New Testament Backgrounds*, BS 43, Sheffield 1997, 46-66.

OBERMANN, A., *Die christologische Erfüllung der Schrift im Johannesevangelium. Eine Untersuchung zur johanneischen Hermeneutik anhand der Schriftzitate*, WUNT2 83, Tübingen 1996.

ODEBERG, H., *The Fourth Gospel. Interpreted in Relation to Contemporaneous Religious Currents in Palestine and the Hellenistic-Oriental World*, Uppsala 1929.

ORCHARD, H., *Courting Betrayal. Jesus as Victim in the Gospel of John*, JSNT.S 161, Sheffield 1998.

PAINTER, J., *John, Witness and Theologian*, London 1975.

———, *The Quest for the Messiah. The History, Literature and Theology of the Johannine Community*, Edinburgh, 1991, 1993^2.

———, «Tradition, History and Interpretation in John 10», in J. BEUTLER – R. FORTNA, ed., *The Shepherd Discourse of John 10 and its Context. Studies by Members of the Johannine Writings Seminar*, SNTS.MS 67, Cambridge 1991, 53-74.

PAINTER, J., «The Enigmatic Johannine Son of Man», in C. van SEGBROECK – al., ed., *The Four Gospels 1992*, III, Fs. F. Neirynck, BEThL 100/3, Leuven 1992, 1869-1887.

———, «Sacrifice and Atonement in the Gospel of John», in M. LABAHN – K. SCHOLTISSEK – A. STROTMANN, ed., *Israel und seine Heilstraditionem im Johannesevangelium*, Fs. J. Beutler, Paderborn – al. 2004, 287-313.

———, «The Death of Jesus in John. A Discussion of the Tradition, History, and Theology of John», in G. van BELLE, ed., *The Death of Jesus in the Fourth Gospel*, BEThL 200, Leuven 2007, 327-361.

PAMMENT, M., «The Meaning of *doxa* in the Fourth Gospel», ZNW 74 (1983) 12-16.

PAMPLANIYIL, J., «Τύπον τῶν ἥλων (Jn 20,25). Johannine Double Entendre of Jesus' Wounds», in G. van BELLE, ed., *The Death of Jesus in the Fourth Gospel*, BEThL 200, Leuven 2007, 931-944.

PANCARO, S., «People of God in Saint John's Gospel?», NTS 16 (1967s) 114-129.

———, *The Law in the Fourth Gospel. The Torah and the Gospel, Moses, Jesus, Judaism and Christianity According to John*, NT.S 42, Leiden 1975.

PANIMOLLE, S., *L'evangelista Giovanni. Pensiero e opera letteraria del quarto vangelista*, Roma 1985.

———, «Il buon pastore nel vangelo di Giovanni», in R. FABRIS, ed., *La parola di Dio cresceva (At 12,24)*, Fs. C. Martini, SRivBib 33, Bologna 1998, 215-229.

PASTORELLI, D., *Le Paraclet dans le corpus johannique*, BZNW 142, Berlin – New York 2006.

PERETTO, E., «Il logion giovanneo "agnello di Dio, che toglie i peccati del mondo" (Gv 1,29)», in C. MARCHESELLI, ed., *Parole e Spirito*, Fs. S. Cipriani, Brescia 1982, 335-374.

PHILLIPS, G., «Faith and Vision in the Fourth Gospel», in F. CROSS, ed., *Studies in the Fourth Gospel*, London 1969, 83-96.

PIPER, R., «Glory, Honor and Patronage in the Fourth Gospel. Understanding the *Doxa* Given to Disciples in John 17», in J. PILCH, ed., *Social Scientific Models for Interpreting the Bible*, Fs. B. Malina, BIS 53, Leiden – al. 2001, 281-309.

———, «The Characterisation of Pilate and the Death of Jesus in the Fourth Gospel», in G. van BELLE, ed., *The Death of Jesus in the Fourth Gospel*, BEThL 200, Leuven 2007, 121-162.

PLUMER, E., «The Absence of Exorcisms in the Fourth Gospel», *Bib* 78 (1997) 350-368.

PONCELET, M., *Le mystère du sang et de l'eau dans l'évangile de Saint Jean*, Paris 1961.

PORTER, S., «Can Traditional Exegesis Enlighten Literary Analysis of the Fourth Gospel? An Examination of the Old Testament Fulfilment Motif and the Passover Theme», in C. EVANS – W. STEGNER, ed., *The Gospels and the Scriptures of Israel*, JSNT.S 104, Sheffield 1994, 396-428.

PORTON, G., «Haggadah», *ABD*, III, 19-20.

———, «Halakah», *ABD*, III, 26-27.

de la POTTERIE, I., «Ecco l'Agnello di Dio», *BibOr* 1 (1959) 161-169.

———, «οἶδα et γινώσκω. Les deux modes de la connaissance dans le quatrième évangile», *Bib* 40 (1959) 709-725.

———, «Jésus Roi et Juge d'après Jn 19,13», *Bib* 41 (1960) 217-247.

———, «La verità in San Giovanni», in *San Giovanni*. Atti della XVII Settimana Biblica, Brescia 1964, 123-144.

———, «Jean-Baptiste et Jésus témoins de la vérité d'après le IVe évangile», in *Archivio di Filosofia*, Roma 1972, 318-329.

———, *La vérité dans Saint Jean*. I. *Le Christ et la vérité. L'Esprit et la vérité*. II. *Le croyant et la vérité*, AnBib 73, 74, Rome, 1977, 1999^2.

———, «Il costato trafitto di Gesù (Gv 19,34). Senso rivelatorio e senso sacrificale del suo sangue», in F. VATTIONI, ed., *Sangue e Antropologia nella Liturgia*, II, CSSC 4, Roma 1984, 625-649.

———, «Le symbolisme du sang et de l'eau en Jn 19,34», *Didaskalia* 14 (1984) 201-230.

———, «Le témoin qui demeure: le disciple que Jésus aimait», *Bib* 67 (1986) 343-359.

———, «"Volgeranno lo sguardo a colui che hanno trafitto". Sangue di Cristo e oblatività», *CivCatt* 137 (1986) 105-118.

———, *La passione di Gesù secondo il vangelo di Giovanni. Testo e Spirito*, Milano 1988, 1999^4.

———, *Maria nel mistero dell'alleanza*, Dabar 6, Torino 1988.

———, «Vocabolario spaziale e simbolismo cristologico», in L. PADOVESE, ed., *Atti del III Simposio di Efeso su S. Giovanni Apostolo*, TCS 4, Roma 1993, 19-48.

POWELL, M., *What Is Narrative Criticism?*, Minneapolis, MN 1990.

PROCKSH, O., «ἁγιάζω», *GLNT*, I, 298-304.

QUAST, K., *Peter and the Beloved Disciple. Figures for a Community in Crisis*, JSNT.S 32, Sheffield 1989.

von RAD, G., «*kābôd* nell' Antico Testamento», *GLNT*, II, 1358-1370.

RADL, W., «ἱμάτιον», *DENT,* I, 1994-1996.

RAMOS PÉREZ, F., *Ver a Jesús y sus signos y creer en él. Estudio exegético-teológico de la relación «ver y creer» en el evangelio según san Juan*, AnGr 292, Roma 2004.

RAURELL, F., «El costado abierto por la lanza (Jn 19,31-37)», *EstFranc* 68 (1967) 89-99.

REINHARTZ, A., «"Jews" and Jews in the Fourth Gospel», in R. BIERINGER – D. POLLEFEYT – F. VANDECASTEELE-VANNEUVILLE, ed., *Anti-Judaism and the Fourth Gospel. Papers of the Leuven Colloquium 2000*, Assen 2001, 341-356.

REMAUD, M., «Jean et les traditions juives anciennes sur l'Exode : dépendances et oppositions», *NRTh* 127 (2005) 557-570.

RENJU, P., «The Lamb of God (John 1,29.36»), *BiTr* (1998) 232-239.

RENSBERGER, D., *Overcoming the World. Politics and Community in the Gospel of John*, SPCK, London 1989.

RESSEGUIE, J., *The Strange Gospel. Narrative Design and Point of View in John*, BIS 56, Leiden – al. 2001.

RICHTER, G., *Studien zum Johannesevangelium*, BU 13, Regensburg 1977.

RIGATO, M., «La mente cultuale dell'Evangelista», in L. PADOVESE, ed., *Atti del V Simposio di Efeso su S. Giovanni Apostolo*, TCS 8, Roma 1995, 27-84.

———, «Gesù, l'Agnello di Dio, "colui che toglie il peccato del mondo" (Gv 1,29), nell'immaginario culturale giovanneo. Secondo Giovanni Gesù more il 13 Nisan durante il "Tamid" del pomeriggio (Gv 18,28; 19,14.31-37)», in L. PADOVESE, ed., *Atti del VII Simposio de Efeso*, TCS 13, Roma 1999, 65-115.

———, *Giovanni. L'enigma, il Presbitero, il culto, il Tempio, la cristologia*, TC, Bologna 2007.

RISSI, M., «Der Aufbau des vierten Evangeliums», *NTS* 29 (1983) 48-54.

ROBINSON, J., «"His witness is true". A test of the Johannine claim», in E. BAMMEL – C. MOULLE, ed., *Jesus and the Politics of His Day*, Cambridge 1984, 453-476.

RODRIGUEZ RUIZ, M., «El discurso del Buen Pastor (Jn 10,1-18). Coherencia teológico-literaria y interpretación», *EstB* 48 (1990) 5-45.

RODRIGUEZ RUIZ, M., *Der Missionsgedanke des Johannesevangelium. Ein Beitrag zur johanneischen Soteriologie und Ekklesiologie*, FzB 55, Würzburg 1987.

ROUILLER, G., «*Voici l'homme... Voici votre roi*». *Évangile selon S. Jean (13 à 20). Textes choisis*, Cahier de l'ABC 8, Fribourg 2000.

ROULET, P. – RUEGG, U., «Étude de Jean 6. La narration et l'histoire de la rédaction», in J.-D. KAESTLY – J.-M. POFFET – J. ZUMSTEIN, ed., *La communauté johannique et son histoire. La trajectoire de l'évangile de Jean aux deux premiers siècles*, MB, Genève 1990, 231-247.

RUCKSTUHL, E., *Die literarische Einheit des Johannesevangeliums. Der gegenwärtige Stand der einschlägigen Forschungen*, NTOA 5, Freiburg 1987.

RUSAM, D., «Das "Lamm Gottes" (Joh 1,29.36) und die Deutung des Todes Jesu im Johannesevangelium», *BZ* 49 (2005) 60-80.

de RUYTER, B., *De gemeente van de evangelist Johannes. Haar polemiek en haar geschiedenis*, Delft 1998.

SABBE, M., «The Johannine Account of the Death of Jesus and Its Synoptic Parallels (Jn 19,16b-42)», *EThL* 70 (1994) 34-64.

SÆBØ, M., *Sacharja 9-14. Untersuchungen von Text und Form*, WMANT 34, Neukirchen – Vluyn 1969.

SÁENZ DE UGARTE, J., «Tipología pascual en el relato joánico de la muerte de Jesús», *ScripVict* 47 (2000) 5-19.

SALIER, W., *The Rhetorical Impact of the Semeia in the Gospel of John*, WUNT2 186, Tübingen 2004.

SÁNCHEZ MIELGO, G., «El Buen Pastor, centro de comunión y de evangelización en la Iglesia (Jn 10,16)», in R. ARNAU GARCÍA – R. ORTUÑO SORIANO, ed., *Cum vobis et pro vobis*, Fs. M. Cabanellas, València 1991, 33-52.

SÁNCHEZ NAVARRO, L., «Estructura testimonial del Evangelio de Juan», *Bib* 86 (2005) 511-528.

SAND, A., «ψυχή», *DENT*, II, 2182-2189.

SANDERS, J. - MASTIN, B., *A Commentary on the Gospel According to St. John*, BNTC, London 1968.

SANDNES, K., «Whence and Whither. A Narrative Perspective on the Birth ἄνωθεν», *Bib* 86 (2005) 153-173.

SARASA, G., «Encuentro de la cultura griega y el evangelio de Juan (EvJn)», *StMis* 57 (2008) 1-24.

SAVA, A., «The Wound in the Side of Christ», *CBQ* 19 (1957) 343-346.

SAWYER, D., «Water and Blood. Birthing Images in John's Gospel», in J. DAVIES – G. HARVEY – W. WATSON, ed., *Words Remembered, Texts Renewed*, Fs. J. Sawyer, JSOT.S 195, Sheffield 1995, 300-309.

SCHENKE, L., «Der "Dialog Jesu mit den Juden" im Johannesevangelium. Ein Rekonstruktionsversuch», *NTS* 34 (1988) 573-603.

SCHLUND, C., *«Kein Knochen soll gebrochen werden». Studien zu Bedeutung und Funktion des Pesachfests in Texten des frühen Judentums und im Johannesevangelium*, WMANT 107, Neukirchen-Vluyn 2005.

SCHNACKENBURG, R., *Cartas de San Juan. Versión, introducción y comentario*, Barcelona 1979.

———, *El Evangelio Según San Juan*. I-III. *Versión y Comentario*. IV. *Exégesis y Excursus Complementarios*, Barcelona 1980, 1987.

SCHNEIDERS, S., «History and Symbolism in the Fourth Gospel», in M. de JONGE, ed., *L'Évangile de Jean. Sources, rédaction, théologie*, BEThL 44, Louvain 1977, 371-376.

———, «The Resurrection (of the Body) in the Fourth Gospel. A Key to Johannine Spirituality», in J. DONAHUE, ed., *Life in Abundance. Studies of John's Gospel*, Fs. R. Brown, Collegeville, MN 2005, 168-198.

———, «Touching the Risen Jesus. Mary Magdalene and Thomas the Twin in John 20», in C. KOESTER – R. BIERINGER, ed., *The Resurrection of Jesus in the Gospel of John*, WUNT 222, Tübingen 2008, 153-176.

SCHNELLE, U., *Das Evangelium nach Johannes*, ThHK 4, Leipzig 1998.

———, «Cross and Resurrection in the Gospel of John», in C. KOESTER – R. BIERINGER, ed., *The Resurrection of Jesus in the Gospel of John*, WUNT 222, Tübingen 2008, 127-151.

SCHOLTISSEK, K., *In Ihm Sein und Bleiben. Die Sprache der Immanenz in den johanneischen Schriffen*, HBS 21, Freiburg 1999.

SCHRENK, G. – QUELL, G., «πατήρ», *GLNT*, IX, 1111-1306.

SCHUCHARD, B., *Scripture within Scripture. The Interrelationship of Form and Function in the Explicit Old Testament Citations in the Gospel of John*, SBL.DS 133, Atlanta, GA 1992.

SEGOVIA, F., «The Journeys of the Word of God. A Reading of the Plot of the Fourth Gospel», in R. CULPEPPER – F. SEGOVIA, ed., *The Fourth Gospel From a Literary Perspective*, Semeia 53, Atlanta, GA 1991, 23-54.

———, «The Journeys of Jesus to Jerusalem», in A. DENAUX, ed., *John and the Synoptics*, BEThL 101, Leuven 1992, 535-541.

SENIOR, D., *La Passione di Gesù nel Vangelo di Giovanni*, ParVi, Milano 1993, 2004².

———, «The Resurrection of the Body in the Fourth Gospel as a Key to Johannine Spirituality. A Response to Sandra M. Schneiders, I.H.M», in J. DONAHUE, ed., *Life in Abundance. Studies of John's Gospel*, Fs. R. Brown, Collegeville, MN 2005, 199-203.

———, «The Death of Jesus as Sign. A Fundamental Johannine Ethic», in G. van BELLE, ed., *The Death of Jesus in the Fourth Gospel*, BEThL 200, Leuven 2007, 271-291.

SEVRIN, J.-M., «Le quatrième évangile et le gnosticisme. Questions de méthode», in J.-D. KAESTLI – J.-M. POFFET – J. ZUMSTEIN, ed., *La communauté johannique et son histoire. La trajectoire de l'évangile de Jean aux deux premiers siècles*, MB, Genève 1990, 251-268.

———, «Jésus et le Sabbat dans le Quatrième Évangile», in C. FOCANT, ed., *La Loi dans l'un et l'autre testament*, LeDiv 168, Paris 1997, 226-242.

———, «L'ombre de la croix, ou les anticipations de la mort de Jésus dans le quatrième Évangile», in G. van BELLE, ed., *The Death of Jesus in the Fourth Gospel*, BEThL 200, Leuven 2007, 259-270.

SEYNAEVE, J., «Les citations scripturaires en Jn 19,36-37, une preuve en faveur de la typologie de l'Agneau pascal?», *RafrT* 1 (1977) 67-76.

SIMOENS, Y., *Secondo Giovanni. Una Traduzione e un'Interpretazione*, Bologna 2000.

———, *Entrer dans l'Alliance. Une introduction au Nouveau Testament*, EtB 123, Paris 2001.

SKA, J., «Sincronia. L'analisi narrativa», in H. SIMIAN-YOFRE, ed., *Metodologia dell'Antico Testamento*, Bologna 1994, 139-170.

———, *La Strada e la Casa*, ItBib, Bologna 2001.

SMITH, D., *The Theology of the Gospel of John*, NTT, Cambridge 1997.

———, *John*, ANTC, Nashville, TN 1999.

SNYDER, F., «John 13,16 and the Anti-Petrinism of the Johannine Tradition», *BR* 16 (1971) 5-15.

SOMMER, M., «A Better Class of Enemy. Opposition and Dependence in the Johannine Writings», in T. BRODIE – D. MACDONALD – S. PORTER, ed., *The Intertextuality of the Epistles. Explorations of Theory and Practice*, NTM 16, Sheffield 2006, 264-283.

de SOUSA, M., «La importancia del encuentro de Saúl con las jóvenes, en el contexto de su unción por Samuel. 1Sm 9,11-13», *Didaskalia* 35 (2005) 117-148.

STALEY, J., «The Structure of John's Prologue. Its Implications for the Gospel's Narrative Structure», *CBQ* 48 (1986) 241-264.

———, *The Print's First Kiss. A Rhetorical Investigation of the Implied Reader in the Fourth Gospel*, SBL.DS 82, Atlanta, GA 1988.

———, «Reading Myself, Reading the Text. The Johannine Passion Narrative in Postmodern Perspective», in F. SEGOVIA, ed., *What is John? I. Readers and Readings of the Fourth Gospel*, SBL.SS 3, Atlanta, GA 1996, 59-104.

STANCATI, S., *Gv 19,31-37. Culmine della dimensione pneumatologica della cristologia del Quarto Vangelo*, Roma 1982.

STIBBE, M., *John as Storyteller. Narrative Criticism and the Fourth Gospel*, SNTS.MS 73, Cambridge 1992.

STOCK, K., *Marco. Commento contestuale al secondo Vangelo*, BibP 47, Roma 2003.

STRACK, H. – BILLERBECK, P., *Kommentar zum Neuen Testament aus Talmud und Midrash*, II, München 1956.

STUHLMACHER, P., «Das Lamm Gottes – eine Skizze», in H. CANCIK – H. LICHTENBERGER – P. SCHÄFER, ed., *Geschichte, Tradition, Reflexion. III. Frühes Christentum*, Fs. M. Hengel, Tübingen 1996, 529-542.

TAVARES DE LIMA, J., «*Tu serás chamado ΚΕΦΑΣ*». *Estudo exegético sobre Pedro no Quarto Evangelho*, AnGr 265, Roma 1994.

TENNEY, M., *John. Gospel of Belief. An Analytic Study of the Text*, Grand Rapids, MI – Cambridge 1948, 1976².

THATCHER, T., «The Sabbath Trick. Unstable Irony in the Fourth Gospel», *JSNT* 76 (1999) 53-77.

THEISSEN, G., *La religión de los primeros cristianos. Una teoría del cristianismo primitivo*, BEB 108, Salamanca 2002.

THOMPSON, M., «Every Picture Tells a Story. Imagery for God in the Gospel of John», in J. FREY – J. van der WATT – R. ZIMMERMANN, ed., *Imagery in the Gospel of John. Terms, Forms, Themes, and Theology of Johannine Figurative Language*, WUNT 200, Tübingen 2006, 259-277.

———, *The Humanity of Jesus in the Fourth Gospel*, Philadelphia, PA 1988.

THÜSING, W., *Die Erhöhung und Verherrlichung Jesu im Johannesevangelium*, NTA 21, Münster 1960.

THYEN, H., «"Niemand hat größere Liebe als die, dass er sein Leben für seine Freunde hingibt" (Joh 15,13). Das johanneische Verständnis des

Kreuzestodes Jesu», in C. ANDERSEN – G. KLEIN, ed., *Theologia Crucis - Signum Crucis*, Fs. E. Dinkler, Tübingen 1979, 467-481.

THYEN, H., «Johannes 10 im Kontext des vierten Evangeliums», in J. BEUTLER – R. FORTNA, ed., *The Shepherd Discourse of John 10 and its Context. Studies by Members of the Johannine Writings Seminar*, SNTS.MS 67, Cambridge 1991, 116-134.

———, *Das Johannesevangelium*, HNT 6, Tübingen 2005.

TOLMIE, D., *Jesus' Farewell to the Disciples. John 13,1-17,26 in Narratological Perspective*, BIS 12, Leiden – al. 1995.

TOMSON, P., *Jésus et les auteurs du Nouveau Testament dans leur relation au judaïsme*, Paris 2003.

TONSTAD, S., «"The Father of Lies", "the Mother of Lies", and the Death of Jesus (John 12,20-33)», in R. BAUCKHAM – C. MOSSER, ed., *The Gospel of John and Christian Theology*, Grand Rapids, MI – Cambridge 2008, 193-208.

TOVEY, D., *Narrative Art and Act in the Fourth Gospel*, JSNT.S 151, Sheffield 1997.

TRAETS, C., *Voir Jésus et le Père en lui selon l'Évangile de Saint Jean*, AnGr 159, Roma 1967.

TUÑÍ, J.-O., *Jesús y el evangelio en la comunidad juánica*, BC 13, Salamanca 1987.

———, «Las cartas de Juan», in ID. – X. ALEGRE, ed., *Escritos joánicos y cartas católicas*, IEB 8, Estella, Navarra 1995, 2001[5], 173-212.

UM, S., *The Theme of Temple Christology in John's Gospel*, LNTS 312, London – New York 2006.

UMOH, C., «The Temple in the Fourth Gospel», in M. LABAHN – K. SCHOLTISSEK – A. STROTMANN, ed., *Israel und seine Heiltraditionen im Johannesevangelium*, Fs. J. Beutler, Paderborn – al. 2004, 314-333.

VALENTINI, A., *Maria secondo le Scritture. Figlia di Sion e Madre del Signore*, Bologna 2007.

VANCIL, J., «Sheep – Shepherd», *ABD*, V, 1187-1190.

VANNI, U., «Il Crocifiso risorto di Tommaso (Gv 20,24.29). Un'ipotesi di lavoro», *StPat* 50 (2003) 753-775.

VATTIONI, F., «"Nec os illius confringetis". Es 12,10.46; Nm 9,2; Gv 19,36», in F. VATTIONI, ed., *Atti della Settimana Sangue e Antropologia nella Letteratura Cristiana*, I, CSSC 3, Roma 1983, 315-326.

VELLANICKAL, M., *The Divine Sonship of Christians in the Johannine Writings*, AnBib 72, Roma 1977.

VELLANICKAL, M., «Blood and Water», in ID., *Studies in the Gospel of John*, Bangalore 1982, 146-160.

———, «"I AM". In the Fourth Gospel», *BibBhash* 19 (1993), 47-58.

VENETZ, H.-J., «Zeuge des Erhöhten. Ein exegetischer Beitrag zu Joh. 19,31-37», *FZPhTh* 23 (1976) 81-111.

VICENT SAERA, R., «La halaka de Dt 21,22-23 y su interpretación en Qumran y en Jn 19,31-42», in D. MUÑOZ LEÓN, ed., *Salvación en la Palabra. Tárgum, derash, berith*, Fs. A. Díez Macho, Madrid 1986, 699-709.

VIGNOLO, R., *Personaggi del Quarto Vangelo. Figure della fede in San Giovanni*, Biblica 2, Milano 1994, 2006².

de VIRGILIO, G., «L'impiego di ὕδωρ nel quarto vangelo. Prospettive di teologia giovannea», *StPat* 50 (2003) 787-808.

WAETJEN, H., *The Gospel of the Beloved Disciple. A Work in Two Editions*, New York – London 2005.

von WAHLDE, U., «The Johannine "Jews". A Critical Survey», *NTS* 28 (1982) 33-60.

———, «"The Jews" in the Gospel of John. Fifteen Years of Research (1983-1998)», *EThL* 76 (2000) 30-55.

———, «"You Are of Your Father the Devil" in Its Context. Stereotyped Apocalyptic Polemic in John 8,38-47», in R. BIERINGER – D. POLLEFEYT – F. VANDECASTEELE-VANNEUVILLE, ed., *Anti-Judaism and the Fourth Gospel*. Papers of the Leuven Colloquium 2000, Assen 2001, 418-444.

———, «The Interpretation of the Death of Jesus in John Against the Background of First-Century Jewish Eschatological Expectations», in G. van BELLE, ed., *The Death of Jesus in the Fourth Gospel*, BEThL 200, Leuven 2007, 555-565.

WAI YEE, N., *Water Symbolism in John. An Eschatological Interpretation*, SBL 15, New York – al. 2001.

van der WATT, J., «The Use of "ΑΙΩΝΙΟΣ" in the Concept of "ΖΩΗ ΑΙΩΝΙΟΣ" in John's Gospel», *NT* 30 (1989) 217-227.

———, *Family of the King. Dynamics of Metaphor in the Gospel According to John*, BIS 47, Leiden – al. 2000.

———, «Salvation in the Gospel According to John», in ID., ed., *Salvation in the New Testament. Perspectives on Soteriology*, NT.S 121, Leiden – Boston, MA 2005, 101-131.

———, *An Introduction to the Johannine Gospel and Letters*, London – New York 2007.

WEBSTER, J., *Ingesting Jesus. Eating and Drinking in the Gospel of John*, Atlanta, GA 2003.

WEIGANDT, P., «οἶκος», *DENT*, II, 500-508.

WEISS, H., «The Sabbath in the Fourth Gospel», *JBL* 110 (1991) 311-321.

WENGST, K., *Il Vangelo di Giovanni*, Brescia 2005.

WILKINSON, J., «The Incident of the Blood and Water in Jo 19,34», *SJTh* 28 (1975) 149-172.

WINANDY, J., «Le témoignage du sang et de l'eau (Jean 19,17-37)», *BVC* 31 (1960) 19-27.

WINSTANLEY, M., «The Shepherd Image in the Scriptures, a Paradigm for Christian Ministry», *CleR* 71 (1986) 197-206.

WRÓBEL, M., *Who are the Father and His Children in Jn 8,44? A Literary, Historical and Theological Analysis of Jn 8,44 and Its Context*, CRB 63, Paris 2005.

ZANGENBERG, J., «"Buried According to the Customs of the Jews". John 19,40 in Its Material and Literary Context», in G. van BELLE, ed., *The Death of Jesus in the Fourth Gospel*, BEThL 200, Leuven 2007, 873-900.

ZERWICK, M., *El griego del Nuevo Testamento*, ITEB II, Estella, Navarra 1997.

ZIMMERMANN, R., *Christologie der Bilder im Johannesevangelium. Die Christopoetik des vierten Evangeliums unter besonderer Berücksichtigung von Joh 10*, WUNT 171, Tübingen 2004.

ZUMSTEIN, J., «La rédaction finale de l'évangile selon Jean (à l'exemple du chapitre 21)», in J.-D. KAESTLI – J.-M. POFFET – J. ZUMSTEIN, ed., *La communauté johannique et son histoire. La trajectoire de l'évangile de Jean aux deux premiers siècles*, MB, Genève 1990, 207-230.

———, «L'interprétation johannique de la mort du Christ», in C. van SEGBROECK – al., ed., *The Four Gospels*, III, Fs. F. Neirynck, BEThL 100/3, Leuven, 1992, 2119-2138.

———, *L'Évangile selon Saint Jean (13-21)*, CNT 4b, Genève 2007.

———, «L'interprétation de la mort de Jésus dans les discours d'adieu», in G. van BELLE, ed., *The Death of Jesus in the Fourth Gospel*, BEThL 200, Leuven 2007, 95-119.

———, «El Evangelio según Juan», in D. MARGUERAT, ed., *Introducción al Nuevo Testamento. Su historia, su escritura, su teología*, Bilbao 2008, 345-370.

ÍNDICE DE AUTORES

Ådna: 251
Aletti: 176, 177, 178, 179
Ameling: 10, 304
Anderson: 157
Appold: 119, 120, 246
Ashton: 68, 231, 288
Asiedu-Peprah: 83
Auvray: 243
Bailey: 104, 119
Ball: 113
Barreto: 12, 123, 151, 152, 153, 229
Barrett: 30, 45, 49, 83, 96, 109, 130, 150, 168, 172, 176, 190, 192, 195, 313, 318, 326, 332
Bassler: 320
Bauckham: 23, 287, 290, 312, 313, 315, 316, 320, 324, 329
Baumgärtel: 139, 142, 145
Bazylinski: 50
Beasley-Murray: 12, 268
Beck: 319
Becker: 150, 289, 315, 320
Behm: 133, 139, 140
van Belle: 21, 177, 240, 283, 294, 312, 317, 338
Benéitez: 218
Bernard: 12, 20, 37, 45, 49, 96, 133, 149, 157, 281, 313

Beutler: 20, 21, 24, 26, 30, 68, 69, 74, 76, 81, 82, 83, 94, 98, 100, 116, 121, 161, 173, 175, 176, 182, 251, 252, 255, 263, 267, 271, 287, 289, 290, 302, 303, 315, 320, 321, 323, 330
Bieringer: 68, 192, 195, 198
Billerbeck: 81, 82
Binni: 131, 196
Bissoli: 243, 247
Blaine: 323
Blank: 96, 98, 123
de Boer: 12, 36, 96, 158, 230, 281, 291, 312
Boily: 50, 305, 328
Boismard: 192, 194, 314
Bond: 297
Borgen: 291
Bottino: 104
Braun: 121, 122, 192
Brock: 10
Brown: 12, 20, 27, 28, 31, 32, 51, 55, 85, 96, 107, 108, 109, 113, 114, 116, 122, 130, 137, 139, 140, 141, 143, 144, 148, 149, 158, 161, 166, 176, 178, 229, 240, 241, 259, 271, 273, 274, 275, 289, 290, 291, 292, 319, 325, 333

Brunson: 173, 179
Bultmann: 19, 23, 81, 91, 96, 98, 113, 141, 212, 218, 225, 281, 288, 292, 312
Burge: 161, 266
Burkett: 229
Burney: 192, 212
Burrows: 193
Busse: 102, 105, 110, 246
Byrne: 329
Caba: 139, 142, 143, 295
Cachia: 104, 105
Camacho: 321
Carey: 195
Carminati: 10, 12, 158
Caron: 68
Carreira das Neves: 177
Carter: 302, 314
Casalegno: 305
Casey: 13, 203, 291
Charbonneau: 151, 281
Charlesworth: 313, 316
Chennattu: 294
Childs: 113, 205
Cilia: 113, 120, 284, 311
Cipriani: 127, 198
Clark-Soles: 177
Collins: 328
Coloe: 11, 125, 132, 140, 142, 245, 247, 248, 249, 251, 253, 254, 255, 262, 263
Colpe: 229, 231
Cook: 97
Cosgrove: 264
Costa: 192, 203, 243, 274
Cothenet: 303, 304, 306, 307, 309, 310, 315, 328
Crump: 269

Cullmann: 218, 264
Culpepper: 12, 68, 78, 90, 93, 122, 126, 149, 153, 163, 178, 201, 255, 289, 312, 313, 314
Daly-Denton: 190
Davies: 90, 94, 239, 294, 316
Day: 122
Deeley: 103, 280
Delcor: 212
Dennis: 115, 182, 255
Derrett: 188
Destro: 26, 114, 131, 252
Devillers: 69, 133, 141, 154, 314
Dewey: 13, 34, 312
Dodd: 19, 20, 26, 49, 96, 123, 192, 195, 251, 284, 294, 308, 314
Dunn: 68
Edwards: 163, 174
Egger: 58, 287
Ellis: 175
Ernst: 105
Evans: 164, 170, 176, 204
Fabris: 12, 42, 49, 55, 98, 99, 104, 110, 119, 132, 149, 150, 154, 198, 227, 275, 288, 308, 332
Fauconnier: 16, 183, 186
Ferraro: 26, 91, 92, 93, 102, 103, 129, 130
Ferreira: 100
Follis: 122
Ford: 11, 46, 164, 165, 188
Forestell: 90, 94, 96, 109, 117, 124, 125, 182, 190, 197
Freed: 176, 188, 189, 212, 216
Frey: 93, 96, 127, 129, 182, 201
Füglister: 109, 158, 203, 204, 205, 206, 207
Fuglseth: 245, 247, 279

ÍNDICE DE AUTORES

Gaffney: 105
García-Moreno: 12, 32, 192, 221, 225, 231, 264, 265, 366
Gardner-Smith: 239
Genuyt: 327
George: 199, 203
Ghiberti: 84, 177, 211
Giblin: 20, 28, 316
la Gioia: 100
Giurisato: 258
Gnilka: 79
de Goedt: 219
Grasso: 181, 302
Grech: 204, 274, 309, 336
Greer: 105
Griffith: 307
Grigsby: 158, 188, 192
Guilding: 20
Gundry: 254
Hägerland: 288
Hahn: 229, 230
Hammes: 126
Hanson: 181
Haran: 254
Hasitschka: 192, 193
Hegermann: 100
Heil: 12, 45, 149, 268, 282, 312
Hengel: 170, 211, 316
Hergenröder: 97, 100
Hohnjec: 195
van der Horst: 289
Hoskyns: 268, 281
Hübner: 177, 178
Huerta Pasten: 32
Hylen: 312
Ihenacho: 124, 125, 144, 264
Infante: 192, 195, 197
Janssens de Varebeke: 27, 28, 33
Jáuregui: 192, 197

Jenks: 205
Jeremias: 103, 107, 192, 194, 197
Jones: 160, 161, 162, 165, 168
de Jonge: 290
Joüon: 350
Judge: 338, 339
Kanagaraj: 99, 100, 226, 258
Keener: 72, 137
Kempthorne: 49, 312
Kieffer: 21, 32, 110, 128, 159, 187, 225, 287, 311, 340
Klauck: 326
Klink: 289
Knöppler: 98, 106, 115, 116, 117, 123, 194
Koester: 14, 97, 117, 118, 122, 125, 134, 156, 157, 161, 162, 163, 166, 197, 201, 202, 209, 246, 247, 248, 268, 271, 274, 295, 296, 297, 301, 315, 325, 326, 334, 338
Kovacs: 128
Kowalski: 245, 246, 247, 249
Kratz: 121
Kruse: 12, 131, 140
Kügler: 329
Kysar: 105, 137, 208, 290, 292, 302, 335
Laconi: 90, 94, 96, 97, 102, 111, 112, 268
Lamarche: 213
Lambrecht: 267
Larsson: 98
Leal: 193
Lee, D.: 138, 140, 147, 259, 272, 295
Lee, M.: 91, 94, 96, 98, 100, 101, 121, 127, 182, 218, 290, 309, 314, 320, 329

Lègasse: 241
Léon-Dufour: 53, 84, 136, 150, 162, 271, 288, 332, 336
Leone: 9
Leroy: 178
Lieu: 68, 177
Lincoln: 13, 127, 306, 311, 312, 317
Lindars: 12, 78, 96, 100, 201, 216, 269, 290
Loader: 188, 230
Longenecker: 12, 149, 154, 331, 332, 333
López Barrio: 26, 120, 123, 125
López Rosas: 138, 245, 247, 333
López, J.: 93, 96, 125, 127, 128, 129, 154, 232, 320
Louw: 58, 152
Lupo: 160, 161
Lyonnet: 11
Maccini: 304
Maguire: 10
Malatesta: 12, 27, 55, 56, 157, 159, 178, 282, 304
Malina: 12, 192, 202
Manns: 149, 229, 247, 278, 324
Mannucci: 271, 295, 313, 315
Marchadour: 12, 32, 103, 105, 278, 319, 320, 323, 338
Marconcini: 117
Marconi: 50, 305, 328
Maritz: 21, 283
Martín-Moreno: 299, 319, 323
Martyn: 288, 289, 291
Marzotto: 33, 36, 37, 119, 121, 122
Mastin: 12, 281
Mateos: 12, 123, 151, 152, 153, 229, 321, 333

Matera: 102
Maynard: 324
McCaffrey: 136, 254, 255
McNamara: 176
McPolin: 12
Mead: 247
Menken: 175, 176, 189, 190, 192, 201, 203, 211, 212, 213, 214, 215, 216, 217, 224, 242, 281, 283
Metzger: 39
Metzner: 192, 203
Meyer: 139, 140, 142, 145
Michaels: 312
Migliasso: 253, 254
Miguens: 11, 158, 164, 165, 188
Miller: 170, 175, 176, 177, 226
van der Minde: 271
Minear: 23
Mirguet: 295, 303, 339
Mlakuzhyil: 20, 25, 27, 28, 32, 33, 92, 270, 271, 300
Mollat: 20, 21, 79, 82, 86, 107, 113, 159, 172, 248, 284
Moloney: 20, 79, 96, 103, 105, 137, 141, 143, 149, 154, 161, 174, 232, 246, 264, 268, 270, 271, 273, 277, 292, 310, 319, 331, 335, 339
Moo: 189, 216
Morris: 12, 45, 48, 49, 137, 149, 150, 162, 288, 292, 314, 325
Motyer: 68
Moyise: 149, 170, 232
Munõz Leon: 175, 176
Nampudakathu: 338
Neirynck: 321
Neusner: 251
Neyrey: 247

Nickelsburg: 182, 229
Nicolaci: 288, 289
Nida: 58, 152
Nielsen, H.: 26, 95, 96, 97, 101, 102, 106, 116, 117, 118, 119, 120, 123, 239
Nielsen, J.: 96, 99, 113, 114, 131, 182, 183, 184, 185, 186, 192, 193, 195, 197, 200, 203, 204, 209
Nobile: 229, 245
Nolli: 47
O'Day: 138, 312, 374
O'Donnell: 125, 374
O'Neill: 195, 374
Obermann: 102
Odeberg: 264
Orchard: 188
Painter: 97, 104, 115, 195, 225, 231, 234, 289, 301, 311
Pamment: 98
Pamplaniyil: 262
Pancaro: 160, 229, 291
Panimolle: 119, 305
Pastorelli: 262
Peretto: 194
Pesce: 26, 114, 131, 252
Phillips: 218, 219, 220
Piper: 100, 297
Plumer: 127
Pollefeyt: 68
Porter: 170, 190, 211
Porton: 76
de la Potterie: 11, 33, 36, 54, 56, 95, 97, 105, 120, 125, 128, 141, 148, 149, 154, 157, 164, 178, 194, 218, 234, 242, 244, 245, 268, 281, 284, 302, 304, 306, 307, 308, 309, 311, 315, 317, 318, 319, 322

Powell: 287
Procksh: 106, 107
Quast: 313, 314, 316, 324, 329
Quell: 102
von Rad: 101
Radl: 148, 150
Ramos Pérez: 52, 218, 219, 220, 221, 222, 223, 225, 271
Raurell: 10, 56, 160, 226, 265, 273, 283, 284
Reinhartz: 68
Remaud: 158
Renju: 193
Rensberger: 288
Resseguie: 312
Richard: 333
Richter: 97
Rigato: 11, 132, 158, 188, 191, 199, 314
Rissi: 20
Robinson: 157
Rodriguez Ruiz: 92, 98, 121, 122
Rohrbaugh: 12, 192, 202
Rouiller: 12, 154, 322
Roulet: 271
Ruckstuhl: 45
Ruegg: 271
Rusam: 193, 194, 195
de Ruyter: 291
Sabbe: 22, 35, 51, 188, 239, 281, 312
Sæbø: 212, 213
Sáenz de Ugarte: 202
Salier: 128
Sánchez Mielgo: 119
Sánchez Navarro: 23, 311, 316, 317
Sand: 144
Sanders: 12, 281

Sandnes: 153, 266
Sarasa: 292
Sava: 10, 157
Sawyer: 10, 158
Schenke: 289, 290, 291
Schlund: 203, 204
Schnackenburg: 12, 20, 26, 36, 51, 53, 96, 97, 103, 104, 106, 109, 113, 117, 119, 121, 126, 130, 137, 139, 148, 149, 150, 151, 157, 178, 188, 212, 217, 255, 274, 275, 276, 282, 283, 289, 319
Schneiders: 137, 247, 250, 272
Schnelle: 98, 192, 289, 315, 316, 320, 322, 338
Scholtissek: 259
Schrenk: 102
Schuchard: 175, 187, 188, 189, 190, 212, 216, 232
Schweizer: 139, 140, 143
Segovia: 21
Senior: 12, 143, 144, 157, 228, 272, 284
Sevrin: 82, 83, 162, 262, 292
Seynaeve: 188, 216, 230
Simoens: 12, 207
Ska: 248, 316
Smith: 239, 312, 335
Snyder: 323, 324
Sommer: 274
de Sousa: 248
Staley: 21, 238, 287
Stancati: 9, 11, 12, 33, 48, 54, 55, 56, 157, 203, 264, 270
Stibbe: 94, 318
Stock: 241
Strack: 81, 82

Stuhlmacher: 192
Tavares de Lima: 323
Tenney: 12, 297
Thatcher: 83
Theissen: 178, 180, 251
Thompson: 140, 143, 179, 180, 182, 224, 252, 270, 295, 300
Thüsing: 96, 129, 182, 229, 282
Thyen: 22, 116, 322
Tolmie: 312
Tomson: 290
Tonstad: 128
Tovey: 13, 312, 315, 316, 324, 329
Traets: 218, 221, 224, 282, 283
Tuñí: 267, 275
Turner: 16, 183
Um: 163
Umoh: 244, 251
Valentini: 36, 318, 319
Vancil: 103
Vandecasteele-Vanneuville: 68
Vanni: 338, 339
Vattioni: 188, 189
Vellanickal: 113, 123, 158, 162, 163, 268, 304, 312
Venetz: 11, 45, 158, 160, 232
Vicent Saera: 10, 77
Vignolo: 172, 305, 312, 314, 316, 317, 320, 325, 326, 328, 340
de Virgilio: 161, 162, 268
Waetjen: 13, 315
von Wahlde: 68, 69, 118
Wai-yee: 133
van der Watt: 97, 117, 120, 123, 125, 128, 237, 239, 258, 292
Webster: 267, 269
Weigandt: 255

Weiss: 81, 83
Wengst: 22, 26, 138, 145, 149, 150, 154, 192
Wilkinson: 10, 157
Winandy: 158
Winstanley: 104, 105, 115, 119
Wróbel: 290

Zangenberg: 320, 321
Zerwick: 46
Zimmermann: 26, 179
Zumstein: 12, 23, 26, 106, 108, 109, 128, 131, 138, 149, 150, 154, 157, 190, 201, 254, 256, 257, 258, 289, 291, 297, 315

ÍNDICE GERAL

PÓRTICO 5
INTRODUÇÃO 9
1. Os diversos estudos 9
2. Motivação do estudo 12
3. Metodologia e itinerário 14
CAPÍTULO I: *O contexto e o texto* 19
1. O enquadramento 19
   1.1 O contexto geral: estrutura do QE 19
   1.2 O contexto próximo: a última Páscoa e «o primeiro dia da semana» .. 25
   1.3 O contexto imediato: o Calvário (19,16b-42) 33
2. A perícope: delimitação e o texto grego 36
   2.1 Delimitação 37
   2.2 Crítica textual 37
   2.3 O texto grego 40
3. Análise linguístico-sintáctica 40
   3.1 A composição do texto 40
      3.1.1 As categorias e as formas gramaticais 41
      3.1.2 O aspecto formal 48
         a) Algumas particularidades 48
         b) Paralelismos 50
         c) Estilo 51
         d) Vocabulário 51
      3.1.3 Os temas 53
      3.1.4 A unidade do texto e a estrutura 54
      3.1.5 Conclusão 56
   3.2 Tradução 57
4. A semântica das palavras 58
   4.1 Os campos semânticos 58

4.2 Oposições semânticas 60
    4.2.1 Oposições explícitas 61
    4.2.2 Oposições implícitas: 61
4.3 Linhas de significado 61
    4.3.1 O cumprimento da Escritura: desígnio dos Judeus/desígnio de Deus 62
    4.3.2 A linha da morte/destruição e a da vida 62
    4.3.3 Importância do corpo «inquebrado» de Jesus 62
    4.3.4 A linha dos sentimentos/percepção/convicções 62
4.4 Conclusão: andamento e o centro da perícope 63
5. Conclusão 65

CAPÍTULO II: *Da vontade dos Judeus (destruição) à revelação do projecto de Deus (a vida)* 67

1. A destruição pretendida por «os Judeus» 67
  1.1 Os Judeus 67
  1.2 Os Judeus de 19,31 69
    1.2.1 Os sacerdotes 69
    1.2.2 E os fariseus? 70
    1.2.3 Os sacerdotes e fariseus no mundo incrédulo de «os Judeus» ... 71
  1.3 A preocupação legalista dos Judeus e a salvação de Deus 73
    1.3.1 A Lei 73
    1.3.2 A «Lei»: «legislação/mandamento» ou «Escritura»? 74
  1.4 A necessidade de «ser levantado» 76
    1.4.1 A pressa em «levantar» 77
    1.4.2 A pureza ritual 78
  1.5 «Era um grande dia o daquele sábado»: o «tempo» de Jesus no tempo dos Judeus 80
    1.5.1 O sábado: enquadramento de um «tempo» novo 81
    1.5.2 A «preparação da Páscoa»: enquadramento de uma outra Páscoa ... 84
        a) A «preparação» 85
        b) «Aquele sábado»: a Páscoa 85
  1.6 Conclusão 87
2. «O viram já morto»: a manifestação da vontade de Deus (o anúncio da morte de Jesus no QE) 88
  2.1 A «hora» de Jesus 90
  2.2 A «hora» de Jesus na «preparação da Páscoa» 93
    2.2.1 A «hora» da «passagem» para o Pai 93
    2.2.2 A «hora» do cordeiro pascal 94
  2.3 A «hora» da «exaltação» e da «glorificação» 95

ÍNDICE GERAL

2.3.1 Um «levantamento» que é «exaltação» 95
2.3.2 Uma «exaltação» que é «glorificação» 97
2.3.3 A implicação visual, reveladora e comunitária
da «exaltação» e «glorificação» 99
2.4 O «cumprimento» da vontade salvífica do Pai 101
2.5 Um gesto «livre» e «poderoso» de amor salvífico do Bom Pastor 102
2.6 Uma «santificação/consagração» de Jesus
pela «santificação/consagração» dos discípulos 106
2.6.1 A santificação/consagração de Jesus 106
2.6.2 A santificação/consagração pelos discípulos 107
2.6.3 Uma santificação/consagração em contexto pascal 108
2.7 Passagem da «παροιμία» dos discursos à «παρρησία» da «hora» 110
2.8 Conclusão 111
3. O anúncio das consequências e efeitos da morte de Jesus 112
3.1 Manifestação da natureza de Jesus 112
3.2 Consequências soteriológica e eclesiológica 114
3.2.1 Uma vida entregue «ὑπέρ»: o sentido «sacrificial» 115
3.2.2 A unidade como fruto da atracção de todos 118
3.2.3 Uma nova vida para os crentes: a vida eterna (ζωὴ αἰώνιος)
como comunhão com o Filho e com o Pai 123
a) A «vida eterna»: a vida de Deus 123
b) A «vida no homem»: um dom de Deus e uma opção humana ... 124
c) Jesus levantado: a «hora» da vida e do julgamento 125
+ A «hora» da vida 126
+ A «hora» do julgamento... 126
d) «Entrar no Reino»: participar na vida divina 128
e) A vinda do Espírito que é «vida» 129
+ O Espírito «habita» em Jesus 129
+ O Espírito «estará» nos discípulos 131
+ Do «interior» de Jesus para os discípulos:
importância exegética de 7,37-39 132
3.3 Conclusão 134
4. O corpo «inquebrado» e trespassado de Jesus 135
4.1 O campo semântico do «corpo» de Jesus 136
4.1.1 O «corpo» (σῶμα) de Jesus 136
4.1.2 A «carne e sangue» de Jesus 139
a) A «carne» de Jesus 140
+ Comer a «carne» de Jesus 143
b) O «sangue» de Jesus 144

  c) A «ψυχή» de Jesus 144
 4.1.3 O «peito» (κόλπος e στῆθος) ventre (κοιλία) e lado (πλευρά) .. 145
 4.1.4 Conclusão: o corpo de Jesus, lugar teológico 146
4.2 Um episódio paralelo propedêutico:
a túnica «indivisa/inquebrada» (19,23-24) 148
 4.2.1 O episódio 148
 4.2.2 Interpretação 148
  a) O significado das vestes 149
  b) As vestes divididas em quatro partes 150
  c) A túnica «indivisa/inquebrada» 152
4.3 Significado teológico e cristológico do corpo «inquebrado» 155
 4.3.1 Revelação da natureza de Jesus 155
 4.3.2 Manifestação da unidade Pai-Filho 155
4.4 Significado sotério-eclesiológico do corpo «inquebrado» 156
4.5 O corpo «inquebrado», do qual sai «sangue e água» 156
 4.5.1 Sentido literal: certificar a morte de Jesus 156
 4.5.2 Significado simbólico: a leitura da fé 157
  a) O «sangue» e a «ψυχή» de Jesus 159
  b) A «água»: a revelação e o ES 160
  c) O significado da expressão «saiu imediatamente sangue
   e água» 164
  d) Conclusão: o «lado» aberto – manifestação do invisível ... 165
4.6 Conclusão 166
5. Conclusão 167

CAPÍTULO III: *O «cumprimento» de toda a Escritura* 169
1. A Escritura dá testemunho de Jesus e Jesus «enche» o sentido da Escritura.... 170
 1.1 Toda a Escritura dá testemunho de Jesus 171
  1.1.1 A Escritura 171
  1.1.2 O verbo «γράφω» 173
  1.1.3 Moisés/Lei e os Profetas 173
  1.1.4 A Escritura, como um todo, dá testemunho de Jesus 175
 1.2 Jesus ilumina e redimensiona a Escritura 176
  1.2.1 A palavra de Jesus 176
  1.2.2 Jesus «enche», levando a «cumprimento» e superando, as
    promessas da Escritura 177
  1.2.3 «Cristificação» das imagens veterotestamentárias 179
 1.3 Em Jesus se condensa e redimensiona a história da salvação 180
 1.4 A fundição de imagens, símbolos e metáforas e os «espaços mentais».... 181

      1.4.1 A teoria cognitiva de Fauconnier.. 182
      1.4.2 Um exemplo clarificador 184
      1.4.3 Um «input space» fundamental: a cristologia, soteriologia e
           eclesiologia do QE 186
   1.5 Conclusão: «A Escritura não pode ser anulada/quebrada/destruída»... 187
2. «Osso não lhe será quebrado» (19,36)... 187
   2.1 Análise dos diferentes textos/possibilidades....................................188
   2.2 «Eis o Cordeiro de Deus, que levanta o pecado do mundo» 191
      2.2.1 O significado para os discípulos do Baptista (1,36) 194
      2.2.2 O significado para a audiência indeterminada (1,29) 196
          a) A influência (mas não identificação com) de Isaías 53....... 196
          b) Um conceito redimensionado pelo contexto imediato 198
          c) Um conceito redimensionado pelo contexto remoto........... 200
      2.2.3 Um conceito redimensionado pela Páscoa: o cordeiro pascal ... 202
   2.3 Conclusão: duas imagens (Servo/Cordeiro Pascal) fundidas num
      conteúdo cristológico novo — Cordeiro de Deus/Filho de Deus 208
3. «Olharão para o que trespassaram» (19,37)... 211
   3.1 As diversas possibilidades da origem do texto 211
      3.1.1 As possibilidades de leitura do TH.. 212
      3.1.2 As leituras dos textos gregos 213
      3.1.3 O texto de Zc 12,10 nos outros escritos cristãos 214
      3.1.4 Conclusões a partir da confrontação dos textos..................... 215
      3.1.5 Depende Jo 19,37 de uma colecção de *testimonia*?................. 215
   3.2 Olhar para o «inquebrado» trespassado 217
      3.2.1 A semântica dos verbos de visão... 218
          a) Os verbos «βλέπω», «ἀναβλέπω», «ἐμβλέπω» e «θεωρέω»,
             «θεάομαι» 219
          b) O verbo «ὁράω» 221
          c) Conclusão 225
      3.2.2 Ver Jesus e nele o Pastor-Rei trespassado 226
      3.2.3 Ver Jesus e nele o Filho do Homem «exaltado» e «glorificado»... 229
      3.2.4 Ver Jesus e nele o Cordeiro de Deus «inquebrado» e trespassado ... 233
   3.3 Conclusão 235

CAPÍTULO IV: *«Ver» o corpo-Templo do Cordeiro «inquebrado» e
              trespassado: sinfonia apoteótica da história da salvação* ... 237
1. Mc 15,38: o véu do Templo rasgado. Um episódio inspirador?.............. 239
2. O Templo escatológico anunciado pelos profetas 242
3. Do Templo de Jerusalém ao corpo-Templo de Jesus............................... 244

3.1 O Templo de Jerusalém: lugar da revelação de Jesus 244
3.2 O corpo de Jesus: o Templo da presença de Deus 245
    3.2.1 O princípio dos sinais: evocação da Aliança e manifestação da glória 246
    3.2.2 Um Templo novo e uma Aliança nova, onde todos são convidados ao culto no Cordeiro de Deus 248
    3.2.3 Um culto realizado em Jesus, Templo e Cordeiro 250
4. A comunidade reunida: lugar da presença reveladora e salvífica de Jesus-Templo 251
    4.1 «Na casa de meu Pai há muitas moradas» (14,2): a «inter-habitação» 253
        4.1.1 Uma expressão relacional 254
        4.1.2 Uma escatologia já presente: o Templo escatológico redimensionado 255
    4.2 A metáfora da vide: em Jesus, relação de vida Pai-Jesus-discípulos 257
        4.2.1 Jesus, o «lugar» da permanência (μένω) do Pai e dos discípulos ... 259
        4.2.2 Jesus, o «lugar» da permanência (μένω) do ES doado aos discípulos 262
    4.3 Um contributo à tese de Coloe 263
5. A continuidade salvífica e sacramental da presença de Jesus-Templo 263
    5.1 Significado sacramental do «sangue e água» 264
        5.1.1 O corpo de Jesus e o «sangue e água»: «sinais» teológicos e soteriológicos 265
        5.1.2 O conteúdo baptismal do símbolo da «água» 266
        5.1.3 O baptismo como actuação das consequências salvíficas (e a questão do ES em 19,30 e 20,22) 267
        5.1.4 O sentido eucarístico do sangue 269
    5.2 Relação com 1Jo 5,7-8? 273
    5.3 Conclusão 276
6. Conclusão: «ver» o sinal do corpo de Jesus e nele a «sinfonia» do cumprimento da história da salvação 277
    6.1 A apoteose da sinfonia: o corpo-Templo de Jesus 278
    6.2 «Olhar» para o corpo-Templo «inquebrado» e trespassado (e o uso do *testimonium*) 280
        6.2.1 Quem são os que «olharão/verão»? 281
        6.2.2 Significado universal e intemporal de «ver» 281
        6.2.3 Um «olhar para»: processo de fé 283
        6.2.4 A representatividade da testemunha ocular 284

CAPÍTULO V: *Exortação à «inquebrantabilidade» da fé,
recebida pelo «testemunho verdadeiro» (19,35)*..................287
1. A perícope no enquadramento da finalidade do QE 288
  1.1 Exortação à «unidade» cristológica....................................290
  1.2 Exortação à «unidade» eclesiológica (fruto da cristológica) 292
  1.3 Consequências soteriológicas de (não) acreditar rectamente............293
  1.4 Conclusão 294
2. O testemunho de «aquele que viu» 294
  2.1 Ver a humanidade e os sinais de Jesus 295
    2.1.1 Ver a humanidade de Jesus..295
      a) enquadramento de fé 296
      b) enquadramento de dúvida 296
      c) enquadramento antagónico....................................297
    2.1.2 Ver os sinais de Jesus e nele «o» sinal por excelência 299
    2.1.3 Conclusão: ver o corpo de Jesus e nele a sinfonia do
          «cumprimento»...300
  2.2 Ver e dar testemunho verdadeiro 302
    2.2.1 Dar testemunho: a revelação.....................................302
    2.2.2 Dar testemunho: anunciar a verdade 305
    2.2.3 Dar testemunho da verdade: confessar 309
3. O DA, revelador de Jesus e referência da comunidade............311
  3.1 O DA, aquele que «viu» e «testemunha» 313
  3.2 A relação do DA com os discípulos de Jesus (de outrora e de hoje)......317
    3.2.1 O DA e a Mãe de Jesus: significado eclesiológico
          concretizado em José de Arimateia e Nicodemos 318
    3.2.2 A preocupação do DA por Pedro..............................322
    3.2.3 O DA e Judas...324
  3.3 Conclusão 327
4. Acreditar numa cristologia «inquebrada», que implica
  a «inquebrantabilidade» eclesiológica e eucarística 330
  4.1 A comunidade «inquebrada», lugar da experiência da presença
      do «inquebrado» e dos seus dons. 330
  4.2 O pão «inquebrado» (6,11): sinal da presença do «inquebrado» e
      trespassado...332
5. Conclusão (o caminho do leitor): sem «ver», purificar/fortalecer a fé,
  através do «testemunho verdadeiro» 336

CONCLUSÃO..341

SIGLAS E ABRAVIATURAS..347

Bibliografia 355
Índice de Autores 385
Índice Geral 393

TESI GREGORIANA

Desde 1995, a coleção «Tesi Gregoriana» põe à disposição do público algumas das melhores teses elaboradas na Pontifícia Universidade Gregoriana. A composição é realizada pelos próprios autores, segundo as normas tipográficas definidas e controladas pela Universidade.

Volumes publicados [Série: Teologia]

[Vol. 1-110: cfr. *www.unigre.it /TG/teologia.htm*]

111. PLANELLAS BARNOSELL, Joan, *La recepción del Vaticano II en los manuales de eclesiología españoles. I. Ruidor, J. Collantes, M.M. Garijo-Guembe, S. Pié-Ninot, E. Bueno*, 2004, pp. 598.
112. FILIPPI, Nicola, *Essenza e forma di esercizio del ministero petrino. Il Magistero di Giovanni Paolo II e la riflessione ecclesiologica*, 2004, pp. 298.
113. PEGUERO PÉREZ, Javier, *La figura de Dios en los diálogos de Jesús con las autoridades en el Templo. Lectura de Mc 11,27–12,34 a partir de su instancia comunicativa*, 2004, pp. 426.
114. LÓPEZ BARRIO, Mario, *El tema del «Agape» en la primera carta de San Juan. Estudio de 1Jn 4,7-21: una perspectiva antropológico-social*, 2004, pp. 266.
115. BOREK, Wacław, *Unità e reciprocità delle membra della Chiesa. Studio esegetico-teologico di 1Cor 12,21-26; Rom 12,3-8; Ef 4,24–5,2*, 2004, pp. 352.
116. VIVES PÉREZ, Pedro Luis, *La singularidad de Cristo. Perspectivas convergentes en la cristología católica contemporánea*, 2004, pp. 464.
117. WITEK, Bernard, *Dio e i suoi figli. Analisi retorica della Prima Raccolta Salomonica (Pr 10,1–22,16)*, 2005, pp. 416.
118. BORGHINO, Angelo, *La «Nuova Alleanza» in Is 54. Analisi esegetico-teologica*, 2005, pp. 480.
119. URSO, Filippo, *«Imparò l'obbedienza dalle cose che patì» (Eb 5,8). Il valore educativo della sofferenza in Gesù e nei cristiani nella Lettera agli Ebrei*, II edizione riveduta e corretta, 2005, pp. 514.
120. KIM, Jeong Rae, *«...perché io sono mite e umile di cuore» (Mt 11,29). Studio esegetico-teologico sull'umiltà del Messia secondo Matteo. Dimensione cristologica e risvolti ecclesiologici*, 2005, pp. 334.
121. DE VECCHI, Gaia, *L'Etica o* Scito te ipsum *di Pietro Abelardo. Analisi critica di un progetto di teologia morale*, 2005, pp. 208.
122. MENDOZA MAGALLÓN, Pedro, *«Estar crucificado juntamente con Cristo»: el nuevo status del creyente en Cristo. Estudio exegético-teológico de Gal 2,15-21 y Rom 6,5-11*, 2005, pp. 328.

123. DUFFY, Mervyn, *How Language, Ritual and Sacraments Work. According to John Austin, Jürgen Habermas and Louis-Marie Chauvet*, 2005, pp. 282.
124. LEE, Hye Ja (Induk Maria), *«Signore, vogliamo vedere Gesù». La conclusione dell'attività pubblica di Gesù secondo Gv 12,20-36*, 2005, pp. 302.
125. MAZZA, Giuseppe, *La liminalità come dinamica di passaggio. La rivelazione come struttura osmotico-performativa dell'*inter-esse *trinitario*, 2005, pp. 786.
126. MONTALDI, Gianluca, *«In fede ipsa essentia Revelationis completur»: il tema della fede nell'evolversi del concilio Vaticano II: la genesi di DV 5-6 e i suoi riflessi su ulteriori ambiti conciliari*, 2005, pp. 628.
127. POGGEMEYER, Joseph, *The Dialectic of Knowing God in the Cross and the Creation. An Exegetico-Theological Study of 1Corinthians 1,18-25 and Romans 1,18-23*, 2005, pp. 344.
128. DI PAOLO, Roberto, *Il Servo di Dio porta il diritto alle nazioni. Analisi retorica di Matteo 11–12*, 2005, pp. 286.
129. RONCONI, Marco, *«A maiestate humilitas». Il rilievo della retorica nella teologia di Leone Magno*, 2005, pp. 260.
130. COLAUTTI, Guillermo Bruno, *Las figuras eclesiológicas en San Hilario de Poitiers*, 2005, pp. 304.
131. TIBALDI, Marco, *Kerygma e atto di fede nella teologia di Hans Urs von Balthasar*, 2005, pp. 276.
132. PIQUÉ COLLADO, Jorge, *Teología y música. Una contribución dialéctico-transcendental sobre la sacramentalidad de la percepción estética del Misterio (Agustín, Balthasar, Sequeri; Victoria, Schönberg, Messiaen)*, 2006, pp. 422.
133. COSTIN, Teodor, *Il perdono di Dio nel vangelo di Matteo. Uno studio esegetico-teologico*, 2006, pp. 254.
134. BISCEGLIA, Bruno, *«In natura humana Deus Pater impressit Verbum». Dio Padre nel commento di San Tommaso al Vangelo di San Giovanni. Indagine dottrinale e verifica analitica. Analisi statistica e lessicografica*, 2006, pp. 352.
135. JONES, Michael Keenan, *Towards a Christology of Christ the High Priest*, 2006, pp. 408.
136. GUDIEL GARCÍA, Hugo Caín, *La fe según Xavier Zubiri. Una aproximación al tema desde la perspectiva del problema teologal del hombre*, 2006, pp. 380.
137. MARGARIA, Claudio, *Fede come sequela: una teologia in* via Christi *negli scritti teologici (1968-2002) di Joseph Moingt*, 2006, pp. 382.
138. BELLUSCI, Gianluca, *L'*universale concretum, *categoria fondamentale della Rivelazione a partire dall'analisi del ciclo natalizio*, 2006, pp. 298.
139. PELLEGRINO, Carmelo, *Paolo servo di Cristo e padre dei Corinzi. Analisi retorico-letteraria di 1Cor 4*, 2006, pp. 408.
140. MULCAHY, Eamonn, *The Cause of Our Salvation. Soteriological Causality according to some Modern British Theologians 1988-1998*, 2006, pp. 528.
141. BALČIUS, Vidas, *Virtù e opzione fondamentale. Una riflessione a partire dal contributo di S. Pinckaers e J. Fucks*, 2007, pp. 240.
142. XALXO, Prem, *Complementarity of Human Life and Other Life Forms in Nature: A Study of Human Obligations toward the Environment with Par-*

ticular Reference to the Oraon Indigenous Community of Chtoanagpur, India, 2007, pp. 240.

143. BRIGHI, Davide, *Assenso reale e scienze profane. Il contributo di John Henry Newman ad una rinnovata ragione teologica*, 2007, pp. 222.

144. PETRIGLIERI, Ignazio, *La definizione dogmatica di Calcedonia nella cristologia italiana contemporanea*, 2007, pp. 346.

145. GONZAGA, Waldecir, *«A Verdade do Evangelho» (Gl 2,5.14) e a autoridade na Igreja. Gl 2,1-21 na exegese do Vaticano II até os nossos dias. História, balanço e novas perspectivas*, 2007, pp. 504.

146. GATTI, Nicoletta, *...perché il «piccolo» diventi «fratello». La pedagogia del dialogo nel cap. 18 di Matteo*, 2007, pp. 400.

147. SZYPUŁA, Wojciech, *The Holy Spirit in the Eschatological Tension of Christian Life. An Exegetico-Theological Study of 2 Corinthians 5,1-5 and Romans 8,18-27*, 2007, pp. 436.

148. AMO USANOS, Rafael, *El principio vital del ser humano en Ireneo, Orígenes, Agustín, Tomás de Aquino y la antropología teológica española reciente*, 2007, pp. 362.

149. APRILE, Biagio, *«Passio Christi tam evidenter quasi evangelium recitatur». La passione di Cristo sulla croce: insegnamento ed esempio. Studio sul Commento II al salmo 21 di Agostino di Ippona*, 2007, pp. 310.

150. CASAZZA, Fabrizio, *Sviluppo e libertà in Amartya Sen. Provocazioni per la teologia morale*, 2007, pp. 424.

151. VARSALONA, Agnese, *Il dialogo e i suoi fondamenti. Aspetti di antropologia filosofica e teologica secondo Jörg Splett e Walter Kasper*, 2007, pp. 300.

152. GEORGE KOCHUTHARA, Shaji, *The Concept of Sexual Pleasure in the Catholic Moral Tradition*, 2007, pp. 518.

153. SCARDILLI, Pietro Damiano, *I nuclei ecclesiologici nella costituzione liturgica del Vaticano II*, 2007, pp. 418.

154. PALACHUVATTIL, Mathew, *«The One Who Does the Will of the Father». Distinguishing Character of Disciples According to Matthew. An Exegetical Theological Study*, 2007, pp. 404.

155. BARBOSA FILHO, Domingos, *A vontade salvífica e predestinante de Deus e a questão do cristocentrismo. Um estudo sobre a doutrina de João Duns Escoto e seus ecos na teologia contemporânea*, 2007, pp. 496.

156. ONWUKA, Chidolue Peter, *The Law, Redemption and Freedom in Christ. An Exegetical-Theological Study of Galatians 3,10-14 and Romans 7,1-6*, 2007, pp. 374.

157. JANÉ COCA, José M., *«Ser hallado en Él». La reciprocidad intersubjetiva entre Pablo y Cristo. Un estudio exegético-teológico de Flp 3*, 2007, pp. 608.

158. SHABANI, Louay, *Santificazione e valore salvifico del matrimonio. Studio esegetico-teologico di 1Cor 7,12-16 ed Ef 5,25-33*, 2008, pp. 325.

159. ABBATTISTA, Ester, *Origene legge Geremia. Analisi, commento e riflessioni di un biblista di oggi*, 2008, pp. 355.

160. SPRONCK, Joël, *La patience de Dieu. Justifications théologiques du délai de la Parousie*, 2008, pp. 356.

161. EDERLE, Rubén Alberto, *Discípulos y Apóstoles de Jesús. La relación entre los discípulos y los Doce según Marcos*, 2008, pp. 368.

162. CARIA, Roberto, *Lo stato nelle teorie politiche di I. Kant e J. Maritain. Una legittimazione tra razionalità e fede*, 2008, pp. 306.
163. MACALA, André, *A escatologia no livro do Apocalipse. Da sua realização no presente litúrgico à conslusão da história*, 2008, pp. 394.
164. TANTIONO, Paulus Toni, *Speaking the Truth in Christ. An Exegetico-Theological Study of Galatians 4,12-20 and Ephesians 4,12-16*, 2008, pp. 302.
165. ZICCARDI, Costantino Antonio, *The Relationship of Jesus and the Kingdom of God According to Luke-Acts*, 2008, pp. 584.
166. BRADY, Patrick J., *The Process of Sanctification in the Christian Life. An Exegetical-Theological Study of 1Thess 4,1-8 and Rom 6,15-23*, 2008, pp. 322.
167. ROCHETTE, Joël, *La rémission des péchés dans l'Apocalypse. Ébauche d'une sotériologie originale*, 2008, pp. 628.
168. SHENOSKY, Joseph T., *The Development of Late Twentieth Century Catholic Ecumenical Theology in the United States of America: A Comparison of the Contributions of Gustave Weigel, S.J., Carl J. Peter, John F. Hotchkin, and Avery Dulles, S.J.*, 2008, pp. 404.
169. IWUAMADI, Lawrence Oscar I., *«He Called unto Him the Twelve and Began to Send Them Forth». The Continuation of Jesus' Mission According to the Gospel of Mark*, 2008, pp. 308.
170. ASCENSO, Adelino, *Transcultural Theodicy in the Fiction of Shūsaku Endō*, 2009, pp. 354.
171. HODŽIĆ, Mislav, *La genesi della fede. La formazione della coscienza credente tra essere riconosciuto ed essere riconoscente*, 2009, pp. 276.
172. SHORTALL, Michael, *Human Rights and Moral Reasoning. A Comparative Iinvestigation by Way of Three Theorists and Their Respective Traditions of Enquiry: John Finnis, Ronald Dworkin and Jürgen Habermas*, 2009, pp. 438.
173. SÁNCHEZ CASTELBLANCO, Wilton Gerardo, *La voz como modo de revelación. Investigación exegético-teológica del término* φωνή *en el cuarto evangelio*, 2009, pp. 356.
174. RODRIGUES DE SOUSA, Mário José, *«Para que também vós acrediteis». Estudo exegético-teológico de Jo 19,31-37*, 2009, pp. 404.